U0940679

四川统计年鉴

SICHUAN STATISTICAL YEARBOOK

四川省统计局
国家统计局四川调查总队 编

Statistical Bureau of Sichuan
NBS Survey Office in Sichuan

中国统计出版社
China Statistics Press

图书在版编目（CIP）数据

四川统计年鉴. 2016 ：汉英对照 / 四川省统计局，国家统计局四川调查总队编.
——北京：中国统计出版社，2016.9
ISBN 978-7-5037-7871-1

Ⅰ.①四…
Ⅱ.①四…②国…
Ⅲ.①统计资料－四川省－2016－年鉴－汉、英
Ⅳ.①C832.71-54

中国版本图书馆 CIP 数据核字（2016）第 168081 号

四川统计年鉴-2016
SICHUAN STATISTICAL YEARBOOK 2016

作　　者 / 四川省统计局　国家统计局四川调查总队
责任编辑 / 佘竞雄　熊威
执行编辑 / 宋　兰
出版发行 / 中国统计出版社
地　　址 / 北京市丰台区西三环南路甲 6 号
邮政编码 / 100073
电　　话 / (010)63376909
网　　址 / http:// www. zgtjcbs. com
印　　刷 / 成都博瑞传播股份有限公司印务分公司
开　　本 / 890mm×1240mm　1/16
字　　数 / 1116 千字
印　　张 / 35
版　　别 / 2016 年 9 月第 1 版
版　　次 / 2016 年 9 月第 1 次印刷
定　　价 / 380.00 元

本书附同版本 CD—ROM 一张，光盘内容以书面文字为准。
如有印装错误，由四川省统计局《四川省情》杂志社负责调换。
地址：成都市二环路西一段 108 号　邮编：610041　电话：(028) 87043903　87042736

《四川统计年鉴－2016》编委会

《四川统计年鉴－2016》编辑部

SICHUAN STATISTICAL YEARBOOK-2016

Editorial Board and Staff

编者说明

一、《四川统计年鉴－2016》是一部全面反映四川省经济和社会发展情况的综合性统计资料年刊。本年鉴收录了全省和各市（州）、县（市、区）2015年经济和社会各方面的大量统计数据，以及历史重要年份和近年来的全省主要统计数据。

二、本年鉴正文内容分为22个篇章，即：1.综合；2.国民经济核算；3.人口；4.就业人员和工资；5.固定资产投资；6.能源；7.资源和环境；8.财政和物价；9.人民生活和社会保障；10.城市概况；11.民族自治地方概况；12.县(市、区)概况；13.农业；14.工业；15.建筑业；16.交通运输、邮电和通讯；17.国内贸易；18.对外经济贸易和旅游；19.金融和保险；20.教育、科技和专利；21.文化、体育和卫生；22.其他社会活动。为帮助读者理解和使用统计数据，部分统计表下作了简要注释，并在各篇末附有主要统计指标解释。

三、与2015年版《四川统计年鉴》相比较，在第六章“能源”中增加了“各市(州)单位地区生产总值能耗”、“各市(州)单位工业增加值能耗”；在第十二章“市县概况”中充实了农产品产量和牲畜饲养情况；在第十三章“农业”中新增了“各市(州)农林牧渔业增加值”及指数，充实了“牲畜饲养情况”；在第二十一章“文化、体育和卫生”中增加了“体育事业情况”；在第二十二章“其他社会活动”中增加了“社区服务机构基本情况”。在第三章“人口”中取消了“按人口规模分组的户籍人口数”、“100万人以上的人口大县”；在第七章“资源和环境”中取消了“林业重点工程建设情况”；在第十二章中取消了“各县(市、区)年末户籍总人口及构成”；在第十三章“农业”中取消了“各市(州)肉猪出栏头数”，因农机数据暂缺，取消了“主要农业机械拥有量”和“各市(州)主要农业机械拥有量”。

四、本年鉴中，涉及的部门统计资料均由相关部门提供。

五、本年鉴对过去发表的统计资料重新进行了核实，凡与本年鉴数据有出入的，以本年鉴为准。

六、本年鉴中所使用的度量衡单位均采用国际统一标准计量单位。

七、本年鉴中部分数据合计数或相对数由于单位取舍不同而产生的计算误差，均未做机械调整。

八、本年鉴表中的符号使用说明：“空格”表示该项统计指标数据不足本表最小单位数、数据不详或无该项数据；“#”表示其中的主要项。

Preface

Ⅰ. Sichuan Statistical Yearbook 2016 is an annual statistics publication to reflect various aspects of Sichuan' s economic and social development, which covers very comprehensive data series in 2015 and some selected data series in historically important years and the most recent years at provincial level, local levels of prefecture and level of county.

Ⅱ. The text of this Yearbook contains the following 22 parts: l. General Survey, 2. National Accounts, 3. Population, 4. Employment and Wage, 5. Investment in Fixed Assets, 6. Energy, 7. Resources and Environment, 8. Local Government Finance and Price, 9. People' s Livelihood and Social Welfare, 10. City, 11. Survey of Minority Nationality Autonomous Areas, 12. Survey of County (City, District), 13. Agriculture, 14. Industry, 15. Construction, 16. Transportation, Post and Telecommunications Services, 17. Domestic Trade, 18. Foreign Trade and Economic Cooperation and International Tourism, 19. Banking and Insurance, 20. Education, Science, Technology and Patents, 21. Culture, Sports and Public Health, 22. Other Social Activities. Explanatory Notes on Main Statistical Indicators is attached to the end of each chapter to help the readers to understand and use the statistical data in this book.

Ⅲ. Compared with Sichuan Statistical Yearbook 2015, the Yearbook adds "Energy Consumption of Unit GDP by Region", "Energy Consumption of Unit Added Value of Industry by Region" in Chapter 6 "Energy"; enriches data of conditions of agricultural products yields and livestock breeding in Chapter 12 "Survey of County (City, District)"; adds "Gross Output Value of Farming, Forestry, Animal Husbandry and Fishery by Region" and "Indices of Gross Output Value of Farming, Forestry, Animal Husbandry and Fishery by Region", enriches data of conditions of livestock breeding in Chapter 13 "Agriculture"; adds "Basic Conditions of Sports Cause" in Chapter 21 "Culture, Sports and Public Health"; adds "Basic Statistics on Community Service Organizations" in Chapter 22 "Other Social Activities". Chapter 3 "Population" cancelled table "Number of Household Population Grouped by Population Size" and "Counties with Population Over 1 Million"; Chapter 7 "Resources and Environment" cancelled table "Construction of Key Forestry Projects"; Chapter 12 "Survey of County (City, District)" cancelled table "Total Household Population and its Composition by County"; Chapter 13 "Agriculture" cancelled table "Slaughtered Fattened Hogs by Region", and cancelled table "Number of Main Agricultural Machinery" & "Number of Agricultural Machinery by Region" because of absence of agricultural machinery data.

Ⅳ. In this yearbook, data of transport, post and telecommunications, tourism, trade, finance, insurance, education, technology, culture, health, sports, patents, civil, fire, traffic accident, mineral resources provided by the relevant departments.

Ⅴ. The statistics data published in the past is re-verified in this book. Any discrepancy between the data of this book, it prevails.

Ⅵ. The units of measurement used in this book are international standard measurement units.

Ⅶ. Statistical discrepancies on totals and relative figures due to rounding are not adjusted in the yearbook.

Ⅷ. Notations used in this book: "(blank)" indicates that the data are not available, "#" indicates the major items of the total.

目 录
CONTENTS

一、综合
chapter 1 GENERAL SURVEY

二、国民经济核算
chapter 2 NATIONAL ACCOUNTS

五、固定资产投资
chapter 5 INVESTMENT IN FIXED ASSETS

六、能源
chapter 6 ENERGY

七、资源和环境
chapter 7 RESOURCES AND ENVIRONMENT

八、财政和物价
chapter 8 LOCAL GOVERNMENT FINANCE AND PRICE

九、人民生活和社会保障
chapter 9 PEOPLE'S LIVELIHOOD AND SOCIAL WELFARE

十、城市概况
chapter 10 CITY

十一、民族自治地方概况
chapter 11 SURVEY OF MINORITY NATIONALITY AUTONOMOUS AREAS

十二、县(市、区)概况
chapter 12 SURVEY OF COUNTY (CITY,DISTRICT)

十三、农业
chapter 13 AGRICULTURE

十四、工业
chapter 14 INDUSTRY

十五、建筑业
chapter 15 CONSTRUCTION

十六、交通运输、邮电和通讯
chapter 16 TRANSPORTATION, POST AND TELECOMMUNICATIONS SERVICES

十七、国内贸易
chapter 17 DOMESTIC TRADE

十八、对外经济贸易和旅游
chapter 18 FOREIGN TRADE AND ECONOMIC COOPERATION AND INTERNATIONAL TOURISM

二十一、文化、体育和卫生
chapter 21 CULTURE, SPORTS AND PUBLIC HEALTH

二十二、其他社会活动
chapter 22 OTHER SOCIAL ACTIVITIES

年末常住人口

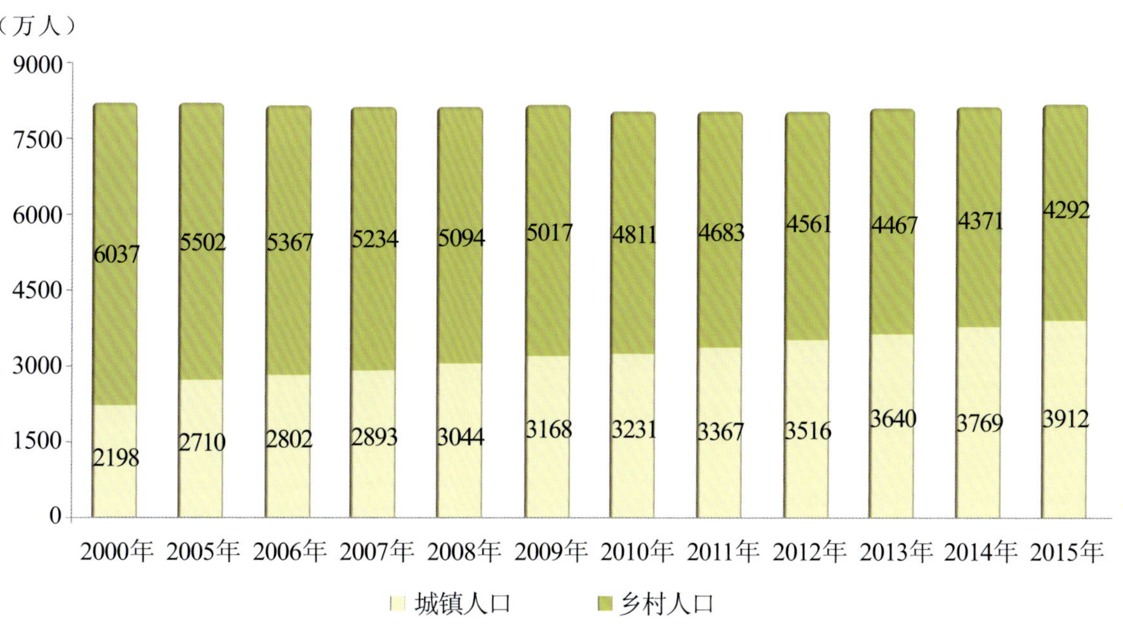

劳动力资源和就业人员

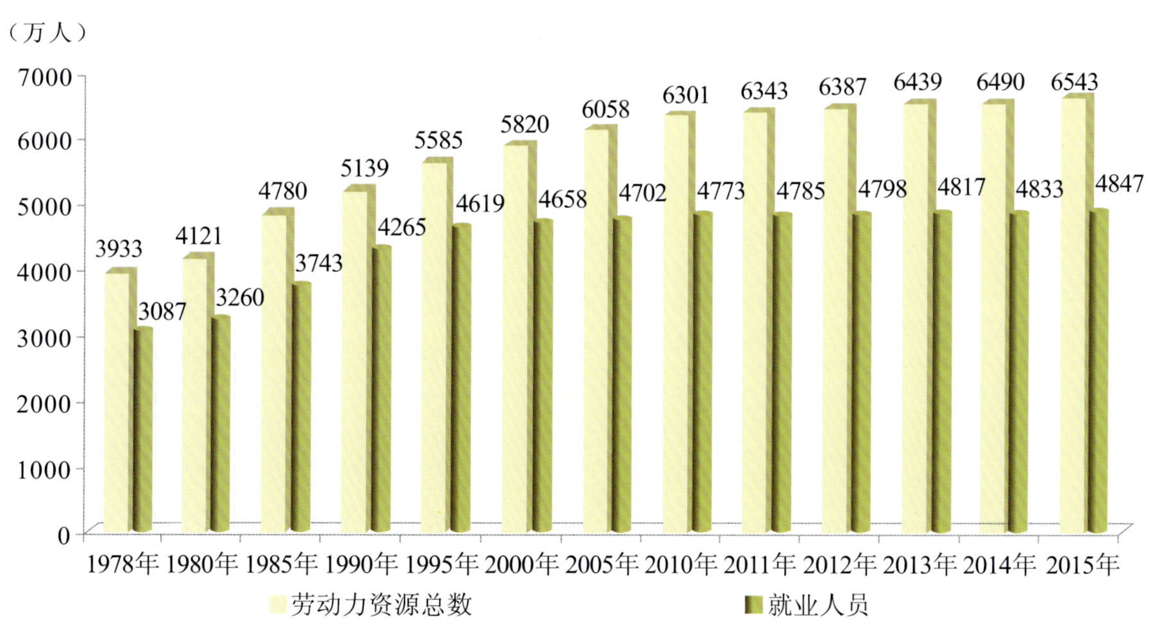

三次产业就业人员构成

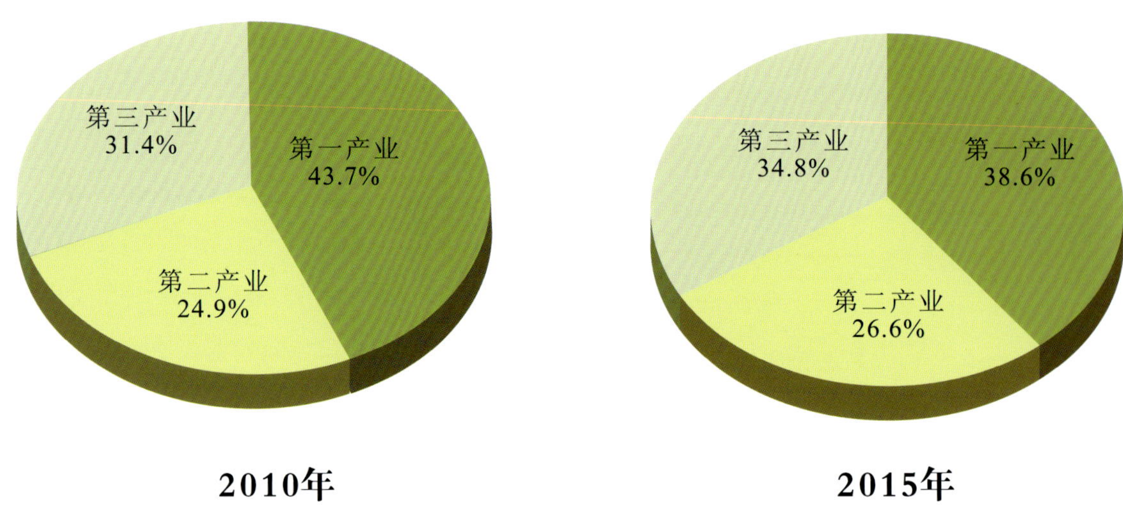

地区生产总值和增长速度

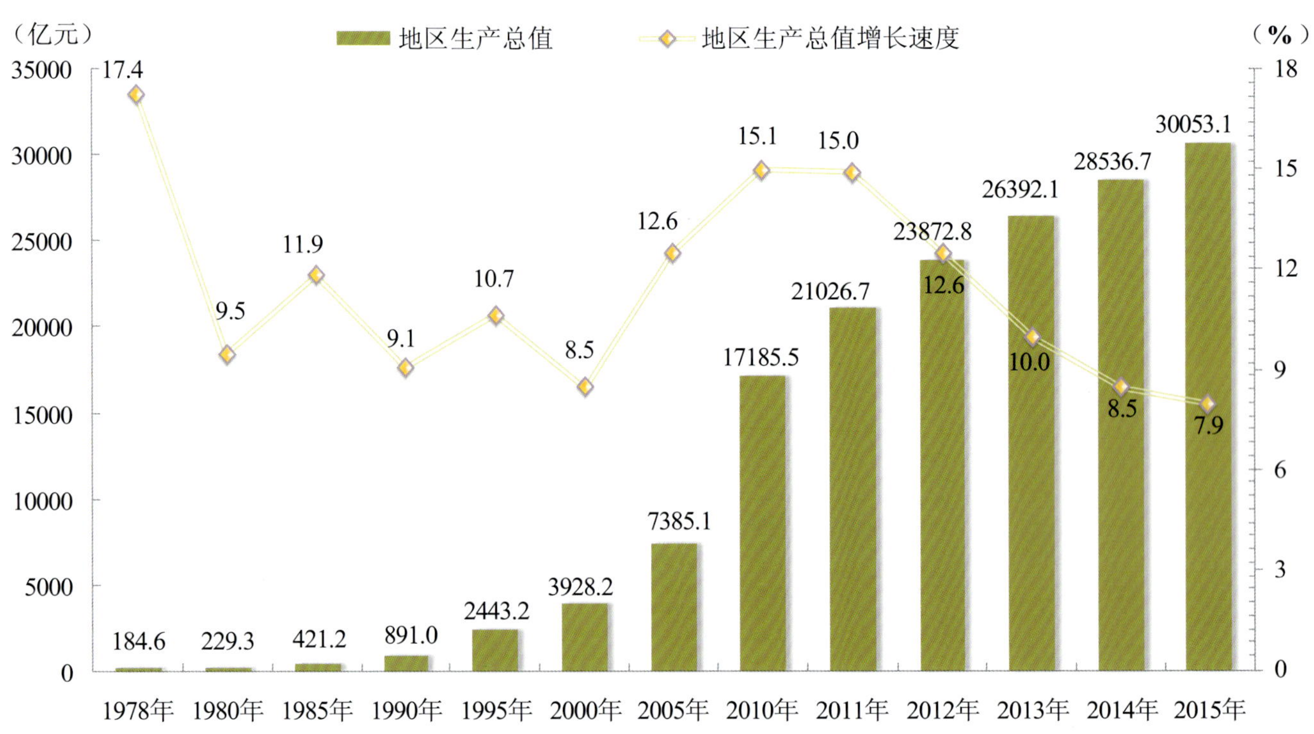

地区生产总值构成

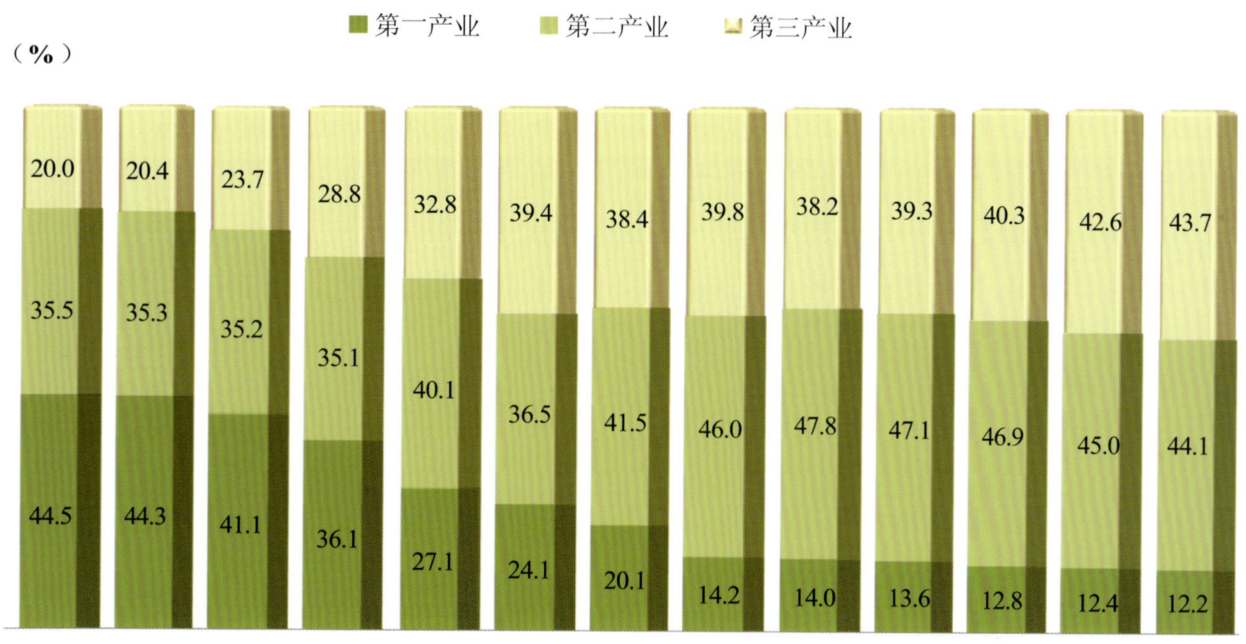

人均地区生产总值

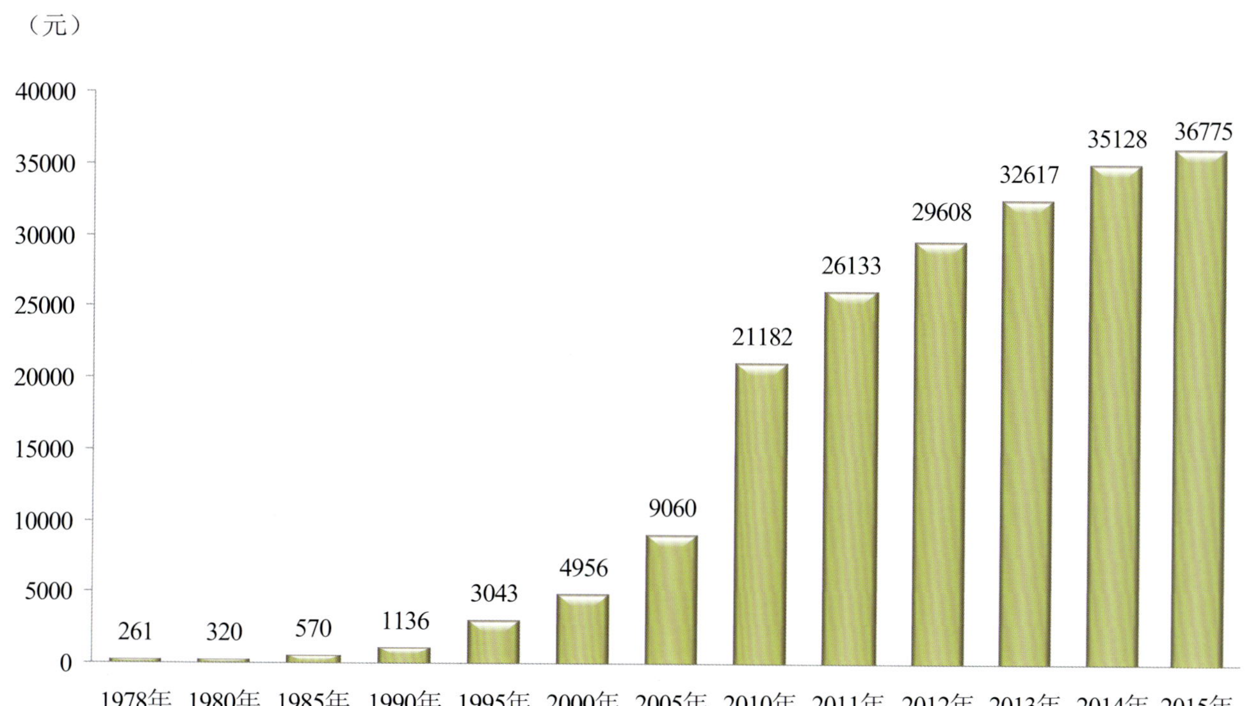

农林牧渔业总产值

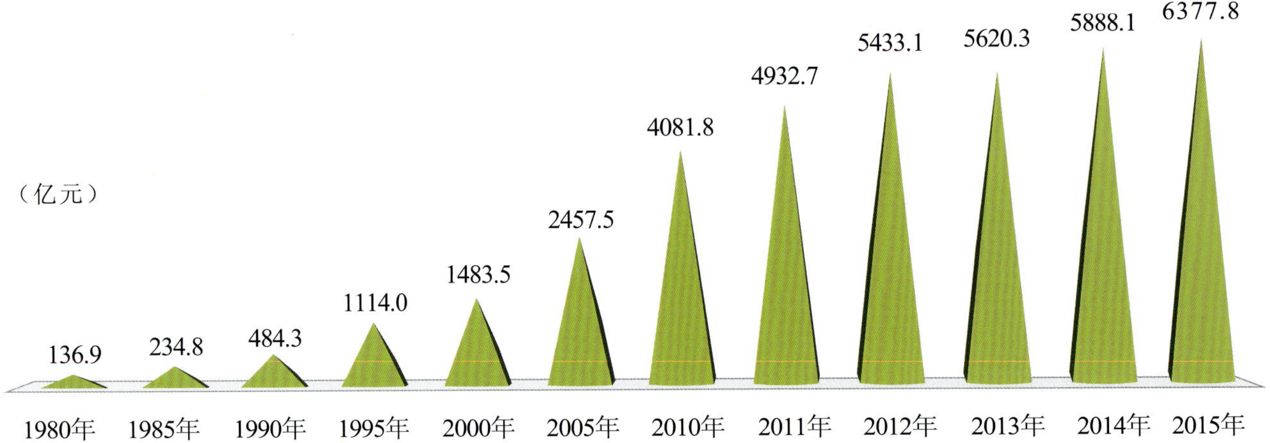

粮食和油料播种面积

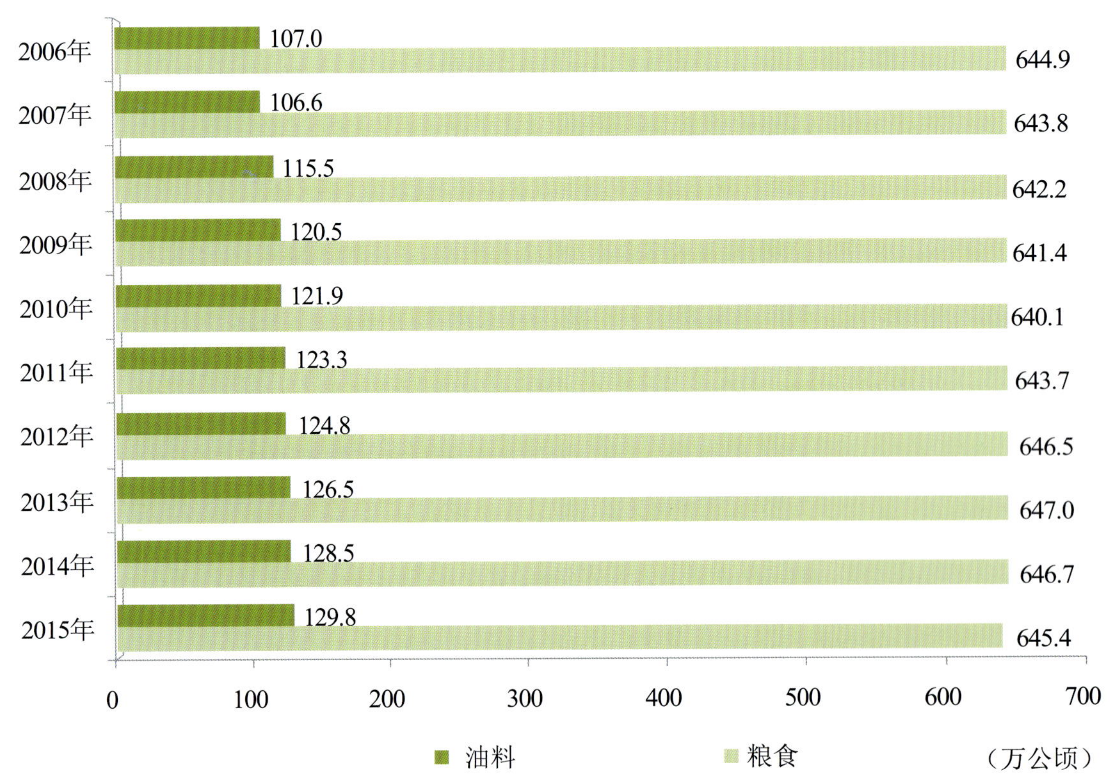

粮食和油料产量

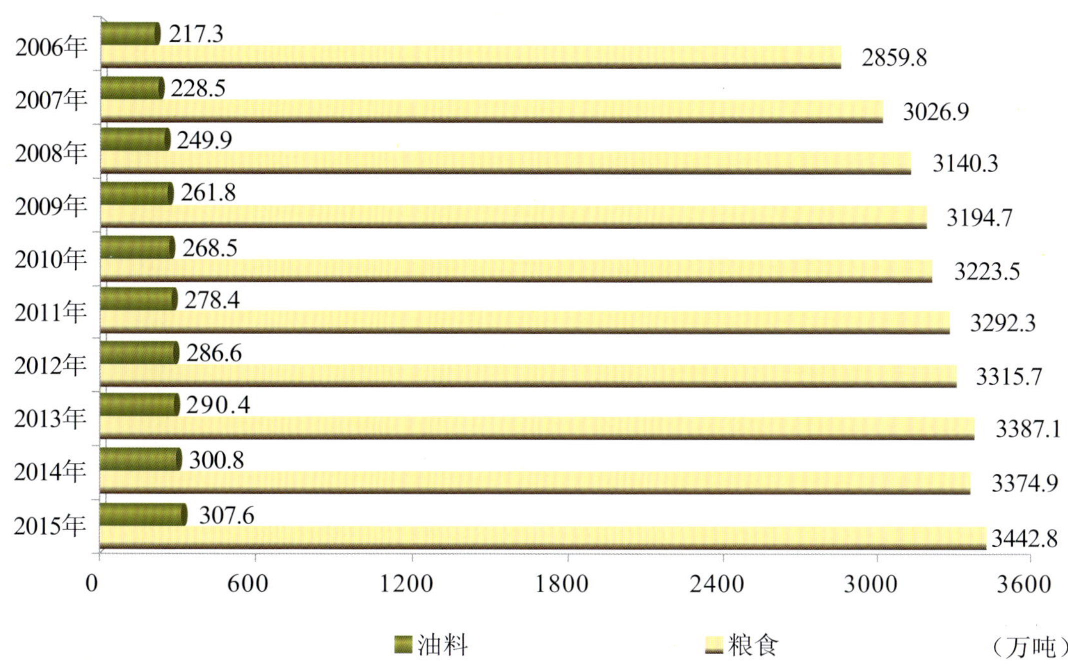

肉类产量和禽蛋产量

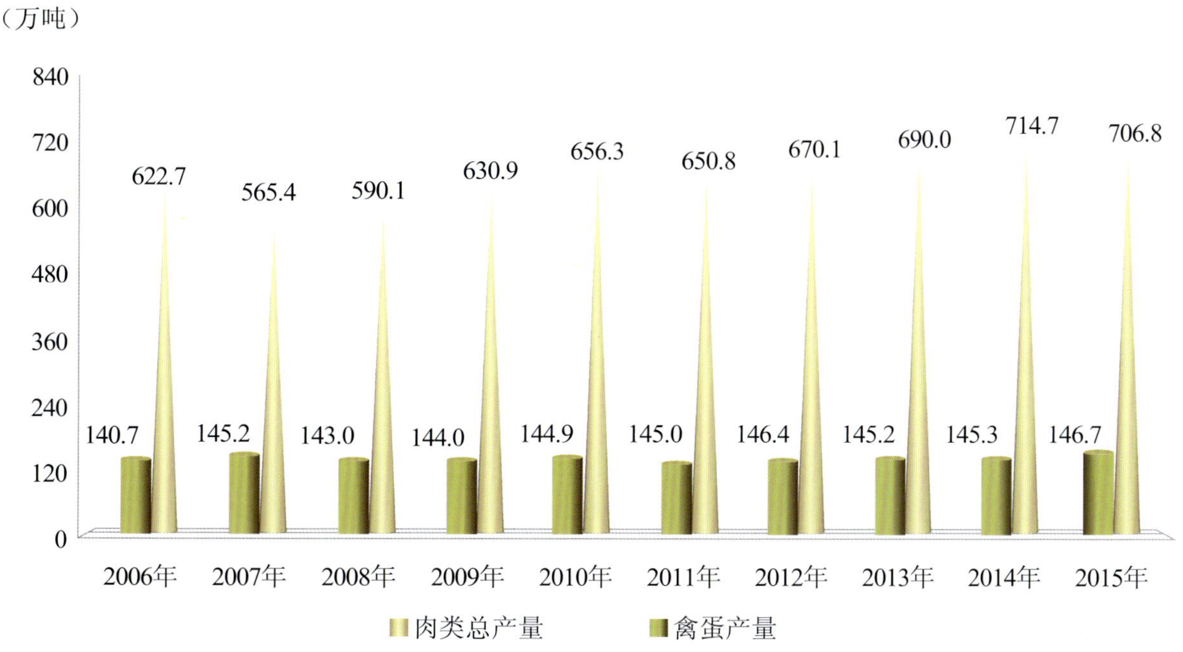

化肥施用量

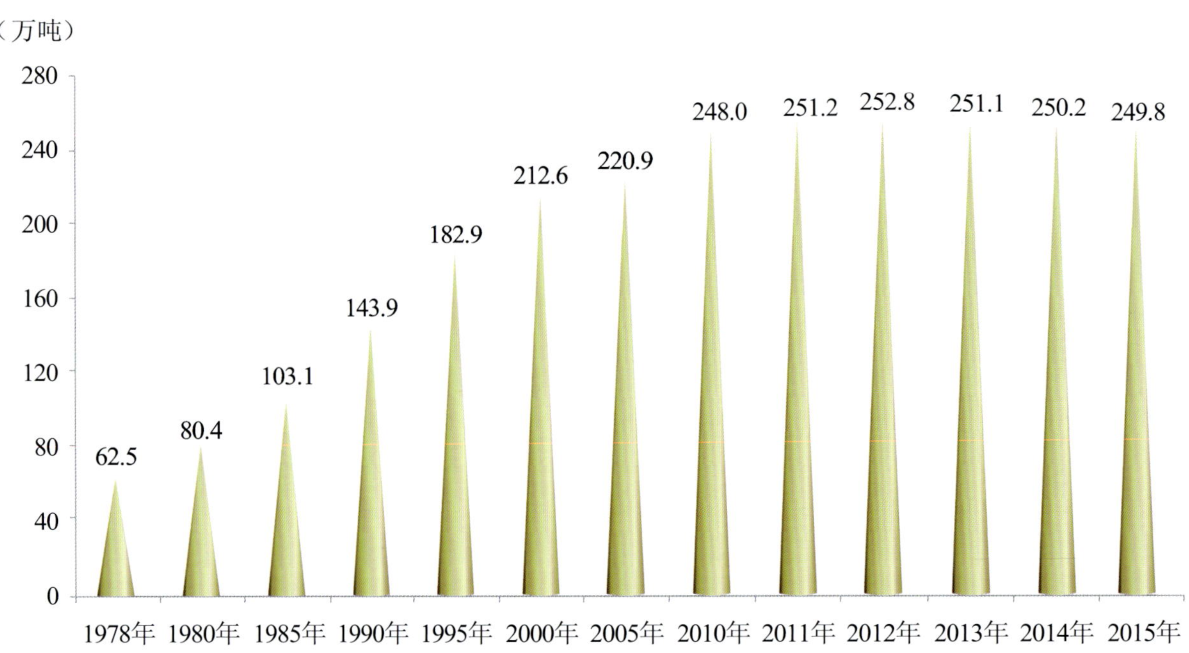

（万吨）
280
240
200
160
120
80
40
0
62.5
80.4
103.1
143.9
182.9
212.6
220.9
248.0
251.2
252.8
251.1
250.2
249.8
1978年 1980年 1985年 1990年 1995年 2000年 2005年 2010年 2011年 2012年 2013年 2014年 2015年

（亿千瓦时）
180
150
120
90
60
30
0
7.7
9.4
19.3
33.0
61.2
82.8
112.9
141.7
148.6
156.0
163.5
169.6
174.8
1978年 1980年 1985年 1990年 1995年 2000年 2005年 2010年 2011年 2012年 2013年 2014年 2015年

农村用电量

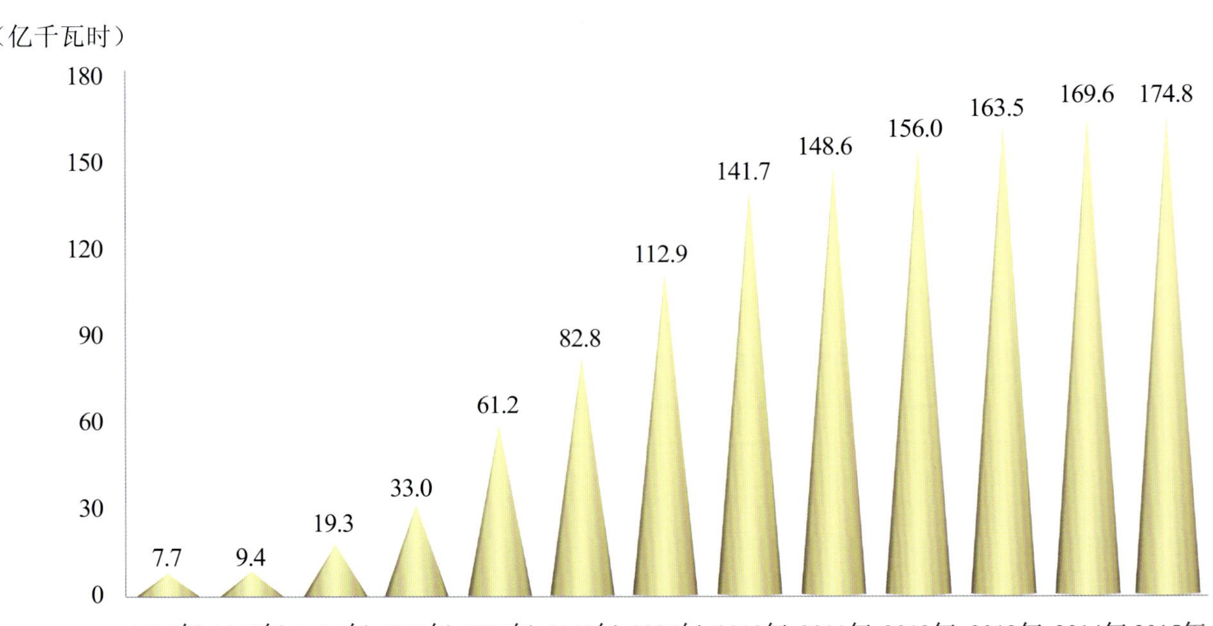

全部工业增加值

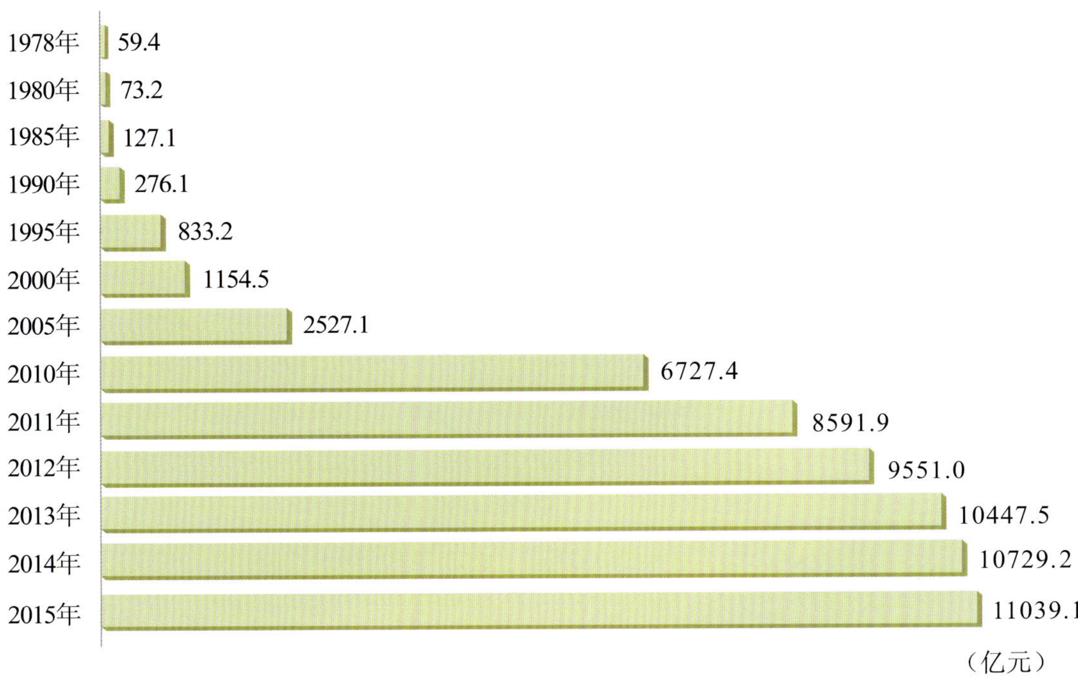

规模以上工业企业利润总额

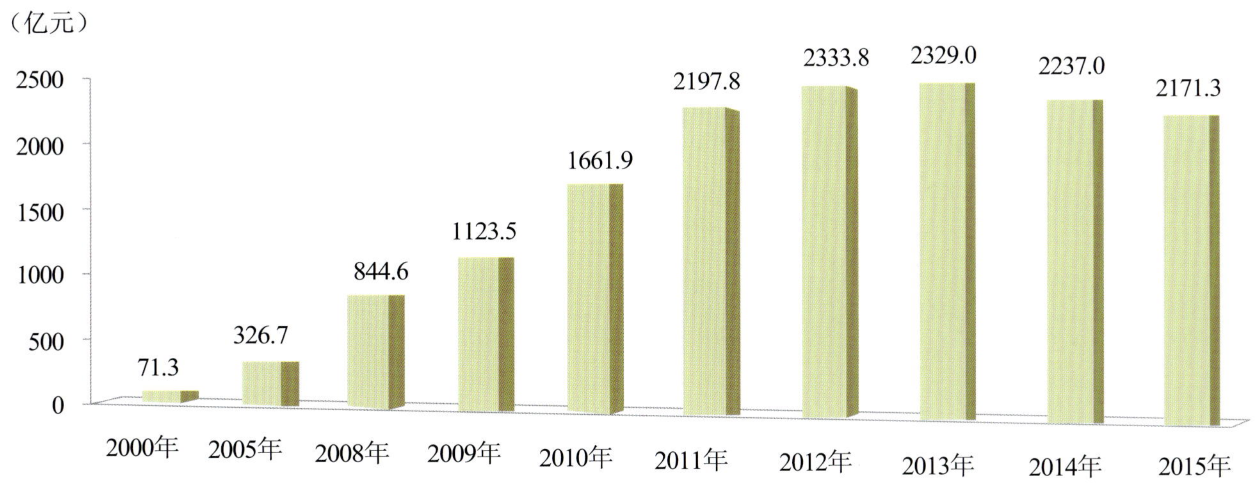

发电量

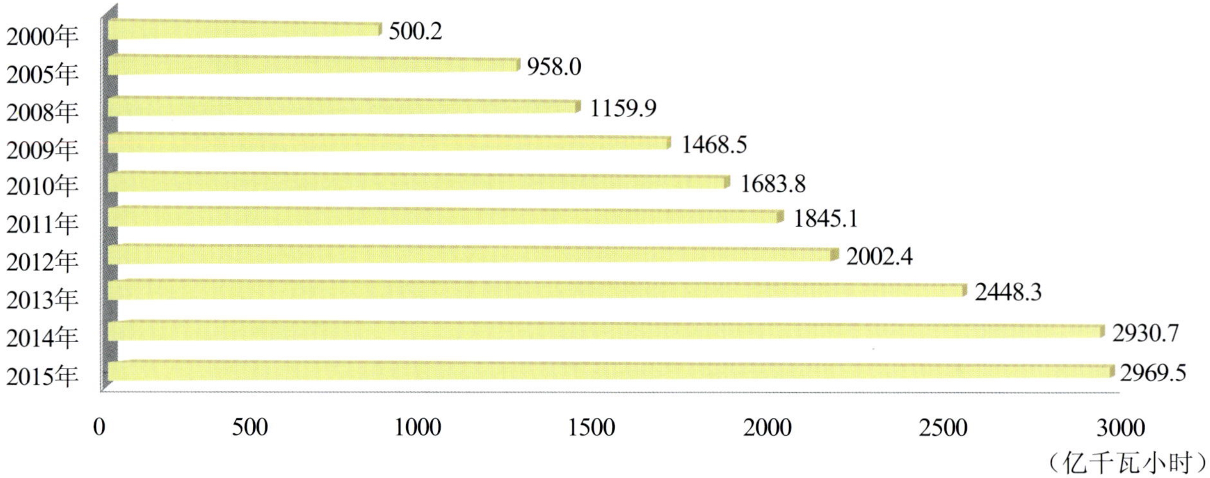

生铁产量和粗钢产量

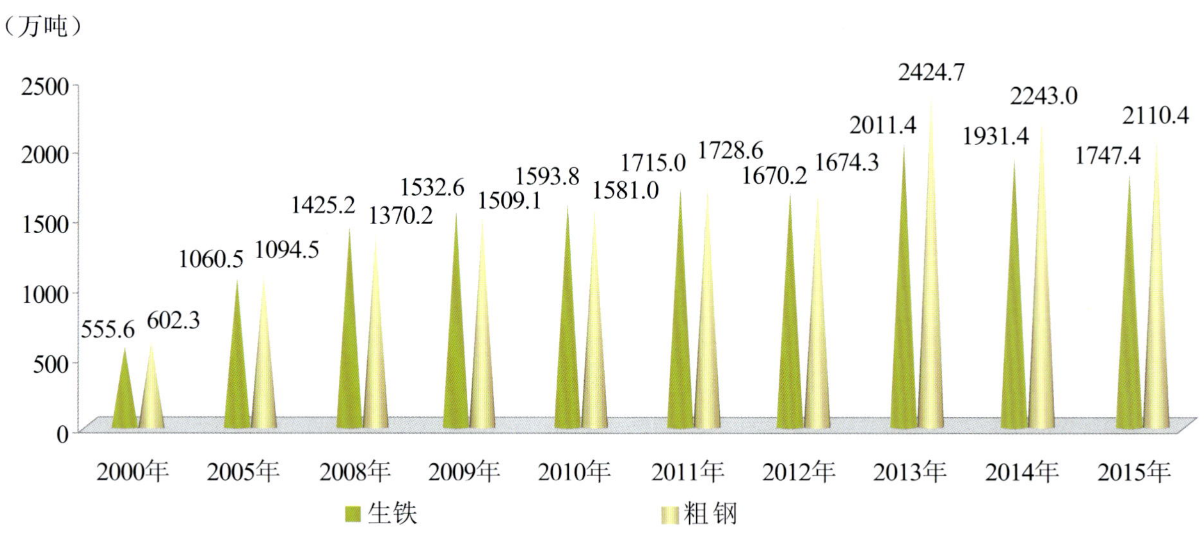

水泥产量

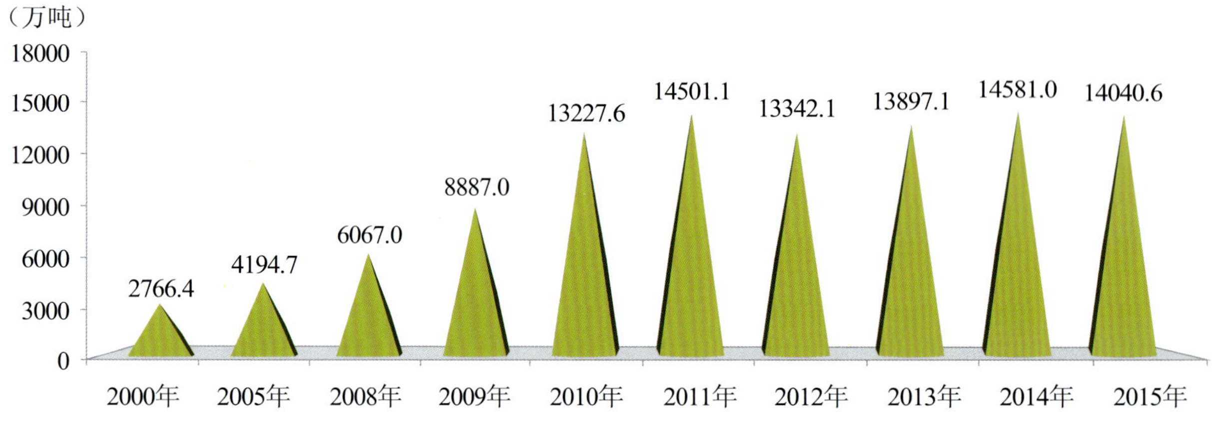

全社会固定资产投资

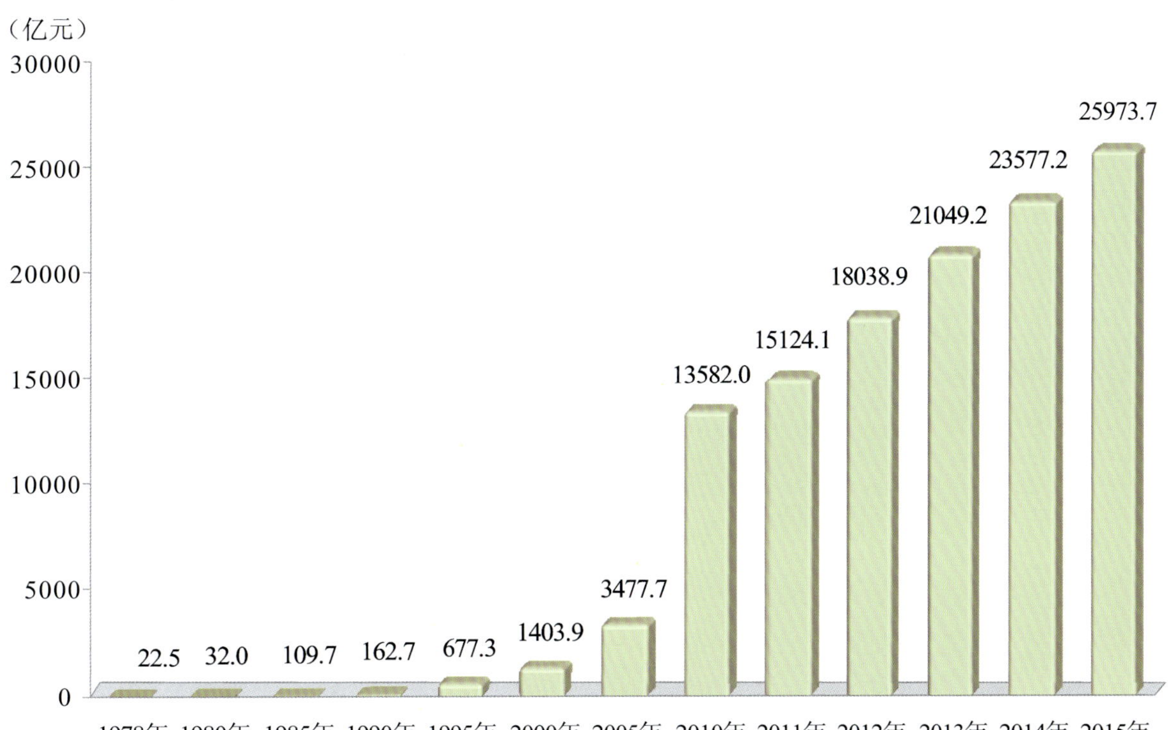

全社会固定资产投资构成

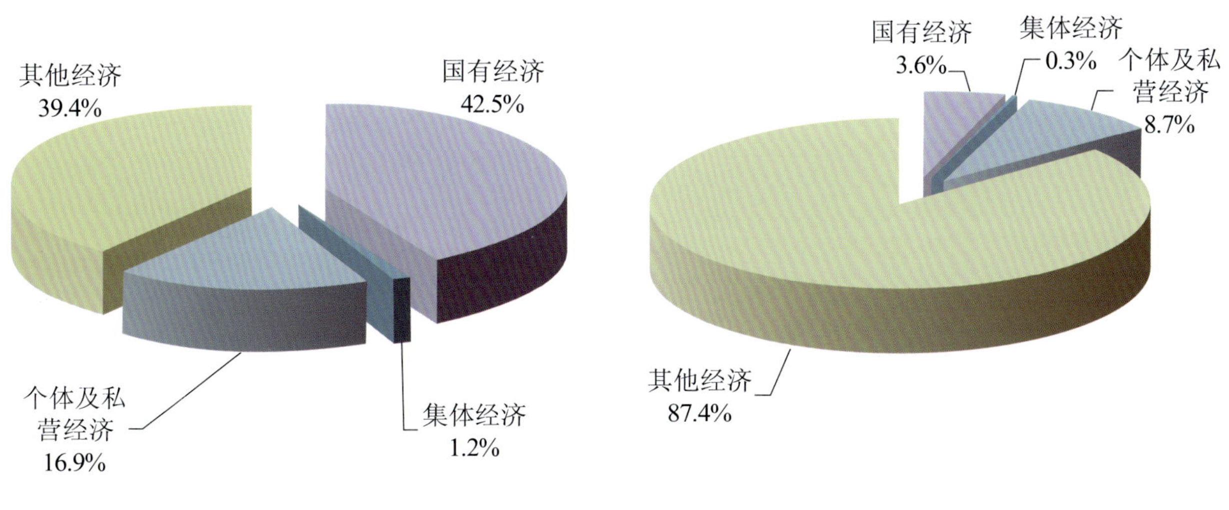

房地产开发投资

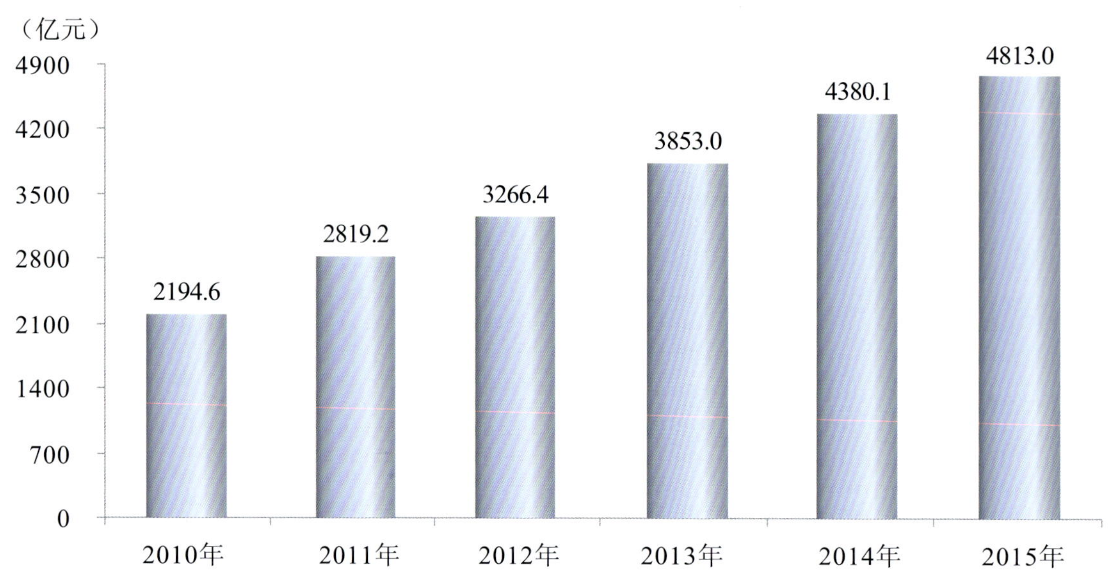

能源生产量和消费量

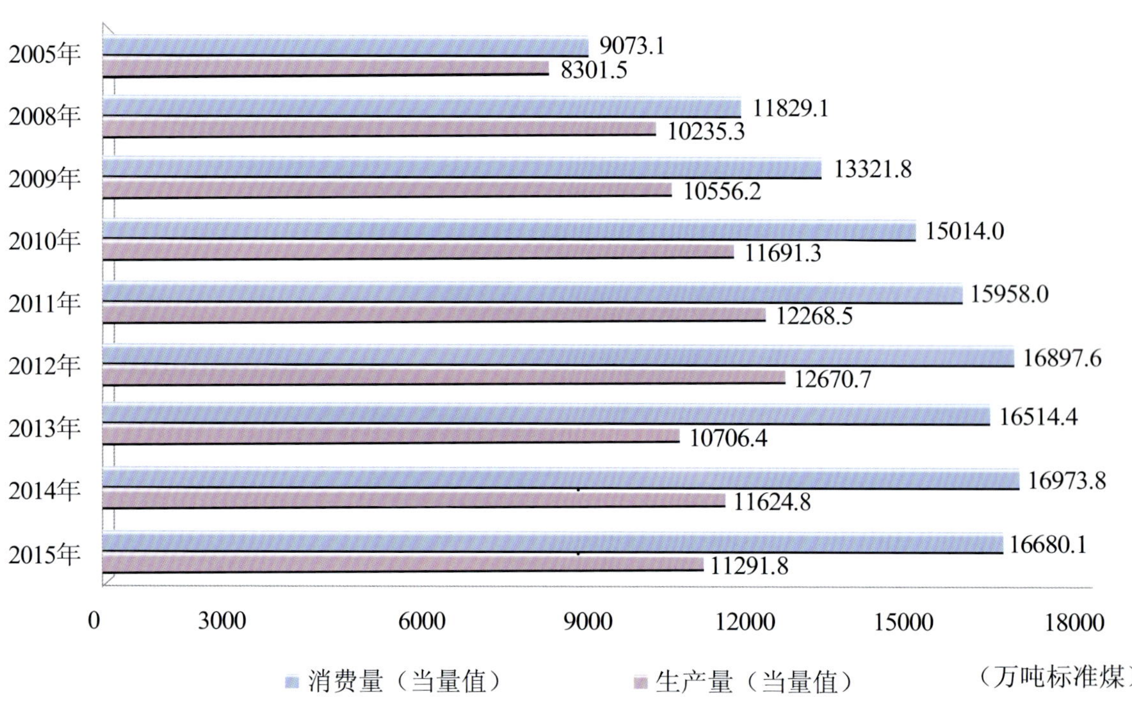

社会消费品零售总额

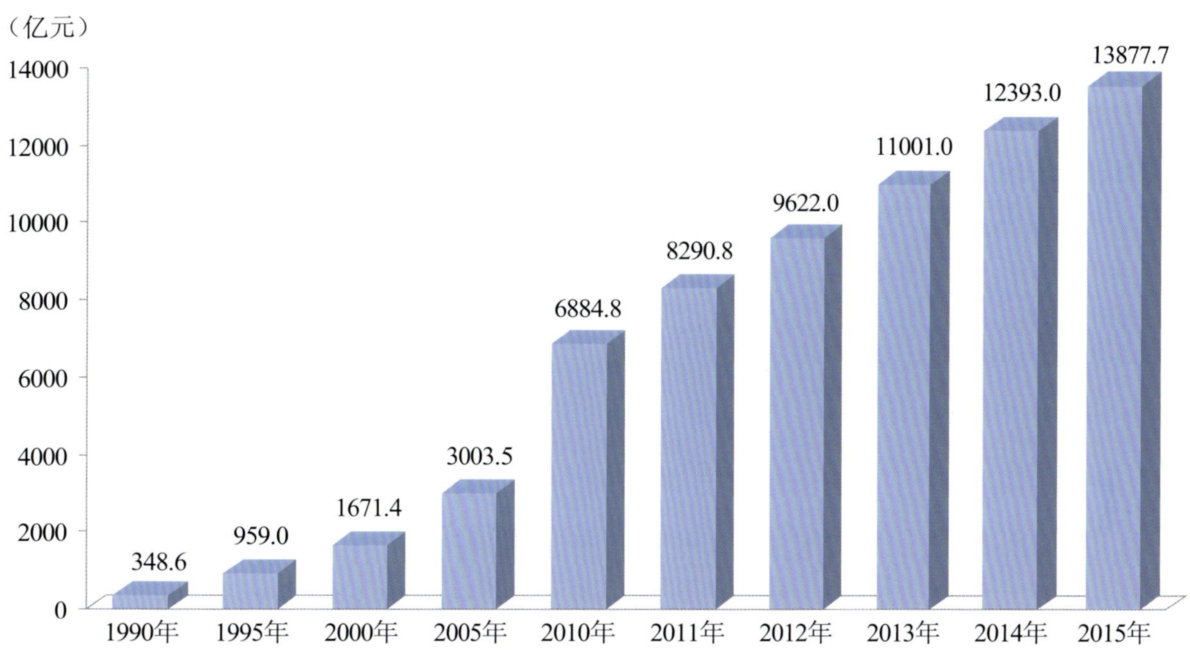

进口额和出口额

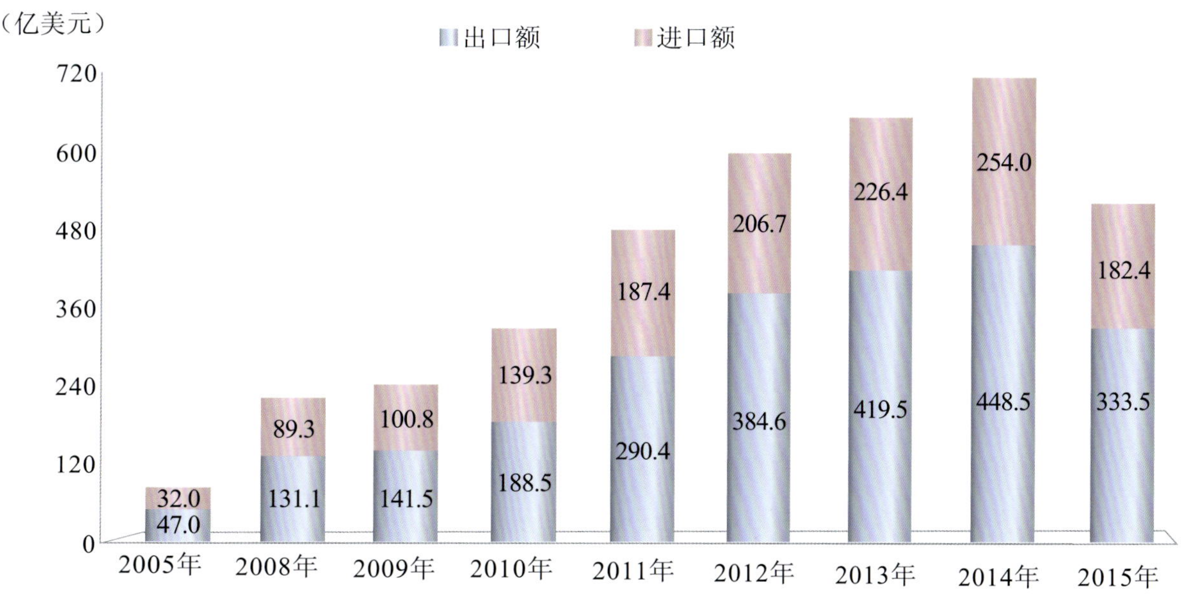

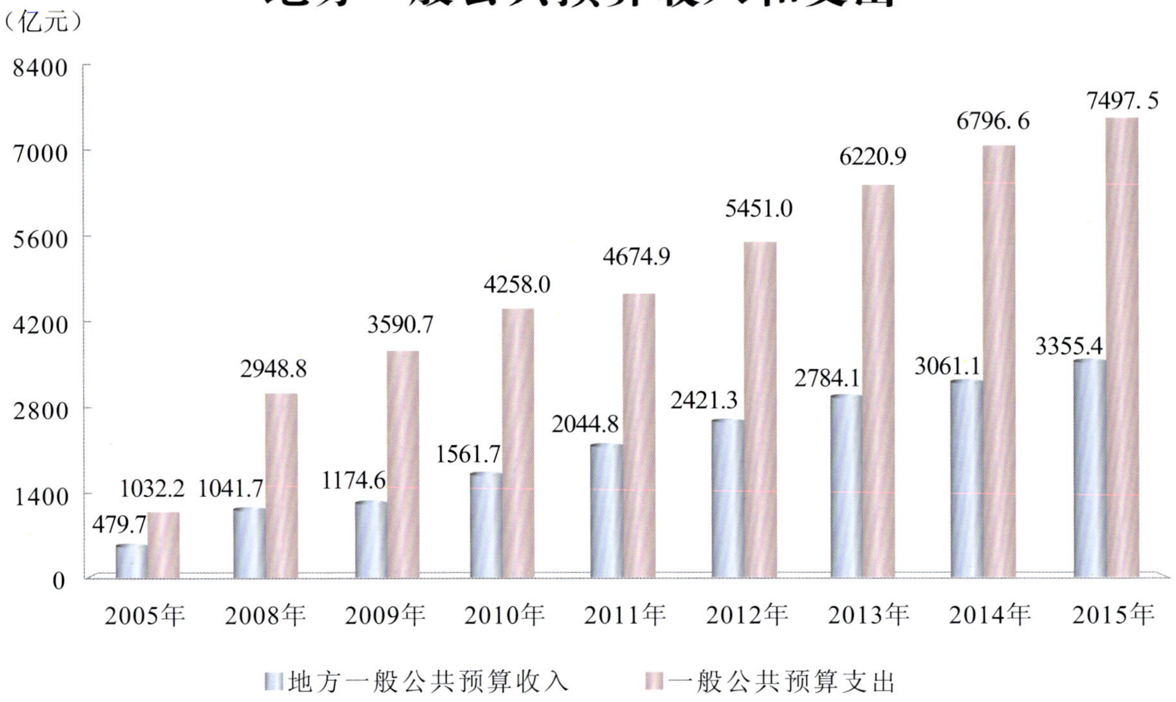

年末金融机构本外币各项存贷款余额

金融机构本外币各项贷款余额　　金融机构本外币各项存款余额

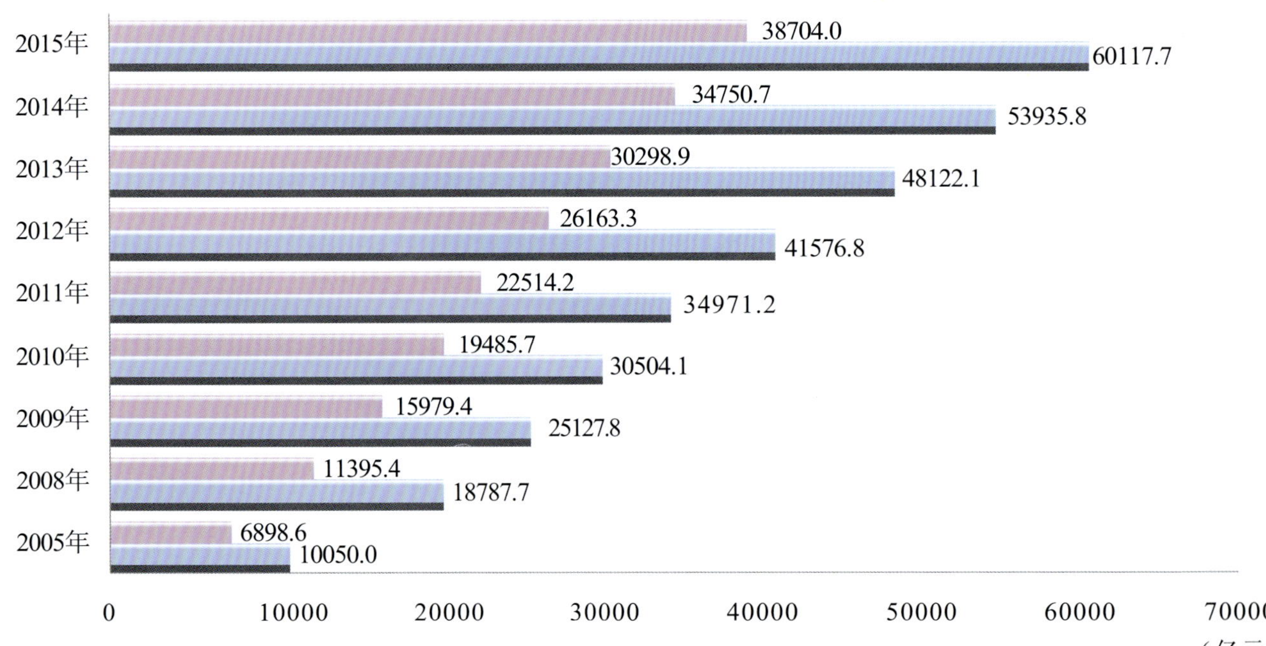

城镇居民人均可支配收入构成

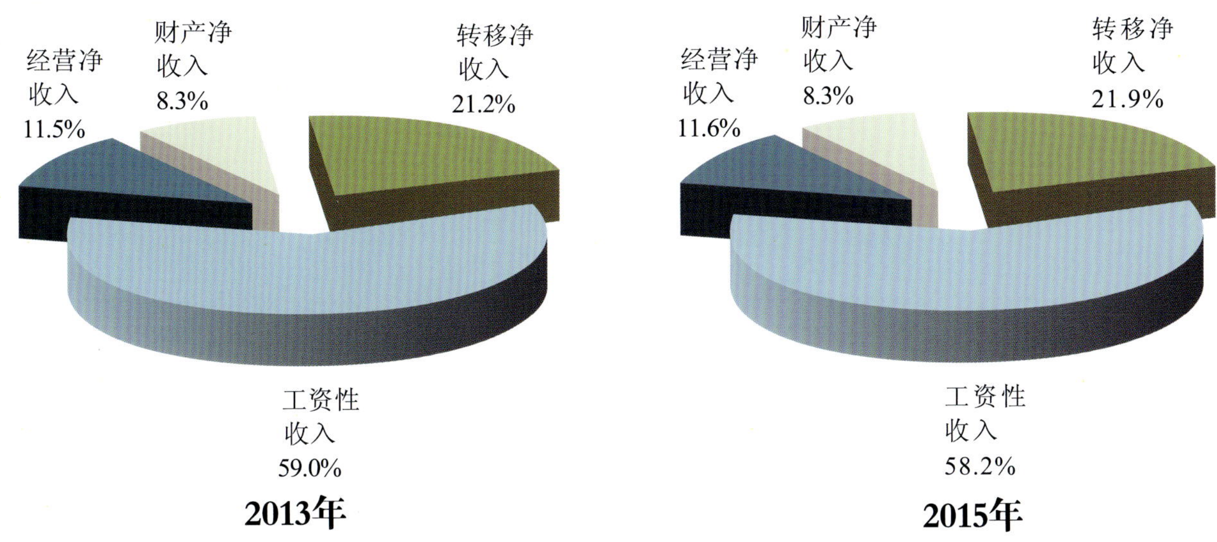

农村居民人均可支配收入构成

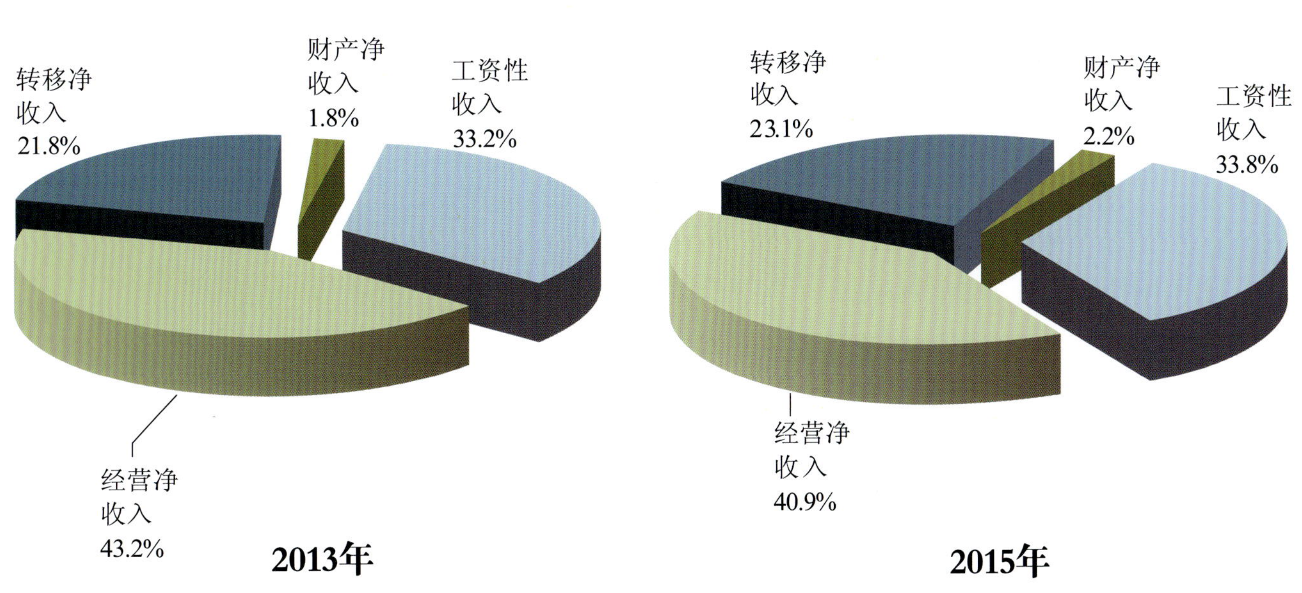

居民消费价格涨跌情况

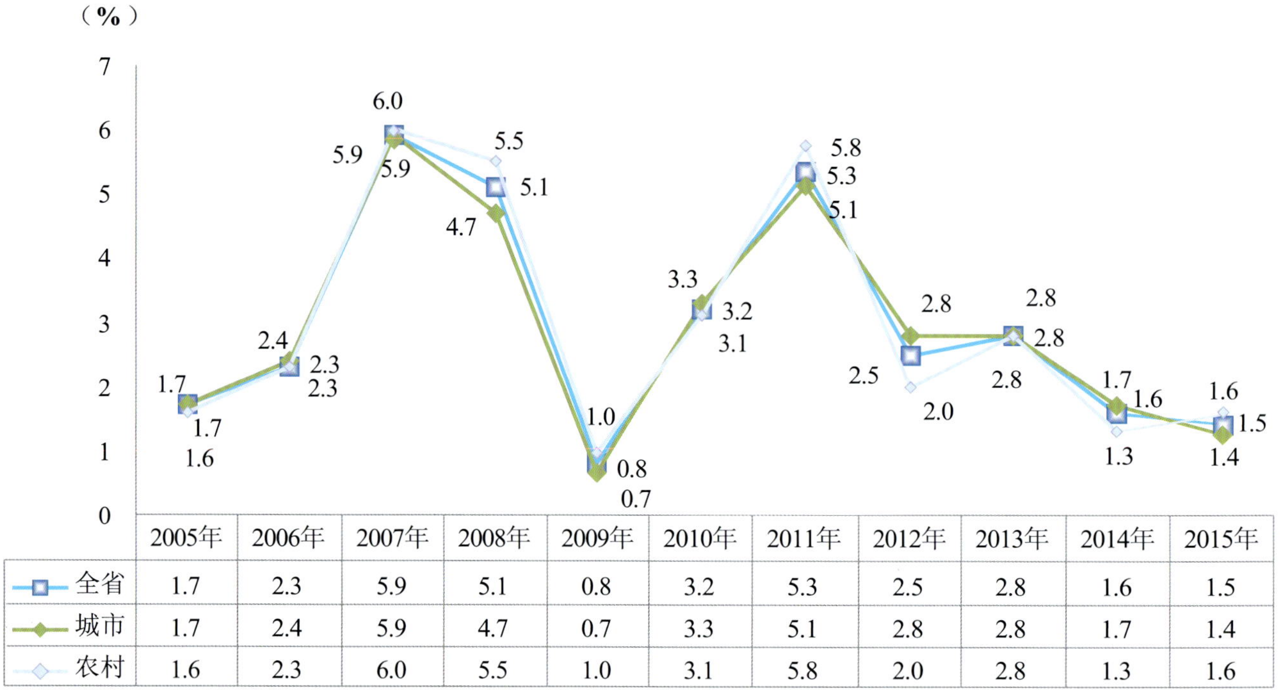

	2005年	2006年	2007年	2008年	2009年	2010年	2011年	2012年	2013年	2014年	2015年
全省	1.7	2.3	5.9	5.1	0.8	3.2	5.3	2.5	2.8	1.6	1.5
城市	1.7	2.4	5.9	4.7	0.7	3.3	5.1	2.8	2.8	1.7	1.4
农村	1.6	2.3	6.0	5.5	1.0	3.1	5.8	2.0	2.8	1.3	1.6

工业生产者出厂价格涨跌情况

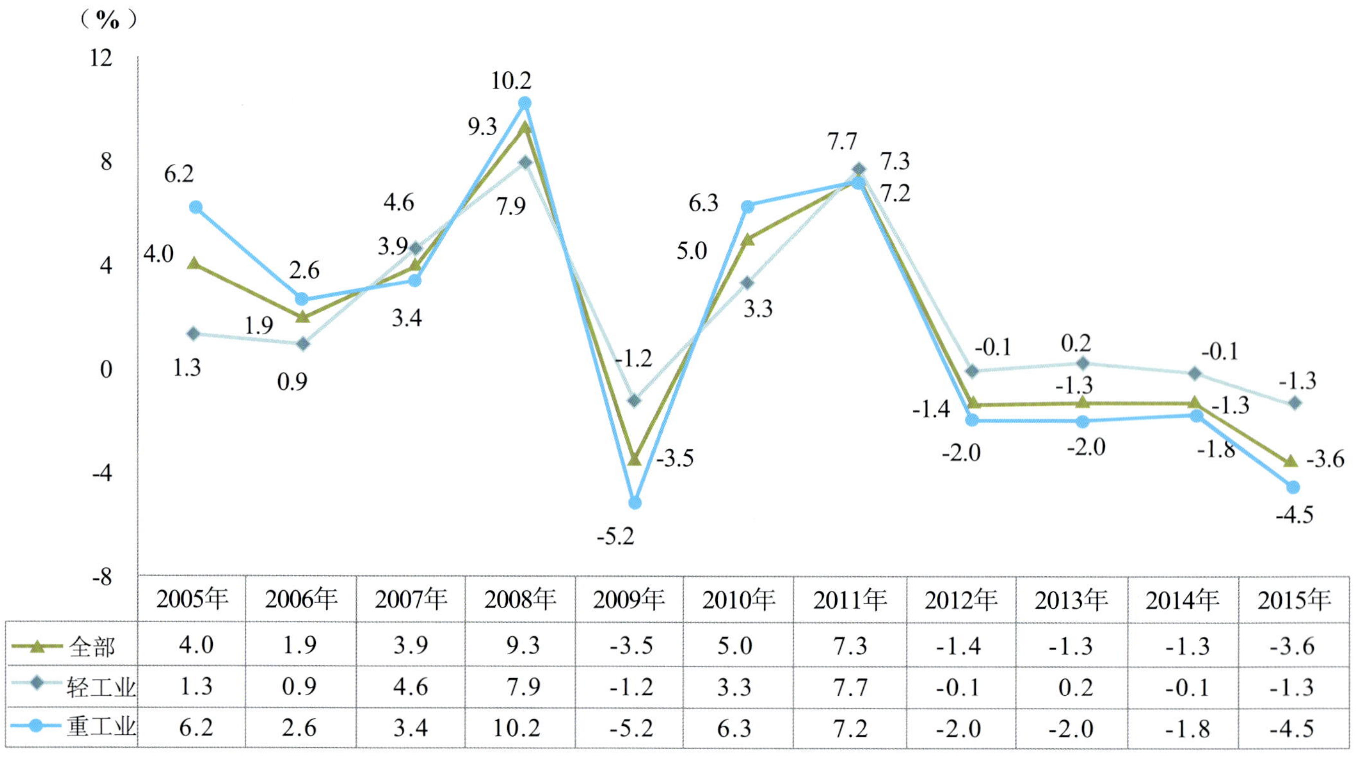

	2005年	2006年	2007年	2008年	2009年	2010年	2011年	2012年	2013年	2014年	2015年
全部	4.0	1.9	3.9	9.3	-3.5	5.0	7.3	-1.4	-1.3	-1.3	-3.6
轻工业	1.3	0.9	4.6	7.9	-1.2	3.3	7.7	-0.1	0.2	-0.1	-1.3
重工业	6.2	2.6	3.4	10.2	-5.2	6.3	7.2	-2.0	-2.0	-1.8	-4.5

旅客周转量和货物周转量

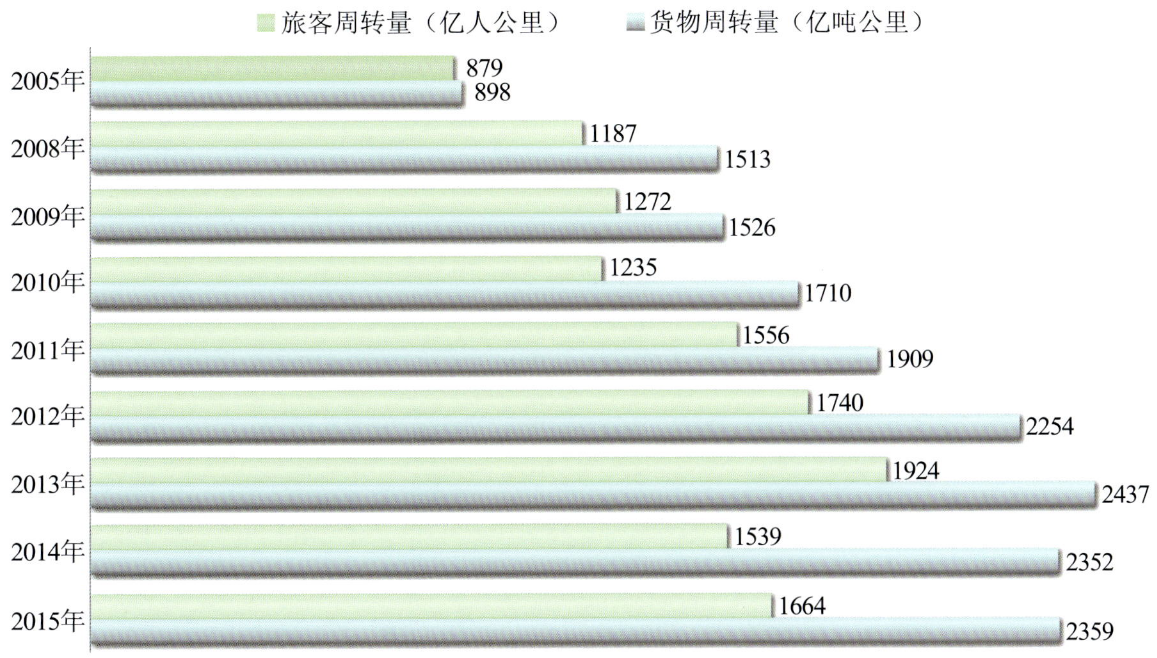

广播覆盖率和电视覆盖率

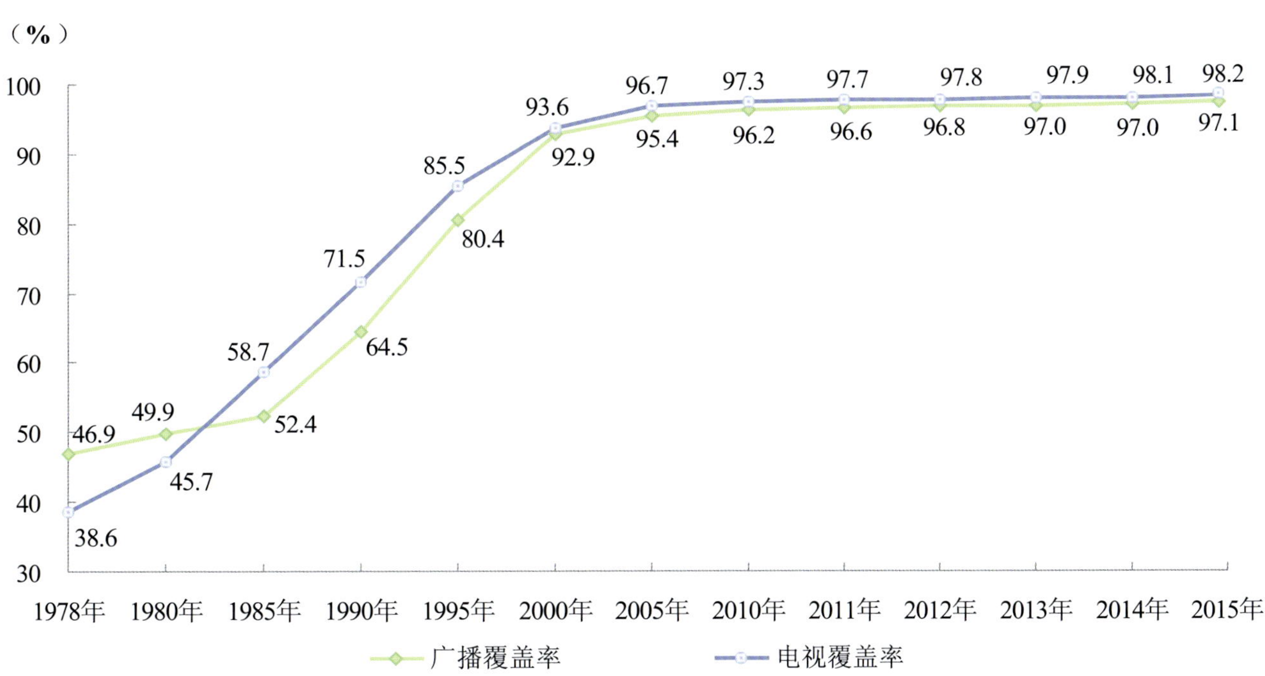

各类学校在校学生数

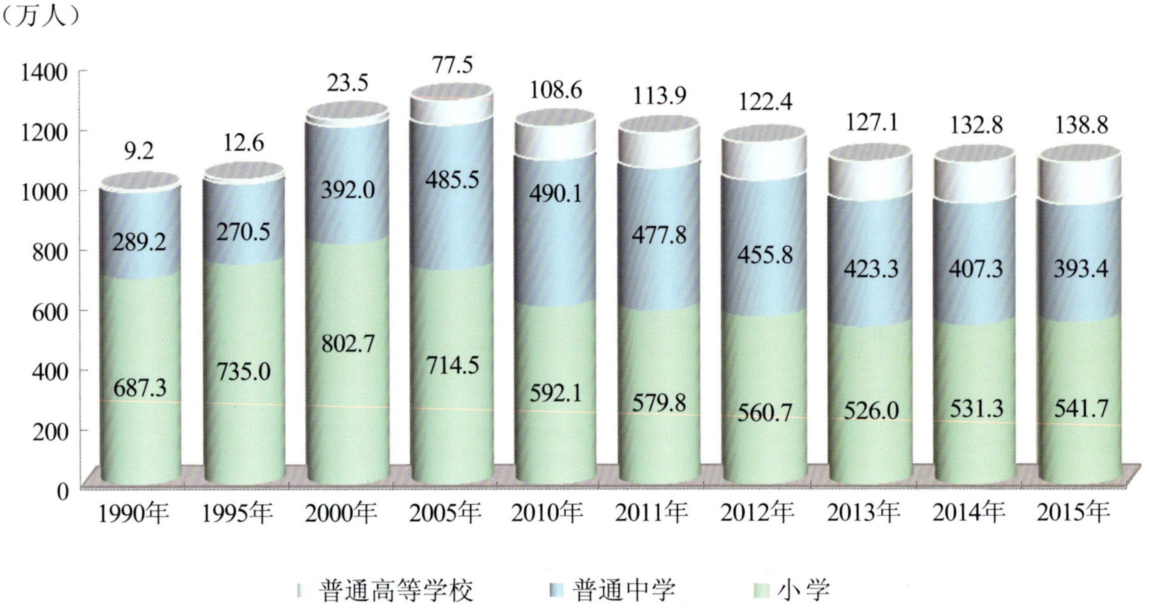

卫生机构床位数

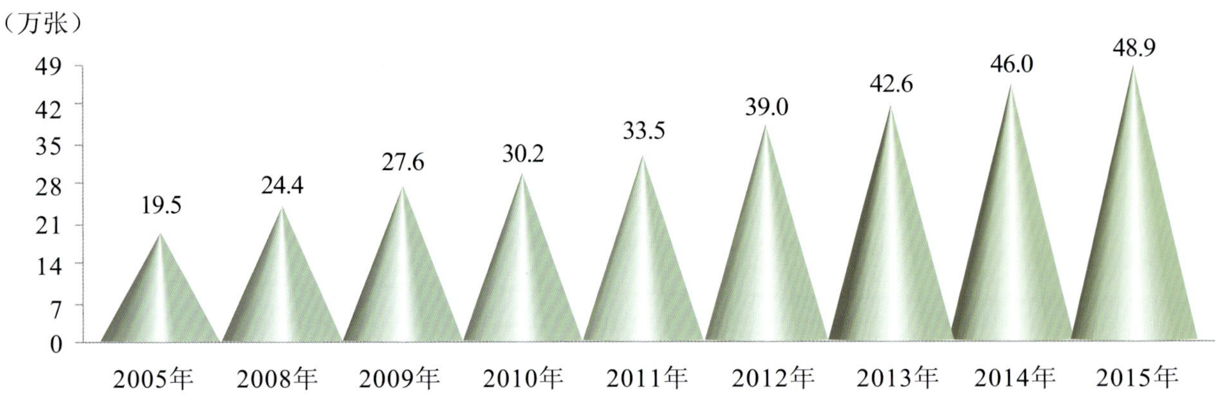

综　合

GENERAL SURVEY

1-1 各市(州)行政区划及辖区面积(2015年底)
Administrative Divisions and Area by Region (End of 2015)

单位：个、平方公里 (unit, sq.km)

市(州)	Region	县(市、区) Counties,Cities at County Level and Districts under City Administration					乡、镇、街道办事处 Township,Towns and Street Committees					辖区面积 Administrative Area
		合计 Total	市辖区 Districts under City Administration	县级市 Cities at County Level	县 Coun-ties	自治县 Autono-mous Counties	合计 Total	乡 Town-ship	#民族乡 Ethnic Community Township	镇 Towns	街道办事处 Street Com-mittees	
全 省	**Sichuan**	**183**	**50**	**16**	**113**	**4**	**4635**	**2271**	**98**	**2032**	**332**	**486052**
成都市	Chengdu	19	10	4	5		317	23		181	113	12119
自贡市	Zigong	6	4		2		108	21		75	12	4381
攀枝花市	Panzhihua	5	3		2		60	23	13	21	16	7401
泸州市	Luzhou	7	3		4		144	19	8	104	21	12236
德阳市	Deyang	6	1	3	2		129	20		99	10	5910
绵阳市	Mianyang	9	2	1	5	1	293	119	15	158	16	20248
广元市	Guangyuan	7	3		4		239	131	2	99	9	16311
遂宁市	Suining	5	2		3		130	38		74	18	5323
内江市	Neijiang	5	2		3		121	7		101	13	5385
乐山市	Leshan	11	4	1	4	2	218	112	2	99	7	12723
南充市	Nanchong	9	3	1	5		424	216	1	177	31	12477
眉山市	Meishan	6	2		4		131	51		77	3	7140
宜宾市	Yibin	10	2		8		185	54	13	118	13	13266
广安市	Guangan	6	2	1	3		181	81		90	10	6341
达州市	Dazhou	7	2	1	4		315	178	4	129	8	16582
雅安市	Yaan	8	2		6		143	93	18	45	5	15046
巴中市	Bazhong	5	2		3		198	106		81	11	12293
资阳市	Ziyang	4	1	1	2		178	82		88	8	7960
阿坝藏族羌族自治州	Aba	13		1	12		219	168	2	51		83016
甘孜藏族自治州	Ganzi	18		1	17		325	270	7	55		149599
凉山彝族自治州	Liangshan	17		1	15	1	577	459	13	110	8	60294

注：行政区划情况由四川省民政厅提供。
a) Data of administrative division are provided by Sichuan Provincial Civil Affairs Department.

1-2 各市(州)基层群众自治组织情况(2015年底)
Basic Statistics on Grass Roots Organizations by Region(End of 2015)

单位: 个 (unit)

市(州)	Region	社区居委会 Community (Neighborhood Committee)	居民小组 Residents Unit	村民委员会 Villagers Committee	村民小组 Villagers Group
全 省	**Sichuan**	**6949**	**56908**	**46240**	**363233**
成都市	Chengdu	1565	18416	1911	26291
自贡市	Zigong	295	3458	1128	13407
攀枝花市	Panzhihua	130	1311	351	2329
泸州市	Luzhou	272	1854	1345	13261
德阳市	Deyang	349	3246	1431	16568
绵阳市	Mianyang	538	3684	3264	23972
广元市	Guangyuan	296	1215	2425	16046
遂宁市	Suining	303	1816	2046	19399
内江市	Neijiang	330	2450	1649	17800
乐山市	Leshan	253	2205	2030	16893
南充市	Nanchong	532	4137	5279	43816
眉山市	Meishan	252	1772	1103	8476
宜宾市	Yibin	337	2792	2842	22936
广安市	Guangan	236	1514	2751	20923
达州市	Dazhou	473	2169	2746	20124
雅安市	Yaan	71	482	1017	6823
巴中市	Bazhong	282	1273	2363	14032
资阳市	Ziyang	205	1793	2779	28386
阿坝藏族羌族自治州	Aba	53	136	1354	4039
甘孜藏族自治州	Ganzi	55	238	2679	7920
凉山彝族自治州	Liangshan	122	947	3747	19792

1-3 各市(州)行政区划一览表(2015年底)
Administrative Division Schedule by Region (End of 2015)

市(州) Region	县、市、区 Counties, Cities at County Level and Districts under City Administration
成都市	锦江区、青羊区、金牛区、武侯区、成华区、龙泉驿区、青白江区、新都区、温江区、双流区、都江堰市、彭州市、邛崃市、崇州市、金堂县、郫县、大邑县、蒲江县、新津县
Chengdu	Jinjiang, Qingyang, Jinniu, Wuhou, Chenghua, Longquanyi, Qingbaijiang, Xindu, Wenjiang, Shuangliu, Dujiangyan, Pengzhou, Qionglai, Chongzhou, Jintang, Pixian, Dayi, Pujiang, Xinjin
自贡市	自流井区、贡井区、大安区、沿滩区、荣县、富顺县
Zigong	Ziliujing, Gongjing, Daan, Yantan, Rongxian, Fushun
攀枝花市	东区、西区、仁和区、米易县、盐边县
Panzhihua	Dongqu, Xiqu, Renhe, Miyi, Yanbian
泸州市	江阳区、龙马潭区、纳溪区、泸县、合江县、叙永县、古蔺县
Luzhou	Jiangyang, Longmatan, Naxi, Luxian, Hejiang, Xuyong, Gulin
德阳市	旌阳区、广汉市、什邡市、绵竹市、中江县、罗江县
Deyang	Jinyang, Guanghan, Shifang, Mianzhu, Zhongjiang, Luojiang
绵阳市	涪城区、游仙区、江油市、安县、梓潼县、平武县、北川羌族自治县、三台县、盐亭县
Mianyang	Fucheng, Youxian, Jiangyou, Anxian, Zitong, Pingwu, Beichuan, Santai, Yanting
广元市	利州区、昭化区、朝天区、剑阁县、旺苍县、青川县、苍溪县
Guangyuan	Lizhou, zhaohua, Chaotian, Jiange, Wangcang, Qingchuan, Cangxi
遂宁市	船山区、安居区、蓬溪县、射洪县、大英县
Suining	Chuanshan, Anju, Pengxi, Shehong, Daying
内江市	市中区、东兴区、资中县、威远县、隆昌县
Neijiang	Downtown, Dongxing, Zizhong, Weiyuan, Longchang
乐山市	市中区、五通桥区、沙湾区、金口河区、峨眉山市、犍为县、井研县、夹江县、沐川县、峨边彝族自治县、马边彝族自治县
Leshan	Downtown, Wutongqiao, Shawan, Jinkouhe, Emeishan, Qianwei, Jingyan, Jiajiang, Muchuan, Ebian, Mabian
南充市	顺庆区、高坪区、嘉陵区、阆中市、南部县、西充县、营山县、仪陇县、蓬安县
Nanchong	Shunqing, Gaoping, Jialing, Langzhong, Nanbu, Xichong, Yingshan, Yilong, Pengan
眉山市	东坡区、彭山区、仁寿县、洪雅县、丹棱县、青神县
Meishan	Dongpo, Pengshan, Renshou, Hongya, Danling, Qingshen
宜宾市	翠屏区、南溪区、宜宾县、江安县、长宁县、高县、筠连县、珙县、兴文县、屏山县
Yibin	Cuiping, Yibinxian, Nanxi, Jiangan, Changning, Gaoxian, Junlian, Gongxian, Xingwen, Pingshan
广安市	广安区、前锋区、华蓥市、岳池县、武胜县、邻水县
Guangan	Guanganqu, Qianfeng, Huaying, Yuechi, Wusheng, Linshui
达州市	通川区、达川区、万源市、宣汉县、开江县、大竹县、渠县
Dazhou	Tongchuan, Dachuan, Wanyuan, Xuanhan, Kaijiang, Dazhu, Quxian
雅安市	雨城区、名山区、荥经县、汉源县、石棉县、天全县、芦山县、宝兴县
Yaan	Yucheng, Mingshan, Yingjing, Hanyuan, Shimian, Tianquan, Lushan, Baoxing
巴中市	巴州区、恩阳区、平昌县、通江县、南江县
Bazhong	Bazhou, Enyang，Pingchang, Tongjiang, Nanjiang
资阳市	雁江区、简阳市、安岳县、乐至县
Ziyang	Yanjiangqu, Jianyang, Anyue, Lezhi
阿坝藏族羌族自治州	马尔康市、汶川县、理县、茂县、松潘县、九寨沟县、金川县、小金县、黑水县、壤塘县、阿坝县、若尔盖县、红原县
Aba	Maerkang, Wenchuan, Lixian, Maoxian, Songpan, Jiuzhaigou, Jinchuan, Xiaojin, Heishui,Rangtang, Abaxian, Ruoergai, Hongyuan
甘孜藏族自治州	康定市、泸定县、丹巴县、九龙县、雅江县、道孚县、炉霍县、甘孜县、新龙县、德格县、白玉县、石渠县、色达县、理塘县、巴塘县、乡城县、稻城县、得荣县
Ganzi	Kangding, Luding, Danba, Jiulong, Yajiang, Daofu, Luhuo, Ganzixian, Xinlong, Dege, Baiyu, Shiqu, Seda, Litang, Batang, Xiangcheng, Daocheng, Derong
凉山彝族自治州	西昌市、木里藏族自治县、盐源县、德昌县、会理县、会东县、宁南县、普格县、布拖县、金阳县、昭觉县、喜德县、冕宁县、越西县、甘洛县、美姑县、雷波县
Liangshan	Xichang, Muli, Yanyuan, Dechang, Huili, Huidong, Ningnan, Puge, Butuo, Jinyang, Zhaojue, Xide,Mianning, Yuexi, Ganluo, Meigu, Leibo

1-4 国民经济和社会发展总量与速度指标

指　　标		Item	
人口		**Population**	
年末常住人口	(万人)	Residence Population (year-end)	(10 000 persons)
#男性	(万人)	Male	(10 000 persons)
女性	(万人)	Female	(10 000 persons)
#城镇	(万人)	Urban	(10 000 persons)
乡村	(万人)	Rural	(10 000 persons)
劳动力(年末数)		**Labour Force (year-end)**	
劳动力资源总数	(万人)	Total Labour Force	(10 000 persons)
就业人员数	(万人)	Employment	(10 000 persons)
#第一产业	(万人)	Primary Industry	(10 000 persons)
第二产业	(万人)	Secondary Industry	(10 000 persons)
第三产业	(万人)	Tertiary Industry	(10 000 persons)
#非私营单位就业人员	(万人)	Staff and Workers of Non-private Units	(10 000 persons)
#国有经济单位职工	(万人)	State-owned Units	(10 000 persons)
城镇集体经济单位职工	(万人)	Urban Collective-owned Units	(10 000 persons)
国民经济核算		**National Accounting**	
地区生产总值	(亿元)	Gross Regional Product	(100 million yuan)
第一产业	(亿元)	Primary Industy	(100 million yuan)
第二产业	(亿元)	Secondary Industy	(100 million yuan)
第三产业	(亿元)	Tertiary Industy	(100 million yuan)
人均地区生产总值	(元)	Per Capita Gross Regional Product	(yuan)
支出法地区生产总值	(亿元)	Gross Regional Product by Expenditure Approach	(100 million yuan)
最终消费	(亿元)	Final Consumption Expenditure	(100 million yuan)
居民消费	(亿元)	Household Consumption Expenditure	(100 million yuan)
政府消费	(亿元)	Government Consumption Expenditure	(100 million yuan)
资本形成总额	(亿元)	Gross Capital Formation	(100 million yuan)
固定资本形成	(亿元)	Gross Fixed Capital Formation	(100 million yuan)
存货增加	(亿元)	Changes in Inventories	(100 million yuan)
农业		**Agriculture**	
农林牧渔业总产值	(亿元)	Gross Output Value of Farming, Forestry, Animal Husbandry and Fishery	(100 million yuan)
#农业	(亿元)	Farming	(100 million yuan)
牧业	(亿元)	Animal Husbandry	(100 million yuan)
粮食产量	(万吨)	Grain Yield	(10 000 tons)
油料产量	(万吨)	Oil Bearing Crops Yield	(10 000 tons)
肉猪出栏头数	(万头)	Number of Slaughtered Fatterned Hogs	(10 000 heads)
猪年末头数	(万头)	Number of Hogs (year-end)	(10 000 heads)
牛年末头数	(万头)	Number of Cattle (year-end)	(10 000 tons)
肉类总产量	(万吨)	Output of Meat	(10 000 tons)
#猪肉	(万吨)	Output of Pork	(10 000 tons)
牛肉	(万吨)	Output of Beef	(10 000 tons)
耕地面积	(万公顷)	Cultivated Areas	(10 000 hectares)
农作物总播种面积	(万公顷)	Total Sown Areas	(10 000 hectares)
#粮食	(万公顷)	Sown Areas of Grain Crops	(10 000 hectares)
农村用电量	(亿千瓦时)	Electricity Consumed in Rural Areas	(100 million kwh)
化肥施用量	(万吨)	Consumption of Chemical Fertilizers	(10 000 tons)

Principal Aggregate Indicators on National Economy and Social Development and the Related Growth Rates

总量指标 Aggregate Data							指数(%) Indices (2015年比以下各年) (2015 as Percentage of)			年平均增长速度(%) Average Annual Growth Rate	
2005	2010	2011	2012	2013	2014	2015	2005	2010	2014	2006~2015	2011~2015
8212.0	8042.0	8050.0	8076.2	8107.0	8140.2	8204.0	99.9	102.0	100.8	-0.01	0.40
4213.0	4083.0	4103.0	4125.6	4104.7	4150.3	4120.0	97.8	100.9	99.3	-0.22	0.18
3999.0	3959.0	3947.0	3950.6	4002.3	3989.9	4084.0	102.1	103.2	102.4	0.21	0.62
2710.0	3231.0	3367.0	3515.6	3640.0	3768.9	3912.0	144.4	121.1	103.8	3.74	3.90
5502.0	4811.0	4683.0	4560.6	4467.0	4371.3	4292.0	78.0	89.2	98.2	-2.45	-2.26
6058	6301	6343	6387	6439	6490	6543	108.0	103.8	100.8	0.8	0.8
4702.00	4772.53	4785.47	4798.30	4817.31	4833.00	4847.01	103.1	101.6	100.3	0.3	0.3
2421.50	2083.20	2043.36	1991.30	1955.79	1909.00	1870.91	77.3	89.8	98.0	-2.5	-2.1
926.30	1188.82	1210.78	1233.18	1254.50	1275.90	1289.31	139.2	108.5	101.1	3.4	1.6
1354.20	1500.51	1531.33	1573.83	1607.01	1648.10	1686.79	124.6	112.4	102.3	2.2	2.4
492.80	570.58	587.49	611.80	685.57	808.70	795.47	161.4	139.4	98.4	4.9	6.9
303.70	335.77	331.63	342.70	349.10	351.10	344.08	113.3	102.5	98.0	1.3	0.5
40.90	33.69	32.12	32.30	30.10	29.00	26.25	64.1	77.8	90.3	-4.4	-4.9
7385.10	17185.48	21026.68	23872.80	26392.07	28536.66	30053.10	317.0	166.8	107.9	12.2	10.8
1481.14	2443.20	2937.70	3245.94	3368.66	3531.05	3677.30	143.1	121.4	103.7	3.6	4.0
3067.23	7902.18	10045.72	11240.02	12378.71	12839.60	13248.08	419.8	183.0	107.5	15.4	12.8
2836.73	6840.10	8043.26	9386.84	10644.70	12166.01	13127.72	304.0	164.0	109.5	11.8	10.4
9060	21182	26133	29608	32617	35128	36775	315.4	165.3	107.2	12.2	10.6
7385.10	17185.48	21026.68	23872.80	26392.07	28536.66	30053.10	317.0	166.8	107.9	12.2	10.8
4267.69	8609.53	10424.40	11926.70	13289.19	14529.94	15774.96	278.4	166.0	108.1	10.8	10.7
3366.47	6638.53	7967.50	9095.30	10152.98	11174.20	12073.44	262.3	164.5	108.6	10.1	10.5
901.22	1971.00	2456.90	2831.40	3136.21	3355.74	3701.52	332.1	170.6	106.6	12.8	11.3
3326.22	9219.92	11067.68	12496.00	13562.06	14426.45	14806.21	354.9	159.6	107.3	13.5	9.8
3179.92	8911.05	10691.30	12096.20	13147.11	13990.55	14415.31	361.7	160.3	107.6	13.7	9.9
146.30	308.87	376.38	399.80	414.95	435.90	390.90	208.4	134.6	99.3	7.6	6.1
2457.46	4081.81	4932.73	5433.12	5620.26	5888.10	6377.84	148.5	123.0	104.6	4.0	4.2
1037.20	2069.33	2454.26	2764.90	2903.48	3078.61	3335.51	146.7	125.7	105.4	3.9	4.7
1230.18	1705.16	2127.20	2269.86	2267.56	2318.84	2515.58	141.8	116.4	102.6	3.6	3.1
	3223.52	3292.25	3315.70	3387.10	3374.90	3442.80		106.8	102.0		1.3
	268.52	278.45	286.56	290.44	300.79	307.55		114.5	102.2		2.8
	7175.20	7000.64	7170.76	7314.04	7445.00	7236.54		100.9	97.2		0.2
	5162.70	5101.73	5132.43	5004.10	5000.60	4815.57		93.3	96.3		-1.4
	968.58	988.62	940.22	949.70	983.90	985.30		101.7	100.1		0.3
	656.35	650.83	670.12	690.32	714.74	706.80		107.7	98.9		1.5
	492.40	484.69	496.47	510.80	527.18	512.42		104.1	97.2		0.8
	29.42	28.90	29.29	31.10	33.37	35.37		120.2	106.0		3.8
390.60	401.07	398.34	399.15	399.38	673.42	673.61	172.5	168.0	100.0	5.6	10.9
941.69	947.30	956.00	964.32	968.22	966.86	969.00	102.9	102.3	100.2	0.3	0.5
650.16	640.13	643.70	646.54	646.99	646.74	645.40	99.3	100.8	99.8	-0.1	0.2
112.90	141.70	148.60	155.96	163.51	169.57	174.81	154.8	123.4	103.1	4.5	4.3
220.92	248.00	251.20	252.83	251.14	250.20	249.83	113.1	100.7	99.9	1.2	0.1

1-4 续表1

指　　标		Item	
#氮肥	(万吨)	Nitrogen	(10 000 tons)
造林面积	(万公顷)	Afforested Hilly Area	(10 000 hectares)
规模以上工业企业		**Industrial Enterprises above Designated Size**	
主要财务指标		Principal Financial Indicators	
资产总计	(亿元)	Total Assets	(100 million yuan)
负债合计	(亿元)	Total Liability	(100 million yuan)
所有者权益合计	(亿元)	Owners' Equities	(100 million yuan)
主营业务收入	(亿元)	Revenue from Principal Business	(100 million yuan)
主营业务成本	(亿元)	Cost of Principal Business	(100 million yuan)
利润总额	(亿元)	Total Profits	(100 million yuan)
全部从业人员年平均人数	(万人)	Annual Average Employed Persons	(10 000 persons)
主要产品产量		Output of Major Products	
布	(亿米)	Cloth	(100 million m)
机制纸及纸板	(万吨)	Machine-made Paper and Paperboards	(10 000 tons)
原盐	(万吨)	Salt	(10 000 tons)
卷烟	(亿支)	Cigarettes	(100 million pieces)
乳制品	(吨)	Dairy Products	(tons)
白酒(商品量)	(万吨)	Liquor	(10 000 tons)
啤酒	(万吨)	Beer	(10 000 tons)
电视机	(万台)	Television	(10 000 sets)
天然气	(亿立方米)	Natural Gas	(100 million cu.m)
发电量	(亿千瓦小时)	Electricity	(100 million kwh)
#水电	(亿千瓦小时)	Hydropower	(100 million kwh)
生铁	(万吨)	Pig Iron	(10 000 tons)
粗钢	(万吨)	Crude Steel	(10 000 tons)
成品钢材	(万吨)	Steel Products	(10 000 tons)
水泥	(万吨)	Cement	(10 000 tons)
农用氮、磷、钾化肥(折纯)	(万吨)	Chemical Fertilizer	(10 000 tons)
#氮肥	(万吨)	Nitrogen	(10 000 tons)
化学农药	(吨)	Chemical Pesticide	(ton)
硫酸	(万吨)	Sulfuric Acid	(10 000 tons)
纯碱	(万吨)	Soda Ash	(10 000 tons)
烧碱	(万吨)	Caustic Soda	(10 000 tons)
固定资产投资		**Investment in Fixed Assets**	
全社会固定资产投资总额	(亿元)	Total Investment in Fixed Assets	(100 million yuan)
国有经济	(亿元)	State-owned Units	(100 million yuan)
集体经济	(亿元)	Collective-owned Units	(100 million yuan)
个体及私营经济	(亿元)	Individuals and Private Units	(100 million yuan)
其他经济	(亿元)	Others	(100 million yuan)
房地产完成投资额	(亿元)	Compeleted Investment Of Real Estate	(100 million yuan)
#住宅	(亿元)	Residental	(100 million yuan)
消费		**Domestic Trade**	
社会消费品零售总额	(亿元)	Total Retail Sales of Consumer Goods	(100 million yuan)
对外经济贸易		**Foreign Trade and Economic Cooperation**	
进出口总额	(万美元)	Total Import and Export	(USD 10 000)

continued

总量指标 Aggregate Data							指数(%) Indices (2015年比以下各年) (2015 as Percentage of)			年平均增长速度(%) Average Annual of Growth Rate	
2005	2010	2011	2012	2013	2014	2015	2005	2010	2014	2006~2015	2011~2015
121.78	129.60	128.80	127.91	126.09	125.71	124.73	102.4	96.2	99.2	0.2	-0.8
24.19	38.22	25.19	11.22	12.62	9.82	31.82	131.5	83.3	323.9	2.8	-3.6
7908.62	22564.76	26113.61	30362.89	36239.56	38359.92	40401.38	510.9	179.0	105.3	17.7	12.4
4934.81	13889.83	15991.15	18721.46	22204.87	23413.64	24238.90	491.2	174.5	103.5	17.3	11.8
2966.06	8571.93	10049.11	11471.16	13491.64	14703.51	16075.60	542.0	187.5	109.3	18.4	13.4
6008.12	23062.82	29887.91	31427.16	35686.14	38063.87	38645.91	643.2	167.6	101.5	20.5	10.9
4900.53	19003.96	24721.71	25755.76	29660.84	31963.29	32514.83	663.5	171.1	101.7	20.8	11.3
326.65	1661.85	2197.84	2333.76	2328.99	2237.00	2171.26	664.7	130.7	97.1	20.9	5.5
219.00	351.67	380.48	391.44	385.05	374.10	354.47	161.9	100.8	94.8	4.9	0.2
7.07	14.90	16.68	14.19	17.15	18.91	18.50	261.7	124.2	97.8	10.1	4.4
110.59	342.86	369.24	237.09	212.30	224.24	189.80	171.6	55.4	84.6	5.5	-11.2
412.11	763.18	1037.65	476.44	502.88	388.08	325.00	78.9	42.6	83.7	-2.3	-15.7
685.05	914.24	944.16	978.85	998.66	1003.69	945.80	138.1	103.5	94.2	3.3	0.7
150432	579963	780055	772171	949209	1027121	1049000	697.3	180.9	102.1	21.4	12.6
57.83	229.80	309.39	295.18	336.36	349.97	370.90	641.4	161.4	106.0	20.4	10.0
126.22	158.30	192.05	196.00	238.26	227.75	221.00	175.1	139.6	97.0	5.8	6.9
781.61	1208.90	1116.35	1028.50	991.62	1027.72	1055.70	135.1	87.3	102.7	3.1	-2.7
135.24	234.16	267.76	242.11	242.09	252.46	266.21	196.8	113.7	105.4	7.0	2.6
958.03	1683.82	1845.06	2002.43	2448.33	2930.74	2969.54	310.0	176.4	101.3	12.0	12.0
616.99	1103.37	1245.31	1410.69	1830.71	2341.30	2508.44	406.6	227.3	107.1	15.1	17.9
1060.50	1593.81	1714.99	1670.22	2011.40	1931.40	1747.40	164.8	109.6	90.5	5.1	1.9
1094.45	1580.99	1728.64	1674.28	2424.74	2243.03	2110.40	192.8	133.5	94.1	6.8	5.9
1172.72	1976.55	2233.29	2281.62	2785.22	2935.21	2702.50	230.4	136.7	92.1	8.7	6.5
4194.74	13227.55	14501.08	13342.06	13897.09	14580.97	14040.60	334.7	106.1	96.3	12.8	1.2
428.82	510.12	470.68	425.28	439.98	433.20	497.10	115.9	97.4	114.8	1.5	-0.5
337.60	414.76	379.59	332.85	336.13	294.88	307.90	91.2	74.2	104.4	-0.9	-5.8
38779	128105	125239	96340	150020	168605	178000	459.0	138.9	105.6	16.5	6.8
324.85	388.22	422.99	527.56	590.97	695.33	642.50	197.8	165.5	92.4	7.1	10.6
106.51	169.78	167.76	167.84	180.57	129.60	106.90	100.4	63.0	82.5	0.0	-8.8
75.49	106.93	117.91	123.21	111.60	114.96	97.30	128.9	91.0	84.6	2.6	-1.9
3477.68	13581.96	15124.09	18038.92	21049.15	23577.17	25973.74	746.9	191.2	110.2	22.3	13.8
1348.78	5771.01	5665.58	3948.23	1986.45	1243.78	941.45	69.8	16.3	75.7	-3.5	-30.4
48.08	167.45	175.02	123.74	100.28	68.83	65.89	137.0	39.3	95.7	3.2	-17.0
658.32	2296.90	2774.44	2151.03	2084.74	2093.52	2269.29	344.7	98.8	108.4	13.2	-0.2
1422.50	5346.60	6509.05	11815.92	16877.68	20171.04	22697.11	1595.6	424.5	112.5	31.9	33.5
701.45	2194.63	2819.17	3266.40	3853.00	4380.09	4813.03	686.2	219.3	109.9	21.2	17.0
473.29	1535.28	1989.39	2197.75	2537.89	2847.82	3048.72	644.2	198.6	107.1	20.5	14.7
3003.49	6884.84	8290.84	9622.00	11001.00	12392.98	13877.74	462.1	201.6	112.0	16.5	15.0
790476	3277822	4778444	5912538	6459252	7025223	5159301	652.7	157.4	73.4	20.6	9.5

1-4 续表2

指　　标		Item	
出口总额	(万美元)	Total Export	(USD 10 000)
进口总额	(万美元)	Total Import	(USD 10 000)
利用外资		**Foreign Funds**	
实际利用外资额	(万美元)	Total Amount of Foreign Capital Actually Used	(USD 10 000)
#外商直接投资	(万美元)	Foreign Direct Investment	(USD 10 000)
对外承包工程		**Foreign Contracted Projects**	
新签合同额	(万美元)	Turnover of New Contracts	(USD 10 000)
完成营业额	(万美元)	Completed Turnover	(USD 10 000)
人民生活		**People's Livelihood**	
居民人均消费水平	(元)	Per Capita Consumption of Residents	(yuan)
农村居民	(元)	Urban Residents	(yuan)
城镇居民	(元)	Rural Residents	(yuan)
城镇居民人均可支配收入	(元)	Per Capita Disposable Income of Urban Residents	(yuan)
城镇居民人均消费支出	(元)	Per Capita Living Expenditures for Consumption of Urban Residents	(yuan)
#食品烟酒	(元)	Food, Tobacco and Liquor	(yuan)
衣着	(元)	Clothing	(yuan)
交通通信	(元)	Transportation and Communications	(yuan)
教育文化娱乐	(元)	Education, Recreation and Cultural Services	(yuan)
农村居民人均可支配收入	(元)	Annual per Capita Disposible Income of Rural Residents	(yuan)
农村居民人均生活消费支出	(元)	Expenditure for Consumption of Rural Residents	(yuan)
#食品烟酒	(元)	Food, Tobacco and Liquor	(yuan)
衣着	(元)	Clothing	(yuan)
交通通信	(元)	Transportation and Communications	(yuan)
教育文化娱乐	(元)	Education, Recreation and Cultural Services	(yuan)
全部单位就业人员工资总额	(亿元)	Total Wages of Staff and Workers in all Units	(100 million yuan)
#国有经济单位	(亿元)	State-owned Units	(100 million yuan)
城镇集体经济单位	(亿元)	Urban Collective-owned Units	(100 million yuan)
全部单位就业人员平均货币工资	(元)	Average Money Wages of Staff and Workers in all Units	(yuan)
#国有经济单位	(元)	State-owned Units	(yuan)
城镇集体经济单位	(元)	Urban Collective-owned Units	(yuan)
教育和文化		**Education and Culture**	
专任教师数		Full-time Teachers	
普通高等学校	(人)	Regular Institutions of Higher Education	(person)
普通中学	(人)	Regular Secondary Schools	(person)
小学	(人)	Primary Schools	(person)
在校学生数		Number of Students Enrollment	
普通高等学校	(万人)	Regular Institutions of Higher Education	(10 000 persons)
普通中学	(万人)	Regular Secondary Schools	(10 000 persons)
小学	(万人)	Primary Schools	(10 000 persons)
图书出版总印数	(万册)	Total Printed Copies of Published Books	(10 000 copies)
杂志出版总印数	(万册)	Total Printed Copies of Published Magazines	(10 000 copies)
报纸出版总印数	(万份)	Total Printed Copies of Published Newspapers	(10 000 copies)

注：从2013年起，国家统计局开展了城乡一体化住户收支和生活状况调查，本表中城镇、乡村居民人均收入和支出数据来源于此调查样本，与2012年前的分城镇和农村住户调查的调查范围、调查方法、指标口径有所不同。2012年及以前农村居民人均可支配收入为农村居民人均纯收入统计口径。

continued

总量指标 Aggregate Data							指数(%) Indices (2015年比以下各年) (2015as Percentage of)			年平均增长速度(%) Average Annual of Growth Rate	
2005	2010	2011	2012	2013	2014	2015	2005	2010	2014	2006~2015	2011~2015
470089	1884504	2904567	3846147	4195160	4485006	3335144	709.5	177.0	74.4	21.6	12.1
320387	1393318	1873877	2066391	2264092	2540217	1824157	569.4	130.9	71.8	19.0	5.5
110206	701299	1102733	1055054	1057481	1065328	1043681	947.0	148.8	98.0	25.2	8.3
88686	602517	948137	980100	1028443	1028764	999607	1127.1	165.9	97.2	27.4	10.7
138397	684878	745344	320091	356017	362002	453003	327.3	66.1	125.1	12.6	-7.9
57274	399299	498692	563370	630206	709398	546020	953.3	136.7	77.0	25.3	6.5
4130	8182	9903	11280	12548	13755	14774	261.7	163.3	108.0	10.1	10.3
2432	4748	5882	7147	8114	9092	10039	295.1	186.4	111.0	11.4	13.3
7577	13457	15687	16649	17988	19318	20114	197.4	137.3	104.7	7.0	6.5
8386	15461	17899	20307	22228	24234	26205	312.5	169.5	108.1	12.1	11.1
6891	12105	13696	15050	16098	17760	19277	279.7	159.2	108.5	10.8	9.8
2710	4780	5572	6074	5615	6204	6783	250.3	141.9	109.3	9.6	7.3
641	1259	1484	1651	1463	1539	1704	265.9	135.3	110.7	10.3	6.2
828	1674	1758	1947	1849	2169	2414	291.7	144.2	111.3	11.3	7.6
909	1225	1369	1587	1607	1672	1963	215.9	160.3	117.4	8.0	9.9
2803	5087	6129	7001	8381	9348	10247	365.6	201.4	109.6	13.8	15.0
2274	3898	4675	5367	7365	8301	9251	406.8	237.3	111.4	15.1	18.9
1244	1881	2162	2514	2948	3299	3618	290.8	192.3	109.7	11.3	14.0
115	227	282	339	499	548	580	503.3	256.1	105.9	17.5	20.7
172	361	431	464	764	885	1020	594.6	282.7	115.2	19.5	23.1
225	219	277	329	532	600	699	310.6	319.9	116.6	12.0	26.2
796.03	2540.91	3159.80	3772.36	4691.29	5631.68	6168.65	774.9	242.8	109.5	22.7	19.4
557.59	1226.64	1447.95	1706.03	1862.61	2016.26	2261.29	405.5	184.3	112.2	15.0	13.0
45.70	78.54	95.16	110.73	113.76	123.82	125.49	274.6	159.8	101.4	10.6	9.8
15638	26127	31300	35873	41795	45697	50466	322.7	193.2	110.4	12.4	14.1
17644	36729	42048	47721	53896	57018	66551	377.2	181.2	116.7	14.2	12.6
10974	23411	28342	33409	39112	43707	48924	445.8	209.0	111.9	16.1	15.9
44854	64991	67448	73137	76795	81404	84430	188.2	129.9	103.7	6.5	5.4
258924	284962	285755	290366	292629	292967	293165	113.2	102.9	100.1	1.2	0.6
307113	305741	305508	304899	305619	304909	308059	100.3	100.8	101.0	0.0	0.2
77.54	108.62	113.93	122.37	127.08	132.83	138.79	179.0	127.8	104.5	6.0	5.0
485.54	490.09	477.81	455.84	423.32	407.31	393.44	81.0	80.3	96.6	-2.1	-4.3
714.51	592.11	579.80	560.74	525.95	531.32	541.74	75.8	91.5	102.0	-2.7	-1.8
23643	19493	24787	23587	23416	19623	24805	104.9	127.3	126.4	0.5	4.9
7502	10593	9293	9066	7499	6382	5655	75.4	53.4	88.6	-2.8	-11.8
155865	170176	174021	172573	170457	167699	162781	104.4	95.7	97.1	0.4	-0.9

a) The NBS started an integrated household income and expenditure survey in 2013, including both urban and rural households. The data of per capita income and expenditure of urban and rural residents are compiled on the basis of the survey. The coverage, methodology and definitions used in the survey are different from those used for the separate urban and rural household surveys prior to 2012.Annual per capita disposible income of rural residents used to be per capita net income of rural residents in2012 and before.

1-5 国民经济和社会发展比例和效益指标

指　标		Item	
人口与就业		**Population and Employment**	
出生率	(‰)	Birth Rate	(‰)
死亡率	(‰)	Death Rate	(‰)
自然增长率	(‰)	Natural Growth Rate	(‰)
每一就业者负担户籍人口数	(人)	Dependency Ratio for Each Employment	(person)
城镇登记失业率	(%)	Unemployment Rate in Urban Areas	(%)
国民经济核算		**National Accounting**	
人均地区生产总值	(元)	Per Capita GNP	(yuan)
全社会劳动生产率	(元/人)	Overall Labor Productivity (in terms of gross output value per employee)	(yuan/person)
第一产业	(元/人)	Primary Industry	(yuan/person)
第二产业	(元/人)	Secondary Industry	(yuan/person)
第三产业	(元/人)	Tertiary Industry	(yuan/person)
能源		**Energy**	
能源生产弹性系数		Elasticity Ratio of Energy Production	
电力生产弹性系数		Elasticity Ratio of Electricity Production	
能源消费弹性系数		Elasticity Ratio of Energy Consumption	
电力消费弹性系数		Elasticity Ratio of Electricity Consumption	
单位地区生产总值能耗 (吨标准煤/万元)		Energy Consumption per Unit of GDP (ton of SCE/ 10 000 yuan)	
农业		**Agriculture**	
人均耕地面积	(公顷)	Per Capita Cultivated Land	(hectare)
第一产业就业人员人均耕地面积	(公顷)	Cultivated Land per Employed Person in Primary Industry	(hectare)
每公顷耕地农业机械总动力	(千瓦)	Total Power of Agricultural Machinery per Hectare of Cultivated Land	(kw)
每公顷耕地用电量	(千瓦小时)	Electric Power Consumption per Hectare of Cultivated Land	(kwh)
每公顷耕地化肥施用量	(公斤)	Chemical Fertilizer Consumption per Hectare of Cultivated Land	(kg)
#氮肥	(公斤)	Nitrogen	(kg)
每公顷耕地生产的农业产值	(元)	Agricultural Output Value per Hectare of Cultivated Land	(yuan)

注：人均指标均按年平均常住人口计算。

Indicators on Proportions and Efficiency in National Economy and Social Development

1995	2000	2005	2006	2007	2008	2009	2010	2011	2012	2013	2014	2015
17.1	12.1	9.7	9.1	9.2	9.5	9.2	8.9	9.8	9.9	9.9	10.2	10.3
7.2	7.0	6.8	6.3	6.3	7.2	6.4	6.6	6.8	6.9	6.9	7.0	6.9
9.9	5.1	2.9	2.9	2.9	2.4	2.7	2.3	3.0	3.0	3.0	3.2	3.4
1.8	1.8	1.8	1.8	1.9	1.9	1.9	1.9	1.9	1.9	1.9	1.9	1.9
3.6	4.0	4.6	4.5	4.3	4.6	4.3	4.1	4.1	4.1	4.1	4.2	4.1
3043	4956	9060	10613	12963	15495	17339	21182	26133	29608	32617	35128	36775
5307	8436	15725	18456	22363	26610	29803	36069	43998	49819	54894	59141	62093
2200	3508	6086	6748	8887	9955	10191	11559	14238	16090	17069	18273	19457
13243	17146	33298	40326	46217	53572	54434	67818	83728	91982	99520	101483	103290
9387	13770	21142	23574	27132	32072	39921	46039	53059	60460	66930	74750	78730
			0.58	0.55	0.25	0.16	0.50	0.57	0.18	0.04	1.46	0.34
			0.74	0.65	0.07	1.36	1.00	1.43	0.24	2.45	1.90	0.62
			0.72	0.62	0.65	0.54	0.64	0.67	0.35	0.46	0.41	0.01
			0.92	0.77	0.28	0.84	0.91	1.78	0.19	0.65	0.42	-0.26
							0.929	0.890	0.826	0.786	0.749	0.695
0.06	0.05	0.05	0.05	0.05	0.05	0.05	0.05	0.05	0.05	0.05	0.08	0.08
0.15	0.16	0.16	0.17	0.17	0.18	0.18	0.19	0.19	0.20	0.20	0.35	0.36
2.65	3.86	5.59	5.99	6.39	6.79	7.43	7.87	8.60	9.25	9.90	10.42	
1342	1905	2890	3005	3125	3238	3364	3533	3730	3907	4094	2518	2595
401	489	566	583	604	613	624	618	631	633	629	372	371
243	283	312	318	324	325	329	323	323	320	316	187	185
14147	18071	26554	27449	33366	43207	45423	51595	61612	69270	72699	45716	49517

a) The per capita data is calculated by average permanent resident population.

1-5 续表

指　标		Item	
工业		**Industry**	
总资产贡献率	(%)	Ratio of Profits, Taxes and Interests to Average Assets	(%)
资产负债率	(%)	Ratio of Debts to Assets	(%)
成本费用利润率	(%)	Ratio of Profits to Total Industial Costs	(%)
流动资产周转次数	(次/年)	Turnover of Current Assets	(times/year)
固定资产投资		**Investment in Fixed Assets**	
全社会固定资产投资与地区生产总值之比	(%)	Proportion of Investment in Fixed Assets to GDP	(%)
全社会房屋建筑面积竣工率	(%)	Rate of Total Floor Space of Buildings Completed in Construction	(%)
国内贸易		**Domestic Trade**	
人均社会消费品零售总额	(元)	Per Capita Retail Sales of Consumer Goods	(yuan)
金融保险		**Finance and Insurance**	
金融机构存款与地区生产总值之比	(%)	Bank Deposits as Percentage of GDP	(%)
金融机构贷款与地区生产总值之比	(%)	Bank Loans as Percentage of GDP	(%)
教育		**Education**	
学校每一专任教师负担学生数		Student-Teacher (full-time) Ratio	
普通高等学校	(人)	Regular Institutions of Higher Education	(person)
普通中学	(人)	Regular Secondary Schools	(person)
小学学校	(人)	Primary Schools	(person)
文化		**Culture**	
每百万人有艺术表演团体	(个)	Number of Troupes per Million Persons	(unit)
每百万人有公共图书馆	(个)	Number of Public Libraries per Million Persons	(unit)
每百万人有文化馆、文化站	(个)	Number of Cultural Centers and Stations per Million Persons	(unit)
人均年出版报纸	(份)	Annual Number of Newspaper Published per Capita	(copy)
人均年出版图书、杂志	(册)	Annual Number of Books and Magazines Published per Capita	(copy)
城市市政建设		**Municipal Construction**	
用水普及率	(%)	Water Coverage Rate	(%)
燃气普及率	(%)	Gas Coverage Rate	(%)
人均公园绿地面积	(平方米)	Per Capita Public Green Areas	(sq.m)

continued

1995	2000	2005	2006	2007	2008	2009	2010	2011	2012	2013	2014	2015
					13.3	12.7	15.3	16.9	14.3	14.1	13.2	12.2
					60.6	62.0	61.9	61.6	61.4	62.8	60.3	60.3
					5.6	5.7	6.9	7.2	7.6	6.7	5.9	5.8
					2.3	2.4	2.5	2.6	2.5	2.7	2.6	2.6
27.7	35.7	47.1	52.0	55.4	60.3	84.9	79.0	71.9	75.6	79.8	82.6	86.4
			47.2	37.6	37.8	28.8	32.9	28.9	27.0	20.0	17.6	18.1
1194	2109	3685	4240	5039	6080	7082	8486	10304	11933	13596	15256	16982
		134.1	135.8	132.4	148.1	176.5	176.3	166.3	174.2	182.3	189.0	200.0
		91.3	90.1	87.1	88.6	110.8	111.3	107.1	109.6	115.3	121.8	128.8
7.7	12.8	17.3	16.5	16.4	16.7	16.8	16.7	16.9	16.7	16.5	16.3	16.4
14.2	18.1	18.8	18.9	18.7	18.4	17.9	17.2	16.7	15.7	14.5	13.9	13.4
22.9	24.2	23.3	23.5	22.8	21.1	20.1	19.4	19.0	18.4	17.2	17.4	17.6
1.3	1.2	1.0	1.0	1.0	1.0	1.0	1.0	0.9	0.8	0.6	0.6	0.6
1.5	1.6	1.7	1.8	1.9	1.9	1.9	2.0	2.1	2.3	2.4	2.4	2.5
47.1	48.4	57.6	46.4	49.1	50.1	51.7	57.3	59.6	59.5	59.3	59.2	58.6
12.5	16.9	19.1	19.0	20.7	20.2	19.0	21.0	21.6	21.4	21.1	20.6	19.9
2.5	4.1	3.8	3.4	3.6	3.4	3.2	3.7	4.2	4.0	3.8	3.2	3.7
			83.5	86.6	88.1	89.7	90.8	91.8	92.0	91.8	91.1	93.1
			74.2	78.9	81.1	83.4	84.4	87.1	88.0	89.7	90.9	92.5
			8.0	8.4	8.7	9.5	10.2	10.7	10.8	11.2	11.3	12.0

1-6 国民经济和社会发展结构指标
Structural Indicators on National Economy and Social Development

单位：%　　　　(%)

指　标	Item	1995	2000	2005	2010	2013	2014	2015
常住人口结构	**Structure of Resident Population**	**100.0**	**100.0**	**100.0**	**100.0**	**100.0**	**100.0**	**100.0**
城镇人口	Urban Population		26.7	33.0	40.2	44.9	46.3	47.7
乡村人口	Rural Population		73.3	67.0	59.8	55.1	53.7	52.3
就业结构	**Employment Structure**	**100.0**	**100.0**	**100.0**	**100.0**	**100.0**	**100.0**	**100.0**
第一产业	Primary Industy	64.6	56.7	51.5	43.7	40.6	39.5	38.6
第二产业	Secondary Industy	16.3	18.7	19.7	24.9	26.0	26.4	26.6
第三产业	Tertiary Industy	19.1	24.6	28.8	31.4	33.4	34.1	34.8
地区生产总值结构	**GDP Structure**	**100.0**	**100.0**	**100.0**	**100.0**	**100.0**	**100.0**	**100.0**
第一产业	Primary Industry	27.1	24.1	20.1	14.2	12.8	12.4	12.2
第二产业	Secondary Industry	40.1	36.5	41.5	46.0	46.9	45.0	44.1
第三产业	Tertiary Industry	32.8	39.4	38.4	39.8	40.3	42.6	43.7
城镇居民消费结构	**Consumption Structure of Urban Residents**	**100.0**	**100.0**	**100.0**	**100.0**	**100.0**	**100.0**	**100.0**
#食品烟酒	Food, Tobacco and Liquor					34.9	34.9	35.2
衣着	Clothing					9.1	8.7	8.8
交通通信	Transportation and Communications					11.5	12.2	12.5
教育文化娱乐	Education, Recreation and Cultural Services					10.0	9.4	10.2
农村居民消费结构	**Consumption Structure of Rural Residents**	**100.0**	**100.0**	**100.0**	**100.0**	**100.0**	**100.0**	**100.0**
#食品烟酒	Food, Tobacco and Liquor					40.0	39.7	39.1
衣着	Clothing					6.8	6.6	6.3
交通通信	Transportation and Communications					10.4	10.7	11.0
教育文化娱乐	Education, Recreation and Cultural Services					7.2	7.2	7.6
全社会固定资产投资结构	**Structure of Total Investment in Fixed Assets**	**100.0**	**100.0**	**100.0**	**100.0**	**100.0**	**100.0**	**100.0**
国有经济	State-owned Units	56.7	48.3	38.8	42.5	9.4	5.3	3.6
集体经济	Collective-owned Units	19.6	12.2	1.4	1.2	0.5	0.3	0.3
个体经济	Individuals	13.0	14.0	18.9	16.9	9.9	8.9	8.7
其他经济	Others	10.7	25.5	40.9	39.4	80.2	85.6	87.4
进出口总额构成	**Composition of Total Import and Export**	**100.0**	**100.0**	**100.0**	**100.0**	**100.0**	**100.0**	**100.0**
出口	Export		54.8	59.5	57.5	64.9	63.8	64.6
进口	Import		45.2	40.5	42.5	35.1	36.2	35.4
实际利用外资构成	**Composition of Foreign Capital Actually Used**	**100.0**	**100.0**	**100.0**	**100.0**	**100.0**	**100.0**	**100.0**
对外借款	Foreign Loan			17.7	5.0	1.6	1.8	1.7
外商直接投资	Foreign Direct Investment			80.5	85.9	97.3	96.6	95.8
外商其他投资	Other Foreign Investment			1.8	1.4	0.7	0.7	0.7
港澳援建资金	Reconstruction Funds from Hongkong and Macao				7.7	0.4	0.9	1.9

主要统计指标解释

行政区划 指国家对行政区域的划分。根据有关法规规定，我国的行政区域划分如下：(1)全国分为省、自治区、直辖市；(2)省、自治区分为自治州、县、自治县、市；(3)自治州分为县、自治县、市；(4)县、自治县分为乡、民族乡、镇；(5)直辖市和较大的市分为区、县；(6)国家在必要时设立的特别行政区。

平均增长速度 平均增长速度表明社会经济现象在一个较长的时期内逐期平均增长变化的程度，它不能根据各个环比增长速度直接求得，但与平均发展速度之间存在着一定的数量关系：平均增长速度＝平均发展速度－1。

平均发展速度是一种根据环比发展速度计算的序时平均数，由于各时期对比的基础不同，所以计算平均发展速度不能采用一般的序时平均数的计算方法，计算方法分为水平法和累计法。水平法，又称几何平均法，即将环比发展速度按连乘法用几何平均数公式计算。累计法，也称方程法，根据一段时期内各年发展水平总和与基期水平的关系，列出方程式计算平均发展速度。水平法着重考虑最后一年所达到的发展水平；累计法着重考虑整个时期累计发展水平的总量。

本《年鉴》内所列的增长速度，均用“水平法”计算。从某年到某年平均增长速度的年份，均不包括基期年在内。如建国四十三年以来的平均增长速度是以 1949 年为基期计算的，则写为 1950-1992 年平均增长速度，其余类推。

国民经济行业分类 自 2012 年定期报表开始使用新的《国民经济行业分类》（GB/T4754-2011）。该分类是由国家统计局组织修订，国家质量监督检验检疫总局和中国国家标准化管理委员会于 2011 年 4 月 29 日发布。这次修订是在 2002 年分类标准的基础上，参照联合国《全部经济活动的国际标准产业分类》（ISIC/Rev.4）进行的。修订后的《国民经济行业分类》（GB/T4754-2012）共有门类 20 个，大类 96 个，中类 432 个，小类 1094 个。

企业(单位)登记注册类型 是以在工商行政管理机关登记注册的各类企业为划分对象，以工商行政管理部门对企业登记注册的类型为依据，将企业登记注册类型分为内资企业、港澳台商投资企业和外商投资企业三大类。内资企业包括国有企业、集体企业、股份合作企业、联营企业、有限责任公司、股份有限公司、私营企业和其他企业；港澳台商投资企业和外商投资企业分别包括合资经营企业、合作经营企业、独资经营企业和股份有限公司等。对不在工商行政管理部门进行登记注册的行政机关、事业单位和社会团体，主要按其经费来源和管理方式进行划分。

国有企业 指企业全部资产归国家所有，并按《中华人民共和国企业法人登记管理条例》规定登记注册的非公司制的经济组织。不包括有限责任公司中的国有独资公司。

集体企业 指企业资产归集体所有，并按《中华人民共和国企业法人登记管理条例》规定登记注册的经济组织。

股份合作企业 指以合作制为基础，由企业职工共同出资入股，吸收一定比例的社会资产投资组建，实行自主经营，自负盈亏，共同劳动，民主管理，按劳分配与按股分红相结合的一种集体经济组织。

联营企业 指两个及两个以上相同或不同所有制性质的企业法人或事业单位法人，按自愿、平等、互利的原则，共同投资组成的经济组织。联营企业包括国有联营企业、集体联营企业、国有与集体联营企业和其他联营企业。

有限责任公司 指根据《中华人民共和国公司登记管理条例》规定登记注册，由两个以上、五十个以下的股东共同出资，每个股东以其所认缴的出资额对公司承担有限责任，公司以其全部资产对其债务承担责任的经济组织。有限责任公司包括国有独资公司以及其他有限责任公司。

股份有限公司 指根据《中华人民共和国公司登记管理条例》规定登记注册，其全部注册资本由等额股份构成并通过发行股票筹集资本，股东以其认购的股份对公司承担有限责任，公司以其全部资产对其债务承担责任的经济组织。

私营企业 指由自然人投资设立或由自然人控股，以雇佣劳动为基础的营利性经济组织。包括按照《公司法》、《合伙企业法》、《私营企业暂行条例》规定登记注册的私营有限责任公司、私营股份有限公司、私营合伙企业和私营独资企业。

其他企业 指上述企业之外的其他内资经济组织。

合资经营企业（港或澳、台资） 指港澳台地区投资者与内地企业依照《中华人民共和国中外合资经营企业法》及有关法律的规定，按合同规定的比例投资设立、分享利润和分担风险的企业。

合作经营企业（港或澳、台资） 指港澳台地区投资者与内地企业依照《中华人民共和国中外合作经营企业法》及有关法律的规定，依照合作合同的约定进行投资或提供条件设立、分配利润和分担风险的企业。

港澳台商独资经营企业 指依照《中华人民共和国外资企业法》及有关法律的规定，在内地由港澳台地区投资者全额投资设立的企业。

港澳台商投资股份有限公司 指根据国家有关规定，经原外经贸部依法批准设立，其中港、澳、台商的股本占公司注册资本的比例达 25% 以上的股份有限公司。凡其中港、澳、台商的股本占公司注册资本的比例小于 25%的，属于内资企业中的股份有限公司。

其他港澳台商投资企业 指在中国境内参照《外国企业或个人在中国境内设立合伙企业管理办法》和《外商投资合伙企业登记管理规定》，依法设立的港、澳、台商投资合伙企业等。

中外合资经营企业 指外国企业或外国人与中国内地企业依照《中华人民共和国中外合资经营企业法》及有关法律的规定，按合同规定的比例投资设立、分享利润和分担风险的企业。

中外合作经营企业 指外国企业或外国人与中国内地企业依照《中华人民共和国中外合作经营企业法》及有关法律的规定，依照合作合同的约定进行投资或提供条件设立、分配利润和分担风险的企业。

外资企业 指依照《中华人民共和国外资企业法》及有关法律的规定，在中国内地由外国投资者全额投资设立的企业。

外商投资股份有限公司 指根据国家有关规定，经原外经贸部依法批准设立，其中外资的股本占公司注册资本的比例达 25%以上的股份有限公司。凡其中外资股本占公司注册资本的比例小于 25%的，属于内资企业中的股份有限公司。

其他外商投资企业 指在中国境内依照《外国企业或个人在中国境内设立合伙企业管理办法》和《外商投资合伙企业登记管理规定》，依法设立的外商投资合伙企业等。

行政机关、事业单位和社会团体 参照企业登记注册类型，主要按其经费来源和管理方式划分。具体规定如下：

⑴行政机关：包括国家机关和政党机关，原则上均列为“国有”。但有特殊规定的，如供销社等，则列为“集体”。

⑵事业单位：包括经国家机构编制部门和有关业务主管部门批准成立的各类事业单位，不包括实行企业化管理的事业单位。事业单位的划分办法如下：

①由国家财政预算拨款或列入财政预算外资金管理以及经费主要来源于国有主管部门或国有上级单位的事业单位，列为“国有”。

②经费主要来源于集体单位的事业单位，列为“集体”。

③公民个人(或个人合伙)开办的事业单位，列为“私营”。

④上述以外的其他事业单位，如果其经费来源不明确，按管理方式进行归类。

⑶社会团体：包括经民政部门批准成立以及未纳入社会团体管理条例范围的工会、妇联等各类社会团体。社会团体的划分办法如下：

①未纳入民政部社会团体管理条例范围的工会、妇联、共青团、青联、工商联、科协、侨联等社会团体，国家拨款设立的基金会或基金管理组织以及经费主要来源于国有业务主管部门或国有上级单位的社会团体，列为“国有”。

②经费主要来源于集体单位的社会团体，列为“集体”。

③公民个人(或个人合伙)开办的社会团体，划为“私营”。

④上述以外的其他社会团体，如果其经费来源不明确，改按管理方式进行归类。

Explanatory Notes on Main Statistical Indicators

Divisions of Administrative Areas refers to the division of administrative areas by the State. The relative laws stipulate that 1) the whole country is divided into provinces, autonomous regions and municipalities directly under the Central Government; 2) provinces and autonomous regions are further divided into autonomous prefectures, counties, autonomous counties and cities; 3) autonomous prefectures are further divided into counties, autonomous counties and cities; 4) counties and autonomous counties are further divided into townships, ethnic townships and towns; 5) municipalities directly under the Central Government and large cities are divided into districts and counties, 6) the State shall, when necessary, establish special administrative regions.

Average Annual Growth Rate shows the average growth rate of social and economic development during a longer period. It can not be directly calculated by chain based growth rate. The relation is:

Average Annual Growth Rate = Average Speed of Development – 1

Average speed of development is the time series average of speed which calculated by chain based. Because the reference bases during the different periods are not same, average speed of development can not be calculated by the general method. Level approach and accumulative approach for calculating average speed of development rate are applied. The "level approach", or the method of calculating the geometric average, is derived by the formula of geometric average of the chain-based speeds of development, or comparing the level of the last year of the interval with that of the beginning year; the other is called the "accumulative approach" or the "algebraic average", "equation" method, which is derived by the summation of the actual figure of each year in the interval divided by the figure in the base year. The level approach focuses on the level of the last year, while the accumulative approach emphasizes the aggregate development in the duration.

The average annual growth rates listed in the Yearbook are calculated by the level approach. The base year is not listed in the duration for which average annual growth rates are computed. For instance, the average annual growth rate of the 43 years since 1949 is shown as the average annual growth rate of 1950-1992 without showing the base year 1949.

Industrial Classification of the National Economy The new Industrial Classification of the National Economy (GB/T 4754-2011) is introduced starting from the compilation of 2012 annual statistics. The revision, based on the 2002 classification, was organized by the National Bureau of Statistics taking into consideration of the International Standards of the Industrial Classification of All Economic Activities (ISIC/Rev.4) of the United Nation. The new Classification was promulgated by the National Administration of Quality Supervision, Inspection and Quarantine and the Standardization Administration of the People's Republic of China on April 29, 2011. The revised version of the Industrial Classification of the National Economy (GB/T 4754-2012) is composed of 20 sections, 96 divisions, 432 groups and 1094 classes.

Registration Status of Enterprises Enterprises are classified into 3 categories, namely domestic-funded enterprises, enterprises with investment from Hong Kong, Macau and Taiwan, and enterprises with foreign investment, according to the registration status of an enterprise in industrial and commercial administration agencies. Domestic-funded enterprises include State-owned enterprises, collective-owned enterprises, cooperative enterprises, joint ownership enterprises, limited liability corporations, share-holding corporations Ltd., private enterprises and other enterprises. Included in the enterprises with investment from Hong Kong, Macau and Taiwan and enterprises with foreign investment are joint-venture enterprises, cooperative enterprises, sole investment enterprises and share-holding corporations Ltd, etc. For government agencies, institutions and social organizations which are not registered in industrial and commercial administration agencies, they are classified mainly by their sources of funding and manner of management.

State-owned Enterprises refers to non-corporation economic units where the entire assets are owned by the State and which have been registered in accordance with the Regulation of the People's Republic of China on the Management of Registration of Corporate Enterprises. Not included from this category are solely State-funded corporations in the limited liability corporations.

Collective-owned Enterprises refers to economic units where the assets are owned collectively and which have been registered in accordance with the Regulation of the People's Republic of China on the Management of Registration of Corporate Enterprises.

Cooperative Enterprises refers to a form of collective economic units (enterprises) where capitals come mainly from employees as their shares, with certain proportion of capital from the outside, where production is organized on the basis of independent operation, independent accounting for profits and losses, joint work, democratic management, and a distribution system that integrates remuneration according to work with dividend according to capital share.

Joint Ownership Enterprises refers to economic units established by two or more corporate enterprises or corporate institutions of the same or different ownership, through joint investment on the basis of voluntary participation, equality, and mutual benefits. They include State joint ownership enterprises; collective joint ownership enterprises; joint State-collective enterprises; and other joint ownership enterprises.

Limited Liability Corporations refers to economic units established with investment from 2-50 investors and registered in accordance with the Regulation of the People's Republic of China on the Management of Registration of Corporations, each investor bearing limited liability to the corporation depending on its share of investment, and the corporation bearing liability to its debt to the maximum of its total assets. Limited liability corporations include solely State-funded limited liability corporations and other limited liability corporations.

Share-holding Corporations Ltd. refers to economic units registered in accordance with the Regulation of the People's Republic of China on the Management of Registration of Corporations, with total registered capital divided into equal shares and raised through issuing stocks. Each investor bears limited liability to the corporation depending on the holding of shares, and the corporation bears liability to its debt to the maximum of its total assets.

Private Enterprises refers to profit-making economic units invested and established by natural persons, or controlled by natural persons using employed labour. Included in this category are private limited liability corporations, private share-holding corporations Ltd., private partnership enterprises and private-funded enterprises registered in accordance with the Company Law, the Law on Partnership Business and Interim Regulations on Private Enterprises .

Other Domestic-funded Enterprises refers to domestic-funded economic units other than those mentioned above.

Joint Venture Enterprises (Funds are from Hong Kong, Macau and Taiwan.) are enterprises established by investors from Hong Kong, Macau and Taiwan with enterprises in the mainland of China in accordance with the Law of the People's Republic of China on Sino-foreign Equity Joint Ventures and other relevant laws, where the establishment of the investment and the sharing of profits and risks are stipulated under joint venture contracts.

Cooperative Enterprises (Funds are from Hong Kong, Macau and Taiwan.) refers to enterprises established by investors from Hong Kong, Macau and Taiwan with enterprises in the mainland of China in accordance with the Law of the People's Republic of China on Sino-foreign Contractual Joint Venture and other relevant laws, where the investment or provision of facilities and the sharing of profits and risks are stipulated under cooperative contracts.

Enterprises with Sole (exclusive) Investment from Hong Kong, Macau and Taiwan refers to enterprises established in the mainland of China with exclusive investment from investors from Hong Kong, Macau and Taiwan in accordance with the Law of the People's Republic of China on Wholly Foreign-owned Enterprises and other relevant laws.

Share-holding Corporations Ltd. with Investment from Hong Kong, Macau and Taiwan refers to share-holding corporations Ltd. established with the approval from the former Ministry of Foreign Trade and Economic Relations in line with relevant State regulations, where the share of investment from Hong Kong, Macau or Taiwan businessmen exceeds 25% of the total registered capital of the corporation. In case the share of investment from Hong Kong, Macau or Taiwan is less than 25% of the total registered capital, the enterprise is to be classified as domestic-funded share-holding corporation Ltd.

Other Enterprises with Funds from Hong Kong, Macau and Taiwan refers to partnership enterprises with investment from Hong Kong, Macau and Taiwan established within the territory of China in accordance with Administrative Measures on the Establishment of Partnership Enterprises in China by Foreign Enterprises or Foreign Individuals and Regulations for the Administration of the Registration of Foreign-invested Partnership Enterprises.

Joint Venture Enterprises with Foreign Investment refers to enterprises jointly established by foreign enterprises or foreigners with enterprises in the mainland of China in accordance with the Law of the People's Republic of China on Sino-foreign Equity Joint Ventures and other relevant laws, where the sharing of investment, profits and risks is stipulated under contract.

Cooperative Enterprises with Foreign Investment refers to enterprises jointly established by foreign enterprises or foreigners with enterprises in the mainland of China in accordance with the Law of the People's Republic of China on Sino-foreign Contractual Joint Venture and other relevant laws, where the investment or provision of facilities and the sharing of profits and risks

are stipulated under cooperative contracts.

Enterprises with Sole (exclusive) Foreign Investment refers to enterprises established in the mainland of China with exclusive investment from foreign investors in accordance with the Law of the People's Republic of China on Wholly Foreign-owned Enterprises and other relevant laws.

Share-holding Corporations Ltd. with Foreign Investment refers to share-holding corporations Ltd. established with the approval from the former Ministry of Foreign Trade and Economic Relations in line with relevant State regulations, where the share of investment from foreign investors exceeds 25% of the total registered capital of the corporation. In case the share of foreign investment is less than 25% of the total registered capital, the enterprise is to be classified as domestic-funded share-holding corporation Ltd.

Other Enterprises with Foreign Funds refers to partnership enterprises established within the territory of China in accordance with Administrative Measures on the Establishment of Partnership Enterprises in China by Foreign Enterprises or Foreign Individuals and Regulations for the Administration of the Registration of Foreign-invested Partnership Enterprises.

Government Agencies, Institutions and Social Organizations are classified into the following categories by source of funds and manner of management taking reference of the registration status of enterprises:

(1) Government agencies: include State and party agencies, classified in principle as State-owned. There are exceptions, such as supply and marketing cooperatives which are classified as collective-owned.

(2) Institutions: include institutions of various types established with the approval by organization and staffing departments of the government, but exclude institutions where enterprise management system is introduced. Institutions are further classified as follows:

(a) Institutions for which their main budgets are from government budget appropriations or extra-budget funds, or allocated from the budget of their competent government agencies. Such institutions are classified as state-owned.

(b) Institutions for which their budget mainly come from collective units. Such institutions are classified as collective-owned.

(c) Social institutions established by individual or a group of citizens, which are classified as private.

(d) Institutions other than those mentioned above for which their sources of budget are not clear. Such institutions are classified by the manner of management.

(3) Social organizations: include social organizations established with the approval from the Ministry of Civil Affairs, and organizations that are not covered by social organization management regulations such as trade unions, women's federations etc.. Social organizations are further classified as follows:

(a) Social organizations that are not covered by social organization management regulations of the Ministry of Civil Affairs such as trade unions, women federations, communist youth leagues, youth associations, industrial and commerce associations, scientist associations, overseas Chinese associations, etc., foundations and fund management organizations established with funds from the state, and social organizations whose funds mainly come from the budget of their competent government agencies. Such institutions are classified as State-owned.

(b) Social organizations for which their budget mainly come from collective units. Such institutions are classified as collective-owned.

(c) Social organizations established by individual or a group of citizens, which are classified as private.

(d) Social organizations other than those mentioned above for which their sources of budget are not clear. Such organizations are classified by the manner of management.

02 国民经济核算

NATIONAL ACCOUNTS

四川统计年鉴

SICHUAN STATISTICAL YEARBOOK

2-1 生产法地区生产总值
Gross Regional Product by Production Approach

单位: 亿元 (100 million yuan)

年份 Year	地区生产总值 Gross Regional Product	第一产业 Primary	第二产业 Secondary	第三产业 Tertiary	农林牧渔业 Farming, Forestry, Animal Husbandry and Fishery Industry	工业 Industry	建筑业 Construction
1978	184.61	82.20	65.55	36.86	82.20	59.40	6.15
1979	205.76	91.95	72.31	41.50	91.95	65.43	6.88
1980	229.31	101.68	81.05	46.58	101.68	73.18	7.87
1981	242.32	108.02	83.36	50.94	108.02	74.58	8.78
1982	275.23	125.36	92.84	57.03	125.36	82.49	10.35
1983	311.00	138.17	105.69	67.14	138.17	93.71	11.98
1984	358.06	156.11	121.68	80.27	156.11	105.97	15.71
1985	421.15	172.90	148.11	100.14	172.90	127.13	20.98
1986	458.23	181.20	160.62	116.41	181.20	138.12	22.50
1987	530.86	202.25	187.88	140.73	202.25	160.49	27.39
1988	659.69	241.95	238.32	179.42	241.95	206.44	31.88
1989	744.98	263.15	263.44	218.39	263.15	231.08	32.36
1990	890.95	321.41	312.64	256.90	321.41	276.08	36.56
1991	1016.31	339.00	376.48	300.83	339.00	331.37	45.11
1992	1177.27	372.04	441.57	363.66	372.04	378.67	62.90
1993	1486.08	449.38	580.38	456.32	449.38	495.24	85.14
1994	2001.41	597.37	782.77	621.27	597.37	667.85	114.92
1995	2443.21	662.46	980.91	799.84	662.46	833.17	147.74
1996	2871.65	770.02	1156.01	945.62	770.02	977.68	178.33
1997	3241.47	880.28	1265.32	1095.87	880.28	1055.21	210.11
1998	3474.09	912.24	1324.01	1237.84	912.24	1076.35	247.66
1999	3649.12	926.03	1349.63	1373.46	926.03	1099.48	250.15
2000	3928.20	945.58	1433.11	1549.51	945.58	1154.46	278.65
2001	4293.49	981.67	1572.01	1739.81	981.67	1253.19	318.82
2002	4725.01	1047.95	1733.38	1943.68	1047.95	1372.64	360.74
2003	5333.09	1128.61	2014.80	2189.68	1128.61	1604.49	410.31
2004	6379.63	1379.93	2489.40	2510.30	1379.93	2013.80	475.60
2005	7385.10	1481.14	3067.23	2836.73	1481.14	2527.08	540.15
2006	8690.24	1595.48	3775.14	3319.62	1595.48	3144.67	630.47
2007	10562.39	2032.00	4648.79	3881.60	2032.00	3921.41	727.38
2008	12601.23	2216.15	5823.39	4561.69	2216.15	4956.13	867.26
2009	14151.28	2206.53	6123.53	5821.22	2240.61	5140.31	1033.63
2010	17185.48	2443.20	7902.18	6840.10	2482.89	6727.42	1240.73
2011	21026.68	2937.70	10045.72	8043.26	2983.51	8591.90	1538.08
2012	23872.80	3245.94	11240.02	9386.84	3297.21	9551.01	1782.75
2013	26392.07	3368.66	12378.71	10644.70	3425.61	10447.52	2038.17
2014	28536.66	3531.05	12839.60	12166.01	3594.17	10729.18	2225.44
2015	30053.10	3677.30	13248.08	13127.72	3745.32	11039.08	2321.38

注：本表按当年价格计算。从2013年起，地区生产总值核算执行国家统计局新的《国民经济行业分类》和《三次产业划分规定》（后同）。

a) The data in this table are calculated at current prices.The regional GDP accounting has executed the NBS new "Classification of National Economic Industries" and the "Provisions of Three Industrial Division" since 2013.(the same as follows)

2-1 续表 continued

单位: 亿元 (100 million yuan)

年份 Year	交通运输、仓储和邮政业 Transport, Storage and Post	批发和零售业 Wholesale and Retail Trades	住宿和餐饮业 Hotels and Catering Services	金融业 Finance	房地产业 Real Estate	其他 Others	人均地区生产总值(元) Per Capita GDP (yuan)
1978	6.17	7.75	3.02	4.88	2.42	12.62	261
1979	6.74	8.71	3.39	5.77	2.63	14.26	289
1980	7.39	9.68	3.77	6.71	2.94	16.09	320
1981	7.82	10.83	4.21	7.15	3.33	17.60	337
1982	8.49	12.69	4.93	7.59	3.66	19.67	379
1983	9.75	15.39	5.98	8.36	4.14	23.52	425
1984	11.32	19.27	7.52	9.22	4.93	28.01	487
1985	14.31	24.85	9.67	11.71	5.93	33.67	570
1986	17.88	28.84	11.21	13.21	6.85	38.42	614
1987	22.64	35.09	13.65	15.98	8.11	45.26	702
1988	27.80	47.19	18.35	19.84	9.92	56.32	861
1989	33.82	56.45	22.04	23.55	11.68	70.85	960
1990	40.71	61.29	24.57	29.79	14.56	85.98	1136
1991	48.96	65.94	27.64	34.09	17.76	106.44	1283
1992	56.70	78.45	31.34	40.68	24.41	132.08	1477
1993	70.18	90.29	39.00	51.13	30.34	175.38	1854
1994	85.71	121.26	54.28	65.01	68.91	226.10	2338
1995	113.01	181.21	70.47	71.31	80.41	283.43	3043
1996	129.83	220.19	85.63	82.13	95.63	332.21	3550
1997	145.08	240.78	93.64	93.19	124.13	399.05	4032
1998	165.91	254.51	99.41	108.45	148.09	461.47	4294
1999	179.25	270.84	109.25	118.32	165.17	530.63	4540
2000	217.41	283.26	120.08	153.05	180.05	595.66	4956
2001	248.34	311.95	133.51	168.86	198.60	678.55	5376
2002	271.19	341.12	151.41	183.13	210.82	786.01	5890
2003	302.44	372.68	168.24	206.24	231.72	908.36	6623
2004	334.50	425.54	195.10	236.50	264.30	1054.36	7895
2005	380.28	475.16	221.42	262.26	286.23	1211.38	9060
2006	451.19	537.68	255.19	299.50	336.20	1439.86	10613
2007	511.50	624.74	299.75	359.11	376.84	1709.66	12963
2008	567.51	736.42	335.13	411.14	453.63	2057.86	15495
2009	574.02	980.23	433.82	561.50	629.72	2557.44	17339
2010	639.42	1158.66	517.50	708.39	648.72	3061.75	21182
2011	719.36	1367.39	615.00	949.23	728.38	3533.83	26133
2012	791.43	1537.07	675.32	1416.36	820.48	4001.17	29608
2013	838.47	1681.11	742.66	1755.22	886.85	4576.46	32617
2014	1175.47	1787.12	802.59	1953.51	1121.29	5147.89	35128
2015	1219.77	1871.55	859.49	2202.23	1252.20	5542.08	36775

2-2 生产法地区生产总值指数（上年=100）
Indices of Gross Regional Product by Production Approach (preceding year=100)

年份 Year	地区生产总值 Gross Regional Product	第一产业 Primary	第二产业 Secondary	第三产业 Tertiary	农林牧渔业 Farming, Forestry, Animal Husbandry and Fishery Industry	工业 Industry	建筑业 Construction
1978	117.4	113.8	121.2	117.4	113.8	126.0	88.4
1979	110.1	108.0	110.5	113.0	108.0	110.5	110.7
1980	109.5	104.0	109.7	118.3	104.0	109.5	111.5
1981	104.1	104.4	101.6	107.4	104.4	100.8	109.5
1982	110.9	112.7	109.3	109.4	112.7	108.6	115.3
1983	111.0	107.5	112.3	116.8	107.5	112.0	115.0
1984	112.2	109.2	113.4	116.7	109.2	111.5	128.2
1985	111.9	104.3	118.0	117.1	104.3	117.0	125.0
1986	105.5	101.0	106.5	111.9	101.0	107.0	103.3
1987	108.7	103.0	112.2	112.5	103.0	112.0	113.2
1988	107.5	101.9	113.8	106.2	101.9	116.4	97.0
1989	103.2	102.8	101.9	105.7	102.8	103.5	89.1
1990	109.1	106.9	109.5	111.3	106.9	110.0	105.7
1991	109.1	108.5	106.3	113.4	108.5	104.4	120.6
1992	112.6	104.6	120.5	113.1	104.6	118.9	131.1
1993	113.1	105.0	120.1	113.5	105.0	120.3	118.8
1994	111.3	104.4	117.3	110.7	104.4	118.5	110.1
1995	110.7	105.5	111.5	114.7	105.5	110.7	117.0
1996	110.6	107.3	109.2	115.4	107.3	108.2	115.2
1997	110.5	106.2	111.6	112.8	106.2	111.4	112.7
1998	109.7	104.6	110.8	112.2	104.6	109.8	116.6
1999	106.6	105.0	106.0	108.6	105.0	105.8	106.8
2000	108.5	102.3	108.2	113.1	102.3	108.0	109.2
2001	109.0	105.7	110.2	109.8	105.7	110.2	110.1
2002	110.3	105.6	111.9	111.5	105.6	112.2	110.9
2003	111.3	105.1	115.2	111.2	105.1	116.3	110.6
2004	112.7	106.0	118.3	110.9	106.0	119.8	111.6
2005	112.6	105.4	118.0	110.6	105.4	120.2	108.0
2006	113.5	102.6	118.2	114.2	102.6	121.5	102.8
2007	114.5	104.8	120.4	112.5	104.8	121.5	114.3
2008	111.0	101.0	113.7	112.1	101.0	115.6	102.3
2009	114.5	104.0	115.9	116.7	104.0	114.9	122.7
2010	115.1	104.3	122.4	110.3	104.4	123.4	116.3
2011	115.0	104.4	121.4	111.4	104.5	122.7	114.8
2012	112.6	104.4	115.5	111.6	104.5	115.7	114.0
2013	110.0	103.5	111.7	109.8	103.6	111.2	114.5
2014	108.5	103.8	108.7	109.6	103.9	108.7	108.6
2015	107.9	103.7	107.5	109.5	103.9	107.2	109.0

注：本表按可比价格计算。
a) The indices in this table are calculated at comparable prices.

2-2 续表 continued

(上年=100) (preceding year=100)

年份 Year	交通运输、仓储和邮政业 Transport, Storage and Post	批发和零售业 Wholesale and Retail Trades	住宿和餐饮业 Hotels and Catering Services	金融业 Finance	房地产业 Real Estate	其他 Others	人均地区生产总值 Per Capita GDP
1978							116.8
1979	109.6	112.8	112.8	118.4	109.2	113.4	109.4
1980	115.6	117.2	117.2	122.9	117.6	118.8	109.0
1981	104.1	109.8	109.8	104.6	111.2	107.4	103.6
1982	104.8	114.5	114.5	105.3	107.6	109.2	109.8
1983	110.5	120.5	120.5	113.0	112.2	118.4	110.1
1984	108.0	122.4	122.8	114.1	116.5	115.7	111.8
1985	129.7	120.7	120.5	107.1	112.6	113.6	111.3
1986	120.3	111.7	111.6	108.7	111.2	108.9	104.5
1987	117.7	113.2	113.2	113.5	110.1	105.7	107.3
1988	102.4	112.1	112.0	101.8	101.9	103.8	106.1
1989	106.8	102.4	102.8	103.1	106.0	111.5	101.9
1990	112.5	104.0	106.8	120.4	113.7	108.1	107.9
1991	115.3	105.2	110.0	109.9	107.4	120.6	108.1
1992	116.2	109.9	104.7	107.6	121.2	114.0	111.9
1993	114.4	104.5	113.0	112.0	129.1	115.1	112.5
1994	100.2	107.8	111.7	109.0	169.1	100.2	110.6
1995	117.4	129.8	112.8	103.6	110.0	125.9	111.3
1996	112.0	121.5	121.5	105.3	120.0	122.2	109.8
1997	109.0	105.7	105.7	109.7	125.5	117.4	111.2
1998	110.3	109.3	109.2	113.2	116.7	112.5	109.0
1999	103.7	106.4	109.9	106.1	113.4	109.3	107.3
2000	122.7	107.0	113.1	129.5	105.5	115.7	110.0
2001	109.6	109.3	110.3	108.3	108.6	111.4	108.2
2002	109.0	110.0	114.1	108.4	105.1	116.9	109.8
2003	109.1	109.1	111.0	110.5	108.2	112.7	110.9
2004	109.2	110.1	111.8	109.2	109.6	112.7	112.3
2005	110.0	111.0	112.8	107.9	105.3	112.2	111.6
2006	111.4	110.7	113.0	111.3	112.2	116.9	113.0
2007	112.6	110.2	108.9	113.8	109.1	115.3	115.1
2008	107.0	111.9	101.5	105.5	103.4	119.6	111.2
2009	97.1	123.6	121.5	130.7	127.3	114.4	114.0
2010	108.3	111.2	111.1	108.7	98.3	112.8	115.7
2011	107.8	111.6	112.4	129.8	104.9	108.8	115.9
2012	107.6	111.3	105.7	125.9	109.5	110.0	112.3
2013	105.8	107.9	105.4	119.4	107.9	109.5	109.6
2014	108.1	107.5	106.7	113.4	110.9	109.6	108.1
2015	106.6	105.8	104.3	113.1	107.9	111.5	107.2

2–3 生产法地区生产总值指数（1978年=100）
Indices of Gross Regional Product by Production Approach (year of 1978=100)

年份 Year	地区生产总值 Gross Regional Product	第一产业 Primary	第二产业 Secondary	第三产业 Tertiary	农林牧渔业 Farming, Forestry, Animal Husbandry and Fishery Industry	工业 Industry	建筑业 Construction
1978	100.0	100.0	100.0	100.0	100.0	100.0	100.0
1979	110.1	108.0	110.5	113.0	108.0	110.5	110.7
1980	120.6	112.3	121.2	133.7	112.3	120.9	123.5
1981	125.5	117.3	123.2	143.6	117.3	121.9	135.3
1982	139.1	132.2	134.7	157.2	132.2	132.4	156.0
1983	154.5	142.2	151.2	183.5	142.2	148.2	179.4
1984	173.4	155.2	171.5	214.2	155.2	165.4	229.9
1985	194.0	162.0	202.5	250.8	162.0	193.5	287.3
1986	204.7	163.5	215.7	280.7	163.5	207.1	296.7
1987	222.6	168.4	241.9	315.9	168.4	232.0	336.0
1988	239.3	171.6	275.4	335.4	171.6	270.1	325.8
1989	246.9	176.4	280.6	354.5	176.4	279.6	290.2
1990	269.3	188.7	307.4	394.6	188.7	307.4	306.8
1991	293.9	204.6	326.6	447.4	204.6	320.9	370.0
1992	330.8	214.1	393.5	506.0	214.1	381.4	485.1
1993	374.1	224.8	472.5	574.3	224.8	458.7	576.3
1994	416.4	234.7	554.4	635.7	234.7	543.8	634.5
1995	461.1	247.7	618.2	729.1	247.7	601.8	742.3
1996	510.0	265.9	675.1	841.0	265.9	651.1	855.1
1997	563.7	282.4	753.2	948.7	282.4	725.3	963.4
1998	618.2	295.4	834.9	1064.0	295.4	796.6	1123.3
1999	659.2	310.1	884.7	1156.0	310.1	842.9	1199.4
2000	715.0	317.2	957.3	1307.7	317.2	910.5	1309.9
2001	779.2	335.3	1054.8	1436.4	335.3	1003.4	1442.5
2002	859.1	354.0	1180.4	1601.1	354.0	1125.3	1599.8
2003	956.5	372.0	1359.8	1780.8	372.0	1308.5	1770.1
2004	1078.3	394.2	1608.6	1975.6	394.2	1567.8	1975.3
2005	1214.2	415.5	1898.1	2185.0	415.5	1884.5	2133.3
2006	1378.1	426.3	2243.6	2495.3	426.3	2289.6	2193.0
2007	1578.0	446.8	2701.3	2807.2	446.8	2781.9	2506.6
2008	1751.5	451.2	3071.3	3146.8	451.2	3215.9	2564.3
2009	2005.5	469.5	3559.4	3672.5	469.3	3694.6	3147.5
2010	2308.3	489.6	4355.8	4051.1	489.9	4557.5	3661.0
2011	2654.6	511.2	5289.9	4513.4	512.0	5591.6	4201.3
2012	2989.1	533.8	6108.8	5038.4	535.0	6471.6	4789.2
2013	3288.0	552.5	6820.6	5532.7	554.3	7193.5	5484.2
2014	3567.5	573.4	7414.1	6064.4	575.9	7821.7	5954.2
2015	3849.3	594.5	7969.3	6642.1	598.3	8381.7	6490.2

注：本表按可比价格计算。

a) The indices in this table are calculated at comparable prices.

2-3 续表 continued

(1978年=100) (year of 1978=100)

年份 Year	交通运输、仓储和邮政业 Transport, Storage and Post	批发和零售业 Wholesale and Retail Trades	住宿和餐饮业 Hotels and Catering Services	金融业 Finance	房地产业 Real Estate Animal Husbandry	其他 Others	人均地区生产总值 Per Capita GDP
1978	100.0	100.0	100.0	100.0	100.0	100.0	100.0
1979	109.6	112.8	112.8	118.4	109.2	113.4	109.4
1980	126.8	132.1	132.1	145.6	128.4	134.8	119.2
1981	131.9	145.1	145.1	152.3	142.8	144.8	123.5
1982	138.3	166.1	166.1	160.3	153.7	158.1	135.6
1983	152.8	200.2	200.2	181.1	172.5	187.2	149.2
1984	165.0	245.1	245.8	206.7	200.9	216.6	166.8
1985	214.1	295.9	296.1	221.5	226.2	246.0	185.6
1986	257.5	330.6	330.5	240.7	251.5	267.9	193.9
1987	303.1	374.1	374.2	273.2	276.9	283.2	208.1
1988	310.4	419.3	419.3	278.1	282.1	294.0	220.8
1989	331.5	429.4	431.0	286.8	299.1	327.8	225.0
1990	372.9	446.5	460.3	345.4	340.2	354.3	242.8
1991	429.8	469.6	506.1	379.7	365.5	427.3	262.4
1992	499.4	515.9	529.9	408.4	443.0	487.1	293.5
1993	571.6	539.1	598.9	457.5	571.8	560.9	330.1
1994	572.5	581.1	669.0	498.8	967.1	562.1	365.0
1995	672.1	754.3	754.3	516.7	1063.6	707.5	406.1
1996	752.6	916.6	916.6	544.1	1276.7	864.5	445.9
1997	820.2	969.1	969.1	596.9	1602.3	1015.4	495.8
1998	904.5	1059.5	1058.1	676.0	1870.2	1142.8	540.4
1999	938.2	1127.4	1162.8	717.3	2120.3	1248.7	580.0
2000	1151.0	1206.7	1315.4	929.0	2237.6	1445.1	637.9
2001	1261.8	1318.4	1450.9	1006.3	2429.2	1609.6	690.0
2002	1375.1	1450.4	1655.5	1091.1	2553.2	1882.2	757.4
2003	1500.7	1583.0	1837.5	1205.9	2762.1	2120.9	840.1
2004	1638.3	1743.0	2054.9	1316.7	3026.3	2390.2	943.8
2005	1801.3	1934.8	2317.9	1420.7	3186.7	2682.4	1053.5
2006	2007.6	2141.8	2619.2	1581.3	3575.5	3136.2	1190.5
2007	2260.5	2360.3	2852.3	1799.5	3900.9	3617.4	1370.3
2008	2418.9	2641.1	2895.1	1898.5	4033.5	4326.5	1523.7
2009	2348.0	3265.4	3518.6	2481.0	5132.7	4949.7	1737.1
2010	2543.1	3632.3	3910.3	2697.5	5047.3	5582.8	2009.8
2011	2741.6	4055.4	4395.7	3502.2	5295.3	6072.7	2329.3
2012	2949.7	4515.2	4648.4	4408.6	5796.9	6681.7	2615.9
2013	3119.6	4870.8	4899.2	5264.3	6256.0	7314.3	2867.0
2014	3370.9	5237.0	5228.1	5969.7	6937.9	8018.4	3099.3
2015	3594.6	5542.7	5452.7	6751.8	7484.4	8940.6	3322.4

2-4 按所有制分地区生产总值
Gross Regional Product by Ownership

单位：亿元 (100 million yuan)

年份 Year	地区生产总值 Gross Regional Product	公有制经济 State-owned	民营经济 Civilian-owned	个体私营经济 Individual-owned and Privately-runned	外商经济 Foreign-owned	港澳台经济 Hongkong,Macao and Taiwan owned
1978	184.61	178.25	6.36	6.36		
1980	229.31	207.09	22.22	22.22		
1985	421.15	361.82	59.33	59.12	0.10	0.11
1990	890.95	729.94	161.01	159.03	1.24	0.74
1991	1016.31	820.22	196.09	190.51	3.61	1.97
1992	1177.27	937.63	239.64	232.66	4.56	2.42
1993	1486.08	1160.91	325.17	315.22	6.62	3.33
1994	2001.41	1587.40	414.01	400.71	8.95	4.35
1995	2443.21	1901.10	542.11	522.74	13.23	6.14
1996	2871.65	2178.78	692.87	666.97	16.79	9.11
1997	3241.47	2415.07	826.40	792.97	22.04	11.39
1998	3474.09	2550.93	923.16	883.86	26.30	13.00
1999	3649.12	2618.76	1030.36	987.27	27.97	15.12
2000	3928.20	2760.35	1167.85	1113.55	34.07	20.23
2001	4293.50	2894.07	1399.43	1328.79	46.59	24.05
2002	4725.01	3079.89	1645.12	1551.54	64.51	29.07
2003	5333.10	3329.88	2003.22	1885.49	81.95	35.78
2004	6379.63	3784.22	2595.41	2451.93	101.29	42.19
2005	7385.10	4177.61	3207.49	3025.38	129.04	53.07
2006	8690.24	4618.44	4071.80	3827.60	169.29	74.91
2007	10562.39	5256.67	5305.72	4942.62	257.76	105.34
2008	12601.23	6037.95	6563.28	6097.16	332.33	133.79
2009	14151.28	6488.12	7663.16	7108.81	393.36	160.99
2010	17185.48	7570.00	9615.48	8867.83	533.75	213.90
2011	21026.68	8883.12	12143.56	11127.72	703.55	312.29
2012	23872.80	9798.03	14074.77	12845.71	821.79	407.27
2013	26392.07	10622.58	15769.49	14419.64	895.66	454.19
2014	28536.66	11337.41	17199.25	15709.84	995.94	493.47
2015	30053.10	11817.41	18235.69	16735.46	974.39	525.84

注：本表按当年价格计算。
a) The data in this table are calculated at current prices.

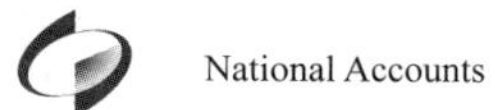

2-5 按所有制分地区生产总值指数（上年=100）
Indices of Gross Regional Product by Ownership (preceding year=100)

年份 Year	地区生产总值 Gross Regional Product	公有制经济 State-owned	民营经济 Civilian-owned	个体私营经济 Individual-owned and Privately-runned	外商经济 Foreign-owned	港澳台经济 Hongkong,Macao and Taiwan owned
1991	109.1	107.5	115.9	116.0	115.3	112.2
1992	112.6	110.6	119.9	119.6	132.0	125.0
1993	113.1	115.3	105.5	105.1	120.3	117.0
1994	111.3	109.5	118.4	117.7	139.4	133.1
1995	110.7	107.9	120.8	120.7	119.1	138.8
1996	110.6	108.6	117.0	116.5	131.1	124.9
1997	110.5	109.0	115.1	114.5	128.7	123.0
1998	109.7	107.3	116.4	116.3	113.3	124.5
1999	106.6	104.5	112.2	111.5	121.0	132.0
2000	108.5	103.9	119.4	118.8	136.9	117.8
2001	109.0	104.9	118.6	118.0	137.9	119.7
2002	110.3	106.1	118.8	117.9	141.4	123.0
2003	111.3	106.6	120.2	119.9	126.4	122.0
2004	112.7	107.0	122.2	122.6	118.4	112.8
2005	112.6	107.7	119.8	119.6	122.9	121.5
2006	113.5	108.0	120.7	120.1	128.1	137.5
2007	114.5	109.1	120.9	119.8	142.0	132.3
2008	111.0	106.2	116.0	115.5	122.9	119.4
2009	114.5	110.5	118.2	118.0	121.3	122.0
2010	115.1	111.0	118.8	118.5	123.2	122.2
2011	115.0	111.5	117.8	116.9	124.1	138.0
2012	112.6	109.3	115.0	114.4	116.2	130.5
2013	110.0	107.0	112.1	112.2	110.5	112.1
2014	108.5	107.0	109.5	109.5	110.4	110.2
2015	107.9	107.2	108.3	108.7	103.4	108.3

注：本表按可比价格计算。

a) The data in this table are calculated at comparable prices.

2-6 按所有制分地区生产总值指数（1978年=100）
Indices of Gross Regional Product by Ownership (year of 1978=100)

年份 Year	地区生产总值 Gross Regional Product	公有制经济 State-owned	民营经济 Civilian-owned	个体私营经济 Individual-owned and Privately-runned	外商经济 Foreign-owned	港澳台经济 Hongkong,Macao and Taiwan owned
1978	100.0	100.0	100.0	100.0		
1980	120.6	112.5	354.5	354.5		
1985	194.0	172.8	808.5	805.5	100.0	100.0
1990	269.3	230.3	1398.7	1378.1	907.2	490.8
1991	293.9	247.6	1621.1	1598.6	1046.0	550.7
1992	330.8	273.7	1944.2	1911.4	1381.5	687.6
1993	374.1	315.8	2051.3	2009.8	1661.2	805.5
1994	416.4	345.6	2428.0	2364.8	2318.5	1067.5
1995	461.1	372.9	2932.2	2855.4	2755.9	1485.0
1996	510.0	404.9	3432.2	3325.7	3617.4	1858.9
1997	563.7	441.2	3950.3	3808.4	4658.2	2287.6
1998	618.2	473.4	4596.4	4430.4	5277.4	2848.3
1999	659.2	494.6	5155.3	4941.3	6379.7	3754.7
2000	715.0	513.8	6153.9	5872.5	8739.4	4420.7
2001	779.2	538.9	7299.6	6932.0	12052.9	5296.6
2002	859.1	571.8	8671.8	8172.0	17039.5	6514.4
2003	956.5	609.8	10426.4	9802.3	21534.4	7947.2
2004	1078.3	652.6	12737.2	12013.9	25490.6	8964.2
2005	1214.2	702.9	15264.4	14369.0	31315.2	10895.8
2006	1378.1	758.9	18420.3	17257.9	40126.7	14981.3
2007	1578.0	828.0	22270.1	20675.0	56979.9	19820.3
2008	1751.5	879.3	25833.3	23879.6	70028.3	23665.4
2009	2005.5	971.9	30542.5	28170.4	84925.4	28864.1
2010	2308.3	1079.2	36294.3	33379.7	104654.0	35281.3
2011	2654.6	1203.0	42736.7	39013.4	129927.8	48678.0
2012	2989.1	1314.9	49134.8	44650.4	151019.4	63509.7
2013	3288.0	1407.1	55058.7	50077.8	166922.9	71168.0
2014	3567.5	1505.2	60307.6	54813.2	184306.7	78410.7
2015	3849.3	1613.0	65339.3	59560.5	190651.6	84927.6

注：本表按可比价格计算。

a) The data in this table are calculated at comparable prices.

2-7 地区生产总值构成
Composition of Gross Regional Product

单位：% (%)

年份 Year	地区生产总值 Gross Regional Product	第一产业 Primary Industry	第二产业 Secondary Industry	第三产业 Tertiary Industry	公有制经济 State-owned	民营经济 Civillian -owned
1978	100.0	44.5	35.5	20.0	96.6	3.4
1979	100.0	44.7	35.1	20.2		
1980	100.0	44.3	35.3	20.4	90.3	9.7
1981	100.0	44.6	34.4	21.0		
1982	100.0	45.5	33.8	20.7		
1983	100.0	44.4	34.0	21.6		
1984	100.0	43.6	34.0	22.4		
1985	100.0	41.1	35.2	23.7	85.9	14.1
1986	100.0	39.5	35.0	25.5		
1987	100.0	38.1	35.4	26.5		
1988	100.0	36.7	36.1	27.2		
1989	100.0	35.3	35.3	29.4		
1990	100.0	36.1	35.1	28.8	81.9	18.1
1991	100.0	33.4	37.0	29.6	80.7	19.3
1992	100.0	31.6	37.5	30.9	79.6	20.4
1993	100.0	30.2	39.0	30.8	78.1	21.9
1994	100.0	29.8	39.1	31.1	79.3	20.7
1995	100.0	27.1	40.1	32.8	77.8	22.2
1996	100.0	26.8	40.2	33.0	75.9	24.1
1997	100.0	27.2	39.1	33.7	74.5	25.5
1998	100.0	26.3	38.1	35.6	73.4	26.6
1999	100.0	25.4	37.0	37.6	71.8	28.2
2000	100.0	24.1	36.5	39.4	70.3	29.7
2001	100.0	22.9	36.6	40.5	67.4	32.6
2002	100.0	22.2	36.7	41.1	65.2	34.8
2003	100.0	21.2	37.8	41.0	62.4	37.6
2004	100.0	21.6	39.1	39.3	59.3	40.7
2005	100.0	20.1	41.5	38.4	56.6	43.4
2006	100.0	18.4	43.4	38.2	53.1	46.9
2007	100.0	19.2	44.0	36.8	49.8	50.2
2008	100.0	17.6	46.2	36.2	47.9	52.1
2009	100.0	15.6	43.3	41.1	45.8	54.2
2010	100.0	14.2	46.0	39.8	44.0	56.0
2011	100.0	14.0	47.8	38.2	42.2	57.8
2012	100.0	13.6	47.1	39.3	41.0	59.0
2013	100.0	12.8	46.9	40.3	40.2	59.8
2014	100.0	12.4	45.0	42.6	39.7	60.3
2015	100.0	12.2	44.1	43.7	39.3	60.7

注：本表按当年价格计算。
a) The data in this table are calculated at current prices.

2-8 各市(州)地区生产总值(2015年)
Gross Regional Product by Region(2015)

单位：亿元 (100 million yuan)

市(州)	Region	地区生产总值 Gross Regional Product	第一产业 Primary Industry	第二产业 Secondary Industry	第三产业 Tertiary Industry	人均地区生产总值(元) Per Capita GDP (yuan)
成都市	Chengdu	10801.16	373.15	4723.49	5704.52	74273
自贡市	Zigong	1143.11	127.97	664.42	350.72	41447
攀枝花市	Panzhihua	925.18	31.31	661.03	232.84	75078
泸州市	Luzhou	1353.41	167.84	806.74	378.83	31714
德阳市	Deyang	1605.06	208.18	903.27	493.61	45701
绵阳市	Mianyang	1700.33	260.05	858.93	581.35	35754
广元市	Guangyuan	605.43	99.76	285.53	220.14	23263
遂宁市	Suining	915.81	141.66	514.32	259.83	27868
内江市	Neijiang	1198.58	191.15	717.78	289.65	32080
乐山市	Leshan	1301.23	142.50	767.05	391.68	39973
南充市	Nanchong	1516.20	335.46	741.11	439.63	23881
眉山市	Meishan	1029.86	159.64	578.14	292.08	34379
宜宾市	Yibin	1525.90	216.35	889.89	419.66	34060
广安市	Guangan	1005.61	163.31	520.19	322.11	31046
达州市	Dazhou	1350.76	290.82	657.52	402.42	24343
雅安市	Yaan	502.58	72.44	280.92	149.22	32523
巴中市	Bazhong	501.34	83.98	233.81	183.55	15076
资阳市	Ziyang	1270.38	250.88	702.93	316.57	35702
阿坝藏族羌族自治州	Aba	265.04	40.84	130.02	94.18	28647
甘孜藏族自治州	Ganzi	213.04	54.41	75.79	82.84	18423
凉山彝族自治州	Liangshan	1314.84	263.58	648.65	402.61	28276

注：本表按当年价格计算；人均GDP系按年平均常住人口计算。

a) The data in this table are calculated at current prices and the per capita GDP are calculated based on the annual average date of resident population.

2-9 各市(州)地区生产总值指数(2015年)
Indices of Gross Regional Product by Region(2015)

上年=100 (preceding year=100)

市(州)	Region	地区生产总值 Gross Regional Product	第一产业 Primary Industry	第二产业 Secondary Industry	第三产业 Tertiary Industry	人均地区生产总值 Per Capita GDP
成都市	Chengdu	107.9	103.9	107.2	109.0	106.6
自贡市	Zigong	108.4	103.8	108.2	110.5	107.8
攀枝花市	Panzhihua	108.1	104.1	108.5	107.2	108.2
泸州市	Luzhou	111.0	103.8	112.5	110.5	110.5
德阳市	Deyang	108.2	103.7	108.3	110.0	108.4
绵阳市	Mianyang	108.6	103.8	109.3	109.4	107.5
广元市	Guangyuan	108.6	103.7	109.6	109.7	106.9
遂宁市	Suining	113.2	103.6	116.3	112.0	113.0
内江市	Neijiang	108.0	103.9	108.2	109.3	107.7
乐山市	Leshan	109.1	103.9	109.8	109.4	109.1
南充市	Nanchong	107.6	103.8	107.9	109.6	107.2
眉山市	Meishan	110.2	104.0	111.4	110.8	109.8
宜宾市	Yibin	108.5	103.9	108.6	110.3	108.1
广安市	Guangan	110.6	103.8	111.6	112.0	110.2
达州市	Dazhou	103.1	103.9	99.8	109.6	102.6
雅安市	Yaan	109.0	103.9	110.2	108.9	108.5
巴中市	Bazhong	108.6	103.7	109.0	110.5	108.4
资阳市	Ziyang	108.8	103.9	109.7	110.0	108.8
阿坝藏族羌族自治州	Aba	107.9	104.2	107.9	109.4	106.8
甘孜藏族自治州	Ganzi	105.1	103.9	104.7	106.0	103.8
凉山彝族自治州	Liangshan	102.8	104.3	100.1	107.6	101.8

注：本表按可比价格计算。
a) The indices in this table are calculated at comparable prices.

2-10 支出法地区生产总值
Gross Regional Product by Expenditure Approach

单位：亿元 (100 million yuan)

年份 Year	地区支出总额 Gross Regional Product by Expenditure Approach	最终消费 Final Consumption Expenditure	居民消费 Household Consumption Expenditure	农村居民 Rural Household	城镇居民 Urban Household	政府消费 Government Consumption Expenditure	资本形成总额 Gross Capital Formation	固定资本形成总额 Gross Fixed Capital Formation	存货增加 Changes in Inventories
1978	184.61	136.56	114.13	84.88	29.25	22.43	47.49	44.96	2.53
1979	205.76	146.94	122.13	91.44	30.69	24.81	58.26	54.89	3.37
1980	229.31	164.26	137.32	105.63	31.69	26.94	64.42	60.36	4.06
1981	242.32	185.47	157.70	122.56	35.14	27.77	56.56	51.70	4.86
1982	275.23	208.05	176.87	139.62	37.25	31.18	67.01	60.34	6.67
1983	311.00	232.95	198.86	155.86	43.00	34.09	77.77	69.25	8.52
1984	358.06	258.88	220.28	169.72	50.55	38.60	98.87	86.93	11.94
1985	421.15	301.07	256.39	185.65	70.74	44.68	119.50	103.58	15.92
1986	458.23	332.31	283.92	200.31	83.61	48.39	125.70	111.56	14.14
1987	530.86	384.39	329.30	232.80	96.50	55.09	146.33	128.31	18.02
1988	659.69	476.46	407.52	287.00	120.52	68.94	182.86	147.51	35.35
1989	744.98	552.17	475.73	332.76	142.97	76.44	192.48	151.19	41.29
1990	890.95	652.05	553.97	381.02	172.96	98.08	238.68	191.31	47.37
1991	1016.31	725.83	604.40	413.68	190.72	121.43	290.22	233.22	57.00
1992	1177.27	802.66	665.99	433.16	232.83	136.67	374.14	300.06	74.08
1993	1486.08	941.63	770.40	485.28	285.12	171.23	544.03	457.17	86.86
1994	2001.41	1320.35	1103.04	686.38	416.66	217.31	680.66	580.93	99.73
1995	2443.21	1593.58	1321.95	783.70	538.25	271.63	848.81	745.56	103.25
1996	2871.65	1856.98	1520.28	867.34	652.94	336.70	1013.46	881.35	132.11
1997	3241.47	2066.71	1670.50	937.75	732.75	396.21	1173.14	1015.48	157.66
1998	3474.09	2240.54	1814.92	950.51	864.41	425.62	1264.17	1175.04	89.13
1999	3649.12	2359.95	1886.74	953.48	933.26	473.21	1336.84	1218.36	118.48
2000	3928.20	2545.13	2021.66	955.84	1065.82	523.47	1521.43	1400.69	120.74
2001	4293.49	2778.76	2161.96	954.93	1207.03	616.80	1693.10	1570.89	122.21
2002	4725.01	3014.27	2337.76	995.86	1341.90	676.51	1925.31	1801.06	124.25
2003	5333.09	3330.47	2579.30	1069.96	1509.34	751.17	2248.78	2145.07	103.71
2004	6379.63	3805.64	2954.34	1197.16	1757.18	851.30	2728.10	2587.14	140.96
2005	7385.10	4267.69	3366.47	1328.28	2038.19	901.22	3326.22	3179.92	146.30
2006	8690.24	4824.88	3686.82	1397.96	2288.86	1138.06	4203.05	4040.03	163.02
2007	10562.39	5671.56	4285.21	1563.20	2722.01	1386.35	5242.55	5060.57	181.98
2008	12601.23	6540.17	4937.87	1711.33	3226.54	1602.30	6574.63	6352.86	221.77
2009	14151.28	7212.50	5601.30	1967.10	3634.20	1611.20	7720.13	7464.20	255.93
2010	17185.48	8609.53	6638.53	2333.15	4305.38	1971.00	9219.92	8911.05	308.87
2011	21026.68	10424.40	7967.50	2791.80	5175.70	2456.90	11067.68	10691.30	376.38
2012	23872.80	11926.70	9095.30	3255.70	5839.60	2831.40	12496.00	12096.20	399.80
2013	26392.07	13289.19	10152.98	3617.55	6535.43	3136.21	13562.06	13147.11	414.95
2014	28536.66	14529.94	11174.20	4018.10	7156.10	3355.74	14426.45	13990.55	435.90
2015	30053.10	15774.96	12073.44	4348.24	7725.20	3701.52	14806.21	14415.31	390.90

注：本表按当年价格计算。
a) Data in this table are calculated at current prices.

2-11 支出法地区生产总值指数（上年=100）
Indices of Gross Regional Product by Expenditure Approach (preceding year=100)

年份 Year	地区支出总额 Gross Regional Product by Expenditure Approach	最终消费 Final Consumption Expenditure	居民消费 Household Consumption Expenditure	农村居民 Rural Household	城镇居民 Urban Household	政府消费 Government Consumption Expenditure	资本形成总额 Gross Capital Formation	固定资本形成总额 Gross Fixed Capital Formation	存货增加 Changes in Inventories
1979	110.1	106.7	106.1	106.9	103.9	110.1	120.7	120.1	132.0
1980	109.5	109.7	110.0	112.1	103.5	108.6	108.9	108.2	119.4
1981	104.1	113.0	115.3	114.3	108.9	101.2	86.1	84.0	117.6
1982	110.9	109.4	109.4	108.2	114.0	109.0	116.3	114.6	134.0
1983	111.0	111.4	111.8	113.7	105.3	109.3	109.6	107.7	126.9
1984	112.2	107.5	107.0	105.2	113.7	110.8	127.3	126.0	137.0
1985	111.9	109.6	109.7	102.4	134.7	108.9	117.8	116.5	127.1
1986	105.5	106.8	106.8	104.4	112.8	107.2	102.7	105.3	85.9
1987	108.7	110.0	110.2	111.3	107.6	108.6	105.5	103.4	121.8
1988	107.5	106.1	106.1	106.1	106.2	106.0	111.2	102.3	171.3
1989	103.2	104.5	104.3	104.0	105.1	105.4	99.8	98.0	106.9
1990	109.1	102.6	101.5	99.2	107.2	109.1	126.9	131.7	109.1
1991	109.1	106.9	104.8	104.3	105.8	119.3	115.0	115.2	114.3
1992	112.6	108.0	107.7	102.6	118.9	109.1	124.2	123.7	126.6
1993	113.1	103.4	100.8	97.3	107.4	116.0	134.6	143.2	100.4
1994	111.3	116.4	120.1	121.1	118.4	100.4	102.8	103.7	97.8
1995	110.7	112.1	113.6	106.2	126.3	104.7	108.0	109.4	99.6
1996	110.6	110.4	108.7	105.6	113.2	119.4	111.0	110.2	116.6
1997	110.5	111.1	108.0	103.8	113.7	126.9	109.3	108.0	117.3
1998	109.7	109.6	110.0	106.8	114.0	107.7	112.9	121.6	62.9
1999	106.6	105.4	104.4	100.3	109.1	109.7	110.6	109.4	123.8
2000	108.5	109.9	109.5	102.3	117.2	111.8	112.4	113.4	102.9
2001	109.0	109.3	107.2	101.1	112.7	117.1	110.2	111.0	100.6
2002	110.3	109.4	109.2	104.7	112.9	110.2	112.8	113.5	103.3
2003	111.3	110.0	110.2	107.2	112.5	109.2	113.8	116.1	81.8
2004	112.7	107.4	106.5	103.9	108.4	110.5	115.3	114.4	133.0
2005	112.6	110.4	111.8	109.0	113.7	105.8	117.1	118.0	102.0
2006	113.5	108.2	107.0	102.8	109.7	112.4	120.2	120.8	108.8
2007	114.5	110.8	109.6	105.7	112.1	114.6	118.0	118.5	105.5
2008	111.0	107.8	107.0	101.9	109.9	110.2	114.5	114.8	106.6
2009	114.5	113.8	112.5	113.6	112.0	117.5	121.4	121.7	110.7
2010	115.1	114.0	113.0	113.3	112.9	116.7	112.8	112.8	114.3
2011	115.0	114.5	113.5	113.2	113.6	118.0	112.7	112.7	114.5
2012	112.6	112.9	112.4	112.2	112.6	114.2	112.0	112.1	106.5
2013	110.0	109.7	109.1	109.0	109.2	111.3	109.2	109.3	104.4
2014	108.5	108.3	108.8	109.0	108.7	106.7	107.9	107.9	106.5
2015	107.9	108.1	108.6	108.8	108.5	106.6	107.3	107.6	99.3

注：本表按可比价格计算。

a) The indices in this table are calculated at comparable prices.

2-12 支出法地区生产总值指数（1978年=100）
Indices of Gross Regional Product by Expenditure Approach (year of 1978=100)

年份 Year	地区支出总额 Gross Regional Product by Expenditure Approach	最终消费 Final Consumption Expenditure	居民消费 Household Consumption Expenditure	农村居民 Rural Household	城镇居民 Urban Household	政府消费 Government Consumption Expenditure	资本形成总额 Gross Capital Formation	固定资本形成总额 Gross Fixed Capital Formation	存货增加 Changes in Inventories
1978	100.0	100.0	100.0	100.0	100.0	100.0	100.0	100.0	100.0
1979	110.1	106.7	106.1	106.9	103.9	110.1	120.7	120.1	132.0
1980	120.6	117.1	116.7	119.8	107.6	119.6	131.4	129.9	157.7
1981	125.5	132.3	134.5	137.0	117.1	121.0	113.2	109.1	185.5
1982	139.1	144.7	147.1	148.2	133.5	131.9	131.6	125.0	248.5
1983	154.5	161.2	164.5	168.5	140.5	144.2	144.2	134.6	315.3
1984	173.4	173.4	176.0	177.2	159.8	159.8	183.6	169.7	432.0
1985	194.0	190.0	193.1	181.5	215.2	173.9	216.3	197.7	549.2
1986	204.7	203.0	206.2	189.5	242.7	186.5	222.1	208.1	471.8
1987	222.6	223.3	227.2	210.9	261.1	202.5	234.2	215.2	574.7
1988	239.3	236.9	241.2	223.8	277.3	214.8	260.5	220.2	984.7
1989	246.9	247.5	251.6	232.8	291.3	226.3	259.9	215.8	1053.0
1990	269.3	253.9	255.3	230.8	312.2	246.8	329.8	284.3	1148.5
1991	293.9	271.6	267.5	240.7	330.3	294.4	379.4	327.5	1312.4
1992	330.8	293.2	288.2	247.0	392.8	321.1	471.3	405.0	1661.6
1993	374.1	303.1	290.5	240.2	421.8	372.4	634.4	579.9	1668.6
1994	416.4	352.6	348.8	290.8	499.6	374.0	652.2	601.3	1631.5
1995	461.1	395.3	396.1	309.0	630.9	391.5	704.6	658.0	1625.6
1996	510.0	436.3	430.7	326.4	714.3	467.5	782.5	725.2	1895.3
1997	563.7	484.9	465.2	338.8	812.4	593.2	855.1	783.2	2222.2
1998	618.2	531.4	511.8	361.9	925.9	639.1	965.3	952.2	1398.7
1999	659.2	559.8	534.1	363.0	1010.0	701.4	1067.2	1041.3	1732.1
2000	715.0	615.5	584.8	371.2	1184.2	784.1	1199.6	1180.6	1782.7
2001	779.2	672.4	627.0	375.3	1334.4	918.4	1322.1	1310.9	1793.7
2002	859.1	735.9	684.7	392.9	1506.0	1012.3	1491.2	1488.2	1853.2
2003	956.5	809.4	754.7	421.1	1693.9	1105.2	1696.7	1727.2	1516.1
2004	1078.3	869.2	803.9	437.5	1836.1	1220.9	1955.8	1975.6	2016.8
2005	1214.2	959.7	898.6	476.8	2087.2	1291.8	2290.0	2330.6	2056.2
2006	1378.1	1038.4	961.5	490.2	2289.6	1451.9	2752.6	2815.4	2237.1
2007	1578.0	1150.6	1053.8	518.1	2566.7	1663.9	3248.0	3336.2	2360.2
2008	1751.5	1240.3	1127.5	527.9	2820.8	1833.6	3719.0	3830.0	2516.0
2009	2005.5	1411.5	1268.5	599.7	3159.3	2154.5	4514.9	4661.1	2785.2
2010	2308.3	1609.1	1433.4	679.5	3566.8	2514.3	5092.8	5257.7	3183.4
2011	2654.6	1842.5	1626.9	769.2	4051.9	2966.9	5739.6	5925.4	3645.0
2012	2989.1	2080.1	1828.6	863.0	4562.5	3388.2	6428.3	6642.4	3882.0
2013	3288.0	2281.9	1995.0	940.7	4982.2	3771.1	7019.7	7260.1	4052.8
2014	3567.5	2471.3	2170.6	1025.4	5415.7	4023.7	7574.3	7833.7	4316.2
2015	3849.3	2671.5	2357.2	1115.6	5876.0	4289.3	8127.2	8429.0	4286.0

注：本表按可比价格计算。
a) The indices in this table are calculated at comparable prices.

2-13 居民消费水平
Annual Per Capita Consumption of Residents

单位：元/人 (yuan/person)

年份 Year	居民人均消费水平 Annual per Capita Consumption of Residents	农村居民消费水平 Annual per Capita Consumption of Rural Residents	城镇居民消费水平 Annual per Capita Consumption of Urban Residents	城镇与农村对比（以农村居民消费=1） Urban / Rural Consumption Ratio (Rural Residents =1)	平均人口（百人） Average Population (100 Persons)	农村居民 Rural Residents	城镇居民 Urban Residents
1978	161.39	135.00	373.00	1：2.76	707190	628770	78420
1979	171.52	145.00	377.00	1：2.60	712050	630650	81400
1980	191.93	167.00	382.00	1：2.29	715480	632520	82960
1981	219.47	193.27	416.28	1：2.15	718520	634105	84415
1982	243.69	218.64	427.12	1：1.95	725800	638580	87220
1983	271.71	242.68	479.78	1：1.98	731865	642245	89620
1984	299.68	264.42	542.56	1：2.05	735045	641870	93175
1985	346.87	290.06	713.69	1：2.46	739165	640050	99115
1986	380.30	310.94	816.83	1：2.63	746560	644200	102360
1987	435.43	356.55	933.88	1：2.62	756255	652920	103335
1988	531.67	434.31	1140.55	1：2.63	766480	660815	105665
1989	613.07	498.02	1326.13	1：2.66	775980	668170	107810
1990	706.14	564.24	1583.38	1：2.81	784517	675285	109232
1991	763.11	609.46	1683.92	1：2.76	792020	678761	113259
1992	835.62	642.43	1896.93	1：2.95	797000	674262	122738
1993	961.23	725.13	2156.04	1：2.97	801475	669232	132243
1994	1367.17	1027.46	3002.51	1：2.92	806805	668035	138770
1995	1646.27	1191.66	3703.32	1：3.11	802995	657653	145342
1996	1879.60	1327.15	4204.49	1：3.17	808833	653537	155296
1997	2077.74	1459.77	4534.23	1：3.11	804000	642396	161604
1998	2243.41	1512.12	4791.44	1：3.17	809000	628593	180407
1999	2347.53	1550.78	4941.22	1：3.19	803713	614840	188873
2000	2550.48	1614.28	5314.67	1：3.29	792660	592117	200543
2001	2707.15	1631.30	5660.73	1：3.47	798610	585381	213229
2002	2914.39	1729.10	5932.23	1：3.43	802145	575940	226205
2003	3203.36	1890.24	6311.53	1：3.34	805185	566045	239140
2004	3656.20	2153.44	6969.98	1：3.24	808035	555928	252107
2005	4130.08	2432.20	7577.30	1：3.12	815110	546124	268986
2006	4501.00	2572.00	8305.00	1：3.23	819050	543453	275597
2007	5259.00	2949.00	9559.00	1：3.24	814800	530041	284759
2008	6072.00	3362.00	10608.00	1：3.16	813250	509090	304160
2009	6863.00	3891.00	11701.00	1：3.01	816150	505550	310600
2010	8182.00	4748.00	13457.00	1：2.83	811341	491401	319940
2011	9903.00	5882.00	15687.00	1：2.67	804590	474664	329926
2012	11280.00	7147.00	16649.00	1：2.33	806310	455565	350745
2013	12548.00	8114.00	17988.00	1：2.22	809160	445847	363313
2014	13755.00	9092.00	19318.00	1：2.12	812360	441915	370445
2015	14774.00	10039.00	20114.00	1：2.00	817210	433140	384070

注：居民消费水平按当年价格计算。

a) Annual per capita consumption of residents in this table are calculated at current prices.

2-14 居民消费水平指数
Indices of Annual Per Capita Consumption of Residents

年份 Year	上年=100 preceding year = 100			1978年=100 (year of 1978=100)		
	居民人均消费水平 Annual Per Capita Consumption of Residents	农村居民消费水平 Annual Per Capita Consumption of Rural Residents	城镇居民消费水平 Annual Per Capita Consumption of Urban Residents	居民人均消费水平 Annual Per Capita Consumption of Residents	农村居民消费水平 Annual Per Capita Consumption of Rural Residents	城镇居民消费水平 Annual Per Capita Consumption of Urban Residents
1978				100.0	100.0	100.0
1979	105.4	106.5	100.1	105.4	106.5	100.1
1980	109.4	111.8	101.6	115.3	119.1	101.7
1981	114.8	114.1	107.0	132.3	135.8	108.8
1982	108.3	107.4	110.3	143.4	145.9	120.0
1983	110.9	113.1	102.5	158.9	164.9	123.0
1984	106.5	105.2	109.4	169.3	173.6	134.5
1985	109.1	102.7	126.6	184.8	178.3	170.2
1986	105.7	103.7	109.2	195.3	184.9	185.9
1987	108.8	109.8	106.6	212.5	203.1	198.2
1988	104.7	104.8	103.8	222.5	212.9	205.8
1989	103.1	102.9	103.0	229.3	219.1	211.9
1990	100.4	98.1	105.8	230.2	214.9	224.1
1991	103.8	103.8	102.0	238.9	223.0	228.7
1992	107.1	103.3	109.7	255.7	230.3	250.9
1993	100.2	98.0	99.7	256.3	225.7	250.1
1994	119.3	121.3	112.9	305.7	273.7	282.3
1995	114.1	107.9	120.6	348.9	295.4	340.4
1996	107.9	106.3	106.0	376.6	314.0	360.7
1997	108.7	105.6	109.3	409.2	331.6	394.2
1998	109.3	109.2	102.1	447.4	362.0	402.5
1999	105.0	102.5	104.2	469.9	371.2	419.4
2000	111.0	106.2	110.4	521.7	394.2	463.1
2001	106.4	102.3	106.0	555.2	403.1	490.8
2002	108.7	106.4	106.4	603.7	428.9	522.1
2003	109.8	109.1	106.4	662.9	467.8	555.5
2004	106.1	105.8	102.8	703.6	494.8	571.1
2005	110.8	110.9	106.5	779.6	549.0	608.5
2006	106.5	103.3	107.1	830.3	567.1	651.7
2007	110.2	108.4	108.5	914.9	614.7	707.1
2008	107.1	106.1	102.9	979.9	652.2	727.6
2009	112.1	114.4	109.7	1098.5	746.1	798.2
2010	113.7	116.5	109.6	1249.0	869.2	874.8
2011	114.4	117.2	110.2	1428.8	1018.8	964.0
2012	112.2	116.9	105.9	1603.1	1190.9	1020.9
2013	108.7	111.4	105.4	1742.6	1326.7	1076.0
2014	108.4	110.0	106.6	1889.0	1459.4	1147.1
2015	108.0	111.0	104.7	2040.1	1619.9	1201.0

注：本表按可比价格计算。
a) The data in this table are calculated at comparable prices.

2–15 各市(州)民营经济增加值(2015年)
Civillian-owned Value Added by Region(2015)

单位：亿元 (100 million yuan)

市(州)	Region	民营经济增加值 Civilian-owned Value Added	第一产业 Primary Industry	第二产业 Secondary Industry	第三产业 Tertiary Industry	人均民营经济增加值(元) Per Capita Civilian-owned Value Added (yuan)
成都市	Chengdu	6439.72	96.34	3001.48	3341.90	44282
自贡市	Zigong	649.75	40.92	405.47	203.36	23559
攀枝花市	Panzhihua	450.37	11.30	319.15	119.92	36547
泸州市	Luzhou	807.40	47.21	534.99	225.20	18919
德阳市	Deyang	958.84	89.71	589.60	279.53	27301
绵阳市	Mianyang	1022.56	75.06	569.19	378.31	21502
广元市	Guangyuan	348.12	32.81	201.53	113.78	13376
遂宁市	Suining	565.83	57.89	369.87	138.07	17218
内江市	Neijiang	726.24	66.01	489.90	170.33	19438
乐山市	Leshan	739.27	68.94	510.44	159.89	22710
南充市	Nanchong	922.19	149.08	561.85	211.26	14525
眉山市	Meishan	651.46	68.73	422.90	159.83	21747
宜宾市	Yibin	877.27	89.64	555.16	232.47	19582
广安市	Guangan	580.94	42.77	339.17	199.00	17935
达州市	Dazhou	824.91	78.23	531.12	215.56	14866
雅安市	Yaan	298.25	16.61	198.71	82.93	19301
巴中市	Bazhong	291.30	30.70	145.07	115.53	8760
资阳市	Ziyang	751.53	88.53	514.21	148.79	21120
阿坝藏族羌族自治州	Aba	122.26	22.71	70.00	29.55	13214
甘孜藏族自治州	Ganzi	96.67	35.69	31.64	29.34	8359
凉山彝族自治州	Liangshan	729.74	89.19	438.02	202.53	15693

注：本表按当年价格计算；人均民营经济增加值年平均人口数按常住人口计算。

a) The data in this table are calculated at current prices. Per capita civilian value added are calculated on the annual average resident population.

2-16 各市(州)民营经济增加值指数(2015年)
Indices of Civillian-owned Value Added by Region(2015)

上年=100 (preceding year=100)

市(州)	Region	民营经济增加值 Civilian-owned Value Added	第一产业 Primary Industry	第二产业 Secondary Industry	第三产业 Tertiary Industry	人均民营经济增加值 Per Capita Civilian-owned Value Added
成都市	Chengdu	108.1	100.1	111.1	109.4	106.7
自贡市	Zigong	108.9	104.1	108.4	109.8	108.2
攀枝花市	Panzhihua	109.0	104.5	111.4	107.4	109.0
泸州市	Luzhou	111.5	101.9	113.4	111.1	111.0
德阳市	Deyang	108.9	104.5	111.4	109.9	109.1
绵阳市	Mianyang	109.5	104.1	111.2	110.2	108.4
广元市	Guangyuan	109.7	105.7	112.7	107.9	108.0
遂宁市	Suining	112.7	102.9	109.5	114.8	112.4
内江市	Neijiang	108.5	104.4	110.5	109.7	108.3
乐山市	Leshan	109.6	103.9	108.0	107.4	109.6
南充市	Nanchong	108.0	103.6	108.8	107.3	107.6
眉山市	Meishan	110.8	103.9	111.7	109.1	110.4
宜宾市	Yibin	109.8	104.0	109.2	110.8	109.5
广安市	Guangan	111.2	104.0	112.1	111.3	110.9
达州市	Dazhou	106.3	103.1	110.1	108.1	105.7
雅安市	Yaan	109.7	100.9	113.4	108.7	109.3
巴中市	Bazhong	109.1	102.9	110.7	110.7	108.9
资阳市	Ziyang	109.3	102.5	112.1	110.5	109.4
阿坝藏族羌族自治州	Aba	108.0	103.7	106.6	107.9	107.0
甘孜藏族自治州	Ganzi	105.4	107.3	106.2	108.0	104.1
凉山彝族自治州	Liangshan	101.6	102.9	111.8	106.5	100.6

注：本表按可比价格计算。

a) The data in this table are calculated at comparable prices.

主要统计指标解释

国内生产总值(GDP)　指按市场价格计算的一个国家（或地区）所有常住单位在一定时期内生产活动的最终成果。国内生产总值有三种表现形态，即价值形态、收入形态和产品形态。从价值形态看，它是所有常住单位在一定时期内生产的全部货物和服务价值与同期投入的全部非固定资产货物和服务价值的差额，即所有常住单位的增加值之和；从收入形态看，它是所有常住单位在一定时期内创造并分配给常住单位和非常住单位的初次收入之和；从产品形态看，它是所有常住单位在一定时期内最终使用的货物和服务价值与货物和服务净出口价值之和。在实际核算中，国内生产总值有三种计算方法，即生产法、收入法和支出法。三种方法分别从不同的方面反映国内生产总值及其构成。

对于一个地区来说，称为地区生产总值或地区GDP。

三次产业　从2013年起，我国的三次产业划分是：

第一产业是指农、林、牧、渔业（不包括农林牧渔服务业）。

第二产业是指采矿业（不包括开采辅助活动），制造业（不包括金属制品、机械和设备修理业），电力、煤气及水的生产和供应业，建筑业。

第三产业是指除第一、二产业以外的其他行业。

支出法国内生产总值　是从最终使用的角度反映一个国家(或地区)在一定时期内生产活动最终成果的一种方法，包括最终消费支出、资本形成总额及货物和服务净出口三部分。计算公式为：

支出法国内生产总值=最终消费支出+资本形成总额+货物和服务净出口

最终消费支出　指常住单位为满足物质、文化和精神生活的需要，从本国经济领土和国外购买的货物和服务的支出。它不包括非常住单位在本国经济领土内的消费支出。最终消费支出分为居民消费支出和政府消费支出。

居民消费支出　指常住住户在一定时期内对于货物和服务的全部最终消费支出。居民消费支出除了直接以货币形式购买的货物和服务的消费支出之外，还包括以其他方式获得的货物和服务的消费支出，即所谓的虚拟消费支出。居民虚拟消费支出包括以下几种类型：单位以实物报酬及实物转移的形式提供给劳动者的货物和服务；住户生产并由本住户消费了的货物和服务，其中的服务仅指住户的自有住房服务和付酬的家庭雇员提供的家庭和个人服务；金融机构提供的金融媒介服务。

政府消费支出　指政府部门为全社会提供的公共服务的消费支出和免费或以较低的价格向居民住户提供的货物和服务的净支出，前者等于政府服务的产出价值减去政府单位所获得的经营收入的价值，后者等于政府部门免费或以较低价格向居民住户提供的货物和服务的市场价值减去向住户收取的价值。

资本形成总额　指常住单位在一定时期内获得减去处置的固定资产和存货的净额，包括固定资本形成总额和存货变动两部分。

固定资本形成总额　指常住单位在一定时期内获得的固定资产减处置的固定资产的价值总额。固定资产是通过生产活动生产出来的，且其使用年限在一年以上、单位价值在规定标准以上的资产，不包括自然资产。可分为有形固定资本形成总额和无形固定资本形成总额。有形固定资本形成总额包括一定时期内完成的建筑工程、安装工程和设备工器具购置(减处置)价值，以及土地改良、新增役、种、奶、毛、娱乐用牲畜和新增经济林木价值。无形固定资本形成总额包括矿藏的勘探、计算机软件等获得减处置。

存货变动　指常住单位在一定时期内存货实物量变动的市场价值，即期末价值减期初价值的差额，再扣除当期由于价格变动而产生的持有收益。存货变动可以是正值，也可以是负值，正值表示存货上升，负值表示存货下降。存货包括生产单位购进的原材料、燃料和储备物资等存货，以及生产单位生产的产成品、在制品和半成品等存货。

公有经济　指资产归国家或公民集体所有的经济成分，包括国有经济和集体经济。

民营经济（即非公有经济）　指资产归我国内地公民私人所有或归港澳台商、外商所有的经济成分，包括私有经济、港澳台经济和外商经济。

Explanatory Notes on Main Statistical Indicators

Gross Domestic Product (GDP) refers to the final products at market prices produced by all resident units in a country during a certain period of time. Gross domestic product is expressed in three different perspectives, namely value, income, and products respectively. GDP in its value perspective refers to the balance of total value of all goods and services produced by all resident units during a certain period of time, minus the total value of input of goods and services of the nature of non-fixed assets; in other words, it is the sum of the value-added of all resident units. GDP from the perspective of income includes the primary income created by all resident units and distributed to resident and non-resident units. GDP from the perspective of products refers to the value of all goods and services for final demand by all resident units plus the net exports of goods and services during a given period of time. In the practice of national accounting, gross domestic product is calculated from three approaches, namely production approach, income approach and expenditure approach, which reflect gross domestic product and its composition from different angles.

For a region, it is called as Gross Regional Product(GRP) or regional GDP.

Three Strata of Industry In China economic activities have been categorized into the following three strata of industry since 2013:

Primary industry refers to agriculture, forestry, animal husbandry and fishery industries (excludes related services).

Secondary industry refers to mining and quarrying (excludes mining auxiliary activities), manufacturing (excludes metal products, machinery and equipment repair industry), production and supply of electricity, water and gas, and construction.

Tertiary industry refers to all other economic activities not included in the primary or secondary industries.

GDP by Expenditure Approach refers to the method of measuring the final results of production activities of a country (region) during a given period from the perspective of final uses. It includes final consumption expenditure, gross capital formation and net export of goods and services.

GDP by expenditure approach = final consumption expenditure + gross capital formation + net export of goods and services

Final Consumption Expenditure refers to the total expenditure of resident units for purchases of goods and services from both the domestic economic territory and abroad to meet the needs of material, cultural and spiritual life. It does not include the expenditure of non-resident units on consumption in the economic territory of the country. The final consumption expenditure is broken down into household consumption expenditure and government consumption expenditure.

Household Consumption Expenditure refers to the total expenditure of resident households on the final consumption of goods and services. In addition to the consumption of goods and services bought by the households directly with money, the household consumption expenditure also includes expenditure on goods and services obtained by the households in other ways, i.e. the so-called imputed consumption expenditure, which includes the following: (a) the goods and services provided to households by employers in the form of payment in kind and transfer in kind; (b) goods and services produced and consumed by the households themselves, in which the services refer to the owner-occupied housing and services offered by payed family employees; (c) financial intermediate services provided by financial institutions.

Government Consumption Expenditure refers to the consumption expenditure spent for the provision of public services provided by the government to the whole country and the net expenditure on the goods and services provided by the government to households free of charge or at reduced prices. The former equals to the output value of the government services minus the value of operating income obtained by the government departments. The latter equals to the market value of the goods and services provided by the government free of charge or at reduced prices to the households minus the value received by the government from the households.

Gross Capital Formation refers to the fixed assets acquired minus disposals and the net value of inventory, thus including gross fixed capital formation and changes in inventories.

Gross Fixed Capital Formation refers to the value of acquisitions minus those disposals of fixed assets during a given period. Fixed assets are the assets produced through production activities with unit value above a specified amount and which could be used for over one year. Natural assets are not included. Gross fixed capital formation can be categorized into total tangible fixed capital formation and total intangible fixed capital formation. Total tangible fixed capital formation includes the value of the construction projects and installation projects completed and the equipment, apparatus and instruments purchased (minus those disposed) as well as the value of land improved, the value of draught animals, breeding stock and animals for milk, for wool and for recreational purposes and the newly increased forest with economic value. Total intangible fixed capital formation includes the prospecting of minerals and the acquisition of computer software minus the disposal of them.

Changes in Inventories refers to the market value of the change in the physical volume of inventory of resident units during a given period, i.e. the difference between the values at the beginning and at the end of the period minus the gains due to the change in prices. The changes in inventories can have a positive or a negative value. A positive value indicates an increase in inventory while a negative value indicates a decrease in inventory. The inventory includes raw materials, fuels and reserve materials purchased by the production units as well as the inventory of finished products, semi-finished products and work-in-progress.

Public Economy refers to the economic components owned by the national or citizen of the collective economic components, including the state-owned economy and collective economy.

Private Economy (ie, non-public Economy) refers to the economic components owned by private citizens in the Mainland of China and naturalized by Hong Kong, Macao and Taiwan entrepreneurs, including the Self-employed Individuals, private economy, Hong Kong, Macao and Taiwan Economy and foreign economy.

2016
03
人口
POPULATION

四川统计年鉴
SICHUAN STATISTICAL YEARBOOK

3-1 年末常住人口、人口出生率、死亡率和自然增长率
Resident Population(year-end),Birth Rate, Death Rate and Natural Growth Rate of Population

单位：万人 ，‰ (10 000 persons, ‰)

年 份 Year	年末常住人口 Resident Population (year-end)	全省 Province			市 City			县 County		
		出生率 Birth Rate	死亡率 Death Rate	自然增长率 Natural Growth Rate	出生率 Birth Rate	死亡率 Death Rate	自然增长率 Natural Growth Rate	出生率 Birth Rate	死亡率 Death Rate	自然增长率 Natural Growth Rate
1952		41.0	18.2	22.8						
1957		29.2	12.1	17.1	30.9	10.8	20.1	28.3	12.2	16.1
1962		28.0	14.6	13.4	25.3	14.2	11.1	28.3	14.5	13.8
1965		42.4	11.4	31.0	26.3	6.7	19.6	43.8	11.9	31.9
1970		38.7	9.2	29.5	25.2	6.3	18.9	39.8	9.4	30.4
1975		31.2	8.9	22.3	26.3	6.3	20.0	29.2	9.0	20.2
1978		15.1	7.0	8.1	14.5	6.6	7.9	13.0	7.1	5.9
1980		13.0	6.8	6.2	13.2	5.8	7.4	11.8	6.9	4.9
1985		15.4	7.2	8.2	12.6	6.5	6.1	12.8	6.7	6.1
1990		19.1	7.7	11.4	13.5	6.2	7.3	16.2	6.8	9.4
1991		15.8	7.3	8.5	11.4	6.2	5.2	12.7	6.0	6.7
1992		16.3	7.0	9.3	11.9	7.0	4.9	12.4	6.9	5.5
1993		16.8	7.2	9.6	12.4	6.7	5.7	12.7	6.8	5.9
1994		16.9	7.0	9.9	12.1	6.5	5.6	13.6	6.6	7.0
1995		17.1	7.2	9.9	11.7	6.7	5.0	13.3	6.8	6.5
1996		16.6	7.3	9.3	10.9	6.4	4.5	13.7	7.2	6.5
1997		15.7	7.0	8.7	9.8	5.9	3.9	11.6	6.7	4.9
1998		14.6	7.1	7.5	9.6	6.1	3.5	10.9	6.7	4.2
1999		13.8	7.0	6.8	9.3	5.9	3.4	10.0	6.4	3.6
2000	8234.8	12.1	7.0	5.1	10.1	6.5	3.6	10.2	6.8	3.4
2001	8143.0	11.2	6.8	4.4	7.9	5.4	2.5	8.4	6.1	2.3
2002	8110.0	10.4	6.5	3.9	7.6	5.7	1.9	8.5	5.8	2.7
2003	8176.0	9.2	6.1	3.1	7.7	5.3	2.4	8.8	5.6	3.2
2004	8090.0	9.1	6.3	2.8	8.5	6.4	2.1	10.1	7.1	3.0
2005	8212.0	9.70	6.80	2.90	8.78	5.27	3.51	10.52	5.77	4.75
2006	8169.0	9.14	6.28	2.86	8.21	4.53	3.68	10.99	4.82	6.17
2007	8127.0	9.21	6.29	2.92	10.32	6.15	4.17	12.10	5.74	6.36
2008	8138.0	9.54	7.15	2.39	10.48	6.10	4.38	12.73	6.40	6.33
2009	8185.0	9.15	6.43	2.72	9.31	5.75	3.56	11.53	5.95	5.58
2010	8042.0	8.93	6.62	2.31	10.03	10.77	-0.74	11.35	10.81	0.54
2011	8050.0	9.79	6.81	2.98	9.39	5.08	4.31	10.53	5.44	5.09
2012	8076.2	9.89	6.92	2.97	10.01	7.75	2.26	10.75	7.18	3.57
2013	8107.0	9.90	6.90	3.00	9.27	5.82	3.45	10.84	6.99	3.85
2014	8140.2	10.22	7.02	3.20	9.82	6.54	3.28	9.95	6.72	3.23
2015	8204.0	10.30	6.94	3.36	9.61	7.61	2.00	9.81	9.19	0.62

注：本表中出生率、死亡率和自然增长率在1981年以前均根据公安年报计算，1982年以后全省数按人口变动抽样调查分列，分市、县数按公安年报数计算列出。

a) Data of birth rate, death rate and natural growth rate in this table before 1981 were taken from the annual reports of the Bureau of Public Security.Since 1982, the data of province have been estimated on the basis of the annual National Sample Surveys on Population Changes, the data of population by county were taken from the annual reports of the Bureau of Public Security.

3-2 各市(州)年末常住人口、出生率、死亡率、自然增长率、城镇化率和人口密度(2015年)

Resident Population(year-end), Birth rate, Death rate, Natural Growth Rate, Urbanization Rate and Population Density by Region(2015)

市(州)	Region	年末常住人口 (万人) Resident Population (year-end) (10 000 persons)	出生率 (‰) Birth Rate (‰)	死亡率 (‰) Death Rate (‰)	自然增长率 (‰) Natural Growth Rate (‰)	城镇化率 (%) Urbanization Rate (%)	人口密度 (人/平方公里) Population Density (person/sq.km)
全　省	**Sichuan**	**8204.00**	**10.30**	**6.94**	**3.36**	**47.69**	**169**
成都市	Chengdu	1465.75	9.57	6.08	3.49	71.47	1209
自贡市	Zigong	277.02	9.93	7.19	2.74	47.88	632
攀枝花市	Panzhihua	123.25	7.71	4.79	2.92	64.74	167
泸州市	Luzhou	428.52	10.96	5.88	5.08	46.08	350
德阳市	Deyang	351.32	8.82	7.47	1.35	48.47	594
绵阳市	Mianyang	477.19	10.00	7.65	2.35	48.00	236
广元市	Guangyuan	263.00	10.16	6.42	3.74	40.83	161
遂宁市	Suining	329.00	8.10	5.42	2.68	45.91	618
内江市	Neijiang	373.97	9.11	6.54	2.57	45.61	694
乐山市	Leshan	326.05	8.57	6.49	2.08	47.31	256
南充市	Nanchong	636.40	8.69	5.61	3.08	43.82	510
眉山市	Meishan	300.13	10.93	7.35	3.58	41.87	420
宜宾市	Yibin	449.00	10.81	6.74	4.07	45.10	338
广安市	Guangan	324.66	8.93	6.24	2.69	37.22	512
达州市	Dazhou	556.76	10.09	5.93	4.16	40.87	336
雅安市	Yaan	154.68	9.03	8.77	0.26	42.55	103
巴中市	Bazhong	332.86	8.80	5.69	3.11	37.52	271
资阳市	Ziyang	356.93	10.14	7.05	3.09	39.50	448
阿坝藏族羌族自治州	Aba	93.01	9.59	4.47	5.12	36.77	11
甘孜藏族自治州	Ganzi	116.49	11.20	4.04	7.16	28.06	8
凉山彝族自治州	Liangshan	468.00	19.30	6.10	13.20	32.44	78

3-3 年末户籍总人口数及构成
Total of Household Population and its Composition(year-end)

单位：万人 (10 000 persons)

年份 Year	年末户籍总人口 Total of Household Population (year-end)	按性别分 By Sex		按城乡分 By Residence	
		男 Male	女 Female	城镇人口 Urban Population	乡村人口 Rural Population
1952	4628.5	2357.9	2270.6		
1957	5088.8	2601.0	2487.8	568.0	4520.8
1962	4688.3	2368.9	2319.4	535.9	4152.4
1965	5162.1	2623.3	2538.8	606.4	4555.7
1970	6052.4	3089.0	2963.4	688.9	5363.5
1975	6874.7	3508.2	3366.5	736.6	6138.1
1978	7071.9	3621.5	3450.4	784.2	6287.7
1980	7154.8	3668.3	3486.5	829.6	6325.2
1985	7419.3	3828.9	3590.4	1025.9	6393.4
1990	7892.5	4088.1	3804.4	1101.7	6790.8
1991	7947.8	4119.5	3828.3	1119.3	6828.5
1992	7992.2	4144.1	3848.1	1172.6	6819.6
1993	8037.4	4171.2	3866.2	1211.9	6825.5
1994	8098.7	4205.3	3893.4	1277.1	6821.6
1995	8161.2	4238.9	3922.3	1331.8	6829.4
1996	8215.4	4266.6	3948.8	1378.1	6837.3
1997	8264.7	4291.4	3973.3	1420.1	6844.6
1998	8315.7	4317.5	3998.2	1460.3	6855.4
1999	8358.6	4337.7	4020.9	1507.7	6850.9
2000	8407.5	4358.9	4048.6	1565.0	6842.5
2001	8436.6	4375.4	4061.2	1622.1	6814.5
2002	8474.5	4395.3	4079.2	1677.6	6796.9
2003	8529.4	4424.7	4104.7	1795.2	6734.2
2004	8595.3	4460.0	4135.3	1914.3	6681.0
2005	8642.1	4483.6	4158.5	2013.8	6628.3
2006	8722.5	4520.3	4202.2	2070.8	6651.7
2007	8815.2	4566.4	4248.8	2140.0	6675.2
2008	8907.8	4607.7	4300.1	2203.4	6704.4
2009	8984.7	4639.2	4345.5	2286.3	6698.4
2010	9001.3	4640.4	4360.9	2355.2	6646.1
2011	9058.4	4665.6	4392.8	2462.7	6595.7
2012	9097.4	4685.0	4412.4	2512.0	6585.4
2013	9132.6	4700.8	4431.8	2632.4	6500.2
2014	9159.1	4710.4	4448.7	2694.0	6465.1
2015	9102.0	4680.1	4421.9	2785.2	6316.8

注：本篇章所列户籍人口资料均由四川省公安厅提供；2014年及以前的城镇人口、乡村人口为非农业人口、农业人口。

a) Data in this table were taken from the annual reports of the Bureau of Sichuan Provincial Public Security. Data of urban population and rural population before 2015 are those of non-agricultural population and agricultural population.

3-4 各市(州)年末户籍总户数及人口数(2015年)
Number of Households and Population by Region(year-end)(2015)

市(州)	Region	年末户籍总户数(万户) Total of Household Population (year-end) (10 000 households)	#乡村户数 Households in Rural Area	年末户籍总人口(万人) Total Population (year-end) (10 000 persons)	#城镇人口 Urban Population	男性 Male	女性 Female
全　省	**Sichuan**	**3241.4**	**2079.3**	**9102.0**	**2785.2**	**4680.1**	**4421.9**
成都市	Chengdu	476.0	261.5	1228.1	720.6	610.2	617.9
自贡市	Zigong	107.5	71.8	327.5	126.5	166.8	160.7
攀枝花市	Panzhihua	37.0	15.5	110.6	58.9	56.4	54.2
泸州市	Luzhou	152.6	113.7	505.7	123.0	261.8	243.9
德阳市	Deyang	157.9	110.3	390.0	136.1	198.7	191.3
绵阳市	Mianyang	209.8	138.5	545.5	176.8	280.3	265.2
广元市	Guangyuan	115.2	68.7	305.3	73.5	156.9	148.4
遂宁市	Suining	142.7	82.9	378.8	107.4	195.8	183.0
内江市	Neijiang	157.5	107.2	420.4	110.3	214.6	205.8
乐山市	Leshan	127.8	82.8	353.8	134.0	180.4	173.4
南充市	Nanchong	268.4	175.0	742.3	173.1	388.0	354.3
眉山市	Meishan	128.7	87.9	349.1	100.2	178.1	171.0
宜宾市	Yibin	172.6	123.5	552.1	118.1	287.3	264.8
广安市	Guangan	157.0	110.2	467.4	103.9	244.7	222.7
达州市	Dazhou	245.1	164.0	682.8	160.0	358.4	324.4
雅安市	Yaan	55.9	41.9	154.9	54.0	79.2	75.7
巴中市	Bazhong	132.1	80.3	379.5	89.0	198.3	181.2
资阳市	Ziyang	188.1	91.5	503.7	93.4	261.9	241.8
阿坝藏族羌族自治州	Aba	29.7	19.4	91.4	31.5	46.6	44.8
甘孜藏族自治州	Ganzi	29.4	21.7	109.2	16.3	55.3	53.9
凉山彝族自治州	Liangshan	150.4	111.0	503.9	78.6	260.4	243.5

主要统计指标解释

人口数 指一定时点、一定地区范围内有生命的个人总和。

年度统计的年末人口数指每年12月31日24时的人口数。年度统计的全国人口总数内未包括香港、澳门特别行政区和台湾省以及海外华侨人数。

常住人口 指实际经常居住在某地半年以上的人口。

城镇人口和乡村人口 城镇人口是指居住在城镇范围内的全部常住人口；乡村人口是除上述人口以外的全部人口。

出生率(又称粗出生率) 指在一定时期内(通常为一年)一定地区的出生人数与同期内平均人数(或期中人数)之比，用千分率表示。本资料中的出生率指年出生率，其计算公式为：

$$出生率=\frac{年出生人数}{年平均人数}\times 1000‰$$

式中：出生人数指活产婴儿，即胎儿脱离母体时(不管怀孕月数)，有过呼吸或其他生命现象。年平均人数指年初、年底人口数的平均数，也可用年中人口数代替。

死亡率(又称粗死亡率) 指在一定时期内(通常为一年)一定地区的死亡人数与同期内平均人数(或期中人数)之比，用千分率表示。本资料中的死亡率指年死亡率，其计算公式为：

$$死亡率=\frac{年死亡人数}{年平均人数}\times 1000‰$$

人口自然增长率 指在一定时期内(通常为一年)人口自然增加数(出生人数减死亡人数)与该时期内平均人数(或期中人数)之比，用千分率表示。计算公式为：

$$人口自然增长率=\frac{本年出生人数-本年死亡人数}{年平均人数}\times 1000‰$$

$$=人口出生率-人口死亡率$$

Explanatory Notes on Main Statistical Indicators

Total Population refers to the total number of people alive at a certain point of time within a given area .

The annual statistics on total population is taken at midnight, the 3lst of December, not including residents in Taiwan province, Hong Kong SAR and Macao SAR and Chinese national residing abroad.

Usual Resident Population refers to the population that actually reside in a place, usually longer than half a year.

Urban Population and Rural Population Urban population refers to all people residing in cities and towns, while rural population refers to population other than urban population.

Birth Rate or (Crude Birth Rate) refers to the ratio of the number of births to the average population (or mid-period population) during a certain period of time (usually a year), expressed in ‰. Birth rate in the chapter refers to annual birth rate. The following formula is used:

Birth Rate = (Number of Births/Average Number of Population)×1000‰

Number of births in the formula refers to live births, i.e. when a baby has breathed or showed any vital phenomena regardless of the length of pregnancy.

Annual average population is the average of the number of population at the beginning of the year and that at the end of the year. Sometimes it is substituted by the mid-year population.

Death Rate (or Crude Death Rate) refers to the ratio of the number of deaths to the average population (or mid-period population) during a certain period of time (usually a year), expressed in ‰. Death rate in the chapter refers to annual death rate. The following formula is used:

Death Rate = (Number of Deaths/Annual Average Number of Population)×1000‰

Natural Growth Rate of Population refers to the ratio of natural increase in population (number of births minus number of deaths) in a certain period of time (usually a year) to the average population (or mid-period population) of the same period, expressed in ‰. The following formula is applied:

Natural Growth Rate of Population = (Number of Births-Number of Deaths)/Average Number of Population×1000‰

Natural Growth Rate of Population = Birth Rate - Death Rate

就业人员和工资

EMPLOYMENT AND WAGE

4-1 按三次产业分就业人员
Number of Employed Persons by Three Strata of Industry

(年末数) (year-end)

年 份 Year	劳动力资源总数(万人) Total Number of Labor Force Resources (10 000 persons)	就业人员(万人) Number of Employed Persons (10 000 persons)	第一产业 Primary Industry	第二产业 Secondary Industry	第三产业 Tertiary Industry	构成(合计=100) Composition in Percentage (total = 100) 第一产业 Primary Industry	第二产业 Secondary Industry	第三产业 Tertiary Industry
1952	2417.07	2027.92	1753.89	89.37	184.66	86.5	4.4	9.1
1957	2644.47	2258.38	1947.49	108.57	202.32	86.2	4.8	9.0
1962	2202.91	2101.58	1810.90	117.47	173.21	86.2	5.6	8.2
1965	2516.29	2267.18	1925.30	163.38	178.50	84.9	7.2	7.9
1970	3546.10	2737.59	2339.83	210.36	187.40	85.5	7.7	6.8
1975	3776.57	2998.60	2474.11	271.48	253.01	82.5	9.1	8.4
1978	3932.51	3087.02	2524.21	279.50	283.31	81.8	9.1	9.1
1980	4121.09	3259.78	2638.03	309.24	312.51	80.9	9.5	9.6
1985	4780.29	3742.97	2824.95	491.67	426.35	75.5	13.1	11.4
1990	5139.00	4265.20	3108.89	578.08	578.23	72.9	13.5	13.6
1991	5230.00	4425.10	3190.83	602.81	631.46	72.1	13.6	14.3
1992	5310.00	4521.20	3200.21	636.79	684.20	70.8	14.1	15.1
1993	5405.00	4556.80	3108.06	709.98	738.76	68.2	15.6	16.2
1994	5510.00	4587.90	3037.47	728.46	821.97	66.2	15.9	17.9
1995	5585.00	4619.10	2983.94	752.91	882.25	64.6	16.3	19.1
1996	5643.00	4627.20	2875.86	772.74	978.60	62.2	16.7	21.1
1997	5688.00	4641.20	2872.41	780.44	988.35	61.9	16.8	21.3
1998	5742.00	4651.40	2824.40	786.09	1040.91	60.7	16.9	22.4
1999	5763.00	4654.30	2747.08	800.54	1106.68	59.0	17.2	23.8
2000	5820.00	4658.40	2643.35	871.12	1143.93	56.7	18.7	24.6
2001	5881.00	4664.80	2595.84	867.65	1201.31	55.6	18.6	25.8
2002	5935.00	4667.60	2517.48	896.18	1253.94	53.9	19.2	26.9
2003	5985.00	4683.50	2482.80	906.70	1294.00	53.0	19.4	27.6
2004	6027.00	4691.00	2445.70	916.00	1329.30	52.2	19.5	28.3
2005	6058.00	4702.00	2421.50	926.30	1354.20	51.5	19.7	28.8
2006	6103.00	4715.00	2306.90	946.00	1462.10	48.9	20.1	31.0
2007	6152.00	4731.10	2266.22	1065.71	1399.15	47.9	22.5	29.6
2008	6206.00	4740.00	2186.18	1108.32	1445.50	46.1	23.4	30.5
2009	6260.00	4756.62	2144.13	1141.59	1470.90	45.1	24.0	30.9
2010	6301.00	4772.53	2083.20	1188.82	1500.51	43.7	24.9	31.4
2011	6343.00	4785.47	2043.36	1210.78	1531.33	42.7	25.3	32.0
2012	6387.00	4798.30	1991.30	1233.18	1573.83	41.5	25.7	32.8
2013	6439.00	4817.31	1955.79	1254.50	1607.01	40.6	26.0	33.4
2014	6490.00	4833.00	1909.00	1275.90	1648.10	39.5	26.4	34.1
2015	6543.00	4847.01	1870.91	1289.31	1686.79	38.6	26.6	34.8

4-2 各市(州)按三次产业分就业人员(2015年)
Number of Employed Persons by Three Strata of Industry and Region(2015)

(年末数) (year-end)

市(州)	Region	就业人员 (万人) Number of Employed Persons (10 000 persons)	第一产业 Primary Industry	第二产业 Secondary Industry	第三产业 Tertiary Industry	构成 Composition in Percentage (合计=100) (total = 100) 第一产业 Primary Industry	第二产业 Secondary Industry	第三产业 Tertiary Industry
全　省	**Sichuan**	**4847.01**	**1870.91**	**1289.31**	**1686.79**	**38.6**	**26.6**	**34.8**
成都市	Chengdu	827.92	103.07	305.97	418.88	12.4	37.0	50.6
自贡市	Zigong	197.95	81.84	55.64	60.46	41.3	28.1	30.5
攀枝花市	Panzhihua	59.94	17.11	18.11	24.73	28.5	30.2	41.3
泸州市	Luzhou	250.87	105.45	78.63	66.79	42.0	31.3	26.6
德阳市	Deyang	220.27	78.24	53.37	88.66	35.5	24.2	40.3
绵阳市	Mianyang	301.74	94.35	100.76	106.63	31.3	33.4	35.3
广元市	Guangyuan	164.15	71.38	36.19	56.58	43.5	22.0	34.5
遂宁市	Suining	162.68	73.24	41.56	47.88	45.0	25.5	29.4
内江市	Neijiang	176.06	53.09	55.32	67.65	30.2	31.4	38.4
乐山市	Leshan	184.30	79.12	39.86	65.31	42.9	21.6	35.4
南充市	Nanchong	294.68	116.52	89.05	89.11	39.5	30.2	30.2
眉山市	Meishan	188.65	87.16	45.81	55.68	46.2	24.3	29.5
宜宾市	Yibin	315.76	147.21	85.55	83.00	46.6	27.1	26.3
广安市	Guangan	218.16	106.06	49.22	62.88	48.6	22.6	28.8
达州市	Dazhou	329.05	166.98	61.81	100.26	50.7	18.8	30.5
雅安市	Yaan	103.50	51.45	20.79	31.26	49.7	20.1	30.2
巴中市	Bazhong	169.50	76.33	42.13	51.05	45.0	24.9	30.1
资阳市	Ziyang	224.12	112.81	50.00	61.32	50.3	22.3	27.4
阿坝藏族羌族自治州	Aba	51.42	29.62	3.79	18.01	57.6	7.4	35.0
甘孜藏族自治州	Ganzi	66.61	48.83	2.12	15.66	73.3	3.2	23.5
凉山彝族自治州	Liangshan	286.27	171.05	37.59	77.63	59.8	13.1	27.1

注：全省合计中包括省直综单位就业人员和灵活形式就业人员，市(州)数据未包括(后同)。

a) The number of persons employed in directly affiliated units and comprehensive units, and persons employed in flexible forms was included in the Sichuan's number of employed persons, but was not included in regional number of employed persons.

4–3 按城乡分就业人员
Number of Employed Persons by Residence in Urban and Rural Areas

(年末数)单位：万人 (year-end)(10 000 persons)

年份 Year	就业人员合计 Total Number of Employed Persons	#非私营单位就业人员 Staff and Workers in Non-private Units	国有经济单位职工 State-owned Units Staff	城镇集体经济单位职工 Urban Collective-owned Units Staff	其他各种经济单位职工 Other Staff	#城镇个体私营企业就业人员 Urban Private Enterprises and Self-employed Individuals	#乡村就业人员 Rural Employed Persons
1952	2027.92	63.56	61.82	1.74		132.77	1831.59
1957	2258.38	208.22	132.72	75.50		18.93	2031.23
1962	2101.58	233.16	160.16	73.00		10.21	1858.21
1965	2267.18	290.53	208.91	81.62		6.05	1970.60
1970	2737.59	338.68	255.68	83.00		2.39	2396.52
1975	2998.60	394.26	302.48	91.78		1.52	2602.82
1978	3087.02	457.92	364.80	93.12		6.50	2621.50
1980	3259.78	498.31	388.64	109.67		10.10	2748.60
1985	3742.97	576.12	429.99	145.67	0.46	46.00	3103.00
1990	4265.20	644.21	496.90	145.75	1.56	107.10	3465.10
1991	4425.10	666.02	515.05	148.95	2.02	131.10	3568.50
1992	4521.20	684.31	526.04	155.71	2.56	157.80	3607.00
1993	4556.80	693.30	523.94	149.40	19.96	182.70	3595.30
1994	4587.90	692.27	515.47	144.56	32.24	210.60	3587.10
1995	4619.10	696.03	522.39	138.43	35.21	239.20	3573.30
1996	4627.20	692.78	520.38	133.41	38.99	270.10	3552.10
1997	4641.20	681.56	506.18	131.04	44.34	299.20	3538.00
1998	4651.40	662.94	467.29	111.90	83.75	348.50	3573.50
1999	4654.30	547.15	394.31	80.67	72.17	370.20	3567.00
2000	4658.40	515.45	371.68	69.73	74.04	391.70	3564.50
2001	4664.80	486.70	350.45	58.39	77.86	429.60	3556.20
2002	4667.60	481.19	326.97	52.66	101.56	446.30	3542.00
2003	4683.50	486.70	315.90	48.70	122.10	471.50	3516.60
2004	4691.00	480.70	305.60	43.70	131.40	497.30	3481.80
2005	4702.00	492.80	303.70	40.90	148.20	505.90	3473.10
2006	4715.00	500.90	304.40	40.10	156.40	514.40	3452.30
2007	4731.10	520.37	312.70	39.23	168.44	574.80	3432.70
2008	4740.00	528.94	310.80	37.10	181.04	573.32	3430.00
2009	4756.62	536.48	312.21	36.87	187.40	634.27	3410.76
2010	4772.53	570.58	335.77	33.69	201.12	662.23	3390.63
2011	4785.47	587.49	331.63	32.12	223.74	689.75	3368.00
2012	4798.30	611.80	342.70	32.30	236.80	749.08	3343.30
2013	4817.31	685.57	349.10	30.10	306.37	770.32	3324.30
2014	4833.00	808.70	351.10	29.00	428.60	699.73	3302.00
2015	4847.01	795.47	344.08	26.25	425.14	740.53	3281.00

注：就业人员合计中包括灵活形式就业人员。
a) Total Number of Employed Persons includes the flexible forms of employment.

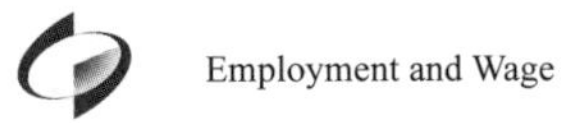

4-4 按行业分就业人员

(年末数)单位：万人

年份 Year	合计 Total	农、林、牧、渔业 Farming, Forestry, Animal Husbandry and Fishery	采矿业 Mining	制造业 Manufac-turing	电力、热力、燃气及水生产和供应业 Production and Supply of Electricity, Heat,Gas and Water	建筑业 Construc-tion	批发和零售业 Wholesale and Retail Trades	交通运输、仓储和邮政业 Transport, Storage and Post	住宿和餐饮业 Hotels and Catering Services	信息传输、软件和信息技术服务业 Information Transmission, Software and IT Services
1978	3087.02	2524.21	43.80	172.77	9.60	53.33	57.46	43.25	20.03	
1980	3259.78	2638.03	48.44	189.98	10.48	60.34	68.03	45.50	23.31	
1985	3742.97	2824.95	86.18	261.63	7.73	136.13	107.82	62.26	34.96	1.73
1986	3885.74	2885.97	93.87	265.64	8.27	171.64	116.55	64.25	40.47	2.55
1987	3967.27	2926.27	98.80	275.76	8.40	191.29	114.04	66.49	40.29	3.07
1988	4090.08	2986.06	101.58	290.53	9.82	198.26	132.05	69.57	44.99	3.61
1989	4179.57	3086.83	98.14	281.25	10.18	194.01	126.23	70.21	45.67	4.13
1990	4265.20	3108.89	98.49	273.04	13.95	192.60	166.95	71.23	60.60	4.69
1991	4425.10	3190.83	101.05	287.68	10.63	203.45	197.23	73.11	71.94	5.17
1992	4521.20	3200.21	104.56	300.82	13.42	217.99	213.05	75.95	76.69	6.11
1993	4556.80	3108.06	105.79	303.60	11.90	288.69	245.60	75.70	83.11	7.29
1994	4587.90	3037.47	111.47	312.14	12.15	292.70	248.66	82.14	91.76	7.52
1995	4619.10	2983.94	114.70	319.99	13.47	304.75	264.66	87.68	92.73	8.41
1996	4627.20	2875.86	116.56	325.82	14.31	316.05	282.10	95.40	94.17	8.65
1997	4641.20	2872.41	118.95	329.85	14.97	316.67	293.73	95.70	95.72	8.78
1998	4651.40	2824.40	114.52	331.73	14.37	325.47	211.35	92.06	189.12	9.09
1999	4654.30	2747.08	116.72	337.17	14.40	332.25	211.48	84.44	214.11	9.38
2000	4658.40	2643.35	121.36	346.95	14.64	388.17	211.66	85.84	226.42	9.86
2001	4664.80	2595.84	118.56	345.95	15.29	387.85	211.95	98.33	237.78	10.25
2002	4667.60	2517.48	122.05	358.35	15.35	400.43	212.08	108.38	243.02	11.76
2003	4683.50	2482.80	123.90	360.30	16.50	405.90	212.80	104.70	248.70	12.10
2004	4691.00	2445.70	120.70	371.40	18.50	405.40	213.14	119.00	264.25	18.00
2005	4702.00	2421.50	118.50	374.90	21.20	411.70	213.64	133.70	287.16	21.60
2006	4715.00	2306.90	116.50	422.00	20.50	387.00	214.24	137.80	323.56	20.60
2007	4731.10	2266.22	119.15	482.09	21.04	443.43	214.97	141.90	362.95	24.40
2008	4740.00	2186.18	107.32	487.39	27.48	486.13	215.37	149.66	362.17	25.55
2009	4756.62	2144.13	106.39	515.37	27.45	492.38	216.13	156.77	392.44	29.25
2010	4772.53	2083.20	108.80	540.66	25.99	513.38	216.85	154.05	405.23	33.08
2011	4785.47	2043.36	111.75	554.79	27.27	516.96	217.44	152.40	417.57	33.21
2012	4798.30	1991.30	116.99	577.78	27.26	511.15	218.02	135.22	400.10	40.17
2013	4817.31	1955.79	106.31	578.63	36.57	533.00	234.55	134.30	424.68	52.29
2014	4833.00	1908.95	111.37	584.33	41.44	538.73	244.73	141.28	402.19	50.69
2015	4847.01	1870.91	100.62	591.23	42.13	555.34	281.30	120.91	366.49	81.90

Number of Employed Persons by Sector

(year-end)(10 000 persons)

金融业 Financial Interme-diation	房地产业 Real Estate	租赁和商务服务业 Leasing and Business Services	科学研究和技术服务业 Scientific Research, and Technical Services	水利、环境和公共设施管理业 Management of Water Con-servancy,En-vironment and Public Facilities	居民服务、修理和其他服务业 Services to Households, Repair and Other Services	教育 Education	卫生和社会工作 Health and Social Service	文化、体育和娱乐业 Culture, Sports and Entertain-ment	公共管理、社会保障和社会组织 Public Mana-gement,Social Security and Social Organization
4.61	0.43		6.00	3.20	35.81	57.03	18.20	1.96	35.33
5.78	1.09		8.70	4.39	36.07	58.98	19.93	2.43	38.30
7.50	1.22	4.27	12.63	6.25	37.19	71.77	25.89	3.12	49.74
7.94	1.18	5.89	12.95	6.80	48.56	72.19	26.11	3.62	51.29
8.54	1.15	6.33	13.05	7.04	51.01	73.76	26.27	3.97	51.74
9.22	1.20	8.77	13.49	7.06	55.19	71.04	26.21	4.08	57.35
9.23	1.21	10.08	13.35	7.26	57.72	74.17	27.10	4.44	58.36
10.02	1.32	12.77	13.21	6.95	63.00	76.45	27.32	4.65	59.07
10.06	1.40	16.54	13.20	7.00	63.80	78.18	28.04	4.97	60.82
11.45	1.62	18.07	13.80	7.13	80.02	81.63	30.15	5.04	63.49
13.62	1.86	21.92	13.32	8.22	83.02	83.56	31.40	5.55	64.59
14.28	1.94	22.67	16.55	8.85	133.49	91.22	31.45	5.84	65.60
14.68	2.14	23.01	15.98	9.07	164.74	90.91	32.11	6.01	70.12
15.17	2.35	23.13	15.67	9.41	215.43	98.04	34.96	6.32	77.80
14.94	2.50	25.91	15.05	9.88	218.08	100.02	35.59	6.67	65.78
15.42	2.77	26.43	14.87	10.84	258.45	100.56	36.18	6.93	66.84
16.27	2.73	27.10	13.04	10.56	331.10	86.08	28.37	7.02	65.00
16.62	3.17	27.95	12.63	9.68	349.85	88.36	28.58	7.23	66.07
16.72	2.98	28.28	10.47	9.21	382.10	90.86	28.19	7.01	67.18
16.25	3.68	29.17	10.58	9.43	387.50	93.40	33.26	6.90	88.53
16.10	5.90	30.70	11.00	7.40	389.80	95.00	41.80	7.10	111.00
16.20	14.20	26.20	12.90	9.30	395.90	90.10	43.30	22.10	84.70
17.40	18.30	35.80	11.60	10.00	365.50	91.30	47.50	22.50	78.20
16.60	28.40	45.10	11.80	13.10	386.20	98.00	57.70	22.90	86.10
17.12	27.53	52.40	12.08	13.16	274.60	106.16	44.07	23.43	84.41
18.70	28.24	47.71	13.28	13.30	294.83	104.60	59.41	23.74	88.94
21.71	29.07	49.14	16.36	14.36	277.55	97.17	52.21	25.07	93.66
23.00	29.07	53.84	17.56	16.37	285.36	98.70	56.12	21.98	89.30
23.78	29.55	52.89	18.62	19.82	265.63	100.59	60.29	33.20	106.34
25.19	33.89	53.50	20.22	20.43	316.97	104.95	62.25	33.37	109.52
26.11	38.01	61.55	24.16	21.56	276.83	107.63	65.94	37.86	101.51
28.42	46.00	73.32	26.94	26.68	290.75	108.92	70.15	31.92	106.19
30.07	45.38	64.70	30.25	42.24	293.94	109.59	68.39	45.31	106.33

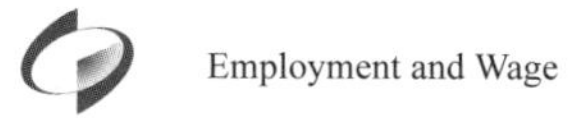

4-5 各市(州)按行业分就业人员(2015年)

(年末数)单位：万人

市(州)	Region	合计 Total	农、林、牧、渔业 Farming, Forestry, Animal Husbandry and Fishery	采矿业 Mining	制造业 Manufacturing	电力、热力、燃气及水生产和供应业 Production and Supply of Electricity, Heat,Gas and Water	建筑业 Construction	批发和零售业 Wholesale and Retail Trades	交通运输、仓储和邮政业 Transport, Storage and Post	住宿和餐饮业 Hotels and Catering Services
全　省	**Sichuan**	**4847.01**	**1870.91**	**100.62**	**591.23**	**42.13**	**555.34**	**281.30**	**120.91**	**366.49**
成都市	Chengdu	827.92	103.07	0.66	150.47	5.09	149.75	85.83	61.55	70.08
自贡市	Zigong	197.95	81.84	5.10	27.37	0.78	22.39	13.57	3.62	13.65
攀枝花市	Panzhihua	59.94	17.11	3.89	9.45	0.72	4.04	5.66	2.61	2.69
泸州市	Luzhou	250.87	105.45	5.24	28.26	1.74	43.39	13.67	4.72	6.00
德阳市	Deyang	220.27	78.24	1.26	31.67	0.58	19.85	14.48	2.36	16.46
绵阳市	Mianyang	301.74	94.35	2.57	51.38	3.56	43.26	15.91	4.73	24.55
广元市	Guangyuan	164.15	71.38	5.21	12.23	0.59	18.17	6.67	1.19	15.60
遂宁市	Suining	162.68	73.24	0.20	19.43	0.56	21.37	8.67	1.97	12.83
内江市	Neijiang	176.06	53.09	4.76	24.06	1.56	24.93	6.16	3.72	15.00
乐山市	Leshan	184.30	79.12	3.99	18.61	2.64	14.62	8.01	1.97	24.23
南充市	Nanchong	294.68	116.52	2.59	46.73	1.76	37.96	11.59	2.59	20.49
眉山市	Meishan	188.65	87.16	0.94	27.88	1.03	15.95	10.56	2.87	12.03
宜宾市	Yibin	315.76	147.21	19.73	39.18	2.04	24.61	10.51	3.04	24.99
广安市	Guangan	218.16	106.06	4.43	21.14	0.81	22.85	11.46	2.66	16.16
达州市	Dazhou	329.05	166.98	14.18	23.87	1.81	21.94	14.50	2.77	29.60
雅安市	Yaan	103.50	51.45	3.24	8.69	1.48	7.38	8.70	1.95	5.02
巴中市	Bazhong	169.50	76.33	5.07	12.29	2.25	22.51	8.04	2.46	8.09
资阳市	Ziyang	224.12	112.81	0.24	25.71	0.58	23.48	8.63	2.09	21.17
阿坝藏族羌族自治州	Aba	51.42	29.62	0.25	1.13	0.92	1.49	3.37	1.04	2.93
甘孜藏族自治州	Ganzi	66.61	48.83	0.06	0.30	0.77	1.00	2.46	0.97	1.70
凉山彝族自治州	Liangshan	286.27	171.05	9.86	11.34	2.15	14.25	12.77	3.49	23.12

Number of Employed Persons by Sector and Region(2015)

(year-end)(10 000 persons)

信息传输、软件和信息技术服务业 Information Transmission, Software and IT Services	金融业 Financial Intermediation	房地产业 Real Estate	租赁和商务服务业 Leasing and Business Services	科学研究和技术服务业 Scientific Research, and Technical Services	水利、环境和公共设施管理业 Management of Water Conservancy,Environment and Public Facilities	居民服务、修理和其他服务业 Services to Households, Repair and Other Services	教育 Education	卫生和社会工作 Health and Social Service	文化、体育和娱乐业 Culture, Sports and Entertainment	公共管理、社会保障和社会组织 Public Management,Social Security and Social Organization
81.90	**30.07**	**45.38**	**64.70**	**30.25**	**42.24**	**293.94**	**109.59**	**68.39**	**45.31**	**106.33**
34.43	7.53	16.86	23.91	13.74	4.11	35.44	23.83	16.28	5.77	19.52
1.02	1.14	4.90	2.67	0.65	0.54	7.97	3.38	2.84	1.43	3.09
0.36	0.83	0.49	0.61	0.51	0.27	5.18	1.52	1.42	0.71	1.86
1.24	1.07	1.44	1.77	0.44	8.01	12.17	7.73	3.36	1.33	3.84
2.65	2.06	1.21	4.03	1.78	0.81	16.99	8.18	4.86	9.13	3.66
6.60	2.30	2.51	6.63	6.80	1.37	18.40	6.69	3.53	1.37	5.23
2.29	0.85	0.55	0.93	0.18	9.37	8.40	2.97	1.68	0.37	5.53
0.98	0.66	0.85	0.83	0.24	0.28	12.36	2.87	1.64	1.22	2.49
2.73	1.99	2.14	6.10	0.46	1.07	14.72	3.96	3.66	2.48	3.46
2.04	0.94	1.20	1.57	0.87	0.84	13.01	3.26	1.97	1.34	4.05
2.93	1.93	2.08	3.92	0.64	1.07	21.11	7.53	4.10	1.41	7.73
0.57	0.92	1.00	0.10	0.28	7.59	5.34	4.03	2.50	4.99	2.88
3.38	1.76	0.61	3.33	0.55	0.69	14.07	6.51	3.37	4.20	5.97
2.95	1.00	0.96	0.58	0.15	1.06	14.99	3.49	2.01	0.71	4.70
4.63	1.14	3.13	1.73	0.68	2.24	18.86	6.03	6.59	3.69	4.69
1.25	0.51	0.19	0.51	0.14	0.27	6.64	1.85	1.09	0.38	2.76
2.42	0.52	2.71	0.82	0.24	0.36	11.31	3.81	1.59	0.56	8.12
3.58	1.27	1.33	1.35	0.47	0.58	11.11	3.98	2.21	0.62	2.92
0.90	0.45	0.18	0.77	0.12	0.52	2.14	1.35	0.58	0.20	3.47
0.29	0.21	0.03	0.18	0.25	0.13	1.75	1.45	0.66	1.80	3.77
4.63	0.97	1.01	1.92	0.91	1.07	11.97	5.16	2.43	1.59	6.58

4–6 按行业分乡村就业人员
Number of Employed Persons in Rural Areas by Sector

(年末数)单位：万人 (year-end)(10 000 persons)

年份 Year	合 计 Total	#农、林、牧、渔业 Farming, Forestry, Animal Husbandry and Fishery	#采矿业 Mining	#制造业 Manufacturing	#建筑业 Construction	#批发和零售业 Wholesale and Retail Trades	#交通运输、仓储和邮政业 Transport, Storage and Post
1978	2621.50	2508.44	12.13	18.20	7.84	5.59	4.08
1980	2748.60	2625.70	16.98	25.47	10.57	6.88	4.66
1985	3103.00	2811.56	49.10	73.65	69.06	28.10	18.49
1986	3221.80	2872.71	56.26	84.38	86.59	35.79	20.48
1987	3275.00	2913.12	60.72	91.09	99.45	40.33	22.72
1988	3359.90	2972.82	63.80	95.70	104.65	44.68	24.13
1989	3423.30	3073.65	59.47	88.39	98.38	42.69	24.51
1990	3465.10	3102.72	57.20	85.80	97.09	44.60	25.03
1991	3568.50	3177.29	59.26	88.90	102.36	48.51	25.88
1992	3607.00	3154.64	62.97	94.46	116.00	54.33	27.79
1993	3595.30	3077.54	98.75	139.19	128.05	62.96	29.88
1994	3587.10	2825.89	82.22	268.53	150.02	126.93	45.84
1995	3573.30	2835.08	98.48	256.45	164.83	132.81	49.10
1996	3552.10	2863.84	98.27	259.94	185.71	99.93	53.59
1997	3538.00	2859.62	95.75	258.92	193.80	108.45	56.34
1998	3573.50	2811.89	89.17	242.08	203.06	113.96	58.33
1999	3567.00	2735.08	45.77	123.73	193.65	101.83	51.31
2000	3564.50	2631.07	47.38	128.11	212.46	113.62	54.05
2001	3556.20	2582.64	105.71	139.86	226.94	124.98	56.71
2002	3542.00	2503.26	78.44	117.43	246.62	134.04	60.75
2003	3516.60	2469.12	103.05	184.63	270.40	145.60	65.29
2004	3481.80	2432.00	65.00	188.90	281.50	157.90	75.40
2005	3473.10	2376.30	86.40	161.30	295.60	173.10	78.50
2006	3452.30	2293.60	85.10	202.60	261.90	178.80	80.60
2007	3432.74	2252.80	84.82	265.10	303.30	144.20	82.20
2008	3430.00	2173.28	74.50	273.50	341.60	176.71	89.78
2009	3410.76	2132.06	71.76	297.39	338.07	181.97	93.41
2010	3390.63	2069.72	74.19	308.03	352.68	184.55	92.55
2011	3368.00	2029.65	74.34	296.36	338.40	183.43	91.11
2012	3343.30	1975.24	73.02	297.51	323.51	117.79	34.69
2013	3324.30	1939.71	68.25	309.88	329.54	114.72	37.32
2014	3302.00	1888.77	70.18	299.12	316.09	129.67	37.22
2015	3281.00	1853.69	65.47	313.64	332.36	116.35	31.51

4-7 各市(州)按行业分乡村就业人员(2015年)
Number of Households and Employed Persons in Rural Areas by Sector and Region(2015)

单位：万人 (10 000 persons)

市(州)	Region	乡村就业人员合计 Total Rural Employed Persons	农、林、牧、渔业 Farming, Forestry, Animal Husbandry and Fishery	工　业 Industry	建筑业 Constr-uction	批发和零售业 Wholesale and Retail Trades	交通运输、仓储和邮政业 Transport, Storage and Post	住宿和餐饮业 Hotels and Catering Services	信息传输、软件和信息技术服务业 Information Transmission, Software and IT Services	其他非农行业 Other Non-agricul-tural Industries
全　省	**Sichuan**	**3281.00**	**1853.69**	**391.56**	**332.36**	**116.35**	**31.51**	**204.41**	**20.95**	**330.17**
成都市	Chengdu	323.90	99.23	62.29	66.93	22.16	11.44	34.31	4.89	22.65
自贡市	Zigong	150.79	81.71	19.87	15.50	5.98	1.82	8.31	0.50	17.10
攀枝花市	Panzhihua	25.66	16.74	1.35	0.46	0.69	0.98	0.54	0.03	4.88
泸州市	Luzhou	179.37	103.90	19.73	26.15	6.50	1.03	2.29	0.31	19.46
德阳市	Deyang	162.67	77.83	17.86	14.77	7.56	0.42	9.96	0.75	33.52
绵阳市	Mianyang	198.29	92.67	34.27	30.62	6.36	1.43	11.44	1.52	19.98
广元市	Guangyuan	126.91	71.15	12.90	14.72	3.70	0.34	6.74	0.32	17.04
遂宁市	Suining	125.83	72.11	13.01	16.14	4.20	1.46	6.74	0.48	11.70
内江市	Neijiang	124.74	52.68	19.58	14.96	3.22	1.78	8.76	0.94	22.82
乐山市	Leshan	132.99	77.87	11.53	10.86	3.82	0.70	14.89	0.36	12.96
南充市	Nanchong	208.06	116.29	30.07	24.67	4.57	0.84	9.73	0.86	21.02
眉山市	Meishan	143.80	87.08	17.64	9.32	5.42	0.74	7.72	0.16	15.72
宜宾市	Yibin	240.63	145.92	37.96	15.30	5.58	1.39	15.36	1.25	17.86
广安市	Guangan	172.75	105.27	19.24	15.67	6.15	0.68	9.10	1.64	15.00
达州市	Dazhou	254.79	166.49	23.58	11.86	7.97	0.84	18.44	1.87	23.73
雅安市	Yaan	78.30	50.88	7.34	5.67	4.29	0.99	2.42	0.82	5.89
巴中市	Bazhong	128.36	76.05	13.64	10.27	4.75	0.97	4.63	0.80	17.26
资阳市	Ziyang	182.78	112.16	16.48	16.57	4.11	0.91	18.74	1.63	12.18
阿坝藏族羌族自治州	Aba	37.99	29.28	1.02	1.06	1.91	0.49	1.12	0.50	2.60
甘孜藏族自治州	Ganzi	53.38	48.47	0.45	0.51	0.55	0.32	0.31	0.01	2.76
凉山彝族自治州	Liangshan	229.03	169.91	11.76	10.35	6.87	1.94	12.86	1.30	14.03

4-8 各市(州)国有、集体和其他各种经济单位就业人员(2015年)

Number of Employed Persons in State-owned , Collective-owned Units and Other Types of Ownership by Region(2015)

(年末数)单位：万人 (year-end)(10 000 persons)

市(州)	Region	合计 Total	国有经济单位 State-owned Units	城镇集体经济单位 Urban Collective-owned Units	其他各种经济单位 Units of Other Types of Ownership		
						内资 Domestic Funded	港澳台投资 Funded by Entrepreneurs from Hong Kong, Macao and Taiwan	外商投资 Foreign Funded
全　省	**Sichuan**	**795.47**	**344.08**	**26.25**	**425.14**	**381.94**	**22.52**	**20.68**
成都市	Chengdu	264.66	92.51	5.03	167.12	134.58	18.00	14.54
自贡市	Zigong	20.97	9.50	0.54	10.94	10.30	0.06	0.57
攀枝花市	Panzhihua	19.76	5.99	0.32	13.45	13.37	0.04	0.04
泸州市	Luzhou	37.95	15.85	2.58	19.52	19.23	0.11	0.18
德阳市	Deyang	32.14	12.67	1.48	17.99	16.57	0.87	0.56
绵阳市	Mianyang	51.26	19.77	1.18	30.31	28.89	0.55	0.88
广元市	Guangyuan	16.80	10.05	1.00	5.76	5.65	0.01	0.09
遂宁市	Suining	20.13	7.68	1.51	10.93	9.97	0.27	0.69
内江市	Neijiang	29.80	10.81	0.63	18.35	17.32	0.12	0.91
乐山市	Leshan	26.31	10.57	1.01	14.73	13.84	0.66	0.23
南充市	Nanchong	46.87	20.35	2.15	24.37	23.62	0.40	0.35
眉山市	Meishan	20.34	9.73	0.43	10.18	9.42	0.22	0.53
宜宾市	Yibin	36.21	15.29	0.89	20.02	19.31	0.44	0.26
广安市	Guangan	15.77	10.43	1.92	3.42	3.11	0.22	0.09
达州市	Dazhou	30.80	16.08	1.80	12.93	12.73	0.13	0.07
雅安市	Yaan	11.11	6.40	0.18	4.53	4.36	0.13	0.04
巴中市	Bazhong	24.22	11.16	1.38	11.68	11.53	0.12	0.03
资阳市	Ziyang	26.46	11.93	1.48	13.05	12.49	0.04	0.52
阿坝藏族羌族自治州	Aba	8.80	6.63	0.13	2.04	1.94	0.10	
甘孜藏族自治州	Ganzi	8.55	7.39	0.11	1.05	1.03	0.01	
凉山彝自治州	Liangshan	23.17	16.67	0.51	6.00	5.90	0.01	0.09

注：全省合计中包括了省直综单位就业人员，市(州)数据未包括(后同)。

a) The number of persons employed in directly affiliated units and comprehensive units was included in the Sichuan's number of employed persons, but was not included in regional number of employed persons.(the same as follows)

4-9 按行业分国有经济单位就业人员
Number of Staff and Workers in State-owned Units by Sector

(年末数)单位：万人　　(year-end)(10 000 persons)

行　业	Sector	2012	2013	2014	2015
总 计	**Total**	**358.8**	**349.1**	**351.1**	**344.1**
农、林、牧、渔业	Farming, Forestry, Animal Husbandry and Fishery	3.8	3.3	2.9	2.6
采矿业	Mining	10.8	3.1	4.7	2.2
制造业	Manufacturing	25.3	10.5	14.0	8.2
电力、热力、燃气及水生产和供应业	Production and Supply of Electricity, Heat,Gas and Water	8.9	15.1	14.8	13.2
建筑业	Construction	35.8	32.9	25.0	26.1
批发和零售业	Wholesale and Retail Trades	6.3	4.5	4.3	3.9
交通运输、仓储和邮政业	Transport, Storage and Post	16.4	20.2	20.8	19.5
住宿和餐饮业	Hotels and Catering Services	1.9	1.2	1.1	0.9
信息传输、软件和信息技术服务业	Information Transmission,Software and IT Services	3.5	5.0	2.7	1.7
金融业	Financial Intermediation	10.8	10.9	10.4	10.8
房地产业	Real Estate	1.0	1.0	1.0	0.7
租赁和商务服务业	Leasing and Business Services	2.5	4.2	4.8	4.7
科学研究和技术服务业	Scientific Research and Technical Services	15.0	15.9	15.6	15.2
水利、环境和公共设备管理业	Management of Water Conservancy,Environment and Public Facilities	9.7	9.7	10.4	10.1
居民服务、修理和其他服务业	Services to Households, Repair and Other Services	0.5	0.5	0.5	0.5
教育	Education	86.7	86.6	89.5	88.9
卫生和社会工作	Health and Social Service	33.1	35.9	37.6	39.4
文化、体育和娱乐业	Culture, Sports and Entertainment	4.1	4.6	4.9	4.7
公共管理、社会保障和社会组织	Public Management, Social Security and Social Organization	82.6	84.0	86.3	90.7

4-10 按行业分城镇集体经济单位就业人员
Number of Staff and Workers in Urban Collective-owned Units by Sector

(年末数)单位：万人　　(year-end)(10 000 persons)

行　业	Sector	2012	2013	2014	2015
总 计	**Total**	**33.8**	**30.1**	**29.0**	**26.3**
农、林、牧、渔业	Farming, Forestry, Animal Husbandry and Fishery	0.2	0.3	0.2	0.2
采矿业	Mining	0.8	0.4	0.4	0.2
制造业	Manufacturing	2.7	1.5	1.3	1.1
电力、热力、燃气及水生产和供应业	Production and Supply of Electricity, Heat,Gas and Water	0.3	0.3	0.3	0.3
建筑业	Construction	17.7	15.2	14.3	12.4
批发和零售业	Wholesale and Retail Trades	1.0	1.0	0.9	0.8
交通运输、仓储和邮政业	Transport, Storage and Post	1.0	1.0	1.1	0.9
住宿和餐饮业	Hotels and Catering Services	0.3	0.2	0.2	0.1
信息传输、软件和信息技术服务业	Information Transmission,Software and IT Services				
金融业	Financial Intermediation	2.7	2.7	2.6	2.5
房地产业	Real Estate	0.2	0.1	0.1	
租赁和商务服务业	Leasing and Business Services	0.9	1.1	1.3	1.2
科学研究和技术服务业	Scientific Research and Technical Services	0.1	0.1	0.2	0.2
水利、环境和公共设备管理业	Management of Water Conservancy,Environment and Public Facilities	0.5	0.4	0.4	0.4
居民服务、修理和其他服务业	Services to Households, Repair and Other Services	0.3	0.2	0.2	0.1
教育	Education	0.1	0.6	0.6	0.8
卫生和社会工作	Health and Social Service	4.9	4.8	5.1	5.0
文化、体育和娱乐业	Culture, Sports and Entertainment	0.1	0.1	0.1	0.1
公共管理、社会保障和社会组织	Public Management, Social Security and Social Organization				

4-11 各市(州)按行业分城镇私营单位就业人员(2015年)

(年末数)单位：万人

市(州)	Region	私营单位就业人员 Number of Employed Persons in Private Enterprises	#农、林、牧、渔业 Farming, Forestry, Animal Husbandry and Fishery	#采矿业 Mining	#制造业 Manufacturing	#建筑业 Construction	#批发和零售业 Wholesale and Retail Trades
全　省	**Sichuan**	**307.13**	**8.42**	**14.29**	**87.28**	**53.08**	**25.27**
成都市	Chengdu	108.96	2.85	0.03	24.54	26.41	10.57
自贡市	Zigong	11.69	0.04	1.29	4.50	2.16	1.92
攀枝花市	Panzhihua	7.93	0.15	1.61	1.77	0.59	1.61
泸州市	Luzhou	15.03	0.01	0.67	5.26	2.69	1.29
德阳市	Deyang	13.46	0.34	0.02	3.10	0.95	0.42
绵阳市	Mianyang	28.68	1.33	0.14	7.95	2.44	1.53
广元市	Guangyuan	6.82	0.13	0.16	1.26	1.28	0.10
遂宁市	Suining	4.69	0.82	0.04	1.53	0.24	0.65
内江市	Neijiang	9.03	0.27	0.91	1.16	0.75	0.36
乐山市	Leshan	8.74	0.36	0.46	3.62	0.43	0.28
南充市	Nanchong	13.60	0.01	0.16	7.20	2.44	0.81
眉山市	Meishan	7.87		0.02	3.35	1.01	1.12
宜宾市	Yibin	16.53	0.12	3.69	6.23	2.79	0.62
广安市	Guangan	8.12	0.37	0.52	2.56	2.17	0.99
达州市	Dazhou	13.35	0.27	2.53	3.08	1.42	1.00
雅安市	Yaan	5.04	0.32	0.32	1.85	0.35	0.57
巴中市	Bazhong	4.94	0.04	0.24	1.51	1.57	0.11
资阳市	Ziyang	9.69	0.54	0.03	3.42	0.81	0.22
阿坝藏族羌族自治州	Aba	1.19	0.05	0.03	0.17	0.12	0.09
甘孜藏族自治州	Ganzi	0.85	0.04	0.04	0.08	0.05	0.14
凉山彝族自治州	Liangshan	10.90	0.36	1.38	3.12	2.40	0.86

Number of Employed Persons in Urban Private Enterprises by Sector and Region(2015)

(year-end)(10 000 persons)

#交通运输、仓储和邮政业 Transport, Storage and Post	#住宿和餐饮业 Hotels and Catering Services	#信息传输、软件和信息技术服务业 Information Transmission, Software and IT Services	#房地产业 Real Estate	#租赁和商务服务业 Leasing and Business Services	#居民服务、修理和其他服务业 Services to Households, Repair and Other Services	#教育 Education	#卫生和社会工作 Health and Social Service	#文化、体育和娱乐业 Culture, Sports and Entertain-ment
9.71	**32.70**	**7.36**	**12.17**	**21.92**	**10.61**	**2.04**	**3.41**	**4.87**
2.28	11.39	3.29	4.93	10.74	4.88	0.86	1.59	1.27
0.35	0.30	0.10	0.50	0.14	0.08	0.06	0.05	0.05
0.19	0.44	0.08	0.33	0.34	0.41	0.03	0.02	0.03
1.20	0.22	0.43	0.75	0.96	0.13	0.35	0.16	0.34
0.77	2.38	0.24	0.65	2.34	0.43	0.03	0.08	0.30
1.85	4.15	0.38	0.94	3.32	1.11	0.06	0.03	0.47
0.10	2.08	0.28	0.31	0.37	0.47		0.02	0.09
0.05	0.16	0.12	0.10	0.24	0.11	0.02	0.01	0.43
0.52	0.76	0.51	0.47	0.83	1.24	0.01	0.53	0.54
0.22	1.64	0.14	0.21	0.43	0.15	0.02	0.02	0.27
0.17	0.69	0.05	0.96	0.22	0.06	0.16	0.25	0.16
0.12	1.02	0.13	0.23			0.02	0.04	
0.35	0.89	0.29	0.10	0.29	0.05	0.09	0.15	0.14
0.15	0.28	0.05	0.25	0.09	0.39	0.02	0.04	0.07
0.64	1.91	0.43	0.46	0.32	0.42	0.18	0.21	0.07
0.11	0.34	0.06	0.08	0.16	0.14	0.01	0.02	0.17
0.07	0.55	0.27	0.18	0.07	0.02	0.07	0.05	0.12
0.20	2.28	0.25	0.58	0.66	0.24	0.03	0.05	0.12
0.08	0.12	0.09	0.02	0.03	0.03		0.01	0.05
0.05	0.09	0.04	0.02	0.08	0.05			0.10
0.24	1.02	0.14	0.09	0.27	0.20	0.01	0.05	0.08

4-12 各市(州)按行业分城镇个体就业人员(2015年)

(年末数)单位：万人

市(州)	Region	城镇个体就业人员 Number of Employed Persons in Self-employed Individuals	#农、林、牧、渔业 Farming, Forestry, Animal Husbandry and Fishery	#采矿业 Mining	#制造业 Manufacturing	#建筑业 Construction	#批发和零售业 Wholesale and Retail Trades
全 省	**Sichuan**	**433.40**	**5.89**	**1.30**	**30.65**	**16.03**	**108.77**
成都市	Chengdu	130.40	0.82		6.71	3.90	37.10
自贡市	Zigong	14.49	0.04	0.01	2.50	0.09	5.19
攀枝花市	Panzhihua	6.59	0.15	0.01	0.24	0.01	3.02
泸州市	Luzhou	18.53	1.41	0.04	2.43	0.42	4.66
德阳市	Deyang	12.00	0.04		0.15	0.01	5.50
绵阳市	Mianyang	23.50	0.26		0.67	0.03	6.20
广元市	Guangyuan	13.63	0.05	0.12	0.79	0.11	2.40
遂宁市	Suining	12.03	0.29	0.03	0.52	0.05	3.10
内江市	Neijiang	12.49	0.07	0.02	0.58	0.04	2.08
乐山市	Leshan	16.26	0.62	0.02	1.03	0.04	3.00
南充市	Nanchong	26.15	0.09	0.12	2.23	1.14	5.00
眉山市	Meishan	16.64	0.03	0.02	2.51	2.54	3.40
宜宾市	Yibin	22.39	0.94	0.02	0.34	0.85	3.60
广安市	Guangan	21.53	0.35	0.16	1.70	2.23	4.00
达州市	Dazhou	30.11		0.27	3.77	2.40	4.30
雅安市	Yaan	9.05	0.17	0.03	1.05	0.09	3.50
巴中市	Bazhong	11.97	0.08	0.10	1.24	0.96	2.70
资阳市	Ziyang	5.19	0.04		0.20		3.00
阿坝藏族羌族自治州	Aba	3.44	0.02	0.02	0.13	0.02	1.11
甘孜藏族自治州	Ganzi	3.84	0.01	0.01	0.17	0.01	1.60
凉山彝族自治州	Liangshan	23.17	0.42	0.29	1.70	1.10	4.32

Number of Employed Persons in Self-employed Individuals by Sector and Region(2015)

(year-end)(10 000persons)

#交通运输、仓储和邮政业 Transport, Storage and Post	#住宿和餐饮业 Hotels and Catering Services	#信息传输、软件和信息技术服务业 Information Transmission, Software and IT Services	#房地产业 Real Estate	#租赁和商务服务业 Leasing and Business Services	#居民服务、修理和其他服务业 Services to Households, Repair and Other Services	#教育 Education	#卫生和社会工作 Health and Social Service	#文化、体育和娱乐业 Culture, Sports and Entertainment
38.98	**118.82**	**35.35**	**1.66**	**10.12**	**45.16**	**1.47**	**4.70**	**11.17**
30.81	18.43	14.10	0.73	5.32	9.95	0.18	0.81	1.53
0.13	4.60	0.06	0.08	0.18	1.03	0.04	0.14	0.34
0.58	1.36	0.10	0.01	0.13	0.83		0.06	0.09
1.05	3.32	0.20	0.03	0.27	4.28	0.01	0.15	0.27
0.10	3.81	1.17	0.01	0.13	0.92	0.01	0.04	0.07
0.11	8.50	3.90	0.01	0.51	2.95		0.10	0.17
0.10	6.65	1.30	0.05	0.39	1.32	0.02	0.14	0.18
0.13	5.70	0.11	0.08	0.22	1.53		0.06	0.17
0.51	5.30	1.10	0.06	0.54	1.24		0.46	0.47
0.06	7.50	1.30		0.38	1.85	0.01	0.07	0.24
0.20	9.70	1.50	0.03	0.41	4.78	0.10	0.40	0.45
1.50	3.09	0.07	0.26	0.03	0.09	0.18	0.82	
0.19	8.60	1.60	0.02	0.22	2.44	0.09	0.10	3.34
1.30	6.70	1.05	0.05	0.26	2.08	0.18	0.50	0.50
0.23	9.10	1.90	0.08	0.42	4.26	0.17	0.51	2.54
0.54	2.17	0.14		0.20	1.05	0.01	0.03	0.06
0.70	2.73	1.21	0.15	0.16	1.56	0.11	0.14	0.12
0.14	0.01	1.40		0.01		0.33		0.02
0.17	1.32	0.17		0.05	0.33	0.01	0.02	0.06
0.10	1.22	0.10		0.03	0.49		0.01	0.06
0.35	9.00	2.87	0.01	0.28	2.17	0.02	0.13	0.50

4-13 按行业分其他经济单位就业人员
Number of Staff and Workers in Units of Other Types of Ownership by Sector

(年末数)单位：万人 (year-end)(10 000 persons)

登记注册类型及行业	Registration Status and Sector	2012	2013	2014	2015
总　计	**Total**	**248.3**	**306.4**	**428.6**	**425.1**
按登记注册类型分组	**Grouped by Registration Status**				
内资	Domestic Funded	216.4	262.7	384.6	381.9
股份合作单位	Cooperative Units	8.5	5.7	5.6	5.4
联营单位	Jiont Ownership Units	1.0	0.7	0.6	0.5
有限责任公司	Limited Liability Corporations	142.5	172.2	289.4	283.4
股份有限公司	Share-holding Corporations Ltd.	55.8	76.0	80.3	81.9
其他	Others	8.6	8.1	8.8	10.7
港澳台商投资单位	Units with Funds form Hong Kong, Macao and Taiwan	18.6	22.9	22.0	22.5
外商投资单位	Foreign Funded Units	13.4	20.7	22.1	20.7
按国民经济行业分组	**Grouped by Economic Sector**				
农、林、牧、渔业	Farming, Forestry, Animal Husbandry and Fishery	0.1	0.1	0.1	0.1
采矿业	Mining	12.9	15.4	18.5	17.2
制造业	Manufacturing	116.5	125.8	160.2	150.3
电力、热力、燃气及水生产和供应业	Production and Supply of Electricity, Heat, Gas and Water	8.3	10.5	11.6	12.7
建筑业	Construction	62.5	75.6	116.3	115.3
批发和零售业	Wholesale and Retail Trades	11.3	15.8	27.1	26.2
交通运输、仓储和邮政业	Transport, Storage and Post	6.1	12.3	19.4	20.3
住宿和餐饮业	Hotels and Catering Services	5.4	6.4	10.3	9.5
信息传输、软件和信息技术服务业	Information Transmission, Software and IT Services	2.4	9.9	13.6	16.5
金融业	Financial Intermediation	9.4	10.6	11.2	12.6
房地产业	Real Estate	5.5	8.0	16.7	17.9
租赁和商务服务业	Leasing and Business Services	1.9	4.1	6.7	8.3
科学研究和技术服务业	Scientific Research and Technical Services	1.1	3.2	5.3	5.7
水利、环境和公共设施管理业	Management of Water Conservancy, Environment and Public Facilities	0.5	1.8	2.4	2.4
居民服务、修理和其他服务业	Services to Households, Repair and Other Services	0.3	0.8	1.1	1.4
教育	Education	2.6	3.6	4.4	5.1
卫生和社会工作	Health and Social Service	1.2	1.7	2.4	2.4
文化、体育和娱乐业	Culture, Sports and Entertainment	0.3	0.8	1.3	1.4
公共管理、社会保障和社会组织	Public Management, Social Security and Social Organization				

4-14 按行业分国有、集体和其他各种经济单位女性就业人员
Number of Female Employed Persons in State-owned , Collective-owned Units and Other Types of Ownership by Sector

(年末数)单位：万人　　(year-end)(10 000 persons)

行　业	Sector	2011	2012	2013	2014	2015
总 计	**Total**	**207.25**	**216.60**	**232.56**	**280.82**	**278.70**
按经济类型分	**Grouped by Ownership**					
国有经济单位	State-owned Units	123.43	130.50	128.94	136.52	135.72
城镇集体经济单位	Urban Collective-owned Units	9.48	9.10	7.67	7.79	7.68
其他各种经济单位	Units of Other Types of Ownership	74.34	77.00	95.94	136.51	135.31
按行业分	**Grouped by Sector**					
农、林、牧、渔业	Farming, Forestry, Animal Husbandry and Fishery	1.32	1.22	1.03	0.95	0.85
采矿业	Mining	4.40	5.05	3.81	5.24	3.79
制造业	Manufacturing	50.41	50.33	49.10	64.37	58.84
电力、热力、燃气及水生产和供应业	Production and Supply of Electricity, Heat, Gas and Water	5.16	5.71	7.83	8.24	7.96
建筑业	Construction	15.27	15.32	12.77	19.73	18.63
批发和零售业	Wholesale and Retail Trades	8.34	8.58	10.18	16.24	15.88
交通运输、仓储和邮政业	Transport, Storage and Post	7.17	7.60	10.52	12.78	12.41
住宿和餐饮业	Hotels and Catering Services	3.23	3.96	4.32	6.93	5.75
信息传输、软件和信息技术服务业	Information Transmission, Software and IT Services	2.49	2.48	5.86	6.43	7.25
金融业	Financial Intermediation	10.67	11.08	11.90	12.04	13.68
房地产业	Real Estate	2.14	2.36	3.42	6.83	7.19
租赁和商务服务业	Leasing and Business Services	1.85	1.51	2.23	3.72	3.69
科学研究和技术服务业	Scientific Research and Technical Services	4.31	4.61	5.79	6.45	6.35
水利、环境和公共设施管理业	Management of Water Conservancy, Environment and Public Facilities	4.43	4.79	5.23	6.04	6.12
居民服务、修理和其他服务业	Services to Households, Repair and Other Services	0.36	0.37	0.58	0.75	0.81
教育	Education	38.84	40.93	43.36	46.29	47.77
卫生和社会工作	Health and Social Service	21.48	23.72	26.17	27.48	28.97
文化、体育和娱乐业	Culture, Sports and Entertainment	1.77	1.89	2.20	2.88	2.78
公共管理、社会保障和社会组织	Public Management, Social Security and Social Organization	23.61	25.09	26.27	27.44	29.98

4-15 各市(州)国有、集体和其他经济单位女性就业人员
Number of Female Employed Persons in State-owned,Collective-owned Units and Other Types of Ownership Units by Region

(年末数)单位：万人 (year-end)(10 000 persons)

市(州)	Region	2005	2010	2011	2012	2013	2014	2015
全　省	**Sichuan**	**174.60**	**192.73**	**207.25**	**216.60**	**232.56**	**280.82**	**278.70**
成都市	Chengdu	46.50	58.81	67.87	71.61	83.27	95.75	96.13
自贡市	Zigong	6.60	5.79	6.16	6.18	6.32	7.84	7.32
攀枝花市	Panzhihua	6.90	6.14	6.23	6.04	7.48	10.89	6.73
泸州市	Luzhou	8.50	8.58	8.97	9.57	8.40	11.62	11.45
德阳市	Deyang	8.00	8.19	8.34	7.83	9.58	11.73	11.37
绵阳市	Mianyang	11.60	13.05	14.69	15.73	15.52	18.76	18.44
广元市	Guangyuan	4.60	4.71	4.66	5.02	5.18	5.82	5.92
遂宁市	Suining	5.10	4.39	4.78	5.08	5.46	7.33	7.60
内江市	Neijiang	8.00	7.39	7.41	7.65	8.14	9.92	9.49
乐山市	Leshan	10.30	9.74	9.16	9.33	8.57	10.14	10.56
南充市	Nanchong	6.70	7.67	7.91	9.48	11.00	14.19	15.17
眉山市	Meishan	4.50	5.50	5.23	5.65	6.01	7.65	7.57
宜宾市	Yibin	10.50	11.71	13.04	12.54	12.35	13.23	13.18
广安市	Guangan	3.30	3.51	3.76	3.93	4.44	5.20	5.58
达州市	Dazhou	7.80	7.65	8.06	8.40	8.32	9.93	9.84
雅安市	Yaan	3.10	3.43	3.51	3.66	3.61	4.21	4.35
巴中市	Bazhong	3.30	4.16	4.61	5.11	5.27	6.75	7.05
资阳市	Ziyang	5.20	5.77	5.90	5.45	7.17	8.48	9.43
阿坝藏族羌族自治州	Aba	2.90	2.82	2.99	3.17	3.39	3.68	3.76
甘孜藏族自治州	Ganzi	2.40	2.84	2.81	3.00	3.16	3.39	3.49
凉山彝族自治州	Liangshan	6.80	7.46	7.80	8.43	8.00	8.54	8.72

4-16 全部单位就业人员工资总额及指数
Total Wage Bill of Staff and Workers in all Units and Related Indices

年份 Year	工资总额（万元） Total Wage Bill (10 000 yuan)					指数（上年=100） Indices (Preceding year=100)				
	全部单位 all Units	国有经济单位 State-owned Units	城镇集体经济单位 Urban Colletive-owned Units	私营经济单位 Private Units	其他各种经济单位 Units of Other Types of Ownership	全部单位 all Units	国有经济单位 State-owned Units	城镇集体经济单位 Urban Colletive-owned Units	私营经济单位 Private Units	其他各种经济单位 Units of Other Types of Ownership
1978	263196	219481	43715			114.3	119.6	93.6		
1980	364892	300829	64063			121.2	120.9	122.4		
1985	598403	478883	119128		392	120.6	121.1	119.2		80.0
1986	719269	582177	136524		568	120.2	121.6	114.6		144.9
1987	802261	650498	150931		832	111.5	111.7	110.6		146.5
1988	987813	807670	178923		1220	123.1	124.2	118.5		146.6
1989	1135724	937712	195894		2118	115.0	116.1	109.5		173.6
1990	1294823	1071715	220375		2733	114.0	114.3	112.5		129.0
1991	1450034	1197509	248487		4038	111.8	111.7	111.4		147.7
1992	1667894	1377792	283759		6343	115.3	115.1	115.6		157.1
1993	2046047	1635013	333417		77617	122.7	118.7	117.5		1223.7
1994	2776839	2227867	386038		162934	135.7	135.7	115.8		209.9
1995	3217827	2574023	437256		206548	115.9	115.9	113.3		126.8
1996	3550444	2841447	469060		239937	110.3	110.3	107.3		116.2
1997	3806429	3020053	513532		272844	107.2	106.3	109.5		113.8
1998	3927403	3010629	438565		478209	103.2	99.7	85.4		175.3
1999	3985709	3076087	398702		510920	105.3	105.8	94.0		112.5
2000	4369495	3387240	405185		577070	109.6	110.1	101.6		112.9
2001	4902582	3824669	389753		688160	112.2	112.9	96.2		119.3
2002	5391189	4069680	388119		933390	110.0	106.4	99.6		135.6
2003	6224989	4530295	436951		1257743	115.5	111.3	112.6		129.5
2004	6926273	4954541	433210		1538522	111.3	109.4	99.1		122.4
2005	7960325	5575919	457007		1927399	114.9	112.5	105.5		125.7
2006	9100898	6278120	512573		2310205	114.3	112.6	112.2		119.7
2007	11198309	7702452	597311		2898546	123.0	122.7	116.5		125.7
2008	13555288	9131401	698158		3725729	121.0	118.6	116.9		128.5
2009	21294971	10581526	791894	5511793	4409758		115.9	113.4		118.4
2010	25409121	12266436	785441	7003940	5353304	119.3	115.9	99.2	127.1	121.4
2011	31597970	14479483	951634	8908497	7258356	124.4	118.0	121.2	127.2	135.6
2012	37723598	17060258	1107287	10725843	8830210	119.4	117.8	116.4	120.4	121.7
2013	46912922	18626143	1137642	12837994	14311143	124.4	109.2	102.7	119.7	162.1
2014	56316799	20162618	1238152	13887133	21028896	120.0	108.2	108.8	108.2	146.9
2015	61686544	22612943	1254899	15251264	22567438	109.5	112.2	101.4	109.8	107.3

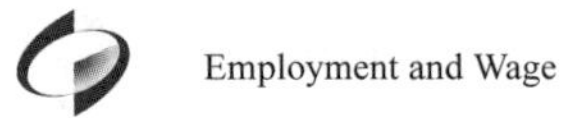

4-17 按行业分全部单位就业人员工资总额

单位：万元

年份 Year	合计 Total	农、林、牧、渔业 Farming, Forestry, Animal Husbandry and Fishery	采矿业 Mining	制造业 Manufac-turing	电力、热力、燃气及水生产和供应业 Production and Supply of Electricity, Heat,Gas and Water	建筑业 Construc-tion	批发和零售业 Wholesale and Retail Trades	交通运输、仓储和邮政业 Transport, Storage and Post	住宿和餐饮业 Hotels and Catering Services	信息传输、软件和信息技术服务业 Information Transmission, Software and IT Services
1978	263196	7016	22921	91621	5233	23383	26693	25436	3685	
1980	364892	8186	28667	126922	8134	32823	37726	30802	5176	
1985	598403	12035	46417	219817	8405	48027	28322	46800	6512	1268
1986	719269	14787	57236	258144	10810	58789	65333	54971	8262	2126
1987	802261	15341	59949	297304	12852	67477	71835	60359	9066	2501
1988	987813	17477	70663	371196	16092	81136	90556	74328	11539	3164
1989	1135724	19005	76612	439876	19804	88267	101140	86963	12958	4399
1990	1294823	21185	104553	476728	29408	99025	112974	96980	14458	5711
1991	1450034	23443	112731	547026	29410	115319	123849	108156	16005	6291
1992	1667894	25979	118366	615493	35459	135228	137426	124006	17127	7489
1993	2046047	29031	116455	775305	41259	221791	175633	103846	21044	8356
1994	2776839	38639	171556	956517	55749	262082	220732	138631	28381	18195
1995	3217827	44168	188235	1121615	79256	303939	255632	171773	34916	18645
1996	3550444	50134	211692	1210693	95247	320058	273788	193317	38553	19078
1997	3806429	54280	213126	1249005	119344	349282	279658	223444	39983	19589
1998	3927403	57111	207010	1185340	129699	346700	260947	228139	36486	20084
1999	3985709	63225	171492	1071310	140643	345079	229458	249831	33056	23999
2000	4369495	72727	214016	1108247	155720	360460	217446	274101	29718	26618
2001	4902582	90629	158455	1117906	181767	411914	195433	297310	32305	34640
2002	5391189	95174	195370	1180244	205600	493233	179869	330353	32116	45931
2003	6224989	103745	207903	1357229	240706	627520	212843	299198	41968	96957
2004	6926273	97595	247519	1496103	261516	695040	236843	329732	49262	127251
2005	7960325	95400	340874	1690892	300129	815528	270334	398077	58340	144989
2006	9100898	103637	402290	1958532	328948	997151	284486	479269	61669	160441
2007	11198309	114676	522447	2294500	393339	1257432	309381	545062	74852	168658
2008	13555288	111457	653566	2784093	475273	1603208	384950	630662	85024	193001
2009	21294971	98415	1255861	5130324	576252	3167298	965673	894140	287608	309578
2010	25409121	111552	1506249	6132399	675721	3873904	1176499	1038718	356303	387007
2011	31597970	200867	1779562	8103028	844533	4672108	1480791	1199619	485624	431563
2012	37723598	243409	2254256	9447049	1003965	5603892	1170441	1482261	1148340	586057
2013	46912922	238570	1998425	11597697	2022631	6957229	2096116	2234350	871092	1400298
2014	56316799	225041	2293080	14101830	2159013	9535256	2508880	2735747	1078258	1533657
2015	61686544	235715	2083618	14532969	2267013	10056042	2732732	3013325	1031735	1907386

Total Wage Bill of Staff and Workers in all Units by Sector

(10 000 yuan)

金融业 Financial Interme-diation	房地产业 Real Estate	租赁和商务服务业 Leasing and Business Services	科学研究和技术服务业 Scientific Research, and Technical Services	水利、环境和公共设施管理业 Management of Water Con-servancy,En-vironment and Public Facilities	居民服务、修理和其他服务业 Services to Households, Repair and Other Services	教育 Education	卫生和社会工作 Health and Social Service	文化、体育和娱乐业 Culture, Sports and Entertain-ment	公共管理、社会保障和社会组织 Public Mana-gement,Social Security and Social Organization
2096	197		11766	757	307	21420	6069	1042	13554
3468	778		15088	3021	417	30902	10746	2898	19138
6905	1155	1117	26872	4817	463	51174	17595	3782	36920
9307	1450	1847	29932	5937	589	61038	23114	6009	49588
10474	1510	2185	30870	6985	698	65819	25034	6917	55085
12924	1803	2760	35675	8643	761	84250	30796	8435	65615
14102	2053	3863	39444	11762	815	89940	34583	11037	79101
17470	2437	5066	46459	15061	978	99358	39529	13358	94085
19297	2795	5765	51742	16480	996	107925	43028	13774	106002
25366	4005	6998	64707	19620	783	134970	51266	12593	131013
40457	5216	7827	69586	21830	8053	157693	63269	12508	166888
69270	8886	16756	98468	46332	9316	244518	104740	29282	258789
80619	10459	17626	120187	47932	9687	242074	122049	29689	289326
92634	12751	18124	126915	48639	9804	332534	140925	30614	324991
110358	14601	19137	134609	49533	9840	368133	158473	31191	363001
136365	20341	20515	142113	50345	10137	436783	181650	31955	425980
158688	22735	24961	125873	58322	10817	518933	214225	36587	486655
183778	27647	27311	141697	63432	13251	601173	246975	40099	565261
214232	29128	30006	203335	71987	20125	771304	294859	49890	697637
231703	41850	32574	186623	76808	17648	896710	335438	53535	761243
276380	52517	40900	218656	67579	32828	996203	385244	71653	894960
315060	56713	50438	260908	72086	17409	1100797	425419	76188	1010394
379710	60560	110355	278465	81137	28546	1201121	487875	91225	1126767
415539	76292	110317	341389	100592	32356	1339277	566718	89067	1252926
503492	101872	145778	417854	124712	43016	1720414	710029	101941	1648852
676824	109496	184636	523409	135675	21894	1946943	856137	113486	2065555
791821	357901	374472	665465	180718	123001	2541547	1040967	144975	2388957
1007152	430062	468560	783046	207955	171475	2927686	1277654	177429	2699750
1315866	564549	567142	1014862	269933	230330	3366310	1713105	239082	3119096
1605422	713886	630263	1159404	344307	295883	4013182	2133160	261911	3626511
1869129	921904	857038	1582766	462475	348657	4525646	2550911	317131	4060858
2065994	1380710	1162998	1821159	531393	330096	5022372	2940353	429376	4461588
2267734	1546288	1336259	1975685	567042	355036	6075938	3507362	470626	5724040

4–18 按行业分国有经济单位就业人员工资总额

单位：万元

年份 Year	合计 Total	农、林、牧、渔业 Farming, Forestry, Animal Husbandry and Fishery	采矿业 Mining	制造业 Manufacturing	电力、热力、燃气及水生产和供应业 Production and Supply of Electricity, Heat,Gas and Water	建筑业 Construction	批发和零售业 Wholesale and Retail Trades	交通运输、仓储和邮政业 Transport, Storage and Post	住宿和餐饮业 Hotels and Catering Services	信息传输、软件和信息技术服务业 Information Transmission, Software and IT Services
1978	219481	6349	22831	74597	4340	18879	20283	16845	3004	
1980	300829	7372	28477	99448	7386	25251	27993	22265	4146	
1985	478883	10261	46083	171148	7091	34381	30018	35210	3520	1268
1986	582177	12437	56860	202705	9315	41875	33865	43168	5016	2126
1987	650498	12771	59515	233891	11144	48446	38226	47836	5601	2501
1988	807670	14621	70124	295218	14050	58163	50429	59942	7402	3164
1989	937712	15841	76031	354269	17519	64933	57942	70353	8505	4399
1990	1071715	17282	102004	383120	25290	71988	64293	79263	9437	5711
1991	1197509	19023	109427	435869	25167	83375	71962	88995	10658	6291
1992	1377792	20726	114231	489232	30605	94239	77834	102479	11425	7489
1993	1635013	23775	111770	583654	39022	158721	95545	83740	14151	8356
1994	2227867	30480	162306	667528	50161	186311	135672	120653	19915	18195
1995	2574023	34834	177415	775878	71687	224438	155143	151492	22978	18645
1996	2841447	39432	200710	833479	84574	230079	168030	170865	24886	18902
1997	3020053	43054	197505	834145	102870	244728	171901	199996	25460	19213
1998	3010629	46216	179302	684660	101734	239295	151032	202615	22369	19585
1999	3076087	51346	143862	593000	110565	230424	139215	217647	20746	22588
2000	3387240	59933	184541	592493	120520	225360	134067	239453	16648	24570
2001	3824669	75018	125230	571708	139577	244940	121802	259421	18151	31592
2002	4069680	82734	154215	548757	146069	240261	106741	280217	15990	35021
2003	4530295	88554	140691	587018	148665	297628	131224	239658	18271	85531
2004	4954541	83699	157343	600863	169126	282400	135253	258843	20289	110752
2005	5575919	83116	239878	638221	193349	306660	144843	304666	20955	118181
2006	6278120	90978	285074	734517	199945	356909	146570	372775	23045	128043
2007	7702452	101012	352462	753978	235789	458057	162859	452216	31019	124192
2008	9131401	99407	438487	858128	280334	568157	188586	503641	32225	135208
2009	10581526	82798	474721	841874	299880	754787	217955	586030	38219	133791
2010	12266436	89000	508371	1000888	365831	945472	239082	638792	47135	142432
2011	14479483	109802	586060	1142657	424599	1066283	285194	738607	65346	157237
2012	17060258	120858	757792	1208273	488184	1253206	340260	887444	74819	188169
2013	18626143	117956	167358	624643	1118242	1345478	301876	1211920	43517	328983
2014	20162618	115713	245317	858750	1185590	1296410	335643	1337051	40707	153454
2015	22612943	126083	125432	581565	1133565	1223801	329621	1398129	36436	115376

Total Wage Bill of Employment in State-owned Units by Sector

(10 000 yuan)

金融业 Financial Interme-diation	房地产业 Real Estate	租赁和商务服务业 Leasing and Business Services	科学研究和技术服务业 Scientific Research, and Technical Services	水利、环境和公共设施管理业 Management of Water Con-servancy,En-vironment and Public Facilities	居民服务、修理和其他服务业 Services to Households, Repair and Other Services	教育 Education	卫生和社会工作 Health and Social Service	文化、体育和娱乐业 Culture, Sports and Entertain-ment	公共管理、社会保障和社会组织 Public Mana-gement,Social Security and Social Organization
1291	197		11766	741	276	20683	3840	626	12933
2298	722		15045	2602	403	29999	7327	1120	18975
5001	1007	1099	26858	4226	338	50587	13232	1520	36035
6668	1319	1818	29913	5261	484	60431	17143	3226	48547
7415	1464	2138	30852	6189	569	65223	19036	3797	53884
9352	1768	2705	35664	7830	720	83713	23804	4802	64199
9954	2039	3760	39428	10884	1000	89338	27229	6676	77612
12916	2373	4882	46436	14132	1299	98724	31471	8668	92426
14264	2699	5378	51691	15568	1431	107248	34584	9548	104331
18787	3792	6402	64162	18531	1703	134291	41393	11366	129105
31212	4435	7126	69232	20627	1896	156780	51976	12651	160364
51439	8186	15555	98395	45024	4138	243744	86932	27615	255618
60204	9183	15940	120084	46137	4241	271087	100158	28297	286182
67827	11088	16159	126780	46772	4299	331478	115868	28686	321533
79359	12509	16425	134463	47543	4370	366933	131611	29159	358809
95639	16872	16744	141354	48464	4455	435622	152990	29724	421957
106978	17534	19311	125413	55895	5138	517475	181524	34281	483145
132984	20076	21006	139874	60801	5589	599029	211852	37290	561154
155476	19642	22846	201759	68539	6887	767319	255393	46786	692583
159284	22069	22234	184792	71540	7949	892619	291260	50919	757009
216061	21277	30328	212133	61359	10671	972935	324749	68870	874672
234371	22093	37714	254427	66402	12630	1075808	368214	73572	990742
254672	22539	93189	270784	74621	23906	1168545	424735	87222	1105837
267175	25028	90112	323556	93617	27640	1301738	493157	85156	1233085
306566	32309	118842	399501	115458	34630	1680347	619126	96982	1627107
400300	32123	149122	504981	127698	11951	1895316	754873	107952	2042912
441378	35731	135691	597805	158474	11079	2401045	886229	111815	2372224
516101	33100	150504	695501	184052	11869	2772615	1107000	129903	2688788
604086	38892	180883	889573	225598	16400	3245013	1434644	149821	3118788
805333	38603	154291	1001168	281403	18410	3845719	1790195	181617	3624514
916641	39955	210708	1173202	309213	19720	4263469	2150242	222751	4060270
941028	42842	238873	1169828	359516	20434	4686084	2417634	256300	4461444
1006672	42008	256513	1207960	417354	22402	5654698	2932106	280746	5722481

4-19 按行业分城镇集体经济单位就业人员工资总额

单位：万元

年份 Year	合计 Total	农、林、牧、渔业 Farming, Forestry, Animal Husbandry and Fishery	采矿业 Mining	制造业 Manufacturing	电力、热力、燃气及水生产和供应业 Production and Supply of Electricity, Heat,Gas and Water	建筑业 Construction	批发和零售业 Wholesale and Retail Trades	交通运输、仓储和邮政业 Transport, Storage and Post	住宿和餐饮业 Hotels and Catering Services	信息传输、软件和信息技术服务业 Information Transmission, Software and IT Services
1978	43715	667	90	17024	893	4504	6410	8591	681	
1980	64063	814	190	27474	748	7572	9733	8537	1030	
1985	119128	1771	334	48288	1314	13640	28302	11590	2992	
1986	136524	2350	376	54932	1495	16911	31458	11781	3246	
1987	150931	2551	434	62764	1708	18982	33588	12496	3465	
1988	178923	2856	519	75028	2042	22836	40100	14376	4137	
1989	195894	3164	581	83936	2285	23191	43160	16570	4453	
1990	220375	3903	2336	91734	3930	26934	48654	17675	5021	
1991	248487	4412	3304	108281	4092	31737	51829	19098	5347	
1992	283759	5245	4135	122023	4622	40688	55192	21470	5694	
1993	333417	5249	1707	123261	668	62216	82368	20016	8498	
1994	386038	8136	5336	152631	908	72730	77060	15152	7950	
1995	437256	9278	6491	171307	1305	77318	89791	17904	9264	
1996	469060	10649	6641	176610	2032	86352	94694	19875	9773	
1997	513532	11088	11096	194942	4656	97367	92604	22281	9458	
1998	438565	10731	8709	147082	2159	89767	80893	16535	8346	
1999	398702	11185	5871	120091	1530	93697	63837	15619	5597	
2000	405185	11743	5868	115103	1777	104879	55143	14006	4835	
2001	389753	11871	6174	96486	2571	106128	41886	14296	4342	
2002	388119	10884	4392	86753	2772	121904	31071	12794	3746	
2003	436951	10216	5300	83384	4769	138528	24230	13661	4139	413
2004	433210	9601	4568	87663	4995	137981	22814	14537	4705	380
2005	457006	8858	5361	91342	5737	140681	20758	15562	4889	74
2006	512573	9141	6776	94908	5911	167259	22544	16935	4294	19
2007	597311	9971	7412	105164	7401	197172	22154	12905	4219	24
2008	698158	8125	6732	120797	5739	246516	23903	13482	4621	36
2009	791894	6887	10821	131300	5875	293821	22772	16791	7309	4848
2010	785441	8403	10906	66130	7405	333319	18287	17359	7434	607
2011	951634	8026	12318	74501	9556	417220	20405	22474	7358	1016
2012	1107287	5659	24591	73141	11400	489349	20919	27777	6796	322
2013	1137642	7050	13166	53171	10822	464722	25512	28882	6755	525
2014	1238152	8502	11303	48608	12940	519198	25307	36645	5438	837
2015	1254899	8241	7131	51445	11728	499008	27449	32750	3391	404

Total Wage Bill of Employment in Urban Collective-owned Units by Sector

(10 000 yuan)

金融业 Financial Interme-diation	房地产业 Real Estate	租赁和商务服务业 Leasing and Business Services	科学研究和技术服务业 Scientific Research, and Technical Services	水利、环境和公共设施管理业 Management of Water Con-servancy,En-vironment and Public Facilities	居民服务、修理和其他服务业 Services to Households, Repair and Other Services	教育 Education	卫生和社会工作 Health and Social Service	文化、体育和娱乐业 Culture, Sports and Entertain-ment	公共管理、社会保障和社会组织 Public Mana-gement,Social Security and Social Organization
805				16	92	737	2229	355	621
1170	56		43	419	1094	903	3419	698	163
1904	148	18	14	591	2172	587	4363	786	885
2639	131	29	19	676	2059	607	5971	803	1041
3059	46	47	18	796	2313	596	5998	869	1201
3572	35	55	11	813	2727	537	6992	871	1416
4148	14	63	16	858	3111	602	7354	899	1489
4754	64	84	23	889	3218	634	8058	805	1659
5033	96	87	51	852	2688	677	8444	788	1671
6579	161	96	545	989	3045	679	9873	815	1908
9239	595	101	354	1083	2575	913	11293	793	2488
17783	141	501	73	1148	3852	774	17808	909	3146
20174	344	886	103	1595	4365	987	21891	1145	3108
23561	481	967	83	1632	4977	1056	25057	1209	3411
28429	734	959	146	1677	4781	1200	26862	1218	4034
32017	744	902	138	1507	4525	1078	28660	1046	3726
35504	858	904	117	1518	4279	995	32619	1151	3330
40028	1815	893	576	1461	5761	1272	35046	1054	3925
44857	1524	831	812	1663	10642	1315	39110	832	4413
53208	1604	730	383	2628	5840	1399	43815	382	3814
61245	2028	3038	1543	3561	19931	1032	57277	569	2087
70237	2253	3504	2039	3959	2540	833	57677	606	2318
86376	2223	5507	792	4225	2831	948	59658	928	256
94929	2462	7229	1067	4648	3103	806	69250	1060	232
116767	2444	9800	1248	5929	2741	1506	88354	1874	226
133789	2580	11954	1791	7216	3482	977	103971	2261	186
132613	2855	12949	2132	8773	4633	2836	122624	1712	343
131634	3166	11744	2200	8659	4769	2914	147656	2074	775
156012	4062	15446	2551	9993	5841	3161	179377	2050	265
172321	4784	23309	5293	9415	7132	4350	216294	2500	1935
201658	3635	27543	5545	9732	3894	31457	240218	3181	172
214854	2345	35485	7957	9518	3271	32766	260681	2479	19
211423	2184	36509	6658	10592	4626	53491	284000	3640	229

4−20 按行业分其他各种经济单位就业人员工资总额
Total Wage Bill of Employment in Units of Other Types of Ownership by Sector

单位：万元 (10 000 yuan)

行　业	Sector	2010	2011	2012	2013	2014	2015
总 计	**Total**	**5353304**	**7258356**	**8830210**	**14311143**	**21028896**	**22567438**
农、林、牧、渔业	Farming, Forestry, Animal Husbandry and Fishery	3755	3481	2172	3017	3612	4119
采矿业	Mining	244933	319781	480656	843912	1205438	1120534
制造业	Manufacturing	2446291	3429329	4051679	5934662	7740774	7790550
电力、热力、燃气及水生产和供应业	Production and Supply of Electricity, Heat,Gas and Water	240294	313090	392177	640377	810326	946720
建筑业	Construction	1090216	1536064	1783848	2672685	4615913	4996988
批发和零售业	Wholesale and Retail Trades	233180	282634	338892	635985	1111633	1184929
交通运输、仓储和邮政业	Transport, Storage and Post	182249	212099	328179	700750	1086454	1243056
住宿和餐饮业	Hotels and Catering Services	66635	90002	141016	201487	340238	350534
信息传输、软件和信息技术服务业	Information Transmission, Software and IT Services	128720	140732	145815	693518	1090558	1433318
金融业	Financial Intermediation	461273	528541	605759	711300	838265	939601
房地产业	Real Estate	123724	177832	232073	386657	820801	922732
租赁和商务服务业	Leasing and Business Services	38302	48858	69580	221833	343546	449490
科学研究和技术服务业	Scientific Research and Technical Services	27509	49692	71178	292526	478117	577284
水利、环境和公共设施管理业	Management of Water Conservancy, Environment and Public Facilities	6072	9373	11224	85882	114542	90396
居民服务、修理和其他服务业	Services to Households, Repair and Other Services	6067	7765	10630	29584	44316	57541
教育	Education	29851	60907	98070	147202	198032	253129
卫生和社会工作	Health and Social Service	14337	37999	56415	77076	121242	134005
文化、体育和娱乐业	Culture, Sports and Entertainment	9755	10136	10785	32275	64964	71185
公共管理、社会保障和社会组织	Public Management, Social Security and Social Organization	141	41	62	415	125	1330

4–21 各市(州)全部单位就业人员工资总额及指数(2015年)
Total Wage Bill of Employment in all Units and Related Indices by Region(2015)

市(州)	Region	工资总额 (万元) Total Wage Bill (10 000 yuan)					指数 (上年=100) Indices (Preceding year=100)				
		合计 Total	国有经济单位 State-owned Units	城镇集体经济单位 Urban Colletive-owned Units	私营经济单位 Private Units	其他各种经济单位 Units of Other Types of Ownership	合计 Total	国有经济单位 State-owned Units	城镇集体经济单位 Urban Colletive-owned Units	私营经济单位 Private Units	其他各种经济单位 Units of Other Types of Ownership
全 省	**Sichuan**	**61686544**	**22612943**	**1254899**	**15251264**	**22567438**	**109.5**	**112.2**	**101.4**	**109.8**	**107.3**
成都市	Chengdu	22626222	6970008	274957	4890467	10490790	110.6	108.3	103.9	112.4	111.4
自贡市	Zigong	1725944	550427	24837	654215	496465	105.3	112.6	81.1	108.7	95.9
攀枝花市	Panzhihua	1581520	442976	16225	369379	752941	72.8	57.6	37.5	107.1	74.1
泸州市	Luzhou	2906380	911676	123784	985372	885548	113.3	115.6	89.2	115.4	112.9
德阳市	Deyang	2835979	812740	82401	956392	984445	109.4	109.4	113.8	120.6	100.2
绵阳市	Mianyang	3716393	1360390	76229	780128	1499647	111.2	113.6	104.6	102.1	114.7
广元市	Guangyuan	1180469	603675	54933	269332	252529	113.9	125.0	98.5	104.1	105.6
遂宁市	Suining	1402752	461503	55933	448634	436682	110.2	115.7	106.6	110.0	105.6
内江市	Neijiang	1728616	648521	31378	409946	638771	113.6	120.5	88.5	135.1	99.0
乐山市	Leshan	2029251	634341	49955	627109	717846	110.1	118.9	160.5	107.9	102.9
南充市	Nanchong	3447612	1149744	87287	1157820	1052761	118.7	121.0	111.3	113.4	123.1
眉山市	Meishan	1594594	563340	24100	516042	491113	111.4	117.6	114.8	110.3	106.0
宜宾市	Yibin	2672713	941419	30488	785585	915221	110.8	125.4	103.5	105.8	102.9
广安市	Guangan	1415294	632920	85134	556027	141213	104.7	121.8	152.3	82.6	137.2
达州市	Dazhou	2043926	856681	76797	572642	537805	105.5	112.8	78.1	97.5	109.3
雅安市	Yaan	676563	335302	9046	141608	190608	110.3	115.0	123.7	103.7	107.1
巴中市	Bazhong	1282501	552915	50336	212629	466620	119.4	125.0	100.0	119.0	115.9
资阳市	Ziyang	1795941	650455	64819	553974	526693	121.8	140.2	104.4	131.4	100.0
阿坝藏族羌族自治州	Aba	614251	458203	8365	51568	96114	105.5	112.3	94.9	58.4	124.7
甘孜藏族自治州	Ganzi	581288	500221	5770	20800	54497	122.6	123.9	106.0	102.9	122.0
凉山彝族自治州	Liangshan	1712642	1070831	22126	291596	328090	113.1	121.6	93.0	100.2	102.9

注：全省合计中包括省直综单位就业人员工资总额，市(州)数据未包括(后同)。

a) The number of persons employed in directly affiliated units and comprehensive units was included in the Sichuan's number of employed persons, but was not included in regional number of employed persons.(the same as follows)

4–22 各市(州)按行业分全部单位就业人员工资总额(2015年)

单位：万元

市(州)	Region	合计 Total	农、林、牧、渔业 Farming, Forestry, Animal Husbandry and Fishery	采矿业 Mining	制造业 Manufacturing	电力、热力、燃气及水生产和供应业 Production and Supply of Electricity, Heat,Gas and Water	建筑业 Construction	批发和零售业 Wholesale and Retail Trades	交通运输、仓储和邮政业 Transport, Storage and Post	住宿和餐饮业 Hotels and Catering Services
全　省	**Sichuan**	**61686544**	**235715**	**2083618**	**14532969**	**2267013**	**10056042**	**2732732**	**3013325**	**1031735**
成都市	Chengdu	22626222	49171	12103	5198102	301262	3538191	1493533	1413801	460272
自贡市	Zigong	1725944	4148	78498	559731	31938	324166	41387	76869	31095
攀枝花市	Panzhihua	1581520	8855	156688	439614	81745	189912	91629	54127	33632
泸州市	Luzhou	2906380	6058	37396	512194	53933	991177	157476	125982	15114
德阳市	Deyang	2835979	6664	27959	1375703	43898	294139	78008	73254	28029
绵阳市	Mianyang	3716393	12888	14232	979845	90111	689623	99393	77458	79544
广元市	Guangyuan	1180469	4011	69413	109067	57862	107210	77227	45212	10320
遂宁市	Suining	1402752	5005	13221	433742	39945	242187	30032	17823	41022
内江市	Neijiang	1728616	8720	32534	427321	25718	464115	36081	41851	15873
乐山市	Leshan	2029251	13175	127958	586119	74833	291756	67160	56201	36278
南充市	Nanchong	3447612	5733	20696	1027996	106236	759745	85184	69877	46534
眉山市	Meishan	1594594	3454	23728	544589	58101	295338	40603	27393	16998
宜宾市	Yibin	2672713	14445	253799	785550	81551	356803	53253	63497	46787
广安市	Guangan	1415294	12741	87137	219219	49143	335478	37828	41561	13940
达州市	Dazhou	2043926	11594	213390	298082	86897	316559	112128	82175	26411
雅安市	Yaan	676563	3622	57419	133060	42488	42976	13228	16958	5193
巴中市	Bazhong	1282501	9056	32195	132688	38670	429461	25882	36043	29230
资阳市	Ziyang	1795941	7740	2295	639501	28522	265596	94187	41385	15855
阿坝藏族羌族自治州	Aba	614251	15734	3866	20134	38577	16792	15163	19837	17556
甘孜藏族自治州	Ganzi	581288	16099	3675	4487	19208	17068	14029	34615	4361
凉山彝族自治州	Liangshan	1712642	16802	169202	100923	106396	76232	61357	54547	50244

Total Wage Bill of Emoployment in all Units by Sector and Region(2015)

(10 000 yuan)

信息传输、软件和信息技术服务业 Information Transmission, Software and IT Services	金融业 Financial Interme-diation	房地产业 Real Estate	租赁和商务服务业 Leasing and Business Services	科学研究和技术服务业 Scientific Research, and Technical Services	水利、环境和公共设施管理业 Management of Water Con-servancy,En-vironment and Public Facilities	居民服务、修理和其他服务业 Services to Households, Repair and Other Services	教育 Education	卫生和社会工作 Health and Social Service	文化、体育和娱乐业 Culture, Sports and Entertain-ment	公共管理、社会保障 Public Mana-gement,Social Security and Social Organization
1907386	**2267734**	**1546288**	**1336259**	**1975685**	**567042**	**355036**	**6075938**	**3507362**	**470626**	**5724040**
1289679	801763	946123	840324	1165331	214594	227142	1734352	1270319	241313	1428848
31301	65233	36107	11673	23012	15334	4695	161191	102465	9886	117214
14193	71554	19775	21230	31108	13485	16812	114682	71788	9443	141252
47011	89158	60932	65640	21963	14558	7090	286482	172033	24741	217442
46338	126417	33228	26091	51791	23417	5421	230544	151041	7233	206804
106664	146585	71039	39642	398520	28747	27630	356514	169617	20762	307579
32534	60690	13947	18824	15358	34100	2261	183490	110259	8323	220361
26964	67100	35422	11061	6110	9669	1753	186580	95753	12934	126429
16743	69623	17832	8658	14290	8013	2805	226352	116480	8291	187317
32359	65297	35674	15913	38624	32217	6580	190118	99462	8441	251087
34185	128440	85721	77358	30786	27950	9856	409154	191031	24201	306930
13280	28333	27090	8349	16125	18570	4101	213987	86824	5614	162118
29241	103543	27449	27145	30070	14043	3863	308766	153709	20298	298902
16289	71054	14239	9598	9389	11008	1930	199154	99876	6014	179695
42458	70780	26502	11543	29051	20613	16122	294564	131731	11159	242168
16623	34945	4084	4448	4407	7801	1220	96956	57178	3559	130399
20678	34662	23109	8750	9609	8932	1650	182655	79173	11538	168521
23637	105283	48198	13466	15460	18274	1028	183102	123914	9418	159080
16442	32567	1521	25439	8390	23450	211	86771	34012	7775	230014
13450	18197	1317	2005	14808	5405	1931	100053	40586	5934	264063
35461	76512	16977	28783	22889	16864	10935	329119	148786	12797	377816

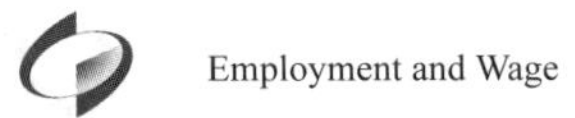

4-23 各市(州)按行业分国有经济单位就业人员工资总额(2015年)

单位：万元

市(州)	Region	合计 Total	农、林、牧、渔业 Farming, Forestry, Animal Husbandry and Fishery	采矿业 Mining	制造业 Manufacturing	电力、热力、燃气及水生产和供应业 Production and Supply of Electricity, Heat,Gas and Water	建筑业 Construction	批发和零售业 Wholesale and Retail Trades	交通运输、仓储和邮政业 Transport, Storage and Post	住宿和餐饮业 Hotels and Catering Services
全　省	**Sichuan**	**22612943**	**126083**	**125432**	**581565**	**1133565**	**1223801**	**329621**	**1398129**	**36436**
成都市	Chengdu	6970008	12537		293015	29240	812342	102813	378330	15714
自贡市	Zigong	550427	1352		3501	13598	40487	662	32463	100
攀枝花市	Panzhihua	442976	2793		1274	20023	60	11454	36037	933
泸州市	Luzhou	911676	5495	3215	2937	13694	146024	24542	24356	
德阳市	Deyang	812740	1539	12441	96008	22383	29893	14243	38590	572
绵阳市	Mianyang	1360390	3810		16060	37138	15442	13751	24563	2572
广元市	Guangyuan	603675	1990	2648	4387	5223	4135	9575	21896	148
遂宁市	Suining	461503	1215		274	#VALUE!	5396	4659	10065	200
内江市	Neijiang	648521	3469		32191	14484	15789	7936	16469	
乐山市	Leshan	634341	5058	259	595	2427	5277	13093	20134	684
南充市	Nanchong	1149744	3464		3989	42475	39881	13504	34615	26
眉山市	Meishan	563340	2445		14	26086	6137	1596	12713	
宜宾市	Yibin	941419	10096	11813	57442	13326	1065	8585	24597	358
广安市	Guangan	632920	3638	47390	443	5455	11476	9608	23372	
达州市	Dazhou	856681	10712	1780	2347	33190	14916	12119	28124	853
雅安市	Yaan	335302	2348		1332	3078	933	2958	9820	79
巴中市	Bazhong	552915	7269		7508	8354	41724	9928	16580	2034
资阳市	Ziyang	650455	3818		45107	1248	17408	8834	26883	734
阿坝藏族羌族自治州	Aba	458203	14647		23	8135	1919	5637	17900	1491
甘孜藏族自治州	Ganzi	500221	14975	163	338	8076	1413	7144	25503	434
凉山彝族自治州	Liangshan	1070831	13413	10547	7479	15953	564	39017	32258	2056

Total Wage Bill of Employment in State-owned Units by Sector and Region(2015)

(10 000 yuan)

信息传输、软件和信息技术服务业 Information Transmission, Software and IT Services	金融业 Financial Interme-diation	房地产业 Real Estate	租赁和商务服务业 Leasing and Business Services	科学研究和技术服务业 Scientific Research, and Technical Services	水利、环境和公共设施管理业 Management of Water Con-servancy,En-vironment and Public Facilities	居民服务、修理和其他服务业 Services to Households, Repair and Other Services	教育 Education	卫生和社会工作 Health and Social Service	文化、体育和娱乐业 Culture, Sports and Entertain-ment	公共管理、社会保障 Public Mana-gement,Social Security and Social Organization
115376	**1006672**	**42008**	**256513**	**1207960**	**417354**	**22402**	**5654698**	**2932106**	**280746**	**5722481**
20379	424251	17144	125240	542396	125299	3202	1533165	971278	135008	1428654
11655	38823	1627	4989	16622	12788	1516	154259	90622	8150	117214
370	11567		1991	11458	12375	386	112700	70157	8181	141217
545	14765	1543	5611	13508	9517	1262	257405	160582	9235	217442
	38789	1730	6043	20967	19933	1167	186434	108793	6411	206804
18117	53309	1116	3135	383042	25335	2605	313429	128126	11261	307579
1684	17517	1768	6227	8849	24584	262	177335	90388	4700	220361
7335	29435	296	1239	4311	6849	348	176337	83038	4109	126397
1131	15631	1864	1743	7802	7215	1019	222443	106731	5289	187317
947	14211	778	3461	34554	18422	2221	169579	86074	5482	251087
4393	82630	2777	4829	22323	26305	1095	382912	164547	13084	306895
521	15161	1775	753	14775	17910	403	212971	83413	4548	162118
1962	25206	3061	5328	13739	9922	1449	303994	135914	14659	298902
2126	48931	1805	2530	8060	7928	276	193714	82118	4619	179430
8150	37070	1901	2064	26952	19725	2081	287886	115593	9051	242168
6091	14267	102	1890	3406	7008	668	96847	51584	2492	130399
1520	21260	824	3158	6271	8008	440	177125	67463	4929	168521
20269	25744	325	3604	9329	17380	927	182688	121973	6101	158084
1599	13430		8529	7214	21512		86668	33679	5807	230014
1301	12324	500	387	13973	3669	520	99896	40214	5328	264063
3423	52352	1073	3444	19813	15671	554	325562	138491	11346	377816

4–24 各市(州)按行业分城镇集体经济单位就业人员工资总额(2015年)

单位：万元

市(州)	Region	合计 Total	农、林、牧、渔业 Farming, Forestry, Animal Husbandry and Fishery	采矿业 Mining	制造业 Manufacturing	电力、热力、燃气及水生产和供应业 Production and Supply of Electricity, Heat,Gas and Water	建筑业 Construction	批发和零售业 Wholesale and Retail Trades	交通运输、仓储和邮政业 Transport, Storage and Post	住宿和餐饮业 Hotels and Catering Services
全　省	**Sichuan**	**1254899**	**8241**	**7131**	**51445**	**11728**	**499008**	**27449**	**32750**	**3391**
成都市	Chengdu	274957	235		24065	1347	75462	6535	4295	1820
自贡市	Zigong	24837	981		1677		8092	506	3390	
攀枝花市	Panzhihua	16225		137	107		12626	3	1161	24
泸州市	Luzhou	123784	20		4399	48	95036	2967	879	23
德阳市	Deyang	82401	1083	2	502		8069	2014	2825	
绵阳市	Mianyang	76229	588		2176		1533	401		
广元市	Guangyuan	54933			85	3168	24833	1047	163	
遂宁市	Suining	55933			230		30350			
内江市	Neijiang	31378			906		10602	645	942	194
乐山市	Leshan	49955	4776	2846	2256	1368	4115	539	4826	94
南充市	Nanchong	87287	56		1989	2746	47883	320	824	
眉山市	Meishan	24100					5794	1065	1480	655
宜宾市	Yibin	30488	360	322	559	360	13917	339	3467	58
广安市	Guangan	85134					50791	351	215	
达州市	Dazhou	76797		1699	134	16	29558	6629	3982	
雅安市	Yaan	9046					4075		15	
巴中市	Bazhong	50336			327	971	34924	1927		354
资阳市	Ziyang	64819			11283	1534	31963	1587	2814	24
阿坝藏族羌族自治州	Aba	8365					1746	473		25
甘孜藏族自治州	Ganzi	5770			23		1724			
凉山彝族自治州	Liangshan	22126	143	2124	727	170	5916	103	1473	121

Total Wage Bill of Employment in Urban Collective-owned Units by Sector and Region(2015)

(10 000 yuan)

信息传输、软件和信息技术服务业 Information Transmission, Software and IT Services	金融业 Financial Interme-diation	房地产业 Real Estate	租赁和商务服务业 Leasing and Business Services	科学研究和技术服务业 Scientific Research, and Technical Services	水利、环境和公共设施管理业 Management of Water Con-servancy,En-vironment and Public Facilities	居民服务、修理和其他服务业 Services to Households, Repair and Other Services	教育 Education	卫生和社会工作 Health and Social Service	文化、体育和娱乐业 Culture, Sports and Entertain-ment	公共管理、社会保障 Public Mana-gement,Social Security and Social Organization
404	**211423**	**2184**	**36509**	**6658**	**10592**	**4626**	**53491**	**284000**	**3640**	**229**
	24430	1287	2453	822	5026	234	320	124011	2421	194
	5021		667	40	804			3657		
			1963	100	58			46		
	12742		1811	38	1507	125	291	3874	25	
	9062			719	9		32781	25334		
	29921	55	5216	1244	6	103	907	34061	20	
	10810		338	624	218	222	298	13096	33	
	13307	98	2200	12	347			9121	268	
	9984	212	378		349			6574	592	
46	3362		1263	24	116	19	17817	6474	17	
	13530	29	4851	189	279	3442		10941	174	35
	12179		91				219	2618		
			430	1149		81		9446		
	20990		359		1839			10590		
240	15650	428	5395	487			432	12056	89	
	4457		411					87		
	4176		211	47			425	6974		
117	12127	36	2135	1164	34					
	5894		228							
	3783							240		
		40	6109			402		4799		

4–25 全部单位就业人员平均工资及指数

Average Wage of Employment in all Units and Related Indices

年份 Year	平均货币工资（元） Average Money Wage (yuan)					指数（上年为100） Indices (preceding year=100) 货币工资 Average Money Wage					实际工资 Average Real Wage				
	全部单位 all Units	国有经济单位 State-owned Units	城镇集体经济单位 Urban Collective Owned Units	私营经济单位 Private Units	其他各种经济单位 Units of Other Types of Ownership	全部单位 all Units	国有经济单位 State-owned Units	城镇集体经济单位 Urban Collective Owned Units	私营经济单位 Private Units	其他各种经济单位 Units of Other Types of Ownership	全部单位 all Units	国有经济单位 State-owned Units	城镇集体经济单位 Urban Collective-owned Units	私营经济单位 Private Units	其他各种经济单位 Units of Other Types of Ownership
1978	590	622	475			106.0	107.6	105.6							
1980	743	789	590			116.3	117.2	113.5			107.6	108.5	105.0		
1985	1062	1138	845		854	116.4	117.0	114.7		110.4	109.0	109.5	107.4		
1986	1237	1338	944		993	116.5	117.6	111.7		116.7	112.1	113.2	107.5		112.3
1987	1340	1441	1040		1087	108.3	107.7	123.1		109.5	100.8	100.2	102.5		101.8
1988	1598	1726	1211		1380	119.3	119.8	116.4		127.0	99.4	99.8	97.0		105.8
1989	1796	1941	1342		1587	112.4	112.5	110.8		115.0	95.0	95.1	93.7		97.2
1990	2011	2177	1490		1737	112.0	112.2	111.0		109.5	108.6	108.8	107.7		106.2
1991	2194	2351	1693		2178	109.1	108.0	113.6		125.4	106.6	105.6	111.1		122.6
1992	2458	2643	1885		2665	112.0	112.4	111.3		122.4	105.3	105.7	104.6		115.0
1993	2984	3148	2274		3890	121.2	119.1	120.6		146.0	106.6	101.9	103.2		124.9
1994	4064	4366	2726		5198	136.2	138.7	119.9		133.6	106.5	108.4	93.7		104.5
1995	4703	5002	3242		5944	115.7	114.6	118.9		114.4	97.2	96.3	99.9		96.1
1996	5218	5527	3666		6248	111.0	110.5	113.1		105.1	101.0	100.6	103.0		95.7
1997	5626	5996	3982		6206	107.8	108.5	108.6		99.3	102.6	103.2	103.3		94.5
1998	5939	6441	3966		5741	105.6	107.4	99.6		92.5	105.8	107.6	99.8		92.7
1999	7249	7771	4927		6992	110.2	110.3	106.2		110.0	112.3	112.4	108.3		112.1
2000	8323	8909	5749		7763	114.8	114.6	116.7		110.0	115.1	114.9	117.1		110.3
2001	9934	10783	6575		8650	119.4	121.0	114.4		111.4	117.2	118.9	112.3		109.5
2002	11183	12388	7395		9233	112.6	114.9	112.5		106.8	113.0	115.3	112.8		107.2
2003	12320	13769	8647		10005	110.2	111.1	116.9		108.7	109.4	110.5	116.0		106.9
2004	13887	15592	9680		11292	112.7	113.2	111.9		113.2	107.8	108.3	106.6		107.9
2005	15638	17644	10974		12732	112.6	113.2	113.4		112.8	110.7	111.3	111.5		110.9
2006	17612	19884	12624		14403	112.6	112.7	115.0		113.0	110.2	108.9	111.4		109.8
2007	21081	24045	15089		16922	119.7	120.9	119.5		117.5	113.0	114.2	112.9		110.9
2008	24725	28131	18386		20068	117.3	117.0	121.9		118.8	112.2	112.1	116.2		113.4
2009	23572	32210	21043	16085	22666		114.5	114.5		112.9		113.7	113.7		112.2
2010	26127	36729	23411	18316	27081	110.8	114.0	111.3	113.9	119.5	109.7	110.4	107.7	110.2	115.7
2011	31300	42048	28342	22175	31575	119.8	114.5	121.1	121.1	116.6	111.1	108.9	115.2	115.2	110.9
2012	35873	47721	33409	25912	35749	114.6	113.5	117.9	116.9	113.2	110.9	110.4	114.7	113.7	110.1
2013	41795	53896	39112	29830	43857	116.5	112.9	117.1	115.1	122.7	113.3	109.9	113.9	112.0	119.3
2014	45697	57018	43707	32671	49435	109.3	105.8	111.7	109.5	112.7	107.5	104.0	109.9	107.7	110.8
2015	50466	66551	48924	35127	53384	110.4	116.7	111.9	107.5	108.0	108.9	115.1	110.4	106.0	106.5

注：2009年及以后全部单位就业人员平均工资包括私营单位(后同)。
a)Average wage of employment in all units includes wage in the private units from 2009.(the same as follows)

4-26 各市(州)全部单位就业人员平均工资及指数(2015年)
Average Wage of Employment in all Units and Related Indices by Region(2015)

市(州)	Region	平均货币工资 (元) Average Money Wage (yuan)					指数 (上年=100) Indices (preceding year=100) 平均货币工资 Arerage Money Wage				
		全部单位 all Units	国有经济单位 State-owned Units	城镇集体经济单位 Urban Collective-owned Units	私营经济单位 Private Units	其他各种经济单位 Units of Other Types of Ownership	全部单位 all Units	国有经济单位 State-owned Units	城镇集体经济单位 Urban Collective-owned Units	私营经济单位 Private Units	其他各种经济单位 Units of Other Types of Ownership
全 省	**Sichuan**	**50466**	**66551**	**48924**	**35127**	**53384**	**110.4**	**116.7**	**111.9**	**107.5**	**108.0**
成都市	Chengdu	57480	77284	58013	37074	62896	111.2	117.0	114.4	107.9	111.4
自贡市	Zigong	43157	59803	47994	34046	44907	107.5	114.7	120.9	105.9	103.6
攀枝花市	Panzhihua	51999	74327	47988	35041	55464	103.5	127.3	88.9	109.0	101.4
泸州市	Luzhou	44749	58611	49285	35562	46185	108.8	114.1	119.2	108.4	104.0
德阳市	Deyang	48090	63776	55549	35871	54439	108.9	118.4	115.0	108.0	108.0
绵阳市	Mianyang	49817	69032	64975	32622	50312	111.6	116.7	111.0	103.4	112.2
广元市	Guangyuan	46888	60322	55387	32144	43555	112.9	123.3	108.3	102.6	104.7
遂宁市	Suining	42188	60207	37514	34020	40038	111.3	119.3	108.6	107.4	109.2
内江市	Neijiang	40617	59918	49539	31313	35467	107.8	120.2	111.9	104.3	102.7
乐山市	Leshan	45805	60246	49490	35123	48150	111.2	119.1	133.0	106.8	108.4
南充市	Nanchong	44033	56848	41005	36448	43546	112.4	120.7	108.7	111.6	104.8
眉山市	Meishan	45379	57883	55555	34542	48948	110.2	118.3	108.5	108.0	105.0
宜宾市	Yibin	46019	63063	35484	34265	47263	112.3	127.3	110.5	107.8	103.3
广安市	Guangan	44079	61034	45607	33458	43413	112.4	117.7	93.4	103.6	103.7
达州市	Dazhou	42446	53452	43249	33185	41072	110.9	115.3	114.1	107.2	105.8
雅安市	Yaan	42533	52549	50225	29677	41669	107.5	115.0	132.5	98.1	103.6
巴中市	Bazhong	43080	50654	37091	33488	41856	109.9	117.4	109.3	109.8	101.9
资阳市	Ziyang	42537	55653	44873	33818	41447	115.9	121.4	112.6	112.7	113.7
阿坝藏族羌族自治州	Aba	59526	69153	64053	33822	47163	116.4	110.7	103.7	108.9	114.0
甘孜藏族自治州	Ganzi	63729	68617	53622	33200	49669	118.7	122.5	110.1	103.8	97.3
凉山彝族自治州	Liangshan	54195	64540	46405	34130	54782	114.6	119.2	108.7	105.2	107.0

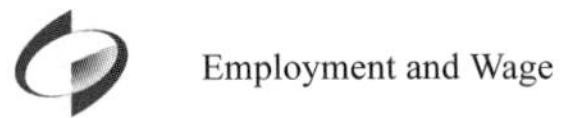

4–27 按行业分全部单位就业人员平均工资

单位：元

年份 Year	合计 Total	农、林、牧、渔业 Farming, Forestry, Animal Husbandry and Fishery	采矿业 Mining	制造业 Manufac-turing	电力、热力、燃气及水生产和供应业 Production and Supply of Electricity, Heat,Gas and Water	建筑业 Construc-tion	批发和零售业 Wholesale and Retail Trades	交通运输、仓储和邮政业 Transport, Storage and Post	住宿和餐饮业 Hotels and Catering Services	信息传输、软件和信息技术服务业 Information Transmission, Software and IT Services
1978	590	575	719	577	552	658	509	655	501	
1980	743	649	914	742	795	834	645	756	637	
1985	1062	890	1264	1079	1113	1170	883	1080	870	1343
1986	1237	1119	1520	1211	1337	1364	998	1268	987	1424
1987	1340	1153	1589	1339	1461	1528	1093	1391	1081	1861
1988	1598	1320	1887	1618	1705	1732	1341	1671	1328	2105
1989	1796	1449	2247	1827	1988	1945	1477	1928	1449	2438
1990	2011	1588	2515	2033	2145	2192	1635	2122	1602	2771
1991	2194	1714	2677	2238	2574	2434	1774	2340	1748	2950
1992	2458	1981	2816	2469	2747	2705	1869	2624	1838	3857
1993	2984	2683	2955	3132	3661	3243	2335	3032	2307	5103
1994	4064	3404	4158	3941	4776	4267	2828	4221	2809	6946
1995	4703	3957	4819	4671	5961	5063	3326	4999	3314	7522
1996	5218	4310	5348	5181	6773	5485	3686	5712	3669	9019
1997	5626	4418	5631	5466	8138	5908	3850	6614	3823	10801
1998	5939	4609	5561	5539	8732	6072	4789	6873	4761	12347
1999	7249	5481	6337	6873	9760	7066	5060	8936	5043	14237
2000	8323	6140	8083	7774	10764	7693	5755	10352	5726	15819
2001	9934	7373	7753	8892	12039	8355	6895	12340	6858	18687
2002	11183	8114	9866	9853	13506	8444	8043	13952	8017	20763
2003	12320	8902	10591	11126	15099	9202	9971	12997	9202	22057
2004	13887	9264	12937	12686	16918	10090	11793	14903	10442	26305
2005	15638	10016	16907	14226	19253	11113	13999	17422	11133	30091
2006	17612	11224	18682	16404	21469	12839	15682	20776	12555	32229
2007	21081	13377	21752	18906	25518	14902	17321	23420	14493	34622
2008	24725	15231	28632	22046	30484	17746	20949	27344	16531	37462
2009	23572	17234	24348	19692	30360	18887	18253	27416	16308	29766
2010	26127	19481	25470	22722	35774	20711	20192	29518	18006	32863
2011	31300	23095	32927	27200	41321	25323	24082	36967	21401	36517
2012	35873	26700	38437	30827	46059	29629	31074	46169	24444	34204
2013	41795	29416	41540	37519	58181	35289	34976	52331	27633	54618
2014	45697	34203	46595	40486	69409	38303	39361	55458	31013	62052
2015	50466	38023	47865	43311	72902	41357	41181	59552	33349	67829

Average Wage of Employment in all Units by Sector

(yuan)

金融业 Financial Interme-diation	房地产业 Real Estate	租赁和商务服务业 Leasing and Business Services	科学研究和技术服务业 Scientific Research, and Technical Services	水利、环境和公共设施管理业 Management of Water Con-servancy,En-vironment and Public Facilities	居民服务、修理和其他服务业 Services to Households, Repair and Other Services	教育 Education	卫生和社会工作 Health and Social Service	文化、体育和娱乐业 Culture, Sports and Entertain-ment	公共管理、社会保障和社会组织 Public Mana-gement,Social Security and Social Organization
574	493		679	590	570	520	541	513	617
720	669		872	692	592	678	698	667	773
1076	974	1005	1275	986	933	1040	998	901	1039
1356	1247	1286	1509	1178	1115	1220	1271	1213	1312
1419	1332	1359	1623	1201	1195	1246	1346	1287	1383
1624	1542	1512	1895	1289	1382	1525	1595	1501	1579
1730	1711	1983	2119	1451	1590	1662	1775	1697	1776
1970	1874	2109	2458	1698	1784	1882	1980	1884	1991
2086	2014	2507	2681	1813	1981	1962	2142	1989	2158
2513	2553	3121	3163	1994	2292	2356	2489	2276	2595
2589	3134	4003	3718	2367	2764	2716	2995	2798	3050
5483	4976	4865	6045	2944	3936	4221	4662	4573	4676
6058	5207	5405	6583	3403	4549	4580	5344	5281	5089
6703	5814	6014	7385	3863	5164	4981	6038	5834	5601
8021	6215	6682	8142	4140	5535	5363	6628	6579	6179
9540	7347	7422	8457	4564	6102	5941	7310	6918	7035
11249	8678	8242	9360	5529	7392	6860	8538	8077	8059
13274	9104	9157	11376	6111	8170	7923	9788	9193	9236
15567	10671	10174	15631	7073	9456	9998	11657	10866	11564
17603	11877	11304	17269	8693	11621	11766	13349	12376	13057
19452	12461	12412	19656	9495	13120	12647	14719	13673	14380
21969	13379	14890	21270	10567	13865	13787	16761	16758	15871
24764	14333	19186	24933	11498	15356	14952	18709	18591	17782
28282	16765	19556	29754	13014	17605	16374	21205	20204	19405
33843	19928	25101	36394	15629	22115	20937	25887	23597	24960
42055	37022	26158	42806	16901	18493	23491	30020	25859	29540
43127	20070	20672	43405	18903	14759	28819	32202	25599	32295
52258	23440	24320	48115	20304	16607	33666	38189	26998	35015
59391	27582	26754	57449	24613	21113	38621	44617	31002	39555
68840	31744	29441	60922	28635	23664	43923	51849	37105	44117
74682	40001	35789	70563	33285	28005	48695	57541	43257	48635
80704	43439	41304	73246	36497	31642	51753	61092	45614	52062
80165	47161	44881	78812	40117	33270	62412	70935	49988	63704

4–28 各市(州)按行业分全部单位就业人员平均工资(2015年)

单位：元

市(州)	Region	合计 Total	农、林、牧、渔业 Farming, Forestry, Animal Husbandry and Fishery	采矿业 Mining	制造业 Manufacturing	电力、热力、燃气及水生产和供应业 Production and Supply of Electricity, Heat,Gas and Water	建筑业 Construction	批发和零售业 Wholesale and Retail Trades	交通运输、仓储和邮政业 Transport, Storage and Post	住宿和餐饮业 Hotels and Catering Services
全　省	**Sichuan**	**50466**	**38023**	**47865**	**43311**	**72902**	**41357**	**41181**	**59552**	**33349**
成都市	Chengdu	57480	36060	52599	49878	87259	48681	43850	70437	36035
自贡市	Zigong	43157	39318	35114	39519	67594	37004	32461	44132	28630
攀枝花市	Panzhihua	51999	33178	41171	46377	109241	52546	37380	47280	35036
泸州市	Luzhou	44749	41017	37781	39408	59359	41302	38076	41368	32553
德阳市	Deyang	48090	35867	56541	45978	86567	35804	38833	45904	24269
绵阳市	Mianyang	49817	34682	32228	40626	59736	45321	46571	45044	32390
广元市	Guangyuan	46888	36868	38705	34259	38097	39665	36169	41513	27637
遂宁市	Suining	42188	44646	40717	35983	68505	34280	37293	37736	27646
内江市	Neijiang	40617	33331	32521	34815	59671	32237	33835	39099	28666
乐山市	Leshan	45805	33514	38859	40687	59269	40561	38529	43261	28484
南充市	Nanchong	44033	38635	53066	40165	58882	38011	38237	44229	36947
眉山市	Meishan	45379	43064	34175	41637	64072	37132	41326	41087	33064
宜宾市	Yibin	46019	36523	39533	43459	54212	36358	34702	40234	34716
广安市	Guangan	44079	31068	42927	33470	72100	35170	40098	46767	33696
达州市	Dazhou	42446	47887	40713	37073	57590	35255	31923	34754	28918
雅安市	Yaan	42533	39667	33557	34384	52506	25627	37324	46833	30945
巴中市	Bazhong	43080	44177	51127	35265	52612	38758	43231	44952	32012
资阳市	Ziyang	42537	34898	29801	39352	62521	36675	35507	48262	26078
阿坝藏族羌族自治州	Aba	59526	51808	36467	34726	55933	37685	41203	62893	32439
甘孜藏族自治州	Ganzi	63729	46262	36138	34942	53163	34176	52641	66901	32739
凉山彝族自治州	Liangshan	54195	38501	42444	36825	70658	39017	60937	53662	34641

Average Wage of Employment in all Units by Sector and Region(2015)

(yuan)

信息传输、软件和信息技术服务业 Information Transmission, Software and IT Services	金融业 Financial Intermediation	房地产业 Real Estate	租赁和商务服务业 Leasing and Business Services	科学研究和技术服务业 Scientific Research, and Technical Services	水利、环境和公共设施管理业 Management of Water Conservancy,Environment and Public Facilities	居民服务、修理和其他服务业 Services to Households, Repair and Other Services	教育 Education	卫生和社会工作 Health and Social Service	文化、体育和娱乐业 Culture, Sports and Entertainment	公共管理、社会保障和社会组织 Public Management,Social Security and Social Organization
67829	**80165**	**47161**	**44881**	**78812**	**40117**	**33270**	**62412**	**70935**	**49988**	**63704**
76876	103004	54962	48908	86424	51279	33203	72900	84444	53184	79604
60660	67599	35333	33012	57718	50161	36309	62669	60648	48626	58695
59560	91360	34723	34115	57120	49780	30494	77819	82524	58001	76032
53770	84087	37261	36269	46493	28311	34519	54960	75423	37378	61521
62960	90028	40881	35173	50720	34630	43367	61462	69412	53577	62471
51417	69353	39733	38495	102534	31233	44166	57098	63186	49292	63465
52030	68981	46288	39630	45531	37738	38919	59374	66047	40659	59140
42244	103774	32074	31875	37763	35507	31984	59555	71436	68653	51329
70436	71029	39583	32872	43081	39205	33161	63602	66020	47647	54221
46964	79139	45520	33403	63484	42302	30490	60143	60062	38247	62135
56955	66798	41220	37358	45656	26276	42666	55779	66876	41718	52113
58069	90751	53368	45747	52731	36086	31212	58864	58788	54035	56635
47492	62967	44087	35007	50598	31353	31740	60855	62756	47348	64487
49049	74347	36917	32545	50370	29679	37626	61684	66389	40390	56278
49739	61596	35698	32090	56442	34644	33490	53626	58706	46987	51735
66121	66133	44108	33644	46634	31698	34951	52757	54747	49294	51549
40649	66594	39591	34260	47569	27763	34966	52099	57517	40048	49073
74191	48921	32542	24307	45085	33110	49903	54022	63328	49934	54867
63044	59159	38811	48855	68829	62817	35831	66207	67059	67550	72686
88723	85269	39562	28361	62165	40975	33576	69491	63247	61173	71556
61003	85241	31544	37932	59222	33487	18298	64465	67556	53542	66353

4-29 按行业分国有经济单位就业人员平均工资

单位：元

年份 Year	合计 Total	农、林、牧、渔业 Farming, Forestry, Animal Husbandry and Fishery	采矿业 Mining	制造业 Manufac-turing	电力、热力、燃气及水生产和供应业 Production and Supply of Electricity, Heat,Gas and Water	建筑业 Construc-tion	批发和零售业 Wholesale and Retail Trades	交通运输、仓储和邮政业 Transport, Storage and Post	住宿和餐饮业 Hotels and Catering Services	信息传输、软件和信息技术服务业 Information Transmission, Software and IT Services
1978	622	519	722	620	603	703	539	682	518	
1980	789	674	918	803	826	890	688	836	663	
1985	1138	941	1268	1174	1334	1157	978	1178	954	1512
1986	1338	1169	1527	1319	1438	1568	1115	1414	996	1866
1987	1441	1202	1595	1459	1563	1733	1225	1536	1209	1975
1988	1726	1389	1895	1773	1814	2012	1537	1853	1506	2413
1989	1941	1527	2259	1998	2122	2268	1686	2126	1642	2858
1990	2177	1700	2560	2232	2331	2527	1865	2336	1827	3177
1991	2351	1812	2723	2432	2622	2765	2011	2557	1983	3843
1992	2643	2120	2882	2678	2945	3056	2102	2878	2085	4620
1993	3148	2916	2956	3302	3714	3660	2454	3402	2396	5431
1994	4366	3652	4220	4135	4822	4881	3219	4815	3149	7872
1995	5002	4167	4907	4838	6057	5926	3701	5648	3544	8655
1996	5527	4479	5471	5362	6833	6356	4064	6376	3971	9310
1997	5996	4585	5791	5702	8292	6903	4251	7499	4148	10044
1998	6441	4821	5849	5832	8279	6983	4312	7974	4201	12786
1999	7771	5727	6616	7314	10469	8480	5924	9889	5719	13899
2000	8909	6353	8705	8323	11508	8907	6443	11410	6222	17001
2001	10783	7735	8302	9566	12940	10064	7717	13557	7487	19123
2002	12388	8384	10884	11137	14995	10636	8883	15109	8485	21247
2003	13769	9095	11943	13136	16327	11775	11420	14151	10123	22463
2004	15592	9433	14588	15320	19016	13269	14060	15914	11879	27235
2005	17644	10206	20692	17783	22067	14466	17461	18255	12883	31395
2006	19884	11430	22602	22373	24328	15964	20068	22484	13976	32947
2007	24045	13707	25671	24778	28980	18715	22506	25031	16883	34077
2008	28131	15453	35692	29039	34560	21377	28070	29519	19452	37033
2009	32210	17920	39083	33169	37326	25284	33574	34183	21450	40649
2010	36729	19934	46629	37871	44559	28886	41334	38996	26240	44039
2011	42048	26451	52419	43179	49809	32067	48097	46270	31380	44616
2012	47721	31514	57092	47075	54557	37259	54348	55021	34732	53353
2013	53896	35211	48146	54977	71319	45202	66927	60511	34048	65885
2014	57018	39817	52019	58440	79841	44511	76326	64722	37800	56396
2015	66551	48555	54657	65789	85266	51156	84761	70884	38894	66465

Average Wage of Employment in State-owned Units by Sector

(yuan)

金融业 Financial Interme-diation	房地产业 Real Estate	租赁和商务服务业 Leasing and Business Services	科学研究和技术服务业 Scientific Research, and Technical Services	水利、环境和公共设施管理业 Management of Water Con-servancy,En-vironment and Public Facilities	居民服务、修理和其他服务业 Services to Households, Repair and Other Services	教育 Education	卫生和社会工作 Health and Social Service	文化、体育和娱乐业 Culture, Sports and Entertain-ment	公共管理、社会保障和社会组织 Public Management, Social Security and Social Organization
623	493		676	618	593	540	575	622	623
751	679		725	633	624	683	754	703	775
1185	990	986	1223	1074	1058	1043	1103	1066	1037
1460	1268	1258	1482	1265	1247	1222	1358	1304	1313
1496	1353	1342	1509	1386	1328	1248	1437	1373	1382
1726	1546	1533	1783	1597	1524	1527	1699	1576	1578
1805	1712	1664	1987	1811	1724	1664	1923	1768	1773
2071	1885	1832	2146	2108	1940	1884	2152	1987	1989
2179	2030	1973	2201	2371	2121	1963	2295	2153	2156
2668	2585	2450	2889	2893	2427	2358	2679	2582	2594
3943	3060	2900	3876	3158	3027	2716	3234	3169	3052
5872	5023	4761	5751	4466	4106	4225	5144	5078	4684
6505	5254	4980	6389	4890	4749	4583	5808	5736	5091
7156	5896	5539	7098	5519	5430	4984	6549	6137	5604
8670	6374	5988	8474	5795	5712	5366	7187	6519	6182
10271	7620	7158	10193	6384	6302	5945	8012	7098	7039
11788	9076	8526	11658	7731	7583	6861	9334	8014	8062
14403	9344	8778	14064	8647	8415	7928	10721	9081	9246
17012	11334	10643	16737	9898	9751	9997	12909	11150	11568
18860	13793	12952	18009	10042	11731	11769	14656	12922	13059
21309	14740	13934	19769	9574	14516	12631	16277	13862	14382
24320	15980	17189	21357	10733	16218	13767	18335	17036	15873
26744	17285	21531	25100	11719	17133	14912	20051	18871	17783
30830	19248	22195	29911	13333	19946	16340	22688	17806	19407
35986	23745	29596	36600	16035	25766	20920	27528	23901	24963
44898	26987	28529	43119	17522	22436	23465	31920	26194	29542
47335	30409	35599	48319	19506	28979	29473	34379	28400	33204
59311	30448	41002	54707	20978	30725	34392	40552	32426	35018
65572	32826	46130	64236	25296	38606	39240	47425	37631	39555
74670	40669	62383	67431	29369	38824	44598	55064	44509	44126
83191	43221	53195	74713	32137	42343	49521	60988	48735	48638
91670	45943	50290	77454	35029	44440	52597	65341	52161	52063
94957	60356	54238	80846	41518	47211	63957	76705	60967	63718

4-30 各市(州)按行业分国有经济单位就业人员平均工资(2015年)

单位：元

市(州)	Region	合计 Total	农、林、牧、渔业 Farming, Forestry, Animal Husbandry and Fishery	采矿业 Mining	制造业 Manufacturing	电力、热力、燃气及水生产和供应业 Production and Supply of Electricity, Heat,Gas and Water	建筑业 Construction	批发和零售业 Wholesale and Retail Trades	交通运输、仓储和邮政业 Transport, Storage and Post	住宿和餐饮业 Hotels and Catering Services
全　省	**Sichuan**	**66551**	**48555**	**54657**	**65789**	**85266**	**51156**	**84761**	**70884**	**38894**
成都市	Chengdu	77284	82265		73168	86973	57592	102383	74930	38629
自贡市	Zigong	59803	50440		37884	102084	37045	58549	55274	18849
攀枝花市	Panzhihua	74327	40775		32000	89112	28714	96985	49844	28353
泸州市	Luzhou	58611	41257	43442	46984	110083	43079	80570	59754	
德阳市	Deyang	63776	69013	57198	74610	111027	35255	85648	64759	29173
绵阳市	Mianyang	69032	46240		81606	64587	43291	58789	55966	42870
广元市	Guangyuan	60322	50121	58584	36802	53403	46988	84584	63670	25431
遂宁市	Suining	60207	68236		36560		33728	42358	42129	19608
内江市	Neijiang	59918	46132		49065	56821	54501	98704	55713	
乐山市	Leshan	60246	33765	71861	33218	67055	53196	79158	56146	31100
南充市	Nanchong	56848	47251		42713	55523	46261	72839	55948	21417
眉山市	Meishan	57883	48705		35250	78195	39569	50034	53037	
宜宾市	Yibin	63063	44992	40903	78537	71839	68710	87871	60510	38527
广安市	Guangan	61034	52572	58579	36942	102146	45941	104208	58401	
达州市	Dazhou	53452	50503	25070	51020	68716	31063	49467	46098	32800
雅安市	Yaan	52549	39600		33810	57007	31721	72151	60246	23088
巴中市	Bazhong	50654	48883		49170	47495	40837	62596	54485	26792
资阳市	Ziyang	55653	54159		45315	70084	39890	126554	59899	23915
阿坝藏族羌族自治州	Aba	69153	54408		15267	64721	39169	94576	69325	32693
甘孜藏族自治州	Ganzi	68617	47890	41769	29885	51968	40948	80994	72657	25988
凉山彝族自治州	Liangshan	64540	39567	26728	36235	72414	32959	93881	66690	30142

Average Wages of Empoyment in State-owned Units by Sector and Region(2015)

(yuan)

信息传输、软件和信息技术服务业 Information Transmission, Software and IT Services	金融业 Financial Interme-diation	房地产业 Real Estate	租赁和商务服务业 Leasing and Business Services	科学研究和技术服务业 Scientific Research, and Technical Services	水利、环境和公共设施管理业 Management of Water Con-servancy,En-vironment and Public Facilities	居民服务、修理和其他服务业 Services to Households, Repair and Other Services	教育 Education	卫生和社会工作 Health and Social Service	文化、体育和娱乐业 Culture, Sports and Entertain-ment	公共管理、社会保障 Public Mana-gement,Social Security and Social Organization
66465	**94957**	**60356**	**54238**	**80846**	**41518**	**47211**	**63957**	**76705**	**60967**	**63718**
53418	113354	74410	50618	78755	64338	48741	77507	100636	66859	79602
75830	77352	69815	45939	68801	61628	66504	64160	62206	59361	58695
52155	95119		68645	89513	53526	64283	79255	85184	64724	76095
44656	73861	36648	53439	55981	35093	75994	57478	80215	59275	61521
	93356	66295	33646	67701	33260	67075	60799	80677	56783	62471
89247	78431	48952	63198	106908	31780	66457	58376	64983	55940	63465
43862	81816	49245	72573	58484	36996	46000	61171	72554	53343	59140
64572	102203	44209	48760	51876	36258	48389	63508	76350	50535	51329
64256	74645	50094	34449	58135	39514	59227	64566	69795	56450	54221
53818	77699	84554	30982	66398	43345	33092	60607	62233	45495	62135
43712	129150	54874	30601	49104	25822	43808	56750	72392	48404	52119
75551	96936	59160	48916	53785	36730	39891	59121	59773	56854	56635
64954	75717	58200	31791	72848	32016	36962	61431	66913	62806	64487
62346	71610	52930	36994	55660	31485	67415	63159	74436	43784	56288
61832	67572	59022	46589	58693	34832	29682	54355	62110	55632	51735
60662	74774	50900	30190	52006	31708	40265	52870	56021	49633	51549
51536	66833	42699	30659	52045	27624	43137	52925	61509	44928	49073
82935	91681	50703	32381	51345	33130	54518	54204	63817	58949	55141
74032	91422		43604	78754	68906		66280	67669	73141	72686
70341	93079	76938	43494	64156	41228	65835	69580	63350	71521	71556
56200	85028	37528	44605	65476	33592	58968	64991	69597	58881	66353

4-31 按行业分城镇集体经济单位就业人员平均工资

单位：元

年份 Year	合计 Total	农、林、牧、渔业 Farming, Forestry, Animal Husbandry and Fishery	采矿业 Mining	制造业 Manufacturing	电力、热力、燃气及水生产和供应业 Production and Supply of Electricity, Heat,Gas and Water	建筑业 Construction	批发和零售业 Wholesale and Retail Trades	交通运输、仓储和邮政业 Transport, Storage and Post	住宿和餐饮业 Hotels and Catering Services	信息传输、软件和信息技术服务业 Information Transmission, Software and IT Services
1978	475	412	397	447	397	580	422	611	459	
1980	590	497	586	586	586	696	537	611	611	
1985	845	664	879	879	879	902	795	869	905	831
1986	944	901	929	940	940	1042	885	930	1015	907
1987	1040	960	1038	1038	1038	1185	966	1036	1096	1222
1988	1211	1069	1221	1221	1221	1293	1143	1201	1273	1477
1989	1342	1172	1363	1363	1363	1416	1241	1401	1371	1635
1990	1490	1254	1461	1507	1455	1639	1384	1526	1517	1920
1991	1693	1431	1772	1735	1896	1891	1527	1723	1860	2010
1992	1885	1625	1756	1903	1937	2157	1598	1874	2031	2744
1993	2274	1969	2248	2288	2552	2523	2168	2087	2601	3111
1994	2726	2712	2813	2763	3290	3194	2211	2101	2644	3515
1995	3242	3321	3169	3333	4710	3576	2694	2559	3127	3873
1996	3666	3781	3372	3735	5265	4038	3038	3078	3471	4218
1997	3982	3865	4060	4039	7328	4407	3156	3285	3589	4666
1998	3966	3875	3945	3937	6348	4657	2985	2933	3674	4924
1999	4927	4570	4016	4900	6917	5159	3748	4459	4437	5491
2000	5749	5173	4645	5549	7074	6124	4408	4651	5097	5867
2001	6575	5781	4889	6220	9685	6496	5086	5505	5775	6455
2002	7395	6568	4117	7095	13656	6641	5844	6322	6533	6943
2003	8647	7566	6624	8045	14556	7558	6579	7261	7281	7802
2004	9680	8084	6260	9396	14456	8255	7573	8829	7903	8125
2005	10974	8470	7280	10678	16523	8997	7901	9374	8754	11323
2006	12624	9302	8742	11852	15149	10886	8659	10870	9789	9895
2007	15089	10952	9204	13985	20513	12528	9819	11240	10402	13389
2008	18386	13512	19378	17938	23433	15080	12346	14069	12258	20056
2009	21043	16385	23127	20438	18055	17496	14484	16362	16627	21730
2010	23441	20181	26369	19411	24364	19418	16016	18139	18844	23076
2011	28342	28582	25802	23553	26934	24161	18258	23219	21197	22584
2012	33409	34911	33558	27778	33649	28499	21908	26371	23101	40263
2013	39112	27770	36142	35310	34474	32820	25814	28358	29485	29011
2014	43707	35979	32535	38289	42206	37427	28879	32611	31635	28469
2015	48924	44379	36969	46556	45090	41400	32608	35590	31898	30142

Average Wage of Employment in Urban Collective-owned Units by Sector

(yuan)

金融业 Financial Interme-diation	房地产业 Real Estate	租赁和商务服务业 Leasing and Bussiness Services	科学研究和技术服务业 Scientific Research, and Technical Services	水利、环境和公共设施管理业 Management of Water Con-servancy,En-vironment and Public Facilities	居民服务、修理和其他服务业 Services to housholds, Repair and Other Services	教育 Education	卫生和社会工作 Health and Social Service	文化、体育和娱乐业 Culture, Sports and Entertain-ment	公共管理、社会保障和社会组织 Public Management, Social Security and Social Organization
513				488	489	261	482	472	523
669	566		488	595	566	552	596	545	576
874	883	772	568	771	736	807	768	791	1095
1156	968	921	623	1095	885	1064	1071	1036	1277
1268	915	1056	653	1178	953	1111	1117	1101	1401
1415	1350	1107	938	1313	1095	1228	1322	1203	1627
1582	1622	1289	1239	1385	1281	1449	1384	1418	1919
1752	1562	1392	1933	1531	1395	1588	1513	1545	2081
1880	1666	1598	1923	1722	1518	1758	1701	1731	2295
2171	1925	1945	2435	1969	1711	1913	1918	1902	2650
2755	3510	2277	2142	2432	1625	2621	2213	2487	2849
4600	3381	2801	3596	3177	2953	3200	3164	3149	3997
5031	4195	3247	5954	3254	3450	3832	3882	3638	4875
5604	4129	3588	4577	3895	3710	4192	4406	3963	5336
6383	4597	3693	6092	4467	4288	4450	4770	4185	5903
7202	5133	3796	7704	4792	4251	4596	4944	4276	6431
8601	5865	4589	5288	5083	5399	5340	5757	5113	7424
9743	7766	5275	9254	5957	6029	6475	6383	6255	7435
11233	8747	5894	12278	6491	7853	7214	7109	7031	10658
13813	8539	6641	13812	7107	8262	8925	8388	7842	12299
14726	9892	7172	14921	8125	12935	10773	9569	8205	13516
17439	11085	7311	20064	8810	8917	10316	10859	8897	16983
21328	13201	9449	15656	9484	8948	12519	12758	10712	12721
24183	13477	11055	17640	10217	10324	11409	14613	13362	15039
31523	13766	13148	21560	12138	10937	14574	18415	18817	15277
37801	15926	18284	20852	11927	12353	16467	21109	22457	16342
41319	18032	18666	23350	16888	13821	25461	25969	20530	20896
48800	20283	16268	33619	18279	15626	31066	31745	24082	26478
54793	25548	21066	45964	19915	18561	32124	37638	28004	43016
64181	31270	26032	45085	21080	21651	35450	44098	29762	33996
76785	31268	26131	41339	24545	21278	51909	50455	35229	29816
83950	41067	29131	51071	24753	18597	56698	53185	38258	38200
85482	48978	31986	39467	27257	49533	68525	59176	46667	67471

4–32 各市(州)按行业分城镇集体经济单位就业人员平均工资(2015年)

单位：元

市(州)	Region	合计 Total	农、林、牧、渔业 Farming, Forestry, Animal Husbandry and Fishery	采矿业 Mining	制造业 Manufacturing	电力、热力、燃气及水生产和供应业 Production and Supply of Electricity, Heat,Gas and Water	建筑业 Construction	批发和零售业 Wholesale and Retail Trades	交通运输、仓储和邮政业 Transport, Storage and Post	住宿和餐饮业 Hotels and Catering Services
全　省	**Sichuan**	**48924**	**44379**	**36969**	**46556**	**45090**	**41400**	**32608**	**35590**	**31898**
成都市	Chengdu	58013	123737		51029	96892	48563	55947	28185	28981
自贡市	Zigong	47994	59467		31471		52959	37228	38218	
攀枝花市	Panzhihua	47988		62455	22787		53206	14500	55531	20000
泸州市	Luzhou	49285	48750		28828	19040	51045	23603	25687	28750
德阳市	Deyang	55549	78507	4800	30259		31832	27853	30048	
绵阳市	Mianyang	64975	56510		33894		46599	44556		
广元市	Guangyuan	55387			24229	65320	51500	23947	31346	
遂宁市	Suining	37514			47917		27436			
内江市	Neijiang	49539			37292		34818	27331	41867	25487
乐山市	Leshan	49490	37962	35844	37281	29806	62727	35900	52116	30226
南充市	Nanchong	41005	19276		50470	41989	36850	22563	34911	
眉山市	Meishan	55555					36075	56622	42520	43358
宜宾市	Yibin	35484	53776	32566	23578	36755	34186	23054	21324	23000
广安市	Guangan	45607					38385	19966	47756	
达州市	Dazhou	43249		53596	27833	32400	40161	30703	44249	
雅安市	Yaan	50225					39036		29400	
巴中市	Bazhong	37091			33061	36239	35015	31074		36536
资阳市	Ziyang	44873			71323	40690	38329	25028	38548	24100
阿坝藏族羌族自治州	Aba	64053					46796	38803		35714
甘孜藏族自治州	Ganzi	53622			14063		40372			
凉山彝族自治州	Liangshan	46405	19521	30697	64336	18637	97779	33161	71179	67056

Average Wage of Employment in Urban Collective-owned Units by Sector and Region(2015)

(yuan)

信息传输、软件和信息技术服务业 Information Transmission, Software and IT Services	金融业 Financial Interme-diation	房地产业 Real Estate	租赁和商务服务业 Leasing and Business Services	科学研究和技术服务业 Scientific Research, and Technical Services	水利、环境和公共设施管理业 Management of Water Con-servancy,En-vironment and Public Facilities	居民服务、修理和其他服务业 Services to Households, Repair and Other Services	教育 Education	卫生和社会工作 Health and Social Service	文化、体育和娱乐业 Culture, Sports and Entertain-ment	公共管理、社会保障 Public Mana-gement,Social Security and Social Organization
30142	**85482**	**48978**	**31986**	**39467**	**27257**	**49533**	**68525**	**59176**	**46667**	**67471**
	103252	61267	71104	58721	28605	55786	62784	68116	46032	97100
	74281		27579	44444	23647			55496		
			30967	21652	20786			57625		
	90240		34238	94750	21409	32921	58280	66680	14056	
	78524			53244	31000		77829	52528		
	103388	24818	33095	41059	19000	28556	47224	61604	16667	
	85451		63736	51587	51905	38190	38141	53257	29818	
	98136	61313	25556	40000	49543			63294	50566	
	130503	55789	44412		59220			45403	51921	
15931	73884		30131	17000	25109	31000	60151	50580	43500	
	49289	36000	34332	48385	30000	57648		57493	66962	25143
	91022		70000				33197	41691		
			35254	48477		24394		51616		
	89969		64161		25086			50620		
44500	77247	41971	28070	55375			56895	44919	55750	
	73786		30467					67231		
	56360		56892	23250			35714	43694		
23020	97723	40000	22811	22047	42875					
	77752		49522							
	62634							82828		
		9805	30699			32419		61284		

4-33 按行业分其他各种经济单位就业人员平均工资
Average Wage of Employment in Units of Other Types of Ownership by Sector

单位：元 (yuan)

行　　业	Sector	2010	2011	2012	2013	2014	2015
总 计	**Total**	**27081**	**31575**	**35749**	**43857**	**49435**	**53384**
农、林、牧、渔业	Farming, Forestry, Animal Husbandry and Fishery	20653	23207	22322	26905	34274	34847
采矿业	Mining	27824	31986	37045	52840	62391	62892
制造业	Manufacturing	26274	31094	34091	43396	47972	51353
电力、热力、燃气及水生产和供应业	Production and Supply of Electricity, Heat,Gas and Water	34908	42414	46814	61185	69530	74641
建筑业	Construction	22416	25911	29928	35999	40718	44413
批发和零售业	Wholesale and Retail Trades	23405	26824	30678	38022	41807	45585
交通运输、仓储和邮政业	Transport, Storage and Post	32345	39103	55514	57757	57808	62523
住宿和餐饮业	Hotels and Catering Services	20480	24548	26156	30217	32945	36657
信息传输、软件和信息技术服务业	Information Transmission, Software and IT Services	41301	50290	61231	71454	81626	84607
金融业	Financial Intermediation	48132	58844	65843	69564	78004	78364
房地产业	Real Estate	30246	36209	42305	46051	49957	53350
租赁和商务服务业	Leasing and Business Services	26093	29833	37958	49588	52300	54903
科学研究和技术服务业	Scientific Research and Technical Services	40007	50188	65151	86030	90609	102976
水利、环境和公共设施管理业	Management of Water Conservancy, Environment and Public Facilities	14335	18264	22648	42281	46524	39209
居民服务、修理和其他服务业	Services to Households, Repair and Other Services	23943	28631	35587	36046	40309	42785
教育	Education	36355	34774	39493	41925	46712	50986
卫生和社会工作	Health and Social Service	34539	39670	47878	47026	50450	55182
文化、体育和娱乐业	Culture, Sports and Entertainment	30200	30651	36057	40449	50746	52415
公共管理、社会保障和社会组织	Public Management, Social Security and Social Organization						

4-34 各市(州)非私营企业单位就业人员和平均工资(2015年)
Average Wages and Number of Employment in Non-private Enterprises by Region(2015)

单位：人、元 (person,yuan)

市(州)	Region	就业人员 Number of Empoyment				平均工资 Average Wage			
		合计 Total	国有单位 State-owned Units	集体单位 Urban Collective-owned Units	其他单位 Units of Other Types of Ownership	合计 Total	国有单位 State-owned Units	集体单位 Urban Collective-owned Units	其他单位 Units of Other Types of Ownership
全 省	**Sichuan**	**5337340**	**924538**	**200295**	**4212507**	**55926**	**69607**	**46364**	**53407**
成都市	Chengdu	2024416	349060	28376	1646980	64248	71096	52800	63037
自贡市	Zigong	138915	25626	4162	109127	46592	54133	48329	44825
攀枝花市	Panzhihua	149187	11931	3126	134130	56117	64289	48180	55569
泸州市	Luzhou	267796	50947	24417	192432	48103	54405	49686	46270
德阳市	Deyang	222195	37988	5485	178722	56220	66484	40755	54466
绵阳市	Mianyang	330039	26733	5758	297548	51872	65227	69336	50300
广元市	Guangyuan	76741	12161	7347	57233	47930	64338	56108	43419
遂宁市	Suining	132050	8828	13936	109286	41059	62021	35775	40031
内江市	Neijiang	205674	17713	4571	183390	37705	56511	50887	35473
乐山市	Leshan	165890	10842	8471	146577	48700	56700	49170	48078
南充市	Nanchong	294254	33393	18657	242204	45916	66355	39740	43575
眉山市	Meishan	115359	9962	3621	101776	51164	70870	58307	48948
宜宾市	Yibin	229310	22037	7113	200160	48468	64229	31185	47267
广安市	Guangan	71468	21783	16301	33384	50184	63033	45860	43526
达州市	Dazhou	167471	23300	14842	129329	42802	52567	42716	41072
雅安市	Yaan	54088	7077	1768	45243	43931	57105	49878	41657
巴中市	Bazhong	151598	23168	12013	116417	42343	48217	36096	41860
资阳市	Ziyang	171669	27417	14204	130048	44096	56330	45673	41442
阿坝藏族羌族自治州	Aba	30634	8971	1290	20373	52251	61798	64483	47186
甘孜藏族自治州	Ganzi	17683	6151	1069	10463	55254	65696	52813	49669
凉山彝族自治州	Liangshan	86937	23205	3768	59964	55278	57808	46353	54792

4–35 各市(州)非私营事业单位就业人员和平均工资(2015年)
Average Wages and Number of People Employed in Institutions of Non-private Enterprises by Region(2015)

单位：人、元 (person,yuan)

市(州)	Region	就业人员 Number of Employment				平均工资 Average Wage			
		合计 Total	国有单位 State-owned Units	集体单位 Urban Collective-owned Units	其他单位 Units of Other Types of Ownership	合计 Total	国有单位 State-owned Units	集体单位 Urban Collective-owned Units	其他单位 Units of Other Types of Ownership
全　省	**Sichuan**	**1742547**	**1658495**	**60779**	**23273**	**65581**	**66004**	**57113**	**56782**
成都市	Chengdu	438286	403379	21427	13480	80135	81530	64692	61751
自贡市	Zigong	49727	48295	1203	229	62719	62997	46756	91119
攀枝花市	Panzhihua	31349	31302	47		76371	76436	34404	
泸州市	Luzhou	78102	74435	1363	2304	58851	59672	42288	36282
德阳市	Deyang	69785	59603	9315	867	62506	62303	64385	56318
绵阳市	Mianyang	131785	120509	6013	5263	70628	71892	60780	51490
广元市	Guangyuan	56630	53988	2603	39	59549	59846	53365	62308
遂宁市	Suining	45447	44976	460	11	63962	64048	55599	57455
内江市	Neijiang	62551	60829	1719	3	62924	63386	46438	78000
乐山市	Leshan	62153	60262	1631	260	58800	58976	51151	66612
南充市	Nanchong	110078	107276	2802		55410	55567	49408	
眉山市	Meishan	59733	59027	706		56012	56186	41419	
宜宾市	Yibin	88410	86589	1801	20	62279	62503	51901	29500
广安市	Guangan	57823	54262	2882	679	60375	61534	44209	36586
达州市	Dazhou	89702	86641	3061		53232	53505	45561	
雅安市	Yaan	34149	34055	27	67	51879	51853	74074	56194
巴中市	Bazhong	60363	58488	1824	51	51822	52075	43626	52294
资阳市	Ziyang	66533	65969	564		55134	55392	25177	
阿坝藏族羌族自治州	Aba	28065	28042	23		67493	67516	40043	
甘孜藏族自治州	Ganzi	32566	32535	31		65286	65270	82828	
凉山彝族自治州	Liangshan	89310	88033	1277		65163	65434	46522	

4-36 各市(州)国有单位分隶属关系就业人员平均工资(2015年)

Average Wage of Employment in State-owned Units by Region and Affiliations(2015)

单位：元 (yuan)

市(州)	Region	合计 Total	中央属单位 Units Belong to Central Government	省属单位 Units Belong to Province	市(州)属单位 Units Belong to City	县及县以下单位 Units Belong to County And Below	其他 Others
全 省	**Sichuan**	**66551**	**86888**	**76398**	**64841**	**59524**	**63778**
成都市	Chengdu	77284	88791	82992	64835	74134	80669
自贡市	Zigong	59803	76658	75506	53986	58064	57738
攀枝花市	Panzhihua	74327	95396	71115	80335	65855	61082
泸州市	Luzhou	58611	78905	96653	72828	51714	52433
德阳市	Deyang	63776	80908	55750	66696	58823	46757
绵阳市	Mianyang	69032	103076	69124	64603	57419	49667
广元市	Guangyuan	60322	74739	79631	66904	56537	
遂宁市	Suining	60207	63253	76658	74365	55215	22870
内江市	Neijiang	59918	61394	77328	66181	57616	59832
乐山市	Leshan	60246	81386	66553	53306	61156	44030
南充市	Nanchong	56848	83893	69167	65470	52580	47207
眉山市	Meishan	57883	78347	61809	54620	57041	54333
宜宾市	Yibin	63063	81455	63986	79476	57787	38771
广安市	Guangan	61034	93787	66069	55236	58614	68254
达州市	Dazhou	53452	70729	48854	63285	51209	25010
雅安市	Yaan	52549	69609	48419	53053	51548	
巴中市	Bazhong	50654	61694	66097	47464	49854	37351
资阳市	Ziyang	55653	59096	55116	64398	53615	57032
阿坝藏族羌族自治州	Aba	69153	78377	85527	69610	67234	69110
甘孜藏族自治州	Ganzi	68617	86514	79610	68919	67229	
凉山彝族自治州	Liangshan	64540	69220	88298	68175	61629	38494

4-37 各市(州)国有企业就业人员和平均工资(2015年)
Average Wage and Number of Employment in State-owned Enterprises by Region(2015)

单位：人、元 (person,yuan)

市(州)	Region	就业人员 Number of Employment			平均工资 Average Wage of Staff and Worker		
		合计 Total	中央单位 Enterprises Belong to Central Government	地方单位 Local Units	合计 Total	中央单位 Enterprises Belong to Central Government	地方单位 Local Units
全　省	**Sichuan**	**924538**	**421046**	**503492**	**69607**	**85875**	**55111**
成都市	Chengdu	349060	135700	213360	71096	88497	58568
自贡市	Zigong	25626	9838	15788	54133	77508	39735
攀枝花市	Panzhihua	11931	2684	9247	64289	96496	54506
泸州市	Luzhou	50947	6715	44232	54405	81615	50143
德阳市	Deyang	37988	18528	19460	66484	84292	47298
绵阳市	Mianyang	26733	3921	22812	65227	71537	64103
广元市	Guangyuan	12161	3887	8274	64338	75758	58875
遂宁市	Suining	8828	1787	7041	62021	64608	61358
内江市	Neijiang	17713	5598	12115	56511	61980	53860
乐山市	Leshan	10842	1842	9000	56700	66765	54661
南充市	Nanchong	33393	5814	27579	66355	85392	62269
眉山市	Meishan	9962	3779	6183	70870	89549	59446
宜宾市	Yibin	22037	8642	13395	64229	83848	51777
广安市	Guangan	21783	4887	16896	63033	97714	53323
达州市	Dazhou	23300	9559	13741	52567	71677	39417
雅安市	Yaan	7077	2297	4780	57105	73283	49300
巴中市	Bazhong	23168	3769	19399	48217	63765	44968
资阳市	Ziyang	27417	16110	11307	56330	58779	52093
阿坝藏族羌族自治州	Aba	8971	2610	6361	61798	84125	52683
甘孜藏族自治州	Ganzi	6151	1422	4729	65696	95870	56691
凉山彝族自治州	Liangshan	23205	5412	17793	57808	70265	54104

4-38 各市(州)国有事业单位就业人员和平均工资(2015年)
Average Wage and Number of Employment in State-owned Institutions(2015)

单位：人、元 (person,yuan)

市(州)	Region	就业人员 Number Of Employment			平均工资 Average Wage of Staff And Worker		
		合 计 Total	中央单位 Institutions Belong to Central Government	地方单位 Local Units	合 计 Total	中央单位 Institutions Belong to Central Government	地方单位 Local Units
全 省	**Sichuan**	**1658495**	**102219**	**1556276**	**66004**	**94209**	**64140**
成都市	Chengdu	403379	58329	345050	81530	89261	80193
自贡市	Zigong	48295	215	48080	62997	66778	62981
攀枝花市	Panzhihua	31302		31302	76436		76436
泸州市	Luzhou	74435	1559	72876	59672	67899	59492
德阳市	Deyang	59603	2662	56941	62303	55672	62610
绵阳市	Mianyang	120509	34404	86105	71892	109935	56795
广元市	Guangyuan	53988	132	53856	59846	39542	59895
遂宁市	Suining	44976	156	44820	64048	78089	63999
内江市	Neijiang	60829	217	60612	63386	50728	63432
乐山市	Leshan	60262	1934	58328	58976	94564	57773
南充市	Nanchong	107276	133	107143	55567	67333	55552
眉山市	Meishan	59027	47	58980	56186	37957	56201
宜宾市	Yibin	86589	352	86237	62503	75746	62448
广安市	Guangan	54262	66	54196	61534	59859	61536
达州市	Dazhou	86641	255	86386	53505	61506	53481
雅安市	Yaan	34055	206	33849	51853	60549	51800
巴中市	Bazhong	58488	84	58404	52075	59060	52065
资阳市	Ziyang	65969	40	65929	55392	58775	55390
阿坝藏族羌族自治州	Aba	28042	790	27252	67516	64087	67615
甘孜藏族自治州	Ganzi	32535	172	32363	65270	67135	65260
凉山彝族自治州	Liangshan	88033	466	87567	65434	60740	65461

4-39 各市(州)国有机关单位就业人员和平均工资(2015年)
Average Wage and Number of Employment in Government by Region(2015)

单位：人、元 (person,yuan)

市(州)	Region	就业人员 Number of Employment			平均工资 Average Wage of Staff and Worker		
		合 计 Total	中央单位 Agencies Belong to Central Government	地方单位 Local Units	合 计 Total	中央单位 Agencies Belong to Central Government	地方单位 Local Units
全 省	**Sichuan**	**855110**	**22137**	**832973**	**64346**	**73520**	**64101**
成都市	Chengdu	171394	5984	165410	79693	93705	79190
自贡市	Zigong	20492	374	20118	59587	59326	59591
攀枝花市	Panzhihua	16691	634	16057	77872	90374	77381
泸州市	Luzhou	32996	931	32065	62524	78199	62067
德阳市	Deyang	29058	581	28477	63144	77408	62846
绵阳市	Mianyang	50341	2345	47996	64401	60735	64583
广元市	Guangyuan	34306	259	34047	59637	62278	59617
遂宁市	Suining	22922	418	22504	51855	51823	51856
内江市	Neijiang	29551	925	28626	54924	60156	54753
乐山市	Leshan	34580	372	34208	63581	80958	63388
南充市	Nanchong	62862	1596	61266	54005	79802	53331
眉山市	Meishan	28347	1144	27203	56853	43057	57437
宜宾市	Yibin	44299	1250	43049	63593	66563	63501
广安市	Guangan	27955	563	27392	58573	64407	58452
达州市	Dazhou	50772	1074	49698	53754	64550	53520
雅安市	Yaan	22816	1020	21796	52160	63153	51642
巴中市	Bazhong	29941	391	29550	49652	42527	49748
资阳市	Ziyang	25879	473	25406	55647	69992	55378
阿坝藏族羌族自治州	Aba	29276	691	28585	73025	72631	73034
甘孜藏族自治州	Ganzi	35211	619	34592	72275	70579	72306
凉山彝族自治州	Liangshan	55421	493	54928	66023	65970	66024

4-40 城镇登记失业人数及失业率
Number of Registered Unemployed Persons and Unemployment Rate in Urban Areas

年 份 Year	城镇登记失业人数（万人） Unemployed Persons in Urban Areas (10 000 persons)	#女性 Female	女性占失业人数的百分比(%) Percentage of Unemployed Female to Unemployed Persons (%)	登记失业率(%) Unemployment Rate in Urban Areas (%)
1978	52.00	30.00	57.7	10.9
1979	33.00	18.51	56.1	6.7
1980	28.00	15.60	55.7	5.0
1981	25.00	13.50	54.0	4.4
1982	16.90	9.00	53.3	3.0
1983	18.10	9.61	53.1	3.0
1984	15.84	8.40	53.0	2.7
1985	14.35	7.47	52.1	2.3
1986	14.44	7.51	52.0	2.3
1987	14.53	7.56	52.0	2.2
1988	16.75	8.65	51.6	2.4
1989	25.63	14.65	57.2	3.7
1990	26.61	14.86	55.8	3.7
1991	25.17	14.04	55.8	3.4
1992	27.16	15.24	56.1	3.6
1993	26.47	14.50	54.8	3.5
1994	27.65	15.79	57.1	3.6
1995	27.94	15.44	55.3	3.6
1996	27.16	14.55	53.6	3.5
1997	26.72	14.43	54.0	3.4
1998	30.18	16.04	53.1	3.7
1999	29.59	15.11	51.1	3.7
2000	30.79	15.11	49.1	4.0
2001	31.90	15.11	47.4	4.3
2002	33.82	16.02	47.4	4.5
2003	33.10	15.70	47.4	4.4
2004	33.30	15.30	46.0	4.4
2005	34.30	15.70	45.8	4.6
2006	36.10	16.50	45.6	4.5
2007	34.80	15.40	44.3	4.3
2008	37.86	16.04	42.4	4.6
2009	36.28	13.59	37.5	4.3
2010	34.56	14.07	40.7	4.1
2011	36.93	15.24	41.3	4.1
2012	41.67	16.81	40.3	4.1
2013	42.87	19.63	45.8	4.1
2014	54.36	26.73	49.2	4.2
2015	54.64	27.45	50.2	4.1

4-41 各市(州)城镇登记失业人数及失业率
Number of Registered Unemployed Persons and Unemployment Rate in Urban Areas by Region

市(州)	Region	城镇登记失业人数（万人） Unemployed Persons (10 000 persons)				登记失业率（%） Unemployment Rate (%)			
		2005	2010	2014	2015	2005	2010	2014	2015
全　省	**Sichuan**	**34.30**	**34.56**	**54.36**	**54.64**	**4.6**	**4.1**	**4.2**	**4.1**
成都市	Chengdu	5.90	5.62	15.33	17.05	3.1	2.5	2.9	3.2
自贡市	Zigong	1.70	1.66	2.50	2.61	4.0	4.1	4.3	4.2
攀枝花市	Panzhihua	1.30	1.13	1.20	1.24	4.4	3.5	3.6	3.6
泸州市	Luzhou	1.80	1.66	1.51	1.48	4.4	3.5	3.1	3.5
德阳市	Deyang	1.30	1.50	1.80	2.06	3.3	3.7	3.6	3.9
绵阳市	Mianyang	3.30	3.04	3.39	3.51	3.9	3.7	3.8	3.9
广元市	Guangyuan	1.00	1.22	2.21	1.48	4.3	3.9	3.9	3.9
遂宁市	Suining	1.40	1.38	4.67	4.37	4.9	4.5	4.1	4.0
内江市	Neijiang	1.70	1.57	1.78	1.41	4.5	4.0	4.0	4.0
乐山市	Leshan	1.90	2.16	2.44	2.41	4.2	4.1	4.1	4.1
南充市	Nanchong	2.00	2.29	3.81	3.12	4.8	4.5	4.2	4.2
眉山市	Meishan	1.10	1.15	1.36	1.54	4.4	4.3	4.1	4.1
宜宾市	Yibin	2.10	1.81	2.83	3.07	4.7	3.5	3.8	3.9
广安市	Guangan	1.60	1.25	0.98	0.86	4.0	3.7	3.5	3.2
达州市	Dazhou	1.30	2.01	1.95	1.93	4.1	4.0	4.0	4.0
雅安市	Yaan	0.60	0.64	0.53	0.52	4.0	4.0	3.8	3.8
巴中市	Bazhong	1.00	1.16	1.44	1.50	4.2	4.3	4.3	4.3
资阳市	Ziyang	1.20	1.36	1.97	2.05	4.5	3.9	3.9	4.0
阿坝藏族羌族自治州	Aba	0.40	0.35	0.40	0.39	4.1	3.7	3.6	3.7
甘孜藏族自治州	Ganzi	0.30	0.37	0.58	0.54	5.0	4.1	4.1	4.1
凉山彝族自治州	Liangshan	1.30	1.22	1.67	1.54	4.1	4.1	3.9	4.0

主要统计指标解释

经济活动人口　指在16周岁及以上，有劳动能力，参加或要求参加社会经济活动的人口。包括就业人员和失业人员。

就业人员　指在一定年龄以上，有劳动能力，为取得劳动报酬或经营收入而从事一定社会劳动的人员。具体指年满16周岁，为取得报酬或经营利润，在调查周内从事了1个小时（含1小时）以上的劳动或由于学习、休假等原因在调查周内暂时处于未工作状态，但有工作单位或场所的人口。

单位就业人员　指报告期末最后一日24时在本单位中工作，并取得工资或其他形式劳动报酬的人员数。该指标为时点指标，不包括最后一日当天及以前已经与单位解除劳动合同关系的人员，是在岗职工、劳务派遣人员及其他就业人员之和。

就业人员不包括：(1)离开本单位仍保留劳动关系，并定期领取生活费的人员；(2)利用课余时间打工的学生及在本单位实习的各类在校学生；(3)本单位因劳务外包而使用的人员。

城镇私营和个体就业人员　城镇私营就业人员指在工商管理部门注册登记，其经营地址设在县城关镇(含县城关镇)以上的私营企业就业人员，包括私营企业投资者和雇工。城镇个体就业人员指在工商管理部门注册登记，并持有城镇户口或在城镇长期居住，经批准从事个体工商经营的就业人员，包括个体经营者和在个体工商户劳动的家庭帮工和雇工。

在岗职工　指在本单位工作且与本单位签订劳动合同，并由单位支付各项工资和社会保险、住房公积金的人员，以及上述人员中由于学习、病伤、产假等原因暂未工作仍由单位支付工资的人员。在岗职工还包括：

(1)应订立劳动合同而未订立劳动合同人员(如使用的农村户籍人员)；

(2)处于试用期人员；

(3)编制外招用的人员；

(4)派往外单位工作，但工资仍由本单位发放的人员(如挂职锻炼、外派工作等情况)。

工资总额　指根据《关于工资总额组成的规定》(1990年1月1日国家统计局发布的一号令)进行修订，在报告期内(季度或年度)直接支付给本单位全部就业人员的劳动报酬总额。包括计时工资、计件工资、奖金、津贴和补贴、加班加点工资、特殊情况下支付的工资，是在岗职工工资总额、劳务派遣人员工资总额和其他就业人员工资总额之和。

工资总额是税前工资，包括单位从个人工资中直接为其代扣或代缴的房费、水费、电费、住房公积金和社会保险基金个人缴纳部分等。

工资总额不论是计入成本的还是不计入成本的，不论是以货币形式支付的还是以实物形式支付的，均应列入工资总额的计算范围。

平均工资　指单位就业人员在一定时期内平均每人所得的工资额。它表明一定时期工资收入的高低程度，是反映就业人员工资水平的主要指标。计算公式为：

$$\text{平均工资}=\frac{\text{报告期就业人员工资总额}}{\text{报告期就业人员平均人数}}$$

平均实际工资　指扣除物价变动因素后的就业人员平均工资。计算公式为：

$$\text{平均实际工资}=\frac{\text{报告期就业人员平均工资}}{\text{报告期城镇居民消费价格指数}}$$

平均工资指数　指报告期就业人员平均工资与基期就业人员平均工资的比率，是反映不同时期就业人员货币工资水平变动情况的相对数。计算公式为：

$$\text{平均工资指数}=\frac{\text{报告期就业人员平均工资}}{\text{基期就业人员平均工资}}\times 100\%$$

平均实际工资指数　是反映实际工资变动情况的相对数，表明就业人员实际工资水平提高或降低的程度。计算公式为：

$$\text{平均实际工资指数}=\frac{\text{报告期就业人员平均工资指数}}{\text{报告期城镇居民消费价格指数}}\times 100\%$$

城镇登记失业人员　指有非农业户口，在一定的劳动年龄内(16 周岁至退休年龄)，有劳动能力，无业而要求就业，并在当地劳动保障部门进行失业登记的人员。

城镇登记失业率　指城镇登记失业人员与城镇单位就业人员(扣除使用的农村劳动力、聘用的离退休人员、港澳台及外方人员)、城镇单位中的不在岗职工、城镇私营业主、个体户主、城镇私营企业和个体就业人员、城镇登记失业人员之和的比。

Explanatory Notes on Main Statistical Indicators

Economically Active Population refers to the population aged 16 and over who are capable to work, are participating in or willing to participate in economic activities, including employed persons and unemployed persons.

Employed Persons refers to persons above a specified age who had labour capacity and performed some social work for compensation or business gains. Specifically, it refers to all persons, aged 16 and over, who performed some work for compensation or business gains for one hour or more during the reference period; or who had work units or sites but were temporarily not at work during the reference period.

Persons Employed in Various Units refers to the total number of employees who work at various units and obtain wages or other forms of payment at the end of the reference period. This indicator is a kind of time point index and it equals to the sum of the number of employed staff and workers, labor dispatch personnel and other employed persons.

Employed persons do not include:

1) persons who have left their working units while keeping their labor contract (employment relation) unchanged and receiving regular alimony;

2)students who do part-time jobs in spare time and all kinds of enrolled students who do internship in various units;

3)persons employed due to labor outsourcing.

Persons Employed in Private Enterprises and Self-employed Individuals in Urban Areas Persons employed in private enterprises refers to the persons employed in the private enterprises which have been registered at the departments of industrial and commercial administration and are situated at a county town (i.e. a town where the county government is located) for business operation or at urban areas with the level higher than a county town. The self-employed individuals in urban areas refers to persons who hold the certificates of residence in urban areas or have resided in the urban areas for a long time and have been registered at the departments of industrial and commercial administration and approved to be engaged in individual industrial or commercial business, including self-employed persons as well as helpers and hired laborers who work in the individual households engaged in industrial or commercial business.

Staff and Workers refers to persons who signed labor contracts with working units and working units would pay wages, social insurance and housing funds for them. Persons who have their work posts but are temporarily absent from work for reasons of study or on sick, injury or maternal leave and still receive wages from their working units are also included. Employed staff and workers also include:

1) Persons who should have signed the labor contracts but not (like people with rural household registration);

2) Employees on probation;

3) Employees beyond the staffing quota;

4) Employees who are sent to other working units but still obtain wages from their original units (situations like on-the-job placement, expatriated assignment, etc.).

Total Wages Bill It is revised according to the "Provision of Composition of Total Wages" (Order No.1 by National Bureau of Statistics on January, 1st, 1990), total wage bill refers to the total remuneration payment to all employed persons in various units during the reporting period (by quarter or by year), including hourly-paid wages, piece-rate wages, bonuses, allowance and subsidies, overtime wages and wages paid under special circumstances. It equals to the sum of total wages of employed staff and workers, dispatch labors and other employed persons.

Total wage bill is pre-tax wages, including the room charges, utility bills, housing funds and social insurance paid or withheld by employee's units.

Total wage bill, whether or not included in cost, whether or not paid in money or in kind, shall be included in the calculation of total wage.

Average Wage refers to the average per capita wage during a certain period of time for employed persons. It shows the general level of wage income during a certain period of time, one major indicator to reflect the wage level. It is calculated as follows:

$$\text{Average Wage} = \frac{\text{Total Wage Bill of Employed Persons at Reference Time}}{\text{Average Number of Persons Employed at Reference Time}}$$

Average Real Wage refers to average wage of staff and workers after removing the effects of price changes, which is calculated as follows:

$$\text{Average Real Wage} = \frac{\text{Average Wage of Employed Persons at Reference Time}}{\text{Urban Consumer Price Indices at Reference Time}}$$

Average Wage Indices refers to the ratio of average wage of staff and workers in the report period to that in the base period, which reflects the change of wage of staff and workers at the different period. It is calculated as follows:

$$\text{Average Wage Indices} = \frac{\text{Average Wage of Employed Persons at Reference Time}}{\text{Average Wage of Employed Persons at Base Period}} \times 100\%$$

Average Real Wage Indices reflects the relative changing degree of average real wage, and indicates the degree of the rising or declining degree of real wage of staff and worker, which is calculated as following:

$$\text{Average Real Wage Indices} = \frac{\text{Average Wage Indices of Employed Persons at Reference Time}}{\text{Urban Consumer Price Indices at Reference Time}} \times 100\%$$

Registered Unemployed Persons in Urban Areas refers to the persons with non-agricultural household registration at certain working ages (16 years old to retirement age), who are capable of working, unemployed and willing to work, and have been registered at the local Department of labor and social security to apply for a job.

Registered Urban Unemployment Rate refers to the ratio of the number of the registered unemployed to the sum of the number of persons employed in various units(minus the rural labor force, retirees ,and Hong Kong, Macao, Taiwan and foreign employees they employ),laid-off workers in urban units, unban self-employed individuals and the registered unban unemployed persons.

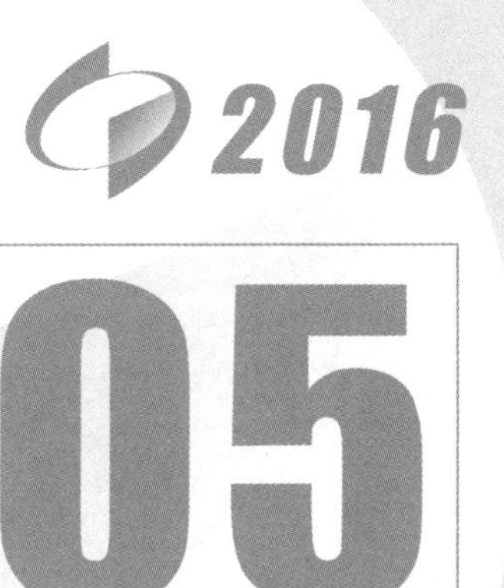

固定资产投资

INVESTMENT IN FIXED ASSETS

5-1 按经济类型分全社会固定资产投资
Total Investment in Fixed Assets by Ownership

单位：亿元 (100 million yuan)

年份 Year	总 计 Total	国有经济 State-owned	集体经济 Collective-owned	个体及私营经济 Individuals and Privates	其他经济 Others
1952	1.33	1.33			
1957	4.72	4.72			
1962	2.56	2.56			
1965	16.01	16.01			
1970	35.30	35.30			
1975	21.72	21.72			
1978	22.48	22.48			
1980	32.00	19.49	3.90	8.60	
1985	109.66	70.04	19.75	19.87	
1990	162.66	114.54	17.05	31.07	
1991	204.28	146.07	24.09	34.12	
1992	304.78	213.37	48.63	42.78	
1993	459.40	286.53	95.06	49.50	28.31
1994	573.43	325.23	108.63	71.21	68.36
1995	677.34	384.39	132.43	87.73	72.79
1996	803.79	419.82	128.42	131.61	123.94
1997	949.30	525.95	127.97	159.50	135.88
1998	1184.80	722.75	119.29	159.49	183.27
1999	1220.66	657.96	161.26	178.65	222.79
2000	1403.85	678.15	170.91	196.34	358.45
2001	1573.80	758.32	202.49	238.05	374.94
2002	1805.20	822.61	198.44	275.10	509.05
2003	2158.20	895.37	178.71	353.18	730.94
2004	2648.46	1025.78	127.77	466.95	1027.96
2005	3477.68	1348.78	48.08	658.32	1422.50
2006	4521.74	1694.70	67.92	857.77	1901.35
2007	5855.30	2047.76	74.15	1182.99	2550.40
2008	7602.40	2782.58	85.57	1497.60	3236.65
2009	12017.28	4809.36	126.33	2083.82	4997.77
2010	13581.96	5771.01	167.45	2296.90	5346.60
2011	15124.09	5665.58	175.02	2774.44	6509.05
2012	18038.92	3948.23	123.74	2151.03	11815.92
2013	21049.15	1986.45	100.28	2084.74	16877.68
2014	23577.17	1243.78	68.83	2093.52	20171.04
2015	25973.74	941.45	65.89	2269.29	22697.11

注：①2005年前的非农户项目全划为集体，2005年后(含2005年)按项目登记注册类型划分；②2011年起投资项目统计起点由50万元提高到500万元(后同)；③本表国有经济、集体经济和个体及私营经济分组均为纯国有、纯集体等，不包含其控股部分。

a) The projects of non farmers divided into the collective before 2005,and grouped by register types since 2005. b) Starting point of the investment projects is improved from ¥500,000 to 500 million from 2011(the same as follows). c) The groups of state-owned,collective,individual and private economy in this table are purely state-owned,collective and so, don't contain the holding part.

5-2 全社会固定资产投资及构成
Total Investment in Fixed Assets and its Composition

指　标		Item		2012	2013	2014	2015
投资总额	(亿元)	**Total Investment**	**(100 million yuan)**	**18038.92**	**21049.15**	**23577.17**	**25973.74**
#国有及国有控股		State-owned and State Holding Units		7690.62	8885.16	9899.64	11592.34
#住宅投资		Residential Buildings		533.04	589.44	705.53	552.53
按登记注册类型分		Grouped By Registration					
内资		Domestic Funds		14780.44	17097.49	19092.11	20774.85
港澳台投资		UnitsWith Funds From Hong Kong, Macao And Taiwan		343.51	308.13	293.38	291.85
外商投资		Foreign Funded Units		411.17	408.02	323.57	322.79
个体经营		Indivuduals Economy		630.16	673.99	665.99	735.31
按建设性质分		Grouped By Character					
新建		New Constrution		8517.87	10314.18	12096.88	13725.24
扩建		Expansion		1599.29	1628.63	1541.83	1834.42
改建		Reconstruction		3593.66	4086.29	4398.81	4346.38
按构成分		Grouped By Use Of Funds					
建筑工程		Construction		12231.18	14394.39	16385.42	18227.46
安装工程		Installation		1116.10	1304.65	1564.78	1885.8
设备工器具购置		Purchase Of Equipment And Instruments		2348.34	2755.92	2715.39	3054.84
#用于更新的设备		Renew Equipment		676.12	862.56	787.00	958.47
其他费用		Others		2343.30	2594.19	2911.58	2806.99
本年新增固定资产	(亿元)	**Increased Investment**	**(100 million yuan)**	**12718.09**	**13665.70**	**16324.78**	**18209.33**
施工项目个数	(个)	**Number of Projects Under Construction**	**(unit)**	**28074**	**31369**	**33775**	**37412**
#本年新开工		Number of Projects Stated This Year		18365	19018	20459	23490
本年投产项目个数		Number of Completed Projects This Year		15893	18308	20338	24871
本年施工房屋面积	(万平方米)	**Floor Space of Buildings Under Construction**	**(10 000 sq.m)**	**55146.33**	**61795.08**	**64155.83**	**65393.42**
#住宅		Residential Buildings		30631.34	30980.42	32938.54	33074.12
本年竣工房屋面积	(万平方米)	**Floor Space of Buildings Completed**	**(10 000 sq.m)**	**14901.75**	**12339.78**	**11293.21**	**11811.32**
#住宅		Residential Buildings		7049.71	6426.40	6102.97	5451.52
本年资金来源	(亿元)	**Grouped By Source of Funds**	**(100 million yuan)**	**19164.88**	**22895.05**	**25493.57**	**26767.93**
国家预算内资金		State Budget		1984.11	1934.24	1527.82	1956.8
国内贷款		Domestic Loans		2217.68	2508.99	2490.09	2446.97
债券		Debt		55.53	31.39	74.21	42.83
利用外资		Foreign Investment		42.15	100.20	95.07	56.87
自筹资金		Self-raising Funds		12026.74	14673.04	16884.49	17699
其他资金来源		Others		2838.66	3647.18	4421.92	4565.45

5-3 按主要行业分全社会固定资产投资
Total Investment in Fixed Assets by Sector

单位：亿元　　(100 million yuan)

指　　标	Item	2012	2013	2014	2015
投资总额	**Total Investment**	**18038.92**	**21049.15**	**23577.17**	**25973.74**
农、林、牧、渔业	Farming, Forestry, Animal Husbandry and Fishery	462.68	667.23	752.16	1001.36
采矿业	Mining	651.01	616.46	594.57	592.56
制造业	Manufacturing	4442.67	4974.60	5020.76	5193.37
电力、热力、燃气及水生产和供应业	Production and Supply of Electricity, Heat, Gas and Water	1386.41	1491.58	1563.40	1595.18
建筑业	Construction	68.00	52.46	47.71	101.01
批发和零售业	Wholesale and Retail Trades	346.06	480.05	574.53	569.44
交通运输、仓储和邮政业	Transport, Storage and Post	2457.35	2669.88	3077.85	3394.37
住宿和餐饮业	Hotels and Catering Services	256.28	353.24	372.58	422.87
信息传输、软件和信息技术服务业	Information Transmission, Software and IT Services	69.89	106.20	91.83	267.36
金融业	Financial Intermediation	47.06	62.80	27.67	22.98
房地产业	Real Estate	4944.05	6214.99	7193.74	7757.92
租赁和商务服务业	Leasing and Business Services	116.35	136.04	234.84	273.65
科学研究和技术服务业	Scientific Research and Technical Services	61.29	39.39	83.11	151.49
水利、环境和公共设施管理业	Management of Water Conservancy, Environment and Public Facilities	1848.82	2129.90	2723.40	3255.18
居民服务、修理和其他服务业	Services to Households, Repair and Other Services	160.18	141.53	156.65	177.58
教育	Education	223.62	317.12	411.69	483.53
卫生和社会工作	Health and Social Service	163.72	175.55	208.02	310.24
文化、体育和娱乐业	Culture, Sports and Entertainment	178.14	210.47	194.92	216.11
公共管理、社会保障和社会组织	Public Management, Social Security and Social Organization	155.35	209.65	247.74	187.54
国际组织	International Organization				

注：2012年起使用新的行业分类。
a)Data are classified by new industry classification since 2012.

5-4 各市(州)全社会固定资产投资
Total Investment in Fixed Assets by Region

单位：亿元 (100 million yuan)

市(州)	Region	2012		2013		2014		2015	
		投资总额 Total Investment	#房地产 Resl Estate	投资总额 Total Investment	#房地产 Real Estate	投资总额 Total Investment	#房地产 Real Estate	投资总额 Total Investment	#房地产 Real Estate
全　省	**Sichuan**	**18038.92**	**3266.40**	**21049.15**	**3853.00**	**23577.17**	**4380.09**	**25973.74**	**4813.03**
成都市	Chengdu	5890.10	1890.03	6501.08	2110.27	6620.37	2220.80	7006.97	2441.95
自贡市	Zigong	435.10	62.77	531.61	77.78	597.61	101.23	638.95	125.81
攀枝花市	Panzhihua	463.25	54.69	545.74	51.16	616.81	75.20	644.51	58.94
泸州市	Luzhou	671.15	71.64	866.36	130.92	1181.03	192.56	1463.71	196.87
德阳市	Deyang	730.90	79.87	807.35	82.66	894.64	95.23	981.31	115.38
绵阳市	Mianyang	932.22	145.69	1001.00	169.94	1080.37	210.74	1154.09	198.35
广元市	Guangyuan	515.30	32.89	541.09	58.67	561.74	83.32	583.23	86.80
遂宁市	Suining	655.10	76.79	804.88	85.99	913.68	86.36	1011.61	111.91
内江市	Neijiang	460.32	58.03	575.93	78.64	697.77	115.43	803.76	123.88
乐山市	Leshan	651.30	75.46	787.02	110.19	863.91	126.07	987.81	152.86
南充市	Nanchong	881.20	187.07	1102.84	207.91	1244.54	229.14	1388.98	213.22
眉山市	Meishan	601.72	78.18	756.12	130.31	922.98	151.12	1032.37	195.15
宜宾市	Yibin	748.80	104.52	935.42	141.13	1130.26	171.86	1295.51	150.42
广安市	Guangan	524.10	51.04	672.40	65.25	919.19	122.11	1131.97	184.26
达州市	Dazhou	826.30	85.10	1002.86	100.53	1176.20	94.98	1331.68	82.58
雅安市	Yaan	357.20	30.01	352.82	27.02	471.40	25.46	531.41	27.45
巴中市	Bazhong	480.97	49.28	651.01	63.99	847.77	88.65	1030.30	104.49
资阳市	Ziyang	605.80	109.60	760.68	136.98	908.22	164.77	1045.65	195.14
阿坝藏族羌族自治州	Aba	395.80	0.60	405.98	4.04	383.34	4.25	400.04	7.80
甘孜藏族自治州	Ganzi	326.23	2.63	406.93	1.98	465.72	1.71	421.83	1.10
凉山彝族自治州	Liangshan	885.10	20.51	975.47	17.64	1045.87	19.11	1073.18	38.67

5-5 项目固定资产投资及构成
Item Investment in Fixed Assets and its Composition

指　标	Item	2012	2013	2014	2015
投资总额 (万元)	**Total Investment (10 000 yuan)**	**14213.13**	**16595.55**	**18600.98**	**20500.72**
#国有及国有控股	State-owned and State Holding Units	7385.58	8552.99	9534.28	11190.94
按产业分	Grouped By Industry				
第一产业	Primary Industry	328.42	365.73	426.49	609.12
第二产业	Secondary Industry	6514.53	7024.35	7172.02	7422.43
#工业	Industry	6480.08	7010.07	7160.07	7361.02
第三产业	Tertiary Industry	7370.18	9205.47	11002.47	12469.17
按建设性质分	Grouped By Character				
新建	New Construction	8517.87	10314.18	12096.88	13725.24
扩建	Expansion	1599.29	1628.63	1541.83	1834.42
改建	Reconstruction	3593.66	4086.29	4398.81	4346.38
按构成分	Grouped by Use of the Funds				
建筑工程	Construction	9667.36	11422.05	13108.46	14630.04
安装工程	Installation	857.89	1010.26	1206.11	1420.1
设备工器具购置	Purchurse of the Equipment And Instrument	2169.86	2544.36	2505.89	2824.79
其他费用	Others	1518.02	1618.88	1780.50	1625.97
新增固定资产 (万元)	**Increased Investment (10 000 yuan)**	**10386.70**	**11264.28**	**13807.91**	**15888.89**
施工项目个数 (个)	**Number of Projects Under Construction (unit)**	**28074**	**31369**	**33775**	**37412**
#新开工	Number of Projects Started This Year	18365	19018	20459	23490
竣工项目个数 (个)	**Number of Projects Completed (unit)**	**15893**	**18308**	**20338**	**24871**
房屋建筑面积 (万平方米)	**Floor Space of Buildings (10 000 sq.m)**				
施工面积	Floor Space of Under Construction	25280.82	29630.10	27656.47	26412.06
#住宅	Residential Buildings	8041.18	7771.51	8206.19	7773.67
竣工面积	Floor Space of Completed	9035.17	7230.91	5958.76	7265.62
#住宅	Residential Buildings	2336.10	2397.52	2231.69	2302.27

5-6 分行业按构成分项目固定资产投资(2015年)
Item Investment in Fixed Assets by Sector and Constitution(2015)

单位：亿元 (100 million yuan)

指　标	Item	合计 Total	建筑工程 Construction	安装工程 Installation	设备工具器具购置 Purchase of Equipment and Instruments	其他费用 Others
投资总额	**Total Investment**	**20500.72**	**14630.04**	**1419.91**	**2824.79**	**1625.97**
农、林、牧、渔业	Farming, Forestry, Animal Husbandry and Fishery	770.36	622.85	48.54	49.57	49.42
采矿业	Mining	592.56	331.13	48.33	192.61	20.48
制造业	Manufacturing	5193.37	2765.06	450.13	1672.39	305.78
电力、热力、燃气及水生产和供应业	Production and Supply of Electricity, Heat, Gas and Water	1595.18	902.65	186.23	295.88	210.41
建筑业	Construction	61.41	40.87	5.16	11.28	4.10
批发和零售业	Wholesale and Retail Trades	569.44	419.54	58.11	35.98	55.82
交通运输、仓储和邮政业	Transport, Storage and Post	3334.97	2749.90	112.54	140.19	332.34
住宿和餐饮业	Hotels and Catering Services	422.87	352.35	28.09	17.40	25.03
信息传输、软件和信息技术服务业	Information Transmission, Software and IT Services	267.36	77.35	50.36	132.99	6.67
金融业	Financial Intermediation	22.98	16.04	0.23	5.52	1.18
房地产业	Real Estate	2746.89	2335.00	144.21	46.98	220.70
租赁和商务服务业	Leasing and Business Services	273.65	218.73	25.19	11.06	18.68
科学研究和技术服务业	Scientific Research and Technical Services	151.49	66.06	15.72	53.10	16.60
水利、环境和公共设施管理业	Management of Water Conservancy, Environment and Public Facilities	3255.18	2769.50	163.59	66.11	255.99
居民服务、修理和其他服务业	Services to Households, Repair and Other Services	58.78	41.89	7.51	3.24	6.14
教育	Education	483.53	394.83	22.58	25.95	40.17
卫生和社会工作	Health and Social Service	310.24	231.45	16.21	41.16	21.42
文化、体育和娱乐业	Culture, Sports and Entertainment	202.91	148.94	28.26	11.12	14.58
公共管理、社会保障和社会组织	Public Management, Social Security and Social Organization	187.54	145.89	8.93	12.25	20.47
国际组织	International Organization					

5-7 各市(州)按构成分项目固定资产投资(2015年)
Item Investment in Fixed Assets by Region and Institution(2015)

单位：亿元 (100 million yuan)

市(州)	Region	合计 Total	建筑工程 Construction	安装工程 Installation	设备工具器具购置 Purchase of Equipment and Instruments	其他费用 Others
全　省	**Sichuan**	**20500.72**	**14630.04**	**1419.91**	**2824.79**	**1625.97**
成都市	Chengdu	4437.42	2839.61	342.29	796.77	458.75
自贡市	Zigong	481.01	338.35	25.90	53.96	62.80
攀枝花市	Panzhihua	523.57	331.15	21.74	141.58	29.10
泸州市	Luzhou	1222.40	897.25	76.67	176.06	72.42
德阳市	Deyang	830.03	482.40	64.88	202.31	80.44
绵阳市	Mianyang	893.93	609.53	77.14	150.44	56.82
广元市	Guangyuan	433.67	307.53	36.27	61.50	28.36
遂宁市	Suining	826.83	611.60	89.17	84.74	41.33
内江市	Neijiang	634.80	486.71	38.86	58.48	50.75
乐山市	Leshan	750.35	433.83	102.14	160.44	53.93
南充市	Nanchong	1108.74	889.31	95.64	92.73	31.06
眉山市	Meishan	764.68	563.34	47.37	121.99	31.97
宜宾市	Yibin	1016.19	768.45	46.27	123.04	78.42
广安市	Guangan	888.93	691.08	60.86	84.62	52.36
达州市	Dazhou	1197.28	950.29	48.90	149.98	48.11
雅安市	Yaan	427.18	315.69	28.23	34.56	48.69
巴中市	Bazhong	895.98	737.95	57.13	79.99	20.91
资阳市	Ziyang	771.63	562.48	56.15	100.47	52.53
阿坝藏族羌族自治州	Aba	270.87	225.69	18.93	17.38	8.87
甘孜藏族自治州	Ganzi	380.23	270.57	12.83	36.48	60.35
凉山彝族自治州	Liangshan	1004.51	775.77	66.26	70.00	92.48
不分地区	Others	740.51	541.45	6.26	27.29	165.51

注：本表各市(州)数不包括跨区投资。
a)The region data in this table excludes multiregional investment.

5-8 按行业分施工和投产项目个数(2015年)
Number of Projects under Construction and Production by Sector(2015)

行　　业	Sector	施工项目 (个) Number of Projets Under Construction (unit)	新开工项目个数 (个) Number of Projects Started This Year (unit)	全部建成投产项目 (个) Number of Projects Completed (unit)	项目建成投产率 (%) Rate of Projects Completed (%)
总　计	**Total**	**37412**	**23490**	**24871**	**66.48**
农、林、牧、渔业	Farming, Forestry, Animal Husbandry and Fishery	2812	1828	1931	68.67
采矿业	Mining	969	563	664	68.52
制造业	Manufacturing	7971	5116	5692	71.41
电力、热力、燃气及水生产和供应业	Production and Supply of Electricity, Heat,Gas and Water	2297	1475	1440	62.69
建筑业	Construction	115	111	41	35.65
批发和零售业	Wholesale and Retail Trades	709	407	469	66.15
交通运输、仓储和邮政业	Transport, Storage and Post	5853	3796	3886	66.39
住宿和餐饮业	Hotels and Catering Services	599	377	400	66.78
信息传输、软件和信息技术服务业	Information Transmission, Software and IT Services	449	373	267	59.47
金融业	Financial Intermediation	36	21	25	69.44
房地产业	Real Estate	4577	2376	2958	64.63
租赁和商务服务业	Leasing and Business Services	261	149	163	62.45
科学研究和技术服务业	Scientific Research and Technical Services	170	98	111	65.29
水利、环境和公共设施管理业	Management of Water Conservancy, Environment and Public Facilities	7028	4712	4529	64.44
居民服务、修理和其他服务业	Services to Households, Repair and Other Services	125	80	82	65.60
教育	Education	1505	875	1004	66.71
卫生和社会工作	Health and Social Service	929	566	571	61.46
文化、体育和娱乐业	Culture, Sports and Entertainment	467	271	289	61.88
公共管理、社会保障和社会组织	Public Management, Social Security and Social Organization	540	296	349	64.63
国际组织	International Organization				

5-9 各市(州)施工、投产项目个数和新增固定资产(2015年)
Number of Projects under Construction and Production and Newly Increased Fixed Assets by Region(2015)

市(州)	Region	施工项目(个) Number of Projects under Construction (unit)	新开工项目个数(个) Number of Projects Started This Year (unit)	全部建成投产项目(个) Number of Projects Completed and Put into Use (unit)	新增固定资产(亿元) Newly Increased Fixed Assets (100 million yuan)
全　省	**Sichuan**	**37412**	**23490**	**24871**	**15888.89**
成都市	Chengdu	4599	2876	3119	3418.84
自贡市	Zigong	1355	946	867	357.81
攀枝花市	Panzhihua	921	697	729	570.38
泸州市	Luzhou	2032	1278	1312	897.81
德阳市	Deyang	1744	1088	1269	808.70
绵阳市	Mianyang	1673	1130	1120	694.23
广元市	Guangyuan	1188	633	763	317.18
遂宁市	Suining	1543	1029	1193	698.38
内江市	Neijiang	1427	908	847	493.67
乐山市	Leshan	1165	702	729	571.39
南充市	Nanchong	2205	1638	1401	825.49
眉山市	Meishan	1053	677	734	645.06
宜宾市	Yibin	3162	1863	1983	940.00
广安市	Guangan	2280	1323	1646	718.22
达州市	Dazhou	3726	2545	2529	947.26
雅安市	Yaan	1056	437	652	267.88
巴中市	Bazhong	1963	1021	1173	742.02
资阳市	Ziyang	1293	936	949	629.45
阿坝藏族羌族自治州	Aba	931	549	605	237.90
甘孜藏族自治州	Ganzi	1022	546	508	426.12
凉山彝族自治州	Liangshan	1028	665	743	656.48
不分地区	Others	46	3		24.63

注：本表各市(州)数不包括跨区项目。
a)The region data in this table exclude multiregional projects.

5-10 各市(州)建设施工和竣工房屋建筑面积(2015年)
Floor Space of Buildings under Construction and Completed by Region(2015)

单位：万平方米 (10 000 sq.m)

市(州)	Region	施工面积 Floor Space of Buildings under Construction	#住宅 Residential Buildings	竣工面积 Floor Space of Buildings Completed	#住宅 Residential Buildings	竣工率(%) Rate of Floor Space of Buildings Completed	#住宅 Residential Buildings
全　省	**Sichuan**	**26412.06**	**7773.67**	**7265.62**	**2302.27**	**27.5**	**29.6**
成都市	Chengdu	8048.58	1654.54	1685.27	376.60	20.9	22.8
自贡市	Zigong	837.01	243.07	303.42	110.32	36.3	45.4
攀枝花市	Panzhihua	344.73	180.27	224.45	125.46	65.1	69.6
泸州市	Luzhou	2160.01	222.74	1064.71	125.10	49.3	56.2
德阳市	Deyang	1880.16	858.20	236.73	68.90	12.6	8.0
绵阳市	Mianyang	824.74	345.39	223.46	112.19	27.1	32.5
广元市	Guangyuan	538.09	74.78	176.48	22.05	32.8	29.5
遂宁市	Suining	665.75	234.68	216.09	73.15	32.5	31.2
内江市	Neijiang	767.61	312.69	123.78	48.51	16.1	15.5
乐山市	Leshan	552.54	104.01	69.63	33.00	12.6	31.7
南充市	Nanchong	1137.74	736.84	395.12	289.65	34.7	39.3
眉山市	Meishan	1532.24	366.10	475.15	98.20	31.0	26.8
宜宾市	Yibin	1144.73	328.11	381.66	141.03	33.3	43.0
广安市	Guangan	1571.45	422.03	279.92	100.37	17.8	23.8
达州市	Dazhou	879.00	413.86	289.87	182.94	33.0	44.2
雅安市	Yaan	342.87	122.42	64.35	35.34	18.8	28.9
巴中市	Bazhong	505.34	168.68	70.16	29.48	13.9	17.5
资阳市	Ziyang	889.42	183.68	347.86	51.40	39.1	28.0
阿坝藏族羌族自治州	Aba	103.11	23.93	26.28	11.06	25.5	46.2
甘孜藏族自治州	Ganzi	376.52	128.55	177.90	72.62	47.3	56.5
凉山彝族自治州	Liangshan	1298.51	649.11	429.56	194.91	33.1	30.0
不分地区	Others	11.92		3.77		31.6	

注：本表数据为项目投资，不包括房地产开发和农户投资；各市(州)数不包括跨区项目。

a)Data in this table are item investment, excluding real estate investment and farmers' investment.The region data exclude multiregional projects.

5-11 各市(州)项目固定资产投资资金来源(2015年)
Total Item Investment in Fixed Assets by Source and Region(2015)

单位：亿元 (100 million yuan)

市(州)	Region	资金来源 Sources of Funds	国家预算内资金 State Budget	国内贷款 Domestic Loans	债券 Debt	利用外资 Foreign Investment	自筹资金 Self-raising Funds	其他资金 Others
全 省	**Sichuan**	**20028.93**	**1791.80**	**1530.77**	**42.83**	**55.90**	**14558.17**	**2049.45**
成都市	Chengdu	4453.83	285.59	345.39	5.17	21.96	3455.46	340.26
自贡市	Zigong	433.87	33.36	23.83	3.08		315.27	58.33
攀枝花市	Panzhihua	476.36	47.54	31.38	0.24	0.54	344.48	52.19
泸州市	Luzhou	1175.33	62.78	23.58		0.27	1044.55	44.15
德阳市	Deyang	845.42	36.73	27.02	0.35	3.63	694.29	83.41
绵阳市	Mianyang	902.51	84.73	54.11		7.37	697.91	58.39
广元市	Guangyuan	408.80	51.40	42.19		3.85	271.56	39.81
遂宁市	Suining	814.28	35.25	8.02			723.25	47.77
内江市	Neijiang	680.87	52.55	89.90		8.02	474.28	56.12
乐山市	Leshan	728.16	45.21	67.30		0.83	568.26	46.57
南充市	Nanchong	1058.70	143.87	34.68	0.90	0.10	684.67	194.48
眉山市	Meishan	744.64	27.88	15.06			676.15	25.55
宜宾市	Yibin	958.72	105.31	37.83			669.80	145.78
广安市	Guangan	910.36	86.68	7.69		4.63	725.04	86.32
达州市	Dazhou	1190.46	112.50	74.56		0.49	899.51	103.40
雅安市	Yaan	464.11	113.45	55.03	0.01		224.73	70.90
巴中市	Bazhong	856.59	81.34	46.36	0.15	0.65	656.96	71.13
资阳市	Ziyang	623.58	26.65	35.16	0.12		464.37	97.28
阿坝藏族羌族自治州	Aba	304.34	89.26	19.25	0.31	0.01	158.29	37.22
甘孜藏族自治州	Ganzi	363.30	81.94	159.98			113.20	8.19
凉山彝族自治州	Liangshan	1054.63	49.36	132.61			562.68	309.99
不分地区	Others	580.06	138.45	199.86	32.50	3.57	133.46	72.22

注：本表各市(州)数不包括跨区投资。
a)The region data in this table exclude multiregonal investment.

5-12 按行业分项目固定资产投资资金来源(2015年)
Sources of Funds of Item Investment in Fixed Assets by Sector(2015)

单位：亿元 (100 million yuan)

行　业	Sector	资金来源 Sources of Funds	国家预算内资金 State Buget	国内贷款 Domestic Loans	债券 Debt	利用外资 Foreign Investment	自筹资金 Self-raising Funds	其他资金 Others
总　计	**Total**	**20028.93**	**1791.80**	**1530.77**	**42.83**	**55.90**	**14558.17**	**2049.45**
农、林、牧、渔业	Farming, Forestry, Animal Husbandry and Fishery	747.61	85.77	13.37	0.10	0.09	567.64	80.64
采矿业	Mining	586.21	0.69	74.90		0.61	494.17	15.83
制造业	Manufacturing	5191.65	17.30	195.44		33.45	4834.45	111.01
电力、热力、燃气及水生产和供应业	Production and Supply of Electricity, Heat, Gas and Water	1628.38	126.63	405.22	4.92	0.91	966.12	124.58
建筑业	Construction	68.76	4.94	4.76			51.99	7.07
批发和零售业	Wholesale and Retail Trades	558.39	4.31	39.62		0.04	504.34	10.07
交通运输、仓储和邮政业	Transport, Storage and Post	3076.72	452.12	385.68	33.02	11.42	1628.02	566.46
住宿和餐饮业	Hotels and Catering Services	411.73	5.25	18.76	0.12	4.10	368.34	15.17
信息传输、软件和信息技术服务业	Information Transmission, Software and IT Services	275.37	10.69	3.61			257.00	4.07
金融业	Financial Intermediation	24.84	0.07				24.31	0.46
房地产业	Real Estate	2697.03	272.54	218.50	4.00	0.48	1783.81	417.70
租赁和商务服务业	Leasing and Business Services	265.15	5.18	18.63	0.08		230.11	11.15
科学研究和技术服务业	Scientific Research and Technical Services	150.75	39.13	8.21			93.99	9.41
水利、环境和公共设施管理业	Management of Water Conservancy,Environment and Public Facilities	3116.64	534.02	109.74	0.10	1.86	2002.45	468.47
居民服务、修理和其他服务业	Services to Households, Repair and Other Services	59.58	4.40	3.44			47.08	4.66
教育	Education	478.92	126.11	13.22		0.81	258.20	80.57
卫生和社会工作	Health and Social Service	312.89	45.60	7.17	0.50	2.14	218.36	39.12
文化、体育和娱乐业	Culture, Sports and Entertainment	194.49	25.04	6.25			128.08	35.12
公共管理、社会保障和社会组织	Public Management, Social Security and Social Organization	183.84	31.99	4.27			99.70	47.89
国际组织	International Organization							

5-13 房地产开发主要指标
Major Indicators of Real Estate Development

指 标		Item		2012	2013	2014	2015
企业个数	**(个)**	**Number of Enterprises**	**(unit)**	**4221**	**3963**	**4061**	**4032**
国有		State-owned		156	133	107	109
集体		Collective-owned Units		44	28	19	15
私营个体		Individuals		1785	1708	1781	1728
其他		Others		2236	2094	2154	2180
平均从业人数	**(人)**	**Average Employed Persons**	**(person)**	**120945**	**114895**	**138352**	**139303**
国有		State-owned		6680	6192	4460	4151
集体		Collective-owned Units		1321	1110	494	443
私营个体		Individuals		47788	45422	56758	55625
其他		Others		65156	62171	76640	79084
本年土地购置面积	**(万平方米)**	**Land Space Purchased This Year**	**(10 000 sq.m)**	**892.22**	**1142.76**	**1535.43**	**1061.98**
本年完成投资额	**(亿元)**	**Investment Completed This Year**	**(100 million yuan)**	**3266.40**	**3853.00**	**4380.09**	**4813.03**
#住宅		Residential Buildings		2197.75	2537.89	2847.82	3048.72
本年新增固定资产	**(亿元)**	**Newly Increased Fixed Assets This Year**	**(100 million yuan)**	**1794.39**	**1824.85**	**1944.62**	**1686.83**
资金来源	**(亿元)**	**Sources of Funds**	**(100 million yuan)**	**4222.67**	**5324.53**	**5863.11**	**6079.00**
国内贷款		Domestic Loans		459.24	725.45	817.88	916.21
利用外资		Foreign Investment		16.93	32.33	39.34	0.97
自筹资金		Self-raising Funds		1728.97	2150.87	2513.68	2645.83
#自有资金		Self-owned		1049.27	1197.47	1423.51	1385.69
其他资金		Others		2017.53	2415.89	2492.22	2515.99
#定金及预收款		Earnest and Money Collected in Advance		1247.64	1557.14	1573.28	1452.64
房屋建筑面积	**(万平方米)**	**Floor Space of Buildings**	**(10 000 sq.m)**				
施工面积		Floor Space under Construction		29865.50	32164.98	36499.35	38981.36
#住宅		Residential Buildings		22590.16	23208.91	24732.35	25300.45
竣工面积		Floor Space Completed		5866.58	5108.86	5334.45	4545.71
#住宅		Residential Buildings		4713.61	4028.88	3871.28	3149.25
本年新开工面积		Floor Space Started This Year		8367.21	10163.57	11328.04	9587.21
#住宅		Residential Buildings		5962.51	7008.71	7335.98	6026.32
商品房屋销售面积	**(万平方米)**	**Floor Space of Selling House**	**(10 000 sq.m)**	**6455.93**	**7312.78**	**7142.44**	**7671.20**
#住宅		Residential Buildings		5679.33	6505.32	6176.51	6495.43
商品房销售额	**(亿元)**	**Total Sales of Commercial Houses**	**(100 million yuan)**	**3517.72**	**4020.27**	**3997.37**	**4199.84**
#住宅		Residential Buildings		2816.49	3308.58	3145.02	3269.52

5-14 各市(州)按经济类型分房地产开发企业个数(2015年)
Number of Enterprises of Real Estate Development by Ownership and Region(2015)

单位：个 (unit)

市(州)	Region	合计 Total	国有经济 State-owned	集体经济 Collective-owned	私营经济 Private-owned	其他经济 Others
全　省	**Sichuan**	**4032**	**109**	**15**	**1728**	**2180**
成都市	Chengdu	1558	40	9	492	1017
自贡市	Zigong	103	4		61	38
攀枝花市	Panzhihua	70	3		57	10
泸州市	Luzhou	150			65	85
德阳市	Deyang	183	1		90	92
绵阳市	Mianyang	274	11		119	144
广元市	Guangyuan	133	5		81	47
遂宁市	Suining	163	2	1	61	99
内江市	Neijiang	96	10	2	42	42
乐山市	Leshan	136	2		55	79
南充市	Nanchong	262	5	1	132	124
眉山市	Meishan	154	1		78	75
宜宾市	Yibin	164	5		118	41
广安市	Guangan	126	2		96	28
达州市	Dazhou	142	6		81	55
雅安市	Yaan	51	2		15	34
巴中市	Bazhong	100	6		38	56
资阳市	Ziyang	122	4	2	30	86
阿坝藏族羌族自治州	Aba	14			6	8
甘孜藏族自治州	Ganzi	6			1	5
凉山彝族自治州	Liangshan	25			10	15

 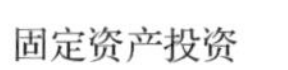 

5-15 各市(州)按资质等级分房地产开发企业个数(2015年)

Number of Enterprises of Real Estate Development by Region and Qualification Criteria(2015)

单位：个 (unit)

市(州)	Region	合 计 Total	一级 First Grade	二级 Second Grade	三级 Third Grade	四级 Fourth Grade	其他 Others
全 省	**Sichuan**	**4032**	**52**	**602**	**2373**	**133**	**872**
成都市	Chengdu	1558	21	197	928	52	360
自贡市	Zigong	103	5	19	59	9	11
攀枝花市	Panzhihua	70	2	5	48	3	12
泸州市	Luzhou	150		26	76	3	45
德阳市	Deyang	183	1	19	112	16	35
绵阳市	Mianyang	274		46	186	9	33
广元市	Guangyuan	133		15	84	4	30
遂宁市	Suining	163	3	38	85	3	34
内江市	Neijiang	96	1	19	58	5	13
乐山市	Leshan	136	2	22	80		32
南充市	Nanchong	262	1	29	159	3	70
眉山市	Meishan	154	3	35	73	3	40
宜宾市	Yibin	164	8	27	108	4	17
广安市	Guangan	126	1	18	62	1	44
达州市	Dazhou	142	3	46	76	4	13
雅安市	Yaan	51		3	28	3	17
巴中市	Bazhong	100		14	48	2	36
资阳市	Ziyang	122		17	82	3	20
阿坝藏族羌族自治州	Aba	14	1	3	3		7
甘孜藏族自治州	Ganzi	6		1	2	2	1
凉山彝族自治州	Liangshan	25		3	16	4	2

5-16 各市(州)按经济类型分房地产开发企业从业人员数(2015年)

Number of Employees in Enterprises of Real Estate Devoelopment by Ownership and Region(2015)

单位：人 (person)

市(州)	Region	合 计 Total	国有经济 State-owned	集体经济 Collective-owned	私营经济 Private-owned	其他经济 Others
全　省	**Sichuan**	**139303**	**4151**	**443**	**55625**	**79084**
成都市	Chengdu	50758	1679	261	12056	36762
自贡市	Zigong	4507	67		2917	1523
攀枝花市	Panzhihua	2257	129		1883	245
泸州市	Luzhou	6553			2882	3671
德阳市	Deyang	5044	36		2534	2474
绵阳市	Mianyang	8884	453		4188	4243
广元市	Guangyuan	3974	422		2265	1287
遂宁市	Suining	7333	36	16	1813	5468
内江市	Neijiang	3993	204	48	1961	1780
乐山市	Leshan	4236	53		1433	2750
南充市	Nanchong	9915	101	76	5662	4076
眉山市	Meishan	5899	8		3423	2468
宜宾市	Yibin	6318	137		4097	2084
广安市	Guangan	4853	192		3630	1031
达州市	Dazhou	4450	249		2176	2025
雅安市	Yaan	1011	30		182	799
巴中市	Bazhong	4912	296		1223	3393
资阳市	Ziyang	2961	59	42	661	2199
阿坝藏族羌族自治州	Aba	475			264	211
甘孜藏族自治州	Ganzi	137			24	113
凉山彝族自治州	Liangshan	833			351	482

5-17 各市(州)按资质等级分房地产开发企业从业人员数(2015年)
Number of Employees in Enterprises of Real Estate Development by Region and Qualification Criteria(2015)

单位：人 (person)

市(州)	Region	合 计 Total	一级 First Grade	二级 Second Grade	三级 Third Grade	四级 Fourth Grade	其他 Others
全 省	**Sichuan**	**139303**	**6217**	**30055**	**71979**	**2878**	**28174**
成都市	Chengdu	50758	2824	9054	27360	603	10917
自贡市	Zigong	4507	754	1374	1809	242	328
攀枝花市	Panzhihua	2257	75	489	1284	52	357
泸州市	Luzhou	6553		1836	3039	84	1594
德阳市	Deyang	5044	53	660	3041	276	1014
绵阳市	Mianyang	8884		2870	5247	124	643
广元市	Guangyuan	3974		844	2238	77	815
遂宁市	Suining	7333	162	3522	2419	16	1214
内江市	Neijiang	3993	151	872	1991	69	910
乐山市	Leshan	4236	311	723	2085		1117
南充市	Nanchong	9915	68	1096	6363	283	2105
眉山市	Meishan	5899	752	1308	2181	232	1426
宜宾市	Yibin	6318	687	1025	4004	84	518
广安市	Guangan	4853	129	1046	1875	19	1784
达州市	Dazhou	4450	188	1868	2033	43	318
雅安市	Yaan	1011		38	526	52	395
巴中市	Bazhong	4912		683	2062	460	1707
资阳市	Ziyang	2961		485	1828	61	587
阿坝藏族羌族自治州	Aba	475	63	73	58		281
甘孜藏族自治州	Ganzi	137		41	32	17	47
凉山彝族自治州	Liangshan	833		148	504	84	97

5-18 各市(州)按用途分房地产开发投资完成额(2015年)
Actually Completed Investment of Enterprises for Real Estate Development by Region and Use(2015)

单位：亿元 (100 million yuan)

市(州)	Region	本年完成投资额 Investment Completed in Current Year	住宅 Residential Buildings	办公楼 Office Buildings	商业营业用房 Houses for Business Use	其他 Others
全　省	**Sichuan**	**4813.03**	**3048.72**	**229.79**	**928.76**	**605.75**
成都市	Chengdu	2441.95	1478.17	171.62	413.27	378.89
自贡市	Zigong	125.81	80.15	0.86	31.35	13.44
攀枝花市	Panzhihua	58.94	32.05	1.74	15.12	10.03
泸州市	Luzhou	196.87	141.13	2.79	34.73	18.22
德阳市	Deyang	115.38	75.29	4.27	26.03	9.78
绵阳市	Mianyang	198.35	127.25	7.38	45.31	18.41
广元市	Guangyuan	86.80	55.01	3.06	20.49	8.24
遂宁市	Suining	111.91	82.99	2.09	19.91	6.91
内江市	Neijiang	123.88	95.33	1.43	19.05	8.07
乐山市	Leshan	152.86	92.68	5.04	38.94	16.20
南充市	Nanchong	213.22	143.85	5.31	44.32	19.74
眉山市	Meishan	195.15	124.66	4.38	30.12	36.00
宜宾市	Yibin	150.42	101.69	2.38	29.92	16.44
广安市	Guangan	184.26	129.85	2.01	46.04	6.35
达州市	Dazhou	82.58	51.32	2.28	20.23	8.76
雅安市	Yaan	27.45	15.53	0.76	8.67	2.50
巴中市	Bazhong	104.49	74.91	1.08	23.69	4.82
资阳市	Ziyang	195.14	120.07	10.29	48.39	16.39
阿坝藏族羌族自治州	Aba	7.80	1.47	0.13	5.96	0.24
甘孜藏族自治州	Ganzi	1.10	0.90	0.04	0.16	0.01
凉山彝族自治州	Liangshan	38.67	24.43	0.87	7.07	6.30

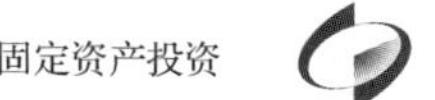

5-19 各市(州)房地产开发建设房屋建筑面积和造价(2015年)
Floor Space of Buildings and their Cost in Real Estate Development by Region(2015)

市(州)	Region	施工房屋面积(万平方米) Floor Space of Buildings under Construction (10 000 sq.m)	竣工房屋面积(万平方米) Floor Space of Buildings Completed (10 000 sq.m)	房屋建筑面积竣工率(%) Rate of Floor Space of Buildings Completed (%)	竣工房屋价值(万元) Value of Buildings Completed (10 000 yuan)	竣工房屋造价(元/平方米) Cost of Buildings Completed (yuan / sq.m)
全 省	**Sichuan**	**38981.36**	**4545.71**	**11.7**	**12890926**	**2836**
成都市	Chengdu	18378.46	1463.43	8.0	4952446	3384
自贡市	Zigong	1054.00	157.61	15.0	377212	2393
攀枝花市	Panzhihua	696.72	79.02	11.3	171578	2171
泸州市	Luzhou	1592.06	266.85	16.8	578001	2166
德阳市	Deyang	1367.54	353.24	25.8	995347	2818
绵阳市	Mianyang	1965.64	224.86	11.4	499240	2220
广元市	Guangyuan	1044.73	170.40	16.3	409351	2402
遂宁市	Suining	785.67	143.22	18.2	389793	2722
内江市	Neijiang	1105.57	204.43	18.5	487293	2384
乐山市	Leshan	1168.48	112.66	9.6	341155	3028
南充市	Nanchong	2017.25	191.05	9.5	608517	3185
眉山市	Meishan	1650.30	222.34	13.5	542371	2439
宜宾市	Yibin	1486.70	270.16	18.2	859455	3181
广安市	Guangan	1160.88	113.22	9.8	285217	2519
达州市	Dazhou	1089.46	319.68	29.3	721223	2256
雅安市	Yaan	266.01	8.88	3.3	71940	8101
巴中市	Bazhong	702.12	66.72	9.5	139082	2085
资阳市	Ziyang	1205.83	148.74	12.3	360817	2426
阿坝藏族羌族自治州	Aba	22.65				
甘孜藏族自治州	Ganzi	34.27				
凉山彝族自治州	Liangshan	187.00	29.19	15.6	100888	3456

5–20 各市(州)商品房销售情况(2015年)
Selling of Commercial Houses by Region(2015)

市(州)	Region	房屋销售面积 (万平方米) Floor Space of Commercial Houses (10 000 sq.m)	#住宅 Residential Buildings	#办公楼 Office Buildings	#商业营业用房 Houses for Business Use	房屋销售额 (亿元) Total Sale of Commercial Houses (100 million yuan)	#住宅 Residential Buildings	#办公楼 Office Buildings	#商业营业用房 Houses for Business Use
全　省	**Sichuan**	**7671.20**	**6495.43**	**123.72**	**672.00**	**4199.84**	**3269.52**	**88.73**	**711.92**
成都市	Chengdu	3019.40	2474.61	93.47	232.42	2066.19	1620.82	71.40	300.23
自贡市	Zigong	193.99	177.14	0.77	9.30	90.26	78.77	0.35	10.29
攀枝花市	Panzhihua	104.75	92.17	1.01	5.97	45.97	37.00	0.71	6.34
泸州市	Luzhou	403.37	361.92	0.33	27.36	180.40	154.30	0.11	21.58
德阳市	Deyang	211.29	187.70	1.97	10.69	81.21	70.14	1.03	7.82
绵阳市	Mianyang	339.33	308.60	1.46	21.33	142.71	123.60	0.88	16.56
广元市	Guangyuan	120.38	103.86	0.17	14.57	62.06	43.28	0.13	18.16
遂宁市	Suining	325.35	282.32	2.35	25.39	151.07	114.98	2.10	25.65
内江市	Neijiang	260.22	240.24	0.13	10.09	108.40	96.88	0.05	8.25
乐山市	Leshan	276.46	246.96	0.19	19.20	123.83	98.18	0.07	22.61
南充市	Nanchong	360.11	302.00	1.06	42.38	183.58	124.50	0.94	51.26
眉山市	Meishan	425.18	350.51	6.18	53.94	184.85	138.64	2.39	40.29
宜宾市	Yibin	343.71	300.02	1.95	35.30	169.91	136.77	1.32	29.90
广安市	Guangan	299.45	259.86		35.10	127.01	100.05		25.78
达州市	Dazhou	237.76	219.59	1.02	8.29	111.38	97.16	1.32	9.66
雅安市	Yaan	53.13	48.74		4.14	25.84	21.98		3.69
巴中市	Bazhong	207.97	178.85	1.01	25.39	90.61	64.54	0.33	23.99
资阳市	Ziyang	452.53	327.57	10.59	87.92	228.37	127.03	5.56	85.07
阿坝藏族羌族自治州	Aba	4.69	3.16		0.77	2.58	1.02		1.13
甘孜藏族自治州	Ganzi	2.82	2.61	0.06	0.15	1.24	1.05	0.03	0.16
凉山彝族自治州	Liangshan	29.30	27.00		2.30	22.35	18.84		3.50

5-21 各市(州)商品房期房销售情况(2015年)
Selling of Commercial Houses under Construction by Region(2015)

市(州)	Region	房屋销售面积(万平方米) Floor Space of Commercial Houses (10 000 sq.m)	#住宅 Residential Buildings	#办公楼 Office Buildings	#商业营业用房 Houses for Business Use	房屋销售额(亿元) Total Sale of Commercial Houses (100 million yuan)	#住宅 Residential Buildings	#办公楼 Office Buildings	#商业营业用房 Houses for Business Use
全　省	**Sichuan**	**6320.47**	**5496.30**	**95.19**	**517.09**	**3491.68**	**2782.01**	**63.11**	**568.61**
成都市	Chengdu	2481.22	2113.84	68.58	182.74	1711.70	1367.69	48.65	251.28
自贡市	Zigong	177.60	168.67	0.77	7.43	84.06	75.35	0.35	8.17
攀枝花市	Panzhihua	98.40	86.40	1.01	5.55	42.55	34.13	0.71	5.86
泸州市	Luzhou	319.38	289.24	0.30	20.40	149.37	129.24	0.10	17.04
德阳市	Deyang	162.21	151.36	1.97	6.82	63.83	57.00	1.03	5.32
绵阳市	Mianyang	282.64	264.07	0.28	14.07	120.37	107.85	0.15	11.68
广元市	Guangyuan	94.27	82.28	0.05	11.01	48.64	34.92	0.03	13.48
遂宁市	Suining	286.16	248.51	2.25	21.76	135.05	102.66	2.06	22.61
内江市	Neijiang	222.03	203.83	0.13	8.73	95.02	84.66	0.05	7.26
乐山市	Leshan	239.79	218.50	0.19	15.71	109.55	87.24	0.07	20.49
南充市	Nanchong	227.53	203.04	0.90	17.95	106.50	88.41	0.85	15.41
眉山市	Meishan	336.87	275.30	6.18	45.95	154.04	113.86	2.39	36.04
宜宾市	Yibin	264.97	239.04	1.59	21.56	131.66	109.29	1.16	20.80
广安市	Guangan	262.03	235.97		23.95	111.03	91.75		18.70
达州市	Dazhou	198.40	191.08	0.16	5.27	92.03	85.00	0.06	6.17
雅安市	Yaan	48.79	44.59		3.95	24.73	21.01		3.55
巴中市	Bazhong	172.01	147.66	1.01	22.74	77.33	54.08	0.33	22.24
资阳市	Ziyang	413.86	303.59	9.77	79.31	210.24	118.49	5.07	78.39
阿坝藏族羌族自治州	Aba	4.69	3.16		0.77	2.58	1.02		1.13
甘孜藏族自治州	Ganzi	2.70	2.51	0.06	0.14	1.15	0.99	0.03	0.13
凉山彝族自治州	Liangshan	24.93	23.64		1.29	20.21	17.38		2.83

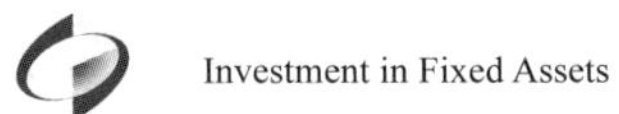

5-22 各市(州)商品房现房销售情况(2015年)
Selling of Commercial Houses Completed by Region(2015)

市(州)	Region	房屋销售面积 (万平方米) Floor Space of Commercial Houses (10 000 sq.m)	#住宅 Residential Buildings	#办公楼 Office Buildings	#商业营业用房 Houses for Business Use	房屋销售额 (亿元) Total Sale of Commercial Houses (100 million yuan)	#住宅 Residential Buildings	#办公楼 Office Buildings	#商业营业用房 Houses for Business Use
全 省	**Sichuan**	**1350.73**	**999.13**	**28.53**	**154.91**	**708.17**	**487.51**	**25.62**	**143.31**
成都市	Chengdu	538.19	360.77	24.89	49.69	354.49	253.12	22.74	48.95
自贡市	Zigong	16.39	8.47		1.87	6.20	3.42		2.12
攀枝花市	Panzhihua	6.35	5.78		0.43	3.41	2.88		0.48
泸州市	Luzhou	84.00	72.68	0.03	6.96	31.03	25.06	0.01	4.54
德阳市	Deyang	49.08	36.34		3.87	17.38	13.14		2.50
绵阳市	Mianyang	56.69	44.52	1.18	7.26	22.34	15.74	0.73	4.88
广元市	Guangyuan	26.11	21.58	0.12	3.56	13.42	8.36	0.10	4.68
遂宁市	Suining	39.19	33.81	0.10	3.62	16.02	12.32	0.04	3.04
内江市	Neijiang	38.19	36.41		1.36	13.38	12.22		0.98
乐山市	Leshan	36.67	28.47		3.49	14.28	10.94		2.11
南充市	Nanchong	132.58	98.96	0.16	24.43	77.07	36.09	0.09	35.85
眉山市	Meishan	88.31	75.21		8.00	30.81	24.78		4.25
宜宾市	Yibin	78.75	60.98	0.37	13.74	38.26	27.48	0.16	9.09
广安市	Guangan	37.41	23.89		11.15	15.99	8.30		7.08
达州市	Dazhou	39.36	28.51	0.86	3.02	19.35	12.16	1.26	3.49
雅安市	Yaan	4.34	4.14		0.20	1.10	0.97		0.13
巴中市	Bazhong	35.97	31.18		2.64	13.29	10.46		1.75
资阳市	Ziyang	38.67	23.98	0.83	8.61	18.13	8.54	0.50	6.68
阿坝藏族羌族自治州	Aba								
甘孜藏族自治州	Ganzi	0.12	0.10		0.02	0.09	0.06		0.03
凉山彝族自治州	Liangshan	4.37	3.36		1.01	2.14	1.47		0.67

5-23 各市(州)商品房待售情况(2015年)
Selling of Commercial Houses on Sale by Region(2015)

市(州)	Region	商品房待售面积(万平方米) Space Of Commercial Houses on Sale (10 000 sq.m)	#住宅 Residential Buildings	#办公楼 Office Buildings	#商业营业用房 Houses for Business Use	其中：待售1-3年的面积(万平方米) Space Empty on Sale During 3 Years (10 000 sq.m)	#住宅 Residential Buildings	#办公楼 Office Buildings	#商业营业用房 Houses for Business Use
全 省	**Sichuan**	**2819.13**	**1404.38**	**93.28**	**616.66**	**1509.30**	**756.62**	**41.65**	**329.58**
成都市	Chengdu	1256.95	535.45	80.59	228.35	697.59	307.26	38.12	138.62
自贡市	Zigong	71.20	39.62	0.54	11.47	37.95	13.28	0.16	8.50
攀枝花市	Panzhihua	44.28	15.77	2.34	10.40	8.26	3.45		0.95
泸州市	Luzhou	151.33	100.99	3.27	21.82	69.44	45.48	0.58	12.17
德阳市	Deyang	166.37	65.26	0.54	42.92	98.02	31.78	0.42	30.06
绵阳市	Mianyang	126.04	75.14	0.14	28.41	74.46	41.88	0.01	16.23
广元市	Guangyuan	114.05	44.46	2.46	46.19	42.06	24.78	0.70	9.92
遂宁市	Suining	42.42	25.05		14.49	31.78	15.69		13.63
内江市	Neijiang	64.13	53.59		6.90	12.50	10.28		1.87
乐山市	Leshan	111.75	63.76		26.36	73.56	38.75		16.82
南充市	Nanchong	124.99	82.67	0.16	25.56	59.69	41.44		13.23
眉山市	Meishan	95.49	53.83	0.11	15.09	58.46	29.64	0.10	9.18
宜宾市	Yibin	171.43	91.91	2.57	46.11	95.84	57.82	1.57	18.57
广安市	Guangan	41.80	21.05		16.87	26.89	20.59		3.90
达州市	Dazhou	123.51	63.04	0.50	48.21	64.76	39.55		22.47
雅安市	Yaan	10.45	9.00		1.46	5.06	4.59		0.47
巴中市	Bazhong	63.68	41.17	0.06	16.44	37.52	23.30	0.01	9.01
资阳市	Ziyang	27.25	13.35		7.62	14.17	5.76		4.00
阿坝藏族羌族自治州	Aba								
甘孜藏族自治州	Ganzi	2.73	2.15		0.58				
凉山彝族自治州	Liangshan	9.29	7.14		1.43	1.28	1.28		

主要统计指标解释

全社会固定资产投资 以货币形式表现的在一定时期内全社会建造和购置固定资产的工作量以及与此有关的费用的总称。该指标是反映固定资产投资规模、结构和发展速度的综合性指标，又是观察工程进度和考核投资效果的重要依据。全社会固定资产投资按登记注册类型可分为国有、集体、联营、股份制、私营和个体、港澳台商、外商、其他等。

固定资产投资(不含农户) 指城镇和农村各种登记注册类型的企业、事业、行政单位及城镇个体户进行的计划总投资500万元及500万元以上的建设项目投资和房地产开发投资，包含原口径的城镇固定资产投资加上农村企事业组织项目投资，该口径自2011年起开始使用。

房地产开发投资 指各种登记注册类型的房地产开发法人单位统一开发的包括统代建、拆迁还建的住宅、厂房、仓库、饭店、宾馆、度假村、写字楼、办公楼等房屋建筑物，配套的服务设施，土地开发工程（如道路、给水、排水、供电、供热、通讯、平整场地等基础设施工程）和土地购置的投资；不包括单纯的土地开发和交易活动。

固定资产投资的实际到位资金 根据固定资产投资的资金来源不同，分为国家预算资金、国内贷款、利用外资、自筹资金和其他资金。

(1)国家预算资金 国家预算包括一般预算、政府性基金预算、国有资本经营预算和社保基金预算。各类预算中用于固定资产投资的资金全部作为国家预算资金填报，其中一般预算中用于固定资产投资的部分包括基建投资、车购税、灾后恢复重建基金和其他财政投资。各级政府债券也应归入国家预算资金。

(2)国内贷款 指报告期固定资产项目投资单位向银行及非银行金融机构借入用于固定资产投资的各种国内借款，包括银行利用自有资金及吸收存款发放的贷款、上级主管部门拨入的国内贷款、国家专项贷款（包括煤代油贷款、劳改煤矿专项贷款等），地方财政专项资金安排的贷款、国内储备贷款、周转贷款等。

(3)利用外资 指报告期收到的境外（包括外国及港澳台地区）资金(包括设备、材料、技术在内)。包括对外借款(外国政府贷款、国际金融组织贷款、出口信贷、外国银行商业贷款、对外发行债券和股票)、外商直接投资、外商其他投资(包括利用外商投资收益在国内进行固定资产再投资活动的资金)。不包括我国自有外汇资金(国家外汇、地方外汇、留成外汇、调剂外汇和国内银行自有资金发放的外汇贷款等)。各类外资按报告期末的外汇牌价（中间价）折成人民币计算。

(4)自筹资金 指固定资产投资单位在报告期收到的，由各企、事业单位筹集用于固定资产投资的资金，包括各类企事业单位的自有资金和从其他单位筹集的用于固定资产投资的资金，但不包括各类财政性资金、从各类金融机构借入资金和国外资金。

(5)其他资金 指在报告期收到的除以上各种资金之外的用于固定资产投资的资金，包括社会集资、个人资金、无偿捐赠的资金及其他单位拨入的资金等。

固定资产投资按国民经济行业分 指根据其从事的社会经济活动性质对各类单位进行的分类。应根据建设项目建成投产后的主要产品种类或主要用途及社会经济活动种类来划分，不能根据项目单位本身的行业类别来划分。如果项目投产后有几种产品，应根据主要产品来确定行业类别。一般情况下，一个建设项目只能属于一种国民经济行业。

固定资产投资按隶属关系分 是按建设单位或企业、事业、行政单位的主管上级机关确定的。

(1)中央：是指中共中央、人大常委会和国务院各部、委、局、总公司以及直属机构直接领导的建设项目和企业、事业、行政单位。这些单位的固定资产投资计划由国务院各部门直接编制和下达，统一组织或委托下级实施。包括有中央垂直管理的部门（如国家统计局各级调查队）和中央直属企业、事业单位（如工商银行、中国电信、中国石油）等。

(2)地方：是由省（自治区、直辖市）、地（区、市、州、盟）、县（区、市、旗）三级政府及业务主管部门直接领导和管理的建设项目、企业、事业、行政单位。地方项目还包括不隶属以上各级政府及主管部门的建设项目和企业、事业单位，如外商投资企业和无主管部门的企业等。

固定资产投资按建设性质分 按整个建设项目情况来确定。建设项目的性质一般分为新建、扩建、改建和技术改造、单纯建造生活设施、迁建、恢复、单纯购置。房地产开发单位、农户投资不划分建设性质。

(1)新建：指从无到有"平地起家"开始建设的项目。现有企业、事业、行政单位投资的项目一般不属于新建。但如有的单位原有基础很小，经过建设后新增的固定资产价值超过该企业、事业、行政单位原有固定资产价值（原值）三倍以上的，也应作为新建。

(2)扩建：指在厂内或其他地点，为扩大原有产品的生产能力(或效益)或增加新的产品生产能力，而增建的生产车间(或主要工程)、分厂、独立的生产线的企业、事业单位。行政、事业单位在原单位增建业务性用房(如学校增建教学用房、医院增建门诊部、病房等)也作为扩建。

现有企、事业单位为扩大原有主要产品生产能力或增加新的产品生产能力，增建一个或几个主要生产车间(或主要工程)、分厂，同时进行一些更新改造工程的，也应作为扩建。

(3)改建和技术改造：指现有企业、事业单位对原有设施进行技术改造或更新(包括相应配套的辅助性生产、生活福利设施) 的建设项目。改建项目包括现有企业、事业单位为适应市场变化的需要，而改变企业的主要产品种类(如军工企业转民产品等) 的建设项目，原有产品生产作业线由于各工序(车间)之间能力不平衡，为填平补齐充分发挥原有生产能力而增建不增加本企业主要产品设计能力的车间的建设项目。技术改造是指企业、事业单位在现有基础上，用先进的技术代替落后的技术，用先进的工艺和装备代替落后的工艺和装备，以改变企业落后的技术经济面貌，实现以内涵为主的扩大再生产，达到提高产品质量、促进产品更新换代、节约能源、降低消耗、扩大生产规模、全面提高社会经济效益的目的。技术改造具体包括以下内容：机器设备和工具的更新改造；生产工艺改革、节约能源和原材料的改造；厂房建筑和公共设施的改造；保护环境进行的“三废”治理改造；劳动条件和生产环境的改造等。

固定资产投资按构成分：

(1)建筑工程　指各种房屋、建筑物的建造工程，又称建筑工作量。这部分投资额必须兴工动料，通过施工活动才能实现，是固定资产投资额的重要组成部分。

(2)安装工程　指各种设备、装置的安装工程，又称安装工作量。在安装工程中，不包括被安装设备本身价值。

(3)设备工具器具购置　指报告期内购置或自制的，达到固定资产标准的设备、工具、器具的价值。新建单位及扩建单位的新建车间，按照设计或计划要求购置或自制的全部设备、工具、器具，不论是否达到固定资产标准均计入“设备工具器具购置”中。

(4)其他费用　指在固定资产建造和购置过程中发生的，除上述几项内容以外的应当分摊计入固定资产投资的费用，不指经营中财务上的其他费用。

施工项目个数　是指本年正式进行过建筑或安装施工活动的建设项目个数。包括本年新开工项目，以前年度开工跨入本年继续施工项目，本年全部建成投产项目、以前年度全部停缓建在本年恢复施工的项目，本年进行过施工又在本年内全部停缓建的项目。施工项目个数可以反映一定时期固定资产投资的实际规模，与同期全部建成投产项目个数相比，可以从建设速度的角度反映固定资产投资的效果。

本年投产项目个数　指报告期内按设计文件规定建成主体工程和相应配套的辅助设施，形成生产能力或工程效益，经过验收合格，并且已正式投入生产或交付使用的建设项目。

新增生产能力(或工程效益)　指通过固定资产投资活动而增加的设计能力（或工程效益）。主要指标包括建设规模、本年施工规模、自开始建设累计新增生产能力（或工程效益）、本年新增生产能力（或工程效益）等。

新增固定资产　指已经完成建造和购置过程，并已交付生产或使用单位的固定资产的价值，包括已经建成投入生产或交付使用的工程投资和达到固定资产标准的设备、工具、器具的投资及有关应摊入的费用。该指标是表示固定资产投资成果的价值指标，也是反映建设进度，计算固定资产投资效果的重要指标。

房屋施工面积　指房地产开发企业本年施工的全部房屋建筑面积。包括本年新开工的房屋建筑面积、上年跨入本年继续施工的房屋建筑面积、上年停缓建在本期恢复施工的房屋建筑面积、本年竣工的房屋建筑面积以及本年施工后又停缓建的房屋建筑面积。多层建筑应填各层建筑面积之和。

房屋竣工面积　指房地产开发企业本年按照设计要求已经全部完工，达到住人和使用条件，经验收鉴定合格或达到竣工验收标准，可正式移交使用的各栋房屋建筑面积的总和。

房屋建筑面积竣工率　指一定时期内房屋竣工面积占同期房屋施工面积的比率。它是从房屋建筑施工速度的角度反映投资效果的指标。

项目建成投产率　指一定时期内全部建成投产项目个数与同期施工项目个数的比率。该指标从建设单位建设速度的角度反映投资效果。

固定资产交付使用率　指一定时期新增固定资产与同期完成投资额的比率。它是反映固定资产动用速度，衡量建设过程中宏观投资效果的综合指标。

商品房销售面积　指房地产开发企业本年出售商品房屋的合同总面积(即双方签署的正式买卖合同中所确定的建筑面积)。

商品房销售额　指房地产开发企业本年出售商品房屋的合同总价款(即双方签署的正式买卖合同中所确定的合同总价)。该指标与商品房销售面积同口径。

Explanatory Notes on Main Statistical Indicators

Total Investment in Fixed Assets refers to the volume of activities in construction and purchases of fixed assets and related fees , expressed in monetary terms . It is a comprehensive indicator which shows the size, structure and growth of the investment in fixed assets, providing basis for observing the progress of construction projects and evaluating results of investment. Total investment in fixed assets in the whole country includes, by type of ownership, the investment by the state-owned units, collective-owned units, joint ownership units, share-holding units, private units individuals as well as investments by entrepreneurs from Hong Kong, Macao and Taiwan, foreign investors and others.

Investment in Fixed Assets (Excluding Rural Households) refers to the investment in construction projects with a total planned investment of 5 million yuan(RMB) and over by enterprises of various ownerships, institutions, administrative units and urban self-employed individuals, and the investment in real estate development in both urban and rural areas. Since 2011, it covers the urban investment in fixed assets under the previous statistical coverage plus project investments by rural enterprises and institutions.

Investment in Real Estate Development refers to investment by real estate development companies, commercialized buildings construction companies and other real estate development units of various types of ownership in the construction of buildings, such as residential buildings, factory buildings, warehouses, hotels, guesthouses, holiday villages, office buildings, the complementary service facilities and land development projects, such as roads, water supply, water drainage, power supply, heating supply, telecommunications, land leveling and other infrastructural projects. It does not include activities in pure land transactions.

Actual Funds in Place for Investment in Fixed Assets are categorized as funds from the State budget, domestic loans, foreign investment, self-raised funds, and others, depending on the sources of investment.

(1) Fund from the State budget: State budget consists of general budget, government fund budget, operation budget of state-owned assets and social security fund budget. Funds for investment in fixed assets from various budgets are reported as fund from the state budget, of which, the general budget utilized on fixed assets investment includes investment on infrastructure construction, vehicle purchase tax, post-disaster restoration and reconstruction funds and other financial investment. Government bonds at all levels should also be included.

(2) Domestic loans refer to loans of various forms borrowed by investing units from banks and non-bank financial institutions during the reference period for the purpose of investment in fixed assets, including loans issued by banks from their self-owned funds and deposit, loans appropriated by higher responsible authorities, special loans by government (including loan for substituting petroleum with coal, special loans for reform-through-labour coal mines), loans arranged by local government from special funds, domestic reserve loan, and revolving loan, etc.

(3) Foreign investment refers to overseas (including foreign countries, Hongkong, Macao and Taiwan) funds received during the reference period (covering equipment, materials and technology), including foreign borrowings (loans from foreign governments and international financial institutions, export credit, commercial loans from foreign banks, issue of bonds and stocks overseas), foreign direct investment and other foreign investments (including funds from foreign direct investment income that are reinvested in fixed assets domestically). Excluded from this category is capital in foreign exchanges owned by China (foreign exchanges owned by the central and local governments, foreign exchanges retained by enterprises, foreign exchanges by enterprises through the regulating mechanism, loans in foreign exchanges issued by the Bank of China with its own fund, etc.). In calculating the utilization of foreign capital, foreign currencies are converted into Chinese RMB applying the exchange rate (central parity rate) at the end of the reference period.

(4) Self-raised funds refer to funds for investment in fixed assets received during the reference period by investing units, including investment in fixed assets using own funds of various enterprises and institutions or funds raised from other units other than financial funds, funds borrowed from financial institutions and overseas funds.

(5) Others refer to funds for investment in fixed assets received from sources other than those listed above, including funds raised from individuals and through donations, and funds transferred from other units.

Investment in Fixed Assets by Sector refers to the classification of investment by the nature of social economic activities the investing units are engaged in. The classification of construction projects by sector is determined by the major products or the purpose of the projects when they are put into production or use, and by the nature of their social economic activities, instead of being determined by industrial classification of the project enterprises. The project will be classified according to major product if there are several kinds of products yielded. In general, one project can only be classified into one sector.

Investment in Fixed Assets by Jurisdiction of Management refers to the classification of investment by the competent authorities under which investment is made by construction units, enterprises, institutions or administrative units.

(1) Central investment refers to the investment in projects or by enterprises, institutions or administrative units which are under

the direct leadership and management of the State Council and of the national commissions, ministries, agencies and State-owned large corporations. Various ministries and departments of the State Council prepare and implement plans through unified organization or lower-level commissions, which include departments direct under central government (i.e. survey offices at all level of the National Bureau of Statistics) and enterprises and institutions directly under central government (like the Industrial and Commercial Bank of China, China Telecom and China National Petroleum Corporation)..

(2) Local investment refers to the investment in projects or by enterprises, institutions or administrative units which are under the direct leadership and management of departments under the provincial, prefecture and county governments. Also included are projects by foreign-invested enterprises and enterprises without competent managing authorities.

Investment in Fixed Assets by Sector The classification of construction projects by sector is determined by the major products or the purpose of the projects when they are put into production or use, and by the nature of their social economic activities, instead of being determined by industrial classification of the project enterprises. The project will be classified according to major product if there are several kinds of products yielded, In general, one project can only be classified into one sector.

Investment in Fixed Assets by Jurisdiction of Management refers to the classification of investment by the competent authorities under which investment is made by construction units, enterprises, institutions or administrative units.

(1) Central investment refers to the investment in projects or by enterprises, institutions or administrative units which are under the direct leadership and management of the State Council and of the national commissions, ministries, agencies and State-owned large corporations. Various ministries and departments of the State Council prepare and implement plans through unified organization or lower-level commissions, which include departments direct under central government (i.e. survey offices at all level of the National Bureau of Statistics) and enterprises and institutions directly under central government (like the Industrial and Commercial Bank of China, China Telecom and China National Petroleum Corporation)..

(2) Local investment refers to the investment in projects or by enterprises, institutions or administrative units which are under the direct leadership and management of competent departments and governments at the level of province (autonomous regions and municipalities directly under the Central Government), prefecture （prefectures, cities and leagues） and county (districts, cities and banners). Also included are projects by foreign-invested enterprises and enterprises without competent managing authorities.

Investment in Fixed Assets by Type of Construction Construction projects in general can be classified, by the type of construction, into new construction, expansion, reconstruction and technical transformation, purely construction of living facilities, moving, restoration and purely purchasing. However, investment by type of construction is not applied to investment by real-estate development units and investment by rural households.

(1) New construction in general refers to construction projects, which start from scratch. The existing projects invested by enterprises, institutions and administrative agencies cannot be classified as new construction. In case the size of the existing unit is quite small, and the value of newly added fixed assets is more than three times of the original value, the expansion will be considered as new construction.

(2) Expansion refers to construction of new production workshop, branch factory or independent production line within a factory or in other locations, for the purpose of increasing the production capacity (or improving efficiency) or adding new production capacity by enterprises and institutions. Newly constructed accommodation for the operation of institutions and administrative organizations (such as newly constructed buildings for teaching in schools, buildings for clinics or wards in hospitals, etc.) are also classified as expansion.

Also included in expansion are investments by existing enterprises or institutions in building major production line(s) or branch factory (ies) along with some work on innovation, for the purpose of expanding the production capacity of original products or producing new products.

(3) Reconstruction and technical transformation refers to construction projects by existing enterprises or institutions in innovation or technical transformation of the old facilities (including auxiliary production equipment and welfare facilities). Also considered as reconstruction is the construction of new workshops by the existing enterprises or institutions to change the variety of products to meet the market demand (such as the production of civil products by defence industries), or to bring the designed production capacity into full play through a more balanced production process on production lines. Technical transformation refers to replacement of old technology or equipment by new technology or equipment, in order to expand the reproduction through improvement of technology contents in production, to improve product quality, to promote new products, to save energy, to reduce consumption, to expand the production scale and to improve overall social-economic efficiency. Contents of technical transformation include: updating of machinery, equipment and tools; reforming production process by using energy or materials saving technology; construction of factory workshops and transformation of public facilities; treatment transformation of “three wastes” (waste gas, waste water and industrial residue) aiming at environmental protection; improvement of working conditions and environment, etc.

Investment in Fixed Assets by Structure

(1) Construction refers to the construction of houses and buildings, also known as work volume of construction. This part of

investment can only be achieved through construction activities, it is the major component of the total investment in fixed assets.

(2) Installation refers to the installation of various kinds of equipment and instruments, also known as work volume of installation.

The value of equipment installed itself is not included in the value of installation projects.

(3) Purchase of equipment and instruments refers to the total value of equipment, tools, and instruments purchased or self-produced which come up to the cut-off point for fixed assets during the reference period. Equipment, tools and instruments purchased or self-produced for new workshops by newly established or expanded units are categorized as "purchase of equipment and instruments" no matter whether they come up to the cut-off point for fixed assets.

(4) Other expenses refers to expenses arising during the construction or purchase of fixed assets other than those expenses on construction, installation and purchase of equipment and instruments. Other financial expenses arising in operation are not included.

Number of Projects under Construction refers to number of all projects with construction activities newly started in current year or left-over from the previous year in the reference period. All projects that have construction activities undertaken during the reference period are reported as projects under construction irrespective of the length of construction work. The number of projects under construction can reflect the actual size of investment in fixed as sets during a given period, and when compared with the number of projects completed and put into use during the same period, it demonstrates the results of investment in fixed as sets.

Projects Completed and Put into Use This Year refers to projects have been completed in accordance with the design documents, resulting in forming production capacity (efficiency) and have been checked and accepted after relevant tests, and have been formally delivered for use.

Newly Increased Production Capacity (or Project Efficiency) refers to the increase of designed capacity (or project efficiency) through investment in fixed assets. The main indicators include: construction scale, scale of projects under construction in current year, the accumulated newly increased production capacity (project efficiency) since the start of the projects and the newly increased production capacity (project efficiency) of current year.

Newly Increased Fixed Assets refers to the value of fixed assets that has completed the construction and purchase, and has been delivered to the production or owner units, including investment in projects that have been completed and put into operation in current year and the investment in equipment, tools and appliance that meet the standard of fixed assets and fees that should be apportioned. This is an indicator that demonstrates the results of investment in fixed assets in monetary terms, and an important indicator to reflect the speed of construction and to calculate the efficiency of investment.

Floor Space of Building Under Construction refers to the total floor space of the buildings under construction in the year by real estate development enterprises. It includes buildings started in the year, continued from the previous year, suspended in earlier years but restarted in the year, completed in the year, and started in the year but suspended in the year as well. The floor space of a multi-storied building should be the sum of floor space of all the stories.

Floor Space of Buildings Completed refers to the total floor space area of the buildings completed in the year by real estate development enterprises, which meet the requirements as designed, reach the criteria set for people to live in or use, have passed the acceptance checks, and are ready for delivery or use.

Completion Rate of Floor Space of Buildings refers to the ratio of the floor space of buildings completed in certain period of time to the floor space of buildings under construction in the same period. this indicator reflects the investment result from the perspective of the speed of construction.

Completion Rate of Floor Space of Building refers to the ratio of the number of the floor space of all buildings completed in certain period of time to floor space of building under construction in the same period. This indicator reflects the investment result from the perspective of the speed of construction.

Rate of Construction Projects Completed and Put into Use refers to the ratio of the number of construction projects completed and put into use in certain period of time to the number of projects under construction in the same period. This reflects the investment efficiency from the perspective of the speed of projects construction.

Rate of Projects of Fixed Assets completed and Put into Operation refers to the ratio of the newly increased fixed assets to the total investment made in the same period. This is a comprehensive indicator reflecting the speed of the employment of fixed assets and the investment efficiency at the macro-level.

Area of Commercialized Housing Sold refers to total contracted area of commercialized housing (i.e. area of floor space as designated in the formal contracts signed by both sides) sold by real estate development enterprises during the reference time.

Value of Commercialized Housing Sold refers to the total contracted value (i.e. value of sales/purchase for selling/purchase of commercialized housing as designated in the contract signed by both sides) received from the sales of the buildings by real estate development enterprises during the reference time. This indicator has the same coverage as the area of commercialized housing sold.

能源

ENERGY

6-1 综合能源平衡表
Overall Energy Balance Sheet

单位：万吨标准煤 (10 000 tons SCE)

项 目	Item	2014	2015
可供消费的能源总量	**Total Energy Available for Consumption**	**19878.7**	**19888.1**
一次能源生产量	Primary Energy Output	16555.2	16995.7
外省(区、市)调入量	Imports from Other Provinces	8725.7	8861.4
进口量	Imports		
我轮、机在外国加油量	Chinese Airplanes and Ships in Refueling Abroad	5.3	7.3
本省(区、市)调出量(-)	Exports from Sichuan(-)	5469.0	5913.4
出口量(-)	Exports(-)		
外轮、机在我国加油量(-)	Foreign Airplanes and Ships in Refueling in China	10.1	15.1
年初年末库存差额	Stock Changes in the Year	71.5	-47.8
年初库存量	Stock (year-beginning)	762.0	695.2
年末库存量(-)	Stock (year-end)(-)	690.5	743.1
能源消费总量	**Total Energy Consumption**	**19878.7**	**19888.1**
在总量中：	Consumption by Sector		
1.农、林、牧、渔业	1.Farming, Forestry, Animal Husbandry,Fishery	290.1	299.0
2.工业	2.Industry	14191.0	13937.7
3.建筑业	3.Construction	419.2	439.8
4.交通运输、仓储和邮政业	4.Transport, Storage and Post	1253.8	1265.5
5.批发、零售业和住宿、餐饮业	5.Wholesale and Retail Trades, Hotels and Catering Services	746.6	764.4
6.其他	6.Others	739.5	816.4
7.生活消费	7.Residential Consumption	2238.5	2365.3
在总量中：	Consumption by Usage		
1.终端消费	1.Final Consumption	18810.0	19000.8
#工业	Industry	13209.6	13114.5
2.加工转换损失	2.Losses in Processing and Transformation	417.6	251.0
火力发电损失	Thermal Power Generation		
供热损失	Heating	58.9	44.1
洗选煤损失	Coal Washing and Dressing	573.0	362.0
炼焦损失	Coking	68.5	75.6
炼油损失	Petroleum Refining	284.7	350.4
制气损失	Gas Production	0.4	
煤制品加工损失	Coal Products Processing	5.4	6.0
天然气液化损失	Natural Gas Liquefying	3.0	3.8
回收能	Recovery of Energy	-576.4	-591.0
3.损失量	3.Other Losses	651.1	636.3
平衡差额	**Balance**		

注：本表按等价值计算。
a)Data in this table are calculated at equal value.

6–2 能源生产量和构成
Total Production of Energy and its Composition

单位：万吨标准煤，% (10 000 tons SCE，%)

项　目	Item	2014	2015
一次能源产量	**Primaty Energy Output**		
标准量（当量值）	Standard Volume(Heat Value Equivalent)	11624.8	11291.8
构成(按当量值计算)	Composition(Calculated on the Basic of Heat Value Equivalent)	100.0	100.0
标准量（电力等价值）	Standard Volume(Equal Electricity Value)	16555.2	16995.7
构成(按等价值计算)	Composition(Calculated on the Basic of Equal Electricity Value)	100.0	100.0
原煤	**Coal**		
实物量(万吨)	Physical Volume(10 000 tons)	7662.8	6406.5
标准量（当量值）	Standard Volume(Heat Value Equivalent)	5161.2	4300.3
构成(按当量值计算)	Composition(Calculated on the Basic of Heat Value Equivalent)	44.4	38.1
标准量（电力等价值）	Standard Volume(Equal Electricity Value)	5161.2	4300.3
构成(按等价值计算)	Composition(Calculated on the Basic of Equal Electricity Value)	31.2	25.3
原油	**Crude Oil**		
实物量(万吨)	Physical Volume(10 000 tons)	19.2	15.4
标准量（当量值）	Standard Volume(Heat Value Equivalent)	27.4	22.0
构成(按当量值计算)	Composition(Calculated on the Basic of Heat Value Equivalent)	0.2	0.2
标准量（电力等价值）	Standard Volume(Equal Electricity Value)	27.4	22.0
构成(按等价值计算)	Composition(Calculated on the Basic of Equal Electricity Value)	0.2	0.1
天然气	**Natural Gas**		
实物量(亿立方米)	Physical Volume(100 million cu.m)	253.5	267.2
标准量（当量值）	Standard Volume(Heat Value Equivalent)	3371.9	3553.8
构成(按当量值计算)	Composition(Calculated on the Basic of Heat Value Equivalent)	29.0	31.5
标准量（电力等价值）	Standard Volume(Equal Electricity Value)	3371.9	3553.8
构成(按等价值计算)	Composition(Calculated on the Basic of Equal Electricity Value)	20.4	20.9
水、核电	**Hydropower and Nuclear Power**		
实物量(亿千瓦小时)	Physical Volume(100 million kwh)	2493.3	2779.2
标准量（当量值）	Standard Volume(Heat Value Equivalent)	3064.3	3415.7
构成(按当量值计算)	Composition(Calculated on the Basic of Heat Value Equivalent)	26.4	30.2
标准量（电力等价值）	Standard Volume(Equal Electricity Value)	7994.7	9119.6
构成(按等价值计算)	Composition(Calculated on the Basic of Equal Electricity Value)	48.3	53.7

6-3 能源消费量和构成
Total Consumption of Energy and its Composition

单位：万吨标准煤，%　　(10 000 tons SCE，%)

项　目	Item	2014	2015
能源消费总量	**Total Energy Consumption**		
标准量（当量值）	Standard Volume(Heat Value Equivalent)	16973.8	16680.1
构成(按当量值计算)	Composition(Calculated on the Basic of Heat Value Equivalent)	100.0	100.0
标准量（电力等价值）	Standard Volume(Equal Electricity Value)	19878.7	19888.1
构成(按等价值计算)	Composition(Calculated on the Basic of Equal Electricity Value)	100.0	100.0
煤品燃料	**Coal Products Fuel**		
标准量（当量值）	Standard Volume(Heat Value Equivalent)	8500.1	7539.3
构成(按当量值计算)	Composition(Calculated on the Basic of Heat Value Equivalent)	50.1	45.2
标准量（电力等价值）	Standard Volume(Equal Electricity Value)	8500.1	7539.3
构成(按等价值计算)	Composition(Calculated on the Basic of Equal Electricity Value)	42.8	37.9
油品燃料	**Oil Fuel**		
标准量（当量值）	Standard Volume(Heat Value Equivalent)	3930.1	4355.5
构成(按当量值计算)	Composition(Calculated on the Basic of Heat Value Equivalent)	23.2	26.1
标准量（电力等价值）	Standard Volume(Equal Electricity Value)	3930.1	4355.5
构成(按等价值计算)	Composition(Calculated on the Basic of Equal Electricity Value)	19.8	21.9
天然气	**Natual Gas**		
标准量（当量值）	Standard Volume(Heat Value Equivalent)	2196.8	2274.0
构成(按当量值计算)	Composition(Calculated on the Basic of Heat Value Equivalent)	12.9	13.6
标准量（电力等价值）	Standard Volume(Equal Electricity Value)	2196.8	2274.0
构成(按等价值计算)	Composition(Calculated on the Basic of Equal Electricity Value)	11.1	11.4
水、核电	**Hydropower and Nuclear power**		
标准量（当量值）	Standard Volume(Heat Value Equivalent)	3064.3	3415.7
构成(按当量值计算)	Composition(Calculated on the Basic of Heat Value Equivalent)	18.1	20.5
标准量（电力等价值）	Standard Volume(Equal Electricity Value)	7994.7	9119.6
构成(按等价值计算)	Composition(Calculated on the Basic of Equal Electricity Value)	40.2	45.9
电力净调入(+)、调出(－)量	**Net Amount of Electricity Transferred in (+) and out(-)**		
标准量（当量值）	Standard Volume(Heat Value Equivalent)	-1258.9	-1494.6
构成(按当量值计算)	Composition(Calculated on the Basic of Heat Value Equivalent)	-7.4	-9.0
标准量（电力等价值）	Standard Volume(Equal Electricity Value)	-3284.4	-3990.6
构成(按等价值计算)	Composition(Calculated on the Basic of Equal Electricity Value)	-16.5	-20.1
其他能源	**Other Energy**		
标准量（当量值）	Standard Volume(Heat Value Equivalent)	541.5	590.3
构成(按当量值计算)	Composition(Calculated on the Basic of Heat Value Equivalent)	3.2	3.5
标准量（电力等价值）	Standard Volume(Equal Electricity Value)	541.5	590.3
构成(按等价值计算)	Composition(Calculated on the Basic of Equal Electricity Value)	2.7	3.0

6–4 主要能源库存量和周转天数
Stock and Revolving Days of Main Energy

单位：万吨，天 (10 000 tons,day)

项　目	Item	2014	2015
煤炭	**Coal**		
年末库存量	Stock (year-end)	611.6	664.9
消费量	Consumption	11045.4	9288.9
库存周转天数	Revolving Days of Stock	20.2	26.1
原煤	**Raw Coal**		
年末库存量	Stock (year-end)	440.6	496.2
消费量	Consumption	11053.7	8636.7
库存周转天数	Revolving Days of Stock	14.5	21.0
洗精煤	**Coal Washed and Dressed**		
年末库存量	Stock (year-end)	142.2	119.3
消费量	Consumption	3042.5	2589.2
库存周转天数	Revolving Days of Stock	17.1	16.8
其它洗煤	**Other Washed Coal**		
年末库存量	Stock (year-end)	21.4	46.3
消费量	Consumption	1193.8	1168.8
库存周转天数	Revolving Days of Stock	6.5	14.5
焦炭	**Coke**		
年末库存量	Stock (year-end)	31.2	68.8
消费量	Consumption	1863.9	1853.3
库存周转天数	Revolving Days of Stock	6.1	13.5
石油	**Petroleum**		
年末库存量	Stock (year-end)	146.7	140.0
消费量	Consumption	2724.1	3029.1
库存周转天数	Revolving Days of Stock	19.7	16.9
原油	**Crude Oil**		
年末库存量	Stock (year-end)	65.3	52.8
消费量	Consumption	865.4	989.6
库存周转天数	Revolving Days of Stock	27.5	19.5
汽油	**Gasoline**		
年末库存量	Stock (year-end)	22.7	20.8
消费量	Consumption	829.8	895.0
库存周转天数	Revolving Days of Stock	10.0	8.5
煤油	**Kerosene**		
年末库存量	Stock (year-end)	6.3	2.9
消费量	Consumption	250.5	278.2
库存周转天数	Revolving Days of Stock	9.2	3.9
柴油	**Diesel Oil**		
年末库存量	Stock (year-end)	47.0	45.5
消费量	Consumption	748.6	814.8
库存周转天数	Revolving Days of Stock	22.9	20.4
燃料油	**Fuel Oil**		
年末库存量	Stock (year-end)		3.8
消费量	Consumption	125.7	135.7
库存周转天数	Revolving Days of Stock		10.3

6–5 能源加工转换情况
Statistics of Energy Conversion

单位：万吨标准煤，%　　　　(10 000 tons SCE , %)

项　目	Item	2014	2015
合计	**Total**		
投入量	Input	9259.0	7756.9
产出量	Output	7106.0	5990.8
转换损失量	Losses in Conversion	2153.0	1766.2
转换效率	Conversion Efficiency	76.7	77.2
火电	**Thermal Power Generation**		
投入量	Input	1879.4	1477.6
产出量	Output	720.4	553.4
转换损失量	Losses in Conversion	1159.1	924.2
转换效率	Conversion Efficiency	38.3	37.5
供热	**Heating**		
投入量	Input	270.8	187.4
产出量	Output	211.9	143.3
转换损失量	Losses in Conversion	58.9	44.1
转换效率	Conversion Efficiency	78.2	76.5
洗煤	**Coal Washing and Dressing**		
投入量	Input	3920.0	2696.6
产出量	Output	3347.0	2334.5
转换损失量	Losses in Conversion	573.0	362.0
转换效率	Conversion Efficiency	85.4	86.6
炼焦	**Coking**		
投入量	Input	1731.2	1651.2
产出量	Output	1662.7	1575.6
转换损失量	Losses in Conversion	68.5	75.6
转换效率	Conversion Efficiency	96.0	95.4
炼油	**Refined Oil**		
投入量	Input	1381.6	1593.7
产出量	Output	1097.0	1243.2
转换损失量	Losses in Conversion	284.7	350.4
转换效率	Conversion Efficiency	79.4	78.0

6-6 煤炭平衡表
Coal Balance Sheet

单位：万吨 (10 000 tons)

项　目	Item	2014	2015
可供量	**Total Energy Available for Consumption**	**11045.4**	**9288.9**
生产量	Output	7662.8	6406.5
外省(区、市)调入量	Imports from Other Provinces	3376.1	3068.0
进口量	Imports		
本省(区、市)调出量(-)	Exports from Sichuan(-)	173.8	132.2
出口量(-)	Exports(-)		
年初年末库存差额	Stock Changes in the Year	180.3	-53.3
年初库存量	Stock (year-beginning)	791.8	611.6
年末库存量(-)	Stock (year-end)(-)	611.6	664.9
消费量	**Total Energy Consumption**	**11045.4**	**9288.9**
在总量中：	Consumption by Sector		
1.农、林、牧、渔业	1.Farming, Forestry, Animal Husbandry, Fishery	8.0	7.7
2.工业	2.Industry	10687.0	8941.2
3.建筑业	3.Construction	11.2	23.5
4.交通运输、仓储和邮政业	4.Transport, Storage and Post	4.9	4.5
5.批发、零售业和住宿、餐饮业	5.Wholesale and Retail Trades, Hotels and Catering Services	32.0	29.9
6.其他	6.Others	26.0	24.3
7.生活消费	7.Residential Consumption	276.4	257.8
在总量中：	Consumption by Usage		
1.终端消费	1.Final Consumption	5002.0	4669.0
#工业	Industry	4643.6	4321.4
2.用于加工转换	2. Consumed in Transformation	6043.4	4619.9
火力发电	Thermal Power Generation	2497.7	1772.8
供热	Heating	174.1	152.2
洗煤损耗	Coal Washing and Dressing	1428.3	845.6
炼焦	Coking	1940.8	1847.9
炼油及煤制油	Refining and Coal Liquefaction		
制气	Gas Production	1.8	
型煤加工损耗	Coal Products Processing Losses	0.7	1.3
3.损失量	3.Other Losses		
平衡差额	**Balance**		

6–7 石油平衡表
Petroleum Balance Sheet

单位：万吨 (10 000 tons)

项 目	Item	2014	2015
可供量	**Total Energy Available for Consumption**	**2724.1**	**3029.1**
生产量	Output	19.2	15.4
外省(区、市)调入量	Imports from Other Provinces	2745.7	3008.8
进口量	Imports		
我轮、机在外国加油量	Chinese Airplanes and Ship in Refueling Abroad	3.6	5.0
本省(区、市)调出量(-)	Exports from Sichuan(-)		
出口量(-)	Exports(-)		
外轮、机在我国加油量(-)	Foreign Airplanes and Ships in Refueling in China	6.9	10.2
年初年末库存差额	Stock Changes in the Year	-37.5	10.1
年初库存量	Stock (year-beginning)	109.2	150.2
年末库存量(-)	Stock (year-end)(-)	146.7	140.0
消费量	**Total Energy Consumption**	**2724.1**	**3029.1**
在总量中：	Consumption by Sector		
1.农、林、牧、渔业	1.Farming, Forestry, Animal Husbandry, Fishery	169.8	166.2
2.工业	2.Industry	918.1	1258.9
3.建筑业	3.Construction	201.1	212.3
4.交通运输、仓储和邮政业	4.Transport, Storage and Post	639.9	602.1
5.批发、零售业和住宿、餐饮业	5.Wholesale and Retail Trades, Hotels and Catering Services	218.0	206.0
6.其他	6.Others	207.7	221.6
7.生活消费	7.Residential Consumption	369.7	362.0
在总量中：	Consumption by Usage		
1.终端消费	1.Final Consumption	2467.9	2745.6
#工业	Industry	661.8	975.4
2.用于加工转换	2.Consumed in Transformation	256.3	283.5
火力发电	Thermal Power Generation	0.7	0.5
供热	Heating	44.0	15.4
炼油损耗	Losses in Petroleum Refining	211.5	267.6
制气	Gas Production		
3.损失量	3.Other Losses		
平衡差额	**Balance**		

6-8 天然气平衡表
Natural Gas Balance Sheet

单位：亿立方米 (100 million cu.m)

项　目	Item	2014	2015
可供量	**Total Energy Available for Consumption**	**165.2**	**171.0**
生产量	Output	253.5	267.2
外省(区、市)调入量	Imports from Other Provinces	54.2	28.9
进口量	Imports		
我轮、机在外国加油量	Chinese Airplanes and Ship in Refueling Abroad		
本省(区、市)调出量(-)	Exports from Sichuan(-)	142.5	125.2
出口量(-)	Exports(-)		
外轮、机在我国加油量(-)	Foreign Airplanes and Ships in Refueling in China		
年初年末库存差额	Stock Changes in the Year		
年初库存量	Stock (year-beginning)		
年末库存量(-)	Stock (year-end)(-)		
消费量	**Total Energy Consumption**	**165.2**	**171.0**
在总量中：	Consumption by Sector		
1.农、林、牧、渔业	1.Farming, Forestry, Animal Husbandry, Fishery		
2.工业	2.Industry	108.1	103.4
3.建筑业	3.Construction		
4.交通运输、仓储和邮政业	4.Transport, Storage and Post	14.7	19.3
5.批发、零售业和住宿、餐饮业	5.Wholesale and Retail Trades, Hotels and Catering Services	8.5	9.0
6.其他	6.Others		
7.生活消费	7.Residential Consumption	33.8	39.2
在总量中：	Consumption by Usage		
1.终端消费	1.Final Consumption	151.5	157.7
#工业	Industry	101.0	94.8
2.用于加工转换	2.Consumed in Transformation	6.5	8.6
火力发电	Thermal Power Generation	2.0	4.6
供热	Heating	4.6	3.0
制气	Gas Production		
天然气液化	Liquefied Natural Gas	0.6	0.9
3.损失量	3.Other Losses	6.5	4.8
平衡差额	**Balance**		

6–9 电力平衡表
Electricity Balance Sheet

单位：亿千瓦小时 (100 million kwh)

项　目	Item	2014	2015
可供量	**Total Energy Available for Consumption**	**2055.2**	**2013.4**
生产量	Output	3079.5	3229.6
火力发电	Thermal Power	586.2	450.3
水力发电、核发电、其它发电	Hydropower, Nuclear Power and Other Power	2493.3	2779.2
外省(区、市)调入量	Imports from Other Provinces	52.2	50.5
进口量	Imports		
本省(区、市)调出量(-)	Exports from Sichuan(-)	1076.5	1266.7
出口量(-)	Exports(-)		
消费量	**Total Energy Consumption**	**2055.2**	**2013.4**
在总量中:	Consumption by Sector		
1.农、林、牧、渔业	1.Farming, Forestry, Animal Husbandry, Fishery	11.5	12.4
2.工业	2.Industry	1422.7	1342.5
3.建筑业	3.Construction	41.6	39.4
4.交通运输、仓储和邮政业	4.Transport, Storage and Post	35.3	36.6
5.批发、零售业和住宿、餐饮业	5.Wholesale and Retail Trades, Hotels and Catering Services	90.1	97.1
6.其他	6.Others	129.9	144.6
7.生活消费	7.Residential Consumption	324.1	340.8
在总量中:	Consumption by Usage		
1.终端消费	1.Final Consumption	1879.4	1839.1
#工业	Industry	1246.9	1168.1
2. 输配电损失量	2.Power Transmission and Distribution	175.8	174.4
平衡差额	**Balance**		

6–10 各市(州)单位地区生产总值能耗(等价值)
Energy Comsumption of Unit GDP by Region(Equivalent Value)

单位：吨标准煤/万元 (tons SCE/10 000 yuan)

市(州)	Region	2010	2011	2012	2013	2014	2015
全 省	**Sichuan**	**0.929**	**0.890**	**0.826**	**0.786**	**0.749**	**0.695**
成都市	Chengdu	0.572	0.548	0.509	0.485	0.495	0.476
自贡市	Zigong	0.778	0.747	0.692	0.654	0.612	0.548
攀枝花市	Panzhihua	2.181	2.086	1.981	1.916	1.755	1.576
泸州市	Luzhou	1.027	0.990	0.928	0.889	0.853	0.794
德阳市	Deyang	0.889	0.852	0.791	0.751	0.734	0.677
绵阳市	Mianyang	0.836	0.803	0.746	0.707	0.667	0.605
广元市	Guangyuan	0.797	0.772	0.732	0.693	0.647	0.622
遂宁市	Suining	0.873	0.845	0.784	0.751	0.707	0.639
内江市	Neijiang	1.237	1.184	1.107	1.073	1.011	0.931
乐山市	Leshan	1.538	1.479	1.371	1.302	1.216	1.115
南充市	Nanchong	0.810	0.781	0.744	0.710	0.680	0.642
眉山市	Meishan	1.101	1.049	0.980	0.930	0.865	0.773
宜宾市	Yibin	0.918	0.923	0.899	0.862	0.813	0.733
广安市	Guangan	0.932	0.891	0.827	0.790	0.759	0.701
达州市	Dazhou	1.165	1.122	1.043	0.994	0.925	0.870
雅安市	Yaan	1.113	1.076	1.004	0.970	0.939	0.881
巴中市	Bazhong	0.737	0.721	0.703	0.683	0.648	0.636
资阳市	Ziyang	0.706	0.679	0.630	0.600	0.569	0.524
阿坝藏族羌族自治州	Aba	1.802	1.892	1.817	1.721	1.841	1.752
甘孜藏族自治州	Ganzi	0.692	0.677	0.661	0.635	0.619	0.622
凉山彝族自治州	Liangshan	0.802	0.767	0.716	0.755	0.704	0.674

注：地区生产总值按2010年价格计算。
a) Gross regional product is calculated at 2010 prices.

6-11 各市(州)单位工业增加值能耗(等价值)

Energy Comsumption of Unit Added Value of Industry by Region(Equivalent Value)

单位：吨标准煤/万元 (tons SCE/10 000 yuan)

市(州)	Region	2010	2011	2012	2013	2014	2015
全　省	**Sichuan**	**1.996**	**1.841**	**1.615**	**1.506**	**1.385**	**1.218**
成都市	Chengdu	1.261	1.149	0.979	0.849	0.967	0.891
自贡市	Zigong	2.138	1.933	1.651	1.473	1.063	0.839
攀枝花市	Panzhihua	3.796	3.430	3.114	2.920	2.542	2.131
泸州市	Luzhou	2.941	2.660	2.422	2.207	2.074	1.784
德阳市	Deyang	1.860	1.643	1.417	1.264	1.122	0.967
绵阳市	Mianyang	2.560	2.359	2.033	1.797	1.668	1.336
广元市	Guangyuan	2.850	2.726	2.559	2.351	2.071	1.971
遂宁市	Suining	2.582	2.401	2.119	1.947	1.734	1.442
内江市	Neijiang	3.628	3.249	2.842	2.696	2.413	2.063
乐山市	Leshan	3.275	2.994	2.593	2.367	2.179	1.979
南充市	Nanchong	1.879	1.671	1.516	1.397	1.246	1.157
眉山市	Meishan	3.384	2.974	2.639	2.363	2.082	1.643
宜宾市	Yibin	2.040	2.238	2.198	2.011	1.828	1.459
广安市	Guangan	3.797	3.331	2.811	2.466	2.300	1.906
达州市	Dazhou	4.298	3.919	3.433	3.165	2.811	2.622
雅安市	Yaan	1.849	1.713	1.471	1.366	1.283	1.167
巴中市	Bazhong	2.179	2.108	1.975	1.823	1.396	1.371
资阳市	Ziyang	1.517	1.387	1.194	1.084	0.966	0.885
阿坝藏族羌族自治州	Aba	2.332	3.015	2.766	2.376	2.585	2.451
甘孜藏族自治州	Ganzi	1.273	1.154	0.935	0.874	0.803	0.820
凉山彝族自治州	Liangshan	1.640	1.456	1.251	1.373	1.198	1.180

注：工业增加值按上年价格计算。

a) The added value of industry is calculated at prices of the preceding year.

6-12 能源生产和能源消费弹性系数
Elasticity Coefficient of Energy Production and Consumption

项　目	Item	2014	2015
能源生产	**Energy Production**		
能源生产比上年增长 (%)	Energy Production over the Previous Year (%)	12.39	2.70
电力生产比上年增长 (%)	Electricity Production over the Previous Year (%)	16.14	4.87
地区生产总值比上年增长 (%)	Gross Regional Product over the Previous Year (%)	8.50	7.87
能源生产弹性系数	Elasticity Coefficient of Energy Production	1.46	0.34
电力生产弹性系数	Elasticity Coefficient of Electricity Production	1.90	0.62
能源消费	**Energy Consumption**		
能源消费比上年增长 (%)	Energy Consumption over the Previous Year (%)	3.47	0.05
电力消费比上年增长 (%)	Electricityc Consumption over the Previous Year (%)	3.55	-2.03
地区生产总值比上年增长 (%)	Gross Regional Product over the Previous Year (%)	8.50	7.87
能源消费弹性系数	Elasticity Coefficient of Energy Consumption	0.41	0.01
电力消费弹性系数	Elasticity Coefficient of Electricity Consumption	0.42	-0.26

注：地区生产总值增长速度按可比价格计算。
a) Gross regional product growth rate is calculated at constant prices .

主要统计指标解释

能源生产总量　指一定时期内，全省一次能源生产量的总和。该指标是观察全省能源生产水平、规模、构成和发展速度的总量指标。一次能源生产量包括原煤、原油、天然气、水电、核能及其他动力能(如风能、地热能等)发电量，不包括低热值燃料生产量、太阳热能等的利用和由一次能源加工转换而成的二次能源产量。

能源消费总量　指一定地域内，国民经济各行业和居民家庭在一定时间消费的各种能源的总和。包括：原煤、原油、天然气、水能、核能、风能、太阳能、地热能、生物质能等一次能源；一次能源通过加工转换产生的洗煤、焦炭、煤气、电力、热力、成品油等二次能源和同时产生的其他能源；其他化石能源、可再生能源和新能源。其中水能、风能、太阳能、地热能、生物质能等可再生能源，是指人们通过一定技术手段获得的，并作为商品能源使用的部分。在核算过程中，一次能源、二次能源消费不能重复计算。

能源消费总量分为终端能源消费量、能源加工转换损失量和能源损失量三部分。

(1)终端能源消费量：指一定时期内，全省生产和生活消费的各种能源在扣除了用于加工转换二次能源消费量和损失量以后的数量。

(2)能源加工转换损失量：指一定时期内，全省投入加工转换的各种能源数量之和与产出各种能源产品之和的差额。该指标是观察能源在加工转换过程中损失量变化的指标。

(3)能源损失量：指一定时期内，能源在输送、分配、储存过程中发生的损失和由客观原因造成的各种损失量，不包括各种气体能源放空、放散量。

能源生产弹性系数　是研究能源生产增长速度与国民经济增长速度之间关系的指标。计算公式为：

$$\text{能源生产弹性系数} = \frac{\text{能源生产总量年平均增长速度}}{\text{国民经济年平均增长速度}}$$

国民经济年平均增长速度，可根据不同的目的或需要，用国民生产总值、国内生产总值等指标来计算，本年鉴是采用国内生产总值指标计算的。

Explanatory Notes on Main Statistical Indicators

Total Energy Production refers to the total production of primary energy by all energy producing enterprises in the province in a given period of time. It is a comprehensive indicator to show the capacity, scale, composition and development of energy production of the province. The production of primary energy includes that of coal, crude oil, natural gas, hydro-power and electricity generated by nuclear energy and other means such as wind power and geothermal power. However, it excludes the production of fuels of low calorific value, solar thermal and the secondary energy converted from the primary energy.

Total Energy Consumption refers to the total consumption of energy of various kinds by the production sectors of the economy and the households in a given period of time. It includes the primary kinds of energy such as coal, crude oil, natural gas, hydro-power, nuclear power, wind power, solar power, geothermal power and bio-energy; the secondary kinds of energy and their products which are transformed from the primary energy such as washed coal, coke, coal gas, electricity, heating, and petroleum products; and other kinds of fossil energy, renewable energy and new energy. The renewable energy, including hydro-power, wind power, solar power, geothermal power and bio-energy, refers to the part attained with some given technical means and used for commercial purposes. Total energy consumption can be divided into three parts: end-use energy consumption, loss during the process of energy conversion and energy loss.

(1) End-use Energy Consumption: It refers to the total energy consumption by material production sectors, non material production sectors and households in the province in a given period of time, but excludes the consumption in conversion of the primary energy into the secondary energy and the loss in the process of energy conversion.

(2) Loss During the Process of Energy Conversion: It refers to the total input of various kinds of energy for conversion, minus the total output of various kinds of energy in the province in a given period of time. It is an indicator to show the loss that occurs during the process of energy conversion.

(3) Energy Loss: It refers to the total of the loss of energy during the course of energy transport, distribution and storage and the loss caused by any objective reason in a given period of time. The loss of various kinds of gas due to gas discharges and stocktaking is excluded.

Elasticity Ratio of Energy Production is an indicator to show the relationship between the growth rate of energy production and the growth rate of the national economy. The formula is:

Elasticity Ratio of Energy Production = Average Annual Growth Rate of Energy Production / Average Annual Growth Rate of National Economy

The average annual growth rate of the national economy can be shown by the gross national product, gross domestic product and other indicators, depending upon the purposes or needs. The gross domestic product is used in calculation of the ratio in this chapter.

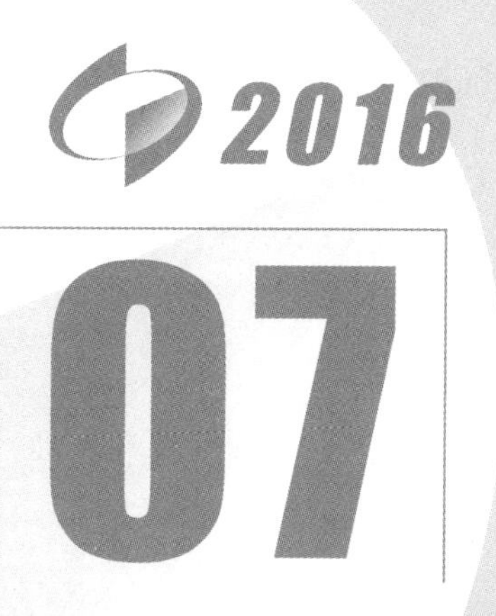

资源和环境

RESOURCES
AND ENVIRONMENT

7-1 主要城市平均气温(2015年)
Monthly Average Temperature of Major Cities(2015)

单位：摄氏度 (℃)

城市	City	1月 Jan.	2月 Feb.	3月 Mar.	4月 Apr.	5月 May	6月 June	7月 July	8月 Aug.	9月 Sept.	10月 Oct.	11月 Nov.	12月 Dec.	年平均 Annual Average
成都市	Chengdu	6.8	8.6	13.3	17.6	22.0	23.9	25.1	23.9	21.1	18.2	13.5	7.4	16.8
自贡市	Zigong	9.3	11.5	16.2	20.5	23.6	25.6	27.2	26.4	22.7	20.0	16.1	10.0	19.1
攀枝花市	Panzhihua	13.1	17.0	23.5	23.2	28.0	28.9	24.4	23.5	23.6	19.6	16.5	13.1	21.2
泸州市	Luzhou	9.1	11.3	15.9	19.7	22.4	25.0	26.2	25.9	22.3	19.7	15.6	9.4	18.5
德阳市	Deyang	7.0	9.0	13.9	18.7	23.2	24.9	26.2	25.1	21.6	18.7	13.4	7.8	17.5
绵阳市	Mianyang	7.7	9.8	14.6	19.6	23.6	25.4	27.0	25.9	22.0	19.2	13.9	8.4	18.1
广元市	Guangyuan	6.5	8.0	13.1	18.0	22.3	24.2	26.0	24.5	20.8	16.9	12.0	6.9	16.6
遂宁市	Suining	8.1	10.1	15.4	19.6	22.7	24.8	27.2	26.2	22.3	19.0	14.6	8.9	18.2
内江市	Neijiang	8.4	10.6	15.6	19.5	23.0	25.0	26.6	25.8	22.4	19.0	15.2	9.2	18.4
乐山市	Leshan	9.2	11.1	15.7	19.9	23.5	25.5	26.8	25.9	22.6	20.2	15.6	10.0	18.8
南充市	Nanchong	8.5	10.3	15.8	20.2	23.1	25.5	28.5	27.5	23.1	19.6	15.0	9.3	18.9
眉山市	Meishan	8.4	10.3	15.2	19.9	23.4	25.5	26.6	25.5	22.3	19.5	15.1	9.1	18.4
宜宾市	Yibin	9.8	11.8	16.4	20.4	23.7	25.9	27.2	26.4	22.6	20.2	16.1	10.2	19.2
广安市	Guangan	7.7	9.7	14.6	19.2	21.5	24.2	27.0	26.1	22.3	18.8	14.1	8.0	17.8
达州市	Dazhou	8.0	9.9	14.9	19.6	22.1	24.8	28.0	27.5	23.4	19.3	14.3	8.5	18.4
雅安市	Yaan	8.0	9.6	14.0	18.4	22.1	23.9	25.3	24.3	21.0	18.6	14.0	8.4	17.3
巴中市	Bazhong	6.7	9.1	14.3	18.9	22.4	24.7	27.1	26.7	22.5	18.5	13.9	8.4	17.8
资阳市	Ziyang	8.5	10.5	15.6	19.8	23.5	25.6	27.2	26.0	22.4	19.4	15.0	9.1	18.6
马尔康市	Maerkang	-0.6	3.6	8.8	10.1	13.2	16.2	14.8	14.7	14.8	9.7	5.7	-0.6	9.2
康定市	Kangding	0.2	1.9	5.7	8.7	12.2	14.4	14.7	14.3	12.2	9.6	6.2	-0.6	8.3
西昌市	Xichang	10.5	13.9	19.6	19.0	22.2	23.8	21.4	21.2	20.4	17.5	15.4	9.6	17.9

注：气象资料由四川省气象局提供。

a) The meteorological data are provided by the Sichuan Provincial Meteorological Bureau.

7-2 主要城市降水量(2015年)
Monthly Precipitation of Major Cities(2015)

单位：毫米 (millimeters)

城　市	City	1月 Jan.	2月 Feb.	3月 Mar.	4月 Apr.	5月 May	6月 June	7月 July	8月 Aug.	9月 Sept.	10月 Oct.	11月 Nov.	12月 Dec.	全年 Annual Total
成都市	Chengdu	3.1	2.8	8.1	87.4	51.8	90.8	92.2	291.9	205.7	23.0	9.8	13.6	880.2
自贡市	Zigong	20.7	12.6	29.3	38.6	96.6	128.8	206.1	182.9	218.8	33.3	11.2	15.9	994.8
攀枝花市	Panzhihua	41.1	0.0	1.2	17.2	38.4	138.1	174.1	351.7	178.1	107.0	2.2	4.3	1053.4
泸州市	Luzhou	54.8	18.6	52.4	62.1	147.1	118.8	274.4	176.3	214.3	102.1	27.1	42.6	1290.6
德阳市	Deyang	9.9	6.2	14.4	34.4	29.0	73.3	85.7	108.7	286.5	17.0	26.4	19.5	711.0
绵阳市	Mianyang	9.0	4.3	13.9	26.8	64.6	76.3	85.1	92.4	292.9	17.0	16.2	19.1	717.6
广元市	Guangyuan	3.1	16.1	33.5	48.4	39.8	292.8	79.9	116.9	171.1	53.0	30.3	7.9	892.8
遂宁市	Suining	17.8	9.5	6.8	104.9	78.1	207.7	109.7	246.9	157.5	149.8	20.4	18.0	1127.1
内江市	Neijiang	21.3	5.6	25.2	50.6	85.8	234.5	200.0	164.1	252.3	55.5	19.4	13.7	1128.0
乐山市	Leshan	12.9	27.2	39.9	53.7	128.3	68.0	203.1	239.1	206.0	19.2	56.7	12.7	1066.8
南充市	Nanchong	19.5	7.8	4.1	69.9	84.7	129.5	63.3	392.3	153.2	132.5	21.4	15.6	1093.8
眉山市	Meishan	8.3	5.6	17.3	26.4	116.9	86.0	100.6	213.5	356.2	20.1	24.2	15.1	990.2
宜宾市	Yibin	22.7	21.7	30.7	73.4	64.1	87.0	87.0	213.0	118.2	111.3	19.9	17.3	866.3
广安市	Guangan	25.8	14.5	2.3	126.5	151.6	210.6	81.6	174.9	159.1	62.7	42.6	19.0	1071.2
达州市	Dazhou	31.0	21.1	28.1	90.5	145.4	278.1	51.8	101.3	157.6	128.1	41.6	11.5	1086.1
雅安市	Yaan	17.8	16.4	34.4	56.6	102.3	200.8	251.9	386.7	167.7	71.2	43.6	39.2	1388.6
巴中市	Bazhong	16.7	12.9	17.8	54.6	84.9	310.5	83.7	53.2	205.9	110.7	24.8	7.4	983.1
资阳市	Ziyang	8.3	8.4	16.2	60.2	68.1	216.2	53.4	187.8	148.6	25.6	3.5	11.5	807.8
马尔康市	Maerkang	1.6	0.6	10.3	45.1	111.7	348.2	97.1	104.7	136.6	67.8	8.0	8.2	939.9
康定市	Kangding	1.4	2.6	18.5	60.1	97.4	191.6	169.1	199.9	210.5	31.7	0.0	10.5	993.3
西昌市	Xichang	5.8	0.0	8.2	60.3	81.9	143.7	200.8	285.7	150.8	41.0	0.0	31.4	1009.6

7-3 主要城市平均相对湿度(2015年)
Average Relative Humidity of Major Cities(2015)

单位：% (%)

城 市	City	1月 Jan.	2月 Feb.	3月 Mar.	4月 Apr.	5月 May	6月 June	7月 July	8月 Aug.	9月 Sept.	10月 Oct.	11月 Nov.	12月 Dec.	年平均 Annual Average
成都市	Chengdu	84	77	77	77	70	79	79	86	88	83	87	88	81
自贡市	Zigong	83	76	72	68	69	80	75	79	88	82	85	82	78
攀枝花市	Panzhihua	63	39	27	41	38	50	69	77	76	72	68	62	57
泸州市	Luzhou	90	85	78	80	84	91	82	86	95	90	97	94	88
德阳市	Deyang	80	72	70	66	58	70	67	72	81	74	80	79	72
绵阳市	Mianyang	78	70	68	62	59	72	68	73	82	74	82	79	72
广元市	Guangyuan	66	67	67	61	59	69	70	75	83	76	82	72	71
遂宁市	Suining	84	79	70	70	69	83	75	79	90	83	89	85	80
内江市	Neijiang	85	79	72	74	72	83	79	81	88	85	87	85	81
乐山市	Leshan	83	79	74	72	66	73	70	79	86	78	86	83	77
南充市	Nanchong	90	85	70	71	71	83	69	74	89	84	91	88	80
眉山市	Meishan	80	74	69	66	63	70	70	75	81	76	81	81	74
宜宾市	Yibin	79	74	69	67	65	73	67	73	84	79	86	82	75
广安市	Guangan	87	79	71	71	77	85	76	79	87	82	89	85	81
达州市	Dazhou	82	74	70	67	74	80	69	72	81	79	85	84	76
雅安市	Yaan	82	77	76	73	67	76	72	79	85	81	87	84	78
巴中市	Bazhong	82	74	70	66	66	77	70	70	79	79	84	78	75
资阳市	Ziyang	82	75	66	66	62	73	70	76	85	78	83	81	75
马尔康市	Maerkang	40	31	40	54	60	75	72	78	79	71	55	58	59
康定市	Kangding	59	57	63	64	68	78	73	77	82	73	67	66	69
西昌市	Xichang	57	40	33	49	57	65	74	77	77	66	56	60	59

7-4 主要城市日照时数(2015年)
Monthly Sunshine Hours of Major Cities(2015)

单位：小时 (hours)

城 市	City	1月 Jan.	2月 Feb.	3月 Mar.	4月 Apr.	5月 May	6月 June	7月 July	8月 Aug.	9月 Sept.	10月 Oct.	11月 Nov.	12月 Dec.	全年 Annual Total
成都市	Chengdu	27.3	60.8	75.1	127.2	163.0	83.7	191.2	110.0	31.4	75.6	40.8	52.3	1038.4
自贡市	Zigong	31.4	49.9	115.8	166.8	147.0	82.1	192.5	137.8	41.0	77.6	30.1	32.2	1104.2
攀枝花市	Panzhihua	212.9	271.8	315.6	264.0	328.2	266.0	171.3	120.3	186.3	236.1	246.4	193.0	2811.9
泸州市	Luzhou	38.9	43.8	107.8	156.4	126.6	80.4	208.9	162.2	39.9	96.6	32.0	34.7	1128.2
德阳市	Deyang	40.8	81.8	63.3	123.6	170.7	73.0	160.5	113.3	40.2	86.0	29.5	62.2	1044.9
绵阳市	Mianyang	43.6	85.3	72.6	156.1	184.5	92.0	189.0	141.5	50.8	97.5	33.0	75.7	1221.6
广元市	Guangyuan	83.5	77.9	87.1	162.0	185.9	111.9	194.2	163.8	50.4	110.4	39.9	81.6	1348.6
遂宁市	Suining	30.3	45.6	103.4	153.5	138.1	90.6	202.8	165.6	48.5	70.3	25.7	42.1	1116.5
内江市	Neijiang	30.0	57.9	103.5	164.4	141.2	64.4	202.3	142.6	46.6	97.5	27.9	36.6	1114.9
乐山市	Leshan	17.3	62.4	105.9	146.1	162.0	91.5	214.0	144.0	31.7	75.3	38.6	29.5	1118.3
南充市	Nanchong	49.1	47.8	102.5	177.4	141.5	84.3	236.5	183.7	55.1	109.1	28.4	55.2	1270.6
眉山市	Meishan	12.6	48.3	96.0	151.0	159.8	90.7	199.8	134.2	28.5	66.7	21.7	22.6	1031.9
宜宾市	Yibin	36.5	32.4	108.0	150.1	128.6	63.5	169.6	123.9	30.2	88.3	14.7	25.3	971.1
广安市	Guangan	37.1	38.9	102.1	178.6	122.0	92.0	222.4	168.6	54.1	103.8	25.6	46.2	1191.4
达州市	Dazhou	41.4	46.7	96.6	164.1	110.5	76.8	199.2	186.2	71.5	84.9	30.6	39.2	1147.7
雅安市	Yaan	12.2	48.5	65.1	109.9	117.1	79.6	171.1	108.6	15.2	58.6	24.7	46.0	856.6
巴中市	Bazhong	46.1	80.0	138.9	209.3	176.9	128.9	260.1	224.9	79.6	140.9	39.9	70.2	1595.7
资阳市	Ziyang	38.9	91.0	130.4	202.3	182.1	110.9	245.7	180.6	54.8	99.2	46.7	44.4	1427.0
马尔康市	Maerkang	209.2	176.7	200.0	171.0	184.1	169.7	209.4	131.8	143.1	189.8	202.1	184.1	2171.0
康定市	Kangding	160.1	131.8	184.9	125.7	157.0	127.9	160.9	86.2	78.1	141.9	154.6	132.8	1641.9
西昌市	Xichang	217.6	252.4	291.1	210.5	248.3	171.7	145.2	108.4	103.3	184.4	232.4	168.7	2334.0

7-5 林业发展基本情况
Basic Conditions of Development of Forestry

指　　标		Item		2015
森林资源覆盖率	**(%)**	**Forest Coverage Rate**	**(%)**	**36.02**
森林面积	(万公顷)	Forest Area	(10 000 hectares)	1750.79
活立木总蓄积量	(亿立方米)	Total Standing Forest Stock	(100 million cu.m)	18.27
#森林蓄积量	(亿立方米)	Stock Volume of Forest	(100 million cu.m)	17.33
林业生产情况		**Basic Situation of Forestry Production**		
人工造林面积	(万公顷)	Manual Planting	(10 000 hectares)	26.46
年末实有封山育林面积	(万公顷)	Area of Mountain Sealed for Forest Breeding(year-end)	(10 000 hectares)	44.71
#本年新封	(万公顷)	Newly Sealed for Forest Breeding in the Year	(10 000 hectares)	5.36
育苗面积	(万公顷)	Area of Breeding	(10 000 hectares)	4.08
林产品产量		**Output of Forest Products**		
木材产量	(万立方米)	Timber	(10 000 cu.m)	169.72
竹材产量	(万根)	Bamboo	(10 000 sticks)	8163
锯材产量	(万立方米)	Sawed Lumber	(10 000 cu.m)	146.97
人造板产量	(万立方米)	Man-made Board	(10 000 cu.m)	812.51
松香类产品产量	(吨)	Rosin Products	(ton)	825
油桐籽产量	(吨)	Tung-oil Seeds	(ton)	17934
油茶籽产量	(吨)	Tea-oil Seeds	(ton)	20708
竹笋干产量	(吨)	Dried Bamboo Shoot	(ton)	138195
核桃产量	(吨)	Walnuts	(ton)	458435
木本药材产量	(吨)	Wood Medicinal Materials	(ton)	133768
花椒产量	(吨)	Chinese Red Pepper	(ton)	56657
食用菌产量	(吨)	Edible Fungus	(ton)	73494
山野菜产量	(吨)	Mountain Potherb	(ton)	14935
板栗产量	(吨)	Chinese Chestnut	(ton)	38081
国有森工企业苗圃林场情况		**State-owned Forestry Enterprises, Nurserys and Centres**		
国有森工企业汇编数	(个)	Number of State-owned Forestry Enterprises	(unit)	109
苗圃个数	(个)	Number of Forestry Nurserys	(unit)	62
#纳入国家天然林保护工程的苗圃	(个)	Forestry Nurserys In National Preserve of Natural Forest	(unit)	62
苗圃经营面积	(公顷)	Working Area of Forestry Nurserys	(hectare)	679
林场个数	(个)	Number of Forestry Centres	(unit)	180
#纳入国家天然林保护工程的林场	(个)	Forestry Centres In National Preserve of Natural Forest	(unit)	180
林场经营面积	(万公顷)	Working Area of Forestry Centres	(10 000 hectares)	264.70
林业系统就业人员和劳动报酬		**Employed Persons and Earnings in Forestry System**		
单位户数	(个)	Number of Units	(unit)	3307
#行政事业单位个数	(个)	Number of Administrative Institutions	(unit)	3155
在册职工人数	(万人)	Staff and Workers Listed	(10 000 persons)	4.58
#行政事业单位人数	(万人)	Number of Employees in Administrative Institutions	(10 000 persons)	2.87
在岗职工工资总额	(万元)	Total Wages of Fully Employed Staff and Workers	(10 000 yuan)	227729
在岗职工年平均工资	(元)	Average Wage of Fully Employed Staff and Workers	(yuan)	52516

注：林业资料由四川省林业厅提供。
a) Forestry information is provided by the Sichuan Provincial Forestry Department.

7-6 森林火灾情况
Forest Fires

年份 Year	森林火灾次数 (次) Forest Fires (time)	森林火警 Fire Alarm	一般火灾 Ordinary Fires	较大火灾 Major Fires	重大火灾 Severe Fires	特大火灾 Especially Severe Fires	火场总面积 (公顷) Total Area of Fires (hectare)	受害森林面积 (公顷) Destructed Forest Area (hectare)	原始林 Wild Wood	人工林 Man-made Forest	火灾损失率 (‰) Rate of Loss (‰)
2000	125	114	11				850.0	67.0	17.0	50.0	0.01
2001	248	226	22				3209.0	385.0	81.0	304.0	0.03
2002	185	159	26				1567.0	340.0	192.0	148.0	0.03
2003	378	302	76				5919.2	826.8	483.6	343.2	0.07
2004	169	151	18				1330.2	176.5	115.2	61.4	0.02
2005	252	202	46		4		6818.1	2256.5	2046.0	210.5	0.18
2006	511	463	48				3109.0	453.1	138.9	314.2	0.03
2007	458	414	44				2076.6	455.4	130.5	324.9	0.04
2008	233	202	31				4481.0	389.0	129.0	260.0	0.03
2009	310		247	56	7		5730.9	2577.2	2094.4	482.8	0.02
2010	361		301	58	2		4594.7	1241.5	1024.3	170.4	0.09
2011	309		245	64			3449.5	551.1	140.3	410.0	0.03
2012	486		394	92			3082.3	815.2	323.3	490.5	0.05
2013	447		370	77			2673.6	811.2	233.2	577.0	0.05
2014	442		365	77			4713.1	765.7	346.7	418.7	0.05
2015	220		183	37			1407.5	303.0	80.6	206.8	0.02

注：从2009年起，根据《森林火灾管理条例》规定，森林火灾分类为"一般森林火灾、较大森林火灾、重大森林火灾和特别重大森林火灾"，取消了原"森林火警"指标。

a) According to the "Forest Fire Regulations ",forest fires are classified as "ordinary forest fires, major forest fires, severe forest fires and especially severe fires," and the original "fire alarm" was ablished since 2009.

7-7 林业有害生物防治情况
Prevention of Forest Biological Disasters

年份 Year	发生面积 (万公顷) Area of Occurrence (10 000 hectares)	防治面积 (万公顷) Area of Prevention (10 000 hectares)	成灾面积 (公顷) Area Covered (hectare)	测报准确率 (%) Forecasting Accurate Rate (%)	无公害防治率 (%) Pollution Prevention and Control Rate (%)	种苗产地检疫率 (%) Seeding Origin Quarantine Rate (%)
2000	61.48	57.19	183	94.7	93.0	98.2
2001	62.64	58.58	199	95.2	93.5	98.3
2002	73.93	62.52	390	95.5	84.6	99.7
2003	70.93	66.87	362	95.5	94.3	98.3
2004	71.01	68.02	754	96.5	95.8	96.0
2005	69.45	57.81	1220	90.5	83.3	99.8
2006	76.17	65.62	3065	93.3	81.7	99.8
2007	79.87	58.34	9000	90.8	73.0	99.8
2008	72.81	58.89	287	94.4	68.1	99.8
2009	77.59	61.57	227	93.4	79.4	100.0
2010	71.55	57.33	340	90.7	80.1	100.0
2011	69.87	55.42	513	94.7	93.3	100.0
2012	72.76	62.47	1415	98.4	98.3	99.5
2013	76.60	52.87	728	100.0	98.5	99.9
2014	73.21	52.09	1512	98.6	89.9	96.0
2015	71.60	50.67	3867	97.7	98.5	99.4

注：根据国家林业局规定，从2011年起，将"森林病虫害"改为"林业有害生物"、"监测率"改为"测报准确率"、"防治率"改为"无公害防治率"、"检疫率"改为"种苗产地检疫率"。

a) In accordance with the provisions of the State Forestry Administration, since 2011,change indicator" forest insect and disease " to "forestry pest control", change indicator "monitoring rate" to "forecast accuracy", change the "prevention rate" to "pollution prevention and control rate",change the"quarantine rate" to "seeding origin quarantine rate".

7-8 主要矿产基础储量
Ensured Reserves of Major Minerals

项　　目		Item		2015
煤炭	(亿吨)	Coal	(100 million tons)	53.76
铁矿	(矿石，亿吨)	Iron	(Ore, 100 million tons)	25.56
锰矿	(矿石，万吨)	Manganese	(Ore, 10 000 tons)	131.54
钛矿	(钛铁矿TiO2，万吨)	Titanium	(Ilmenite, 10 000 tons)	19157.14
钒矿	(V2O5，万吨)	Vanadium	(V2O5, 10 000 tons)	553.78
铜矿	(铜，万吨)	Copper	(Metal, 10 000 tons)	51.78
铅矿	(铅，万吨)	Lead	(Metal, 10 000 tons)	100.84
锌矿	(锌，万吨)	Zinc	(Metal, 10 000 tons)	230.22
镁矿	(炼镁白云岩)(矿石，万吨)	Magnesium	(Dolomite Ore, 10 000 tons)	1781.20
金矿	(金，吨)	Gold	(Metal, ton)	95.06
银矿	(银，吨)	Silver	(Metal, ton)	2213.28
锂矿	(Li2O，万吨)	Lithium	(Li2O, 10 000 tons)	36.14
石墨	(晶质石墨，万吨)	Graphite Mineral (Crystal)	(Mineral, 10 000 tons)	274.40
硫铁矿	(矿石，万吨)	Pyrite Ore	(Ore, 10 000 tons)	38052.92
石棉	(矿石，万吨)	Asbestos	(Asbestos, 10 000 tons)	1192.36
石榴子石	(矿石，万吨)	Garnet	(Ore, 10 000 tons)	550.50
芒硝	(矿石，万吨)	Mirabilite	(Ore, 10 000 tons)	759554.79
石膏	(矿石，万吨)	Gypsum	(Ore, 10 000 tons)	9526.16
菱镁矿	(矿石，万吨)	Magnesite Ore	(Ore, 10 000 tons)	186.49
熔剂用灰岩	(矿石，亿吨)	Grey Rock Used as Flux	(Ore, 100 million tons)	2.17
水泥用灰岩	(矿石，万吨)	Grey Rock Used as Cement	(Ore, 10 000 tons)	320319.21
冶金用白云岩	(矿石，亿吨)	Dolomite Ore for Metallurgy Use	(Ore, 100 million tons)	0.47
冶金用石英岩	(矿石，万吨)	Quartzite for Metallurgy Use	(Ore, 10 000 tons)	729.51
玻璃用砂岩	(矿石，万吨)	Sandstone Used as Glass	(Ore, 10 000 tons)	2531.09
水泥配料用砂岩	(矿石，万吨)	Sandstone Used as Cement Burden	(Ore, 10 000 tons)	7366.52
砖瓦用砂岩	(矿石，万立方米)	Sandstone Used as Brick	(Ore, 10 000 cu.m)	151.70
铸型用砂岩	(矿石，万吨)	Sandstone Used as Casting Mould	(Ore, 10 000 tons)	36.00
玻璃用脉石英	(矿石，万吨)	Quartzite Gangue Used as Glass	(Ore, 10 000 tons)	875.90
硅藻土	(矿石，万吨)	Diatomaceous Earth	(Ore, 10 000 tons)	387.10
高岭土	(矿石，万吨)	Kaolin Ore	(Ore, 10 000 tons)	56.10
耐火粘土	(矿石，万吨)	Refractory Clay	(Ore, 10 000 tons)	1204.19
水泥配料用粘土	(矿石，万吨)	Clay Used as Casting Mould	(Ore, 10 000 tons)	3747.29
水泥配料用泥岩	(矿石，万吨)	Mudstone Used as Casting Mould	(Ore, 10 000 tons)	2360.00
化肥用蛇纹岩	(矿石，万吨)	Serpentine Used as Chemistry Fertilizer	(Ore, 10 000 tons)	3889.70
饰面用花岗岩	(矿石，万立方米)	Granite Used for Decorations	(Ore, 10 000 cu.m)	4034.54
霞石正长岩	(矿石，万吨)	Nepheline Syenite	(Ore, 10 000 tons)	127.48
饰面用大理岩	(矿石，万立方米)	Marble Used for Decorations	(Ore, 10 000 cu.m)	3369.81
盐矿	(矿石，万吨)	Sodium Salt NaCl	(Ore, 10 000 tons)	217074.84
磷矿	(矿石，万吨)	Phosphorus Ore	(Ore, 10 000 tons)	48320.27

注：主要矿产基础储量由四川省国土资源厅提供。

a) Data of ensured reserves of major minerals are provided by the Sichuan Provincial Department of Land and Resources.

7-9 农村改水情况
Basic Statistics on Rural Water Supply Improvement

年份 Year	农村改水累计受益人口(万人) Accumulative Total Population Benefited (10 000 persons)	改水受益率(%) Benefited Rate (%)	农村自来水厂、站(个) Rural Waterworks and Waterstation (unit)	自来水受益率(%) Rate of Population Benefited from Tap Water (%)	农村改水投资(万元) Investment in Rural Water Supply Improvement (10 000 yuan)	#国家 State	#集体 Collective	#个人 Individual
2000	6286.4	91.4	77929	39.2	22135.3	5017.3	2610.8	13393.9
2001	6467.7	92.5	77784	40.3	19909.9	6934.4	4982.7	6856.8
2002	6532.8	93.4	78193	42.0	37565.4	13919.3	4603.2	18250.0
2003	6483.7	92.6	77567	42.8	24042.3	11607.0	2958.5	8417.9
2004	6531.9	93.3	78196	44.4	34986.5	16500.6	7064.0	8542.0
2005	6585.2	94.1	79082	45.9	121800.7	31902.2	4240.6	84498.4
2006	5855.0	85.8	39869	41.2	81142.4	45150.5	13167.1	19500.7
2007	6099.2	89.2	44605	42.3	114992.4	69950.9	15728.2	27347.8
2008	6202.8	90.3	42703	44.7	112079.2	73857.1	10876.1	23805.0
2009	6245.8	91.0	51563	49.1	426398.9	289323.6	11779.2	120732.2
2010	6366.7	92.6	53900	53.3	294629.8	240844.1	9649.9	34950.6
2011	6467.1	93.1	52367	56.2	210673.9	179671.9	4910.7	20530.8
2012	6435.8	93.6	51632	59.3	203560.2	166879.2	7605.7	14337.2
2013	6487.3	94.4	50582	63.0	180793.2	145719.7	9798.8	12348.1
2014	6574.5	95.4	53702	65.6	155632.7	128832.9	8399.4	10924.0
2015	6629.0	96.2	53085	68.6	237052.8	194842.7	10106.6	15213.7

7-10 农村改厕情况
Basic Statistics on Rural Latrine Improvement

年份 Year	累计卫厕数(万户) Accumulative Total Latrines (10 000 households)	卫厕普及率(%) Popularization Rate of Latrine (%)	农村改厕投资(万元) Investment in Rural Latrine Improvement (10 000 yuan)	#国家 State	#集体 Collective	#个人 Individual
2000	484.5	26.8	13771.6	1217.6	1201.0	11353.0
2001	562.0	29.4	13190.6	1224.9	935.6	11030.1
2002	616.9	32.3	21490.8	4942.5	2360.2	14022.9
2003	639.5	33.5	18952.3	5525.2	2242.1	9671.1
2004	686.9	35.9	29006.5	9112.5	1835.5	17556.7
2005	732.4	38.3	37840.1	14088.4	2535.6	20832.8
2006	696.0	36.0	90924.0	32314.6	4421.1	53678.3
2007	805.0	40.9	94461.0	39007.4	2170.7	52540.8
2008	862.8	43.9	103015.5	42147.3	5267.0	53675.1
2009	1069.0	54.4	266938.2	79522.6	6799.0	177634.1
2010	1224.9	62.2	168454.7	84510.8	5567.2	74188.1
2011	1326.3	64.1	136570.0	67156.0	2023.7	66784.9
2012	1387.9	67.4	106300.1	50432.2	8330.3	46393.2
2013	1456.2	71.0	129231.2	65920.8	6349.8	54675.6
2014	1509.2	74.3	78160.8	36294.8	3728.1	36571.2
2015	1577.7	77.7	107061.6	51032.5	5418.9	48637.4

注：农村改水、改厕资料由四川省卫生和计划生育委员会提供。
a) Data of rural water and latrine improvement are provided by Sichuan Provincial Health and Family Planning Commission.

7-11 “三废”排放及处理利用情况
Discharge,Treatment and Utilization of Waste Water, Waste Gas and Solid Wastes by Industry

单位：万吨 (10 000 tons)

指　　标	Item	2012	2013	2014
废水排放总量	Total Wastewater Discharged	283657.34	307647.83	331276.53
工业废水排放量	Industrial Wastewater Discharged	69984.23	64863.74	67576.73
城镇生活污水排放量	Urban Living Wastewater Discharged	213442.85	242574.40	263468.23
集中式治理设施污水排放量	Centralized Management Facilities of Sewage Discharged	230.26	209.70	231.57
化学需氧量(COD)排放量	Total Emission of Chemical Oxygen Demand(COD)	126.87	123.20	121.63
工业废水中COD排放量	COD Emissions from Industrial Wastewater	11.84	10.65	10.53
农业COD排放量	Agricultural COD Emissions	53.98	52.88	51.86
城镇生活污水中COD排放量	COD Emissions in Urban Sewage	60.48	59.12	58.69
集中式治理设施COD排放量	COD Emissions from Centralized Management Facilities	0.57	0.55	0.55
氨氮排放量	Ammonia Nitrogen Emissions	14.07	13.70	13.47
工业废水中氨氮排放量	Ammonia Nitrogen Emissions from Industrial Wastewater	0.56	0.50	0.52
农业氨氮排放量	Agricultural Ammonia Nitrogen Emissions	5.74	5.59	5.42
生活污水中氨氮排放量	Ammonia Nitrogen Emissions from Domestic Sewage	7.70	7.54	7.46
集中式治理设施氨氮排放量	Ammonia Nitrogen Emissions from Centralized Management Facilities	0.07	0.07	0.07
二氧化硫(SO_2)排放量	Sulphur Dioxide (SO_2) Emissions	86.44	81.67	79.64
工业SO_2排放量	Industrial SO_2 Emissions	79.40	74.64	72.57
城镇生活SO_2排放量	Urban Living SO_2 Emissions	7.02	7.01	7.05
集中式治理设施SO_2排放量	SO_2 Emissions from Centralized Management Facilities	0.02	0.03	0.02
氮氧化物排放量	Nitrogen Oxide Emissions	65.90	62.43	58.54
工业氮氧化物排放量	Industrial Nitrogen Oxide Emissions	43.87	40.88	36.86
城镇生活氮氧化物排放量	Nitrogen Oxide Emissions in Urban Life	1.00	0.99	1.16
机动车氮氧化物排放量	Motor Vehicle Emissions of Nitrogen Oxides	21.00	20.53	20.49
集中式治理设施氮氧化物排放量	Nitrogen Oxide Emissions from Centralized Management Facilities	0.03	0.03	0.02
烟(粉)尘排放量	Smoke and Dust Emissions	29.58	29.60	42.86
工业烟(粉)尘排放量	Industrial Smoke and Dust Emissions	26.78	26.89	39.87
城镇生活烟尘排放量	Urban Living Smoke and Dust Emissions	1.21	1.14	1.46
机动车烟尘排放量	Motor Vehicle Emissions of Smoke and Dust	1.58	1.57	1.52
集中式治理设施烟尘排放量	Smoke and Dust Emissions from Centralized Management Facilities	0.01	0.01	0.01
一般工业固体废物产生量	Common Industrial Solid Wastes Generation	13187.30	14006.62	14246.37
一般工业固体废物综合利用量	Common Industrial Solid Wastes Comprehensively Utilized	6052.28	5780.47	6185.29
#综合利用往年贮存量	Previous Storage	51.93	92.41	210.95
一般工业固体废物综合利用率 (%)	Ratio of Common Industrial Solid Wastes Comprehensively Utilized	45.71	41.00	42.78
一般工业固体废物处置量	Common Industrial Solid Wastes Disposed	5099.00	5300.70	5512.35
#处置往年贮存量	Previous Storage	192.71	95.80	90.41
一般工业固体废物处置率 (%)	Ratio of Common Industrial Solid Wastes Disposed (%)	38.11	37.59	38.45
一般工业固体废物贮存量	Ratio of Common Industrial Solid Wastes Previous Storage	2278.51	3106.51	2848.98
一般工业固体废物倾倒丢弃量	Ratio of Common Industrial Solid Wastes Dumping Discard	2.14	7.15	1.12
危险废物产生量	Hazardous Wastes Generation	110.44	41.72	133.39
危险废物综合利用量	Hazzardous Wastes Comprehensively Utilized	63.14	15.91	68.89
#综合利用往年贮存量	Previous Storage	0.12	0.12	0.22
危险废物综合利用率 (%)	Ratio of Hazzardous Wastes Comprehensively Utilized (%)	57.11	38.02	51.56
危险废物处置量	Hazzardous Wastes Disposed	46.63	25.40	66.23
#处置往年贮存量	Previous Storage Disposed	0.12	0.16	2.92
危险废物处置率 (%)	Ratio of Hazzardous Wastes Disposed (%)	42.18	60.65	48.59
危险废物贮存量	Hazzardous Wastes Storage	0.90	0.69	1.42
危险废物倾倒丢弃量	Hazzardous Wastes Dumping Discard	0.00	0.00	0.00

7-12 环境污染治理投资情况
Investment in the Treatment of Environmental Pollution

单位：亿元 (100 million yuan)

指　　标	Item	2012	2013	2014
环境污染治理投资总额	Total Investment in the Treatment of Environmental Pollution	178.30	234.00	288.19
城市环境基础设施投资	Investment in Urban Environmental Infrastructure	100.31	119.43	148.14
#燃气	Gas Supply	7.73	12.24	11.34
集中供热	Centralized Heating	0.65	0.20	0.02
排水	Drainage Works	31.30	41.12	59.29
园林绿化	Gardening and Greening	50.70	60.33	63.90
市容环境卫生	Environmental Sanitation	9.93	5.54	13.60
工业污染源治理投资	Investment in the Treatment of Industrial Pollution	11.06	18.84	23.25
#治理废水	Waste Water Treatment	5.36	2.98	5.42
治理废气	Waste Gas Treatment	4.86	14.89	16.49
治理固体废物	Solid Wastes Treatment	0.29	0.14	0.17
治理噪声	Noise Treatment	0.05	0.22	0.39
治理其他	Others Treatment	0.50	0.61	0.77
完成环保验收项目环保投资	Environmental Investment Projects in the Completion of Environmental Acceptance	66.93	95.73	116.80
环境污染治理投资占GDP比重 (%)	Total Investment in the Treatment of Environmental Pollution as Percent of GDP (%)	0.75	0.89	1.01
工业废气治理设施运行费用	Operating Costs in the Treatment Facilities of Industrial Waste Gas	42.90	47.39	47.16
工业废水治理设施运行费用	Operating Costs in the Treatment Facilities of Industrial Waste Water	28.44	19.97	24.19
排污费收入总额	Total Revenue of Sewage Charges	5.53	7.33	6.43

注：“三废”及环境污染治理资料由四川省环境保护厅提供。

a) The data of waste water, waste gas and solid wastes by industry are provided by the Sichuan Provincial Department of Environmental Protection.

主要统计指标解释

平均气温　气温指空气的温度，我国一般以摄氏度(℃)为单位表示。气象观测的温度表是放在离地面约 1.5 米处通风良好的百叶箱里测量的，因此，通常说的气温指的是离地面 1.5 米处百叶箱中的温度。平均气温计算方法：月平均气温是将全月各日的平均气温相加，除以该月的天数而得；年平均气温是将 12 个月的月平均气温累加后除以 12 而得。

相对湿度　指空气中实际水气压与当时气温下的饱和水气压之比。其统计方法与气温相同。

降水量　指从天空降落到地面的液态或固态(经融化后)水，未经蒸发、渗透、流失而在地面上积聚的深度。计算方法：月降水量是将全月各日的降水量累加而得；年降水量是将 12 个月的月降水量累加而得。

日照时数　指太阳实际照射地面的时数。其统计方法与降水量相同。

森林面积　包括郁闭度0.2以上的乔木林地面积和竹林面积，国家特别规定的灌木林地面积，农田林网以及村旁、路旁、水旁、宅旁林木的覆盖面积。

森林覆盖率　以行政区域为单位的森林面积占区域土地总面积的百分比。计算公式：

$$\text{森林覆盖率} = \frac{\text{森林面积}}{\text{土地总面积}} \times 100\%$$

活立木总蓄积量　指一定范围土地上全部树木蓄积的总量，包括森林蓄积、疏林蓄积、散生木蓄积和四旁树蓄积。

森林蓄积量　指一定森林面积上存在着的林木树干部分的总材积。

人工造林　指在宜林荒山荒地、宜林沙荒地、无立木林地、疏林地和退耕地等其他宜林地上通过播种、植苗和分植来提高森林植被覆被率的技术措施。

矿产资源　矿产资源指由地质作用形成的，具有利用价值的，呈固态、液态、气态的自然资源，是社会生产发展的重要物质基础。

矿产基础储量　基础储量是查明矿产资源的一部分。它能满足现行采矿和生产所需的指标要求，是控制的、探明的并通过可行性或预可行性研究认为属于经济的、边界经济的部分，用未扣除设计、采矿损失的数量表示。

一般工业固体废物产生量 指未被列入《国家危险废物名录》或者根据国家规定的危险废物鉴别标准（GB5085）、固体废物浸出毒性浸出方法（GB5086）及固体废物浸出毒性测定方法（GB／T 15555）鉴别方法判定不具有危险特性的工业固体废物。计算公式是：

一般工业固体废物产生量=（一般工业固体废物综合利用量－其中：综合利用往年贮存量）+一般工业固体废物贮存量+（一般工业固体废物处置量－其中：处置往年贮存量）+一般工业固体废物倾倒丢弃量

一般工业固体废物综合利用量 指报告期内企业通过回收、加工、循环、交换等方式，从固体废物中提取或者使其转化为可以利用的资源、能源和其他原材料的固体废物量（包括当年利用的往年工业固体废物累计贮存量）。如用作农业肥料、生产建筑材料、筑路等。综合利用量由原产生固体废物的单位统计。

一般工业固体废物处置量 指报告期内企业将工业固体废物焚烧和用其他改变工业固体废物的物理、化学、生物特性的方法，达到减少或者消除其危险成分的活动，或者将工业固体废物最终置于符合环境保护规定要求的填埋场的活动中，所消纳固体废物的量。

一般工业固体废物贮存量 指报告期内企业以综合利用或处置为目的，将固体废物暂时贮存或堆存在专设的贮存设施或专设的集中堆存场所内的量。专设的固体废物贮存场所或贮存设施必须有防扩散、防流失、防渗漏、防止污染大气、水体的措施。

一般工业固体废物倾倒丢弃量 指报告期内企业将所产生的固体废物倾倒或者丢弃到固体废物污染防治设施、场所以外的量。

危险废物产生量 指当年全年调查对象实际产生的危险废物的量。危险废物指列入国家危险废物名录或者根据国家规定的危险废物鉴别标准和鉴别方法认定的，具有爆炸性、易燃性、易氧化性、毒性、腐蚀性、易传染性疾病等危险特性之一的废物。按《国家危险废物名录》（环境保护部、国家发展和改革委员会 2008 部令第 1 号）填报。

危险废物综合利用量 指当年全年调查对象从危险废物中提取物质作为原材料或者燃料的活动中消纳危险废物的量。包括本单位利用或委托、提供给外单位利用的量。

危险废物处置量 指报告期内企业将危险废物焚烧和用其他改变工业固体废物的物理、化学、生物特性的方法，达到减少或者消除其危险成分的活动，或者将危险废物最终置于符合环境保护规定要求的填埋场的活动中，所消纳危险废物的量。处置量包括处置本单位或委托给外单位处置的量。

危险废物贮存量 指将危险废物以一定包装方式暂时存放在专设的贮存设施内的量。专设的贮存设施指对危险废物的包装、选址、设计、安全防护、监测和关闭等符合《危险废物贮存污染控制标准》（GB18597−2001）等相关环保法律法规要求，具有防扩散、防流失、防渗漏、防止污染大气和水体措施的设施。

Explanatory Notes on Main Statistical Indicators

Average Temperature Temperature refers to the air temperature. China uses centigrade as the unit. The thermometry used for weather observation is put in a breezy shutter, which is 1.5 meters high from the ground. Therefore, the commonly used temperature refers to the temperature in the breezy shutter 1.5 meters away from the ground. The calculation method is as follows: Monthly average temperature is the summation of average daily temperature of one month divided by the actual days of that particular month; Annual average temperature is the summation of monthly average of a year divided by 12 months.

Relative Humidity refers to the ratio of actual water vapour pressure to the saturation water vapour pressure under the current temperature. The calculation method is the same as that of temperature .

Volume of Precipitation refers to the deepness of liquid state or solid state (thawed) water falling from the sky to the ground that has not been evaporated, infiltrated or run off. The calculation method is as follows:

Monthly precipitation is the summation of daily precipitation of a month.

Annual precipitation is the summation of 12 months precipitation of a year.

Sunshine Hours refers to the actual hours of sun irradiating the earth. The calculation method is the same as that of the precipitation.

Forest Area refers to the area of trees and bamboo grow with canopy density above 0.2, the area of shrubby tree according to regulations of the government, the area of forest land inside farm land and the area of trees planted by the side of villages, farm houses and along roads and rivers.

Forest Coverage Rate Taking the administrative jurisdiction as the unit, the percentage of area of afforested land to the area of total land. The formula for calculating forest coverage rate is as follows:

$$\text{Forest coverage rate} = \frac{\text{Area of Afforested Land}}{\text{Area of Total Land}} \times 100\%$$

Total Standing Stock Volume refers to the total stock volume of trees growing in land, including trees in forest, trees in sparse forest, scattered trees and trees planted by the side of villages, farm houses and along roads and rivers.

Stock Volume of Forest refers to total stock volume of wood growing in forest area, which shows the total size and level of forest resources of a country or a region.

Manual Planting refers to technical measures of sowing, planting seedlings and divided transplanting on land suitable for afforestation, including barren hills, idle land, sand dunes, non-timber forest land, woodland and "grain for green" land to increase vegetation coverage rate of forests.

Mineral Resources refer to useful minerals, with solid state, liquid state, gaseity, due to the geological process. Minerals are important natural resources, and important material base for social development.

Ensured Mineral Reserves refer to the actual mineral reserves, which equal to the proven mineral reserves (including industrial reserves and prospective reserves) minus extracted parts and underground losses.

Common Industrial Solid Wastes Produced refers to the industrial solid wastes that are not listed in the《National Catalogue of Hazardous Wastes》, or not regarded as hazardous according to the national hazardous waste identification standards (GB5085), solid waste-Extraction procedure for leaching toxicity (GB5086) and solid waste-Extraction procedure for leaching toxicity (GB/T 15555). The calculation formula is as followed:

Common Industrial Solid Wastes Produced = (common industrial solid wastes utilized – the proportion of utilized stock of previous years) + common industrial solid waste stock + (common industrial solid wastes disposed – the proportion of disposed stock of previous years) + common industrial solid wastes discharged.

Common Industrial Solid Wastes Comprehensively Utilized refers to volume of solid wastes from which useful materials can be extracted or which can be converted into usable resources, energy or other materials by means of reclamation, processing, recycling and exchange (including utilizing in the year the stocks of industrial solid wastes of the previous year) during the report period, e.g. being used as agricultural fertilizers, building materials or as material for paving road. Examples of such utilizations include fertilizers, building materials and road materials. The information shall be collected by the producing units of the wastes.

Common Industrial Solid Wastes Disposed refers to the quantity of industrial solid wastes which are burnt or specially disposed using other methods to alter the physical, chemical and biological properties and thus to reduce or eliminate the hazard, or placed ultimately in the sites meeting the requirements for environmental protection during the report period.

Stock of Common Industrial Solid Wastes refers to the volume of solid wastes placed in special facilities or special sites by enterprises for purposes of utilization or disposal during the report period. The sites or facilities should take measures against dispersion, loss, seepage, and air and water contamination.

Common Industrial Solid Wastes Discharged refers to the volume of industrial solid wastes dumped or discharged by producing enterprises to disposal facilities or to other sites.

Hazardous Wastes Produced refers to the volume of actual hazardous wastes produced by surveyed samples throughout the year of the survey. Hazardous waste refers to those included in the national hazardous wastes catalogue or specified as any one of the following properties in light of the national hazardous wastes identification standards and methods: explosive, ignitable, oxidizable, toxic, corrosive or liable to cause infectious diseases or lead to other dangers. The report of this indicator should follow the 《National Catalogue of Hazardous Wastes》 (the NO.1 Ministry Order in 2008 by the Ministry of Environment Protection and National Development and Reform Commission).

Hazardous Wastes Utilized refers to the volume of hazardous wastes that are used to extract materials for raw materials or fuel throughout the year of the survey, including those utilized by the producing enterprise and those provided to other enterprises for utilization.

Hazardous Wastes Disposed refers to the quantity of hazardous wastes which are burnt or specially disposed using other methods to alter the physical, chemical and biological properties and thus to reduce or eliminate the hazard, or placed ultimately in the sites meeting the requirements for environmental protection during the report period.

Stock of Hazardous Wastes refers to the volume of hazardous wastes specially packaged and placed in special facilities or special sites by enterprises. The special stock facilities should meet the requirements set in relevant environment protection laws and regulations such as "Pollution Control Standards for Hazardous Waste Stock" (GB18597-2001) in regard to package of hazardous waste, location, design, safety, monitoring and shutdown, and take measures against dispersion, loss, seepage, and air and water contamination.

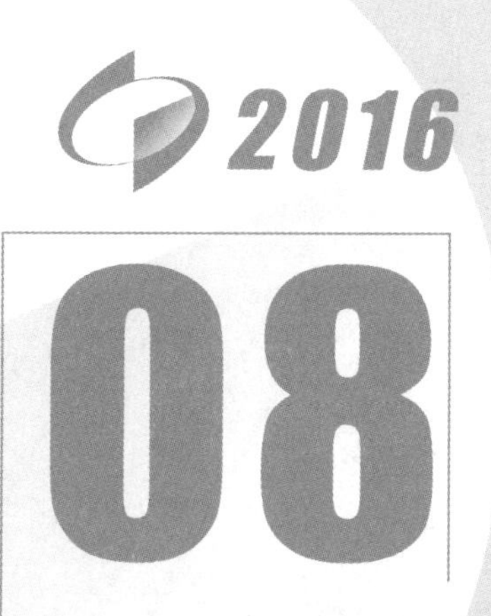

财政和物价

LOCAL GOVERNMENT FINANCE AND PRICE

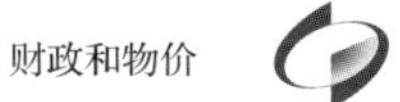

8-1 地方一般公共预算收入和支出基本情况
Local General Public Budget Revenue and Expenditure

单位：万元 (10 000 yuan)

项　目	Item	2012	2013	2014	2015
地方一般公共预算收入合计	**Local General Public Budget Revenue**	**24212703**	**27840952**	**30610684**	**33554385**
税收收入	**Taxes Revenue**	**18270405**	**21035091**	**23124574**	**23535088**
增值税	Value-added Tax	2056791	2354457	3064461	3244786
营业税	Business Tax	7254079	8120757	8052423	7802595
企业所得税	Corporate Income Tax	2464488	2665712	2860621	2953063
企业所得税退税	Tax Rebate to Corporate Income Tax				
个人所得税	Individual Income Tax	734031	880961	972002	1091428
资源税	Resource Tax	249499	269676	290956	287228
固定资产投资方向调节税	Fixed Assets Investment Orientation Regulation Tax				
城市维护建设税	Urban Maintenance and Construction Tax	1104592	1198062	1265465	1262973
房产税	Real Estate Tax	452842	529461	658026	739070
印花税	Stamp Tax	235274	267345	316854	300344
城镇土地使用税	Urban Land Using Tax	507520	540477	611145	646449
土地增值税	Value-added Tax on Land	967815	1274008	1505276	1491408
车船税	Travel Tax	161981	194895	224643	266255
耕地占用税	Tax on the Occupancy of Cultivated Land	808420	874175	1079546	1219599
契税	Tax on Contracts	1180362	1749669	2118257	2130954
烟叶税	Tobacco Tax	92711	115436	104871	98724
非税收入	**Non-Tax Revenue**	**5942298**	**6805861**	**7486110**	**10019297**
专项收入	Special Revenve	1044108	1126838	1107361	3044453
行政事业性收费收入	Income from Administrative Fees	1645894	1784200	1995220	1846871
罚没收入	Penalty and Confiscatory Income	536567	593475	614950	655072
国有资本经营收入	State-owned Capital Operating Income	270618	364344	408963	449481
国有资源(资产)有偿使用收入	Income from State-owned Assets Compensation	1627321	2035327	2368252	2696295
其他收入	Other Incomes	817790	901677	991364	1327125
一般公共预算支出合计	**General Public Budget Expenditure**	**54509893**	**62209097**	**67966109**	**74975105**
一般公共服务支出	Expenditure for General Public Services	5543831	6108554	5756721	6222242
外交支出	Expenditure for Foreign Affairs				
国防支出	Expenditure for National Defense	122331	156698	145854	119020
公共安全支出	Expenditure for Public Security	2726317	3234855	3191900	3697422
教育支出	Expenditure for Education	9932010	10364062	10569053	12523250
科学技术支出	Expenditure for Science and Technology	593977	695104	817636	966892
文化体育与传媒支出	Expenditure for Culture, Sport and Media	1207033	1424020	1356458	1394140
社会保障和就业支出	Expenditure for Social Safety Net and Employment Effort	6802083	8335133	9270059	11117513
医疗卫生支出	Expenditure for Medical and Health Care	4242577	4871972	5840966	6864163
节能环保支出	Expenditure for Environment Protection	1359422	1599491	1686939	1693145
城乡社区事务支出	Expenditure for Urban and Rural Community Affairs	3259774	3818060	5281338	5140783
农林水事务支出	Expenditure for Agriculture, Forestry and Water Conservancy	6549482	7417837	8265910	9266496
交通运输支出	Expenditure for Transportation	4354851	5288047	5438288	6011405
资源勘探电力信息等事务支出	Expenditure for Exploration and Power Information	1915102	2318851	2014950	2515465
商业服务业等事务支出	Expenditure for Commerce and Service	617554	642306	699232	825191
金融监管等事务支出	Expenditure for Financial Regulation	107204	65119	73252	173952
地震灾后恢复重建支出	Expenditure for Post-earthquake Recovery and Reconstruction	829105	295762		
援助其他地区支出	Expenditure for other regional assistance	15857	29774	42109	53319
国土资源气象等事务支出	Expenditure for Land Resources Weather	617956	853151	774444	778679
住房保障支出	Expenditure for Housing Security	2274079	2235389	3076235	2889038
粮油物资储备管理事务支出	Expenditure for Oil Material Reserves Management	381307	366473	398795	359485
债务付息支出	Expenditure for the Principal and Interest of Debts				175131
其他支出	Other Expenditures	637547	1484614	2363245	2177984

注：地方一般公共预算收入和支出情况由四川省财政厅提供。
a) Local general public budget revenue and expenditure are provided by Sichuan Provincial Department of Finance.

8–2 各市(州)地方一般公共预算收入基本情况(2015年)
Local General Public Budget Revenue by Region(2015)

单位：万元 (10 000 yuan)

市(州)	Region	地方一般公共预算收入 Local General Public Budget Revenue	税收收入 Tax Revenue	增值税 Value-added Tax	营业税 Business Tax	企业所得税 Corporate Income Tax	个人所得税 Indiviual Income Tax
成都市	Chengdu	11576393	8000820	1024362	1816329	1039536	359871
自贡市	Zigong	448256	302422	39561	75192	27077	7830
攀枝花市	Panzhihua	533412	326036	61191	65144	30718	12795
泸州市	Luzhou	1282652	634921	77113	169397	73234	17506
德阳市	Deyang	886148	592622	123515	105554	61912	22028
绵阳市	Mianyang	1041308	670967	80907	161258	65505	32495
广元市	Guangyuan	408176	249674	27967	79683	18110	8133
遂宁市	Suining	493162	332863	26480	91746	27992	10600
内江市	Neijiang	502682	351556	26871	118762	27969	9758
乐山市	Leshan	855322	507772	63020	137627	50314	18259
南充市	Nanchong	850746	577522	37827	182284	61330	18442
眉山市	Meishan	831491	508021	41141	110349	32119	10443
宜宾市	Yibin	1149677	732774	124690	162279	102648	17378
广安市	Guangan	567494	348087	27579	107038	39873	7059
达州市	Dazhou	791548	507033	62043	122335	54333	20290
雅安市	Yaan	303082	243491	53218	73234	26914	8794
巴中市	Bazhong	390502	250347	15773	89642	19720	9814
资阳市	Ziyang	617733	459189	28390	96662	30642	12118
阿坝藏族羌族自治州	Aba	316730	166617	34727	64816	20863	8213
甘孜藏族自治州	Ganzi	314299	211300	28099	105795	17171	8664
凉山彝族自治州	Liangshan	1070683	617110	130740	129166	82621	19161

8-2 续表 continued

单位: 万元 (10 000 yuan)

市(州)	Region	资源税 Resouces Tax	城市维护建设税 Urban Maintenance and Construction Tax	房产税 Housing Property Tax	耕地占用税 Tax on the Occupancy of Cultivated Land	契　税 Tax On Contracts	其他各项税收收入 Other Revenue	非税收入 Non-tax Revenue
成都市	Chengdu	6252	630474	279596	255600	1126353	290991	3575573
自贡市	Zigong	1211	23957	7574	21897	43129	11401	145834
攀枝花市	Panzhihua	33403	26036	13967	19069	16352	19246	207376
泸州市	Luzhou	5529	46984	12090	67156	76432	28739	647732
德阳市	Deyang	15045	80564	19500	44905	55750	25247	293526
绵阳市	Mianyang	4545	48571	22939	67133	92394	29412	370341
广元市	Guangyuan	8378	16186	6715	34750	21901	12156	158502
遂宁市	Suining	25198	18301	5031	36099	43763	9993	160299
内江市	Neijiang	4470	22739	8501	30446	48213	13285	151126
乐山市	Leshan	14971	38382	13142	28169	73857	19033	347550
南充市	Nanchong	3079	32137	11910	55930	83474	18520	273224
眉山市	Meishan	2166	24654	8643	100330	113215	14905	323470
宜宾市	Yibin	13464	61884	14052	95040	59665	22309	416903
广安市	Guangan	4471	18143	3735	42074	48402	9053	219407
达州市	Dazhou	39335	31165	8815	50892	57630	14922	284515
雅安市	Yaan	2120	16310	3059	7889	35957	7282	59591
巴中市	Bazhong	2524	12881	2293	24548	46260	7995	140155
资阳市	Ziyang	4870	21032	7652	115860	71243	11313	158544
阿坝藏族羌族自治州	Aba	1438	6482	5118	13732	3451	4190	150113
甘孜藏族自治州	Ganzi	2258	5471	2121	31850	3179	3990	102999
凉山彝族自治州	Liangshan	22439	42847	15247	64050	10334	86595	453573

8-3 各市(州)一般公共预算支出基本情况(2015年)
General Public Budget Expenditure by Region(2015)

单位：万元 (10 000 yuan)

市(州)	Region	一般公共预算支出 General Public Budget Expenditure	一般公共服务 General Public Services	国防 National Denfense	公共安全 Public Safe	教育 Educa-tion	科学技术 Science Tech-nology	文化体育与传媒 Culture, Sports and Media
成都市	Chengdu	14684242	1533158	33006	940936	2283411	390170	321994
自贡市	Zigong	1733530	126661	4335	94846	301428	34485	36513
攀枝花市	Panzhihua	1126499	120731	1186	74645	260016	16906	19625
泸州市	Luzhou	3039880	212237	3186	138268	607605	35197	39379
德阳市	Deyang	2196393	173380	4749	135818	363798	26227	31824
绵阳市	Mianyang	3042238	273654	5606	156598	535846	46651	45415
广元市	Guangyuan	2096211	159620	1362	89338	350965	10435	37659
遂宁市	Suining	1828440	158237	4353	83953	336096	8382	24215
内江市	Neijiang	1924370	117047	3083	96288	395454	16721	31162
乐山市	Leshan	2321550	218175	3203	123473	384160	18482	81336
南充市	Nanchong	3696431	317487	4531	164814	718249	17761	64021
眉山市	Meishan	2072222	212056	1554	104857	342791	7467	29245
宜宾市	Yibin	3078287	235298	3486	130082	679031	31253	42794
广安市	Guangan	2226191	165097	1037	97806	461373	10456	37375
达州市	Dazhou	3243334	241348	4132	109001	696644	16078	47471
雅安市	Yaan	2222395	128221	1706	55807	177587	24489	21774
巴中市	Bazhong	2460191	188144	4886	79877	431274	8153	30011
资阳市	Ziyang	2160816	171552	4312	94238	401827	15862	31267
阿坝藏族羌族自治州	Aba	2152522	233471	3619	122433	274429	10868	38992
甘孜藏族自治州	Ganzi	3162038	296264	2199	140510	337327	7961	46311
凉山彝族自治州	Liangshan	4176198	333681	5440	168367	929896	26415	57842

8-3 续表1 continued

单位: 万元 (10 000 yuan)

市(州)	Region	社会保障和就业 Social Security and Employment	医疗卫生 Medical and Healthy	节能环保 Energy Saving	城乡社区事务 Urban and Rural Community Services	农林水事务 Agriculture, Forestry and Water Affairs	交通运输 Transport	资源勘探电力信息等事务 Exploration and Power Information	商业服务业等事务 Commercial Services
成都市	Chengdu	1052074	971512	223497	3013178	966745	709920	1169063	238663
自贡市	Zigong	244038	215145	30870	93628	224704	121690	28892	13650
攀枝花市	Panzhihua	111925	110382	27789	70424	115743	82384	27872	8437
泸州市	Luzhou	401205	358098	65805	141256	428501	156158	178657	23223
德阳市	Deyang	304862	256504	76844	153498	291012	101224	73527	21375
绵阳市	Mianyang	460392	366180	11676	154974	434434	196284	102339	29914
广元市	Guangyuan	311266	238632	46405	67280	356078	234936	24390	21061
遂宁市	Suining	299074	218378	37145	164403	238124	99252	31281	11155
内江市	Neijiang	298073	254918	24855	84290	259871	102158	30515	11621
乐山市	Leshan	360839	243803	66252	98315	308845	184335	43040	22134
南充市	Nanchong	535761	498243	50095	126109	565837	243645	47836	22549
眉山市	Meishan	284641	237218	44576	157475	309611	154768	55996	12056
宜宾市	Yibin	356816	379637	126245	123737	433361	227375	69449	31114
广安市	Guangan	294162	307601	35846	84392	334582	167859	41626	14061
达州市	Dazhou	473346	425895	59097	102460	538361	200564	44579	18037
雅安市	Yaan	198949	162436	52518	100841	429386	97932	35447	44792
巴中市	Bazhong	352753	255029	57867	50755	433838	183805	18159	13564
资阳市	Ziyang	325607	299118	28676	122996	337198	117590	44112	18565
阿坝藏族羌族自治州	Aba	105304	187333	128728	46015	381108	351098	21053	74976
甘孜藏族自治州	Ganzi	273180	223890	121082	36016	534449	726868	12161	45143
凉山彝族自治州	Liangshan	409111	430138	139907	140784	651330	606644	22880	24862

8-3 续表2 continued

单位: 万元　　(10 000 yuan)

市(州)	Region	金融监管等事务 Financial Regulation	援助其他地区支出 Other Aid Regional Expenditure	国土资源气象等事务 Land Resources Weather	住房保障 Housing Security	粮油物资储备事务 Grain and Oil Reserve Affairs	债务付息支出 Expenditure for the Principal and Interest of Debts	其他支出 Other Expen-ditures
成都市	Chengdu	73584	42192	114048	233064	19493	18544	334403
自贡市	Zigong	2988	400	13244	131039	6342	4894	3407
攀枝花市	Panzhihua	6529	18	9760	52689	2633	3630	3009
泸州市	Luzhou	3278	5923	34543	164713	10395	11686	20127
德阳市	Deyang	2983	956	12634	101097	11564	8198	43933
绵阳市	Mianyang	2622	2020	24111	98471	11061	7063	76401
广元市	Guangyuan	1385		21840	101008	10544	8043	3481
遂宁市	Suining	1241		12951	80826	10769	6091	2152
内江市	Neijiang	1128		12615	85413	12155	5576	20729
乐山市	Leshan	2281	10	17249	104914	12486	11453	16313
南充市	Nanchong	3871	1800	40822	235448	12574	11742	12275
眉山市	Meishan	4754		12880	76169	9853	10935	2819
宜宾市	Yibin	3788		32869	126150	14097	12699	18562
广安市	Guangan	439		14426	126865	9732	7713	13368
达州市	Dazhou	1084		44566	169829	11002	9688	29344
雅安市	Yaan	2863		34194	83203	3935	6396	559706
巴中市	Bazhong	1435		44236	277850	13307	6484	8163
资阳市	Ziyang	592		13593	102930	15285	10934	4079
阿坝藏族羌族自治州	Aba	735		40454	76849	4483	3119	47360
甘孜藏族自治州	Ganzi	578		85893	121050	2023	1969	147164
凉山彝族自治州	Liangshan	711		80207	117601	6870	4782	17862

8-4 商品零售价格总指数(2015年)
General Retail Price Index(2015)

(上年=100) (preceding year=100)

类　别	Item	商品零售价格总指数 Retail Price Index of Commodities		
		全　省 Province	城　市 Urban Areas	农　村 Rural Areas
商品零售价格指数	**General Retail Price Index**	**100.2**	**99.9**	**101.0**
食品类	Food	102.9	102.2	104.4
饮料、烟酒类	Beverages, Tobacco and Liquor	100.2	100.3	100.1
服装、鞋帽类	Garments, Shoes and Hats	101.2	100.9	102.1
纺织品类	Textiles	99.8	99.9	99.7
家用电器及音像器材	Household Electrical Appliances and Audio-Visual Equipment	98.1	97.9	98.9
家庭设备	Household Appliances	98.3	98.1	98.7
文娱用耐用消费品	Cultural and Entertainment Durable Consumer Goods	98.1	97.2	99.5
文化办公用品	Cultural and Office Goods	98.8	98.6	99.1
电脑	Computer	96.6	96.2	97.5
日用品	Articles for Daily Use	100.1	100.2	99.9
体育娱乐用品	Sports and Entertainment Goods	101.3	101.4	101.0
体育用品	Spotrs Goods	100.4	100.8	99.5
娱乐用品	Entertainment Goods	101.6	101.6	101.8
交通、通信用品	Transportation and Telecommunication Goods	97.9	97.7	98.6
交通运输机械	Transportation Machinery	98.0	97.7	98.7
轿车	Saloon Car	96.5	96.8	95.7
通讯器材类	Telecommunication Equipment	97.7	97.5	98.4
移动电话机	Mobile Telephone	96.2	95.7	97.3
家具	Furniture	100.2	100.3	100.2
化妆品类	Cosmetics	100.3	100.2	100.4
金银珠宝类	Precious Metal and Jewellery	93.6	93.4	95.3
中西药品及医疗保健用品类	Traditional Chinese and Western Medicines, Health Care Articles	102.1	102.0	102.5
中药材及中成药	Raw and Officinal Medicinese of Traditional Chinese Pharmacology	105.7	106.4	104.7
西药	Western Medicines	100.3	100.1	100.9
书报杂志及电子出版物类	Newspapers and Magazines, Electronic Journal	105.8	105.6	106.2
燃料类	Fuels	91.1	91.1	91.0
汽油	Gasoline	81.3	81.4	81.2
柴油	Diesel Oil	77.3	77.1	78.6
建筑材料及五金电料类	Building Materials, Hardware, Electric Materials and Appliances	97.2	97.8	96.5
水泥	Cement	97.6	98.5	97.0
玻璃	Glass	99.3	99.1	99.9
农业生产资料类	**Agricultural Means of Production**	**101.5**		

8−5 城市商品零售价格指数(2015年)
Urban Retail Price Index(2015)

(上年=100) (preceding year=100)

类 别	Item	成都市 Chengdu	泸州市 Luzhou	南充市 Nanchong	自贡市 Zigong	乐山市 Leshan	达州市 Dazhou
商品零售价格指数	**General Retail Price Index**	**99.5**	**100.6**	**100.8**	**99.5**	**99.9**	**100.4**
食品类	Food	102.2	102.1	103.0	101.8	101.9	102.2
饮料、烟酒类	Beverages, Tobacco and Liquor	100.7	97.2	98.0	95.8	98.1	100.7
服装、鞋帽类	Garments, Shoes and Hats	100.0	105.2	100.7	101.1	100.2	102.0
纺织品类	Textiles	99.6	100.0	101.3	95.1	101.1	99.0
家用电器及音像器材	Household Electrical Appliances and Audio-Visual Equipment	96.9	101.3	100.3	96.7	96.3	99.5
文化办公用品	Cultural and Office Goods	98.9	98.0	100.0	98.2	95.5	98.3
日用品	Articles for Daily Use	100.4	99.8	100.8	96.3	98.7	100.5
体育娱乐用品	Sports and Entertainment Goods	102.0	99.8	100.2	95.9	100.3	101.5
交通、通信用品	Transportation and Telecommunication Goods	96.5	98.9	99.4	97.6	98.9	97.8
家具	Furniture	102.2	100.0	105.3	94.4	97.4	101.3
化妆品类	Cosmetics	100.3	100.1	99.3	98.7	99.8	104.1
金银珠宝类	Precious Metal and Jewellery	93.2	98.5	95.0	90.7	93.0	97.2
中西药品及医疗保健用品类	Traditional Chinese and Western Medicines, Health Care Articles	101.2	101.3	103.0	102.4	106.8	102.3
书报杂志及电子出版物类	Newspapers and Magazines, Electronic Journal	105.8	104.0	102.2	106.7	105.1	102.7
燃料类	Fuels	89.2	91.1	91.0	93.0	89.6	92.1
建筑材料及五金电料类	Building Materials, Hardware, Electric Materials and Appliances	96.6	99.0	97.6	98.2	100.4	98.6

8-5 续表 continued

(上年=100) (preceding year=100)

类 别	Item	广元市 Guangyuan	绵阳市 Mianyang	内江市 Neijiang	西昌市 Xichang	攀枝花市 Panzhihua	眉山市 Meishan
商品零售价格指数	**General Retail Price Index**	**101.9**	**99.9**	**100.3**	**99.9**	**100.2**	**99.9**
食品类	Food	103.5	102.7	103.3	102.8	101.5	102.4
饮料、烟酒类	Beverages, Tobacco and Liquor	100.8	98.1	98.5	101.8	101.8	98.3
服装、鞋帽类	Garments, Shoes and Hats	99.3	102.8	100.4	100.8	101.0	100.7
纺织品类	Textiles	101.5	101.0	100.2	99.9	100.0	99.9
家用电器及音像器材	Household Electrical Appliances and Audio-Visual Equipment	99.9	96.0	99.4	99.5	100.2	97.5
文化办公用品	Cultural and Office Goods	99.9	97.8	98.5	98.6	100.0	101.0
日用品	Articles for Daily Use	99.9	101.2	100.2	100.0	102.3	99.8
体育娱乐用品	Sports and Entertainment Goods	100.2	103.1	99.6	100.0	100.0	99.2
交通、通信用品	Transportation and Telecommunication Goods	109.6	96.5	97.4	96.2	100.2	99.1
家具	Furniture	97.1	97.5	99.8	100.0	100.0	98.0
化妆品类	Cosmetics	100.3	99.8	100.0	100.2	101.1	100.6
金银珠宝类	Precious Metal and Jewellery	93.7	91.5	92.9	92.4	96.5	95.7
中西药品及医疗保健用品类	Traditional Chinese and Western Medicines, Health Care Articles	104.7	100.3	101.0	97.6	106.3	103.9
书报杂志及电子出版物类	Newspapers and Magazines, Electronic Journal	101.8	103.3	102.5	114.4	100.2	102.6
燃料类	Fuels	91.6	91.6	90.8	88.0	89.9	91.2
建筑材料及五金电料类	Building Materials, Hardware, Electric Materials and Appliances	103.3	95.8	96.6	95.7	97.7	95.6

8-6 农村商品零售价格指数(2015年)
Rural Retail Price Index(2015)

(上年=100) (preceding year=100)

类　别	Item	温江区 Wenjiang	汉源县 Hanyuan	平昌县 Pingchang	峨眉山市 Emeishan	叙永县 Xuyong
商品零售价格指数	**General Retail Price Index**	**100.5**	**101.3**	**101.4**	**101.3**	**101.6**
食品类	Food	102.8	104.8	103.7	104.3	103.7
饮料、烟酒类	Beverages, Tobacco and Liquor	98.6	102.7	101.3	96.9	100.7
服装、鞋帽类	Garments, Shoes and Hats	101.8	102.7	104.2	103.7	105.0
纺织品类	Textiles	98.9	99.9	98.4	105.8	99.4
家用电器及音像器材	Household Electrical Appliances and Audio-Visual Equipment	95.3	96.2	97.8	99.0	98.6
文化办公用品	Cultural and Office Goods	98.6	98.6	99.2	100.4	100.0
日用品	Articles for Daily Use	99.4	100.2	99.9	98.8	100.8
体育娱乐用品	Sports and Entertainment Goods	100.0	100.0	97.4	99.9	100.0
交通、通信用品	Transportation and Telecommunication Goods	96.7	97.1	97.4	97.9	99.3
家具	Furniture	100.0	100.0	103.4	100.5	100.7
化妆品类	Cosmetics	100.3	96.0	99.2	101.4	100.5
金银珠宝类	Precious Metal and Jewellery	92.6	95.7	99.5	94.9	90.4
中西药品及医疗保健用品类	Traditional Chinese and Western Medicines, Health Care Articles	101.3	102.8	105.5	104.4	100.3
书报杂志及电子出版物类	Newspapers and Magazines, Electronic Journal	105.3	103.8	114.9	102.5	102.7
燃料类	Fuels	91.5	90.5	91.7	93.6	95.9
建筑材料及五金电料类	Building Materials, Hardware, Electric Materials and Appliances	99.5	96.3	91.8	96.6	98.3
农业生产资料类	**Means of Agricultural Production**	**98.4**	**99.4**	**102.5**	**101.0**	**101.7**

8-6 续表 continued

(上年=100) (preceding year=100)

类　别	Item	梓潼县 Zitong	渠　县 Quxian	仁寿县 Renshou	简阳市 Jianyang	南部县 Nanbu
商品零售价格指数	**General Retail Price Index**	**101.3**	**101.4**	**102.0**	**100.7**	**100.8**
食品类	Food	103.8	103.8	106.6	102.5	101.6
饮料、烟酒类	Beverages, Tobacco and Liquor	102.1	100.5	100.4	99.5	102.6
服装、鞋帽类	Garments, Shoes and Hats	102.5	100.2	99.0	101.9	100.4
纺织品类	Textiles	98.1	100.2	98.8	95.5	100.5
家用电器及音像器材	Household Electrical Appliances and Audio-Visual Equipment	99.9	99.7	98.5	99.8	101.0
文化办公用品	Cultural and Office Goods	99.0	98.7	100.8	98.8	99.4
日用品	Articles for Daily Use	100.1	100.3	100.1	100.4	101.8
体育娱乐用品	Sports and Entertainment Goods	100.0	100.0	100.0	105.2	100.0
交通、通信用品	Transportation and Telecommunication Goods	98.6	105.3	98.0	97.8	98.3
家具	Furniture	100.0	100.0	99.6	100.0	100.1
化妆品类	Cosmetics	100.0	100.1	100.3	100.3	102.5
金银珠宝类	Precious Metal and Jewellery	91.4	100.9	98.1	94.9	96.0
中西药品及医疗保健用品类	Traditional Chinese and Western Medicines, Health Care Articles	103.8	100.7	100.3	101.7	103.0
书报杂志及电子出版物类	Newspapers and Magazines, Electronic Journal	101.7	103.7	103.4	105.5	105.9
燃料类	Fuels	93.7	93.7	94.3	90.7	93.0
建筑材料及五金电料类	Building Materials, Hardware, Electric Materials and Appliances	97.8	97.1	99.8	99.0	99.7
农业生产资料类	**Means of Agricultural Production**	**102.4**	**100.0**	**99.3**	**100.8**	**100.0**

8-7 居民消费价格总指数(2015年)
General Consumer Price Index(2015)

(上年=100) (preceding year=100)

类　别	Item	居民消费价格指数 General Consumer Price Index		
		全　省 Province	城　市 Urban Areas	农　村 Rural Areas
居民消费价格指数	**General Consumer Price Index**	**101.5**	**101.4**	**101.6**
食品	Food	102.9	102.2	104.1
粮食	Grain	102.4	102.6	102.0
#大米	Rice	101.9	102.3	101.1
油脂	Oil or Fat	96.8	95.1	99.7
肉禽及制品	Meat, Poultry and Their Products	106.2	105.2	107.9
#猪肉	Pork	111.5	110.4	112.8
蛋	Eggs	95.5	95.0	97.3
水产品	Aquatic Products	101.4	100.5	103.3
菜	Vegetables	103.0	102.8	103.7
#鲜菜	Fresh Vegetables	102.9	102.7	103.6
烟酒	Tobacco, Liquor	100.1	99.7	100.6
衣着	Clothing	101.4	101.2	101.8
服装	Garments	101.6	101.3	102.5
衣着材料	Clothing Material	100.0	100.4	99.6
衣着加工服务	Clothing Manufacturing Services	103.4	103.5	103.3
家庭设备及维修服务	Household Facilities, Articles and Repair Services	100.4	100.6	100.0
耐用消费品	Durable Consumer Goods	99.1	98.8	99.8
室内装饰品	Interior Decorations	99.6	99.7	99.5
家庭及加工维修服务	Other Household Service	106.4	106.9	102.8
医疗保健和个人用品	Medicine, Medical Services and Personal Articles	102.1	102.4	101.4
医疗保健	Medical Appliances and Articles	102.4	102.9	101.5
个人用品及服务	Personal Articles and Services	101.2	101.2	101.1
交通和通信	Means of Transportation and Communication	99.3	99.7	98.6
交通	Transportation	99.1	99.5	98.3
通信	Communication	99.8	99.8	99.6
娱乐教育文化及服务	Recreation, Education and Culture Articles	101.1	101.1	101.3
文娱耐用消费品及服务	Durable Consumer Goods for Recreational Use	98.0	97.5	99.0
教育	Education	102.3	102.7	101.7
文化娱乐用品	Cultural and Recreational Articles	100.2	100.3	100.0
旅游及外出	Turing and Outgoing	97.3	96.9	102.4
居住	Residence	100.5	101.2	99.3
建房及装修材料	Building and Building Decoration Material	99.0	99.8	98.4
租房	Rent	101.1	101.3	99.4
自有住房	Private House	101.2	102.0	99.6
水、电、燃料	Water, Electricity and Fuel	99.9	100.0	99.8

8-8 城市居民消费价格指数(2015年)
Consumer Price Index in Urban Areas(2015)

(上年=100) (preceding year=100)

类　别	Item	成都市 Chengdu	泸州市 Luzhou	南充市 Nanchong	自贡市 Zigong	乐山市 Leshan	达州市 Dazhou
居民消费价格指数	**Consumer Price Index**	**101.1**	**101.5**	**101.8**	**101.5**	**101.8**	**101.5**
食品	Food	102.0	102.2	103.0	101.8	102.0	102.2
粮食	Grain	102.9	101.3	101.1	105.9	101.8	101.7
油脂	Oil or Fat	91.4	99.1	95.6	89.8	96.6	99.3
肉禽及制品	Meat, Poultry and Their Products	105.4	105.1	105.3	106.7	106.3	105.6
#猪肉	Pork	109.9	109.1	109.5	112.4	114.4	110.3
蛋	Eggs	92.8	101.6	95.7	98.1	89.8	94.8
水产品	Aquatic Products	100.8	102.1	100.2	96.2	103.1	100.8
菜	Vegetables	106.6	98.3	98.2	97.9	104.5	103.1
#鲜菜	Fresh Vegetables	106.3	98.0	98.0	97.5	104.5	102.9
烟酒	Tobacco, Liquor	101.6	95.7	99.5	95.5	97.2	100.1
衣着	Clothing	100.1	105.1	100.7	101.1	100.2	101.9
家庭设备及维修服务	Household Facilities, Articles and Repair Services	100.9	102.8	102.5	97.8	99.0	100.9
医疗保健和个人用品	Medicine, Medical Services and Personal Articles	101.3	101.3	104.9	101.2	105.7	102.7
交通和通信	Means of Transportation and Communication	98.6	98.6	98.9	102.0	98.5	98.8
娱乐教育文化及服务	Recreation, Education and Culture Articles	102.3	101.5	100.5	100.7	101.1	102.2
居住	Residence	100.4	100.2	100.3	104.0	104.7	100.7

8-8 续表 continued

(上年=100) (preceding year=100)

类　别	Item	广元市 Guangyuan	绵阳市 Mianyang	内江市 Neijiang	西昌市 Xichang	攀枝花市 Panzhihua	眉山市 Meishan
居民消费价格指数	**Consumer Price Index**	**101.9**	**101.4**	**101.7**	**102.2**	**101.5**	**101.1**
食品	Food	103.2	102.7	103.2	102.7	101.4	102.3
粮食	Grain	105.3	102.3	103.8	103.4	101.0	101.4
油脂	Oil or Fat	93.7	95.9	96.3	94.2	97.3	98.6
肉禽及制品	Meat, Poultry and Their Products	103.9	106.0	107.2	104.8	104.2	105.1
#猪肉	Pork	107.5	110.4	115.7	112.3	109.1	109.4
蛋	Eggs	101.6	92.8	93.5	94.4	94.3	97.5
水产品	Aquatic Products	106.0	96.5	98.6	109.3	100.5	105.5
菜	Vegetables	109.1	103.8	100.3	101.2	103.2	101.9
#鲜菜	Fresh Vegetables	109.1	103.9	100.2	101.2	103.5	101.2
烟酒	Tobacco, Liquor	100.6	98.4	97.4	101.6	102.1	97.7
衣着	Clothing	99.5	102.9	100.5	100.8	101.1	100.8
家庭设备及维修服务	Household Facilities, Articles and Repair Services	101.7	100.4	100.0	100.6	100.1	101.0
医疗保健和个人用品	Medicine, Medical Services and Personal Articles	107.9	100.8	100.7	98.9	104.1	102.6
交通和通信	Means of Transportation and Communication	99.0	98.7	99.1	98.7	102.4	99.7
娱乐教育文化及服务	Recreation, Education and Culture Articles	100.7	98.7	104.5	104.8	101.1	101.8
居住	Residence	99.4	102.6	100.1	104.1	100.7	99.1

8-9 农村居民消费价格指数(2015年)
Consumer Price Index in Rural Areas(2015)

(上年=100) (preceding year=100)

类　　别	Item	温江区 Wenjiang	汉源县 Hanyuan	平昌县 Pingchang	峨眉山市 Emeishan	叙永县 Xuyong
居民消费价格指数	**Consumer Price Index**	**101.0**	**101.4**	**102.4**	**102.1**	**101.7**
食品	Food	102.9	104.6	103.6	104.3	103.7
粮食	Grain	101.8	102.6	101.1	104.8	102.6
油脂	Oil or Fat	95.2	107.0	96.8	100.1	99.1
肉禽及制品	Meat, Poultry and Their Products	109.0	108.7	109.7	109.1	106.5
#猪肉	Pork	113.4	117.8	113.5	116.1	111.2
蛋	Eggs	96.7	102.2	101.9	93.9	98.2
水产品	Aquatic Products	102.1	104.1	101.9	101.9	101.1
菜	Vegetables	101.2	102.2	100.2	103.2	104.1
#鲜菜	Fresh Vegetables	101.6	101.7	100.3	104.3	103.9
烟酒	Tobacco, Liquor	95.8	102.6	101.6	96.6	100.9
衣着	Clothing	101.9	102.9	103.6	103.7	105.0
家庭设备及维修服务	Household Facilities, Articles and Repair Services	97.1	98.7	100.0	101.3	100.4
医疗保健和个人用品	Medicine, Medical Services and Personal Articles	100.9	102.5	103.3	104.8	100.6
交通和通信	Means of Transportation and Communication	97.9	98.0	99.9	97.6	99.0
娱乐教育文化及服务	Recreation, Education and Culture Articles	101.2	98.8	107.0	102.7	101.4
居住	Residence	100.2	97.0	97.9	99.4	97.9

8-9 续表 continued

(上年=100) (preceding year=100)

类　　别	Item	梓潼县 Zitong	渠　县 Quxian	仁寿县 Renshou	简阳市 Jianyang	南部县 Nanbu
居民消费价格指数	**Consumer Price Index**	**101.6**	**101.9**	**102.1**	**101.4**	**101.4**
食品	Food	103.6	103.8	106.5	102.4	101.8
粮食	Grain	104.9	101.5	98.9	101.0	102.9
油脂	Oil or Fat	107.3	99.0	98.0	98.3	98.2
肉禽及制品	Meat, Poultry and Their Products	107.8	110.7	106.4	105.9	104.1
#猪肉	Pork	114.7	116.0	108.6	114.7	109.4
蛋	Eggs	88.6	98.5	97.3	99.1	96.0
水产品	Aquatic Products	98.9	101.1	111.1	100.6	99.4
菜	Vegetables	108.2	101.4	110.5	100.8	101.0
#鲜菜	Fresh Vegetables	108.1	100.4	111.7	101.5	100.8
烟酒	Tobacco, Liquor	102.2	100.8	100.4	99.3	102.5
衣着	Clothing	102.7	100.2	99.0	101.9	100.7
家庭设备及维修服务	Household Facilities, Articles and Repair Services	100.0	100.3	99.1	100.4	101.3
医疗保健和个人用品	Medicine, Medical Services and Personal Articles	102.0	101.6	100.2	101.1	102.3
交通和通信	Means of Transportation and Communication	99.0	99.0	98.7	99.6	100.0
娱乐教育文化及服务	Recreation, Education and Culture Articles	99.8	102.2	100.5	103.7	101.5
居住	Residence	99.9	101.0	100.0	99.2	100.4

8-10 工业生产者出厂价格指数
Producer Price Index for Industrial Products

(上年=100) (preceding year=100)

类 别	Item	2005	2010	2011	2012	2013	2014	2015
全部工业品	**Total Industrial Products**	**104.0**	**105.0**	**107.3**	**98.6**	**98.7**	**98.7**	**96.4**
按轻重工业分	**Grouped by Light & Heavy Industry**							
轻工业	Light Industry	101.3	103.3	107.7	99.9	100.2	99.9	98.7
重工业	Heavy Industry	106.2	106.3	107.2	98.0	98.0	98.2	95.5
按类别分	**Grouped by Sector**							
生产资料	Means of Production	105.5	105.7	107.9	97.9	98.2	98.1	95.3
采掘	Mining and Quarrying	114.5	112.6	116.8	98.2	97.5	96.9	90.3
原料	Raw Materials	105.9	109.0	108.5	98.2	98.3	97.8	96.4
加工	Manufacturing	104.0	103.0	106.1	97.7	98.3	98.4	95.7
生活资料	Consumer Goods	100.1	102.8	105.7	100.6	99.9	100.6	99.8
食品	Food	102.2	104.4	109.6	101.6	101.1	100.4	100.2
衣着	Clothing	101.5	101.2	102.5	102.2	104.6	109.3	103.5
一般日用品	Articles for Daily Use	102.0	102.9	102.8	98.5	99.2	99.8	98.0
耐用消费品	Durable Consumer Goods	90.1	94.2	92.3	97.3	92.2	97.3	98.1
按部门分	**Grouped by Industrial Division**							
冶金工业	Metallurgical Industry	105.7	110.6	111.3	93.9	94.1	95.1	89.3
电力工业	Power Industry	104.0	103.1	99.8	100.2	100.5	99.1	99.9
煤炭工业	Coal Industry	122.2	112.1	118.3	95.8	94.3	93.1	87.9
石油工业	Petroleum Industry	104.6	111.0	112.4	101.8	103.0	102.7	97.4
化学工业	Chemical Industry	107.5	105.5	109.6	99.4	97.6	98.0	97.5
机械工业	Machine Building Industry	99.9	100.0	101.6	98.7	98.5	99.6	99.1
建筑材料工业	Building Materials Industry	104.7	99.0	103.3	98.0	99.5	99.6	92.8
森林工业	Timber Industry	100.9	104.7	100.0	102.8	101.3	102.1	101.0
食品工业	Food Industry	102.4	104.4	109.4	101.7	101.3	100.2	99.8
纺织工业	Textile Industry	102.9	115.8	117.6	92.7	101.9	97.3	93.5
缝纫工业	Tailoring Industry	97.1	101.0	103.4	107.3	101.7	103.8	104.9
皮革工业	Leather Industry	105.6	100.7	101.5	100.5	106.6	111.8	102.8
造纸工业	Paper Industry	100.6	102.1	108.5	99.3	97.9	99.4	98.8
文教艺术用品工业	Culture, Education and Art Supply Industry	99.9	102.1	97.9	99.2	100.0	99.3	95.0

8-11 按行业分工业生产者出厂价格指数
Producer Price Index for Industrial Products by Industrial Branch

(上年=100) (preceding year=100)

类 别	Item	2005	2010	2011	2012	2013	2014	2015
煤炭开采和洗选业	Coal Mining and Dressing	129.4	112.1	119.4	96.6	94.9	93.2	88.6
石油和天然气开采业	Petroleum and Natural Gas Extraction	103.4	110.5	109.9	100.2	103.4	102.7	96.0
黑色金属矿采选业	Ferrous Metals Mining and Dressing	123.0	120.4	121.8	92.5	94.1	97.9	80.8
有色金属矿采选业	Nonferrous Metals Mining and Dressing	118.3	132.8	121.0	102.0	89.7	91.5	91.1
非金属矿采选业	Nonmetal Minerals Mining and Dressing	110.7	104.1	106.9	101.1	102.8	99.6	97.9
食品制造业	Manufacture of Foods	102.8	103.7	107.5	103.7	102.6	103.8	101.1
饮料制造业	Manufacture of Beverage	103.1	105.5	106.1	103.3	98.7	99.0	98.4
烟草制品业	Manufacture of Tobacco	101.4	99.7	99.8	99.5	100.4	100.1	100.2
纺织业	Manufacture of Textile	102.9	115.6	117.4	92.8	102.0	97.3	93.7
皮革、羽毛(绒)及其制品业	Leather, Furs, Down and Related Products	104.5	101.8	105.2	99.8	107.4	109.9	98.2
木材加工及木、竹制品业	Timber Processing, Bamboo, Cane, Palm Fiber and Straw Products	100.9	105.4	101.3	100.4	100.8	99.6	100.0
家具制造业	Manufacture of Furniture	101.0	102.3	99.1	104.8	101.7	103.8	101.5
造纸及纸制品业	Manufacture of Paper and Paper Products	100.6	102.1	108.5	99.3	97.9	99.4	98.8
文教体育用品制造业	Cultural, Educational and Sports Goods	99.4	107.3	103.7	109.7	100.3	100.0	100.0
石油加工、炼焦及核燃料加工业	Processing of Petroleum, Coking and Processing of Nuclear Fuel	108.0	113.0	113.8	97.6	96.5	96.2	89.8
化学原料及化学制品制造业	Manufacture of Raw Chemical Materials and Chemical Products	110.5	105.1	111.8	98.7	96.1	96.8	97.0
医药制造业	Manufacture of Medicines	101.8	106.1	105.4	101.1	99.7	99.9	99.7
化学纤维制造业	Manufacture of Chemical Fibres	100.7	123.7	126.5	88.6	90.8	93.4	94.6
橡胶制品业	Rubber Products	105.2	101.8	102.1	101.9	98.6	98.4	99.4
塑料制品业	Plastic Products	107.5	100.4	106.6	102.0	99.5	100.3	96.5
非金属矿物制品业	Manufacture of Non-metallic Mineral Products	104.6	98.7	103.4	97.9	99.0	99.4	93.3
黑色金属冶炼及压延加工业	Smelting and Pressing of Ferrous Metals	105.0	106.8	111.1	91.9	93.6	93.7	86.1
有色金属冶炼及压延加工业	Smelting and Pressing of Nonferrous Metals	107.3	118.7	111.9	93.4	93.0	94.2	92.3
金属制品业	Manufacture of Metal Products	104.2	104.3	104.5	101.3	99.1	99.8	98.8
通用设备制造业	Manufacture of General Purpose Machinery	104.5	99.7	104.3	100.0	99.8	101.7	100.0
专用设备制造业	Manufacture of Special Purpose Machinery	102.3	101.2	103.3	99.9	101.7	98.7	98.9
交通运输设备制造业	Transport Equipment Manufacturing	100.1	100.8	101.4	100.0	99.8	100.6	99.9
电气机械及器材制造业	Manufacture of Electrical Machinery and Apparatus	104.6	105.3	107.5	98.7	98.2	98.4	98.4
通信设备及其他电子设备制造业	Electronic and Telecommunications Equipment	91.2	95.6	92.4	94.4	92.4	96.8	97.7
仪器仪表及文化、办公用机械制造业	Instruments, Meters, Cultural and Office Machinery	96.8	97.4	99.5	109.5	102.5	106.0	100.4
工艺品及其他制造业	Other Manufacturing	105.7	106.9	109.0	112.2	98.2	97.3	96.8
电力、热力的生产和供应业	Production and Supply of Electric and Heat Power	104.0	103.0	99.4	100.1	100.6	99.1	99.9
燃气生产和供应业	Production and Supply of Gas	102.0	108.9	118.9	106.8	104.8	106.7	106.5
水的生产和供应业	Production and Supply of Water	102.0	102.7	101.2	101.6	103.7	103.0	104.0

主要统计指标解释

一般公共预算收入 指国家财政参与社会产品分配所取得的收入，是实现国家职能的财力保证。主要包括：

(1)各项税收：包括国内增值税、国内消费税、进口货物增值税和消费税、出口货物退增值税和消费税、营业税、企业所得税、个人所得税、资源税、城市维护建设税、房产税、印花税、城镇土地使用税、土地增值税、车船税、船舶吨税、车辆购置税、关税、耕地占用税、契税、烟叶税等。

(2)非税收入：包括专项收入、行政事业性收费、罚没收入和其他收入。

财政收入按现行分税制财政体制划分为中央本级收入和地方本级收入。

一般公共预算支出 指国家财政将筹集起来的资金进行分配使用，以满足经济建设和各项事业的需要。主要包括：一般公共服务、外交、国防、公共安全、教育、科学技术、文化体育与传媒、社会保障和就业、医疗卫生与计划生育、节能环保、城乡社区、农林水、交通运输、资源勘探信息等、商业服务等、金融、援助其他地区、国土海洋气象等、住房保障、粮油物资储备、政府债务付息等方面的支出。

财政支出根据政府在经济和社会活动中的不同职权，划分为中央财政支出和地方财政支出。

中央一般公共预算收入和地方一般公共预算收入 属于中央一般公共预算的收入包括关税，进口货物增值税和消费税，出口货物退增值税和消费税，消费税，铁道部门、各银行总行、各保险公司总公司等集中缴纳的营业税和城市维护建设税，增值税75%部分，纳入共享范围的企业所得税60%部分，未纳入共享范围的中央企业所得税、中央企业上交的利润，个人所得税60%部分，车辆购置税，船舶吨税，证券交易印花税97%部分，海洋石油资源税，中央非税收入等。属于地方一般公共预算的收入包括营业税（不含铁道部门、各银行总行、各保险公司总公司集中缴纳的营业税），地方企业上交利润，城市维护建设税（不含铁道部门、各银行总行、各保险公司总公司集中缴纳的部分），房产税，城镇土地使用税，土地增值税，车船税，耕地占用税，契税，烟叶税，印花税，增值税25%部分，纳入共享范围的企业所得税40%部分，个人所得税40%部分，证券交易印花税3%部分，海洋石油资源税以外的其他资源税，地方非税收入等。

中央一般公共预算支出和地方一般公共预算支出 指根据政府在经济和社会活动中的不同职责，划分中央和地方政府的责权，按照政府的责权划分确定的支出。中央一般公共预算支出包括一般公共服务，外交支出，国防支出，公共安全支出，以及中央政府调整国民经济结构、协调地区发展、实施宏观调控的支出等。地方一般公共预算支出包括一般公共服务，公共安全支出，地方统筹的各项社会事业支出等。

商品零售价格指数 是反映一定时期内城乡商品零售价格变动趋势和程度的相对数。商品零售价格的变动与国家的财政收入、市场供需的平衡、消费与积累的比例关系有关。因此，该指数可以从一个侧面对上述经济活动进行观察和分析。

农业生产资料价格指数 指反映一定时期内农业生产资料价格变动趋势和程度的相对数。其编制目的是了解农业生产中投入物质资料价格的变动状况，服务于国民经济核算。1994年以前，农业生产资料价格指数仅仅是商品零售价格指数的一个类别，此后，从商品零售价格指数中分离出来，单独编制。

居民消费价格指数 是反映一定时期内城乡居民所购买的生活消费品和服务项目价格变动趋势和程度的相对数，是对城市居民消费价格指数和农村居民消费价格指数进行综合汇总计算的结果。该指数可以观察和分析消费品的零售价格和服务项目价格变动对城乡居民实际生活费支出的影响程度。

城市居民消费价格指数 是反映一定时期内城市居民家庭所购买的生活消费品价格和服务项目价格变动趋势和程度的相对数。通过该指数可以观察和分析消费品的零售价格和服务项目价格变动对城镇居民收入和消费支出的影响。

农村居民消费价格指数 是反映一定时期内农村居民家庭所购买的生活消费品价格和服务项目价格变动趋势和程度的相对数。该指数可以观察农村消费品的零售价格和服务项目价格变动对农村居民收入和生活消费支出的影响。

工业生产者出厂价格指数 是反映一定时期内全部工业产品出厂价格总水平的变动趋势和程度的相对数，包括工业企业售给本企业以外所有单位的各种产品和直接售给居民用于生活消费的产品。该指数可以能观察出厂价格变动对工业总产值及增加值的影响。

Explanatory Notes on Main Statistical Indicators

General Public Budget Revenue refers to income for the government finance through participating in the distribution of social products. It is the financial guarantee to ensure government functioning. The contents of government revenue include the following main items:

(1) Various tax revenues, including domestic value added tax (VAT), domestic consumption tax, VAT and consumption tax from imports, VAT and consumption tax rebate for exports, business tax, corporate income tax, individual income tax, resource tax, city maintenance and construct tax, house property tax, stamp tax, urban land use tax, land appreciation tax, tax on vehicles and boat operation, ship tonnage tax, vehicle purchase tax, tariffs, farm land occupation tax, deed tax, and tobacco leaf tax, etc.

(2) Non-tax revenue, including special program receipts, charge of administrative and institutional units, penalty receipts and others non-tax receipts.

Government Revenue at the current decentralized taxation system is divided into the central level revenue and local level revenue.

General Public Budget Expenditure refers to the distribution and use of the funds which the government finance has raised, so as to meet the needs of economic construction and various undertakings. It includes the following main items: expenditure for general public services, expenditure for foreign affairs, expenditure for national defence expenditure for public security, expenditure for education, expenditure for science and technology, expenditure for culture, sport and media, expenditure for social safety net and employment effort, expenditure for medical and health care and family planning, expenditure for energy conservation and environment protection, expenditure for urban and rural community affairs, expenditure for agriculture, forestry and water conservancy, expenditure for transportation, expenditure for resource exploration and information, expenditure for commerce and services, expenditure for finance supervision, aid to other regions, expenditure for land ocean and weather, expenditure for affairs of housing security, expenditure for grain & oil reserves, interest payment for public debts. Government expenditure is divided into central government expenditure and local government expenditure according to the different functions of the governments played in economic and social activities,

General Public Budget Revenue of the Central Government and the Local Governments General Public Budget Revenue of the Central Government includes tariff, VAT and consumption tax from imports, VAT and consumption tax rebate for exports, consumption tax, business tax and city maintenance and construct tax from the Ministry of Railways, head offices of banks, head offices of insurance company, which are handed over to the government in a centralized way, 75% of the value added tax, 60% the share part of the corporate income tax, unshared part of corporate income tax of the central enterprises, profit handed in by the central enterprises, 60% of individual income tax, vehicle purchase tax, ship tonnage tax, 97% of stamp tax on securities transactions, resource tax on the offshore petroleum resources. General Public Budget Revenue of the Local Governments includes business tax (excluding the part of the Ministry of Railways, head offices of banks, head offices of insurance company, which are handed over to the government in a centralized way), profit handed in by the local enterprises, city maintenance and construct tax (excluding the part of the Ministry of Railways, head offices of banks, head offices of insurance company, which are handed over to the government in a centralized way), house property tax, urban land use tax, land appreciation tax, tax on vehicles and boat operation, farm land occupation tax, deed tax, and tobacco leaf tax, stamp tax, 25% of the value added tax, 40% the share part of the corporate income tax, 40% of individual income tax, 3% of stamp tax on securities transactions, resource tax other than the tax on offshore petroleum resources, local non-tax revenue, etc.

General Public Budget Expenditure of the Central Government and the Local Governments According to the different functions of the Central Government and local governments in economic and social activities, the rights of affairs administration are demarcated between those of the Central Government and those of local governments; and the classification of the expenditure between the Central Government and local governments are made on the basis of the classification of the rights of affairs administration between them. General Public Budget Expenditure of the Central Government includes the expenditure for general public services, expenditure for foreign affairs, expenditure for public security, and the expenditure of the Central Government for adjusting the national economic structure; coordinating the development among different regions; and exercising macroeconomic regulation. General Public Budget Expenditure of the Local Governments includes mainly the expenditure for general public services, expenditure for public security, and expenditures for social development which are planed by local governments, etc.

Retail Price Indices reflects the trend and degree of change in retail prices of commodities during a given period. The change in retail prices of commodities is related to government revenue, the equilibrium of market supply and demand, and the ratio of consumption to accumulation. Therefore, the retail price indices are useful from an oblique perspective for observing and analyzing the changes of the above economic activities.

Price Indices for Means of Agricultural Production reflects the trend and degree of changes in the prices of the means of agricultural production during a given period. Compilation of these indices helps to understand the changes in prices of input into agricultural production and facilitate the compilation of national accounts statistics. Before 1994, price indices for means of agricultural production were a sub-category in the retail price indices for commodities, and it has been compiled separately since 1994.

Consumer Price Indices reflects the trend and degree of changes in prices of consumer goods and services purchased by urban and rural residents, and is a composite indices derived from the urban consumer price indices and the rural consumer price indices. The indices enable the observation and analysis of the degree of impact of the changes in the prices of retailed goods and services on the actual living expenses of urban and rural residents.

Urban Consumer Price Indices reflects the trend and degree of changes in prices of consumer goods and services purchased by urban households during a given period. It can be used to observe and analyze the impact of price changes in consumer goods and services on urban household income and consumption expenditure.

Rural Consumer Price Indices reflects the trend and degree of changes in prices of consumer goods and services purchased by rural households during a given period. It can be used to observe the impact of change in retail prices of consumer goods and service prices on rural household income and consumption expenditure on living.

Ex-factory Price Indices of Industrial Producers reflects the trend and degree of changes in general ex-factory prices of all industrial products during a given period, including sales of industrial products by an industrial enterprise to all units outside the enterprise, as well as sales of consumer goods to residents. It can be used to analyze the impact of ex-factory prices on gross output value and value-added of the industrial sector.

09

人民生活和社会保障

PEOPLE`S
LIVELIHOOD
AND SOCIAL WELFARE

9-1 全体居民人均收支情况
Per Capita Income and Consumption Expenditure of all Residents

单位：元 (yuan)

项　目	Item	2013	2014	2015
全体居民人均收入	**Per Capita Income**			
可支配收入	Disposable Income	14231	15749	17221
工资性收入	Income of Wages and Salaries	7150	7932	8610
经营净收入	Net Business Income	3173	3459	3698
财产净收入	Net Income from Property	864	919	1074
转移净收入	Net Income from Transfer	3044	3439	3839
现金可支配收入	Cash Disposable Income	13013	14425	15859
工资性收入	Income of Wages and Salaries	7104	7885	8562
经营净收入	Net Business Income	2628	2881	3156
财产净收入	Net Income from Property	390	432	547
转移净收入	Net Income from Transfer	2891	3227	3594
全体居民人均支出	**Per Capita Expenditure**			
消费支出	Consumption Expenditure	11055	12368	13632
食品烟酒	Food,Tobacco and Liquor	4075	4548	5002
衣着	Clothing	906	974	1071
居住	Residence	2064	2217	2401
生活用品及服务	Household Facilities, Articles and Services	775	880	918
交通通信	Transport and Communications	1222	1437	1629
教育文化娱乐	Education, Cultural and Recreation	986	1061	1208
医疗保健	Health Care and Medical Services	809	964	1071
其他商品及服务	Miscellaneous Goods and Services	218	287	332
现金消费支出	Cash Consumption Expenditure	8916	10112	11123
食品烟酒	Food,Tobacco and Liquor	3390	3891	4277
衣着	Clothing	905	974	1071
居住	Residence	766	824	857
生活用品及服务	Household Facilities, Articles and Services	767	869	898
交通通信	Transport and Communications	1219	1434	1627
教育文化娱乐	Education, Cultural and Recreation	985	1060	1207
医疗保健	Health Care and Medical Services	669	777	857
其他商品及服务	Miscellaneous Goods and Services	214	283	329

注：从2013年开始，国家统计局开展了城乡一体化住户收支和生活状况调查，与2012年前的分城镇和农村住户调查的调查范围、调查方法、指标口径有所不同。

a) The NBS started an integrated household income and expenditure survey in 2013, including both urban and rural households. The coverage, methodology and definitions used in the survey are different from those used for the separate urban and rural household surveys prior to 2012.

9-2 全体居民人均主要食品消费量
Per Capita Consumption of Major Foods of all Residents

单位：公斤 (kg)

项　　目	Item	全体居民 Whole Households		城镇居民 Urban Households		农村居民 Rural Households	
		2014	2015	2014	2015	2014	2015
粮食	Grain	147.62	160.74	109.77	126.14	176.17	187.60
谷物	Cereal	137.56	149.67	98.82	114.02	166.80	177.33
薯类	Tuber	3.36	3.60	2.59	2.92	3.94	4.12
豆类	Beans and Related Products	6.69	7.48	8.36	9.19	5.43	6.15
油脂类	Oil and Fats	20.30	13.04	14.87	14.05	24.40	12.25
#植物油	Vegetable Oil	19.12	11.89	13.92	13.12	23.04	10.93
动物油	Animal Oil	1.18	1.15	0.94	0.93	1.36	1.32
蔬菜和菜制品	Vegetables and Ralated Products	125.29	130.16	131.94	136.80	120.27	125.00
#鲜菜	Fresh Vegetables	122.97	127.65	127.82	132.40	119.31	123.97
肉类	Meat and Related Products	38.44	39.30	42.71	43.29	35.21	36.20
#猪肉	Pork	34.07	34.92	35.27	35.57	33.16	34.42
牛肉	Beef	1.19	1.17	2.22	2.22	0.42	0.36
羊肉	Mutton	0.30	0.38	0.45	0.61	0.20	0.20
禽类	Poultry	10.46	10.66	12.28	12.60	9.08	9.16
水产品	Aquatic Products	6.44	6.80	9.02	9.23	4.49	4.91
蛋类及蛋制品	Eggs and Related Products	8.18	8.73	8.58	9.13	7.87	8.41
奶及奶制品	Milk and Dairy Products	11.23	10.69	17.22	16.48	6.71	6.19
干鲜瓜果类	Dried and Fresh Melons and Fruits	31.23	33.79	43.69	46.63	21.83	23.83
#鲜瓜果	Fresh Melons and Fruits	27.83	30.13	38.54	41.05	19.74	21.64
坚果	Nuts and Processed Products	3.08	3.32	4.66	5.03	1.89	2.00
糖果糕点类	Confectioneries	5.50	5.15	6.70	6.29	4.59	4.27
#食糖	Sugar	2.05	1.77	1.91	1.65	2.15	1.87

9–3 全体居民平均每百户年末耐用消费品拥有量
Number of Main Durable Consumer Goods Owned per 100 Households

单位：平均每百户 (per 100 Households)

项 目		Item		全体居民 Whole Households		城镇居民 Urban Households		农村居民 Rural Households	
				2014	2015	2014	2015	2014	2015
家用汽车	(辆)	Automobile	(unit)	13.17	15.33	20.46	23.84	7.54	8.56
摩托车	(辆)	Motorcycle	(unit)	39.89	37.99	24.14	21.02	52.06	51.50
电动助力车	(台)	Electric Bicycle	(set)	18.79	21.05	21.86	22.80	16.41	19.65
洗衣机	(台)	Washing Machine	(set)	85.53	88.58	95.30	96.72	77.98	82.11
电冰箱（柜）	(台)	Refrigerator	(set)	84.53	88.93	93.47	96.76	77.64	82.70
微波炉	(台)	Microwave Oven	(set)	23.97	25.25	42.41	45.08	9.73	9.47
彩色电视机	(台)	Color Television Set	(set)	115.53	117.64	123.75	124.24	109.18	112.39
#接入有线电视	(台)	Access to the Cable TV	(set)	66.77	65.72	98.46	95.80	42.30	41.79
空调	(台)	Air Conditioner	(set)	53.26	60.44	97.50	108.22	19.10	22.44
热水器	(台)	Water Heater	(set)	64.76	68.25	88.46	91.19	46.46	50.00
#太阳能热水器	(台)	Solar Water Heater	(set)	16.77	18.36	10.91	11.03	21.29	24.19
消毒碗柜	(台)	Disinfection Cupboard	(set)	4.52	4.17	8.33	7.93	1.57	1.18
洗碗机	(台)	Dishwasher	(set)	0.57	0.38	1.31	0.75		0.08
排油烟机	(台)	Vacuum Cleaner	(set)	26.77	28.46	54.69	56.40	5.21	6.24
固定电话	(部)	Telephone	(unit)	39.02	29.49	54.76	48.23	26.86	14.59
移动电话	(部)	Mobile Telephone	(unit)	210.04	221.65	220.15	228.12	202.23	216.50
#接入互联网	(部)	Access to the Internet	(unit)	55.83	57.30	77.79	86.03	38.88	34.44
计算机	(台)	Private Computer	(set)	31.69	35.38	59.96	63.22	9.85	13.23
#接入互联网	(台)	Access to the Internet	(set)	24.89	27.17	48.60	50.96	6.57	8.25
摄像机	(台)	Vidicon	(set)	2.73	2.30	5.88	5.03	0.31	0.14
照相机	(台)	Camera	(set)	12.43	11.86	25.40	23.45	2.42	2.65
中高档乐器	(架)	Medium & High Grade Musical Instrument	(unit)	1.08	1.03	2.31	1.89	0.13	0.34
健身器材	(台)	Health Equipment	(set)	1.58	1.57	3.30	2.82	0.24	0.58
组合音响	(套)	Hi-Fi Stereo Component System	(set)	7.43	6.19	9.01	7.25	6.20	5.34

9-4 城镇居民家庭基本情况
Basic Statistics of Urban Households

项　目	Item	2014	2015
平均每户家庭人口(人)	**Average Family Size (person)**	**2.96**	**2.96**
平均每户就业人口(人)	**Average Number of Employed Persons per Household (person)**	**1.57**	**1.53**
平均每人总收入(元)	**Per Capita Total Income (yuan)**	**27148**	**29422**
平均每人可支配收入(元)	**Per Capita Disposable Income (yuan)**	**24234**	**26205**
工资性收入	Income of Wages and Salaries	14262	15242
经营净收入	Net Business Income	2904	3054
财产净收入	Net Income from Property	1891	2169
转移净收入	Net Income from Transfer	5177	5740
平均每人总支出(元)	**Per Capita Total Expenditures (yuan)**	**24914**	**27763**
平均每人消费支出(元)	**Per Capita Annual Living Expenditures for Consumption (yuan)**	**17760**	**19277**
食品烟酒	Food,Tobacco and Liquor	6204	6783
衣着	Clothing	1539	1704
居住	Residence	3186	3335
生活用品及服务	Household Facilities,Articles and Services	1211	1251
交通通信	Transportation and Communications	2169	2414
教育文化娱乐	Education, Recreation and Cultural Services	1672	1963
医疗保健	Medicine and Medical Service	1283	1369
其它商品和服务	Miscellaneous Commodities and Services	495	556
城镇居民恩格尔系数(%)	**Engle Coefficient of Urban Households(%)**	**34.94**	**35.19**

9-5 按收入五等份分组的城镇居民人均收入(2015年)
Per Capita Income of Urban Households by Income Quintile (2015)

单位：人、元 (person，yuan)

项　目	Item	总平均 Average	低收入户 Low Income Households	中低收入户 Lower Middle Income Households	中等收入户 Middle Income Households	中高收入户 Upper Middle Income Households	高收入户 High Income Households
平均每户就业人口	Average Number of Employeed Persons per Household	2.14	2.23	2.28	2.15	2.06	1.96
平均每人总收入	Per Capital Total Income	29422	13705	21136	28162	36542	56572
平均每人可支配收入	Disposable Income	26205	10726	18703	25368	33154	51616
工资性收入	Income of Wages and Salaries	15242	6109	11812	15484	18497	28921
工资	Wage and Allowance	14254	5820	11253	14721	17178	26448
实物福利	Physical Welfare	91	35	62	83	119	188
其他	Other Incomes	897	254	497	680	1199	2285
经营净收入	Net Business Income	3054	2276	2821	2823	2760	5094
第一产业	Primary Industry	425	496	462	286	480	381
第二产业	Secondary Industry	186	99	46	53	206	643
第三产业	Tertiary Industry	2443	1681	2313	2484	2073	4070
财产净收入	Net Income from Property	2169	770	1374	1933	2879	4729
利息净收入	Net Interest Income	22	-55	41	65	5	71
红利收入	Bonus Stock Income	99	17	76	80	134	230
储蓄性保险净收益	Net Income of Savings Insurance	8	1	1	16	9	13
转让承包土地经营权租金净收入	Net Income of the Transfer of Contracted Land Management Rights	30	27	28	46	27	19
出租房屋财产性收入	Net Income of Rental Housing	774	145	299	557	1036	2288
转移净收入	Net Income from Transfer	5740	1571	2695	5129	9018	12871

9–6 按收入五等份分组的城镇居民人均消费支出(2015年)
Per Capita Living Expenditure of Urban Households by Income Quintile (2015)

单位：元 (yuan)

项　　目	Item	总平均 Average	低收入户 Low Income Households	中低收入户 Lower Middle Income Households	中等收入户 Middle Income Households	中高收入户 Upper Middle Income Households	高收入户 High Income Households
平均每人总支出	**Per Capita Total Expenditures**	**27763**	**16625**	**21066**	**25710**	**32451**	**49960**
平均每人全年消费支出	**Total Living Expenditures**	**19277**	**10685**	**15233**	**18225**	**23360**	**33681**
食品烟酒	Food,Tobacco and Liquor	6783	4353	5655	6781	8150	10234
食品	Food	4746	3265	4043	4904	5680	6562
谷物	Cereal	518	384	423	558	602	697
薯类	Tuber	65	53	53	71	70	83
豆类	Beans and Related Products	68	54	60	77	76	78
食用油	Edible Oil	241	184	216	245	294	293
蔬菜和食用菌	Vegetable and Mushroom	735	516	643	797	869	945
肉类	Meat and Related Products	1238	945	1111	1270	1453	1548
禽类	Poultry	367	237	299	410	454	497
水产品	Aquatic Products	194	112	149	203	233	316
蛋类	Eggs and Related Products	136	102	118	137	162	180
奶类	Milk and Dairy Products	278	162	249	264	326	444
干鲜瓜果类	Dried and Fresh Melons and Fruits	446	253	367	451	554	700
糖果糕点类	Confectioneries	137	73	108	140	176	221
其它食品	Others	322	190	248	282	413	560
烟酒	Liquor	609	405	486	608	794	860
饮料	Beverages	118	57	82	113	150	227
饮食服务	Catering Services	1309	625	1045	1156	1525	2586
衣着	Clothing	1704	777	1307	1533	2114	3309
衣类	Garments	1307	578	991	1164	1634	2582
鞋类	Shoes	396	199	316	369	480	726
居住	Residence	3335	1973	2789	3182	4003	5451
生活用品及服务	Household Facilities, Articles and Services	1251	598	859	1164	1690	2328
交通通信	Transportation and Communication	2414	1011	1745	2619	2894	4529
交通	Transportation	1542	508	1036	1727	1889	3080
通信	Communication	873	503	708	891	1004	1449
教育文化娱乐	Recreation, Education and Cultural Services	1863	940	1551	1502	2195	3668
教育	Education	776	652	892	681	713	979
文化娱乐	Recreation and Cultural Services	1087	288	659	822	1482	2689
医疗保健	Medicine and Medical Services	1369	805	971	1009	1627	2867
医疗器具及药品	Medical Equipment and Drugs	501	259	339	405	676	987
医疗服务	Medical Services	868	547	632	604	951	1880
其它商品和服务	Miscellaneous Goods and Services	556	228	357	435	689	1296

9–7 各市(州)城镇居民家庭人均收支及住房情况

Per Capita Income and Consumption Expenditure and Housing Conditions of Urban Households by Region

单位：元、平方米 (yuan,sq.m)

市(州)	Region	人均可支配收入 Per Capita Disposable Income		人均消费支出 Per Capita Expenditures for Consumption		#食品烟酒支出 Food,Tobacco and Liquor		人均住房建筑面积 Per Capita Housing Area	
		2014	2015	2014	2015	2014	2015	2014	2015
成都市	Chengdu	30996	33476	20102	21825	6921	7437	37.9	39.4
自贡市	Zigong	24142	26267	16427	18361	6695	7207	36.3	35.6
攀枝花市	Panzhihua	27983	30362	18169	19860	6336	7078	33.3	34.1
泸州市	Luzhou	24545	26656	16350	17893	6583	7090	41.8	42.8
德阳市	Deyang	25138	27049	17221	19971	5893	6972	37.7	40.5
绵阳市	Mianyang	25111	27170	16855	18133	6463	6731	38.2	37.3
广元市	Guangyuan	21757	23628	13988	15250	5786	6133	38.7	40.2
遂宁市	Suining	23137	25012	15987	16923	6416	6191	40.7	43.8
内江市	Neijiang	23854	25787	15304	16391	5552	6140	37.0	36.8
乐山市	Leshan	24251	26361	16543	17873	6120	6743	43.1	40.6
南充市	Nanchong	22074	23950	14492	15742	5416	5816	42.4	40.7
眉山市	Meishan	24349	26395	17688	18698	5983	6666	50.1	42.9
宜宾市	Yibin	24288	26207	16517	17613	5983	6336	36.2	38.3
广安市	Guangan	24118	26072	16582	18400	5812	6538	39.5	40.3
达州市	Dazhou	21992	23884	15332	16509	6399	6782	36.3	37.5
雅安市	Yaan	23421	25318	14378	15528	4736	5105	42.7	42.3
巴中市	Bazhong	21856	23845	14518	17031	6843	7101	40.4	39.1
资阳市	Ziyang	24399	26424	15958	17658	5951	6826	43.5	42.9
阿坝藏族羌族自治州	Aba	24017	25939	15818	17139	6126	6435	41.3	40.0
甘孜藏族自治州	Ganzi	22979	24978	15265	17051	6450	7108	40.2	40.3
凉山彝族自治州	Liangshan	22362	24084	14901	16118	5547	6206	37.8	39.3

9–8 按收入五等份分组的城镇居民家庭生活设施情况(2015年)
Living Facilities of Urban Households by Income Quintile (2015)

项目	Item	总平均 Average	低收入户 Low Income Households	中低收入户 Lower Middle Income Households	中等收入户 Middle Income Households	中高收入户 Upper Middle Income Households	高收入户 High Income Households
供水情况	**Water Supply**						
管道供水入户 (%)	Piped Water Supply to Households (%)	94.98	87.27	94.74	96.88	96.97	99.02
饮用水来源情况	**Sources of Drinking Water**						
经过净化处理的自来水 (%)	Purification Treatment of Tap Water (%)	88.59	76.11	88.48	90.70	91.66	95.97
桶装水 (%)	Barrelled Water (%)	1.58	1.47	1.13	2.06	1.38	1.87
厕所使用情况	**Toilet Usage**						
本住户独用 (%)	Only for the Household (%)	95.63	94.00	96.20	95.49	95.62	96.82
几户合用 (%)	Shared by Some Households (%)	3.16	4.27	3.04	2.29	3.61	2.57
公用厕所 (%)	Communal (%)	1.17	1.72	0.76	2.22	0.77	0.40
洗澡设施情况	**Bathing Facilities**						
统一供热水 (%)	Unified Supply of Hot Water (%)	2.28	1.72	2.20	1.45	3.37	2.64
家庭自装热水器 (%)	Home-self Installed Water Heaters (%)	88.70	77.77	87.43	91.91	92.03	94.34
其他 (%)	Others (%)	2.89	5.38	3.83	2.11	1.38	1.76
无洗澡设施 (%)	Without Bathing Facilities (%)	6.09	15.13	6.55	4.53	3.22	1.05
取暖设备情况	**Heating Facilities**						
由市政或小区集中供暖 (%)	Central Heating by Municipal or District (%)	0.35	0.36	0.97	0.22	0.19	
自行供暖 (%)	Self-heating (%)	49.15	39.44	50.63	48.60	52.24	54.82
无取暖设备 (%)	Without Heating Facilities (%)	50.46	60.20	48.40	51.18	47.57	44.97
炊用能源情况	**Fuel for Cooking**						
灌装液化石油气 (%)	Liquefied Petroleum Gas filling (%)	5.83	7.91	6.85	7.08	4.65	2.68
管道天燃气 (%)	Duct Coal Gas (%)	70.92	56.85	68.07	76.09	76.40	77.17
电 (%)	Electricity (%)	14.25	19.70	16.62	10.58	11.72	12.66

9–9 按收入五等份分组的城镇居民家庭住房情况(2015年)
Housing Conditions of Urban Households by Income Quintile (2015)

项　目	Item	总平均 Average	低收入户 Low Income Households	中低收入户 Lower Middle Income Households	中等收入户 Middle Income Households	中高收入户 Upper Middle Income Households	高收入户 High Income Households
人均自有现住房面积 (平方米)	**Per Capita Floor Space of Buildings (sq.m)**	**34.13**	**29.88**	**32.20**	**33.35**	**36.73**	**40.86**
按居住类型划分	**Grouped by Residential Types**						
普通住宅 (%)	Average House (%)	99.54	99.80	100.00	100.00	99.34	98.59
集体宿舍和工棚 (%)	Collective Dormitory and Barrack (%)	0.35	0.20			0.66	0.90
工作地住宿 (%)	Workplace Accommodation (%)	0.06					0.30
按居住空间样式划分	**Grouped by House Patterns**						
单栋楼房 (%)	Independent building (%)	18.50	32.47	21.14	14.60	14.70	9.63
单栋平房 (%)	Independent bungalow (%)	7.53	12.78	10.44	7.73	4.39	2.31
四居室及以上单元房 (%)	Flats With 4 and more Bedrooms (%)	3.93	1.66	3.28	4.02	4.47	6.24
三居室单元房 (%)	Flats With 3 Bedrooms (%)	37.24	25.66	32.57	38.72	39.03	50.18
二居室单元房 (%)	Flats With 2 Bedrooms (%)	26.05	17.78	24.75	27.50	32.66	27.56
一居室单元房 (%)	Flats With 1 Bedroom (%)	3.15	3.81	3.48	3.00	2.60	2.86
筒子楼或连片平房 (%)	Tube-shaped Apartment or Continuous Bungalow (%)	2.57	3.19	2.87	3.73	2.15	0.94
其他	Others	0.98	2.66	1.48	0.70		0.08
按主要建筑材料划分	**Grouped by Main Building Materials**						
钢筋混凝土 (%)	Reinforced Concrete (%)	36.50	28.35	32.71	34.05	40.07	47.31
砖混材料 (%)	Brick Material (%)	56.72	57.08	58.98	60.58	55.66	51.32
砖瓦砖木 (%)	Brick and Tile (%)	5.29	9.80	6.71	4.86	4.13	0.97
竹草土坯 (%)	Bamboo Grass Adobe (%)	0.29	0.79	0.50		0.15	
其他 (%)	Others (%)	1.16	3.98	1.11	0.51		0.19
按房屋来源划分	**Grouped by Source of Housing**						
租赁公房 (%)	Public Dwelling House Leased (%)	2.20	4.19	1.34	2.25	2.12	1.09
租赁私房 (%)	Private Dwelling House Leased (%)	6.11	6.00	4.84	8.47	5.20	6.05
自建住房 (%)	Spontaneous Housing (%)	26.06	45.67	33.24	22.77	18.50	10.18
购买商品房 (%)	Commercial Housing Purchased (%)	37.75	24.72	35.16	37.02	42.74	49.08
购买房改住房 (%)	Reformd Housing Purchased (%)	15.47	7.64	12.59	14.52	20.70	21.89
购买保障性住房 (%)	Affordable Housing Purchased (%)	2.09	0.71	1.00	2.61	3.07	3.04
拆迁安置房 (%)	Removal and Resettlement Housing (%)	8.15	8.73	9.40	11.27	5.94	5.41
继承或获赠住房 (%)	Inherited or Given Housing (%)	0.46	0.80	0.50	0.32	0.69	
免费借用房 (%)	Free Housing (%)	0.80	0.57	1.03	0.77	0.97	0.66
雇主提供免费住房 (%)	Free Housing Provided by Employers (%)	0.18	0.20	0.51			0.18
其他 (%)	Others (%)	0.69	0.77	0.39		0.08	2.22

9–10 农村居民家庭基本情况
Basic Statistics of Rural Households

项目		Item		2014	2015
平均每户常住人口	(人)	Average Number of Permanent Residents per Household	(person)	3.03	3.03
平均每户整、半劳力	(人)	Average Number of Ablebodied and Semi-ablebodied Laborers per Household	(person)	2.07	2.09
平均每个劳动力负担人口(含本人)	(人)	Average Number of Persons Supported by a Laborer (including the laborer himself or herself)	(person)	1.46	1.45
全年人均总收入	(元)	**Average Annual Revenue**	**(yuan)**	**12647**	**14561**
工资性收入	(元)	Wages Income	(yuan)	3157	3463
经营性收入	(元)	Househol Business Income	(yuan)	6832	8005
财产性收入	(元)	Property Income	(yuan)	202	243
转移性收入	(元)	Transfer Income	(yuan)	2456	2850
全年人均可支配收入	(元)	**Per Capita Disposable Income**	**(yuan)**	**9348**	**10247**
工资性收入	(元)	Income of Wages and Salaries	(yuan)	3157	3463
经营净收入	(元)	Net Business Income	(yuan)	3878	4197
财产净收入	(元)	Net Income from Property	(yuan)	185	224
转移净收入	(元)	Net Income from Transfer	(yuan)	2129	2363
全年人均总支出	(元)	**Average Annual Expenditure**	**(yuan)**	**14731**	**16924**
家庭经营费用支出	(元)	Expenditure for Household Business	(yuan)	2651	3522
生活消费支出	(元)	Expenditure for Consumption	(yuan)	8301	9251
食品烟酒	(元)	Food,Tobacco and Liquor	(yuan)	3299	3618
#食品	(元)	Food	(yuan)	2580	2735
衣着	(元)	Clothing	(yuan)	548	580
居住	(元)	Residence	(yuan)	1486	1675
生活用品及服务	(元)	Household Facilities, Articles and Services	(yuan)	630	660
交通通信	(元)	Transportation and Communication	(yuan)	885	1020
教育文化娱乐	(元)	Education, Recreation and Cultural Services	(yuan)	600	699
医疗保健	(元)	Medicine and Medical Services	(yuan)	724	840
其他商品和服务	(元)	Other Commodities and Services	(yuan)	724	840
恩格尔系数	(%)	Engel's Coefficient	(%)	39.75	39.12
平均每人经营耕地面积	(亩)	Per Capita Area of Cultivated Land under Management	(mu)	1.33	1.35
平均每人经营水面面积	(亩)	Per Capita Water Area under Management	(mu)	0.02	0.03
平均每人年内新建房屋面积	(平方米)	Per Capita Floor Space Newly Built in Current Year	(sq.m)	0.96	0.51
平均每人年末使用房屋面积	(平方米)	Per Capita Floor Space Used (year-end)	(sq.m)	44.94	47.13
年末平均每平方米使用房屋价值	(元)	Value of Floor Space Used per Square Meter (year-end)	(yuan)	732.09	751.11

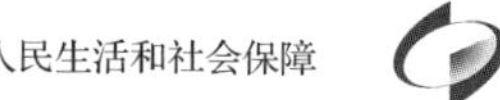

9-11 按收入五等份分组的农村居民人均收入和支出情况(2015年)
Per Capita Income and Expenditure of Rural Households by Income Quintile (2015)

单位：元 (yuan)

项　目	Item	总平均 Average	低收入户 Low Income Households	中低收入户 Lower Middle Income Households	中等收入户 Middle Income Households	中高收入户 Upper Middle Income Households	高收入户 High Income Households
平均每人全年总收入	**Per Capita Total Annual Income**	**14561**	**7053**	**9795**	**12629**	**16900**	**30928**
平均每人可支配收入	**Per Capita Disposable Income**	**10247**	**3124**	**6926**	**9558**	**13008**	**22202**
工资性收入	Income of Wages and Salaries	3463	1404	2311	3482	4552	6574
经营净收入	Net Business Income	4197	946	2760	3469	5012	10561
财产净收入	Net Income from Property	224	94	116	168	284	543
转移净收入	Net Income from Transfer	2363	679	1739	2439	3160	4523
平均每人现金收入	**Per Capita Cash Income**	**12344**	**5696**	**7926**	**10332**	**14210**	**27690**
现金工资性收入	Cash Wages Income	3448	1389	2299	3469	4533	6553
现金经营性收入	Cash Household Business Income	6034	2890	3573	4166	6053	15876
现金财产性收入	Cash Property Income	243	126	135	178	290	574
现金转移性收入	Cash Transfer Income	2618	1291	1920	2519	3334	4687
平均每人全年总支出	**Per Capita Annual Expenditure**	**16924**	**12995**	**13450**	**14587**	**17960**	**28605**
#生产经营费用支出	Expenditure for Production	3522	2872	2315	2531	3171	7608
生活消费支出	Expenditure for Consumption	9251	7084	7847	8753	10349	13463
平均每人现金支出	**Expenditure in Cash**	**13828**	**10680**	**10771**	**11463**	**14473**	**24353**
#生产经营现金费用支出	Expenditure in Cash for Production	2882	2450	1735	1868	2415	6741
现金消费支出	Cash Consumption Expenditure	6795	5191	5748	6292	7619	10077

9-12 各市(州)农村居民家庭人均收支及住房情况

Per Capita Income and Consumption Expenditure and Housing Conditions of Rural Households by Region

单位：元、平方米 (yuan、sq.m)

市(州)	Region	农村居民人均可支配收入 Per Capita Disposable Income of Rural Households		农村居民人均生活消费支出 Per Capita Expenditures for Consumption		#食品支出 Food		农村居民人均住房面积 Per Capita Housing Area	
		2014	2015	2014	2015	2014	2015	2014	2015
成都市	Chengdu	16134	17514	11566	12711	4485	4886	54.3	54.5
自贡市	Zigong	11046	12088	8390	9331	3624	3926	47.1	48.4
攀枝花市	Panzhihua	11762	12861	9504	9903	3488	3679	43.6	42.2
泸州市	Luzhou	10298	11359	8570	9375	3790	4087	42.2	45.2
德阳市	Deyang	11673	12787	9116	9816	3575	3874	42.1	45.2
绵阳市	Mianyang	11274	11349	8911	9787	3391	3672	48.7	46.7
广元市	Guangyuan	8097	8939	6701	7397	2753	3005	40.5	45.9
遂宁市	Suining	10361	11379	7958	9137	3470	3872	45.9	49.1
内江市	Neijiang	10418	11428	8096	8961	3331	3625	48.3	48.9
乐山市	Leshan	10595	11649	8718	9685	3741	3948	46.8	46.3
南充市	Nanchong	9353	10292	7426	8519	3024	3595	48.6	48.1
眉山市	Meishan	11612	12756	9577	10870	3806	4364	51.0	49.8
宜宾市	Yibin	10692	11745	8762	9577	3694	4067	49.6	49.5
广安市	Guangan	10305	11371	8448	9391	3371	3631	43.0	42.1
达州市	Dazhou	9704	10688	7011	7752	3020	3347	36.5	39.8
雅安市	Yaan	9277	10195	7889	8483	2876	3298	43.9	45.7
巴中市	Bazhong	8214	9084	7071	7721	3438	3635	47.5	49.0
资阳市	Ziyang	11153	12284	8586	9444	3268	3607	53.8	56.3
阿坝藏族羌族自治州	Aba	8586	9711	7195	8517	3247	3982	45.9	44.8
甘孜藏族自治州	Ganzi	7341	8408	5376	6117	3198	3571	33.9	32.8
凉山彝族自治州	Liangshan	8462	9422	6640	7385	3281	3741	30.5	30.7

9-13 社会保险主要指标
Major Social Insurance Indicators

单位：万人，亿元 (10 000 persons, 100 million yuan)

指　标	Item	2011	2012	2013	2014	2015
参加城镇职工养老保险人数	Persons of Urban Workers in Basic Pension Insurance	1494.24	1615.35	1720.26	1839.69	1938.98
参加养老保险职工人数	Staff and Workers in Basic Pension Insurance	998.81	1073.68	1124.07	1191.62	1250.06
#参加企业保险人数	Persons in Enterprise Insurance	897.51	971.80	1020.71	1089.27	1144.98
参加养老保险离退休人数	Retired and Resigned Persons in Basic Pension Insurance	495.44	541.67	596.19	648.08	688.92
#参加企业保险人数	Persons in Enterprise Insurance	462.54	508.30	561.88	611.40	650.50
纳入社区管理的人数	Community Management	446.99	507.08	560.75	595.07	620.55
企业退休人员社区管理服务率(%)	Rate of Enterprise Retirees in Socialized Management (%)	96.9	97.4	96.2	97.5	95.5
养老保险费征缴收入总额	Total Revenue of Pension Insurance	870.29	901.44	1101.41	1217.69	1251.90
参加失业保险职工人数	Staff and Workers in Unemployment Insurance	544.58	585.50	613.45	635.85	660.95
城镇失业人员领取失业保险金人数	Number of Persons Drawing Unemployment Insurance	17.20	21.58	24.60	29.97	36.33
失业保险费征缴收入总额	Total Revenue of Unemployment Insurance	59.24	68.20	77.71	100.65	94.85
参加城镇职工基本医疗保险人数	Urban Workers in Medicine and Medical Insurance	1175.49	1246.14	1286.99	1334.40	1383.53
#退休人员	Retired and Resigned Persons	366.05	381.78	394.46	407.52	418.82
参加补充医疗保险人数	Persons in Supplementary Medical Insurance	1081.84	1164.31	1136.62	1105.27	1206.72
列入公务员医疗补助范围人数	Persons in Civil Servant Medical Benefits Coverage	127.31	138.50	141.91	147.61	152.52
城镇职工基本医疗保险费征缴收入总额	Total Revenue of Medical Insurance of Urban Employees	223.35	258.83	305.72	363.80	414.07
参加城镇居民医疗保险人数	Urban Workers in Medicine and Medical Insurance	1079.28	1142.95	1203.96	1247.11	1272.13
参加工伤保险人数	Persons in Work Injury Insurance	650.76	689.40	690.13	709.72	753.22
享受工伤保险待遇人数	Persons Enjoying Work Injury Insurance Treatment	6.54	8.00	8.34	8.63	7.95
工伤保险费征缴收入总额	Total Revenue of Work Injury Insurance	16.58	21.18	25.44	28.06	29.32
参加生育保险职工人数	Staff and Workers in Maternity Insurance	601.70	654.35	689.05	730.36	670.29
享受生育保险待遇人(次)数	Persons(Times) Enjoying Maternity Insurance Treatment	7.29	12.49	18.03	21.68	24.84
生育保险费征缴收入总额	Total Revenue of Matenity Insurance	8.51	11.09	13.38	15.81	17.06

注：社会保险和离退休资料由四川省人力资源和社会保障厅提供。

a) Data of provincial social insurance and retirement are provided by Sichuan Provincial Department of Human Resources and Social Security.

9-14 各类社会保险参保人数
Number of Contributors to Social Insurance

(年末数)单位：万人 (year-end)(10 000 persons)

年份 Year	职工养老保险 (未包括离退休人员) Basic Pension Insurance (excluding Retired and Resigned Persons)	职工失业保险 Unemployment Insurance	城镇基本医疗保险 Medical Insurance of Urban Workers (including Retirees)	#城镇居民医疗保险 Medical Insuranc of Urban Households	职工工伤保险 Work Injury Insurance	职工生育保险 Maternity Insurance
1995	294.5	365.0			196.5	99.8
2000	508.5	470.2			201.1	188.2
2001	509.4	412.2	437.6		179.3	178.1
2002	528.9	402.9	480.6		167.4	166.4
2003	514.1	367.2	531.2		161.4	165.1
2004	532.8	398.6	587.6		195.6	187.4
2005	556.0	358.3	649.6		285.3	215.7
2006	597.8	400.0	775.9	1.8	304.9	274.1
2007	648.0	415.2	1078.7	205.0	397.4	323.3
2008	711.1	434.5	1481.4	520.4	464.6	373.0
2009	782.7	466.3	1993.2	954.2	515.8	426.4
2010	861.9	469.8	2063.1	1011.2	583.8	484.2
2011	998.8	544.6	2254.8	1079.3	650.8	601.7
2012	1073.7	585.5	2389.1	1143.0	689.4	654.4
2013	1124.1	613.5	2491.0	1204.0	690.1	689.1
2014	1191.6	635.8	2581.5	1247.1	709.7	730.4
2015	1250.1	661.0	2655.7	1272.1	753.2	670.3

9-15 各类社会保险基金征缴情况
Collection of Social Insurance Funds

单位：亿元，% (100 million yuan, %)

年份 Year	城镇职工基本养老保险 Basic Pension Insurance in Urban Area		失业保险 Unemployment Insurance		城镇职工基本医疗保险 Medical Insurance of Urban Workers		工伤保险 Work Injury Insurance		生育保险 Maternity Insurance	
	保险费收入 Revenue of Insurance	征缴率 Rate of Collection	保险费收入 Revenue of Insurance	征缴率 Rate of Collection	保险费收入 Revenue of Insurance	征缴率 Rate of Collection	保险费收入 Revenue of Insurance	征缴率 Rate of Collection	保险费收入 Revenue of Insurance	征缴率 Rate of Collection
1995	27.3	85.3	1.1					96.2		97.2
2000	61.5	92.8	5.5	98.0			1.8	56.7	1.0	66.7
2001	65.8	94.0	6.3	92.6	16.0	94.7	1.0	80.4	0.7	87.2
2002	78.2	94.9	7.0	93.3	24.9	95.8	1.1	80.5	0.8	85.1
2003	95.3	94.7	7.9	93.5	30.8	96.9	1.3	85.5	0.9	90.5
2004	150.5	94.9	8.7	92.7	38.5	96.4	2.3	87.5	1.1	93.4
2005	189.9	96.8	11.0	93.4	49.0	98.4	4.1	93.1	1.5	94.2
2006	235.8	97.2	13.1	90.1	71.9	99.0	5.4	96.4	2.0	95.5
2007	315.8	98.0	17.5	94.5	90.5	99.1	6.7	96.5	3.4	96.8
2008	426.6	97.8	21.4	95.0	115.9	98.1	7.9	92.5	4.3	95.4
2009	606.2	96.0	24.7	-	127.3	98.4	9.3	95.7	4.2	97.4
2010	670.9	97.9	40.0	-	182.5	97.4	12.1	96.2	4.9	97.8
2011	870.3	98.0	59.2	-	223.4	98.6	16.6	96.0	8.5	97.0
2012	901.4	98.0	68.2	-	258.8	98.8	21.2	95.8	11.1	97.0
2013	1101.4	98.2	77.7	-	305.7	99.2	25.4	97.2	13.4	98.8
2014	1217.7	97.6	100.7	-	363.8	98.7	28.1	96.5	15.8	98.4
2015	1251.9	97.1	94.9	-	414.1	98.5	29.3	93.6	17.1	97.4

注：养老保险参保人数，2003年及以前年份未包括机关事业单位数据。

a) The contributors of basic pension insurance exclude contributors of government angencies and institutions in 2003 and before.

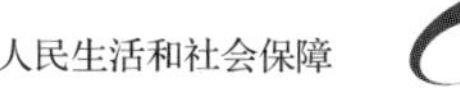

9-16 各市(州)社会保险参保人数(2015年)
Contributors of Social Insurance by Region(2015)

(年末数)单位：万人　　(year-end)(10 000 persons)

市(州)	Region	城镇职工基本养老保险 Basic Pension Insurance in Urban Area	职工失业保险 Unemployment Insurance	城镇基本医疗保险 Medical Insurance of Urban Workers	职工工伤保险 Work Injury Insurance	职工生育保险 Maternity Insurance
全　省	**Sichuan**	**1938.98**	**660.95**	**2655.66**	**753.22**	**670.29**
成都市	Chengdu	570.75	333.13	895.40	346.11	366.14
自贡市	Zigong	69.03	12.38	88.21	17.24	13.37
攀枝花市	Panzhihua	44.69	21.00	68.13	20.76	20.97
泸州市	Luzhou	78.42	20.48	104.00	22.06	17.01
德阳市	Deyang	102.71	32.08	131.44	36.18	37.14
绵阳市	Mianyang	113.30	26.74	144.33	40.31	38.29
广元市	Guangyuan	50.53	14.17	70.04	13.94	12.11
遂宁市	Suining	67.54	9.32	79.70	13.45	9.44
内江市	Neijiang	73.03	12.55	77.16	20.38	16.09
乐山市	Leshan	97.72	21.68	118.88	27.70	20.91
南充市	Nanchong	100.99	17.13	191.05	21.13	9.20
眉山市	Meishan	57.87	10.93	75.20	16.56	14.55
宜宾市	Yibin	74.53	23.99	98.19	28.89	27.38
广安市	Guangan	54.03	15.76	85.17	11.66	5.86
达州市	Dazhou	89.35	15.88	111.87	20.71	12.85
雅安市	Yaan	34.76	6.76	41.78	9.79	7.68
巴中市	Bazhong	44.78	7.49	52.12	13.63	13.40
资阳市	Ziyang	69.41	9.32	90.99	15.97	11.55
阿坝藏族羌族自治州	Aba	12.00	6.41	21.50	8.09	3.12
甘孜藏族自治州	Ganzi	7.88	5.36	20.86	4.98	1.81
凉山彝族自治州	Liangshan	28.50	13.30	56.92	17.18	11.43

9-17 各市(州)社会保险基金征缴情况(2015年)
Collection of Social Insurance Funds by Region(2015)

单位：亿元 (100 million yuan)

市(州)	Region	城镇职工养老保险 Basic Pension Insurance in Urban Area		失业保险 Unemployment Insurance	城镇职工基本医疗保险 Medical Insurance of Urban Workers		工伤保险 Work Injury Insurance		生育保险 Maternity Insurance	
		保险费收入 Revenue of Insurance	征缴率(%) Rate of Collection	保险费收入 Revenue of Insurance	保险费收入 Revenue of Insurance	征缴率(%) Rate of Collection	保险费收入 Revenue of Insurance	征缴率(%) Rate of Collection	保险费收入 Revenue of Insurance	征缴率(%) Rate of Collection
全 省	**Sichuan**	**1251.90**	**97.1**	**94.85**	**414.07**	**98.5**	**29.32**	**93.6**	**17.06**	**97.4**
成都市	Chengdu	428.65	98.7	43.54	192.01	98.2	10.17	98.4	11.00	99.0
自贡市	Zigong	36.12	92.8	3.70	10.12	93.9	0.59	86.7	0.29	87.4
攀枝花市	Panzhihua	25.55	89.6	1.60	10.97	94.8	1.05	61.7	0.33	68.2
泸州市	Luzhou	45.72	99.4	3.47	13.50	100.0	0.85	97.3	0.37	99.2
德阳市	Deyang	51.50	95.0	2.89	17.62	100.0	1.41	96.9	0.74	97.6
绵阳市	Mianyang	76.42	98.9	2.48	21.54	99.6	1.27	99.0	0.82	99.9
广元市	Guangyuan	34.27	98.5	2.64	9.31	100.0	0.77	97.2	0.16	100.0
遂宁市	Suining	25.24	98.6	0.79	6.80	99.9	0.45	100.0	0.25	100.0
内江市	Neijiang	43.13	94.0	3.81	11.06	96.6	1.11	95.8	0.22	94.9
乐山市	Leshan	45.00	95.6	1.70	11.64	98.0	2.07	96.7	0.43	97.0
南充市	Nanchong	57.77	99.3	2.00	13.44	100.0	0.63	100.0	0.23	100.0
眉山市	Meishan	38.07	99.0	0.96	8.52	100.0	0.76	100.0	0.29	100.0
宜宾市	Yibin	41.08	97.9	4.29	14.85	100.0	1.61	94.5	0.54	99.8
广安市	Guangan	28.42	99.1	5.33	7.06	100.0	0.77	100.0	0.21	100.0
达州市	Dazhou	44.07	94.9	1.39	9.07	99.7	1.42	67.3	0.23	80.4
雅安市	Yaan	14.03	98.5	0.76	6.29	99.8	0.49	98.6	0.17	96.6
巴中市	Bazhong	24.49	92.8	1.26	4.83	100.0	0.48	93.8	0.14	95.1
资阳市	Ziyang	36.26	94.5	3.54	10.74	94.8	0.47	89.8	0.23	89.2
阿坝藏族羌族自治州	Aba	7.03	98.4	0.90	5.57	100.0	0.50	97.8	0.08	95.2
甘孜藏族自治州	Ganzi	5.79	100.0	0.60	5.10	100.0	0.33	97.0	0.05	100.0
凉山彝族自治州	Liangshan	21.03	97.7	1.18	11.91	98.6	0.70	100.0	0.27	100.0

9-18 离退休、退职人员数和离退休金及退职人员生活费
Number of Retired and Resigned Staff and Workers and Retirement Pay of Retirees and Living Expenses of Resigned Staff and Workers

年份 Year	离退休、退职人员合计（万人） Number of Retired and Resigned Staff and Workers (10 000 persons)	#由民政部门支付 Paid by Civil Administration Organs	离退休、退职人员与全部城镇就业人员之比（以离退休、退职人数为1） Ratio of Retired, Resigned Staff and Workers to Urban Employment (RRSW=1)	离退休金及退职人员生活费（万元） Retirement Pay of Retirees and Living Expenses of Resigned Staff and Workers (10 000 yuan)	#由民政部门支付 Paid by Civil Administration Organs
1978	28.08	2.92	16.6	10519	1190
1979	41.57	2.88	11.9	18240	1426
1980	53.52	2.86	9.6	27612	1716
1981	59.12	2.98	9.0	29325	1820
1982	80.40	3.06	7.0	41218	1926
1983	91.35	3.16	6.4	54844	2108
1984	100.27	3.20	6.0	69450	2447
1985	103.84	3.23	6.2	84318	2552
1986	112.94	2.61	5.9	102991	2944
1987	115.26	2.51	6.0	121252	3100
1988	120.30	1.10	6.1	154152	2887
1989	116.71	0.99	6.5	188685	2484
1990	121.24	0.94	6.6	222119	2675
1991	132.32	0.94	6.5	279070	2419
1992	137.00	0.93	6.7	316010	3395
1993	145.22	0.90	6.6	405446	3853
1994	152.34	0.84	6.6	600329	4402
1995	161.65	0.85	6.5	702028	4708
1996	171.25	0.80	6.3	810244	4824
1997	176.90	0.75	6.2	934269	4726
1998	190.28	0.71	5.7	1069393	4698
1999	194.13	0.70	5.6	1243493	4842
2000	202.40	1.02	5.4	1389271	9225
2001	214.37	0.97	5.2	1519083	15688
2002	227.92	0.95	4.9	1824883	22523
2003	237.70	0.70	4.9	1935548	25000
2004	249.80	0.98	4.8	2179324	21317
2005	274.86	1.07	4.5	2440594	22258
2006	290.10	1.10	4.4	2927512	25152
2007	317.40	1.20	4.1	3740000	29176
2008	382.40	1.10	3.4	4681044	33188
2009	441.03	1.40	3.1	6236666	63803
2010	485.50	1.38	2.8	7499570	75128
2011	559.00	0.87	2.5	7624606	82137
2012	609.20	1.01	2.4	8874404	94704
2013	663.54	1.00	2.3	10718868	106068
2014	717.30	1.05	2.1	12655060	125160
2015	749.66	1.66	2.1	14825202	144886

9-19 城市居民最低生活保障情况
Basic Statistics on Residents under Basic Provision Protection in Urban Area

单位：户、人、万元 (household, person, 10 000 yuan)

年份 Year	最低生活保障家庭数 Households under Basic Provision Protection	最低生活保障人数 Persons Receiving Minimum Living Allowances	#在职人员 Employed	#老年人 Elderly	临时救济人次数 Poor Persons Receiving Temporary Almsgiving in Urban Area	城市低保资金 Funds for Urban Residents under Basic Provision Protection (10 000 yuan)
2005	806737	1586126	11426	14744	15678	112183
2006	848969	1652718	10110	13119	25878	132090
2007	911724	1732899	26841	211336	37734	179036
2008	974494	1857374	21394	186323	66803	263932
2009	998369	1891548	28713	231127	33361	346268
2010	1014429	1869694	25472	255385	50547	403601
2011	1033800	1893114	13334	285339	132453	455812
2012	1032332	1863842	15552	301762		428390
2013	1027660	1835734	17825	314598		507682
2014	989346	1734415	19440	325042		468792
2015	925095	1563548	16519	311675		490012

9-20 农村居民最低生活保障和救济情况
Basic Statistics on Residents under Basic Provision Protection and Receiving Almsgiving in Rural Area

单位：户、人、万元 (household, person, 10 000 yuan)

年份 Year	最低生活保障家庭数 Number of Households Receiving Minimum Living Allowances in Rural Area	最低生活保障人数 Number of Persons Receiving Minimum Living Allowances in Rural Area	#老年人 Elderly	#未成年人 Minors	#残疾人 Disabled	五保供养人数 Livelihood Guaranteed in Five Aspects	农村低保资金 Funds for Rural Residents under Basic Provision Protection
2005	296176	647007					8035.0
2006	717990	1580278	357390	121614	112009	420479	20928.8
2007	1090706	2227180	524831	188574	189501	107666	50290.5
2008	1662376	3480471	1066143	381232	281579	135071	131517.4
2009	1931727	3965356	1471447	444696	333549	175075	249586.0
2010	2005227	3944748	1609275	434813	339357	211323	310207.3
2011	2221734	4251001	1737689	464960	356790	234494	437368.1
2012	2360143	4344818	1825940	463760	361101	257064	411567.8
2013	2501780	4394553	1878508	479749	366885	510267	559692.3
2014	2513702	4253319	1861781	455977	361682	504771	531593.7
2015	2482609	4054741	1832063	410835	667113	494722	590044.5

9-21 各市(州)城市居民最低生活保障和救济情况(2015年)
Basic Statistics on Residents under Basic Provision Protection and Receiving Almsgiving in Urban Area by Region(2015)

单位：户、人、万元 (household, person, 10 000 yuan)

市(州)	Region	最低生活保障家庭数 Households under Basic Provision Protection	最低生活保障人数 Persons Receiving Minimum Living Allowances	#在职人员 Employed	#老年人 Elderly	#登记失业 Registered Unemployed	#未登记失业 Unregistered Unemployed	城市低保资金 Funds for Urban Residents under Basic Provision Protection
全省	**Sichuan**	**925095**	**1563548**	**16519**	**311675**	**230711**	**396109**	**490012**
成都市	Chengdu	24351	33883	477	3599	5200	12086	16902
自贡市	Zigong	50060	76983	408	18238	8649	18065	23680
攀枝花市	Panzhihua	8624	14947	198	1578	2778	2630	6785
泸州市	Luzhou	35001	50977	223	14095	3927	15657	16773
德阳市	Deyang	58367	89910	451	11036	24972	23984	27275
绵阳市	Mianyang	54307	101551	1286	22616	7759	17940	31107
广元市	Guangyuan	58461	112120	1049	9117	24505	35199	31484
遂宁市	Suining	40554	72607	245	36739	2260	11649	22947
内江市	Neijiang	37448	59953	261	8879	15727	17536	21777
乐山市	Leshan	55008	74016	772	13010	19577	14657	24048
南充市	Nanchong	128859	228764	723	66198	33063	46811	69023
眉山市	Meishan	50040	57526	683	12574	5552	11468	15860
宜宾市	Yibin	40274	62399	765	19024	11155	12036	22974
广安市	Guangan	58649	88058	2765	14422	7467	35359	23155
达州市	Dazhou	73856	126054	1859	15866	18678	38783	37212
雅安市	Yaan	6438	9167	32	1762	867	1244	3205
巴中市	Bazhong	40397	113250	2759	9675	14321	37201	40013
资阳市	Ziyang	22511	39823	30	10549	3013	8054	14819
阿坝藏族羌族自治州	Aba	24901	49880	93	7905	7736	13239	13031
甘孜藏族自治州	Ganzi	17576	28044	774	6304	2830	6614	8557
凉山彝族自治州	Liangshan	39413	73636	666	8489	10675	15897	19388

注：城乡居民低保和救济资料由四川省民政厅提供；城市低保资金全省合计中含省本级数据。
a) Data of urban and rural residents under basic provision protection and relief materials are provided by Sichuan Provincial Civil Affairs Department. Data of funds for urban residents under basic provision protection include provincial data.

9–22 各市(州)农村居民最低生活保障和救济情况(2015年)
Basic Statistics on Residents under Basic Provision Protection and Receiving Almsgiving in Rural Area by Region(2015)

单位：户、人、万元　　(household, person, 10 000 yuan)

市(州)	Region	最低生活保障家庭数 Number of Households Receiving Minimum Living Allowances in Rural Area	最低生活保障人数 Number of Persons Receiving Minimum Living Allowances in Rural Area	#老年人 Elderly	#未成年人 Minors	#残疾人 Disabled	五保供养人数 Livelihood Guaranteed in Five Aspects	农村低保资金 Funds for Rural Residents under Basic Provision Protection
全　省	**Sichuan**	**2482609**	**4054741**	**1832063**	**410835**	**667113**	**494722**	**590045**
成都市	Chengdu	61653	108546	37517	11366	31757	22378	37853
自贡市	Zigong	93455	104839	50307	4705	25568	19933	14993
攀枝花市	Panzhihua	9356	19937	5951	3798	3623	3460	4149
泸州市	Luzhou	127037	170600	84093	21324	38171	27716	25844
德阳市	Deyang	81970	100459	53394	5456	27192	21472	14942
绵阳市	Mianyang	100458	167700	94070	10575	40892	21403	26869
广元市	Guangyuan	83326	169036	57552	22269	23762	18023	23091
遂宁市	Suining	97471	147603	75563	5370	32109	22549	20523
内江市	Neijiang	85330	112866	56518	7367	24567	37634	15356
乐山市	Leshan	89580	134305	62319	12650	28116	13462	22717
南充市	Nanchong	378660	547165	378673	20967	95429	70239	64879
眉山市	Meishan	116694	139544	81886	6384	36886	19797	28437
宜宾市	Yibin	103009	153886	78959	11852	35068	23490	30196
广安市	Guangan	155218	190333	113042	12643	33148	26063	23952
达州市	Dazhou	256345	361140	175404	31105	69593	49022	50549
雅安市	Yaan	17390	24153	9903	2244	6728	4687	4544
巴中市	Bazhong	107938	268598	86769	41522	38652	18827	41014
资阳市	Ziyang	111306	165521	71462	18968	30637	37361	25375
阿坝藏族羌族自治州	Aba	65676	141263	42008	19476	8283	9001	17026
甘孜藏族自治州	Ganzi	138728	256078	62030	18117	10469	8195	30250
凉山彝族自治州	Liangshan	202009	571169	154643	122677	26463	20010	67487

注：农村低保资金全省合计中含省本级数据。
a) Funds for rural residents under basic provision protection include provicial funds.

主要统计指标解释

城乡一体化住户调查 从2012年四季度起，国家统计局对分别进行的城乡住户调查实施了一体化改革，规范了城乡划分范围，统一了城乡居民收入指标名称、分类和统计标准，建立了城乡统一的一体化住户调查，并据此采集全国居民有关数据。

居民可支配收入 指居民可用于最终消费支出和储蓄的总和，即居民可用于自由支配的收入。既包括现金收入，也包括实物收入。按照收入的来源，可支配收入包含四项，分别为：工资性收入、经营性净收入、转移性净收入和财产性净收入。

居民消费支出 指居民用于满足家庭日常生活消费需要的全部支出，既包括现金消费支出，也包括实物消费支出。消费支出可划分为食品烟酒、衣着、居住、生活用品及服务、交通通信、教育文化娱乐、医疗保健以及其他用品及服务八大类。

城镇居民家庭人口 指居住在一起，经济上合在一起共同生活的家庭成员。凡计算为家庭人口的成员其全部收支都包括在本家庭中。

城镇居民家庭总收入 指家庭成员得到的工资性收入、经营净收入、财产性收入、转移性收入之和，不包括出售财物收入和借贷收入。

城镇居民家庭可支配收入 指家庭成员得到可用于最终消费支出和其他非义务性支出以及储蓄的总和，即居民家庭可以用来自由支配的收入。它是家庭总收入扣除交纳的个人所得税、个人交纳的社会保障支出以及记账补贴后的收入。计算公式为：

城镇居民家庭可支配收入=家庭总收入−交纳个人所得税−个人交纳的社会保障支出−记账补贴

城镇家庭总支出 指家庭除借贷支出以外的全部实际支出。包括现金消费支出、财产性支出、转移性支出、社会保障支出、购房与建房支出。

城镇家庭现金消费支出 指家庭用于日常生活的全部现金支出，包括食品、衣着、居住、家庭设备及用品、交通通信、文教娱乐、医疗保健、其他等八大类支出。

农村住户常住人口 指全年经常在家或在家居住6个月以上，而且经济和生活与本户连成一体的人口。外出从业人员在外居住时间虽然在6个月以上，但收入主要带回家中，经济与本户连为一体，仍视为家庭常住人口；在家居住，生活和本户连成一体的国家职工、退休人员也为家庭常住人口。但是现役军人、中专及以上(走读生除外)的在校学生、以及常年在外(不包括探亲、看病等)且已有稳定的职业与居住场所的外出从业人员，不算家庭常住人口。家庭常住人口主要作为计算农村住户平均每人收入、消费和积累水平及分析家庭人口状况的依据。

农村居民家庭总收入 指调查期内农村住户和住户成员从各种来源渠道得到的收入总和。按收入的性质划分为工资性收入、家庭经营收入、财产性收入和转移性收入。

农村居民家庭纯收入 指农村住户当年从各个来源得到的总收入相应地扣除所发生的费用后的收入总和。计算公式为：

农村居民家庭纯收入=总收入−家庭经营费用支出−税费支出−生产性固定资产折旧−赠送农村内部亲友

纯收入主要用于再生产投入和当年生活消费支出，也可用于储蓄和各种非义务性支出。“农民人均纯收入”是按人口平均的纯收入水平，反映的是一个地区农村居民的平均收入水平。

农村居民家庭总支出 指农村住户用于生产、生活和再分配的全部支出。包括家庭经营费用支出、购置生产性固定资产支出、税费支出、消费支出、财产性支出和转移性支出。

恩格尔系数 指食品支出在现金消费支出中所占的比例。

$$恩格尔系数=\frac{食品支出}{现金消费支出}\times 100\%$$

城镇职工基本养老保险

1．参保职工人数 指报告期末按照国家法律、法规和有关政策规定参加城镇职工基本养老保险并在社保经办机构已建立缴费记录档案的职工人数，包括中断缴费但未终止养老保险关系的职工人数，不包括只登记未建立缴费记录档案的人数。

2．参保离退休人员人数 指报告期末参加城镇职工基本养老保险的离休、退休和退职人员的人数。

3．基金收入 指根据国家有关规定，由纳入基本养老保险范围的缴费单位和个人按国家规定的缴费基数和缴费比例缴纳的养老保险基金，以及通过其他方式取得的形成基金来源的收入。包括单位和职工个人缴纳的基本养老保险费、基本养老保险基金利息收入、上级补助收入、下级上解收入、转移收入、财政补贴和其他收入。

基本医疗保险

1．参保人数　指报告期末按国家有关规定参加相应基本医疗保险的人数。

2．基金收入　指由用人单位和个人按照国家规定的缴费基数、缴费比例或缴费标准缴纳的基本医疗保险基金，财政补助资金以及通过其他方式取得的形成基金来源的款项，包括：单位缴纳收入、个人缴纳收入、财政补助收入（含医疗救助补助个人收入）、财政补贴收入、利息收入和其他收入。

失业保险

1．参保人数　指报告期末按照国家法律、法规和有关政策规定参加了失业保险的城镇企业、事业单位的职工及地方政府规定参加失业保险的其他人员的人数。

2．基金收入　指报告期内筹集的失业保险基金的总额，包括失业保险费收入、利息收入、财政补贴收入、其他收入、转移收入、上级补助收入、下级上解收入。

工伤保险

1．参加保险人数　指报告期末依据国家有关规定参加工伤保险的职工人数和有雇工的个体工商户的雇工数。

2．基金收入　指根据国家有关规定，由参加工伤保险的单位按国家规定的缴费基数和缴费比例缴纳的工伤保险基金，以及通过其他形式取得的形成基金来源的款项。包括：单位缴纳的社会统筹基金收入、财政补贴收入、利息收入、其他收入。

生育保险

1．参保人数　指报告期末依据有关规定参加生育保险的人数。

2．基金收入　指根据国家有关规定，由参加生育保险的单位按照国家规定的缴费基数和缴费比例缴纳的生育保险基金，以及通过其他方式取得的形成基金来源的款项，包括：单位缴纳的基金收入、利息收入和其他收入。

离休、退休、退职人员保险福利费用　指离休、退休、退职人员实际得到的生活费用总额，包括从社会保险经办机构和单位得到的费用。

城市居民最低生活保障人数　指在报告期末家庭平均收入在当地规定的最低生活保障线以下的城镇居民数。包括“三无”对象，失业人员和在职、下岗、退休人员等。

农村居民最低生活保障人数　指报告期末在建立农村最低生活保障制度的地区，得到当地政府或集体给予最低生活保障的农业人口数。

五保户　指无法定抚养义务人，或者虽有法定抚养义务人，但是抚养人无抚养能力的；无劳动能力的；无生活来源的老年人、残疾人和未成年人。

Explanatory Notes on Main Statistical Indicators

Integrated Urban and Rural HouseholdS Survey In the fourth quarter of 2012, the NBS launched its reform on the household survey program, to form an integrated survey, instead of the two separate urban and rural household surveys. The reform regulates the division of urban and rural areas, integrates the concepts, classifications and standards, conducts the integrated household survey, and collects household data in the whole country thereafter.

Disposable Income of Households has a national coverage comparable between urban and rural households, and refers to the kind of income that households can have at their disposal. By sources of income, disposable income includes four categories: income from wages and salaries, net business income, net income from properties and net income from transfers.

Consumption Expenditure of Households has a national coverage comparable between urban and rural households, and refers to the all the expenditures of households for consumption in daily life. It includes expenditure in cash and in kind on eight categories: food; clothing; housing; household appliances and services; transport and communications; education, cultural and recreational activities; and medical care. The expenditure on housing also includes rents, water, electricity, fuels and imputed rents of owner-occupied dwelling.

Population of Urban households refers to members of the household living and sharing economically together. All income and expenditure of the population of the household are included in the income and expenditure of the household.

Total Income of Urban Households refers to the sum of wage income; net business income; income from properties; and income from transfers of members of the households. Income from selling of properties and income from borrowing are not included.

Disposable Income of Urban Households refers to the actual income at the disposal of members of the households which can be used for final consumption, other non-compulsory expenditure and savings. This equals to total income minus income tax, personal contribution to social security and subsidy for keeping diaries in being a sample household. The following formula is used:

Disposable Income of Urban Households = total household income – income tax – personal contribution to social security – subsidy for keeping diaries for a sampled household

Total Expenditure of Urban Households refers to all actual expenditure of households except expenditure on lending. It includes cash expenditure; property expenditure, transfer expenditure, social insurance expenditure and expenditure on house purchasing or house building.

Consumption Expenditure of Urban Households in Cash refers to total cash expenditure of households for consumption in daily life, including expenditure on the eight categories of food; clothing; housing; household appliances; transport and communications; education, cultural and recreational activities and medical care.

Usual Resident Population in Rural Areas refers to persons staying at home regularly or for over 6 months during a year and integrated with the household economically and in terms of living. Members of the household staying away from the household for over 6 months but keeping a close economic relation with the household by sending the majority of income to the household are regarded as usual resident of the household. Government staff and workers or retirees living as close members of the household are also considered as usual resident. However, servicemen, students of secondary technical schools or schools of higher education and persons with stable jobs and residence outside the household (excluding those visiting relatives or seeking medical service) are not included as resident population of the household. Resident population is used in calculating income, consumption, accumulation on per capita basis of rural households and in analyzing composition of rural households.

Total Income of Rural Households refers to the sum of income earned from various sources by the rural households and their members during the reference period, and is classified as income from wages and salaries, income from household operations, income from properties and income from transfers.

Net Income of Rural Households refers to the total income of rural households from all sources minus all corresponding expenses. The formula for calculation is as follows:

Net income of rural households = total income – household operation expenses – taxes and fees – depreciation of fixed assets for production – gifts to rural relatives.

Net income is mainly used as input for reinvestment in production and as consumption expenditure of the year, and also used for savings and non-compulsory expenses of various forms. "Per capita net income of farmers" is the level of net income averaged by population, reflecting the average income level of rural population in a given area.

Total Expenditure of of Rural Households refers to total expenses of rural households on production, consumption and redistribution, including expenditure on household operations; purchase of productive fixed assets; taxes and fees; consumption expenditure; expenses on properties; and expenses on transfers.

Engel Coefficient refers to the percentage of expenditure on food to the total consumption in cash, using the following formula:

$$\text{Engel Coefficient} = \frac{\text{Expenditure on Food}}{\text{Total Expenditure in cash}} \times 100\%$$

Basic Pension Insurance of Urban Workers

1.Number of staff and workers covered refers to staff and workers participating in the basic pension insurance for urban staff and workers program according to national laws, regulations and related policies at the end of the reference period, who have already had payment records in social security management agencies, including those who have interrupt payment without terminating the insurance program. Those who have registered in the program but with no payment records are not included.

2.Number of retirees refers to the number of retirees participating in the basic pension insurance for urban staff and workers programs by the end of the reference period.

3. Revenue of insurance refers to payments made by units and individuals covered in pension insurance programs, and income from other resources according to national provision, including the premium paid by units and staff and works, interest income, subsidies from higher level agencies, income as transfer from subordinate agencies, transferred income, financial subsidies and other income.

Basic Medical Care Insurance:

1.Number of people participated in the insurance program refers to number of people participated in the basic medical care insurance program according to related regulation by the end of reference period.

2.Revenue of basic medical care insurance refers to payments made by employers and individuals participating in the medical care insurance program in accordance with the basis and proportion stipulated in State regulations, and income from other sources that become source of medical insurance fund, including income paid by units, individual paid income, financial assistance's income (including individual income from medicaid), financial subsidies' income, interest income and other income.

Unemployment Insurance

1.Number of people participated in unemployment insurance program refers to number of staff and workers in urban enterprises or institutions and other people according to local government regulations participated in unemployment insurance program in line with national laws, regulations and related policies by the end of the reference period.

2.Revenue of insurance refers to the total unemployment insurance funds raised in the reference period, including unemployment insurance premium, interest income, financial subsidies, other income, transferred income, subsidies from higher level agencies and income as transfer from subordinate agencies.

Work Injury Insurance

1.Number of people participated in work injury insurance refers to staff and workers who have participated in the work injury insurance program and number of employees in private business according to relevant national regulations at the end of the reference period.

2. Revenue of unemployment insurance refers to payments made by units and individuals covered in unemployment insurance program, interest income, subsidies income from higher level agencies, income as transfer from subordinate agencies, transferred income, financial subsidies and other income.

Maternity Insurance

1.Number of people covered refers to people who have participated in the maternity insurance program according to relevant national regulations at the end of the reference period.

2.Revenue of maternity insurance refers to payments made by units covered in maternity insurance program according to national provisions, and income from other resources, including: income of funds paid by units, interest income and other income.

Insurance and Welfare Funds for Retired and Resigned Staff and workers refer to the total living expenses actually received by those retirees, including those from social insurance management agencies and units.

Number of Urban Residents Entitled to Minimum Living Allowances refers to the number of those whose average family income is below a minimum local standard by the end of the reporting period, including both the employed and unemployed, laid off and retired, and those jobless people without stable residence or valid IDs.

Number of Rural Residents Entitled to Minimum Living Allowances refers to the number of those receiving the minimum living allowances from the local government or community in the rural areas where this allowances system is in place as of the end of the reporting period.

Households Enjoying Five Guarantees refers to those senior citizens, handicapped or under-aged who, without labor ability, can't make a living by themselves and whose statutory providers are unable to support them or who have no statutory providers at all.

城市概况

CITY

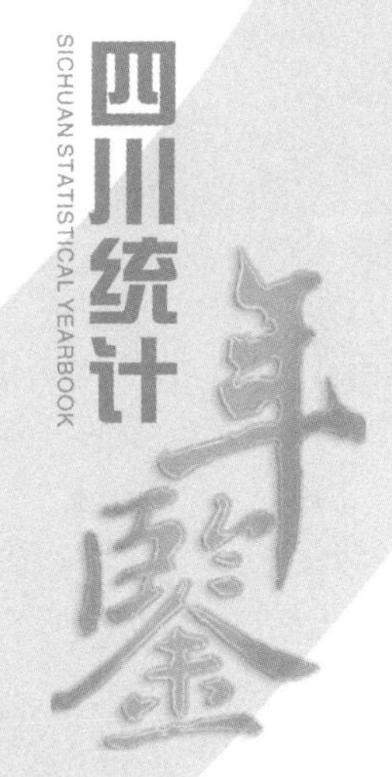

10-1 城市基本情况(2015年)
Basic Statistics on Cities(2015)

城　市	City	年末就业人员(万人) Number of Employed Persons (10 000 persons)	第一产业 Primary Industry	第二产业 Secondary Industry	第三产业 Tertiary Industry	城区面积(平方公里) Total Urban Area (sq.km)	#建成区面积 Area of Built Districts
全　省	**Sichuan**	**4847.02**	**1870.91**	**1289.31**	**1686.79**	**10777.66**	**2281.64**
地级市	**at Prefecture Level**	**4389.31**	**1621.40**	**1229.77**	**1538.14**	**7531.64**	**1900.42**
成都市	Chengdu	827.92	103.07	305.97	418.88	862.19	615.71
自贡市	Zigong	197.95	81.84	55.64	60.46	778.32	112.08
攀枝花市	Panzhihua	59.94	17.11	18.11	24.73	342.56	74.08
泸州市	Luzhou	250.87	105.45	78.63	66.79	411.38	120.07
德阳市	Deyang	220.27	78.24	53.37	88.66	179.70	74.55
绵阳市	Mianyang	301.74	94.35	100.76	106.63	465.00	125.00
广元市	Guangyuan	164.15	71.38	36.19	56.58	216.70	56.34
遂宁市	Suining	162.68	73.24	41.56	47.88	316.00	75.94
内江市	Neijiang	176.06	53.09	55.32	67.65	278.93	71.14
乐山市	Leshan	184.30	79.12	39.86	65.31	368.42	74.34
南充市	Nanchong	294.68	116.52	89.05	89.11	420.00	115.34
眉山市	Meishan	188.65	87.16	45.81	55.68	292.59	62.38
宜宾市	Yibin	315.76	147.21	85.55	83.00	1268.00	87.27
广安市	Guangan	218.16	106.06	49.22	62.88	141.81	50.05
达州市	Dazhou	329.05	166.98	61.81	100.26	645.99	74.13
雅安市	Yaan	103.50	51.45	20.79	31.26	196.89	33.14
巴中市	Bazhong	169.50	76.33	42.13	51.05	160.29	33.66
资阳市	Ziyang	224.12	112.81	50.00	61.32	186.87	45.20
县级市	**at County Level**	**571.32**	**189.41**	**160.49**	**221.42**	**3246.02**	**381.22**
都江堰市	Dujiangyan	43.79	7.07	15.06	21.66	136.33	37.45
彭州市	Pengzhou	52.16	21.25	16.48	14.43	133.80	23.00
邛崃市	Qionglai	39.21	12.33	9.28	17.60	114.28	22.90
崇州市	Chongzhou	54.30	11.50	28.00	14.80	63.42	31.07
广汉市	Guanghan	36.30	14.00	10.50	11.80	241.90	51.49
什邡市	Shifang	22.90	7.90	8.10	6.90	67.70	15.90
绵竹市	Mianzhu	29.90	11.30	7.60	11.00	67.10	12.50
江油市	Jiangyou	49.33	15.26	16.80	17.27	199.41	35.00
峨眉山市	Emeishan	30.12	10.84	7.11	12.17	90.20	20.60
阆中市	Langzhong	48.13	15.31	10.23	22.59	150.00	29.00
华蓥市	Huaying	18.26	7.38	5.75	5.13	92.40	13.54
万源市	Wanyuan	29.70	12.40	3.80	13.50	143.00	11.20
简阳市	Jianyang	53.36	17.84	12.25	23.27	112.00	30.00
马尔康市	Maerkang	4.45	1.35	0.36	2.74	369.16	5.06
康定市	Kangding	9.91	3.49	1.14	5.28	864.60	3.80
西昌市	Xichang	49.50	20.19	8.03	21.28	400.72	38.71

注：本篇章除“年末就业人员”外，其余资料均由四川省住房和城乡建设厅提供。

a) Data of this talble are provided by Sichuan Provincial Department of Housing and Urban and Rural Construction, except indicator "number of employed persons".

10-2 城市设施水平(2015年)
Level of Public Facilities in Cities(2015)

城　市	City	用水普及率(%) Water Coverage Rate (%)	燃气普及率(%) Gas Coverage Rate (%)	人均城市道路面积(平方米) Per Capita Area of Roads (sq.m)	人均公园绿地面积(平方米) Public Recreational Green Space Per Capita (sq.m)	建成区绿化覆盖率(%) Green Covered Area as Percentage of Built Districts (%)	污水处理率(%) Wastewater Treatment Rate (%)	生活垃圾处理率(%) Household Garbage Treatment Rate (%)
全　省	**Sichuan**	**93.05**	**92.46**	**13.63**	**11.96**	**38.65**	**88.52**	**97.28**
地级市	**at Prefecture Level**	**93.33**	**93.87**	**13.39**	**11.90**	**38.58**	**90.75**	**96.89**
成都市区	Chengdu	99.22	98.34	14.62	14.59	39.84	95.54	100.00
自贡市区	Zigong	70.16	93.00	12.93	9.86	40.20	96.53	100.00
攀枝花市区	Panzhihua	80.39	93.97	11.52	10.60	39.80	93.25	99.72
泸州市区	Luzhou	95.35	88.34	11.81	9.50	39.89	90.19	100.00
德阳市区	Deyang	99.40	95.81	12.89	10.63	40.12	91.50	80.27
绵阳市区	Mianyang	99.01	99.51	13.00	11.02	38.70	92.74	91.68
广元市区	Guangyuan	96.40	91.75	13.71	11.82	37.15	96.03	90.73
遂宁市区	Suining	88.78	88.67	29.01	8.32	33.64	99.11	95.22
内江市区	Neijiang	91.10	96.49	8.13	9.26	35.43	89.01	100.00
乐山市区	Leshan	97.01	95.51	11.95	7.20	33.12	75.46	99.58
南充市区	Nanchong	98.18	98.18	14.09	12.11	43.10	86.53	99.97
眉山市区	Meishan	92.91	96.34	17.47	11.37	35.09	84.60	79.48
宜宾市区	Yibin	76.94	76.82	8.08	9.25	38.22	71.94	93.80
广安市区	Guangan	96.75	96.75	23.17	20.14	39.49	96.55	100.00
达州市区	Dazhou	96.66	72.87	3.55	16.12	29.57	48.84	88.02
雅安市区	Yaan	98.64	99.62	13.20	10.26	40.80	85.15	97.89
巴中市区	Bazhong	87.02	86.55	2.80	9.86	39.11	86.79	98.08
资阳市区	Ziyang	99.28	97.04	16.32	12.22	38.67	86.58	100.00
县级市	**at County Level**	**91.59**	**85.18**	**14.87**	**12.28**	**39.00**	**74.07**	**99.48**
都江堰市	Dujiangyan	97.65	91.45	15.43	11.81	41.63	96.45	100.00
彭州市	Pengzhou	91.91	68.36	10.52	9.17	36.00	86.83	100.00
邛崃市	Qionglai	92.24	93.33	20.85	25.12	37.12	94.38	94.04
崇州市	Chongzhou	98.75	96.88	24.32	12.66	41.25	63.36	100.00
广汉市	Guanghan	88.50	83.19	14.54	8.30	40.80	67.93	99.36
什邡市	Shifang	79.82	87.21	14.69	11.83	39.41	86.99	100.00
绵竹市	Mianzhu	91.61	94.07	18.56	10.34	46.00	91.57	100.00
江油市	Jiangyou	100.00	88.00	20.75	11.88	38.71	88.01	100.00
峨眉山市	Emeishan	89.14	80.98	13.35	15.23	44.56	98.18	100.00
阆中市	Langzhong	97.19	97.19	13.96	10.53	42.69	92.12	100.00
华蓥市	Huaying	98.09	81.74	16.65	9.04	21.34	34.78	100.00
万源市	Wanyuan	66.47	44.07	4.71	23.23	43.39	10.33	100.00
简阳市	Jianyang	97.08	98.28	10.82	13.56	36.73	85.03	100.00
马尔康市	Maerkang	98.25	42.81	13.46	5.61	13.83	63.24	91.67
康定市	Kangding	70.18	91.23	12.02	3.33	6.84	69.82	96.24
西昌市	Xichang	84.41	78.66	13.88	11.37	40.34	52.26	100.00

10–3 城市供水情况(2015年)
Basic Statistics on Water Supply in Cities(2015)

城 市	City	供水综合生产能力(万立方米/日) Production Capacity of Tap Water Supply (10 000 cu.m / day)	供水管道长度(公里) Length of Water Supply Pipelines (km)	供水总量(万立方米) Total Volume of Water Supply (10 000 cu.m)	#生产运营用水 Water for Productive Use	#居民家庭用水 Water for Residential Use	用水人口(万人) Number of Residents with Access to Tap Water (10 000 persons)	人均日生活用水量(升) Per Capita Daily Consumption of Tap Water for Residential Use (liter)
全 省	**Sichuan**	**969.96**	**30058.17**	**220009.50**	**38172.45**	**111798.23**	**1907.23**	**204.13**
地级市	**at Prefecture Level**	**815.05**	**24565.08**	**189249.93**	**32999.15**	**96711.27**	**1601.94**	**211.26**
成都市区	Chengdu	301.76	7684.98	86841.38	8570.67	48215.25	523.18	338.34
自贡市区	Zigong	26.50	2927.47	5947.55	914.71	2786.28	85.00	110.91
攀枝花市区	Panzhihua	58.66	1260.71	12761.63	7405.44	3356.78	57.88	216.57
泸州市区	Luzhou	82.17	1193.86	7965.60	1993.60	4266.80	114.78	126.23
德阳市区	Deyang	32.90	581.22	5977.00	2403.00	2489.00	52.70	139.79
绵阳市区	Mianyang	53.08	2919.04	10356.65	1889.75	5852.23	123.07	160.91
广元市区	Guangyuan	17.50	517.00	3897.71	148.01	2262.82	43.11	159.26
遂宁市区	Suining	26.93	930.78	5807.54	1346.49	2103.64	63.29	98.04
内江市区	Neijiang	19.71	525.75	4497.70	681.20	2508.70	58.63	130.89
乐山市区	Leshan	23.47	1505.96	5112.47	438.90	3147.77	70.80	141.23
南充市区	Nanchong	30.60	810.00	8550.00	1410.00	4250.00	108.00	156.54
眉山市区	Meishan	14.82	622.71	4488.38	664.88	2455.00	46.50	165.68
宜宾市区	Yibin	31.30	850.65	9068.70	2860.40	3338.40	69.00	173.91
广安市区	Guangan	9.75	375.29	2470.18	367.90	1173.80	28.90	120.00
达州市区	Dazhou	32.80	810.50	7814.00	310.00	4861.00	60.81	248.02
雅安市区	Yaan	14.30	298.29	2511.00	583.00	1276.00	26.14	160.25
巴中市区	Bazhong	9.50	274.00	2695.00	587.00	1219.00	37.00	90.26
资阳市区	Ziyang	29.30	476.87	2487.44	424.20	1148.80	33.15	131.37
县级市	**at County Level**	**154.91**	**5493.09**	**30759.57**	**5173.30**	**15086.96**	**305.29**	**166.73**
都江堰市	Dujiangyan	18.54	671.50	2898.09	55.35	1899.91	29.94	204.78
彭州市	Pengzhou	18.34	1045.68	2217.44	184.33	992.04	28.18	113.08
邛崃市	Qionglai	5.19	413.36	1542.38	193.73	724.50	17.00	144.75
崇州市	Chongzhou	7.00	285.00	1605.00	609.00	835.00	15.80	165.60
广汉市	Guanghan	17.06	257.20	3800.00	1548.48	1609.52	26.54	188.09
什邡市	Shifang	7.31	449.00	1932.00	330.00	570.00	10.80	222.73
绵竹市	Mianzhu	9.50	83.00	1221.26	319.80	516.00	10.81	186.61
江油市	Jiangyou	15.00	605.00	1842.40		1394.40	30.00	127.34
峨眉山市	Emeishan	11.70	241.00	1907.00	149.00	1103.00	13.87	251.26
阆中市	Langzhong	11.00	201.00	2420.00	530.00	1071.00	27.70	159.54
华蓥市	Huaying	7.90	168.00	1344.50	640.00	496.00	11.28	159.33
万源市	Wanyuan	3.50	174.50	630.18	157.60	255.77	8.07	123.57
简阳市	Jianyang	7.00	240.79	1897.32	132.01	1191.82	33.30	108.07
马尔康市	Maerkang	1.50	43.04	260.00		175.00	2.80	185.91
康定市	Kangding	1.29	63.00	470.00	10.00	38.00	4.00	273.47
西昌市	Xichang	13.08	552.02	4772.00	314.00	2215.00	35.20	209.06

10–4 城市天然气供气情况(2015年)
Basic Statistics on Gas Supply in Cities(2015)

城　市	City	天然气用气人口(万人) Population with Access to Gas (10 000 persons)	天然气供气总量(万立方米) Total Volume of Gas Supply (10 000 cu.m)	#家庭用量 Volume of Residential Use	天然气供气管道长度(公里) Length of Gas Pipelines (km)	天然气汽车加气站CNG(座) Number of Gas Filling Station for Vehicles
全　省	**Sichuan**	**1702.89**	**627975.71**	**228633.18**	**39839.20**	**174**
地级市	**at Prefecture Level**	**1475.25**	**556029.96**	**198843.09**	**32016.98**	**147**
成都市区	Chengdu	488.63	227091.90	99126.84	12471.79	64
自贡市区	Zigong	112.67	23145.96	10903.70	4110.78	10
攀枝花市区	Panzhihua	1.23	153.01	139.00	82.18	2
泸州市区	Luzhou	103.69	80524.38	10835.39	958.58	6
德阳市区	Deyang	48.00	52238.00	5540.00	1061.53	13
绵阳市区	Mianyang	118.69	39936.28	13259.11	2281.02	9
广元市区	Guangyuan	36.90	9503.23	4555.23	569.33	4
遂宁市区	Suining	63.21	14254.15	7061.47	2099.90	6
内江市区	Neijiang	56.20	11567.60	4108.00	1026.29	4
乐山市区	Leshan	69.60	22801.63	6593.67	849.56	6
南充市区	Nanchong	103.00	17320.00	7567.00	812.00	8
眉山市区	Meishan	46.44	8826.44	4634.89	813.48	2
宜宾市区	Yibin	67.65	13934.50	5551.19	967.08	1
广安市区	Guangan	28.90	7152.88	3796.60	900.42	
达州市区	Dazhou	45.84	8641.00	5147.00	1055.00	5
雅安市区	Yaan	26.40	5298.00	3389.00	698.04	1
巴中市区	Bazhong	35.00	8774.00	4585.00	600.00	3
资阳市区	Ziyang	23.20	4867.00	2050.00	660.00	3
县级市	**at County Level**	**227.64**	**71945.75**	**29790.09**	**7822.22**	**27**
都江堰市	Dujiangyan	27.50	6439.00	3128.00	1400.00	4
彭州市	Pengzhou	17.96	12923.51	3927.77	1710.00	3
邛崃市	Qionglai	16.00	5252.00	3220.00	660.00	1
崇州市	Chongzhou	12.60	5017.00	2840.00	450.00	2
广汉市	Guanghan	17.75	6624.91	3144.81	453.37	2
什邡市	Shifang	10.60	5950.00	1500.00	330.26	2
绵竹市	Mianzhu	10.10	9035.30	2006.00	386.00	1
江油市	Jiangyou	26.40	6075.04	3205.80	425.70	4
峨眉山市	Emeishan	12.60	3682.00	1286.00	350.81	2
阆中市	Langzhong	26.70	3356.00	1962.00	352.00	3
华蓥市	Huaying	8.50	1256.00	880.00	380.00	
万源市	Wanyuan	2.30	146.20	110.10	16.80	
简阳市	Jianyang	30.71	5090.99	2112.81	793.60	2
马尔康市	Maerkang	0.22	30.00	30.00	32.00	
康定市	Kangding	0.90	52.80	52.80	15.00	
西昌市	Xichang	6.80	1015.00	384.00	66.68	1

10-5 城市液化石油气供气及道路桥梁设施情况(2015年)
Basic Statistics on Liquefied Petroleum Gas , Paved Road, Bridge and Facilities in Cities(2015)

城 市	City	液化石油气用气人口(万人) Population with Access to Liquefied Petroleum Gas (10 000 persons)	液化石油气供气总量(吨) Total Volume of Liquefied Petroleum Gas Supply (ton)	#家庭用量 Residential Use	道路长度(公里) Length of Paved Roads (km)	道路面积(万平方米) Area of Paved Roads (10 000 sq.m)	桥梁数(座) Number of Bridges (unit)	道路照明灯盏数(盏) Number of Road Lights (unit)
全 省	**Sichuan**	**140.39**	**173651.97**	**98066.68**	**13377.83**	**27937.49**	**2081**	**984428**
地级市	**at Prefecture Level**	**84.10**	**148642.56**	**77919.78**	**11085.57**	**22981.06**	**1634**	**768688**
成都市区	Chengdu	29.92	104422.00	48345.00	2738.67	7709.85	661	204559
自贡市区	Zigong				1386.57	1565.99	125	44468
攀枝花市区	Panzhihua	14.58	6649.40	5513.78	734.67	829.22	130	23559
泸州市区	Luzhou	2.65	2148.80	1594.00	725.74	1421.50	41	56323
德阳市区	Deyang	2.80	2590.00	2025.00	314.72	683.53	39	32038
绵阳市区	Mianyang	5.00	4158.00	3250.00	834.46	1615.85	119	56144
广元市区	Guangyuan	4.13	1415.00	1220.00	391.17	612.94	117	30896
遂宁市区	Suining				786.80	2068.30	38	11064
内江市区	Neijiang	5.90	15360.00	6834.00	239.12	523.43	61	30190
乐山市区	Leshan	0.10	120.00	13.10	631.94	871.80	57	35803
南充市区	Nanchong	5.00	5825.00	4750.00	500.00	1550.00	52	32800
眉山市区	Meishan	1.78	1237.26	1202.90	458.75	874.24	39	76260
宜宾市区	Yibin	1.24	408.10	272.00	354.67	724.96	28	49346
广安市区	Guangan				324.70	692.02	18	29133
达州市区	Dazhou				109.80	223.56	11	11088
雅安市区	Yaan				208.79	349.87	24	26991
巴中市区	Bazhong	1.80	400.00	400.00	124.00	119.00	33	6557
资阳市区	Ziyang	9.20	3909.00	2500.00	221.00	545.00	41	11469
县级市	**at County Level**	**56.29**	**25009.41**	**20146.90**	**2292.26**	**4956.43**	**447**	**215740**
都江堰市	Dujiangyan	0.54	370.54	184.00	279.29	473.22	101	20057
彭州市	Pengzhou	3.00	980.00	920.00	127.86	322.55	8	6804
邛崃市	Qionglai	1.20	255.00	153.00	115.79	384.27	1	10729
崇州市	Chongzhou	2.90	2781.00	1800.00	141.30	389.17	10	22404
广汉市	Guanghan	7.20	5023.62	4727.10	221.53	435.96	22	17930
什邡市	Shifang	1.20	695.00	320.00	123.04	198.70	37	10020
绵竹市	Mianzhu	1.00	1190.30	1161.00	169.51	219.02	22	13661
江油市	Jiangyou				215.53	622.47	27	20826
峨眉山市	Emeishan		1568.00		78.24	207.71	21	28873
阆中市	Langzhong	1.00	1389.00	785.00	155.00	398.00	24	10112
华蓥市	Huaying	0.90	145.00	110.00	101.70	191.50	22	8600
万源市	Wanyuan	3.05	1011.40	1001.80	47.30	57.20	59	2138
简阳市	Jianyang	3.00	1180.00	890.00	130.96	371.14	19	7475
马尔康市	Maerkang	1.00	560.55	265.00	39.30	38.36	18	1010
康定市	Kangding	4.30	1895.00	1895.00	86.30	68.50	12	2080
西昌市	Xichang	26.00	5965.00	5935.00	259.61	578.66	44	33021

10–6 城市园林绿化情况(2015年)
Basic Statistics on Landscape in Cities(2015)

城　市	City	绿化覆盖面积 (公顷) Area Covered by Green Land (hectare)	#建成区 Built Districts	园林绿地面积 (公顷) Green Area of Parks and Gardens (hectare)	#建成区 Built Districts	公园绿地面积 (公顷) Public Green Area (hectare)	公园个数 (个) Number of Parks	公园面积 (公顷) Area of Parks (hectare)
全　省	**Sichuan**	**96795.15**	**88179.66**	**87095.99**	**78858.31**	**24512.19**	**508**	**13342.52**
地级市	**at Prefecture Level**	**81801.12**	**73312.64**	**73765.94**	**65761.74**	**20419.65**	**400**	**10706.62**
成都市区	Chengdu	24529.55	24529.55	21902.39	21902.39	7695.36	87	2606.79
自贡市区	Zigong	4613.42	4505.62	4070.03	3962.23	1194.58	17	573.77
攀枝花市区	Panzhihua	3001.39	2948.39	2797.64	2738.70	762.90	19	495.97
泸州市区	Luzhou	5471.00	4789.00	4893.00	4241.00	1144.00	36	1000.00
德阳市区	Deyang	2991.15	2991.15	2531.67	2531.67	563.57	11	358.00
绵阳市区	Mianyang	4837.50	4837.50	4500.75	4500.75	1369.79	12	468.00
广元市区	Guangyuan	2112.62	2093.06	2019.06	2019.06	528.62	14	350.62
遂宁市区	Suining	5937.51	2554.31	5966.53	2383.53	593.00	24	408.20
内江市区	Neijiang	2853.77	2520.77	2548.65	2285.65	596.27	4	80.00
乐山市区	Leshan	3496.40	2462.40	3120.21	2168.21	525.30	69	451.07
南充市区	Nanchong	5281.00	4971.00	4464.00	4330.00	1332.00	22	1205.00
眉山市区	Meishan	2422.92	2188.90	2131.67	1936.69	569.27	11	179.00
宜宾市区	Yibin	3954.97	3335.89	3774.43	2898.86	829.79	11	513.00
广安市区	Guangan	2053.80	1976.50	1767.75	1714.80	601.50	12	214.40
达州市区	Dazhou	2782.12	2192.00	2849.16	1968.00	1014.30	14	1043.30
雅安市区	Yaan	2204.00	1352.00	1238.00	1220.00	272.00	20	197.00
巴中市区	Bazhong	1510.00	1316.60	1501.00	1270.20	419.40	11	360.50
资阳市区	Ziyang	1748.00	1748.00	1690.00	1690.00	408.00	6	202.00
县级市	**at County Level**	**14994.03**	**14867.02**	**13330.05**	**13096.57**	**4092.54**	**108**	**2635.90**
都江堰市	Dujiangyan	1559.00	1559.00	1403.00	1403.00	362.00	4	126.00
彭州市	Pengzhou	828.00	828.00	660.00	660.00	281.00	1	13.00
邛崃市	Qionglai	850.00	850.00	734.00	734.00	463.00	5	463.00
崇州市	Chongzhou	1281.69	1281.69	1201.69	1201.69	202.50	1	3.00
广汉市	Guanghan	2103.00	2101.00	1806.80	1802.30	248.80	18	232.00
什邡市	Shifang	626.62	626.62	498.54	498.54	160.00	3	8.00
绵竹市	Mianzhu	605.02	575.01	490.01	490.01	122.01	3	18.00
江油市	Jiangyou	1368.00	1355.00	1233.98	1179.00	356.30	4	138.00
峨眉山市	Emeishan	918.00	918.00	854.00	854.00	237.00	9	140.00
阆中市	Langzhong	1258.00	1238.00	1107.00	1073.00	300.00	8	235.00
华蓥市	Huaying	310.00	289.00	305.00	216.00	104.00	3	101.00
万源市	Wanyuan	486.00	486.00	420.00	420.00	282.00	5	2.80
简阳市	Jianyang	1125.00	1102.00	1012.10	963.10	465.00	8	625.00
马尔康市	Maerkang	72.00	70.00	67.00	65.00	16.00		
康定市	Kangding	26.00	26.00	28.00	28.00	19.00	1	16.00
西昌市	Xichang	1577.70	1561.70	1508.93	1508.93	473.93	35	515.10

10–7 城市排污及市容环境卫生情况(2015年)
Basic Statistics on Sewage ,Urban Sanitation in Cities(2015)

城 市	City	排水管道长度 (公里) Length of Sewage Pipelines (km)	污水排放量 (万立方米) Volume of Sewage Discharged (10 000 cu.m)	道路清扫保洁面积 (万平方米) Area under Cleaning Program (10 000 sq.m)	生活垃圾清运量 (万吨) Volume of Household Garbage Disposal (10 000 tons)	公厕数 (座) Number of Public Lavatories (unit)	市容环卫专用车辆设备总数 (辆) Number of Vehicles for Environmental Sanitation (unit)
全 省	**Sichuan**	**22486.37**	**186332**	**30196**	**823.61**	**4383**	**4859**
地级市	**at Prefecture Level**	**18605.57**	**161361**	**24781**	**701.40**	**3499**	**4064**
成都市区	Chengdu	7878.16	82301	10439	273.55	699	1354
自贡市区	Zigong	39.45	5008	1160	35.47	365	274
攀枝花市区	Panzhihua	629.72	8934	635	17.91	361	176
泸州市区	Luzhou	1033.59	5607	1092	28.64	176	267
德阳市区	Deyang	554.85	5014	686	18.25	101	97
绵阳市区	Mianyang	1936.44	8449	1228	34.24	205	158
广元市区	Guangyuan	601.06	3754	586	18.66	100	179
遂宁市区	Suining	798.94	4370	1554	60.91	257	150
内江市区	Neijiang	399.06	3203	740	16.43	155	178
乐山市区	Leshan	710.53	3949	817	18.99	143	132
南充市区	Nanchong	1385.00	6280	1410	36.95	360	100
眉山市区	Meishan	742.58	3429	981	26.17	79	194
宜宾市区	Yibin	644.91	8023	714	29.21	106	282
广安市区	Guangan	272.88	1740	883	14.34	55	54
达州市区	Dazhou	91.20	5686	405	23.12	201	173
雅安市区	Yaan	307.70	1784	336	15.19	43	108
巴中市区	Bazhong	268.00	1960	605	15.09	48	138
资阳市区	Ziyang	311.50	1870	510	18.28	45	50
县级市	**at County Level**	**3880.80**	**24971**	**5415**	**122.21**	**884**	**795**
都江堰市	Dujiangyan	541.73	2618	880	9.49	72	39
彭州市	Pengzhou	409.00	1564	443	9.49	31	27
邛崃市	Qionglai	282.77	1193	576	6.21	27	220
崇州市	Chongzhou	408.30	1190	290	8.18	58	32
广汉市	Guanghan	370.41	2660	609	12.48	76	57
什邡市	Shifang	133.00	1360	235	4.55	33	49
绵竹市	Mianzhu	212.00	1079	151	4.21	18	43
江油市	Jiangyou	410.34	1976	454	8.76	63	39
峨眉山市	Emeishan	71.20	1485	202	5.39	45	41
阆中市	Langzhong	313.00	1839	346	10.16	121	27
华蓥市	Huaying	183.00	1035	189	3.56	20	19
万源市	Wanyuan	65.00	1626	63	5.28	52	34
简阳市	Jianyang	96.00	1329	330	13.87	43	39
马尔康市	Maerkang	26.14	185	38	1.20	12	13
康定市	Kangding	32.00	487	22	2.13	13	6
西昌市	Xichang	326.91	3345	587	17.25	200	110

主要统计指标解释

供水综合生产能力　指按供水设施取水、净化、送水、出厂输水干管等环节设计能力计算的综合生产能力。对于经过更新改造，按更新改造后新的设计能力填报。计算时，以四个环节中最薄弱的环节为主确定能力。

供水管道长度　指从送水泵至用户水表之间所有管道的长度。不包括新安装尚未使用、水厂内以及用户建筑物内的管道。

供水总量　指报告期供水企业(单位)供出的全部水量。包括有效供水量和漏损水量。

生产运营用水　指在城区范围内生产、运营的农、林、牧、渔业、工业、建筑业、交通运输业等单位在生产、运营过程中的用水。

居民家庭用水　指城市范围内所有居民家庭的日常生活用水。包括城市居民、农民家庭、公共供水站用水。

用水普及率　指报告期末城区用水人口数与城市人口总数的比率。计算公式：

$$\text{用水普及率}=\frac{\text{城市用水人口（含暂住人口）}}{\text{城区人口}+\text{城区暂住人口}}\times 100\%$$

供气管道长度　指报告期末从气源厂压缩机的出口或门站出口至各类用户引入管之间的全部已经通气、投入使用的管道长度。不包括煤气生产厂、输配站、液化气储存站、灌瓶站、储配站、气化站、混气站、供应站等厂(站)内的管道。

供气总量　指报告期燃气企业(单位)向用户供应的燃气数量。包括销售量和损失量。

燃气普及率　指报告期末城区使用燃气的人口与总人口的比率。燃气包括人工煤气、天然气、液化石油气三种。计算公式为：

$$\text{燃气普及率}=\frac{\text{城市用气人口（含暂住人口）}}{\text{城区人口}+\text{城区暂住人口}}\times 100\%$$

道路长度　指道路长度和与道路相通的桥梁、隧道的长度，按车行道中心线计算。

桥梁　指为跨越天然或人工障碍物而修建的构筑物。包括跨河桥、立交桥、人行天桥以及人行地下通道等。

排水管道长度　指所有排水总管、干管、支管、检查井及连接井进出口等长度之和。

绿地面积　指报告期末用作园林和绿化的各种绿地面积。包括公园绿地、生产绿地、防护绿地、附属绿地和其他绿地的面积。

公园绿地　城市中向公众开放的、以游憩为主要功能，有一定的游憩设施和服务设施，同时兼有健全生态、美化景观、防灾减灾等综合作用的绿化用地。

道路清扫保洁面积　指报告期末对城市道路和公共场所（主要包括城市行车道、人行道、车行隧道、人行过街地下通道、道路附属绿地、地铁站、高架路、人行过街天桥、立交桥、广场、停车场及其他设施等）进行清扫保洁的面积。一天清扫保洁多次的，按清扫保洁面积最大的一次计算。

市容环卫专用车辆设备　指用于环境卫生作业、监察的专用车辆和设备，包括用于道路清扫、冲洗、洒水、除雪、垃圾粪便清运、市容监察以及与其配套使用的车辆和设备。

Explanatory Notes on Main Statistical Indicators

Production Capacity of Water Supply refers to the designed overall production capacity of water facilities, covering the four segments of water collection, purification, conveyance, and outflow through trunk pipelines. Fill in the new design capability which is increased through transformation and innovation. The capacity is determined mainly on the weakest of the above-mentioned four segments.

Length of Water Supply Pipelines refers to the total length of all the pipelines between the water pumps and the user water meters, excluding pipelines newly installed but not used yet, pipeline in the water factory, and pipeline in the user's buildings.

Total Volume of Urban Water Supply refers to the total volume of water supplied by water-works (units) during the reference period, including both the effective water supply and loss during the water supply.

Consumption of Water for Production and Operation Use refers to water consumption in the process of production and operation by production and operation units of agriculture, forestry, animal husbandry, fisheries, industry, construction industry, and transportation industry, etc. in urban areas.

Consumption of Water for Households Use refers to consumption of water for daily life of all households in cities, including households of urban residents and farmers, and public water supply stations.

Coverage Rate of Urban Population with Access to Tap Water refers to the ratio of the urban population with access to tap water to the total urban population at the end of reference period. The formula is:

$$\text{Coverage rate of urban population with access to tap water} = \frac{\text{Urban population with access to tap water}}{\text{Urban population}} \times 100\%$$

Length of Gas Pipelines refers to the total length of pipelines in use between the outlet of the compressor of gas-work or outlet of gas stations and the leading pipe of users, excluding pipelines within gasworks, delivery stations, LPG storage stations, refilling stations, gas-mixing stations and supply stations.

Volume of Gas Supply refers to the total volume of gas provided to users by gas-producing enterprises (units) during the reporting period, including the volume sold and the volume lost.

Coverage Rate of Urban Population with Access to Gas refers to the ratio of the urban population with access to gas to the total urban population at the end of the reference period. Gas here includes artificial coal gas, natural gas and liquefied petroleum gas. The formula is:

$$\text{Coverage Rate of Urban Population with Access to Gas} = \frac{\text{Urban population with access to gas}}{\text{Urban population}} \times 100\%$$

Length of Paved Roads refers to the length of roads with paved surface including bridges and tunnels connected with roads. Length of the roads is measured by the central lines.

Urban Bridges refer to bridges built to cross over natural or man-made barriers, including bridges over rivers, overpasses for traffic and for pedestrians, underpasses for pedestrians, etc.

Length of Urban Sewage Pipes refers to the total length of general drainage, trunks, branch and inspection wells, connection wells, inlets and outlets, etc.

Area of Urban Green Land refers to the total area occupied for green projects at the end of the reference period, including park green land, production green land, protection green land, green land attached to institutions, and other green areas.

Park Green Area refers to green areas open to the public for amusement and rest with the facilities of amusement, rest and services. Its function includes perfecting ecology, beautifying landscape, and preventing and reducing disaster.

Road Area Cleaned refers to the area which are regularly cleaned, as at the end of the reference period, at urban roads and public places (mainly including urban roadways, pedestrian walkways, vehicular tunnels, pedestrian underpasses, underground railway stations, lifted roads, pedestrians walk bridges, overpasses, plazas, parking lots and other facilities). If there are several times of cleaning in a day at a location, the area of that time of cleaning with the largest area cleaned will be taken.

Vehicles and Facilities Dedicated to Urban Cleanliness and Environmental Sanitation refer to vehicles and facilities dedicated for use in the operation, management and monitoring of environmental hygiene work. They include vehicles for road cleaning, washing, showering, ice removal, disposal of garbage and human wastes, cleanliness monitoring and related activities.

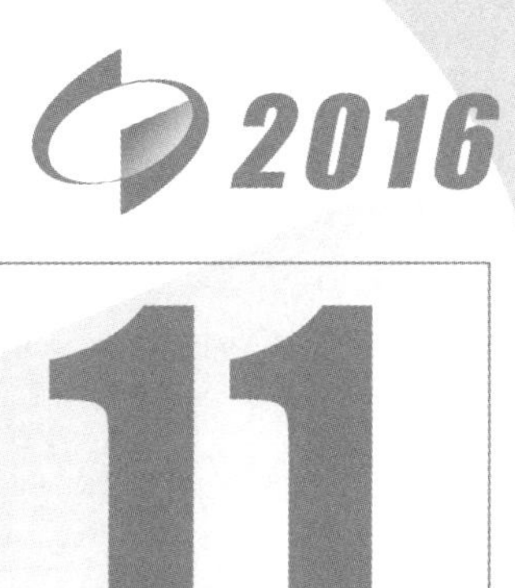

11 民族自治地方概况

SURVEY OF MINORITY NATIONALITY AUTONOMOUS AREAS

11-1 民族自治地方地区生产总值和指数
Gross Regional Product and Related Indices of Minority Nationality Autonomous Areas

年份 Year	地区生产总值 Gross Regional Product	第一产业 Primary Industry	第二产业 Secondary Industry	第三产业 Tertiary Industry	人均地区生产总值(元) Per Capita GDP(yuan)
绝对数(亿元) Value (100 million yuan)					
1978	13.17	6.48	4.19	2.50	281
1980	16.12	7.76	5.08	3.28	335
1985	28.88	13.96	8.53	6.38	564
1990	55.34	24.47	15.63	15.24	1016
1995	137.69	53.29	41.82	42.57	2414
2000	213.10	77.02	64.64	71.44	3549
2005	453.56	126.30	167.49	159.77	6962
2006	539.54	138.46	217.78	183.30	8190
2007	675.77	181.30	223.82	270.64	10045
2008	776.16	213.09	326.31	236.76	11244
2009	892.90	218.92	357.89	316.09	12556
2010	1102.59	240.33	504.08	358.18	15129
2011	1397.20	276.85	698.28	422.08	19818
2012	1587.48	311.75	800.56	475.17	22412
2013	1742.58	335.95	889.29	517.34	24432
2014	1869.25	357.84	943.72	567.68	26011
2015	1900.55	379.87	905.59	615.09	26171
指数(1978年=100) Index (1978=100)					
1978	100.0	100.0	100.0	100.0	100.0
1980	108.8	107.0	110.8	110.6	105.9
1985	163.5	167.8	138.0	196.3	149.7
1990	209.1	187.4	192.5	309.9	179.4
1995	310.2	228.4	338.2	523.4	256.2
2000	444.3	297.3	503.5	811.7	348.8
2005	792.1	381.3	1246.8	1408.5	563.0
2006	903.8	399.6	1534.8	1577.5	619.3
2007	1034.9	425.2	1867.9	1770.0	675.0
2008	1091.8	432.4	2011.7	1863.8	693.9
2009	1276.3	452.7	2583.0	2091.2	777.2
2010	1434.6	468.1	3115.1	2250.1	831.6
2011	1651.2	490.1	3844.0	2486.4	903.1
2012	1875.8	513.1	4570.5	2759.9	1025.9
2013	2069.0	536.7	5237.8	2939.3	1123.4
2014	2226.2	560.8	5714.4	3136.2	1208.6
2015	2315.2	584.4	5828.7	3377.7	1244.9

11-2 民族自治地方主要统计指标(2015年)

指　　标		Item	
耕地面积	(万公顷)	Cultivated Land Area (year-end)	(10 000 hectare)
年末常住人口	(万人)	Resident Population (year-end)	(10 000 persons)
城镇人口	(万人)	Urban Population	(10 000 persons)
乡村人口	(万人)	Rural Population	(10 000 persons)
城镇化率	(%)	Urbanization Rate	(%)
就业人员	(万人)	Number of Employed Persons	(10 000 persons)
第一产业	(万人)	Primary Industy	(10 000 persons)
第二产业	(万人)	Secondary Industy	(10 000 persons)
第三产业	(万人)	Tertiary Industy	(10 000 persons)
地区生产总值(当年价)	(亿元)	Gross Regional Product (at current prices)	(100 million yuan)
第一产业增加值	(亿元)	Value-added of Primary Industy	(100 million yuan)
第二产业增加值	(亿元)	Value-added of Secondary Industy	(100 million yuan)
第三产业增加值	(亿元)	Value-added of Tertiary Industy	(100 million yuan)
人均地区生产总值(当年价)	(元)	Per Capita Gross Regional Product (at current prices)	(yuan)
有效灌溉面积	(万公顷)	Irrigated Land Area	(10 000 hectare)
农林牧渔业总产值(当年价)	(亿元)	Gross Output Value of Farming, Forestry, Animal Husbandry and Fishery (at current prices)	(100 million yuan)
规模以上工业企业主要财务指标		Main Financial Indicators of All State-owned Industrial Enterprises and Non-state-owned Industrial Enterprises above Designated Size	
工业总产值(当年价)	(亿元)	Gross Output Value of Industry (at current prices)	(100 million yuan)
主营业务收入	(亿元)	Revenue from Principal Business	(100 million yuan)
利润总额	(亿元)	Total Profits	(100 million yuan)
公路客运周转量	(万人公里)	Passenger-Kilometers of Highways	(10 000 passenger-km)
公路货运周转量	(万吨公里)	Freight Ton-Kilometers of Highways	(10 000 ton-km)
境内公路总里程	(公里)	Total Length of Highway	(km)
#等级公路	(公里)	Expressway and Class I to IV Highways	(km)

Main Statistical Indicators of Minority Nationality Autonomous Areas(2015)

合计 Total	阿坝州 Aba	甘孜州 Ganzi	凉山州 Liangshan	北川县 Beichuan	峨边县 Ebian	马边县 Mabian
79.94	8.38	10.32	58.05	1.16	0.65	1.38
730.81	93.01	116.49	468.00	21.27	13.58	18.46
236.30	34.20	32.69	151.82	7.82	5.16	4.61
494.51	58.81	83.80	316.18	13.45	8.42	13.85
32.3	36.8	28.1	32.4	36.8	38.0	25.0
442.19	56.43	64.45	288.58	12.27	9.04	11.42
276.12	34.63	46.83	179.06	4.43	4.90	6.28
45.64	3.79	2.12	33.92	3.53	1.32	0.95
120.43	18.01	15.50	75.60	4.31	2.82	4.19
1900.55	265.04	213.04	1314.84	40.19	35.36	32.08
379.87	40.84	54.41	263.58	9.63	4.19	7.22
905.59	130.02	75.79	648.65	16.10	20.65	14.38
615.09	94.18	82.84	402.61	14.46	10.52	10.48
26171	28647	18423	28276	19011	25943	17547
21.54	2.01	2.26	16.42	0.20	0.17	0.49
618.67	62.49	71.95	447.48	16.35	6.57	13.83
1572.33	230.78	55.43	1191.91	23.51	47.89	22.81
1400.04	186.26	54.63	1074.56	22.32	44.98	17.30
112.96	7.88	6.60	97.39	0.80	0.03	0.26
773999	301054	152247	286145	19876	7886	6791
1925775	599459	187184	1075775	29661	15795	17901
75843	13434	31880	25953	2736	1070	770
64748	12834	28351	20229	1596	968	770

11-2 续表

指　　标		Item	
邮电主营业务收入	(亿元)	Main Business Revenue of Post and Telecommunication	(100 million yuan)
全社会固定资产投资完成额	(亿元)	Total Investment in Fixed Assets	(100 million yuan)
#房地产开发投资	(亿元)	Real Estate Development Investment	(100 million yuan)
建筑业总产值	(亿元)	Gross Output Value of Construction	(100 million yuan)
社会消费品零售总额	(亿元)	Total Retail Sales of Consumer Goods	(100 million yuan)
出口总额	(万美元)	Total Exports	(USD 10 000)
城镇居民人均可支配收入	(元)	Per Capita Disposable Income of Urban Households	(yuan)
农村居民人均可支配收入	(元)	Per Capita Disposable Income of Rural Households	(yuan)
社会福利院数(含敬老院)	(个)	Social Welfare Homes	(unit)
社会福利院床位数(含敬老院)	(张)	Beds in Social Welfare Homes	(unit)
参加基本养老保险的职工数	(人)	Employees and Retirees Contributed to Pension Insurance	(person)
参加城镇基本医疗保险人数	(人)	Contributors of Basic Medical Insurance	(person)
地方一般公共预算收入	(亿元)	Local General Public Budget Revenue	(100 million yuan)
#税收收入	(亿元)	Taxes Revenue	(100 million yuan)
一般公共预算支出	(亿元)	General Public Budget Expenditure	(100 million yuan)
年末金融机构各项存款余额	(亿元)	Deposits of Financial Instituitions	(100 million yuan)
住户存款余额	(亿元)	Balance of Household Savings	(100 million yuan)
年末金融机构各项贷款余额	(亿元)	Loans of Financial Instituitions	(100 million yuan)
小学在校学生人数	(人)	Students in Primary Schools	(person)
普通中学在校学生人数	(人)	Students in Regular Secondary Schools	(person)
医疗卫生机构数	(个)	Number of Medical and Health Institutions	(unit)
医疗卫生机构床位数	(张)	Beds in Medical and Health Institutions	(unit)
医院、卫生院技术人员	(人)	Medical Technical Personnel in Medical and Health Institutions	(person)
#执业（助理）医师	(人)	Practicing Doctors (Assistants)	(person)

continued

合计 Total	阿坝州 Aba	甘孜州 Ganzi	凉山州 Liangshan	北川县 Beichuan	峨边县 Ebian	马边县 Mabian
41.60	6.79	8.48	23.20	1.23	0.76	1.14
1991.38	400.04	421.83	1073.18	38.84	20.14	37.35
50.55	7.80	1.10	38.67	2.69		0.28
124.39	11.10	8.96	98.19	3.65	1.41	1.08
691.78	76.01	74.20	497.25	15.91	13.17	15.24
12764	2655	1468	8610		31	
24430	25939	24978	24084	22824	23661	24268
9250	9711	8408	9422	9644	8405	8595
218	35	82	75	13	7	6
24239	4466	4945	12262	1260	632	674
582091	120031	78780	284971	79137	10636	8536
1104290	214983	208557	569153	58467	23499	29631
179.07	31.67	31.43	107.07	3.69	2.16	3.05
105.65	16.66	21.13	61.71	2.78	1.35	2.02
994.96	215.25	316.20	417.62	19.12	11.85	14.92
2322.29	435.15	442.99	1271.89	92.60	41.74	37.92
1019.18	148.20	139.63	625.44	52.36	28.00	25.55
1083.69	186.44	167.60	575.47	81.61	50.53	22.04
759084	63073	97110	555401	10266	10996	22238
360638	44687	46260	247262	9594	4395	8440
10331	1649	2725	5371	379	92	115
33443	4435	4918	21610	1353	510	617
33505	5518	5849	20211	1100	388	439
11542	1986	1582	7267	422	139	146

11-3 民族自治地方年末户籍总人口和就业人员
Household Population and Employment in Minority Nationality Autonomous Areas

单位：万人 (10 000 persons)

年份 Year	年末户籍总人口 Household Population (year-end)	就业人员 Number of Employed Persons	第一产业 Primary Industry	第二产业 Secondary Industry	第三产业 Tertiary Industry
1978	471.36	216.92			
1980	484.10	229.08			
1985	514.65	261.61			
1990	549.03	296.09			
1995	573.91	346.98	258.93	33.48	54.57
2000	606.11	351.99	278.93	18.65	54.41
2001	610.93	354.43	279.69	16.49	58.25
2002	616.81	356.25	280.90	16.77	58.58
2003	639.71	373.91	284.69	22.62	66.60
2004	649.17	387.38	281.85	22.98	82.55
2005	653.76	378.56	280.80	24.96	72.80
2006	663.73	385.37	279.63	25.98	79.76
2007	681.72	397.43	283.94	30.96	82.53
2008	698.87	409.69	285.42	33.37	90.90
2009	723.42	448.49	287.57	49.53	111.39
2010	734.16	439.29	289.21	46.12	103.96
2011	746.67	444.08	280.01	47.47	116.60
2012	759.54	459.83	290.33	45.31	124.19
2013	769.56	460.11	289.26	44.81	126.04
2014	771.62	466.41	286.09	44.43	135.89
2015	764.80	442.19	276.12	45.64	120.43

11–4 民族自治地方耕地面积和农业生产条件
Cultivated Land Areas and Production Conditions of Agriculture in Minority Nationality Autonomous Areas

年份 Year	耕地面积 (万公顷) Cultivated Land Areas (10 000 hectares)	有效灌溉面积 (万公顷) Irrigated Land Areas (10 000 hectares)	化肥施用量 (折纯，万吨) Consumption of Chemical Fertilizers (10 000 tons)	农村用电量 (万千瓦时) Electricity Consumed in Rural Areas (10 000 kwh)	农业机械总动力 (万千瓦) Total Agricultural Machinery Power (10 000 kw)
1978	51.52	15.47	3.44	8691	27.11
1980	51.84	16.17	3.12	9001	37.21
1985	50.32	15.96	3.34	14139	53.88
1990	50.00	15.32	4.75	22770	78.58
1995	50.97	15.90	6.83	28394	109.30
2000	48.39	16.13	11.82	44996	137.00
2001	49.47	16.36	11.63	48137	142.00
2002	46.14	16.28	10.41	49790	154.00
2003	45.32	16.24	11.14	55645	162.00
2004	47.91	16.19	11.70	61174	173.00
2005	49.47	16.63	12.59	63417	201.00
2006	49.97	16.62	13.43	64103	173.00
2007	51.25	17.31	14.38	72184	250.00
2008	52.06	17.59	15.25	79387	287.00
2009	52.96	18.34	16.52	86799	333.00
2010	53.37	18.60	16.72	91006	370.00
2011	53.35	19.33	17.29	96409	415.95
2012	53.53	19.89	17.83	101566	439.04
2013	53.81	21.19	16.66	108370	480.58
2014	53.93	20.60	17.14	113355	502.76
2015	79.94	21.54	17.17	118871	

11–5 民族自治地方邮电和卫生情况
Postal and Telecommunication, Public Health in Minority Nationality Autonomous Areas

年份 Year	邮电主营业务收入（万元） Revenue from Principal Business of Post and Telecommunication (10 000 yuan)	医疗卫生机构床位数（张） Beds in Medical and Health Institutions (unit)	医院、卫生院技术人员数（人） Medical Technical Personnel (person)	#执业(助理)医师 Practicing Doctors (Assistants)
1978	1248	14225	15058	7303
1980	1290	14471	17699	9102
1985	1719	14938	19438	10203
1990	3108	15588	18481	10155
1995	8807	15688	18957	10037
2000	41608	16475	14807	7889
2001	56484	14263	22337	8867
2002	67374	13901	16180	8159
2003	90594	15097	16345	8450
2004	111646	16538	15005	7860
2005	130946	14647	19535	8686
2006	154313	15635	14384	8124
2007	176723	15898	16127	10045
2008	202155	16737	15516	8518
2009	234607	18363	17615	8807
2010	265913	19791	24848	7485
2011	302272	21448	29648	9433
2012	345136	24607	24655	7571
2013	376606	25908	22862	10069
2014	411888	31360	30263	10934
2015	416006	33443	33505	11542

11−6 民族自治地方社会消费品零售总额、住户存款余额和各类普通学校在校学生人数

Total Retail Sales of Consumer Goods, Balance of Household Savings and Number of Student Enrollment by Type of Schools in Minority Nationality Autonomous Areas

年份 Year	社会消费品零售总额（亿元） Total Retail Sales of Consumer Goods (100 million yuan)	住　户存款余额（亿元） Balance of Household Savings (100 million yuan)	普通高等院校在校学生人数（人） Number of Students in Regular Institutions of Higher Education (person)	中等专业学校在校学生人数（人） Number of Students in Specialized Secondary Schools (person)	普通中学在校学生人数（人） Number of Students in Regular Secondary Schools (person)	小　学在校学生人数（人） Number of Students in Primary Schools (person)
1978	4.76	0.72	970	11756	184900	673479
1980	6.00	1.25	1231	10343	162751	605404
1985	10.70	4.39	2826	7570	126389	521659
1990	19.96	17.68	4225	10173	133208	493900
1995	39.13	51.71	6144	14497	121232	578205
1996	43.89	65.19	6467	15381	126736	605960
1997	48.52	73.15	7355	16954	129029	632731
1998	51.68	84.23	7805	18232	128916	656367
1999	55.46	95.75	9688	19573	133369	657565
2000	59.81	107.26	10725	14731	145534	640229
2001	67.92	126.98	15229	13825	164038	659357
2002	76.99	147.91	17350	11203	186065	692423
2003	90.85	175.68	20829	15942	221096	731794
2004	110.65	202.39	24488	11486	243812	756318
2005	142.96	232.37	27857	13963	283307	780372
2006	167.00	268.91	27025	19998	323742	829904
2007	197.36	299.03	25132	25977	337781	824988
2008	224.72	381.04	25092	33575	345560	811499
2009	273.67	481.67	26371	35221	360138	794927
2010	337.04	584.83	27494	39672	373524	781008
2011	396.36	712.78	28546	36839	380705	772207
2012	459.12	860.16	29673	39278	378296	766925
2013	521.83	1006.81	30728	46084	360158	740478
2014	624.82	1111.63	30953	42572	363107	744127
2015	691.78	1019.18	32013	41922	360638	759084

注：2014年及以前，“住户存款”为“城乡居民储蓄存款”。

a) Household saving was known as saving deposit of residents before 2014.

2016

12

县（市、区）概况

SURVEY OF COUNTY
(CITY,DISTRICT)

12–1 各县(市、区)年末常住人口及城镇化率(2015年)
Total Resident Population and Proportion by County(year-end)(2015)

单位：万人 (10 000 persons)

县(市、区)	County (Municipalities, District)	年末常住人口 Total Resident Population (year-end)	城镇人口 Urban Population	乡村人口 Rural Population	城镇化率(%) Proportion
成都市	**Chengdu**				
锦江区	Jinjiang	69.93	69.93		100.00
青羊区	Qingyang	84.10	84.10		100.00
金牛区	Jinniu	120.35	120.35		100.00
武侯区	Wuhou	172.51	172.51		100.00
成华区	Chenghua	94.40	94.40		100.00
龙泉驿区	Longquanyi	84.02	54.19	29.83	64.50
青白江区	Qingbaijiang	39.87	20.68	19.19	51.87
新都区	Xindu	84.86	54.58	30.28	64.32
温江区	Wenjiang	49.56	34.70	14.86	70.02
双流区	Shuangliu	130.29	88.11	42.18	67.63
金堂县	Jintang	72.58	27.59	44.99	38.01
郫县	Pixian	82.52	54.34	28.18	65.85
大邑县	Dayi	50.78	22.90	27.88	45.09
蒲江县	Pujiang	25.36	9.93	15.43	39.16
新津县	Xinjin	31.26	16.83	14.43	53.84
都江堰市	Dujiangyan	68.02	38.00	30.02	55.86
彭州市	Pengzhou	77.13	31.68	45.45	41.08
邛崃市	Qionglai	61.78	27.33	34.45	44.24
崇州市	Chongzhou	66.43	27.48	38.95	41.36
自贡市	**Zigong**				
自流井区	Ziliujing	41.05	36.79	4.26	89.61
贡井区	Gongjing	26.46	13.08	13.38	49.44
大安区	Daan	37.90	18.81	19.09	49.62
沿滩区	Yantan	29.48	11.47	18.01	38.91
荣县	Rongxian	59.12	21.61	37.51	36.56
富顺县	Fushun	83.01	30.88	52.13	37.20
攀枝花市	**Panzhihua**				
东区	East District	38.30	37.85	0.45	98.83
西区	West District	14.96	14.47	0.49	96.72
仁和区	Renhe	27.09	12.73	14.36	46.99
米易县	Miyi	22.86	9.07	13.79	39.68
盐边县	Yanbian	20.04	5.67	14.37	28.29
泸州市	**Luzhou**				
江阳区	Jiangyang	60.70	44.66	16.04	73.58
纳溪区	Nanxi	46.11	31.09	15.02	67.43
龙马潭区	Longmatan	35.97	27.57	8.40	76.65
泸县	Luxian	86.62	31.52	55.10	36.38
合江县	Hejiang	70.87	25.51	45.36	35.99
叙永县	Xuyong	57.96	18.09	39.87	31.22
古蔺县	Gulin	70.29	19.02	51.27	27.06

12-1 续表1 continued

单位：万人 (10 000 persons)

县(市、区)	County (Municipalities, District)	年末常住人口 Total Resident Population (year-end)	城镇人口 Urban Population	乡村人口 Rural Population	城镇化率(%) Proportion
德阳市	**Deyang**				
旌阳区	Jingyang	74.70	49.83	24.87	66.71
中江县	Zhongjiang	108.10	39.99	68.11	37.00
罗江县	Luojiang	22.10	9.23	12.87	41.76
广汉市	Guanghan	59.20	29.61	29.59	50.02
什邡市	Shifang	41.81	20.26	21.55	48.46
绵竹市	Mianzhu	45.41	21.36	24.05	47.04
绵阳市	**Mianyang**				
涪城区	Hucheng	87.56	66.55	21.01	76.00
游仙区	Youxian	52.50	26.31	26.19	50.11
三台县	Santai	104.92	36.28	68.64	34.58
盐亭县	Yanting	45.10	16.02	29.08	35.52
安县	Anxian	38.70	17.41	21.29	44.98
梓潼县	Zitong	30.59	10.85	19.74	35.46
北川县	Beichuan	21.27	7.82	13.45	36.77
平武县	Pingwu	17.21	4.93	12.28	28.67
江油市	Jiangyou	79.34	42.88	36.46	54.05
广元市	**Guangyuan**				
利州区	Lizhou	54.90	38.43	16.47	70.00
昭化区	Zhaohua	18.34	5.89	12.45	32.10
朝天区	Chaotian	19.20	6.20	13.00	32.30
旺苍县	Wangcang	40.62	15.23	25.39	37.50
青川县	Qingchuan	21.17	6.58	14.59	31.10
剑阁县	Jiange	48.17	15.66	32.51	32.50
苍溪县	Cangxi	60.60	19.39	41.21	32.00
遂宁市	**Suining**				
船山区	Chuanshan	66.85	53.75	13.10	80.40
安居区	Anju	64.57	16.66	47.91	25.80
蓬溪县	Pengxi	55.94	18.09	37.85	32.34
射洪县	Shehong	93.18	45.05	48.13	48.35
大英县	Daying	48.46	17.49	30.97	36.10
内江市	**Neijiang**				
内江市中区	Neijiang Downtown	52.07	28.93	23.14	55.56
东兴区	Dongxing	76.53	36.99	39.54	48.33
威远县	Weiyuan	59.57	27.51	32.06	46.18
资中县	Zizhong	121.12	43.87	77.25	36.22
隆昌县	Longchang	64.68	33.27	31.41	51.44
乐山市	**Leshan**				
乐山市中区	Leshan Downtown	67.95	47.06	20.89	69.26
沙湾区	Shawan	17.73	8.84	8.89	49.86
五通桥区	Wutongqiao	32.24	16.98	15.26	52.67

12-1 续表2 continued

单位：万人 (10 000 persons)

县(市、区)	County (Municipalities, District)	年末常住人口 Total Resident Population (year-end)	城镇人口 Urban Population	乡村人口 Rural Population	城镇化率(%) Proportion
金口河区	Jinkouhe	4.90	2.31	2.59	47.14
犍为县	Qianwei	42.33	15.22	27.11	35.96
井研县	Jingyan	29.60	10.49	19.11	35.44
夹江县	Jiajiang	33.27	12.88	20.39	38.71
沐川县	Muchuan	21.18	6.46	14.72	30.50
峨边县	Ebian	13.58	5.16	8.42	38.00
马边县	Mabian	18.46	4.61	13.85	24.97
峨眉山市	Emeishan	44.81	24.24	20.57	54.10
南充市	**Nanchong**				
顺庆区	Shunqing	71.19	56.85	14.34	79.86
高坪区	Gaoping	60.39	27.19	33.20	45.03
嘉陵区	Jialing	61.53	26.45	35.08	42.98
南部县	Nanbu	93.42	37.58	55.84	40.23
营山县	Yingshan	74.30	27.42	46.88	36.90
蓬安县	Pengan	56.91	21.15	35.76	37.17
仪陇县	Yilong	92.95	34.09	58.86	36.67
西充县	Xichong	52.86	18.99	33.87	35.92
阆中市	Langzhong	72.85	29.15	43.70	40.02
眉山市	**Meishan**				
东坡区	Dongpo	83.92	44.37	39.55	52.87
彭山区	Pengshan	31.79	16.08	15.71	50.60
仁寿县	Renshou	122.62	41.44	81.18	33.80
洪雅县	Hongya	30.73	12.08	18.65	39.31
丹棱县	Danling	14.32	5.41	8.91	37.76
青神县	Qingshen	16.75	6.28	10.47	37.48
宜宾市	**Yibin**				
翠屏区	Cuiping	85.26	62.35	22.91	73.12
南溪区	Nanxi	34.10	17.20	16.90	50.43
宜宾县	Yibin	77.18	25.49	51.69	33.03
江安县	Jiangan	41.71	17.77	23.94	42.61
长宁县	Changning	34.45	14.21	20.24	41.25
高县	Gaoxian	41.40	15.41	25.99	37.23
珙县	Gongxian	37.40	17.92	19.48	47.91
筠连县	Junlian	33.24	12.06	21.18	36.27
兴文县	Xingwen	38.65	13.35	25.30	34.54
屏山县	Pingshan	25.61	6.74	18.87	26.33
广安市	**Guangan**				
广安区	Guanganqu	61.54	27.42	34.12	44.55
前锋区	Qianfeng	25.60	7.79	17.81	30.40
岳池县	Yuechi	78.80	27.08	51.72	34.37
武胜县	Wusheng	59.02	20.50	38.52	34.74

12−1 续表3 continued

单位：万人 (10 000 persons)

县(市、区)	County (Municipalities, District)	年末常住人口 Total Resident Population (year-end)	城镇人口 Urban Population	乡村人口 Rural Population	城镇化率(%) Proportion
邻水县	Linshui	71.43	24.86	46.57	34.80
华蓥市	Huaying	28.27	13.20	15.07	46.70
达州市	**Dazhou**				
通川区	Tongchuan	63.32	42.18	21.14	66.61
达川区	Dachuan	102.04	42.14	59.90	41.30
宣汉县	Xuanhan	102.98	37.91	65.07	36.81
开江县	Kaijiang	44.97	16.42	28.55	36.50
大竹县	Dazhu	88.86	34.41	54.45	38.72
渠县	Quxian	112.98	38.85	74.13	34.39
万源市	Wanyuan	41.61	15.64	25.97	37.59
雅安市	**Yaan**				
雨城区	Yucheng	36.64	21.80	14.84	59.50
名山区	Mingshan	26.67	9.74	16.93	36.53
荥经县	Yingjing	15.07	6.04	9.03	40.10
汉源县	Hanyuan	31.80	11.07	20.73	34.80
石棉县	Shimian	12.77	5.28	7.49	41.37
天全县	Tianquan	13.86	5.25	8.61	37.90
芦山县	Lushan	12.07	4.27	7.80	35.40
宝兴县	Baoxing	5.80	2.37	3.43	40.85
巴中市	**Bazhong**				
巴州区	Bazhou	72.14	43.86	28.28	60.80
恩阳区	Enyang	43.67	12.87	30.80	29.47
通江县	Tongjiang	71.33	21.87	49.46	30.66
南江县	Nanjiang	61.57	19.40	42.17	31.50
平昌县	Pingchang	84.15	26.89	57.26	31.96
资阳市	**Ziyang**				
雁江区	Yanjiang	87.78	42.97	44.81	48.97
安岳县	Anyue	112.41	36.39	76.02	32.39
乐至县	Lezhi	51.52	17.87	33.65	34.72
简阳市	Jianyang	105.22	43.76	61.46	41.61
阿坝州	**Aba**				
马尔康市	Maerkang	5.96	2.92	3.04	49.03
汶川县	Wenchuan	9.75	4.37	5.38	44.82
理县	Lixian	4.81	1.68	3.13	34.83
茂县	Maoxian	10.76	4.81	5.95	44.68
松潘县	Songpan	7.48	2.72	4.76	36.35
九寨沟县	Jiuzhaigou	8.19	3.98	4.21	48.64
金川县	Jinchuan	7.40	2.27	5.13	30.69
小金县	Xiaojin	7.98	2.76	5.22	34.56
黑水县	Heishui	6.37	2.19	4.18	34.45
壤塘县	Rangtang	4.16	0.88	3.28	21.05

12−1 续表4 continued

单位：万人 (10 000 persons)

县(市、区)	County (Municipalities, District)	年末常住人口 Total Resident Population (year-end)	城镇人口 Urban Population	乡村人口 Rural Population	城镇化率(%) Proportion
阿坝县	Abaxian	7.52	1.93	5.59	25.67
若尔盖县	Ruoergai	7.81	2.15	5.66	27.58
红原县	Hongyuan	4.82	1.54	3.28	31.91
甘孜州	**Ganzi**				
康定市	Kangding	13.38	6.88	6.50	51.42
泸定县	Luding	8.87	3.67	5.20	41.38
丹巴县	Danba	7.03	2.09	4.94	29.80
九龙县	Jiulong	6.64	1.41	5.23	21.27
雅江县	Yajiang	5.31	1.13	4.18	21.32
道孚县	Daofu	5.84	1.60	4.24	27.39
炉霍县	Luhuo	4.84	1.39	3.45	28.75
甘孜县	Ganzixian	7.20	2.13	5.07	29.56
新龙县	Xinlong	5.09	0.72	4.37	14.09
德格县	Dege	8.55	1.40	7.15	16.37
白玉县	Baiyu	5.91	1.02	4.89	17.28
石渠县	Shiqu	9.97	1.62	8.35	16.28
色达县	Seda	6.10	1.33	4.77	21.72
理塘县	Litang	7.20	2.60	4.60	36.07
巴塘县	Batang	5.08	1.45	3.63	28.51
乡城县	Xiangcheng	3.45	0.92	2.53	26.58
稻城县	Daocheng	3.27	0.77	2.50	23.66
得荣县	Derong	2.76	0.56	2.20	20.20
凉山州	**Liangshan**				
西昌市	Xichang	75.40	42.93	32.47	56.94
木里县	Muli	13.30	1.87	11.43	14.03
盐源县	Yanyuan	36.10	10.27	25.83	28.44
德昌县	Dechang	21.90	7.74	14.16	35.35
会理县	Huili	44.20	18.19	26.01	41.16
会东县	Huidong	37.40	13.91	23.49	37.20
宁南县	Ningnan	18.40	5.76	12.64	31.32
普格县	Puge	16.20	3.46	12.74	21.35
布拖县	Buto	16.80	3.10	13.70	18.48
金阳县	Jinyang	17.00	2.57	14.43	15.12
昭觉县	Zhaojue	25.60	5.17	20.43	20.20
喜德县	Xide	16.90	4.01	12.89	23.71
冕宁县	Mianning	35.70	13.51	22.19	37.85
越西县	Yuexi	28.20	7.22	20.98	25.59
甘洛县	Ganluo	19.80	3.88	15.92	19.59
美姑县	Meigu	22.30	1.99	20.31	8.94
雷波县	Leibo	22.80	6.24	16.56	27.36

12-2 各县(市、区)就业人员和平均工资(2015年)
Employed Persons and Average Wages of Counties (Municipalities, Districts)(2015)

县(市、区)	Counties (Municipalities, Districts)	就业人员(万人) Number of Employed Persons (10 000 persons)	第一产业 Primary Industry	第二产业 Secondary Industry	第三产业 Tertiary Industry	非私营单位职工平均工资（元） Average Wages of Non-private Sector Employees (yuan)
成都市	**Chengdu**					
锦江区	Jinjiang	52.70	0.40	9.05	43.25	63502
青羊区	Qingyang	66.24	0.19	17.78	48.27	75405
金牛区	Jinniu	63.88	0.03	18.09	45.76	63781
武侯区	Wuhou	81.78	0.04	15.97	65.77	78272
成华区	Chenghua	42.17	0.50	10.77	30.90	64879
龙泉驿区	Longquanyi	41.14	6.05	14.91	20.18	67707
青白江区	Qingbaijiang	23.77	5.51	8.43	9.83	54935
新都区	Xindu	54.33	8.79	27.82	17.72	58817
温江区	Wenjiang	25.45	3.98	8.56	12.91	57158
双流区	Shuangliu	72.36	17.16	20.17	35.04	83398
金堂县	Jintang	58.11	20.00	11.92	26.19	57539
郫县	Pixian	38.39	6.22	19.19	12.98	70800
大邑县	Dayi	33.15	7.37	12.85	12.93	53199
蒲江县	Pujiang	17.30	6.52	5.02	5.76	53682
新津县	Xinjin	19.74	5.07	7.02	7.65	55473
都江堰市	Dujiangyan	43.79	7.07	15.06	21.66	63164
彭州市	Pengzhou	52.16	21.25	16.48	14.43	59010
邛崃市	Qionglai	39.21	12.33	9.28	17.60	54487
崇州市	Chongzhou	54.30	11.50	28.00	14.80	57339
自贡市	**Zigong**					
自流井区	Ziliujing	22.83	1.71	7.62	13.50	51702
贡井区	Gongjing	16.82	5.84	4.71	6.27	48857
大安区	Daan	20.11	6.21	6.83	7.07	53986
沿滩区	Yantan	18.73	5.42	6.16	7.15	46902
荣县	Rongxian	34.55	13.28	7.81	13.46	52177
富顺县	Fushun	46.49	16.33	11.77	18.39	52953
攀枝花市	**Panzhihua**					
东区	East District	27.28	0.29	13.58	13.41	61201
西区	West District	5.91	0.26	2.84	2.81	49227
仁和区	Renhe	12.13	5.94	3.04	3.15	65915
米易县	Miyi	12.41	7.53	2.29	2.59	54652
盐边县	Yanbian	10.05	6.81	1.62	1.62	83061
泸州市	**Luzhou**					
江阳区	Jiangyang	43.00	10.84	14.89	17.27	61793
纳溪区	Naxi	32.62	13.22	9.21	10.19	60987
龙马潭区	Longmatan	23.29	5.10	7.68	10.51	45467
泸县	Luxian	66.35	32.49	20.63	13.23	45736
合江县	Hejiang	53.15	19.70	22.00	11.45	39058
叙永县	Xuyong	35.12	16.65	9.15	9.32	51793
古蔺县	Gulin	37.30	16.80	11.00	9.50	46413

12-2 续表1 continued

县(市、区)	Counties (Municipalities, Districts)	就业人员(万人) Number of Employed Persons (10 000 persons)	第一产业 Primary Industry	第二产业 Secondary Industry	第三产业 Tertiary Industry	非私营单位职工平均工资 (元) Average Wages of Non-private Sector Employees (yuan)
德阳市	**Deyang**					
旌阳区	Jingyang	41.70	8.30	12.30	21.10	59250
中江县	Zhongjiang	65.10	27.30	11.20	26.60	50173
罗江县	Luojiang	12.00	4.90	3.20	3.90	44968
广汉市	Guanghan	36.30	14.00	10.50	11.80	58603
什邡市	Shifang	22.90	7.90	8.10	6.90	52412
绵竹市	Mianzhu	29.90	11.30	7.60	11.00	54237
绵阳市	**Mianyang**					
涪城区	Fucheng	58.07	3.83	24.49	29.75	59811
游仙区	Youxian	31.84	9.82	10.41	11.61	81131
三台县	Santai	63.16	23.52	19.05	20.59	56350
盐亭县	Yanting	26.15	10.39	6.56	9.20	46651
安县	Anxian	23.50	7.98	6.98	8.54	53151
梓潼县	Zitong	18.80	7.03	5.04	6.73	46571
北川县	Beichuan	12.27	4.43	3.53	4.31	52019
平武县	Pingwu	10.04	4.87	1.90	3.27	56437
江油市	Jiangyou	49.33	15.26	16.80	17.27	45047
广元市	**Guangyuan**					
利州区	Lizhou	29.88	12.35	9.01	8.52	54433
昭化区	Zhaohua	14.09	6.29	2.99	4.81	60113
朝天区	Chaotian	13.85	7.55	2.82	3.48	61451
旺苍县	Wangcang	24.96	9.37	7.55	8.04	48325
青川县	Qingchuan	12.10	8.00	0.90	3.20	49406
剑阁县	Jiange	32.19	17.99	4.51	9.69	57360
苍溪县	Cangxi	43.10	25.00	8.10	10.00	53026
遂宁市	**Suining**					
船山区	Chuanshan	44.83	8.24	12.80	23.79	60448
安居区	Anju	43.14	16.10	11.90	15.14	48449
蓬溪县	Pengxi	38.85	11.05	11.96	15.84	38597
射洪县	Shehong	51.18	16.27	16.97	17.94	45974
大英县	Daying	25.45	10.67	6.18	8.60	42581
内江市	**Neijiang**					
内江市中区	Neijiang Downtown	25.31	8.69	6.91	9.71	51931
东兴区	Dongxing	49.59	15.86	15.12	18.61	55665
威远县	Weiyuan	37.99	12.46	11.45	14.08	41710
资中县	Zizhong	54.39	20.01	18.27	16.11	53063
隆昌县	Longchang	46.76	7.11	19.20	20.45	37051
乐山市	**Leshan**					
乐山市中区	Leshan Downtown	45.94	15.20	14.18	16.56	51674
沙湾区	Shawan	14.48	5.00	4.80	4.68	55831
五通桥区	Wutongqiao	21.15	7.47	5.95	7.73	49609

12–2 续表2 continued

县(市、区)	Counties (Municipalities, Districts)	就业人员(万人) Number of Employed Persons (10 000 persons)	第一产业 Primary Industry	第二产业 Secondary Industry	第三产业 Tertiary Industry	非私营单位职工平均工资（元）Average Wages of Non-private Sector Employees (yuan)
金口河区	Jinkouhe	3.12	1.24	0.74	1.14	64135
犍为县	Qianwei	32.12	11.06	9.09	11.97	51123
井研县	Jinyan	21.66	8.69	4.87	8.10	51443
夹江县	Jiajiang	22.02	8.15	6.98	6.89	60817
沐川县	Muchuan	15.12	7.43	2.15	5.54	57807
峨边县	Ebian	9.04	4.90	1.32	2.82	53783
马边县	Mabian	11.42	6.28	0.95	4.19	54664
峨眉山市	Emeishan	30.12	10.84	7.11	12.17	51593
南充市	**Nanchong**					
顺庆区	Shunqing	42.10	9.66	10.03	22.41	54619
高坪区	Gaoping	41.87	13.05	6.77	22.05	47388
嘉陵区	Jialing	41.14	16.21	8.91	16.02	48767
南部县	Nanbu	85.02	30.02	24.32	30.68	47011
营山县	Yingshan	56.39	22.16	13.02	21.21	53315
蓬安县	Pengan	32.53	12.89	5.41	14.23	46773
仪陇县	Yilong	61.83	26.97	17.99	16.87	47947
西充县	Xichong	43.35	22.18	6.98	14.19	38537
阆中市	Langzhong	48.13	15.31	10.23	22.59	46289
眉山市	**Meishan**					
东坡区	Dongpo	48.94	22.83	11.80	14.31	57312
仁寿县	Renshou	84.90	37.30	18.90	28.70	52641
彭山区	Pengshan	20.40	8.21	6.09	6.10	37748
洪雅县	Hongya	19.63	12.23	2.90	4.50	54088
丹棱县	Danling	10.41	5.80	2.59	2.02	53944
青神县	Qingshen	13.08	5.54	5.05	2.49	46753
宜宾市	**Yibin**					
翠屏区	Cuiping	55.31	16.17	16.97	22.17	61261
南溪区	Nanxi	26.34	10.65	7.52	8.17	43623
宜宾县	Yibinxian	59.11	25.46	16.15	17.50	51185
江安县	Jiangan	30.13	14.21	7.85	8.07	46530
长宁县	Changning	26.14	13.16	5.67	7.31	39874
高县	Gaoxian	29.63	15.56	6.19	7.88	58561
珙县	Gongxian	28.59	13.13	7.46	8.00	49543
筠连县	Junlian	25.46	13.40	5.62	6.44	51503
兴文县	Xingwen	28.02	17.13	5.22	5.67	49361
屏山县	Pingshan	18.12	10.14	3.27	4.71	55073
广安市	**Guangan**					
广安区	Guanganqu	38.26	18.68	8.50	11.08	59142
前锋区	Qianfeng	19.66	6.60	6.38	6.68	50848
岳池县	Yuechi	48.52	24.49	8.20	15.83	50185
武胜县	Wusheng	39.28	18.70	9.72	10.86	52172

12-2 续表3 continued

县(市、区)	Counties (Municipalities, Districts)	就业人员(万人) Number of Employed Persons (10 000 persons)	第一产业 Primary Industry	第二产业 Secondary Industry	第三产业 Tertiary Industry	非私营单位职工平均工资（元）Average Wages of Non-private Sector Employees (yuan)
邻水县	Linshui	45.64	21.17	10.95	13.52	60538
华蓥市	Huaying	18.26	7.38	5.75	5.13	58777
达州市	**Dazhou**					
通川区	Tongchuan	46.90	7.60	14.30	25.00	51725
达川区	Dachuan	62.00	28.50	17.70	15.80	47150
宣汉县	Xuanhan	64.20	28.20	6.80	29.20	45857
开江县	Kaijiang	33.10	13.60	6.50	13.00	41849
大竹县	Dazhu	53.60	19.30	18.00	16.30	43035
渠县	Quxian	64.10	22.60	15.80	25.70	47597
万源市	Wanyuan	29.70	12.40	3.80	13.50	53048
雅安市	**Yaan**					
雨城区	Yucheng	21.95	8.27	6.54	7.14	52769
名山区	Mingshan	16.23	9.14	2.95	4.14	56322
荥经县	Yingjing	10.73	3.67	3.31	3.75	33853
汉源县	Hanyuan	23.39	13.50	2.28	7.61	47366
石棉县	Shimian	7.49	3.30	1.18	3.01	57191
天全县	Tianquan	9.52	3.41	2.90	3.21	37486
芦山县	Lushan	8.12	2.85	2.24	3.03	45498
宝兴县	Baoxing	3.53	1.40	1.14	0.99	49515
巴中市	**Bazhong**					
巴州区	Bazhou	50.09	14.68	6.20	29.21	45728
恩阳区	Enyang	25.90	11.99	2.70	11.21	46536
通江县	Tongjiang	46.90	21.60	5.80	19.50	46555
南江县	Nanjiang	42.10	16.80	12.50	12.80	46535
平昌县	Pingchang	56.10	26.00	3.30	26.80	44581
资阳市	**Ziyang**					
雁江区	Yanjiang	49.90	15.40	17.34	17.16	50922
安岳县	Anyue	60.81	36.56	9.74	14.51	43051
乐至县	Lezhi	31.05	15.04	5.52	10.49	46319
简阳市	Jianyang	53.36	17.84	12.25	23.27	49447
阿坝州	**Aba**					
马尔康市	Maerkang	4.45	1.35	0.36	2.74	78005
汶川县	Wenchuan	6.18	2.87	0.96	2.35	59269
理县	Lixian	3.65	2.25	0.34	1.06	50362
茂县	Maoxian	8.08	4.24	0.70	3.14	56973
松潘县	Songpan	5.22	2.65	0.43	2.14	55464
九寨沟县	Jiuzhaigou	4.95	2.18	0.17	2.60	63833
金川县	Jinchuan	4.45	2.83	0.28	1.34	61774
小金县	Xiaojin	5.27	3.64	0.28	1.35	66129
黑水县	Heishui	3.94	1.95	0.10	1.89	71474
壤塘县	Rangtang	2.74	1.74	0.20	0.80	71208

12–2 续表4 continued

县(市、区)	Counties (Municipalities, Districts)	就业人员（万人） Number of Employed Persons (10 000 persons)	第一产业 Primary Industry	第二产业 Secondary Industry	第三产业 Tertiary Industry	非私营单位职工平均工资（元） Average Wages of Non-private Sector Employees (yuan)
阿坝县	Abaxian	3.82	2.42	0.11	1.29	60766
若尔盖县	Ruoergai	5.65	4.16	0.08	1.41	68234
红原县	Hongyuan	2.79	1.95	0.09	0.75	69174
甘孜州	**Ganzi**					
康定市	Kangding	9.91	3.49	1.14	5.28	67552
泸定县	Luding	4.57	2.68	0.49	1.40	63040
丹巴县	Danba	4.58	3.11	0.30	1.17	69119
九龙县	Jiulong	4.32	3.17	0.30	0.85	64548
雅江县	Yajiang	3.20	2.51	0.05	0.64	61528
道孚县	Daofu	3.30	2.39	0.06	0.85	67556
炉霍县	Luhuo	3.04	2.38	0.08	0.58	58085
甘孜县	Ganzixian	4.50	3.36	0.02	1.12	67430
新龙县	Xinlong	2.47	1.85	0.08	0.54	65201
德格县	Dege	4.89	4.35	0.05	0.49	54807
白玉县	Baiyu	3.56	2.93	0.11	0.52	69833
石渠县	Shiqu	3.96	3.37	0.03	0.56	74780
色达县	Seda	3.25	2.75	0.03	0.47	76569
理塘县	Litang	4.23	3.22	0.11	0.90	76715
巴塘县	Batang	3.46	2.55	0.14	0.77	72739
乡城县	Xiangcheng	1.95	1.41	0.08	0.46	51067
稻城县	Daocheng	2.00	1.40	0.03	0.57	66275
得荣县	Derong	1.73	1.31	0.03	0.39	73606
凉山州	**Liangshan**					
西昌市	Xichang	49.50	20.19	8.03	21.28	61479
木里县	Muli	9.45	4.61	0.22	4.62	69195
盐源县	Yanyuan	24.56	19.87	1.17	3.52	50394
德昌县	Dechang	12.95	7.61	1.75	3.59	56653
会理县	Huili	31.43	6.87	7.85	16.71	60385
会东县	Huidong	26.79	17.57	2.74	6.48	63234
宁南县	Ningnan	13.30	8.64	1.55	3.11	54916
普格县	Puge	9.76	7.40	0.84	1.52	57800
布拖县	Butuo	10.86	9.03	0.50	1.33	60875
金阳县	Jinyang	9.82	7.80	0.51	1.51	62689
昭觉县	Zhaojue	15.87	11.69	0.80	3.38	59247
喜德县	Xide	10.75	4.71	0.84	5.20	64758
冕宁县	Mianning	25.49	15.92	2.11	7.46	50892
越西县	Yuexi	17.92	11.15	2.03	4.74	59161
甘洛县	Ganluo	12.48	8.30	1.00	3.18	61743
美姑县	Meigu	13.94	10.78	0.38	2.78	59542
雷波县	Leibo	16.89	11.80	1.67	3.42	59812

12-3 各县(市、区)地区生产总值(2015年)
Gross Regional Product of Counties (Municipalities, District)(2015)

县(市、区)	Counties (Municipalities, Districts)	地区生产总值(万元) Gross Regional Product (10 000 yuan)	第一产业 Primary Industry	第二产业 Secondary Industry	第三产业 Tertiary Industry	人均地区生产总值(元) Per Capita GDP (yuan)
成都市	**Chengdu**					
锦江区	Jinjiang	7681896	6028	954862	6721006	110166
青羊区	Qingyang	8681370	434	1534918	7146018	103547
金牛区	Jinniu	8753708	945	1943696	6809067	72754
武侯区	Wuhou	7951709	36	1691315	6260358	73247
成华区	Chenghua	6932083	1304	1359788	5570991	73472
龙泉驿区	Longquanyi	10021326	259243	7862029	1900054	121500
青白江区	Qingbaijiang	3382561	135846	2465501	781214	85182
新都区	Xindu	5827700	248018	3521837	2057845	70095
温江区	Wenjiang	3915784	168272	1996892	1750620	80621
双流区	Shuangliu	8676111	341215	4228850	4106046	67862
金堂县	Jintang	2850974	405233	1327924	1117817	39302
郫县	Pixian	4259679	210500	2477775	1571404	51865
大邑县	Dayi	1830048	310690	767655	751703	36181
蒲江县	Pujiang	1059271	171841	528874	358556	42286
新津县	Xinjin	2301816	156850	1347905	797061	73990
都江堰市	Dujiangyan	2753768	238325	1018388	1497055	40754
彭州市	Pengzhou	3335497	446075	1973643	915779	43268
邛崃市	Qionglai	2042066	332821	941974	767271	33054
崇州市	Chongzhou	2260951	313787	1099917	847247	34045
自贡市	**Zigong**					
自流井区	Ziliujing	2972874	43112	1516972	1412790	74211
贡井区	Gongjing	1209514	147175	773807	288532	45677
大安区	Daan	1969496	133424	1422866	413206	51584
沿滩区	Yantan	1199648	156277	812684	230687	41253
荣县	Rongxian	1861262	407228	951530	502504	31504
富顺县	Fushun	2217857	392434	1178059	647364	26744
攀枝花市	**Panzhihua**					
东区	Dongqu	3770361	5783	2414668	1349910	98572
西区	Xiqu	1058010	8914	876508	172588	70440
仁和区	Renhe	1980132	89587	1601467	289078	73257
米易县	Miyi	1312103	118327	866999	326777	57878
盐边县	Yanbian	1131233	90482	850642	190109	55808
泸州市	**Luzhou**					
江阳区	Jiangyang	4002604	198108	2612683	1191813	66235
纳溪区	Naxi	1241433	193250	744598	303585	26964
龙马潭区	Longmatan	1901541	95336	1335783	470422	53027
泸县	Luxian	2487867	448447	1429226	610194	29037
合江县	Hejiang	1617427	337089	700181	580157	22988
叙永县	Xuyong	1002487	202581	471253	328653	17311
古蔺县	Gulin	1280767	203607	752324	324836	18167

12–3 续表1 continued

县(市、区)	Counties (Municipalities, Districts)	地区生产总值(万元) Gross Regional Product (10 000 yuan)	第一产业 Primary Industry	第二产业 Secondary Industry	第三产业 Tertiary Industry	人均地区生产总值(元) Per Capita GDP (yuan)
德阳市	**Deyang**					
旌阳区	Jingyang	4560114	273442	2639462	1647210	61177
中江县	Zhongjiang	2879460	791558	1213860	874042	26649
罗江县	Luojiang	879822	186274	510081	183467	39721
广汉市	Guanghan	3239278	306681	1963559	969038	54533
什邡市	Shifang	2338242	255350	1397840	685052	55992
绵竹市	Mianzhu	2153723	268526	1308323	576874	47533
绵阳市	**Mianyang**					
涪城区	Fucheng	6274287	209372	3803572	2261343	72418
游仙区	Youxian	1882537	264276	1061217	557044	36175
三台县	Santai	2051964	698807	551763	801394	19569
盐亭县	Yanting	862037	328854	244952	288231	19393
安县	Anxian	1097424	265857	567645	263922	28357
梓潼县	Zitong	852991	252737	378081	222173	27339
北川县	Beichuan	401898	96336	161036	144526	19011
平武县	Pingwu	352793	76001	187690	89102	20559
江油市	Jiangyou	3227387	408241	1623422	1195724	40647
广元市	**Guangyuan**					
利州区	Lizhou	2063427	86178	1116915	860334	37931
昭化区	Zhaohua	410797	107228	184547	119022	22683
朝天区	Chaotian	363311	73834	185999	103478	19172
旺苍县	Wangcang	889463	149871	489883	249709	22115
青川县	Qingchuan	291615	69455	120099	102061	13940
剑阁县	Jiange	900188	237263	342730	320195	18738
苍溪县	Cangxi	1135499	273797	494741	366961	19046
遂宁市	**Suining**					
船山区	Chuanshan	2581987	154156	1470464	957367	38693
安居区	Anju	1152399	401891	422893	327615	17847
蓬溪县	Pengxi	1197995	309716	542681	345598	21443
射洪县	Shehong	2926481	339581	1908751	678149	31440
大英县	Daying	1299250	215172	798396	285682	26844
内江市	**Neijiang**					
内江市中区	Neijiang Downtown	2159035	145068	1438407	575560	41664
东兴区	Dongxing	2190816	450779	1145847	594190	28698
威远县	Weiyuan	2944307	391144	2011624	541539	49443
资中县	Zizhong	2361185	633524	1105228	622433	19470
隆昌县	Longchang	2330434	290948	1476744	562742	36047
乐山市	**Leshan**					
乐山市中区	Leshan Downtown	2855902	185268	1353263	1317371	42091
沙湾区	Shawan	1738404	83528	1450853	204023	98215
五通桥区	Wutongqiao	1366451	118297	972622	275532	42161

12-3 续表2 continued

县(市、区)	Counties (Municipalities, Districts)	地区生产总值(万元) Gross Regional Product (10 000 yuan)	第一产业 Primary Industry	第二产业 Secondary Industry	第三产业 Tertiary Industry	人均地区生产总值(元) Per Capita GDP (yuan)
金口河区	Jinkouhe	319232	17477	247404	54351	64885
犍为县	Qianwei	1338279	238338	733704	366237	31675
井研县	Jinyan	808010	203453	395505	209052	27455
夹江县	Jiajiang	1256477	180263	707960	368254	37777
沐川县	Muchuan	544874	119816	273860	151198	25702
峨边县	Ebian	353600	41897	206504	105199	25943
马边县	Mabian	320753	72198	143768	104787	17547
峨眉山市	Emeishan	2110344	164479	1185069	760796	47285
南充市	**Nanchong**					
顺庆区	Shunqing	2884040	212747	1387755	1283538	40609
高坪区	Gaoping	1285025	260478	721197	303350	21328
嘉陵区	Jialing	1259407	332485	634773	292149	20515
南部县	Nanbu	2661892	537533	1503653	620706	28561
营山县	Yingshan	1423042	376943	686739	359360	19197
蓬安县	Pengan	1304299	359184	614664	330451	22971
仪陇县	Yilong	1546067	541191	609356	395520	16673
西充县	Xichong	1009966	299750	411326	298890	19150
阆中市	Langzhong	1788278	434261	841673	512344	24605
眉山市	**Meishan**					
东坡区	Dongpo	3517313	435734	1995871	1085708	41968
仁寿县	Renshou	3396578	697172	1803845	895561	27677
彭山区	Pengshan	1234233	126345	753679	354209	39282
洪雅县	Hongya	1000647	150520	594847	255280	32669
丹棱县	Danling	500434	100621	273732	126081	35020
青神县	Qingshen	649427	86025	359909	203493	38888
宜宾市	**Yibin**					
翠屏区	Cuiping	5116687	223135	3268668	1624884	60133
南溪区	Nanxi	1076990	207402	593454	276134	31658
宜宾县	Yibinxian	2173111	403001	1180198	589912	28197
江安县	Jiangan	1225777	225887	721552	278338	29452
长宁县	Changning	1092239	225906	542097	324236	31788
高县	Gaoxian	1129241	198651	682724	247866	27336
珙县	Gongxian	1228108	165960	789943	272205	32916
筠连县	Junlian	1108809	186155	700035	222619	33448
兴文县	Xingwen	808080	179511	355735	272834	20956
屏山县	Pingshan	400619	147891	141406	111322	15680
广安市	**Guangan**					
广安区	Guanganqu	1448581	244574	396641	807366	23554
前锋区	Qianfeng	1505715	139878	1142149	223688	59233
岳池县	Yuechi	1890606	388446	864059	638101	24072
武胜县	Wusheng	1892086	371343	958186	562557	32064

12-3 续表3 continued

县(市、区)	Counties (Municipalities, Districts)	地区生产总值(万元) Gross Regional Product (10 000 yuan)	第一产业 Primary Industry	第二产业 Secondary Industry	第三产业 Tertiary Industry	人均地区生产总值(元) Per Capita GDP (yuan)
邻水县	Linshui	1975059	373911	963133	638015	27728
华蓥市	Huaying	1344099	114947	877771	351381	47612
达州市	**Dazhou**					
通川区	Tongchuan	1984354	204851	877242	902261	31490
达川区	Dachuan	2248873	471286	998935	778652	22111
宣汉县	Xuanhan	2243034	553074	964513	725447	21845
开江县	Kaijiang	1042478	295532	377761	369185	23337
大竹县	Dazhu	2630097	535845	1252323	841929	29635
渠县	Quxian	2178074	571862	875152	731060	19294
万源市	Wanyuan	1180713	275721	465976	439016	28684
雅安市	**Yaan**					
雨城区	Yucheng	1400458	153233	592325	654900	38506
名山区	Mingshan	611582	171308	278884	161390	23000
荥经县	Yingjing	613339	63565	382359	167415	40781
汉源县	Hanyuan	633304	128812	334794	169698	19686
石棉县	Shimian	700048	54403	529216	116429	54949
天全县	Tianquan	484105	67091	294864	122150	35004
芦山县	Lushan	322726	52869	197837	72020	26871
宝兴县	Baoxing	260177	33082	178969	48126	44858
巴中市	**Bazhong**					
巴州区	Bazhou	1287572	145125	535897	606550	17866
恩阳区	Enyang	488568	137713	135047	215808	11206
通江县	Tongjiang	973835	186677	411821	375337	13662
南江县	Nanjiang	1050576	164617	597201	288758	17071
平昌县	Pingchang	1212887	205698	658132	349057	14429
资阳市	**Ziyang**					
雁江区	Yanjiang	4103578	541674	2644153	917751	46893
安岳县	Anyue	2806021	851695	1211796	742530	25072
乐至县	Lezhi	1780506	407831	902711	469964	34627
简阳市	Jianyang	4013714	707585	2271011	1035118	38270
阿坝州	**Aba**					
马尔康市	Maerkang	220753	21850	33947	164956	37164
汶川县	Wenchuan	556689	32544	378730	145415	55892
理县	Lixian	219734	17748	160805	41181	45778
茂县	Maoxian	319187	48341	208116	62730	29719
松潘县	Songpan	178234	31006	58111	89117	23924
九寨沟县	Jiuzhaigou	243938	18179	78210	147549	29858
金川县	Jinchuan	114391	26505	42132	45754	15932
小金县	Xiaojin	129278	27241	51710	50327	16302
黑水县	Heishui	213409	20744	157476	35189	33928
壤塘县	Rangtang	72513	23378	12831	36304	17643

12−3 续表4 continued

县(市、区)	Counties (Municipalities, Districts)	地区生产总值(万元) Gross Regional Product (10 000 yuan)	第一产业 Primary Industry	第二产业 Secondary Industry	第三产业 Tertiary Industry	人均地区生产总值(元) Per Capita GDP (yuan)
阿坝县	Abaxian	96111	33722	19879	42510	12849
若尔盖县	Ruoergai	153687	70024	29139	54524	19908
红原县	Hongyuan	112272	37110	32108	43054	23537
甘孜州	**Ganzi**					
康定市	Kangding	504611	45259	217101	242251	37770
泸定县	Luding	187278	31620	88723	66935	21185
丹巴县	Danba	133211	33968	52620	46623	19003
九龙县	Jiulong	214035	27999	138983	47053	32878
雅江县	Yajiang	100030	24623	40656	34751	19126
道孚县	Daofu	72220	21949	10860	39411	12516
炉霍县	Luhuo	55069	23057	8572	23440	11401
甘孜县	Ganzixian	81734	42499	7944	31291	11479
新龙县	Xinlong	79125	33100	12665	33360	15454
德格县	Dege	71141	32012	11542	27587	8340
白玉县	Baiyu	102115	31780	47456	22879	17515
石渠县	Shiqu	74948	41073	4986	28889	7586
色达县	Seda	61148	30765	6834	23549	10074
理塘县	Litang	96129	36585	19255	40289	13445
巴塘县	Batang	99199	28841	38868	31490	19605
乡城县	Xiangcheng	75729	21345	24581	29803	22208
稻城县	Daocheng	59752	19024	14303	26425	18385
得荣县	Derong	62965	18591	21823	22551	23149
凉山州	**Liangshan**					
西昌市	Xichang	4264741	412205	2147150	1705386	56674
木里县	Muli	276435	54360	145862	76213	20863
盐源县	Yanyuan	761404	172536	432375	156493	21209
德昌县	Dechang	627474	164276	274437	188761	28717
会理县	Huili	2053419	382873	1179181	491365	46616
会东县	Huidong	1178281	374424	537278	266579	31674
宁南县	Ningnan	495807	142757	199089	153961	27168
普格县	Puge	230686	77555	73722	79409	14373
布拖县	Butuo	226409	68368	100092	57949	13639
金阳县	Jinyang	281457	63324	152649	65484	16654
昭觉县	Zhaojue	251044	97817	70546	82681	9923
喜德县	Xide	191406	65531	56190	69685	11393
冕宁县	Mianning	971443	197520	524675	249248	27403
越西县	Yuexi	340207	114083	111455	114669	12282
甘洛县	Ganluo	247086	60841	94130	92115	12542
美姑县	Meigu	193350	82481	47749	63120	8749
雷波县	Leibo	557717	104826	339889	113002	24623

12-4 各县(市、区)地区生产总值指数(2015年)
Indices of Gross Regional Product of Counties (Municipalities, District)(2015)

上年=100 (preceding year=100)

县(市、区)	Counties (Municipalities, Districts)	地区生产总值 Gross Regional Product	第一产业 Primary Industry	第二产业 Secondary Industry	第三产业 Tertiary Industry	人均地区生产总值 Per Capita GDP
成都市	**Chengdu**					
锦江区	Jinjiang	107.4	90.6	103.3	108.1	107.0
青羊区	Qingyang	107.4	81.9	104.9	108.0	107.0
金牛区	Jinniu	106.5	73.2	103.1	107.7	106.5
武侯区	Wuhou	107.6	18.1	104.7	108.5	107.6
成华区	Chenghua	106.7	74.1	105.2	107.2	106.7
龙泉驿区	Longquanyi	105.0	102.0	102.9	113.7	102.0
青白江区	Qingbaijiang	105.1	103.4	105.0	105.8	104.5
新都区	Xindu	108.7	103.9	108.3	110.0	105.1
温江区	Wenjiang	108.2	103.6	107.8	109.2	104.6
双流区	Shuangliu	107.7	100.0	105.7	110.9	104.7
金堂县	Jintang	111.9	105.1	112.8	113.6	111.8
郫县	Pixian	108.5	103.8	109.5	107.3	104.9
大邑县	Dayi	111.7	104.6	113.9	112.0	111.6
蒲江县	Pujiang	110.2	104.9	111.8	110.3	108.4
新津县	Xinjin	111.7	104.1	113.1	110.6	110.8
都江堰市	Dujiangyan	110.0	105.0	110.5	110.4	108.9
彭州市	Pengzhou	111.7	104.6	113.7	110.6	111.5
邛崃市	Qionglai	112.1	104.5	113.6	113.4	112.0
崇州市	Chongzhou	112.3	104.8	114.0	113.2	112.3
自贡市	**Zigong**					
自流井区	Ziliujing	105.9	103.8	101.5	111.6	102.4
贡井区	Gongjing	110.1	103.8	111.0	110.4	110.0
大安区	Daan	108.3	103.7	108.6	108.6	109.1
沿滩区	Yantan	111.6	103.9	113.2	110.2	109.3
荣县	Rongxian	109.1	103.8	110.3	110.4	109.1
富顺县	Fushun	108.9	103.9	110.2	109.2	109.0
攀枝花市	**Panzhihua**					
东区	Dongqu	107.5	104.2	107.3	107.8	107.2
西区	Xiqu	108.4	103.9	108.7	106.6	108.8
仁和区	Renhe	108.3	103.8	108.6	107.2	107.2
米易县	Miyi	110.2	104.2	111.8	107.4	108.6
盐边县	Yanbian	108.0	104.1	109.0	104.6	111.4
泸州市	**Luzhou**					
江阳区	Jiangyang	112.1	103.8	112.6	112.0	111.0
纳溪区	Naxi	111.2	104.0	113.0	110.5	110.9
龙马潭区	Longmatan	112.0	103.6	113.0	110.4	111.0
泸县	Luxian	111.2	103.6	113.0	111.6	110.1
合江县	Hejiang	110.0	103.9	111.5	111.1	109.4
叙永县	Xuyong	111.0	103.8	114.4	110.0	111.1
古蔺县	Gulin	108.1	103.8	107.9	111.0	108.5

12-4 续表1 continued

上年=100 (preceding year=100)

县(市、区)	Counties (Municipalities, Districts)	地区生产总值 Gross Regional Product	第一产业 Primary Industry	第二产业 Secondary Industry	第三产业 Tertiary Industry	人均地区生产总值 Per Capita GDP
德阳市	**Deyang**					
旌阳区	Jingyang	106.8	103.7	105.3	110.1	106.4
中江县	Zhongjiang	108.9	103.5	110.7	110.4	109.4
罗江县	Luojiang	110.3	104.0	112.7	109.1	110.8
广汉市	Guanghan	108.4	103.8	107.9	111.1	108.6
什邡市	Shifang	108.0	103.6	108.8	108.0	107.8
绵竹市	Mianzhu	108.2	104.2	108.6	109.2	108.7
绵阳市	**Mianyang**					
涪城区	Fucheng	109.1	103.7	109.3	109.2	106.6
游仙区	Youxian	108.9	103.7	109.7	109.5	106.0
三台县	Santai	107.4	103.8	108.2	109.4	107.3
盐亭县	Yanting	107.0	103.9	108.3	109.1	104.9
安县	Anxian	108.9	103.8	110.9	109.4	108.8
梓潼县	Zitong	108.1	103.9	109.7	109.0	108.4
北川县	Beichuan	108.3	103.6	108.7	110.4	105.9
平武县	Pingwu	105.2	103.6	104.0	109.1	105.3
江油市	Jiangyou	109.2	103.9	109.9	109.7	109.2
广元市	**Guangyuan**					
利州区	Lizhou	107.8	103.4	107.0	109.5	106.4
昭化区	Zhaohua	108.0	103.8	109.4	109.8	106.0
朝天区	Chaotian	108.7	104.3	109.7	110.1	106.7
旺苍县	Wangcang	108.7	103.9	109.8	109.8	107.1
青川县	Qingchuan	108.3	103.7	112.2	107.1	106.3
剑阁县	Jiange	108.5	103.7	110.8	109.8	107.5
苍溪县	Cangxi	110.3	103.7	114.4	110.0	107.7
遂宁市	**Suining**					
船山区	Chuanshan	113.9	103.7	115.8	112.4	113.7
安居区	Anju	115.1	103.1	128.5	111.7	114.9
蓬溪县	Pengxi	112.4	103.7	117.3	111.8	112.1
射洪县	Shehong	112.6	103.5	114.4	111.9	112.2
大英县	Daying	112.2	103.5	114.3	111.7	111.9
内江市	**Neijiang**					
内江市中区	Neijiang Downtown	106.5	103.7	105.7	109.4	106.0
东兴区	Dongxing	110.4	104.0	112.4	109.6	110.0
威远县	Weiyuan	105.0	103.9	104.2	109.3	104.7
资中县	Zizhong	108.1	104.1	109.2	109.0	108.1
隆昌县	Longchang	112.0	103.8	114.1	109.2	111.8
乐山市	**Leshan**					
乐山市中区	Leshan Downtown	109.2	103.9	109.2	109.8	108.8
沙湾区	Shawan	109.4	103.7	110.0	107.0	110.1
五通桥区	Wutongqiao	109.2	103.6	109.7	109.4	109.5

12-4 续表2 continued

上年=100 (preceding year=100)

县(市、区)	Counties (Municipalities, Districts)	地区生产总值 Gross Regional Product	第一产业 Primary Industry	第二产业 Secondary Industry	第三产业 Tertiary Industry	人均地区生产总值 Per Capita GDP
金口河区	Jinkouhe	106.8	103.8	107.0	106.5	107.0
犍为县	Qianwei	110.1	104.2	111.5	110.2	110.9
井研县	Jinyan	107.0	105.0	106.8	109.2	106.7
夹江县	Jiajiang	109.4	103.5	110.5	109.7	109.5
沐川县	Muchuan	108.3	103.8	109.3	109.5	108.7
峨边县	Ebian	107.1	103.7	108.1	106.0	108.4
马边县	Mabian	109.1	103.8	110.9	109.6	107.5
峨眉山市	Emeishan	109.8	104.0	110.3	110.0	109.1
南充市	**Nanchong**					
顺庆区	Shunqing	107.5	104.0	106.0	109.7	107.1
高坪区	Gaoping	107.2	103.8	107.4	109.1	106.8
嘉陵区	Jialing	106.6	104.1	106.6	109.0	106.2
南部县	Nanbu	108.1	104.1	108.6	109.3	107.7
营山县	Yingshan	107.9	103.9	108.9	109.4	107.5
蓬安县	Pengan	107.7	103.4	108.9	109.2	107.3
仪陇县	Yilong	108.0	103.9	109.7	109.7	107.6
西充县	Xichong	107.4	104.0	107.3	110.1	107.0
阆中市	Langzhong	108.0	103.1	108.5	110.5	107.6
眉山市	**Meishan**					
东坡区	Dongpo	110.0	103.7	110.7	111.0	109.6
仁寿县	Renshou	110.0	104.2	111.6	110.6	109.9
彭山区	Pengshan	111.7	103.7	113.2	110.9	110.2
洪雅县	Hongya	109.1	104.1	109.5	110.9	108.6
丹棱县	Danling	110.7	104.0	112.9	110.3	110.4
青神县	Qingshen	111.0	103.9	112.8	110.4	110.7
宜宾市	**Yibin**					
翠屏区	Cuiping	106.6	104.0	105.3	110.1	106.3
南溪区	Nanxi	108.6	103.3	109.0	111.3	108.3
宜宾县	Yibinxian	110.1	103.3	111.7	110.8	109.9
江安县	Jiangan	110.6	104.1	112.6	110.0	110.3
长宁县	Changning	108.8	103.7	109.6	110.6	108.4
高县	Gaoxian	109.1	103.8	110.0	110.0	108.8
珙县	Gongxian	111.1	105.0	112.3	110.5	110.8
筠连县	Junlian	108.8	103.8	109.5	109.5	108.4
兴文县	Xingwen	110.0	104.1	111.7	111.0	109.7
屏山县	Pingshan	107.5	105.2	106.7	111.2	107.2
广安市	**Guangan**					
广安区	Guanganqu	110.1	103.4	107.6	113.5	109.9
前锋区	Qianfeng	111.2	103.4	112.0	111.5	110.3
岳池县	Yuechi	110.4	103.7	112.4	111.3	109.9
武胜县	Wusheng	110.6	103.9	111.8	112.5	110.4

12-4 续表3 continued

上年=100 (preceding year=100)

县(市、区)	Counties (Municipalities, Districts)	地区生产总值 Gross Regional Product	第一产业 Primary Industry	第二产业 Secondary Industry	第三产业 Tertiary Industry	人均地区生产总值 Per Capita GDP
邻水县	Linshui	110.7	104.0	112.9	110.7	110.3
华蓥市	Huaying	111.8	103.4	113.1	110.8	111.5
达州市	**Dazhou**					
通川区	Tongchuan	102.1	104.0	95.8	109.7	101.4
达川区	Dachuan	107.0	103.5	106.7	109.5	105.1
宣汉县	Xuanhan	93.3	103.9	78.2	110.4	92.4
开江县	Kaijiang	104.4	103.7	101.2	109.3	102.7
大竹县	Dazhu	107.9	104.2	108.4	109.3	107.6
渠县	Quxian	107.6	104.1	107.8	109.8	109.1
万源市	Wanyuan	105.3	103.7	102.2	110.0	104.8
雅安市	**Yaan**					
雨城区	Yucheng	107.6	103.9	108.1	107.8	106.6
名山区	Mingshan	109.5	103.9	112.8	108.5	109.1
荥经县	Yingjing	109.8	103.8	110.9	109.1	109.1
汉源县	Hanyuan	107.6	103.9	108.0	109.5	108.8
石棉县	Shimian	109.0	104.1	109.8	107.4	108.7
天全县	Tianquan	110.5	103.9	112.0	110.1	110.3
芦山县	Lushan	111.3	103.9	113.4	110.0	107.3
宝兴县	Baoxing	110.7	103.9	112.1	109.6	110.5
巴中市	**Bazhong**					
巴州区	Bazhou	109.5	104.7	109.6	110.6	108.6
恩阳区	Enyang	110.4	104.8	110.3	114.3	109.6
通江县	Tongjiang	107.7	103.1	107.8	110.2	106.2
南江县	Nanjiang	107.7	103.7	108.1	109.5	107.5
平昌县	Pingchang	108.1	103.0	108.8	110.2	110.1
资阳市	**Ziyang**					
雁江区	Yanjiang	108.9	104.1	109.5	109.3	109.0
安岳县	Anyue	108.6	104.0	110.1	110.2	108.5
乐至县	Lezhi	108.9	103.7	109.9	110.5	109.7
简阳市	Jianyang	109.0	103.7	109.6	110.3	108.7
阿坝州	**Aba**					
马尔康市	Maerkang	109.6	104.6	112.8	109.5	108.8
汶川县	Wenchuan	108.2	105.6	108.4	107.9	110.4
理县	Lixian	108.5	104.5	108.7	109.4	107.8
茂县	Maoxian	102.2	104.1	99.9	109.9	101.6
松潘县	Songpan	110.2	103.5	109.7	112.8	109.1
九寨沟县	Jiuzhaigou	107.5	102.4	105.2	109.4	107.2
金川县	Jinchuan	108.1	103.8	107.0	111.5	103.7
小金县	Xiaojin	108.4	105.8	111.0	106.9	107.5
黑水县	Heishui	107.4	105.1	107.0	110.6	105.5
壤塘县	Rangtang	107.2	103.9	101.5	112.3	105.2

12-4 续表4 continued

上年=100 (preceding year=100)

县(市、区)	Counties (Municipalities, Districts)	地区生产总值 Gross Regional Product	第一产业 Primary Industry	第二产业 Secondary Industry	第三产业 Tertiary Industry	人均地区生产总值 Per Capita GDP
阿坝县	Abaxian	108.0	102.2	119.7	107.7	107.3
若尔盖县	Ruoergai	107.8	105.2	109.9	109.6	106.4
红原县	Hongyuan	107.9	105.6	110.2	108.3	104.3
甘孜州	**Ganzi**					
康定市	Kangding	103.2	104.1	100.7	105.9	102.8
泸定县	Luding	100.1	102.4	94.9	107.3	99.4
丹巴县	Danba	112.0	101.4	118.5	109.1	111.6
九龙县	Jiulong	99.1	105.8	96.5	106.3	96.6
雅江县	Yajiang	110.1	105.3	113.7	108.7	108.0
道孚县	Daofu	106.3	101.0	107.6	108.0	104.7
炉霍县	Luhuo	105.7	104.3	104.7	107.3	104.9
甘孜县	Ganzixian	105.8	104.3	99.0	109.3	103.9
新龙县	Xinlong	104.3	103.3	100.2	106.9	104.5
德格县	Dege	104.6	102.8	105.2	105.9	102.8
白玉县	Baiyu	109.1	102.3	111.8	109.0	107.2
石渠县	Shiqu	105.1	102.9	103.8	107.6	104.0
色达县	Seda	107.4	107.1	103.2	108.9	105.8
理塘县	Litang	106.1	106.1	104.4	106.7	104.7
巴塘县	Batang	94.1	104.8	81.9	109.2	93.3
乡城县	Xiangcheng	106.8	106.6	105.5	108.2	104.6
稻城县	Daocheng	106.6	104.2	101.6	110.3	105.3
得荣县	Derong	109.3	101.4	114.5	109.3	106.9
凉山州	**Liangshan**					
西昌市	Xichang	102.9	104.2	98.9	109.0	102.2
木里县	Muli	105.9	104.0	108.6	101.8	105.1
盐源县	Yanyuan	94.7	104.3	90.1	102.9	93.7
德昌县	Dechang	109.4	104.2	109.6	113.2	108.6
会理县	Huili	103.0	104.1	102.9	102.8	102.5
会东县	Huidong	103.7	104.4	102.2	107.0	102.9
宁南县	Ningnan	101.7	104.4	95.4	110.2	99.8
普格县	Puge	105.5	104.3	104.9	107.1	104.2
布拖县	Butuo	94.6	104.1	86.9	103.1	93.1
金阳县	Jinyang	102.2	104.2	99.6	107.5	101.3
昭觉县	Zhaojue	107.7	104.5	113.9	105.1	106.0
喜德县	Xide	99.5	104.3	88.2	108.4	98.7
冕宁县	Mianning	107.0	104.5	107.1	108.5	106.1
越西县	Yuexi	101.6	104.2	94.7	108.0	99.3
甘洛县	Ganluo	98.5	104.4	89.2	109.5	97.7
美姑县	Meigu	102.5	104.3	98.4	104.4	101.3
雷波县	Leibo	102.8	103.9	100.1	112.1	101.7

12–5 各县(市、区)民营经济增加值(2015年)
Civillian-owned Value Added of Counties (Municipalities, District)(2015)

县(市、区)	Counties (Municipalities, Districts)	民营经济增加值(万元) Civilian-owned Value Added (10 000 yuan)	第一产业 Primary Industry	第二产业 Secondary Industry	第三产业 Tertiary Industry	人均民营经济增加值(元) Per Capita Civilian-owned Value Added (yuan)
成都市	**Chengdu**					
锦江区	Jinjiang	4465667		559720	3905947	64042
青羊区	Qingyang	4179141		808180	3370961	49847
金牛区	Jinniu	5078853		1357048	3721805	42211
武侯区	Wuhou	5598362		1559798	4038564	51569
成华区	Chenghua	3400495	203	709965	2690327	36041
龙泉驿区	Longquanyi	4472318	30974	3397230	1044114	54223
青白江区	Qingbaijiang	1582221	28801	1014355	539065	39844
新都区	Xindu	4106301	76262	2750422	1279617	49390
温江区	Wenjiang	2308870	10566	1398819	899485	47537
双流区	Shuangliu	5520385	59630	3255063	2205692	43179
金堂县	Jintang	1824805	86287	1086485	652033	25156
郫县	Pixian	2811268	6408	1716864	1087996	34229
大邑县	Dayi	1190160	151745	645569	392846	23530
蒲江县	Pujiang	635597	64720	387856	183021	25373
新津县	Xinjin	1765301	57788	1227885	479628	56744
都江堰市	Dujiangyan	1749064	87125	794315	867624	25885
彭州市	Pengzhou	1562622	137709	917731	507182	20270
邛崃市	Qionglai	1381261	128981	811225	441055	22358
崇州市	Chongzhou	1452322	107573	983080	361669	21869
自贡市	**Zigong**					
自流井区	Ziliujing	1352915	18165	654804	679946	33772
贡井区	Gongjing	769364	45421	546486	177457	29055
大安区	Daan	1194188	48914	879647	265627	31278
沿滩区	Yantan	760517	54192	574793	131532	26153
荣县	Rongxian	1183289	127950	735876	319463	20029
富顺县	Fushun	1236244	134933	696571	404740	14907
攀枝花市	**Panzhihua**					
东区	Dongqu	1507848	4133	838543	665172	39421
西区	Xiqu	537352	5220	415817	116315	35776
仁和区	Renhe	1177151	28703	997982	150466	43550
米易县	Miyi	748288	33737	559403	155148	33008
盐边县	Yanbian	533088	36854	391663	104571	26299
泸州市	**Luzhou**					
江阳区	Jiangyang	2217256	37879	1495043	684334	36691
纳溪区	Naxi	730145	48034	512299	169812	15859
龙马潭区	Longmatan	1196063	37043	850891	308129	33354
泸县	Luxian	1594930	134034	1126736	334160	18615
合江县	Hejiang	1027441	99225	558417	369799	14603
叙永县	Xuyong	594441	56331	359015	179095	10265
古蔺县	Gulin	697675	59558	455009	183108	9896

12-5 续表1 continued

县(市、区)	Counties (Municipalities, Districts)	民营经济增加值(万元) Civilian-owned Value Added (10 000 yuan)	第一产业 Primary Industry	第二产业 Secondary Industry	第三产业 Tertiary Industry	人均民营经济增加值(元) Per Capita Civilian-owned Value Added (yuan)
德阳市	**Deyang**					
旌阳区	Jingyang	2141576	101196	1237289	803091	28731
中江县	Zhongjiang	1792019	362670	912528	516821	16585
罗江县	Luojiang	580603	64821	423604	92178	26212
广汉市	Guanghan	2398046	116857	1810109	471080	40371
什邡市	Shifang	1173797	90115	643556	440126	28108
绵竹市	Mianzhu	1441453	98695	1070115	272643	31813
绵阳市	**Mianyang**					
涪城区	Fucheng	3738091	53700	2114838	1569553	43145
游仙区	Youxian	1119329	69636	860114	189579	21509
三台县	Santai	1229264	226013	462376	540875	11723
盐亭县	Yanting	508060	122465	213353	172242	11430
安县	Anxian	647842	68487	425256	154099	16740
梓潼县	Zitong	522971	73453	338589	110929	16762
北川县	Beichuan	257494	50084	140858	66552	12180
平武县	Pingwu	223476	21648	151790	50038	13023
江油市	Jiangyou	1952024	118532	963406	870086	24585
广元市	**Guangyuan**					
利州区	Lizhou	1198851	21905	706051	470895	22038
昭化区	Zhaohua	232511	41326	140768	50417	12839
朝天区	Chaotian	190012	16978	123507	49527	10027
旺苍县	Wangcang	520336	45336	347064	127936	12937
青川县	Qingchuan	172344	14823	113229	44292	8238
剑阁县	Jiange	515808	76640	272797	166371	10737
苍溪县	Cangxi	651776	97361	385112	169303	10932
遂宁市	**Suining**					
船山区	Chuanshan	1653125	73374	1132057	447694	24773
安居区	Anju	688741	148324	368087	172330	10667
蓬溪县	Pengxi	727551	96954	446078	184519	13022
射洪县	Shehong	1784365	184470	1189240	410655	19170
大英县	Daying	804514	65843	582967	155704	16622
内江市	**Neijiang**					
内江市中区	Neijiang Downtown	1263838	60211	901572	302055	24389
东兴区	Dongxing	1286728	131323	880789	274616	16855
威远县	Weiyuan	1782065	123564	1314831	343670	29926
资中县	Zizhong	1494111	221529	837530	435052	12321
隆昌县	Longchang	1432186	128212	974883	329091	22153
乐山市	**Leshan**					
乐山市中区	Leshan Downtown	1578784	102019	1039904	436861	23269
沙湾区	Shawan	617293	56870	473115	87308	34875
五通桥区	Wutongqiao	1029214	62317	818434	148463	31756

12-5 续表2 continued

县(市、区)	Counties (Municipalities, Districts)	民营经济增加值(万元) Civilian-owned Value Added (10 000 yuan)	第一产业 Primary Industry	第二产业 Secondary Industry	第三产业 Tertiary Industry	人均民营经济增加值(元) Per Capita Civilian-owned Value Added (yuan)
金口河区	Jinkouhe	193911	5891	169993	18027	39413
犍为县	Qianwei	793019	128769	496780	167470	18770
井研县	Jinyan	564202	105033	358419	100750	19171
夹江县	Jiajiang	844231	66926	583457	193848	25383
沐川县	Muchuan	281877	40324	184351	57202	13296
峨边县	Ebian	196281	21032	141860	33389	14401
马边县	Mabian	166219	27523	105698	32998	9093
峨眉山市	Emeishan	1127686	72724	732388	322574	25267
南充市	**Nanchong**					
顺庆区	Shunqing	1774696	94602	1177092	503002	24989
高坪区	Gaoping	741957	112126	471245	158586	12315
嘉陵区	Jialing	721149	118776	455447	146926	11747
南部县	Nanbu	1701851	224860	1166846	310145	18260
营山县	Yingshan	827156	201377	451521	174258	11158
蓬安县	Pengan	786431	145404	504962	136065	13850
仪陇县	Yilong	929985	242699	505813	181473	10029
西充县	Xichong	575680	135345	313182	127153	10915
阆中市	Langzhong	1163004	215619	667088	280297	16002
眉山市	**Meishan**					
东坡区	Dongpo	2199727	148330	1501198	550199	26247
仁寿县	Renshou	2017443	254520	1311320	451603	14215
彭山区	Pengshan	750896	60140	492130	198626	20831
洪雅县	Hongya	656786	90771	441702	124313	21443
丹棱县	Danling	313028	44787	202045	66196	21905
青神县	Qingshen	409499	74756	220296	114447	24521
宜宾市	**Yibin**					
翠屏区	Cuiping	2363909	64381	1420882	878646	27781
南溪区	Nanxi	679581	61180	472337	146064	19976
宜宾县	Yibinxian	1366887	166472	918423	281992	17736
江安县	Jiangan	759982	68692	484360	206930	18260
长宁县	Changning	712140	84419	430268	197453	20726
高县	Gaoxian	718713	75423	512304	130986	17398
珙县	Gongxian	682828	69488	478725	134615	18301
筠连县	Junlian	724052	66091	538405	119556	21842
兴文县	Xingwen	564848	63563	345533	155752	14649
屏山县	Pingshan	240371	48070	123178	69123	9408
广安市	**Guangan**					
广安区	Guanganqu	786698	67807	254728	464163	12792
前锋区	Qianfeng	919015	39658	739242	140115	36153
岳池县	Yuechi	1043922	101715	550946	391261	13292
武胜县	Wusheng	1130224	90865	671641	367718	19153

12–5 续表3 continued

县(市、区)	Counties (Municipalities, Districts)	民营经济增加值(万元) Civilian-owned Value Added (10 000 yuan)	第一产业 Primary Industry	第二产业 Secondary Industry	第三产业 Tertiary Industry	人均民营经济增加值(元) Per Capita Civilian-owned Value Added (yuan)
邻水县	Linshui	1117964	97041	624336	396587	15695
华蓥市	Huaying	818545	29440	558977	230128	28996
达州市	**Dazhou**					
通川区	Tongchuan	1240010	54746	691759	493505	19683
达川区	Dachuan	1415850	120749	834196	460905	13897
宣汉县	Xuanhan	1234531	140159	676121	418251	12042
开江县	Kaijiang	638430	85224	352629	200577	14318
大竹县	Dazhu	1650968	151560	994795	504613	18611
渠县	Quxian	1351941	154563	768017	429361	11985
万源市	Wanyuan	717374	75253	396149	245972	17324
雅安市	**Yaan**					
雨城区	Yucheng	725765	27167	322139	376459	19955
名山区	Mingshan	368686	33247	249583	85856	13866
荥经县	Yingjing	460408	19522	342960	97926	30612
汉源县	Hanyuan	348009	24651	223486	99872	10818
石棉县	Shimian	354115	15669	282296	56150	27796
天全县	Tianquan	330637	23102	232277	75258	23907
芦山县	Lushan	206546	11084	160968	34494	17198
宝兴县	Baoxing	171902	11420	134746	25736	29638
巴中市	**Bazhong**					
巴州区	Bazhou	765991	61288	357733	346970	10628
恩阳区	Enyang	276158	51135	116489	108534	6334
通江县	Tongjiang	568606	61386	267722	239498	7977
南江县	Nanjiang	596996	54493	333715	208788	9701
平昌县	Pingchang	711942	78716	375259	257967	8469
资阳市	**Ziyang**					
雁江区	Yanjiang	2421398	180073	1816463	424862	27670
安岳县	Anyue	1354546	239180	765625	349741	12103
乐至县	Lezhi	1112160	187910	684430	239820	21629
简阳市	Jianyang	2627168	316259	1865191	445718	25049
阿坝州	**Aba**					
马尔康市	Maerkang	62361	13417	15912	33032	10498
汶川县	Wenchuan	279052	8708	225970	44374	28017
理县	Lixian	90926	5631	74098	11197	18943
茂县	Maoxian	110231	12260	74253	23718	10264
松潘县	Songpan	70995	13122	29137	28736	9530
九寨沟县	Jiuzhaigou	127471	7480	57927	62064	15602
金川县	Jinchuan	50619	13562	23744	13313	7050
小金县	Xiaojin	65080	11574	32210	21296	8207
黑水县	Heishui	112734	8625	92249	11860	17923
壤塘县	Rangtang	28271	16011	5751	6509	6879

12-5 续表4 continued

县(市、区)	Counties (Municipalities, Districts)	民营经济增加值（万元）Civilian-owned Value Added (10 000 yuan)	第一产业 Primary Industry	第二产业 Secondary Industry	第三产业 Tertiary Industry	人均民营经济增加值（元）Per Capita Civilian-owned Value Added (yuan)
阿坝县	Abaxian	49201	26169	11406	11626	6578
若尔盖县	Ruoergai	87024	60342	11738	14944	11273
红原县	Hongyuan	60948	29679	17206	14063	12777
甘孜州	**Ganzi**					
康定市	Kangding	227067	28057	101492	97518	16996
泸定县	Luding	63660	12431	23389	27840	7201
丹巴县	Danba	51214	17677	16593	16944	7306
九龙县	Jiulong	81101	18438	50857	11806	12458
雅江县	Yajiang	45100	17555	16553	10992	8623
道孚县	Daofu	31491	16524	4705	10262	5458
炉霍县	Luhuo	20931	12775	3362	4794	4334
甘孜县	Ganzixian	43446	30979	3105	9362	6102
新龙县	Xinlong	40130	28425	4171	7534	7838
德格县	Dege	39669	29127	4358	6184	4651
白玉县	Baiyu	35076	25874	4170	5032	6016
石渠县	Shiqu	41895	32946	2059	6890	4240
色达县	Seda	34045	25679	2767	5599	5609
理塘县	Litang	51860	35205	7717	8938	7253
巴塘县	Batang	42288	16558	15672	10058	8357
乡城县	Xiangcheng	27883	11249	9038	7596	8177
稻城县	Daocheng	26838	12611	3824	10403	8258
得荣县	Derong	21915	8628	8485	4802	8057
凉山州	**Liangshan**					
西昌市	Xichang	2270538	127794	1305831	836913	30173
木里县	Muli	129029	16412	83376	29241	9738
盐源县	Yanyuan	330303	55371	208610	66322	9201
德昌县	Dechang	402415	53736	214502	134177	18417
会理县	Huili	1232855	124981	856198	251676	27988
会东县	Huidong	737242	105349	448623	183270	19818
宁南县	Ningnan	293995	54086	163200	76709	16109
普格县	Puge	103135	22861	50178	30096	6426
布拖县	Butuo	114013	22574	72116	19323	6868
金阳县	Jinyang	121884	22237	74102	25545	7212
昭觉县	Zhaojue	131224	47556	52274	31394	5187
喜德县	Xide	101017	24782	42355	33880	6013
冕宁县	Mianning	593230	74411	373392	145427	16734
越西县	Yuexi	184703	44066	87449	53188	6668
甘洛县	Ganluo	135726	24547	76188	34991	6890
美姑县	Meigu	103128	37600	40040	25488	4666
雷波县	Leibo	312969	33494	231766	47709	13818

12-6 各县(市、区)民营经济增加值指数(2015年)
Indices of Civillian-owned Value Added of Counties (Municipalities, District)(2015)

上年=100 (preceding year=100)

县(市、区)	Counties (Municipalities, Districts)	民营经济增加值 Civilian-owned Value Added	第一产业 Primary Industry	第二产业 Secondary Industry	第三产业 Tertiary Industry	人均民营经济增加值 Per Capita Civilian-owned Value Added
成都市	**Chengdu**					
锦江区	Jinjiang	108.0		103.4	108.8	107.7
青羊区	Qingyang	108.0		107.1	108.3	107.7
金牛区	Jinniu	107.1		104.7	108.1	107.0
武侯区	Wuhou	107.8		105.1	109.0	107.8
成华区	Chenghua	107.3	38.0	105.0	108.0	107.2
龙泉驿区	Longquanyi	105.8	97.3	103.0	115.0	102.8
青白江区	Qingbaijiang	105.1	102.5	106.0	103.1	104.5
新都区	Xindu	109.3	104.2	108.6	111.3	105.7
温江区	Wenjiang	108.9	106.5	109.7	107.3	105.3
双流区	Shuangliu	107.8	97.7	102.6	118.7	104.8
金堂县	Jintang	112.1	102.6	116.4	105.5	111.9
郫县	Pixian	109.0	91.2	110.5	106.5	105.4
大邑县	Dayi	112.1	100.1	115.4	112.8	112.0
蒲江县	Pujiang	110.8	100.5	113.1	109.8	109.1
新津县	Xinjin	112.0	102.4	114.0	107.7	111.1
都江堰市	Dujiangyan	110.4	102.8	111.5	110.1	109.3
彭州市	Pengzhou	109.7	106.5	111.7	106.4	109.5
邛崃市	Qionglai	112.8	111.8	116.0	106.8	112.8
崇州市	Chongzhou	113.1	100.9	114.6	113.7	113.0
自贡市	**Zigong**					
自流井区	Ziliujing	106.4	104.5	101.8	111.8	102.9
贡井区	Gongjing	110.8	104.1	111.4	110.6	110.7
大安区	Daan	109.0	104.2	109.2	108.9	109.8
沿滩区	Yantan	111.9	103.8	112.9	110.5	109.7
荣县	Rongxian	109.5	103.8	110.1	110.1	109.5
富顺县	Fushun	109.5	104.0	110.9	108.8	109.6
攀枝花市	**Panzhihua**					
东区	Dongqu	108.0	104.5	107.8	108.3	107.7
西区	Xiqu	109.2	104.4	109.4	108.6	109.6
仁和区	Renhe	109.1	104.7	109.4	107.7	108.1
米易县	Miyi	110.6	103.6	111.8	107.8	109.1
盐边县	Yanbian	109.0	104.1	111.0	103.1	112.4
泸州市	**Luzhou**					
江阳区	Jiangyang	112.4	102.9	112.7	112.3	111.3
纳溪区	Naxi	111.5	99.3	112.9	110.7	111.2
龙马潭区	Longmatan	112.5	103.1	113.7	110.0	111.5
泸县	Luxian	111.5	100.4	113.0	110.4	110.4
合江县	Hejiang	111.0	102.1	112.2	111.1	110.3
叙永县	Xuyong	111.4	104.0	113.1	110.2	111.5
古蔺县	Gulin	108.6	103.7	108.5	110.6	109.1

12-6 续表1 continued

上年=100 (preceding year=100)

县(市、区)	Counties (Municipalities, Districts)	民营经济增加值 Civilian-owned Value Added	第一产业 Primary Industry	第二产业 Secondary Industry	第三产业 Tertiary Industry	人均民营经济增加值 Per Capita Civilian-owned Value Added
德阳市	**Deyang**					
旌阳区	Jingyang	107.4	102.7	106.5	109.5	107.0
中江县	Zhongjiang	109.2	103.4	110.7	109.6	109.6
罗江县	Luojiang	110.8	104.1	112.5	106.9	111.3
广汉市	Guanghan	108.9	105.8	108.7	110.3	109.1
什邡市	Shifang	108.3	104.9	110.0	106.4	108.0
绵竹市	Mianzhu	108.7	104.4	109.0	108.3	109.1
绵阳市	**Mianyang**					
涪城区	Fucheng	109.9	103.9	109.6	110.4	107.3
游仙区	Youxian	109.8	104.0	110.4	110.0	106.9
三台县	Santai	108.4	104.2	108.8	109.3	108.2
盐亭县	Yanting	108.2	104.1	109.5	109.0	106.0
安县	Anxian	109.8	104.1	111.1	108.9	109.7
梓潼县	Zitong	109.4	104.3	110.3	110.5	109.8
北川县	Beichuan	109.5	103.8	110.3	110.5	107.1
平武县	Pingwu	105.9	104.1	105.2	109.0	106.0
江油市	Jiangyou	111.6	101.8	110.7	114.0	111.6
广元市	**Guangyuan**					
利州区	Lizhou	109.2	117.2	109.7	108.0	107.7
昭化区	Zhaohua	109.1	109.1	109.6	107.6	107.0
朝天区	Chaotian	110.0	103.9	111.6	108.5	108.0
旺苍县	Wangcang	110.1	105.8	110.9	109.7	108.5
青川县	Qingchuan	109.1	111.5	109.8	106.6	107.0
剑阁县	Jiange	109.8	107.1	112.0	107.7	108.8
苍溪县	Cangxi	110.7	117.2	110.3	108.1	108.2
遂宁市	**Suining**					
船山区	Chuanshan	113.0	102.7	113.2	114.6	112.8
安居区	Anju	112.9	103.7	116.1	113.5	112.7
蓬溪县	Pengxi	112.4	103.4	113.9	114.1	112.2
射洪县	Shehong	112.7	103.5	113.4	114.7	112.3
大英县	Daying	111.2	103.6	112.0	111.8	111.0
内江市	**Neijiang**					
内江市中区	Neijiang Downtown	106.9	104.2	106.2	110.0	106.4
东兴区	Dongxing	110.8	104.3	111.7	110.0	110.5
威远县	Weiyuan	105.4	104.4	104.6	109.5	105.1
资中县	Zizhong	108.5	104.6	108.8	109.4	108.6
隆昌县	Longchang	112.4	104.3	114.0	109.7	112.3
乐山市	**Leshan**					
乐山市中区	Leshan Downtown	109.8	104.0	111.3	107.2	109.5
沙湾区	Shawan	110.0	103.8	111.3	106.4	110.7
五通桥区	Wutongqiao	109.8	103.7	110.8	106.2	110.1

12-6 续表2 continued

上年=100 (preceding year=100)

县(市、区)	Counties (Municipalities, Districts)	民营经济增加值 Civilian-owned Value Added	第一产业 Primary Industry	第二产业 Secondary Industry	第三产业 Tertiary Industry	人均民营经济增加值 Per Capita Civilian-owned Value Added
金口河区	Jinkouhe	107.4	103.9	107.6	106.4	107.6
犍为县	Qianwei	110.7	104.2	112.8	108.4	111.5
井研县	Jinyan	108.7	104.0	109.9	108.6	107.4
夹江县	Jiajiang	110.0	103.6	111.6	106.9	110.2
沐川县	Muchuan	108.9	103.9	110.8	105.5	109.3
峨边县	Ebian	107.7	103.9	108.4	106.9	109.1
马边县	Mabian	109.7	104.0	111.7	106.8	108.1
峨眉山市	Emeishan	110.4	104.0	111.6	108.6	109.7
南充市	**Nanchong**					
顺庆区	Shunqing	108.0	102.9	107.9	109.2	107.6
高坪区	Gaoping	107.8	104.2	109.1	105.7	107.4
嘉陵区	Jialing	107.0	102.6	108.2	105.6	106.6
南部县	Nanbu	108.5	108.2	109.1	106.2	108.1
营山县	Yingshan	108.1	103.5	110.1	106.9	107.7
蓬安县	Pengan	108.2	94.9	111.8	106.9	107.8
仪陇县	Yilong	108.4	103.8	110.9	106.5	108.0
西充县	Xichong	108.1	118.6	105.8	107.7	107.7
阆中市	Langzhong	108.3	106.3	108.6	108.9	107.9
眉山市	**Meishan**					
东坡区	Dongpo	110.6	104.1	112.0	107.9	110.1
仁寿县	Renshou	110.6	104.2	110.7	113.3	110.5
彭山区	Pengshan	111.1	100.5	113.2	108.5	109.6
洪雅县	Hongya	109.6	107.9	110.4	107.6	109.1
丹棱县	Danling	111.2	104.0	113.0	109.4	110.9
青神县	Qingshen	111.3	103.6	115.7	106.7	111.0
宜宾市	**Yibin**					
翠屏区	Cuiping	108.6	106.8	105.3	115.1	108.3
南溪区	Nanxi	110.3	103.3	110.4	112.6	110.0
宜宾县	Yibinxian	110.5	103.3	110.5	114.3	110.3
江安县	Jiangan	111.1	103.7	111.3	113.5	110.8
长宁县	Changning	110.2	102.0	111.3	110.8	109.8
高县	Gaoxian	110.2	104.6	110.7	110.9	110.0
珙县	Gongxian	111.8	103.9	113.3	108.9	111.4
筠连县	Junlian	110.3	106.3	110.5	111.3	109.9
兴文县	Xingwen	110.7	103.9	111.8	110.1	110.4
屏山县	Pingshan	109.7	108.5	109.5	110.7	109.4
广安市	**Guangan**					
广安区	Guanganqu	110.9	105.6	110.6	112.0	110.7
前锋区	Qianfeng	111.6	109.5	112.0	109.4	110.6
岳池县	Yuechi	110.9	105.2	113.2	109.2	110.5
武胜县	Wusheng	111.1	104.3	112.0	111.2	110.9

12–6 续表3 continued

上年=100 (preceding year=100)

县(市、区)	Counties (Municipalities, Districts)	民营经济增加值 Civilian-owned Value Added	第一产业 Primary Industry	第二产业 Secondary Industry	第三产业 Tertiary Industry	人均民营经济增加值 Per Capita Civilian-owned Value Added
邻水县	Linshui	111.2	107.9	111.5	111.4	110.8
华蓥市	Huaying	112.3	106.7	112.8	111.6	112.0
达州市	**Dazhou**					
通川区	Tongchuan	105.6	103.2	104.4	107.7	105.0
达川区	Dachuan	107.6	103.2	107.9	108.4	105.7
宣汉县	Xuanhan	102.1	102.9	98.5	107.8	101.2
开江县	Kaijiang	105.9	103.3	104.0	111.1	104.2
大竹县	Dazhu	108.5	103.5	109.5	107.7	108.2
渠县	Quxian	107.9	103.2	108.9	107.9	109.5
万源市	Wanyuan	105.5	102.9	104.3	108.4	105.0
雅安市	**Yaan**					
雨城区	Yucheng	108.1	105.0	107.2	109.3	107.1
名山区	Mingshan	110.0	102.4	112.4	105.3	109.6
荥经县	Yingjing	110.1	104.0	110.8	108.2	109.4
汉源县	Hanyuan	108.1	102.5	108.4	108.7	109.3
石棉县	Shimian	108.8	103.0	109.6	105.7	108.5
天全县	Tianquan	111.3	101.6	112.2	111.0	111.1
芦山县	Lushan	111.8	103.8	112.6	110.2	107.8
宝兴县	Baoxing	111.2	103.0	112.7	106.3	111.0
巴中市	**Bazhong**					
巴州区	Bazhou	110.0	104.7	109.9	110.9	109.1
恩阳区	Enyang	111.0	104.8	110.7	114.3	110.3
通江县	Tongjiang	108.3	103.1	108.1	110.6	106.8
南江县	Nanjiang	108.1	103.7	106.7	112.7	107.9
平昌县	Pingchang	108.6	105.7	108.8	109.4	110.5
资阳市	**Ziyang**					
雁江区	Yanjiang	109.3	102.5	109.7	110.7	109.5
安岳县	Anyue	109.2	103.1	110.4	110.3	109.2
乐至县	Lezhi	109.3	102.4	110.5	110.2	110.1
简阳市	Jianyang	109.4	102.6	109.9	110.2	109.1
阿坝州	**Aba**					
马尔康市	Maerkang	110.3	106.5	115.6	109.2	109.6
汶川县	Wenchuan	109.5	104.5	109.5	110.4	111.7
理县	Lixian	109.6	105.3	110.6	105.0	108.9
茂县	Maoxian	106.0	103.2	106.7	105.4	105.3
松潘县	Songpan	111.5	103.3	113.7	113.1	110.5
九寨沟县	Jiuzhaigou	108.1	103.1	107.0	109.7	107.8
金川县	Jinchuan	108.3	102.5	110.7	109.6	103.9
小金县	Xiaojin	108.9	101.3	112.8	106.7	108.0
黑水县	Heishui	104.9	120.8	104.3	99.8	103.1
壤塘县	Rangtang	105.7	104.0	104.1	112.5	103.7

12-6 续表4 continued

上年=100 (preceding year=100)

县(市、区)	Counties (Municipalities, Districts)	民营经济增加值 Civilian-owned Value Added	第一产业 Primary Industry	第二产业 Secondary Industry	第三产业 Tertiary Industry	人均民营经济增加值 Per Capita Civilian-owned Value Added
阿坝县	Abaxian	105.3	100.4	117.4	105.8	104.6
若尔盖县	Ruoergai	106.0	105.2	109.4	105.8	104.7
红原县	Hongyuan	108.9	106.1	116.8	106.1	105.3
甘孜州	**Ganzi**					
康定市	Kangding	103.8	107.6	98.6	109.5	103.4
泸定县	Luding	103.2	108.3	101.1	103.2	102.5
丹巴县	Danba	109.2	107.6	106.0	114.9	108.9
九龙县	Jiulong	102.8	109.9	99.6	111.8	100.3
雅江县	Yajiang	111.0	108.2	114.4	109.1	108.9
道孚县	Daofu	107.7	103.7	117.2	107.8	106.0
炉霍县	Luhuo	107.7	109.2	117.3	99.1	106.8
甘孜县	Ganzixian	108.4	109.5	89.6	112.7	106.4
新龙县	Xinlong	105.5	110.4	88.8	105.6	105.8
德格县	Dege	107.1	107.9	104.3	106.7	105.2
白玉县	Baiyu	107.2	108.2	99.4	111.1	105.4
石渠县	Shiqu	107.1	104.5	126.7	110.9	106.0
色达县	Seda	109.4	106.4	116.4	115.4	108.0
理塘县	Litang	108.8	106.9	107.7	116.1	107.5
巴塘县	Batang	101.5	108.3	88.9	118.7	100.7
乡城县	Xiangcheng	109.2	109.9	108.4	109.5	107.0
稻城县	Daocheng	102.4	107.8	71.6	117.8	101.1
得荣县	Derong	110.9	109.4	112.9	109.2	108.5
凉山州	**Liangshan**					
西昌市	Xichang	101.5	103.0	98.6	106.9	100.8
木里县	Muli	108.7	102.9	111.2	104.1	107.8
盐源县	Yanyuan	94.1	103.0	90.1	105.4	93.2
德昌县	Dechang	110.5	103.0	110.3	113.8	109.7
会理县	Huili	102.6	102.9	102.2	104.2	102.0
会东县	Huidong	103.5	103.0	102.6	106.6	102.6
宁南县	Ningnan	98.2	103.0	93.1	109.6	96.3
普格县	Puge	102.6	103.0	101.5	104.1	101.3
布拖县	Butuo	89.6	102.8	84.0	104.8	88.2
金阳县	Jinyang	101.5	103.0	100.1	104.9	100.6
昭觉县	Zhaojue	108.4	103.0	114.6	104.5	106.7
喜德县	Xide	92.2	103.0	81.2	105.3	91.4
冕宁县	Mianning	103.2	103.1	102.9	104.3	102.4
越西县	Yuexi	97.5	102.9	92.1	104.7	95.2
甘洛县	Ganluo	89.7	103.0	82.7	105.6	89.0
美姑县	Meigu	100.3	103.0	96.0	105.4	99.2
雷波县	Leibo	105.0	102.7	105.1	106.3	103.9

12-7 各县(市、区)固定资产投资和建筑业情况(2015年)
Investment in Fixed Assets and Construction of Counties (Municipalities, Districts)(2015)

县(市、区)	Counties (Municipalities, Districts)	全社会固定资产投资额(万元) Total Investment (10 000 yuan)	房地产开发投资额(万元) Real Estate Investment (10 000 yuan)	建筑企业单位数(个) Number of Construction Enterprises (unit)	建筑业总产值(万元) Gross Output Value of Construction Enterprises (10 000 yuan)
成都市	**Chengdu**				
锦江区	Jinjiang	3446550	2414015	68	4227734
青羊区	Qingyang	2883897	1201108	162	5243978
金牛区	Jinniu	3108265	1410425	199	8229466
武侯区	Wuhou	3535510	1753514	176	2428029
成华区	Chenghua	3659474	2766812	66	2054600
龙泉驿区	Longquanyi	4829564	1476581	50	1508895
青白江区	Qingbaijiang	2812268	275903	23	785091
新都区	Xindu	4160959	2340256	43	1796581
温江区	Wenjiang	3270132	1625075	20	572800
双流区	Shuangliu	8203790	2749157	102	836637
金堂县	Jintang	3265963	550781	29	570223
郫县	Pixian	3022048	1337637	27	1455172
大邑县	Dayi	1982488	251076	27	452249
蒲江县	Pujiang	1165221	124785	13	135026
新津县	Xinjin	2555733	226204	21	454800
都江堰市	Dujiangyan	1801383	634932	37	1013000
彭州市	Pengzhou	1804640	113098	23	189898
邛崃市	Qionglai	2050258	287806	27	632768
崇州市	Chongzhou	2158349	208882	47	857319
自贡市	**Zigong**				
自流井区	Ziliujing	1535835	337631	46	902574
贡井区	Gongjing	587744	105494	3	22127
大安区	Daan	1055524	128598	14	144202
沿滩区	Yantan	1050908	243613	15	214391
荣县	Rongxian	933936	142046	14	237737
富顺县	Fushun	1225587	300692	29	512648
攀枝花市	**Panzhihua**				
东区	East District	1753788	173683	59	1620601
西区	West District	975082	30175	5	9821
仁和区	Renhe	1543271	24400	9	86290
米易县	Miyi	1201574	138352	2	29928
盐边县	Yanbian	971406	3236	5	6202
泸州市	**Luzhou**				
江阳区	Jiangyang	3378216	884255	60	1316676
纳溪区	Naxi	1704229	40405	15	351513
龙马潭区	Longmatan	2062701	323261	33	1080040
泸县	Luxian	2528503	160559	30	2219784
合江县	Hejiang	2172577	346011	24	721344
叙永县	Xuyong	1083995	150422	3	33093
古蔺县	Gulin	1706900	63777	3	39632

12-7 续表1 continued

县(市、区)	Counties (Municipalities, Districts)	全社会固定资产投资额(万元) Total Investment (10 000 yuan)	房地产开发投资额(万元) Real Estate Investment (10 000 yuan)	建筑企业单位数(个) Number of Construction Enterprises (unit)	建筑业总产值(万元) Gross Output Value of Construction Enterprises (10 000 yuan)
德阳市	**Deyang**				
旌阳区	Jingyang	2926444	750538	100	1284939
中江县	Zhongjiang	1336268	149657	14	95376
罗江县	Luojiang	874288	5007	6	13122
广汉市	Guanghan	1560245	101833	46	894355
什邡市	Shifang	1513820	90610	18	94783
绵竹市	Mianzhu	1601819	56171	26	173682
绵阳市	**Mianyang**				
涪城区	Fucheng	4249304	1038952	204	1601334
游仙区	Youxian	1600146	112904	42	759327
三台县	Santai	919304	199525	24	531730
盐亭县	Yanting	604352	140247	11	133280
安县	Anxian	1010282	114428	12	100357
梓潼县	Zitong	707061	43498	9	108855
北川县	Beichuan	388369	26900	4	36545
平武县	Pingwu	436151	27047	4	25761
江油市	Jiangyou	1625889	279974	37	502126
广元市	**Guangyuan**				
利州区	Lizhou	2194957	594796	95	730850
昭化区	Zhaohua	333421	12942	5	53282
朝天区	Chaotian	359938	5410	4	65337
旺苍县	Wangcang	635278	50732	10	120028
青川县	Qingchuan	388289	14000	1	5202
剑阁县	Jiange	657678	98667	5	65003
苍溪县	Cangxi	893536	91450	20	163293
遂宁市	**Suining**				
船山区	Chuanshan	4104165	586247	88	854050
安居区	Anju	1156553	26158	4	103713
蓬溪县	Pengxi	1317274	127801	12	417155
射洪县	Shehong	1836436	339483	15	366288
大英县	Daying	1636670	39377	19	362675
内江市	**Neijiang**				
内江市中区	Neijiang Downtown	1573590	120956	32	592098
东兴区	Dongxing	1740222	397330	18	487652
威远县	Weiyuan	1697362	250564	15	270075
资中县	Zizhong	1509899	254463	12	195615
隆昌县	Longchang	1516576	215458	16	484764
乐山市	**Leshan**				
乐山市中区	Leshan Downtown	2391103	755673	85	863557
沙湾区	Shawan	1523996	42275	3	53016
五通桥区	Wutongqiao	1004619	119479	10	147702

12-7 续表2 continued

县(市、区)	Counties (Municipalities, Districts)	全社会固定资产投资额(万元) Total Investment (10 000 yuan)	房地产开发投资额(万元) Real Estate Investment (10 000 yuan)	建筑企业单位数(个) Number of Construction Enterprises (unit)	建筑业总产值(万元) Gross Output Value of Construction Enterprises (10 000 yuan)
金口河区	Jinkouhe	293796		1	413
犍为县	Qianwei	817294	161368	10	109341
井研县	Jinyan	379052	74679	12	66279
夹江县	Jiajiang	1066299	83822	5	57822
沐川县	Muchuan	418453	23711	3	27059
峨边县	Ebian	201413		5	14106
马边县	Mabian	373516	2821	3	10788
峨眉山市	Emeishan	1408556	264782	23	153638
南充市	**Nanchong**				
顺庆区	Shunqing	2411967	552445	74	923606
高坪区	Gaoping	1649915	159549	16	198375
嘉陵区	Jialing	1219145	223585	19	163029
南部县	Nanbu	2492885	386147	23	1380062
营山县	Yingshan	885213	325410	11	277490
蓬安县	Pengan	1127257	76729	12	225327
仪陇县	Yilong	1304256	139973	16	1050701
西充县	Xichong	901314	25389	6	291887
阆中市	Langzhong	1897830	242971	26	673514
眉山市	**Meishan**				
东坡区	Dongpo	3290723	652497	50	965654
仁寿县	Renshou	2798943	700528	23	769178
彭山区	Pengshan	1991618	365559	15	305244
洪雅县	Hongya	1025268	34731	8	102567
丹棱县	Danling	609012	64663	4	98435
青神县	Qingshen	608178	133549	6	139988
宜宾市	**Yibin**				
翠屏区	Cuiping	2695871	514406	80	460381
南溪区	Nanxi	998598	135927	11	229266
宜宾县	Yibinxian	1895428	265213	15	568956
江安县	Jiangan	1330671	173681	7	270559
长宁县	Changning	1228884	150623	8	201445
高县	Gaoxian	1242738	39700	7	200703
珙县	Gongxian	1190867	60340	7	119168
筠连县	Junlian	828209	62221	5	80295
兴文县	Xingwen	913204	85124	7	47252
屏山县	Pingshan	630644	16975	5	5126
广安市	**Guangan**				
广安区	Guanganqu	2580890	746057	34	783660
前锋区	Qianfeng	1963584	49050	3	42887
岳池县	Yuechi	1701178	360722	17	782504
武胜县	Wusheng	1575044	254454	19	616514

12-7 续表3 continued

县(市、区)	Counties (Municipalities, Districts)	全社会固定资产投资额(万元) Total Investment (10 000 yuan)	房地产开发投资额(万元) Real Estate Investment (10 000 yuan)	建筑企业单位数(个) Number of Construction Enterprises (unit)	建筑业总产值(万元) Gross Output Value of Construction Enterprises (10 000 yuan)
邻水县	Linshui	1879820	296327	8	342844
华蓥市	Huaying	1619161	135941	23	1129990
达州市	**Dazhou**				
通川区	Tongchuan	1593909	219909	29	516263
达川区	Dachuan	2468192	84895	20	588589
宣汉县	Xuanhan	2320337	176398	12	504921
开江县	Kaijiang	1030130	5379	8	274718
大竹县	Dazhu	2396312	136366	15	539750
渠县	Quxian	2345506	199155	11	403580
万源市	Wanyuan	1162350	3660	3	45473
雅安市	**Yaan**				
雨城区	Yucheng	810551	125697	28	104789
名山区	Mingshan	611099	31316	3	31841
荥经县	Yingjing	571263	74566	3	74847
汉源县	Hanyuan	569846		4	25171
石棉县	Shimian	566040		2	18193
天全县	Tianquan	738467	42919	1	15100
芦山县	Lushan	581554		2	11093
宝兴县	Baoxing	527473			
巴中市	**Bazhong**				
巴州区	Bazhou	3056651	485292	86	1886900
恩阳区	Enyang	811498	60700	11	189242
通江县	Tongjiang	1764569	120140	16	640985
南江县	Nanjiang	2315760	181320	11	819851
平昌县	Pingchang	2354476	197549	11	611884
资阳市	**Ziyang**				
雁江区	Yanjiang	3182320	1044467	24	798471
安岳县	Anyue	2157149	314286	20	445342
乐至县	Lezhi	1935713	231766	8	309400
简阳市	Jianyang	3181358	360845	33	594871
阿坝州	**Aba**				
马尔康市	Maerkang	320288		4	16888
汶川县	Wenchuan	420337	1670	11	46705
理县	Lixian	390755			
茂县	Maoxian	387207		2	17119
松潘县	Songpan	420767	55336	2	1724
九寨沟县	Jiuzhaigou	350644		1	8400
金川县	Jinchuan	390082	11590	2	6630
小金县	Xiaojin	191935		3	8751
黑水县	Heishui	190294		2	2870
壤塘县	Rangtang	150241		1	702

12-7 续表4 continued

县(市、区)	Counties (Municipalities, Districts)	全社会固定资产投资额（万元）Total Investment (10 000 yuan)	房地产开发投资额（万元）Real Estate Investment (10 000 yuan)	建筑企业单位数（个）Number of Construction Enterprises (unit)	建筑业总产值（万元）Gross Output Value of Construction Enterprises (10 000 yuan)
阿坝县	Abaxian	190960		1	1227
若尔盖县	Ruoergai	198082			
红原县	Hongyuan	170256			
甘孜州	**Ganzi**				
康定市	Kangding	1041397	11021	15	56091
泸定县	Luding	462189		4	5947
丹巴县	Danba	174162			
九龙县	Jiulong	180890		2	9243
雅江县	Yajiang	512743		1	1083
道孚县	Daofu	86185			
炉霍县	Luhuo	70586			
甘孜县	Ganzixian	103202			
新龙县	Xinlong	114155			
德格县	Dege	87273			
白玉县	Baiyu	101008			
石渠县	Shiqu	77264			
色达县	Seda	101446			
理塘县	Litang	184509		1	700
巴塘县	Batang	150371		1	16322
乡城县	Xiangcheng	98710			
稻城县	Daocheng	214970			
得荣县	Derong	174008			
凉山州	**Liangshan**				
西昌市	Xichang	2898735	386700	25	951479
木里县	Muli	903555			
盐源县	Yanyuan	482049			
德昌县	Dechang	673262		5	7052
会理县	Huili	851031		6	22601
会东县	Huidong	980069			
宁南县	Ningnan	950084			
普格县	Puge	180305			
布拖县	Butuo	201046			
金阳县	Jinyang	185370			
昭觉县	Zhaojue	243538			
喜德县	Xide	145200			
冕宁县	Mianning	604396		3	2200
越西县	Yuexi	293875			
甘洛县	Ganluo	167075			
美姑县	Meigu	196924			
雷波县	Leibo	439024			

12-8 各县(市、区)农村经济情况(2015年)
Basic Statistics on Agriculture of Counties(Municipalities,Districts)(2015)

县(市、区)	Counties (Municipalities, Districts)	年末实有耕地面积(公顷) Cultivated Land Area (year-end) (hectare)	有效灌溉面积(公顷) Irrigated Land Area (hectare)	农林牧渔业增加值(万元) Gross Output Value of Farming, Forestry, Animal Husbandry and Fishery (10 000 yuan)	#第一产业 Primary Industry	化肥施用量(折纯量)(吨) Consumption of Chemical Fertilizers (ton)	农村用电量(万千瓦小时) Electricity Consumed in Rural Areas (10 000 kwh)
成都市	**Chengdu**						
锦江区	Jinjiang	873	960	6091	6028	39	6700
青羊区	Qingyang	438	470	434	434	21	4415
金牛区	Jinniu	887	430	945	945	43	6100
武侯区	Wuhou	467	120	36	36	52	2988
成华区	Chenghua	1413	1570	1304	1304	136	7577
龙泉驿区	Longquanyi	8058	8200	281537	259243	3793	15318
青白江区	Qingbaijiang	19257	11800	142792	135846	5577	16136
新都区	Xindu	25871	20820	256843	248018	10785	35810
温江区	Wenjiang	13643	13840	170311	168272	3244	5703
双流区	Shuangliu	42217	33370	433284	405233	7058	58618
金堂县	Jintang	56787	38700	348785	341215	23619	10425
郫县	Pixian	20721	18700	218667	210500	14506	24379
大邑县	Dayi	29936	19470	315582	310691	8057	15284
蒲江县	Pujiang	23919	12320	174730	171841	5673	6421
新津县	Xinjin	15646	13520	159981	156850	6294	9245
都江堰市	Dujiangyan	26824	20070	253712	238325	11733	24679
彭州市	Pengzhou	50877	38650	450633	446075	20097	29589
邛崃市	Qionglai	44567	30430	340796	332821	17318	12650
崇州市	Chongzhou	39143	29950	322625	313787	16840	29153
自贡市	**Zigong**						
自流井区	Ziliujing	6434	2580	44403	43112	3259	2003
贡井区	Gongjing	22320	7680	149301	147175	12743	5747
大安区	Daan	23071	6630	134441	133424	10205	11157
沿滩区	Yantan	26506	10020	157505	156276	18230	7522
荣县	Rongxian	66289	35050	410286	407229	23314	10389
富顺县	Fushun	71915	31050	398866	392434	29255	10037
攀枝花市	**Panzhihua**						
东区	East District	491	190	6163	5783	230	2740
西区	West District	1074	500	9213	8914	226	482
仁和区	Renhe	19253	9930	90691	89587	9484	4868
米易县	Miyi	26248	13800	119405	118327	7936	6684
盐边县	Yanbian	27885	12360	91655	90482	11141	5246
泸州市	**Luzhou**						
江阳区	Jiangyang	30084	10210	204113	198108	14430	8740
纳溪区	Naxi	41682	14500	195401	192929	9652	6606
龙马潭区	Longmatan	15686	8100	97465	95657	6517	5278
泸县	Luxian	84815	34090	453134	448447	35832	23126
合江县	Hejiang	71554	29670	342463	337089	12565	15626
叙永县	Xuyong	77949	21480	205200	202581	18690	12360
古蔺县	Gulin	88795	23820	206929	203607	14829	5617

注：年末实有耕地面积由四川省国土资源厅提供；有效灌溉面积由四川省水利厅提供。因两部门统计口径不同，部分县有效灌溉面积大于年末实有耕地面积。

a) The year-end cultivated land area is provided by Bureau of Land and Resources of Sichuan Province and the irrigated land area is provided by Sichuan Provincial Water Resources Department. Due to the two sector statistics caliber is different, the irrigated land area of some counties is greater than the year-end cultivated land area.

12-8 续表1 continued

县(市、区)	Counties (Municipalities, Districts)	年末实有耕地面积(公顷) Cultivated Land Area (year-end) (hectare)	有效灌溉面积(公顷) Irrigated Land Area (hectare)	农林牧渔业增加值(万元) Gross Output Value of Farming, Forestry, Animal Husbandry and Fishery (10 000 yuan)	#第一产业 Primary Industry	化肥施用量(折纯量)(吨) Consumption of Chemical Fertilizers (ton)	农村用电量(万千瓦小时) Electricity Consumed in Rural Areas (10 000 kwh)
德阳市	**Deyang**						
旌阳区	Jinyang	32360	20820	282387	273442	16886	50877
中江县	Zhongjiang	101925	48090	807302	791558	77600	41314
罗江县	Luojiang	24936	13030	191775	186274	19881	13491
广汉市	Guanghan	32674	25400	319055	306681	25717	55849
什邡市	Shifang	23581	18680	260876	255350	25181	21045
绵竹市	Mianzhu	34370	23430	276779	268526	23873	28611
绵阳市	**Mianyang**						
涪城区	Fucheng	17121	10480	213977	209372	16604	19828
游仙区	Youxian	39422	24650	269980	264276	25532	10682
三台县	Santai	118371	72470	711579	698807	53431	21183
盐亭县	Yanting	60862	22060	335400	328854	43358	10979
安县	Anxian	37860	23940	270867	265857	16466	8957
梓潼县	Zitong	51462	22130	257535	252737	16698	9585
北川县	Beichuan	17218	2020	98076	96336	8665	3211
平武县	Pingwu	31854	2290	77332	76001	6770	5311
江油市	Jiangyou	70697	37260	415887	408241	31342	20448
广元市	**Guangyuan**						
利州区	Lizhou	21749	4750	98867	86178	11051	4835
昭化区	Zhaohua	40213	8340	110149	107228	18203	3377
朝天区	Chaotian	32728	2990	75052	73834	8600	2532
旺苍县	Wangcang	46293	8610	152586	149871	11814	3773
青川县	Qingchuan	33550	4830	70203	69455	4982	2877
剑阁县	Jiange	92012	34500	241851	237263	43973	10019
苍溪县	Cangxi	86744	23390	277943	273797	24447	13845
遂宁市	**Suining**						
船山区	Chuanshan	28693	11610	158008	154156	10710	3675
安居区	Anju	76100	34720	411459	401891	37884	4865
蓬溪县	Pengxi	59776	20950	316997	309716	39323	8186
射洪县	Shehong	70055	32820	347401	339581	36861	15275
大英县	Daying	36191	18480	220259	215172	20524	4850
内江市	**Neijiang**						
内江市市中区	Neijiang Downtown	22362	11610	152346	145068	8958	10636
东兴区	Dongxing	65986	18370	454729	450779	40354	10203
威远县	Weiyuan	55557	32220	395082	391144	20750	28857
资中县	Zizhong	84343	35660	639706	633524	46020	26881
隆昌县	Longchang	46308	27510	300931	290948	12033	18374
乐山市	**Leshan**						
乐山市市中区	Leshan Downtown	22362	15490	187095	185267	8556	13942
沙湾区	Shawan	13342	5160	85040	83527	19170	8344
五通桥区	Wutongqiao	15867	9890	121084	118297	4708	6611

12-8 续表2 continued

县(市、区)	Counties (Municipalities, Districts)	年末实有耕地面积(公顷) Cultivated Land Area (year-end) (hectare)	有效灌溉面积(公顷) Irrigated Land Area (hectare)	农林牧渔业增加值(万元) Gross Output Value of Farming, Forestry, Animal Husbandry and Fishery (10 000 yuan)	#第一产业 Primary Industry	化肥施用量(折纯量)(吨) Consumption of Chemical Fertilizers (ton)	农村用电量(万千瓦小时) Electricity Consumed in Rural Areas (10 000 kwh)
金口河区	Jinkouhe	3666	487	17624	17477	632	922
犍为县	Qianwei	54373	22360	240202	238338	11692	12591
井研县	Jinyan	43132	32650	204390	203453	14293	10795
夹江县	Jiajiang	21457	18500	183202	180263	15984	14435
沐川县	Muchuan	26628	8760	121888	119816	6772	6580
峨边县	Ebian	17564	1650	43490	41897	2141	3381
马边县	Mabian	27414	4860	74842	72198	7830	4682
峨眉山市	Emeishan	23653	17660	165995	164479	6320	22068
南充市	**Nanchong**						
顺庆区	Shunqing	23952	11240	213625	212747	13486	4392
高坪区	Gaoping	35771	13160	261406	260478	15145	3505
嘉陵区	Jialing	58971	13640	335581	332485	27176	8322
南部县	Nanbu	94300	41020	554327	537533	21850	16366
营山县	Yingshan	70918	17170	378972	376943	36568	8326
蓬安县	Pengan	54310	20100	362971	359184	31978	5890
仪陇县	Yilong	69818	35060	547625	541191	27986	5738
西充县	Xichong	49841	24450	301977	299750	15173	6076
阆中市	Langzhong	77013	23160	439171	434261	35551	5474
眉山市	**Meishan**						
东坡区	Dongpo	56012	46900	442889	435734	49709	38077
仁寿县	Renshou	117079	72030	712326	697172	68282	24150
彭山区	Pengshan	20144	17680	130962	126345	11460	4003
洪雅县	Hongya	24941	14860	152345	150520	8708	6792
丹棱县	Danling	10974	8930	101785	100621	5002	4613
青神县	Qingshen	12850	7120	86865	86025	5238	4629
宜宾市	**Yibin**						
翠屏区	Cuiping	46485	16920	226795	223136	11160	15168
南溪区	Nanxi	32758	11750	210747	207402	8797	6656
宜宾县	Yibinxian	124885	29850	410631	403001	19654	35593
江安县	Jiangan	38400	16260	227626	225887	6719	5498
长宁县	Changning	34813	18660	230151	225906	4999	11343
高县	Gaoxian	56423	22100	202367	198651	12810	9890
珙县	Gongxian	34433	12320	168461	165960	7303	6055
筠连县	Junlian	36899	12480	186774	186155	4249	12089
兴文县	Xingwen	44518	15810	180417	179512	5290	6831
屏山县	Pingshan	38077	15280	149694	147891	6400	5931
广安市	**Guangan**						
广安区	Guanganqu	55015	22400	248738	244574	21774	8932
前锋区	Qianfeng	21790	6490	142154	139877	11500	7415
岳池县	Yuechi	84024	24900	399465	388447	20827	14264
武胜县	Wusheng	57855	23720	373588	371343	16906	10184

12-8 续表3 continued

县(市、区)	Counties (Municipalities, Districts)	年末实有耕地面积(公顷) Cultivated Land Area (year-end) (hectare)	有效灌溉面积(公顷) Irrigated Land Area (hectare)	农林牧渔业增加值(万元) Gross Output Value of Farming, Forestry, Animal Husbandry and Fishery (10 000 yuan)	#第一产业 Primary Industry	化肥施用量(折纯量)(吨) Consumption of Chemical Fertilizers (ton)	农村用电量(万千瓦小时) Electricity Consumed in Rural Areas (10 000 kwh)
邻水县	Linshui	74695	12430	380128	373911	28135	6302
华蓥市	Huaying	14328	5290	116777	114947	10027	4218
达州市	**Dazhou**						
通川区	Tongchuan	14362	6810	207292	204850	12690	8250
达川区	Dachuan	120700	21720	479698	471286	28732	26338
宣汉县	Xuanhan	117188	42820	561732	553074	42613	10812
开江县	Kaijiang	40892	13990	300648	295532	17701	12708
大竹县	Dazhu	95870	26780	544524	535845	49588	9055
渠县	Quxian	103731	30320	579319	571862	44695	10050
万源市	Wanyuan	57320	13910	279851	275720	25218	6912
雅安市	**Yaan**						
雨城区	Yucheng	14823	6540	154422	153233	4120	12594
名山区	Mingshan	16890	15020	173662	171308	12513	3543
荥经县	Yingjing	9382	3800	69092	63565	4281	4372
汉源县	Hanyuan	28633	13820	129275	128812	13900	6011
石棉县	Shimian	6341	3390	54603	54403	2344	4041
天全县	Tianquan	12331	7500	67246	67094	5668	4944
芦山县	Lushan	8450	3940	53112	52869	5630	3088
宝兴县	Baoxing	4241	550	33616	33082	2595	4726
巴中市	**Bazhong**						
巴州区	Bazhou	53482	13500	148387	145125	29325	10375
恩阳区	Enyang	50438	15280	140897	137713	24080	13453
通江县	Tongjiang	78143	17630	191070	186677	24210	5900
南江县	Nanjiang	64511	12540	168383	164617	32193	6094
平昌县	Pingchang	78139	29250	210125	205698	32044	11000
资阳市	**Ziyang**						
雁江区	Yanjiang	86919	45930	548101	541674	22124	13512
安岳县	Anyue	155253	45650	862795	851695	16030	27647
乐至县	Lezhi	78819	25640	417869	407831	16200	10800
简阳市	Jianyang	109528	58120	719406	707585	33227	37376
阿坝州	**Aba**						
马尔康市	Maerkang	6394	690	33751	32544	275	1723
汶川县	Wenchuan	6202	1050	18402	17748	2283	3663
理县	Lixian	3216	1530	49108	48341	699	968
茂县	Maoxian	8685	4220	32090	31006	2958	3959
松潘县	Songpan	13422	670	19727	18179	998	1833
九寨沟县	Jiuzhaigou	6798	1130	27442	26505	666	1605
金川县	Jinchuan	6563	3400	28441	27240	1761	1599
小金县	Xiaojin	8486	3030	22406	20744	909	2016
黑水县	Heishui	7576	649	23167	21850	1925	2980
壤塘县	Rangtang	3476	490	24800	23378	133	560

12-8 续表4 continued

县(市、区)	Counties (Municipalities, Districts)	年末实有耕地面积(公顷) Cultivated Land Area (year-end) (hectare)	有效灌溉面积(公顷) Irrigated Land Area (hectare)	农林牧渔业增加值(万元) Gross Output Value of Farming, Forestry, Animal Husbandry and Fishery (10 000 yuan)	#第一产业 Primary Industry	化肥施用量(折纯量)(吨) Consumption of Chemical Fertilizers (ton)	农村用电量(万千瓦小时) Electricity Consumed in Rural Areas (10 000 kwh)
阿坝县	Abaxian	8644	1870	34706	33722	98	190
若尔盖县	Ruoergai	4172	1210	71503	70024	230	653
红原县	Hongyuan	131	130	37964	37110	118	144
甘孜州	**Ganzi**						
康定市	Kangding	7574	1190	45995	45259	132	1328
泸定县	Luding	5337	2320	31875	31620	906	2397
丹巴县	Danba	7702	2010	34660	33968	323	1570
九龙县	Jiulong	4469	1930	28150	27999	437	1106
雅江县	Yajiang	4167	780	25079	24623	47	66
道孚县	Daofu	7665	2080	22032	21949	180	1325
炉霍县	Luhuo	6555	660	23227	23057	34	381
甘孜县	Ganzixian	11969	1510	43026	42499	149	66
新龙县	Xinlong	6352	10	33246	33100	55	351
德格县	Dege	4729	910	32363	32012	74	225
白玉县	Baiyu	7387	400	31943	31780	33	395
石渠县	Shiqu	4009	790	41183	41073	56	76
色达县	Seda	1100	510	30938	30765	33	25
理塘县	Litang	4917	460	37058	36585	77	482
巴塘县	Batang	6657	2370	29049	28841	277	150
乡城县	Xiangcheng	3469	1880	21426	21345	170	989
稻城县	Daocheng	4952	1610	19108	19024	70	235
得荣县	Derong	4219	1190	18756	18591	259	46
凉山州	**Liangshan**						
西昌市	Xichang	48171	31460	423614	412205	16100	9232
木里县	Muli	16855	4150	56661	54360	1220	480
盐源县	Yanyuan	59783	15750	174760	172536	7826	9019
德昌县	Dechang	19021	11810	166702	164276	8303	4457
会理县	Huili	70753	23290	387676	382873	21622	6041
会东县	Huidong	55229	13880	379074	374424	22322	5765
宁南县	Ningnan	24011	13390	144349	142757	7469	14022
普格县	Puge	26844	5140	79533	77555	4033	1650
布拖县	Butuo	23218	1740	69406	68368	2045	590
金阳县	Jinyang	18100	2290	64732	63324	2451	1402
昭觉县	Zhaojue	42300	3510	98563	97817	3499	3050
喜德县	Xide	31335	3070	65853	65531	3500	1051
冕宁县	Mianning	32776	17520	203081	197520	9537	5942
越西县	Yuexi	32272	6980	115345	114083	8273	3966
甘洛县	Ganluo	23345	4550	61149	60841	10600	2200
美姑县	Meigu	30970	1950	83451	82481	5298	1627
雷波县	Leibo	25566	3670	105025	104826	2840	3997

12-8 续表5 continued

县(市、区)	Counties (Municipalities, Districts)	粮食 播种面积(公顷) Total Sown Area (hectares)	粮食 产量(吨) Output of Grain (ton)	油料 产量(吨) Yield of Oil Bearing Crops (ton)	#花生 Peanut	#油菜籽 Rapeseeds	中草药材 产量(吨) Yield of Oil Medicinal Herbs (ton)	蔬菜及食用菌 产量(吨) Output of Vegetables and Edible Fungus (ton)
成都市	**Chengdu**							
锦江区	Jinjiang							458
青羊区	Qingyang	8	33	68		68		668
金牛区	Jinniu	32	213	157		157		4311
武侯区	Wuhou	71	343	143		143		1925
成华区	Chenghua	48	346					7795
龙泉驿区	Longquanyi	6571	29573	4862	788	4074		258827
青白江区	Qingbaijiang	19491	111269	13371	2040	11331	2141	196741
新都区	Xindu	27288	196814	22018	477	21541	715	306626
温江区	Wenjiang	1100	8299	1463		1463		56140
双流区	Shuangliu	30206	193848	27638	4696	22938	907	419634
金堂县	Jintang	62461	326178	45293	15566	29715	8292	1021843
郫县	Pixian	8471	62083	10208		10208	61	691052
大邑县	Dayi	30685	191874	14687	24	14663	1876	254357
蒲江县	Pujiang	15652	85615	17061	269	16792	62	194904
新津县	Xinjin	14831	103938	10736	558	10178	464	212814
都江堰市	Dujiangyan	21689	152075	21503		21503	13859	204114
彭州市	Pengzhou	42038	288255	17303	1090	16213	14721	1263796
邛崃市	Qionglai	43530	277371	39293	841	38452	6196	316199
崇州市	Chongzhou	41558	273389	25420	10	25410	6705	296187
自贡市	**Zigong**							
自流井区	Ziliujing	5181	27720	2080	340	1740	22	78186
贡井区	Gongjing	19816	104287	10616	2912	7704		328401
大安区	Daan	19881	104541	10201	4010	6190	68	236269
沿滩区	Yantan	28513	167304	8604	2820	5784	3	242915
荣县	Rongxian	72575	422462	14374	5180	9194	4382	604642
富顺县	Fushun	70652	500037	16206	3632	12498	925	509934
攀枝花市	**Panzhihua**							
东区	East District	196	918	43	43			6433
西区	West District	556	2622	25	25			9915
仁和区	Renhe	12527	65367	873	721	139	19	241534
米易县	Miyi	13482	86766	1136	141	995	1260	317955
盐边县	Yanbian	14901	68854	1517	193	1312	3	123105
泸州市	**Luzhou**							
江阳区	Jiangyang	31131	208304	5119	882	4208	25	394076
纳溪区	Naxi	34234	216237	5515	306	5203	1095	222482
龙马潭区	Longmatan	10938	76689	1347	124	1217		107957
泸县	Luxian	74498	533052	10968	2485	8415	17908	598336
合江县	Hejiang	81030	514607	4192	927	3246	909	349637
叙永县	Xuyong	59860	239813	4881	1028	3795	8	218536
古蔺县	Gulin	78996	239541	15708	449	15087	1610	360665

12-8 续表6 continued

县(市、区)	Counties (Municipalities, Districts)	粮食 播种面积（公顷） Total Sown Area (hectares)	粮食 产量（吨） Output of Grain (ton)	油料 产量（吨） Yield of Oil Bearing Crops (ton)	#花生 Peanut	#油菜籽 Rapeseeds	中草药材 产量（吨） Yield of Oil Medicinal Herbs (ton)	蔬菜及食用菌 产量（吨） Output of Vegetables and Edible Fungus (ton)
德阳市	**Deyang**							
旌阳区	Jinyang	33084	225124	28478	4666	23812	284	394076
中江县	Zhongjiang	132572	792011	74835	20641	54194	24306	452702
罗江县	Luojiang	18915	126339	36969	2350	34619	10	152092
广汉市	Guanghan	46571	318732	33321	1640	31681	834	438979
什邡市	Shifang	26859	191268	13944	1000	12944	8449	380772
绵竹市	Mianzhu	44215	281086	13783	1236	12520	2430	336925
绵阳市	**Mianyang**							
涪城区	Fucheng	14243	83934	18928	3119	15809		358740
游仙区	Youxian	35484	221402	34844	7234	27601	1174	195668
三台县	Santai	129770	733258	119124	40386	78727	10995	436020
盐亭县	Yanting	57681	298777	36990	15198	21768	1128	157130
安县	Anxian	40669	252470	38896	1560	37336	2743	186681
梓潼县	Zitong	39400	210310	53755	19101	34395	2803	184613
北川县	Beichuan	17384	46211	6749	666	6068	2612	76444
平武县	Pingwu	34171	61964	5484	419	5050	934	37045
江油市	Jiangyou	50960	300710	46842	4769	42073	5979	422243
广元市	**Guangyuan**							
利州区	Lizhou	14836	78093	3120	1098	2022	36	344393
昭化区	Zhaohua	24677	128134	19555	2273	17282	7516	362477
朝天区	Chaotian	25670	103926	6407	3195	3202	2708	685335
旺苍县	Wangcang	35403	201298	15510	3950	11230	11378	201246
青川县	Qingchuan	27260	106796	9772	2542	7230	4683	82885
剑阁县	Jiange	73488	413805	106278	48346	57930	209	324474
苍溪县	Cangxi	61908	367397	53629	20360	33269	15996	312216
遂宁市	**Suining**							
船山区	Chuanshan	25276	130854	25953	3234	22530	4096	259255
安居区	Anju	82781	425475	31260	11655	19373	3831	358420
蓬溪县	Pengxi	61796	345740	48562	14047	34380	2112	219886
射洪县	Shehong	83508	437999	28041	7887	19885	2011	100844
大英县	Daying	46163	256096	24998	1348	23650	2861	110058
内江市	**Neijiang**							
内江市市中区	Neijiang Downtown	22992	108944	8330	2802	5528		188838
东兴区	Dongxing	65689	336151	31536	8304	23232	613	667361
威远县	Weiyuan	63266	310839	19967	4469	15498	980	756932
资中县	Zizhong	107475	526125	38734	11778	26956	92	623182
隆昌县	Longchang	48652	268051	10890	2411	8476	190	390665
乐山市	**Leshan**							
乐山市市中区	Leshan Downtown	16818	105851	10821	1722	9099		267448
沙湾区	Shawan	10446	43859	2458	253	2205	2000	63262
五通桥区	Wutongqiao	16229	84960	3571	707	2864	534	116887

12-8 续表7 continued

县(市、区)	Counties (Municipalities, Districts)	粮食 播种面积（公顷）Total Sown Area (hectares)	粮食 产量（吨）Output of Grain (ton)	油料 产量（吨）Yield of Oil Bearing Crops (ton)	#花生 Peanut	#油菜籽 Rapeseeds	中草药材 产量（吨）Yield of Oil Medicinal Herbs (ton)	蔬菜及食用菌 产量（吨）Output of Vegetables and Edible Fungus (ton)
金口河区	Jinkouhe	5094	10839	217	120	87	2806	11249
犍为县	Qianwei	37580	241356	10532	2456	8076	9502	191502
井研县	Jinyan	40501	215774	13776	497	13279	4950	88626
夹江县	Jiajiang	22516	110625	13185	745	12440	1125	121435
沐川县	Muchuan	20100	77901	5579	647	4932	23807	80523
峨边县	Ebian	14105	39682	1554	273	1276	572	25492
马边县	Mabian	26317	65021	2472	499	1965	1162	26948
峨眉山市	Emeishan	21874	96259	13522	224	13298	2127	145274
南充市	**Nanchong**							
顺庆区	Shunqing	26345	139847	16345	8092	8233	1134	310352
高坪区	Gaoping	35484	212541	21283	7169	14114	12	432643
嘉陵区	Jialing	65489	329599	38271	15536	22735	2359	192416
南部县	Nanbu	104800	518130	74522	31208	42854	11248	637178
营山县	Yingshan	63189	375740	48801	17970	30250	1419	341440
蓬安县	Pengan	58787	330730	44135	17950	25880	1810	310400
仪陇县	Yilong	81526	488889	63657	19377	44183	1701	350473
西充县	Xichong	71855	357584	39112	10159	27596	440	406225
阆中市	Langzhong	64990	367095	41098	12301	28723	25248	430827
眉山市	**Meishan**							
东坡区	Dongpo	59734	417016	41890	3527	38352	678	788897
仁寿县	Renshou	163675	820633	41240	9720	31340	113	500360
彭山区	Pengshan	24888	153191	10179	965	9214	8716	49504
洪雅县	Hongya	19647	126301	10376	141	10235	430	76640
丹棱县	Danling	13607	78474	7271	486	6785		31679
青神县	Qingshen	15490	89846	7676	1610	6066		82723
宜宾市	**Yibin**							
翠屏区	Cuiping	32867	212996	11554	5466	6065	377	263643
南溪区	Nanxi	26513	170023	7225	1920	5257	2501	585584
宜宾县	Yibinxian	86340	513861	34508	17139	17339	1931	299749
江安县	Jiangan	34548	229184	7138	923	6207	119	239864
长宁县	Changning	34897	210736	13423	2101	11289	395	162576
高县	Gaoxian	45316	233790	9822	4788	5008	98	160071
珙县	Gongxian	32546	144424	9091	3670	5411	78	248377
筠连县	Junlian	34560	153974	2931	880	2012	42	125376
兴文县	Xingwen	36645	207619	4195	1359	2815	30	310477
屏山县	Pingshan	27787	116251	6787	870	5878	661	96857
广安市	**Guangan**							
广安区	Guanganqu	55156	330823	32140	5921	26213	784	435714
前锋区	Qianfeng	22127	135088	13424	2988	10436	695	254442
岳池县	Yuechi	89710	528138	30220	4981	25230	462	727685
武胜县	Wusheng	62642	344707	21405	4524	16821	58	351987

12-8 续表8 continued

县(市、区)	Counties (Municipalities, Districts)	粮食 播种面积（公顷） Total Sown Area (hectares)	粮食 产量（吨） Output of Grain (ton)	油料 产量（吨） Yield of Oil Bearing Crops (ton)	#花生 Peanut	#油菜籽 Rapeseeds	中草药材 产量（吨） Yield of Oil Medicinal Herbs (ton)	蔬菜及食用菌 产量（吨） Output of Vegetables and Edible Fungus (ton)
邻水县	Linshui	89570	452524	36577	12862	23657	4144	563303
华蓥市	Huaying	21786	102733	2348	747	1601	1325	135819
达州市	**Dazhou**							
通川区	Tongchuan	33612	202479	18141	1887	16194	1612	315092
达川区	Dachuan	87771	491168	55113	3094	51949	2208	488465
宣汉县	Xuanhan	110876	576891	86415	4774	81463	1368	524314
开江县	Kaijiang	49030	260999	37686	5580	32057	1027	390270
大竹县	Dazhu	105022	535171	43312	4588	38724	546	524103
渠县	Quxian	110151	548940	56460	19501	36245	8706	602085
万源市	Wanyuan	58511	277406	27385	5345	20949	16387	170597
雅安市	**Yaan**							
雨城区	Yucheng	10905	63002	4926		4926	577	238415
名山区	Mingshan	19056	92390	9131		9131	82	61731
荥经县	Yingjing	12334	50651	6227	206	6014	1724	41282
汉源县	Hanyuan	31104	110727	2115	518	1013	4948	211034
石棉县	Shimian	7375	27775	2638	631	2007	1121	74481
天全县	Tianquan	13703	69433	4779	8	4771	2769	60148
芦山县	Lushan	9039	46684	3439	189	3250	8558	58182
宝兴县	Baoxing	6979	18261	534		534	9799	20278
巴中市	**Bazhong**							
巴州区	Bazhou	50356	282965	20067	3157	16867	7092	256421
恩阳区	Enyang	52122	298000	20026	2740	17279	7681	234432
通江县	Tongjiang	74187	384437	36012	2519	32968	1678	168645
南江县	Nanjiang	68981	359481	22653	2023	20320	1701	229462
平昌县	Pingchang	73144	384028	41626	4692	36772	1358	206101
资阳市	**Ziyang**							
雁江区	Yanjiang	126643	522277	59167	14973	44194	8925	487926
安岳县	Anyue	141573	729742	75919	15027	60892	2497	780741
乐至县	Lezhi	83843	363196	56784	11800	44984		169888
简阳市	Jianyang	159956	661291	62888	9530	53343	1000	476836
阿坝州	**Aba**							
马尔康市	Maerkang	3385	8920	31		31	76	33330
汶川县	Wenchuan	3273	11960	961		961	1231	47317
理县	Lixian	1689	8204	27		27	5	111356
茂县	Maoxian	9131	31913	1119		1119	1378	252787
松潘县	Songpan	5634	20209	290		290	410	92476
九寨沟县	Jiuzhaigou	3534	10540	358		358	916	14887
金川县	Jinchuan	4353	18108	180		180	261	48899
小金县	Xiaojin	7121	22450	890		890	245	76380
黑水县	Heishui	6594	17092				339	36245
壤塘县	Rangtang	1467	3015	314		314		2176

12-8 续表9 continued

县(市、区)	Counties (Municipalities, Districts)	粮食 播种面积（公顷）Total Sown Area (hectares)	粮食 产量（吨）Output of Grain (ton)	油料 产量（吨）Yield of Oil Bearing Crops (ton)	#花生 Peanut	#油菜籽 Rapeseeds	中草药材 产量（吨）Yield of Oil Medicinal Herbs (ton)	蔬菜及食用菌 产量（吨）Output of Vegetables and Edible Fungus (ton)
阿坝县	Abaxian	4355	9134	148		148	1561	17396
若尔盖县	Ruoergai	2065	5371	1641		1641	918	10209
红原县	Hongyuan						1080	29356
甘孜州	**Ganzi**							
康定市	Kangding	6800	22206	207		207	84	23607
泸定县	Luding	4053	14060	2368	31	2323	130	89435
丹巴县	Danba	2728	11266	1058		1058	77	22038
九龙县	Jiulong	3784	17247	359		359	108	21716
雅江县	Yajiang	2827	10502	128		128	149	14010
道孚县	Daofu	5155	14240	1340		1340		5850
炉霍县	Luhuo	4200	13000	644		644		1212
甘孜县	Ganzixian	11200	37502	1601		1601		3402
新龙县	Xinlong	3408	11949	306		306	10	3003
德格县	Dege	4680	14050				100	3600
白玉县	Baiyu	3673	12061	600		600		2200
石渠县	Shiqu	2407	8117	380		380		1405
色达县	Seda	865	2747					602
理塘县	Litang	3939	13609	429		429	310	5800
巴塘县	Batang	3928	15406	984		984	56	5265
乡城县	Xiangcheng	2683	10702	1258		1258		4275
稻城县	Daocheng	3078	11908	758		758	360	3634
得荣县	Derong	2730	11921	498	97	401		5507
凉山州	**Liangshan**							
西昌市	Xichang	52195	289202	3108	255	2823		532635
木里县	Muli	16044	50400	60			253	40495
盐源县	Yanyuan	45343	173197	627	62	196	373	208000
德昌县	Dechang	16343	92114	995	78	917		207321
会理县	Huili	52488	275019	4565	583	3257		388708
会东县	Huidong	46720	249001	19984	1085	17827	6467	444819
宁南县	Ningnan	17019	80160	959	833	126		291986
普格县	Puge	19161	72727	351	15	336	40	42266
布拖县	Butuo	18768	70114	105	105		2000	24508
金阳县	Jinyang	20803	61868	186	186			39156
昭觉县	Zhaojue	18855	102823					44600
喜德县	Xide	20854	78877	222		222		23211
冕宁县	Mianning	32609	170060	3572	115	3396	27	256890
越西县	Yuexi	27603	117712	8198		8025		63667
甘洛县	Ganluo	22744	80923	1683	46	1592	155	47726
美姑县	Meigu	20980	80774	28	7	21	1	12907
雷波县	Leibo	23598	88110	2095	319	1765	413	58849

12-8 续表10 continued

县(市、区)	Counties (Municipalities, Districts)	茶叶产量(吨) Yield of Tea (ton)	水果产量(吨) Output of Fruits (ton)	肉猪出栏头数(头) Slaughtered Fattened Hogs (head)	猪年末存栏头数(头) Hogs at the Year-end (head)	肉牛出栏头数(头) Slaughtered Fattened Cattle and Buffaloes (head)	羊出栏只数(只) Slaughtered Fattened Sheep and Goats (head)	家禽出栏只数(只) Slaughtered Poultry (head)
成都市	**Chengdu**							
锦江区	Jinjiang		7					
青羊区	Qingyang							
金牛区	Jinniu							
武侯区	Wuhou							
成华区	Chenghua		87	1910				43355
龙泉驿区	Longquanyi		235370	154077	75951	234	11526	1156993
青白江区	Qingbaijiang		28811	201422	96463	372	15003	1413591
新都区	Xindu		28136	202090	111766	269	636	4151941
温江区	Wenjiang		12	104995	43122			843419
双流区	Shuangliu		227168	536211	295002	533	42846	7823603
金堂县	Jintang		245983	679631	521718	29235	203783	6477653
郫县	Pixian		10164	118580	58248	82		1098440
大邑县	Dayi	215	42232	786310	489390	9361	42863	8568601
蒲江县	Pujiang	9638	268021	662872	462537	1017	7593	3701698
新津县	Xinjin		36841	343276	157021	974	9236	9374390
都江堰市	Dujiangyan	2411	39298	459808	240344	2388	9706	7247963
彭州市	Pengzhou	23	31376	579960	327238	3420	7220	9944445
邛崃市	Qionglai	7819	89149	1508007	803915	1837	24763	10805515
崇州市	Chongzhou	465	25488	867059	503650	20147	19123	7258053
自贡市	**Zigong**							
自流井区	Ziliujing	40	6922	88702	40871	1779	20708	1244262
贡井区	Gongjing	44	20891	270588	124469	802	120329	3623327
大安区	Daan		7139	271578	111792	20171	99817	3334925
沿滩区	Yantan		42187	268500	114495	2224	88331	2879295
荣县	Rongxian	10578	142658	697792	464427	7337	317028	6551634
富顺县	Fushun	75	78922	665908	476226	11462	467221	8785901
攀枝花市	**Panzhihua**							
东区	East District	26	1501	19849	13198	59	596	730263
西区	West District		3275	19741	13068	183	1649	569701
仁和区	Renhe	2	90290	189778	131245	10391	90213	1332702
米易县	Miyi		73733	163962	142092	8656	87556	490238
盐边县	Yanbian	81	59401	219777	172029	7243	91778	775909
泸州市	**Luzhou**							
江阳区	Jiangyang	2	20606	300063	173575	782	34940	2715535
纳溪区	Naxi	6162	23079	345474	254088	6322	28707	4014524
龙马潭区	Longmatan	2	7542	220588	110019	950	30480	4470795
泸县	Luxian	1101	67486	1058466	795969	2312	133508	13042904
合江县	Hejiang	792	35929	775034	550434	2508	173267	8651499
叙永县	Xuyong	1245	21456	464674	346647	32152	5545	1623149
古蔺县	Gulin	1182	13195	496755	379904	33032	73554	1130524

12-8 续表11 continued

县(市、区)	Counties (Municipalities, Districts)	茶叶产量(吨) Yield of Tea (ton)	水果产量(吨) Output of Fruits (ton)	肉猪出栏头数(头) Slaughtered Fattened Hogs (head)	猪年末存栏头数(头) Hogs at the Year-end (head)	肉牛出栏头数(头) Slaughtered Fattened Cattle and Buffaloes (head)	羊出栏只数(只) Slaughtered Fattened Sheep and Goats (head)	家禽出栏只数(只) Slaughtered Poultry (head)
德阳市	**Deyang**							
旌阳区	Jinyang		29214	487939	307886	6133	7751	17636593
中江县	Zhongjiang		79246	1185278	763756	56547	198158	18707337
罗江县	Luojiang		63317	408752	256857	7440	7890	5114201
广汉市	Guanghan		40917	417328	261633	12386	8019	12066796
什邡市	Shifang	230	18237	419809	256159	6953	19094	4756324
绵竹市	Mianzhu	347	43892	555629	355780	4481	4841	5237224
绵阳市	**Mianyang**							
涪城区	Fucheng		23764	270059	188005	1113	2501	7404050
游仙区	Youxian		31696	325117	215901	6791	62509	7165832
三台县	Santai		100359	1283011	704702	46321	200188	13715125
盐亭县	Yanting		57648	449317	328047	35017	351124	7503382
安县	Anxian	390	24263	315849	200037	6880	13954	8742000
梓潼县	Zitong		97522	310898	212050	23695	294442	5525735
北川县	Beichuan	776	5286	218207	144766	10628	250094	984391
平武县	Pingwu	2120	2884	154052	86480	9100	35970	541200
江油市	Jiangyou	57	73541	443949	330037	11657	55654	10545822
广元市	**Guangyuan**							
利州区	Lizhou	3	28095	274763	183357	6445	19717	1388431
昭化区	Zhaohua	3	17882	601128	365902	7325	24961	1413802
朝天区	Chaotian	2	8509	212270	161469	3688	45443	1659934
旺苍县	Wangcang	3345	39876	452287	314293	8845	50132	1764798
青川县	Qingchuan	3952	18954	208215	149460	6268	39725	1718806
剑阁县	Jiange	5	65889	945885	568758	15073	113710	5196934
苍溪县	Cangxi		206460	948280	620314	22648	30691	4480325
遂宁市	**Suining**							
船山区	Chuanshan		23835	572624	234372	6728	41842	2366657
安居区	Anju		20098	1124595	621040	10915	77124	4763801
蓬溪县	Pengxi	140	30491	582091	395573	8521	189137	3790612
射洪县	Shehong		17685	904660	565618	32323	99007	6350675
大英县	Daying		17976	551111	366359	5319	68990	3654841
内江市	**Neijiang**							
内江市市中区	Neijiang Downtown		7934	369097	235193	2932	15081	1663445
东兴区	Dongxing		45099	756770	566860	22722	117637	5594849
威远县	Weiyuan	1837	77911	535668	350106	5254	201708	4202100
资中县	Zizhong	141	250847	1014340	784364	6562	215687	7843546
隆昌县	Longchang	350	35514	456253	326010	3663	40329	8033276
乐山市	**Leshan**							
乐山市市中区	Leshan Downtown	450	20609	342190	236522	3452	4818	7060063
沙湾区	Shawan	250	3027	193543	99527	4168	19707	2523420
五通桥区	Wutongqiao	1283	27212	283859	156033	3861	5668	3764994

12-8 续表12 continued

县(市、区)	Counties (Municipalities, Districts)	茶叶产量(吨) Yield of Tea (ton)	水果产量(吨) Output of Fruits (ton)	肉猪出栏头数(头) Slaughtered Fattened Hogs (head)	猪年末存栏头数(头) Hogs at the Year-end (head)	肉牛出栏头数(头) Slaughtered Fattened Cattle and Buffaloes (head)	羊出栏只数(只) Slaughtered Fattened Sheep and Goats (head)	家禽出栏只数(只) Slaughtered Poultry (head)
金口河区	Jinkouhe	62	1253	36949	22537	1605	5275	75209
犍为县	Qianwei	957	35484	653513	350185	7501	51035	7412660
井研县	Jinyan	615	20690	766685	431212	2075	72138	4243176
夹江县	Jiajiang	7367	9049	342770	183303	3166	3565	6331223
沐川县	Muchuan	6550	10244	288913	157350	3339	37663	912870
峨边县	Ebian	283	435	111633	61881	9006	16033	243101
马边县	Mabian	9450	5089	156075	92629	15146	77949	502024
峨眉山市	Emeishan	8300	26989	281950	127732	14510	9600	3127552
南充市	**Nanchong**							
顺庆区	Shunqing		17903	331528	187984	7125	128526	5128440
高坪区	Gaoping		150326	594100	372300	2734	187500	6213000
嘉陵区	Jialing		48178	611000	401200	7005	380000	5962000
南部县	Nanbu		96729	916902	551526	11290	223265	8694848
营山县	Yingshan	9	49544	775400	587000	18200	381000	7200000
蓬安县	Pengan		113320	526728	352386	16599	159465	5517400
仪陇县	Yilong	2	29387	870897	672290	34900	159094	7440000
西充县	Xichong		62247	704396	528513	6766	97675	4797805
阆中市	Langzhong	5	104306	810200	528716	34267	160108	6552452
眉山市	**Meishan**							
东坡区	Dongpo	520	154534	628982	493713	16042	60115	9572000
仁寿县	Renshou		515540	1201850	863806	21207	396600	10335111
彭山区	Pengshan	26	57450	368300	161174	3520	45350	3421980
洪雅县	Hongya	17182	6006	309723	203384	10235	36793	2639541
丹棱县	Danling	2969	149506	209092	133932	5053	17257	1737956
青神县	Qingshen	758	60500	220460	150582	5203	7364	2334410
宜宾市	**Yibin**							
翠屏区	Cuiping	2160	69701	440662	305318	3365	43450	3586506
南溪区	Nanxi	159	54293	407052	215872	2725	78727	5492596
宜宾县	Yibinxian	4640	92371	942067	692334	6423	85540	7598003
江安县	Jiangan	2171	168930	455707	340318	2154	75122	4990832
长宁县	Changning	2227	82370	410667	279123	5886	17161	5485660
高县	Gaoxian	10695	11061	419100	314108	11311	27638	3750847
珙县	Gongxian	6518	6530	421434	315381	23870	11559	1977480
筠连县	Junlian	10153	17378	402418	257634	41807	7132	2283943
兴文县	Xingwen	1018	10772	424825	298111	15094	9934	3143116
屏山县	Pingshan	11488	73267	251774	187756	13743	194499	1180848
广安市	**Guangan**							
广安区	Guanganqu		16062	639263	529062	4918	16069	4890113
前锋区	Qianfeng	63	8697	277568	226983	5268	79980	1485889
岳池县	Yuechi		79627	956361	673645	6053	45162	6706157
武胜县	Wusheng		33542	1015380	880332	11380	91267	7165968

12-8 续表13 continued

县(市、区)	Counties (Municipalities, Districts)	茶叶产量（吨） Yield of Tea (ton)	水果产量（吨） Output of Fruits (ton)	肉猪出栏头数（头） Slaughtered Fattened Hogs (head)	猪年末存栏头数（头） Hogs at the Year-end (head)	肉牛出栏头数（头） Slaughtered Fattened Cattle and Buffaloes (head)	羊出栏只数（只） Slaughtered Fattened Sheep and Goats (head)	家禽出栏只数（只） Slaughtered Poultry (head)
邻水县	Linshui	434	149718	855889	636515	17090	100688	7137438
华蓥市	Huaying	185	17942	400546	138251	3568	37124	2169156
达州市	**Dazhou**							
通川区	Tongchuan	80	58824	401781	286876	27187	45471	2868772
达川区	Dachuan	178	54128	850057	634893	61731	158379	8487251
宣汉县	Xuanhan	3256	81374	867131	647342	95738	261467	7765497
开江县	Kaijiang	287	21617	401996	290925	12130	114500	10250118
大竹县	Dazhu	461	42734	863131	650148	45000	187952	15422078
渠县	Quxian	270	154115	992970	727300	58230	183492	11347929
万源市	Wanyuan	4955	10682	463601	330592	46842	166650	3990485
雅安市	**Yaan**							
雨城区	Yucheng	18362	11967	184898	131694	9098	60534	2649395
名山区	Mingshan	46513	8681	400015	244383	582	47005	2850153
荥经县	Yingjing	2670	4477	98301	69447	6347	13778	388314
汉源县	Hanyuan	23	229142	201071	174902	21508	30742	666402
石棉县	Shimian	49	52009	69868	51359	8450	27335	577036
天全县	Tianquan	1828	4717	127727	77650	3335	28221	2475076
芦山县	Lushan	621	2999	94380	82224	2377	9058	592909
宝兴县	Baoxing	600	922	49792	46504	10729	13868	88457
巴中市	**Bazhong**							
巴州区	Bazhou	68	14784	590935	360032	26242	57473	1698111
恩阳区	Enyang	54	12073	502138	306801	24776	55223	1669556
通江县	Tongjiang	782	10162	894457	602203	64940	232422	2328951
南江县	Nanjiang	1734	18306	792740	540289	41019	408268	2399086
平昌县	Pingchang	92	7078	905258	502857	60859	42373	2611828
资阳市	**Ziyang**							
雁江区	Yanjiang		221132	1107986	636507	1859	329854	6797313
安岳县	Anyue		420733	1421066	834909	22739	402809	9676701
乐至县	Lezhi		18030	921967	508904	1952	724002	4903703
简阳市	Jianyang		139715	1250994	740370	10244	927497	9284532
阿坝州	**Aba**							
马尔康市	Maerkang		776	31725	40866	34828	2148	46827
汶川县	Wenchuan	70	7328	44000	36220	3520	6900	162320
理县	Lixian		3541	16326	16005	3280	1368	38240
茂县	Maoxian		72549	77604	51278	5109	16272	47052
松潘县	Songpan		2930	26625	24830	32314	29897	22319
九寨沟县	Jiuzhaigou		5344	37111	26376	10759	5406	49782
金川县	Jinchuan		20311	67688	55246	12349	9712	98908
小金县	Xiaojin		50200	47466	37695	12988	28681	16620
黑水县	Heishui		1080	47271	36772	9194	5645	116297
壤塘县	Rangtang		1			33102	17485	

12-8 续表14 continued

县(市、区)	Counties (Municipalities, Districts)	茶叶产量（吨）Yield of Tea (ton)	水果产量（吨）Output of Fruits (ton)	肉猪出栏头数（头）Slaughtered Fattened Hogs (head)	猪年末存栏头数（头）Hogs at the Year-end (head)	肉牛出栏头数（头）Slaughtered Fattened Cattle and Buffaloes (head)	羊出栏只数（只）Slaughtered Fattened Sheep and Goats (head)	家禽出栏只数（只）Slaughtered Poultry (head)
阿坝县	Abaxian					65032	23053	
若尔盖县	Ruoergai			13711	11005	120023	184741	
红原县	Hongyuan			788	221	71956	11956	
甘孜州	**Ganzi**							
康定市	Kangding		2058	13833	24154	30790	7508	9290
泸定县	Luding	3	2756	64800	60172	3500	14800	66800
丹巴县	Danba		1200	34370	49623	9877	8375	9118
九龙县	Jiulong	100	1800	33139	49034	7957	14120	49894
雅江县	Yajiang		328	8744	15521	9028	21280	450
道孚县	Daofu		350	5102	5138	26655	6641	
炉霍县	Luhuo		93	2714	1057	25480	13130	
甘孜县	Ganzixian			985	1239	41483	8921	
新龙县	Xinlong		230	1074	969	27754	14514	
德格县	Dege		2	251	949	54314	37878	
白玉县	Baiyu		55	192	200	39969	21487	
石渠县	Shiqu			1255	2298	45621	34223	
色达县	Seda					69025	13740	
理塘县	Litang			866	3082	48390	18967	
巴塘县	Batang		1463	11859	8624	17938	17806	3531
乡城县	Xiangcheng		3058	13778	20098	15300	1033	6594
稻城县	Daocheng		310	11127	22221	12144	3746	10900
得荣县	Derong		2400	24193	23684	5653	1968	26315
凉山州	**Liangshan**							
西昌市	Xichang		75394	570979	388000	23229	177220	6313582
木里县	Muli		8500	110355	150677	21883	89817	139158
盐源县	Yanyuan		429065	298907	261668	24516	314403	1227977
德昌县	Dechang		23108	267388	178979	12449	69105	2443920
会理县	Huili		486048	873681	632395	22489	356965	1602912
会东县	Huidong	4	123375	450369	321907	45862	465621	535446
宁南县	Ningnan	34	15971	243732	200025	20664	104978	507738
普格县	Puge		3453	140880	113096	7078	91797	263218
布拖县	Butuo		394	138969	123992	9031	92188	302519
金阳县	Jinyang		4111	138800	149752	10909	161840	312045
昭觉县	Zhaojue		6500	252245	196690	19257	261358	408108
喜德县	Xide		13400	145121	128500	8541	124266	717233
冕宁县	Mianning	3	41211	308448	221814	24093	154881	836121
越西县	Yuexi		12210	290387	199731	13780	117980	281700
甘洛县	Ganluo	7	3940	181289	144275	13268	101680	262626
美姑县	Meigu		6503	244990	216840	22066	192633	895541
雷波县	Leibo	760	11125	204005	180010	6945	116750	292711

12-9 各县(市、区)规模以上工业经济情况(2015年)
Basic Statistics on Industrial Enterprises above Designated Size of Counties (Municipalities, Districts)(2015)

单位：万元 (10 000 yuan)

县(市、区)	Counties (Municipalities, Districts)	工业企业单位数(个) Number of Industrial Enterprises (unit)	工业总产值 Gross Industrial Output Value	主营业务收入 Revenue from Principal Business	利润总额 Total Profits	利税总额 Total Profits and Taxes
成都市	**Chengdu**					
锦江区	Jinjiang	12	207839	196250	21662	31718
青羊区	Qingyang	32	813988	1013310	100225	155241
金牛区	Jinniu	47	888006	874702	64840	142955
武侯区	Wuhou	61	1557768	1401270	163095	216251
成华区	Chenghua	29	1156192	1202415	29734	62094
龙泉驿区	Longquanyi	257	17638837	16256406	1497977	4157262
青白江区	Qingbaijiang	248	5012044	4486753	-219188	-111035
新都区	Xindu	345	7248696	6849421	409296	786950
温江区	Wenjiang	213	4008107	4066402	238798	398095
双流区	Shuangliu	327	3421349	166829	472987	794471
金堂县	Jintang	183	1808274	1536845	56580	110868
郫县	Pixian	343	5978433	5474834	394533	631038
大邑县	Dayi	125	2194740	2014012	99909	179828
蒲江县	Pujiang	91	923683	798806	51813	71496
新津县	Xinjin	153	4779073	4032004	90219	272503
都江堰市	Dujiangyan	95	1654317	1563506	57761	122716
彭州市	Pengzhou	139	5943559	5589761	112605	962540
邛崃市	Qionglai	152	1988555	1824280	65003	139991
崇州市	Chongzhou	159	2616755	2645652	157962	230923
自贡市	**Zigong**					
自流井区	Ziliujing	75	2375205	2400245	59673	148387
贡井区	Gongjing	72	3106498	3215300	101347	266933
大安区	Daan	96	4693189	4656528	170446	293542
沿滩区	Yantan	99	2280452	2147522	220151	420009
荣县	Rongxian	87	1992265	1840308	46968	98924
富顺县	Fushun	108	2549235	2385481	162224	264738
攀枝花市	**Panzhihua**					
东区	East District	77	6195212	7203674	-179999	20640
西区	West District	60	2334987	2017854	-4507	38899
仁和区	Renhe	126	3866185	2596169	41354	93869
米易县	Miyi	42	1649397	1393388	118309	167011
盐边县	Yanbian	36	1564984	1327252	116816	218045
泸州市	**Luzhou**					
江阳区	Jiangyang	105	5254189	2628724	281085	475196
纳溪区	Naxi	100	1921981	1890251	146821	292006
龙马潭区	Longmatan	128	4580329	4449527	285484	660657
泸县	Luxian	124	2673377	2655876	166842	272044
合江县	Hejiang	85	1150647	1118764	42123	73134
叙永县	Xuyong	58	508942	485711	13107	27083
古蔺县	Gulin	28	1946955	1197212	97742	220674

12-9 续表1 continued

单位：万元 (10 000 yuan)

县(市、区)	Counties (Municipalities, Districts)	工业企业单位数(个) Number of Industrial Enterprises (unit)	工业总产值 Gross Industrial Output Value	主营业务收入 Revenue from Principal Business	利润总额 Total Profits	利税总额 Total Profits and Taxes
德阳市	**Deyang**					
旌阳区	Jingyang	364	8294627	7359891	346976	713043
中江县	Zhongjiang	212	3328264	3231220	187488	295175
罗江县	Luojiang	104	2253936	2178509	33498	71023
广汉市	Guanghan	319	7944324	7784202	887098	1116505
什邡市	Shifang	203	4432569	3715080	123196	650451
绵竹市	Mianzhu	134	5318340	4629582	229896	515419
绵阳市	**Mianyang**					
涪城区	Fucheng	204	11629395	10868464	313544	685718
游仙区	Youxian	124	3789668	3370990	294200	536076
三台县	Santai	75	627394	637104	39020	61527
盐亭县	Yanting	16	91884	85561	1378	3958
安县	Anxian	102	1981093	1841158	90121	179766
梓潼县	Zitong	45	977621	897832	19170	37946
北川县	Beichuan	33	236457	223153	7996	16556
平武县	Pingwu	26	216998	188574	9075	24406
江油市	Jiangyou	212	4844345	4447810	241365	470322
广元市	**Guangyuan**					
利州区	Lizhou	152	3181692	3142071	123888	186695
昭化区	Zhaohua	37	718080	702133	26310	51752
朝天区	Chaotian	26	456305	455084	68747	85301
旺苍县	Wangcang	69	1132946	1108033	43985	82652
青川县	Qingchuan	39	317929	308408	15949	20604
剑阁县	Jiange	56	838205	776432	22908	37675
苍溪县	Cangxi	47	787015	773264	47082	76822
遂宁市	**Suining**					
船山区	Chuanshan	196	4880851	4925296	307520	555966
安居区	Anju	39	369644	328304	28574	35015
蓬溪县	Pengxi	68	907076	867959	75893	96437
射洪县	Shehong	116	3596584	3540458	184265	340702
大英县	Daying	80	1906647	1797688	87206	162219
内江市	**Neijiang**					
内江市中区	Neijiang Downtown	80	3647762	3565746	154180	347123
东兴区	Dongxing	59	1481834	1465780	113068	183786
威远县	Weiyuan	90	4953225	4965190	-15558	52388
资中县	Zizhong	75	2380006	2362470	243260	373002
隆昌县	Longchang	98	4022122	3823530	224881	407642
乐山市	**Leshan**					
乐山市中区	Leshan Downtown	100	2310449	2194428	81837	123115
沙湾区	Shawan	72	1775442	2138578	10172	55320
五通桥区	Wutongqiao	63	2624646	2460538	46308	84079

12-9 续表2 continued

单位：万元 (10 000 yuan)

县(市、区)	Counties (Municipalities, Districts)	工业企业单位数(个) Number of Industrial Enterprises (unit)	工业总产值 Gross Industrial Output Value	主营业务收入 Revenue from Principal Business	利润总额 Total Profits	利税总额 Total Profits and Taxes
金口河区	Jinkouhe	13	723689	689542	38811	58024
犍为县	Qianwei	71	1316025	1270513	37331	132747
井研县	Jinyan	59	1479786	1449536	46530	66620
夹江县	Jiajiang	88	1814755	1731115	35688	60242
沐川县	Muchuan	33	434846	398281	2501	19408
峨边县	Ebian	29	478911	449759	349	13621
马边县	Mabian	21	228057	173011	2574	18953
峨眉山市	Emeishan	80	2473148	2591585	215405	269205
南充市	**Nanchong**					
顺庆区	Shunqing	92	3944575	3946575	393987	712420
高坪区	Gaoping	82	2439161	2583565	108213	190194
嘉陵区	Jialing	75	3192767	3191533	202829	313039
南部县	Nanbu	102	3371571	3370540	334613	468020
营山县	Yingshan	48	1843858	1841853	101344	190566
蓬安县	Pengan	64	2692148	2660411	184209	321600
仪陇县	Yilong	54	1597353	1541038	97139	182590
西充县	Xichong	72	1336659	1322347	76948	118154
阆中市	Langzhong	56	1381116	1355634	66559	120437
眉山市	**Meishan**					
东坡区	Dongpo	198	4828478	4547939	116052	195374
仁寿县	Renshou	171	3843850	3819191	403564	650545
彭山区	Pengshan	102	3229721	3019018	184249	340208
洪雅县	Hongya	41	553817	494598	16494	40872
丹棱县	Danling	41	470274	536576	15692	23933
青神县	Qingshen	52	968351	900037	46887	70512
宜宾市	**Yibin**					
翠屏区	Cuiping	78	7321328	9389298	1030058	1589576
南溪区	Nanxi	77	1599258	1390079	58177	127493
宜宾县	Yibinxian	95	2622124	2564155	380445	616735
江安县	Jiangan	64	2304689	1943505	132789	184215
长宁县	Changning	53	1231945	1114800	54473	97516
高县	Gaoxian	62	1697890	1517530	88235	149730
珙县	Gongxian	65	1137938	845861	111968	165666
筠连县	Junlian	40	608456	585251	62135	118909
兴文县	Xingwen	54	575594	548882	50483	86297
屏山县	Pingshan	34	360227	282721	7794	18114
广安市	**Guangan**					
广安区	Guanganqu	17	242524	288051	17599	31571
前锋区	Qianfeng	102	3877140	3230997	82425	137446
岳池县	Yuechi	75	2075097	1995278	107286	206118
武胜县	Wusheng	94	3081673	3055651	113214	169019

12-9 续表3 continued

单位：万元 (10 000 yuan)

县(市、区)	Counties (Municipalities, Districts)	工业企业单位数(个) Number of Industrial Enterprises (unit)	工业总产值 Gross Industrial Output Value	主营业务收入 Revenue from Principal Business	利润总额 Total Profits	利税总额 Total Profits and Taxes
邻水县	Linshui	99	2413189	2345958	72253	110675
华蓥市	Huaying	105	3045152	2917316	129657	197812
达州市	**Dazhou**					
通川区	Tongchuan	52	1813747	2712269	24514	68724
达川区	Dachuan	100	2059854	1842566	22785	76559
宣汉县	Xuanhan	77	1331590	1205175	349321	518850
开江县	Kaijiang	46	552652	533246	12051	10385
大竹县	Dazhu	113	2109687	2045840	114910	225363
渠县	Quxian	65	1575151	1495175	27107	77355
万源市	Wanyuan	42	520538	403257	12463	25647
雅安市	**Yaan**					
雨城区	Yucheng	37	869989	762019	51220	95465
名山区	Mingshan	44	710452	570069	19739	33066
荥经县	Yingjing	57	657504	611113	10480	28906
汉源县	Hanyuan	23	800295	717923	103367	183265
石棉县	Shimian	40	838061	679084	84136	123811
天全县	Tianquan	30	354002	194708	-398	9379
芦山县	Lushan	42	411639	318451	9989	19255
宝兴县	Baoxing	42	358047	276902	28415	42141
巴中市	**Bazhong**					
巴州区	Bazhou	70	1293431	1256393	58673	91756
恩阳区	Enyang	31	509437	499848	26981	38635
通江县	Tongjiang	42	668213	590158	11319	17202
南江县	Nanjiang	43	1060748	941660	41692	88026
平昌县	Pingchang	44	1924915	1790016	31147	115794
资阳市	**Ziyang**					
雁江区	Yanjiang	151	6400528	6445423	351221	563614
安岳县	Anyue	164	2867234	2762540	269105	402278
乐至县	Lezhi	102	2567347	2490200	214415	289192
简阳市	Jianyang	186	6967311	7116914	417631	749898
阿坝州	**Aba**					
马尔康市	Maerkang	6	23078	20266	-3769	-2468
汶川县	Wenchuan	31	955015	688060	71243	104686
理县	Lixian	15	264936	255022	2580	24459
茂县	Maoxian	21	545953	482907	-10437	5693
松潘县	Songpan	6	55441	49978	2378	5327
九寨沟县	Jiuzhaigou	4	72253	55419	-1268	5018
金川县	Jinchuan	2	4675	4694	-301	223
小金县	Xiaojin	7	101238	50147	-537	498
黑水县	Heishui	11	176900	174291	10748	32797
壤塘县	Rangtang					

12-9 续表4 continued

单位：万元 (10 000 yuan)

县(市、区)	Counties (Municipalities, Districts)	工业企业单位数(个) Number of Industrial Enterprises (unit)	工业总产值 Gross Industrial Output Value	主营业务收入 Revenue from Principal Business	利润总额 Total Profits	利税总额 Total Profits and Taxes
阿坝县	Abaxian	1	2276	2276	-244	-59
若尔盖县	Ruoergai	4	45106	33514	5349	5840
红原县	Hongyuan	9	60959	46056	3104	3778
甘孜州	**Ganzi**					
康定市	Kangding	15	133946	129974	29291	44171
泸定县	Luding	9	111294	111576	6882	23568
丹巴县	Danba	5	46903	46669	-2253	-1476
九龙县	Jiulong	10	160812	161032	28941	52726
雅江县	Yajiang	1	3486	3570	-1306	-1306
道孚县	Daofu					
炉霍县	Luhuo	1	2460	2102	-475	-475
甘孜县	Ganzixian					
新龙县	Xinlong					
德格县	Dege					
白玉县	Baiyu	1	55123	46303	14947	22451
石渠县	Shiqu					
色达县	Seda					
理塘县	Litang					
巴塘县	Batang	5	12545	12545	-4835	-4315
乡城县	Xiangcheng	3	12202	12202	-2184	-2035
稻城县	Daocheng					
得荣县	Derong					
凉山州	**Liangshan**					
西昌市	Xichang	64	2922800	2365200	-176600	-89500
木里县	Muli	6	145800	143100	6600	19400
盐源县	Yanyuan	23	470500	469000	-25300	-17600
德昌县	Dechang	33	583300	398300	16200	30000
会理县	Huili	58	2448800	2293900	18500	80700
会东县	Huidong	24	928500	916400	42000	115000
宁南县	Ningnan	20	565300	562300	10200	38200
普格县	Puge	4	114900	67100	5500	10300
布拖县	Butuo	5	137900	78500	12900	17100
金阳县	Jinyang	8	47000	49000		5900
昭觉县	Zhaojue	10	119600	115600	8000	5400
喜德县	Xide	9	31600	46300	-6400	-3200
冕宁县	Mianning	35	458900	375000	11900	36300
越西县	Yuexi	14	209700	206600	15300	29100
甘洛县	Ganluo	14	80700	76800	-3400	6000
美姑县	Meigu	5	41000	40300	2400	8400
雷波县	Leibo	11	500000	445700	28400	47600

12-10 各县(市、区)财政、金融和贸易情况(2015年)
Basic Statistics on Finance, Banking and Trade by Counties (Municipalities, Districts)(2015)

单位：万元 (10 000 yuan)

县(市、区)	Counties (Municipalities, Districts)	地方一般公共预算收入 Local General Public Budget Revenue	一般公共预算支出 General Public Budget Expenditure	年末金融机构各项存款余额 Total Deposits Balances of Financial Institutions	年末金融机构各项贷款余额 Total Loans Balances of Financial Institutions	社会消费品零售总额 Total Retail Sales of Consumer Goods	出口总额(万美元) Total Exports (USD 10 000)
成都市	**Chengdu**						
锦江区	Jinjiang	492668	539103			7808090	
青羊区	Qingyang	506486	566204			7017133	164661
金牛区	Jinniu	508866	661335			6792448	113137
武侯区	Wuhou	558362	678487			6994982	71000
成华区	Chenghua	535384	564659			3257407	97639
龙泉驿区	Longquanyi	661910	823585	8817000	4912000	1126899	40907
青白江区	Qingbaijiang	204512	335450	2981468	1678713	635709	31186
新都区	Xindu	479591	633760	7088447	3426044	1397523	26293
温江区	Wenjiang	341439	406241	5466832	3030707	889475	25371
双流区	Shuangliu	851038	1237452	11356683	6815243	2266113	318948
金堂县	Jintang	204246	451178	3192062	1730208	654048	12221
郫县	Pixian	413022	568781	6397024	3502903	927398	35517
大邑县	Dayi	153594	314252	2631832	1184006	501033	8490
蒲江县	Pujiang	64035	206002	1486025	659500	253619	6293
新津县	Xinjin	201243	323838	2670191	2032276	613934	19808
都江堰市	Dujiangyan	229593	384838	5058385	2315318	1083768	2723
彭州市	Pengzhou	194725	394710	4302384	2059573	720743	7739
邛崃市	Qionglai	135511	367730	3182199	1597312	655134	4873
崇州市	Chongzhou	151448	381381	3965066	1761741	701128	7872
自贡市	**Zigong**						
自流井区	Ziliujing	9125	123094			1816218	1199
贡井区	Gongjing	12497	128903			463492	2021
大安区	Daan	12442	169212			583873	12579
沿滩区	Yantan	17468	157336			459627	1420
荣县	Rongxian	55576	301721	1965950	756369	713345	472
富顺县	Fushun	65139	400257	2591311	1166262	979760	2517
攀枝花市	**Panzhihua**						
东区	East District	72894	134843	5504697	5179944	1748351	17081
西区	West District	13871	82902	932896	411398	328569	
仁和区	Renhe	65147	142774	1021386	421118	335108	2278
米易县	Miyi	82136	154513	696719	515249	299367	2166
盐边县	Yanbian	46180	136462	412446	443749	150559	396
泸州市	**Luzhou**						
江阳区	Jiangyang	182223	345488	6980598	5039254	1630583	4758
纳溪区	Naxi	82321	246262	1438786	1034529	638859	3706
龙马潭区	Longmatan	124392	224198	3013790	1220328	528423	15633
泸县	Luxian	115190	407676	2604378	1076187	939737	3044
合江县	Hejiang	88888	362068	2194289	1080546	765447	438
叙永县	Xuyong	70120	400177	1098132	645724	545699	333
古蔺县	Gulin	156536	415091	1017303	833027	547878	510

12-10 续表1 continued

单位：万元 (10 000 yuan)

县(市、区)	Counties (Municipalities, Districts)	地方一般公共预算收入 Local General Public Budget Revenue	一般公共预算支出 General Public Budget Expenditure	年末金融机构各项存款余额 Total Deposits Balances of Financial Institutions	年末金融机构各项贷款余额 Total Loans Balances of Financial Institutions	社会消费品零售总额 Total Retail Sales of Consumer Goods	出口总额（万美元） Total Exports (USD 10 000)
德阳市	**Deyang**						
旌阳区	Jingyang	175720	325133	7887260	4586274	1781416	68200
中江县	Zhongjiang	77574	456170	3168000	1042322	1346431	9066
罗江县	Luojiang	28541	131197	892440	445109	230308	1242
广汉市	Guanghan	146266	341912	4097468	2308754	1292385	75395
什邡市	Shifang	157782	277558	2326478	1261050	711793	22925
绵竹市	Mianzhu	106639	266927	2474558	1309129	797239	61581
绵阳市	**Mianyang**						
涪城区	Fucheng	341770	390038	15052305	8284851	3352768	169184
游仙区	Youxian	71087	214112	1616914	889956	887931	16009
三台县	Santai	79202	474882	3044633	1217238	1355595	3132
盐亭县	Yanting	30724	262582	1277809	521291	500029	123
安县	Anxian	52021	210668	1477174	814683	590655	2025
梓潼县	Zitong	24990	185093	884859	535294	363715	355
北川县	Beichuan	36879	191193	925958	816147	159133	
平武县	Pingwu	29902	132987	683010	550354	132645	8
江油市	Jiangyou	163116	368363	3866399	1698697	1449086	1246
广元市	**Guangyuan**						
利州区	Lizhou	56678	214375	4636502	2541396	1229266	703
昭化区	Zhaohua	16382	158537	612561	308263	173321	103
朝天区	Chaotian	18237	141255	398827	285333	144862	121
旺苍县	Wangcang	39863	257647	1201325	415707	346853	100
青川县	Qingchuan	15023	182584	797112	452312	158928	100
剑阁县	Jiange	42776	306623	1434086	528743	403913	136
苍溪县	Cangxi	42673	359791	2273301	976130	509460	279
遂宁市	**Suining**						
船山区	Chuanshan	129712	336231	4950198	3790152	1465748	22111
安居区	Anju	45398	256621	1413766	580979	492959	4328
蓬溪县	Pengxi	40529	276680	1512992	766812	537388	2882
射洪县	Shehong	90849	329639	2706643	1436979	1160066	8171
大英县	Daying	49669	208253	1287630	833167	497925	5820
内江市	**Neijiang**						
内江市中区	Neijiang Downtown	52966	213922			1154631	3174
东兴区	Dongxing	55867	277141			584557	524
威远县	Weiyuan	75324	297967	1895491	1475354	754235	2976
资中县	Zizhong	83334	428558	2632770	1193927	809706	1128
隆昌县	Longchang	73943	298073	2082530	883733	782718	3954
乐山市	**Leshan**						
乐山市中区	Leshan Downtown	110578	227602	7508465	6098585	1687413	20478
沙湾区	Shawan	63312	122644	602272	740841	280264	20
五通桥区	Wutongqiao	36727	136060	1090923	650092	469444	34205

12-10 续表2 continued

单位：万元 (10 000 yuan)

县(市、区)	Counties (Municipalities, Districts)	地方一般公共预算收入 Local General Public Budget Revenue	一般公共预算支出 General Public Budget Expenditure	年末金融机构各项存款余额 Total Deposits Balances of Financial Institutions	年末金融机构各项贷款余额 Total Loans Balances of Financial Institutions	社会消费品零售总额 Total Retail Sales of Consumer Goods	出口总额(万美元) Total Exports (USD 10 000)
金口河区	Jinkouhe	14706	52065	63932	140303	76368	
犍为县	Qianwei	50451	248883	1488533	865526	587887	462
井研县	Jinyan	30286	172800	1105929	604927	347518	2364
夹江县	Jiajiang	60282	176549	1587051	733498	516153	2
沐川县	Muchuan	25210	152539	499521	356083	213321	1590
峨边县	Ebian	21627	118452	417411	505291	131715	31
马边县	Mabian	30533	149170	379179	220445	152364	
峨眉山市	Emeishan	142017	252061	2532899	1467407	1057646	9587
南充市	**Nanchong**						
顺庆区	Shunqing	122534	279670	8888471	5396256	1790693	10155
高坪区	Gaoping	50014	272571	1737849	880880	707436	4582
嘉陵区	Jialing	58010	289166	1667085	1091640	484796	3374
南部县	Nanbu	77471	449985	2699022	1098490	871488	269
营山县	Yingshan	55441	420087	2627211	936257	701437	
蓬安县	Pengan	46720	299183	1663939	623372	462845	476
仪陇县	Yilong	58337	463479	2341763	983592	690622	21
西充县	Xichong	47634	307899	1477936	572606	488422	107
阆中市	Langzhong	87487	427690	2511020	1355812	790472	98
眉山市	**Meishan**						
东坡区	Dongpo	165442	377757	5701036	2909894	1348670	4154
仁寿县	Renshou	204175	593838	4316050	1880467	1357449	338
彭山区	Pengshan	136019	256359	1656628	767425	428322	1354
洪雅县	Hongya	81932	203681	1264849	653899	343880	1867
丹棱县	Danling	30410	128280	619600	244160	184674	1442
青神县	Qingshen	40722	150596	765642	375985	224562	3520
宜宾市	**Yibin**						
翠屏区	Cuiping	185943	339641	9952540	4639186	2317295	58087
南溪区	Nanxi	78365	220725	942764	742871	541327	1518
宜宾县	Yibinxian	94735	418436	2139916	1734637	826725	815
江安县	Jiangan	67103	226411	1110453	623534	577025	21
长宁县	Changning	50855	207863	883111	578945	647043	2647
高县	Gaoxian	43343	215943	993532	439403	446880	165
珙县	Gongxian	62179	192228	868433	517874	501866	102
筠连县	Junlian	60040	228645	687088	436172	317411	85
兴文县	Xingwen	62687	244083	711639	477088	417113	23
屏山县	Pingshan	58291	174925	823025	355119	167391	121
广安市	**Guangan**						
广安区	Guanganqu	58558	336606	5524317	2460968	1333828	27130
前锋区	Qianfeng	36337	146540			172623	15674
岳池县	Yuechi	94589	436899	2904731	926672	902039	13228
武胜县	Wusheng	95855	357484	2324578	877352	599478	13772

12-10 续表3 continued

单位：万元 (10 000 yuan)

县(市、区)	Counties (Municipalities, Districts)	地方一般公共预算收入 Local General Public Budget Revenue	一般公共预算支出 General Public Budget Expenditure	年末金融机构各项存款余额 Total Deposits Balances of Financial Institutions	年末金融机构各项贷款余额 Total Loans Balances of Financial Institutions	社会消费品零售总额 Total Retail Sales of Consumer Goods	出口总额(万美元) Total Exports (USD 10 000)
邻水县	Linshui	85801	406506	2105197	884450	816436	12636
华蓥市	Huaying	57177	234616	1394445	672452	310909	26949
达州市	**Dazhou**						
通川区	Tongchuan	67047	249470	7204133	3379390	1474048	1321
达川区	Dachuan	111849	493576	2350066	1306180	1019778	24172
宣汉县	Xuanhan	145688	588590	2742459	1098802	1035161	1669
开江县	Kaijiang	42495	257932	1397064	453176	505310	1313
大竹县	Dazhu	116416	453353	2993235	1287801	1013187	2092
渠县	Quxian	91333	509613	2914514	1159817	1151808	1644
万源市	Wanyuan	37241	302409	1260601	688498	525429	1267
雅安市	**Yaan**						
雨城区	Yucheng	18296	221270	4050238	2178813	710817	600
名山区	Mingshan	14204	155368	1085973	493908	253794	100
荥经县	Yingjing	19019	290420	765313	348525	212902	200
汉源县	Hanyuan	37183	156493	1328351	555180	284912	100
石棉县	Shimian	38531	139883	694960	568109	182450	195
天全县	Tianquan	15949	303224	817896	464413	178864	150
芦山县	Lushan	12449	257363	826487	269110	102130	7
宝兴县	Baoxing	15698	243663	520287	222869	75646	702
巴中市	**Bazhong**						
巴州区	Bazhou	70602	351638	4453779	2376784	857341	3334
恩阳区	Enyang	31301	303691	1042300	352400	176387	2827
通江县	Tongjiang	38139	431569	1454621	668037	484470	3550
南江县	Nanjiang	71056	453153	1676272	746296	460186	3895
平昌县	Pingchang	71323	460711	1612951	787145	566296	3905
资阳市	**Ziyang**						
雁江区	Yanjiang	247646	741186	4550947	2888034	1163842	11781
安岳县	Anyue	116566	528946	3101306	1306454	1276218	1481
乐至县	Lezhi	74866	335134	1930377	856396	811651	1599
简阳市	Jianyang	178655	555550	4211803	2121272	1394821	12570
阿坝州	**Aba**						
马尔康市	Maerkang	16691	119251	1548725	442008	79294	307
汶川县	Wenchuan	40849	143283	706767	290512	98320	1929
理县	Lixian	13000	86568	266968	190879	37702	
茂县	Maoxian	15415	138544	412922	218763	74385	280
松潘县	Songpan	15928	136244	314454	131837	70807	
九寨沟县	Jiuzhaigou	22668	122601	483119	332249	121350	
金川县	Jinchuan	6024	124567	267032	53986	41393	
小金县	Xiaojin	6007	138432	328781	193848	54374	139
黑水县	Heishui	9156	133197	276272	139988	38675	
壤塘县	Rangtang	2007	104879	161437	12092	20221	

12-10 续表4 continued

单位：万元 (10 000 yuan)

县(市、区)	Counties (Municipalities, Districts)	地方一般公共预算收入 Local General Public Budget Revenue	一般公共预算支出 General Public Budget Expenditure	年末金融机构各项存款余额 Total Deposits Balances of Financial Institutions	年末金融机构各项贷款余额 Total Loans Balances of Financial Institutions	社会消费品零售总额 Total Retail Sales of Consumer Goods	出口总额(万美元) Total Exports (USD 10 000)
阿坝县	Abaxian	4501	147617	186354	32554	48006	
若尔盖县	Ruoergai	4768	137810	231342	80992	46948	
红原县	Hongyuan	3442	113561	177398	96626	28657	
甘孜州	**Ganzi**						
康定市	Kangding	48457	297126	2150992	1076132	173825	138
泸定县	Luding	16830	139613	509578	266058	113143	581
丹巴县	Danba	8620	140623	298166	277086	44625	247
九龙县	Jiulong	26428	118324	222328	203374	25003	
雅江县	Yajiang	22281	122866	257411	68228	28367	
道孚县	Daofu	7316	153976	187974	14093	20530	131
炉霍县	Luhuo	4793	120169	162211	18318	27169	
甘孜县	Ganzixian	8066	126493	200031	16568	53773	
新龙县	Xinlong	6812	111555	162833	9346	13510	
德格县	Dege	4053	131023	183337	11299	20107	
白玉县	Baiyu	14448	108469	197436	40821	23930	
石渠县	Shiqu	5782	197494	219473	30625	32099	
色达县	Seda	5881	154208	220922	15017	18908	
理塘县	Litang	8886	155937	228703	29895	50878	
巴塘县	Batang	10023	123858	195538	34856	41430	167
乡城县	Xiangcheng	5608	80432	137451	102102	21734	
稻城县	Daocheng	10398	118118	187934	45568	21111	68
得荣县	Derong	4966	93053	160802	45486	11895	
凉山州	**Liangshan**						
西昌市	Xichang	352584	577292	4959322	3458588	2254768	151
木里县	Muli	51926	220763	465811	232492	64995	
盐源县	Yanyuan	59810	277469	657262	198071	197349	
德昌县	Dechang	44562	157384	589948	222359	237557	1060
会理县	Huili	69081	259210	1216869	636261	502780	318
会东县	Huidong	78721	235192	755224	224978	435921	62
宁南县	Ningnan	33179	154899	459101	88294	184617	63
普格县	Puge	16038	148901	296116	58514	82515	4239
布拖县	Butuo	8567	139125	261493	28835	42151	
金阳县	Jinyang	14165	161865	258160	48369	62213	
昭觉县	Zhaojue	14516	197693	361649	52741	66874	34
喜德县	Xide	10248	163381	288946	40790	67403	210
冕宁县	Mianning	56253	229812	737441	289942	367821	719
越西县	Yuexi	12549	206160	485666	104960	152146	11
甘洛县	Ganluo	15848	171541	362780	59594	88445	
美姑县	Meigu	6967	190909	301999	66330	52231	12
雷波县	Leibo	58050	210080	482720	121977	112669	

12−11 各县(市、区)公路里程、电话用户和利用外资情况(2015年)
Basic Statistics on Highway, Telephone Subscribers and Utilization of Foreign Capital by Counties (Municipalities, Districts)(2015)

县(市、区)	Counties (Municipalities, Districts)	公路里程 (公里) Length of Highway (km)	#等级公路 Express-way and Class I to IV Highways	固定电话用户 (户) Local Telephone Subscribers (year-end) (subscribers)	移动电话用户 (户) Number of Mobile Telephones Subscribers (year-end) (subscribers)	实际利用外资金额 (万美元) Foreign Capital Actually Used (USD 10 000)
成都市	**Chengdu**					
锦江区	Jinjiang					115225
青羊区	Qingyang	217	214			80158
金牛区	Jinniu					60121
武侯区	Wuhou					71230
成华区	Chenghua	173	165			75240
龙泉驿区	Longquanyi	1616	1101	102000	1024500	54164
青白江区	Qingbaijiang	911	860	99906	484923	15031
新都区	Xindu	1179	1158	233075	1384577	15032
温江区	Wenjiang	804	774	174000	860000	11526
双流区	Shuangliu	3832	2488	543124	2165617	36089
金堂县	Jintang	2068	1933	82700	166900	7523
郫县	Pixian	1209	1198	169302	523973	11534
大邑县	Dayi	1679	1679	89575	480915	3504
蒲江县	Pujiang	1502	1285	90143	212530	5006
新津县	Xinjin	898	869	64730	345521	18067
都江堰市	Dujiangyan	1657	1625	154606	691041	3513
彭州市	Pengzhou	1957	1859	91200	793670	7523
邛崃市	Qionglai	2321	1943	68458	564730	3511
崇州市	Chongzhou	1806	1617	80320	180430	7508
自贡市	**Zigong**					
自流井区	Ziliujing	324	239	87775	592919	
贡井区	Gongjing	572	490	39094	173166	1234
大安区	Daan	814	736	38166	220302	1000
沿滩区	Yantan	750	569	23773	191052	
荣县	Rongxian	1734	1556	70838	396937	
富顺县	Fushun	2316	1469	77717	510268	
攀枝花市	**Panzhihua**					
东区	East District	205	187	116704	719565	1600
西区	West District	139	133	56691	142449	1600
仁和区	Renhe	956	699	77274	119342	3612
米易县	Miyi	1428	750	29085	97786	1600
盐边县	Yanbian	1838	1386	18053	83710	1600
泸州市	**Luzhou**					
江阳区	Jiangyang	918	684	158303	747752	905
纳溪区	Naxi	1240	1066	38674	297463	705
龙马潭区	Longmatan	721	281	87459	488201	1000
泸县	Luxian	2669	1760	71713	554372	620
合江县	Hejiang	2186	1776	70338	525241	605
叙永县	Xuyong	3092	2424	47631	397782	805
古蔺县	Gulin	2690	1681	51184	419371	1010

12-11 续表1 continued

县(市、区)	Counties (Municipalities, Districts)	公路里程 (公里) Length of Highway (km)	#等级公路 Express-way and Class I to IV Highways	固定电话用户 (户) Local Telephone Subscribers (year-end) (subscribers)	移动电话用户 (户) Number of Mobile Telephones Subscribers (year-end) (subscribers)	实际利用外资金额 (万美元) Foreign Capital Actually Used (USD 10 000)
德阳市	**Deyang**					
旌阳区	Jingyang	797	772	187941	1102853	8552
中江县	Zhongjiang	2762	2418	70161	743745	1200
罗江县	Luojiang	641	582	24821	218934	1200
广汉市	Guanghan	1205	1138	116595	670688	4299
什邡市	Shifang	1258	969	61696	439523	2800
绵竹市	Mianzhu	1522	1490	61734	488321	2200
绵阳市	**Mianyang**					
涪城区	Fucheng	1226	1081	327166	1478094	14121
游仙区	Youxian	1940	1936	87541	498166	3798
三台县	Santai	3227	1488	84731	607849	200
盐亭县	Yanting	2400	1228	28424	224950	100
安县	Anxian	2148	2148	48490	279110	202
梓潼县	Zitong	2049	1281	29367	206672	300
北川县	Beichuan	2736	1596	20130	145410	
平武县	Pingwu	1550	1358	12140	108882	
江油市	Jiangyou	2635	1849	143374	692410	4500
广元市	**Guangyuan**					
利州区	Lizhou	2112	1474	163941	696274	1476
昭化区	Zhaohua	2319	1457	16443	123098	100
朝天区	Chaotian	2251	1202	12404	123546	100
旺苍县	Wangcang	2971	1909	41112	291056	100
青川县	Qingchuan	2473	1825	17579	157655	100
剑阁县	Jiange	3674	2985	37456	328126	100
苍溪县	Cangxi	3902	3291	78561	435302	400
遂宁市	**Suining**					
船山区	Chuanshan	1066	1066	137924	804184	6802
安居区	Anju	1939	1527	18391	250963	16
蓬溪县	Pengxi	1744	1561	30468	287566	242
射洪县	Shehong	2699	1929	88316	530123	201
大英县	Daying	1445	1418	31075	264231	
内江市	**Neijiang**					
内江市中区	Neijiang Downtown	955	548	86300	453955	3601
东兴区	Dongxing	1648	1258	111682	587471	1570
威远县	Weiyuan	2570	1778	81223	427252	1450
资中县	Zizhong	3582	2160	126911	667581	
隆昌县	Longchang	1528	1026	101529	534064	488
乐山市	**Leshan**					
乐山市中区	Leshan Downtown	781	707	206435	1042093	4485
沙湾区	Shawan	577	577	26683	158802	306
五通桥区	Wutongqiao	669	494	56161	266266	1500

12-11 续表2 continued

县(市、区)	Counties (Municipalities, Districts)	公路里程 (公里) Length of Highway (km)	#等级公路 Express-way and Class I to IV Highways	固定电话用户 (户) Local Telephone Subscribers (year-end) (subscribers)	移动电话用户 (户) Number of Mobile Telephones Subscribers (year-end) (subscribers)	实际利用外资金额 (万美元) Foreign Capital Actually Used (USD 10 000)
金口河区	Jinkouhe	327	319	5784	42488	
犍为县	Qianwei	1491	1237	50921	317918	1012
井研县	Jinyan	959	790	33799	239233	
夹江县	Jiajiang	1105	1041	71125	331549	2309
沐川县	Muchuan	3174	3136	18821	169844	
峨边县	Ebian	1070	968	12334	99991	
马边县	Mabian	770	770	11562	142950	120
峨眉山市	Emeishan	804	789	105817	460075	1826
南充市	**Nanchong**					
顺庆区	Shunqing	947	946	192250	928577	5288
高坪区	Gaoping	1349	1191	60678	329791	
嘉陵区	Jialing	2480	2163	76050	392854	1950
南部县	Nanbu	4201	3996	91081	566922	
营山县	Yingshan	2563	2490	62899	383193	
蓬安县	Pengan	2127	2114	42736	302362	
仪陇县	Yilong	3057	3057	60520	470765	
西充县	Xichong	2265	2109	40574	277177	
阆中市	Langzhong	3503	2588	98821	487081	
眉山市	**Meishan**					
东坡区	Dongpo	1406	1342	173511	820912	5657
仁寿县	Renshou	3140	2040	100840	891884	1917
彭山区	Pengshan	573	372	46898	278147	4496
洪雅县	Hongya	1422	1170		262000	335
丹棱县	Danling	503	432	25247	149760	100
青神县	Qingshen	483	483	28100	177000	218
宜宾市	**Yibin**					
翠屏区	Cuiping	1438	1354	227729	1111503	4321
南溪区	Nanxi	1381	1363	32057	249853	150
宜宾县	Yibinxian	3795	2805	61661	551906	100
江安县	Jiangan	2280	2280	32780	304429	100
长宁县	Changning	1940	1031	35047	257006	110
高县	Gaoxian	1647	1520	33318	288027	360
珙县	Gongxian	2118	1993	36676	281678	130
筠连县	Junlian	1424	1105	28829	244614	
兴文县	Xingwen	1295	1295	35097	274402	230
屏山县	Pingshan	1695	1546	17380	179014	
广安市	**Guangan**					
广安区	Guanganqu	1913	1558	96943	617675	645
前锋区	Qianfeng	909	698	16578	142850	1525
岳池县	Yuechi	2490	2047	60253	522243	507
武胜县	Wusheng	1669	1509	45378	404479	711

12-11 续表3 continued

县(市、区)	Counties (Municipalities, Districts)	公路里程 (公里) Length of Highway (km)	#等级公路 Express-way and Class I to IV Highways	固定电话用户(户) Local Telephone Subscribers (year-end) (subscribers)	移动电话用户(户) Number of Mobile Telephones Subscribers (year-end) (subscribers)	实际利用外资金额(万美元) Foreign Capital Actually Used (USD 10 000)
邻水县	Linshui	3266	3126	63746	483886	581
华蓥市	Huaying	850	816	40422	246047	1515
达州市	**Dazhou**					
通川区	Tongchuan	1515	1200	95226	676930	156
达川区	Dachuan	2891	2830	128855	682767	633
宣汉县	Xuanhan	4189	3841	81091	586630	
开江县	Kaijiang	1729	1482	32794	254893	305
大竹县	Dazhu	3006	2542	77193	513405	500
渠县	Quxian	2981	2697	77988	516514	
万源市	Wanyuan	3227	2837	44654	320851	
雅安市	**Yaan**					
雨城区	Yucheng	940	850	96059	405340	100
名山区	Mingshan	783	750	32712	210234	100
荥经县	Yingjing	596	532	20402	138550	100
汉源县	Hanyuan	1507	1490	31001	273642	800
石棉县	Shimian	1353	1353	20839	111799	100
天全县	Tianquan	689	615	15150	111102	100
芦山县	Lushan	454	394	17422	92971	300
宝兴县	Baoxing	586	469	5800	55500	100
巴中市	**Bazhong**					
巴州区	Bazhou	2835	2674	137842	1116625	290
恩阳区	Enyang	2616	2356	21614	204988	180
通江县	Tongjiang	3494	3494	54191	673661	392
南江县	Nanjiang	4170	4073	53174	392275	391
平昌县	Pingchang	4057	4010	54420	466698	401
资阳市	**Ziyang**					
雁江区	Yanjiang	3970	2778	125078	710759	11803
安岳县	Anyue	6034	4466	72810	734099	
乐至县	Lezhi	2173	1879	33620	344053	280
简阳市	Jianyang	2695	2442	109573	696755	500
阿坝州	**Aba**					
马尔康市	Maerkang	1163	1159	17665	79119	
汶川县	Wenchuan	727	706	16565	107698	460
理县	Lixian	679	670	9084	35170	
茂县	Maoxian	1245	1211	17626	92575	
松潘县	Songpan	778	765	14271	63935	
九寨沟县	Jiuzhaigou	879	848	25730	80498	
金川县	Jinchuan	1299	1282	6737	50488	
小金县	Xiaojin	1290	1271	8663	62135	
黑水县	Heishui	1435	1307	6018	30389	
壤塘县	Rangtang	713	676	2822	21824	108

12-11 续表4 continued

县(市、区)	Counties (Municipalities, Districts)	公路里程 (公里) Length of Highway (km)	#等级公路 Express-way and Class I to IV Highways	固定电话用户 (户) Local Telephone Subscribers (year-end) (subscribers)	移动电话用户 (户) Number of Mobile Telephones Subscribers (year-end) (subscribers)	实际利用外资金额 (万美元) Foreign Capital Actually Used (USD 10 000)
阿坝县	Abaxian	1030	961	6196	67360	
若尔盖县	Ruoergai	1230	1219	6315	48669	
红原县	Hongyuan	966	806	5561	44563	
甘孜州	**Ganzi**					
康定市	Kangding	2436	2205	33923	134091	
泸定县	Luding	988	970	13905	72991	
丹巴县	Danba	1716	1619	4970	39819	
九龙县	Jiulong	1460	1354	5093	40762	
雅江县	Yajiang	1917	1494	4521	29779	
道孚县	Daofu	1650	1558	3540	29579	
炉霍县	Luhuo	1482	1243	4188	29006	
甘孜县	Ganzixian	2125	2125	4777	43277	
新龙县	Xinlong	1299	1299	2343	20330	
德格县	Dege	2234	2094	2539	37311	
白玉县	Baiyu	2242	2242	3265	30084	
石渠县	Shiqu	2513	1301	2268	38635	
色达县	Seda	1778	1580	2919	41841	
理塘县	Litang	2190	2118	4343	36105	
巴塘县	Batang	1864	1670	4531	32447	
乡城县	Xiangcheng	1067	646	3461	23136	
稻城县	Daocheng	1403	1373	5523	21924	
得荣县	Derong	1517	1461	2006	16563	
凉山州	**Liangshan**					
西昌市	Xichang	1496	1035	388524	2126587	886
木里县	Muli	2391	1084	4705	89028	110
盐源县	Yanyuan	2731	2212	20627	239198	
德昌县	Dechang	906	756	24914	229895	2760
会理县	Huili	2437	1463	51328	428209	106
会东县	Huidong	1734	1536	31190	377230	
宁南县	Ningnan	1035	868	19556	171729	120
普格县	Puge	931	839	6006	91249	
布拖县	Butuo	1067	658	8032	82174	
金阳县	Jinyang	1559	1268	5025	71830	103
昭觉县	Zhaojue	1212	1127	6654	109304	
喜德县	Xide	1234	1159	5911	75698	
冕宁县	Mianning	1491	1290	31351	260997	440
越西县	Yuexi	947	886	18640	168302	102
甘洛县	Ganluo	1020	825	14229	126911	
美姑县	Meigu	1766	1320	4952	108160	101
雷波县	Leibo	2004	1692	23071	261293	105

12-12 各县(市、区)教育情况(2015年)
Basic Statistics on Education of Counties (Municipalities, Districts)(2015)

县(市、区)	Counties (Municipalities, Districts)	小学学校数(个) Number of Primary Schools (unit)	小学在校学生(人) Students Enrollment of Primary Schools (person)	小学专任教师(人) Full-time Teachers in Primary Schools (person)	普通中学学校数(个) Number of Regular Secondary Schools (unit)	普通中学在校学生(人) Students Enrollment of Regular Secondary Schools (person)	普通中学专任教师(人) Full-time Teachers in Regular Secondary Schools (person)
成都市	**Chengdu**						
锦江区	Jinjiang	30	32408	1765	12	26417	2326
青羊区	Qingyang	33	44327	2048	18	22534	1790
金牛区	Jinniu	78	68558	3503	27	36854	2710
武侯区	Wuhou	40	67628	3177	31	30364	3104
成华区	Chenghua	25	49327	2186	21	25777	2011
龙泉驿区	Longquanyi	36	47323	2564	20	29753	2548
青白江区	Qingbaijiang	11	20838	1082	15	18518	1639
新都区	Xindu	29	63279	2290	39	36734	3358
温江区	Wenjiang	11	28183	734	18	20196	2383
双流区	Shuangliu	52	68138	3002	63	54338	5346
金堂县	Jintang	49	48044	2781	27	34523	2568
郫县	Pixian	14	46545	1833	39	35117	2825
大邑县	Dayi	16	22020	1314	20	16133	1629
蒲江县	Pujiang	7	10457	765	16	9343	947
新津县	Xinjin	15	14208	903	16	12648	1238
都江堰市	Dujiangyan	25	29117	1944	25	24615	2235
彭州市	Pengzhou	22	34645	2059	32	24693	2513
邛崃市	Qionglai	32	23775	1517	29	22709	1778
崇州市	Chongzhou	38	27580	2184	12	22745	1811
自贡市	**Zigong**						
自流井区	Ziliujing	18	25526	1506	14	21498	1628
贡井区	Gongjing	15	13966	687	12	7555	605
大安区	Daan	15	21146	1037	14	10903	693
沿滩区	Yantan	12	20015	1024	12	9425	569
荣县	Rongxian	26	30987	1688	29	19735	1653
富顺县	Fushun	85	66051	2759	56	47406	2849
攀枝花市	**Panzhihua**						
东区	East District	14	21627	1208	20	22221	1671
西区	West District	6	8410	601	10	10799	986
仁和区	Renhe	15	14594	1022	11	12490	1223
米易县	Miyi	14	14719	1082	6	11390	1018
盐边县	Yanbian	16	14780	1046	7	9975	778
泸州市	**Luzhou**						
江阳区	Jiangyang	22	51402	2353	30	41046	2611
纳溪区	Naxi	15	35500	1649	14	19786	1312
龙马潭区	Longmatan	12	28515	1411	17	16472	1154
泸县	Luxian	37	83225	3344	55	58345	3456
合江县	Hejiang	75	80331	2816	26	37573	1940
叙永县	Xuyong	30	63686	2974	34	35489	1855
古蔺县	Gulin	69	70989	3406	41	43820	2630

12-12 续表1 continued

县(市、区)	Counties (Municipalities, Districts)	小学学校数(个) Number of Primary Schools (unit)	小学在校学生(人) Students Enrollment of Primary Schools (person)	小学专任教师(人) Full-time Teachers in Primary Schools (person)	普通中学学校数(个) Number of Regular Secondary Schools (unit)	普通中学在校学生(人) Students Enrollment of Regular Secondary Schools (person)	普通中学专任教师(人) Full-time Teachers in Regular Secondary Schools (person)
德阳市	**Deyang**						
旌阳区	Jingyang	35	35715	2380	27	34160	2489
中江县	Zhongjiang	198	65236	3528	57	43843	3257
罗江县	Luojiang	22	10033	640	8	7626	713
广汉市	Guanghan	39	24369	1607	27	18834	1840
什邡市	Shifang	29	15634	1412	16	13568	1420
绵竹市	Mianzhu	30	17864	1364	13	13897	1166
绵阳市	**Mianyang**						
涪城区	Fucheng	42	62485	2147	39	94594	6857
游仙区	Youxian	31	25585	1226	19	25893	2188
三台县	Santai	106	58741	3044	76	46805	4514
盐亭县	Yanting	50	18921	1588	21	14118	1656
安县	Anxian	19	21063	1091	17	14975	1397
梓潼县	Zitong	34	13280	1094	9	9395	916
北川县	Beichuan	25	10266	728	11	9594	795
平武县	Pingwu	39	6696	735	8	5545	543
江油市	Jiangyou	66	33210	2296	26	29963	2618
广元市	**Guangyuan**						
利州区	Lizhou	40	32518	2221	28	34906	2530
昭化区	Zhaohua	25	5950	928	13	5884	635
朝天区	Chaotian	24	8447	763	12	8087	646
旺苍县	Wangcang	36	22851	1953	22	19515	1494
青川县	Qingchuan	27	8756	920	21	8455	1336
剑阁县	Jiange	56	26928	2225	34	22297	2149
苍溪县	Cangxi	47	39833	2195	49	31849	2493
遂宁市	**Suining**						
船山区	Chuanshan	33	42866	2738	31	40030	3284
安居区	Anju	41	27520	1914	30	22992	2199
蓬溪县	Pengxi	32	24561	2092	34	19630	1987
射洪县	Shehong	65	39666	3162	44	36508	3481
大英县	Daying	30	24940	1417	27	17553	1508
内江市	**Neijiang**						
内江市中区	Neijiang Downtown	36	32561	1771	26	31878	2350
东兴区	Dongxing	57	49519	2619	32	23755	2282
威远县	Weiyuan	53	36532	2285	36	26999	2745
资中县	Zizhong	82	68303	3481	57	46607	4159
隆昌县	Longchang	56	47316	2401	30	29688	2191
乐山市	**Leshan**						
乐山市中区	Leshan Downtown	29	32060	1613	36	29350	2349
沙湾区	Shawan	9	7259	304	17	6467	633
五通桥区	Wutongqiao	17	9872	669	15	7665	735

12-12 续表2 continued

县(市、区)	Counties (Municipalities, Districts)	小学 学校数 (个) Number of Primary Schools (unit)	小学 在校学生 (人) Students Enrollment of Primary Schools (person)	小学 专任教师 (人) Full-time Teachers in Primary Schools (person)	普通中学 学校数 (个) Number of Regular Secondary Schools (unit)	普通中学 在校学生 (人) Students Enrollment of Regular Secondary Schools (person)	普通中学 专任教师 (人) Full-time Teachers in Regular Secondary Schools (person)
金口河区	Jinkouhe	10	2333	206	5	1512	166
犍为县	Qianwei	58	25274	1461	28	18282	1708
井研县	Jinyan	34	18712	1097	28	11833	1118
夹江县	Jiajiang	25	12510	876	22	9857	1027
沐川县	Muchuan	18	15693	517	16	8482	662
峨边县	Ebian	40	10996	572	14	4395	485
马边县	Mabian	64	22238	1066	12	8440	491
峨眉山市	Emeishan	21	17842	1150	20	15951	1459
南充市	**Nanchong**						
顺庆区	Shunqing	30	39537	2081	33	46043	2688
高坪区	Gaoping	36	33185	2145	37	35756	2412
嘉陵区	Jialing	29	30958	2213	45	23238	2256
南部县	Nanbu	30	61211	3680	86	50812	3617
营山县	Yingshan	23	48912	2392	70	35455	2542
蓬安县	Pengan	39	33553	1983	39	25079	1888
仪陇县	Yilong	47	56523	3562	66	48908	3436
西充县	Xichong	10	22832	1960	47	18869	2153
阆中市	Langzhong	20	35254	2533	77	29816	3001
眉山市	**Meishan**						
东坡区	Dongpo	51	36750	2316	29	32349	1597
仁寿县	Renshou	97	67423	4234	114	57394	4937
彭山区	Pengshan	15	12298	913	16	9632	818
洪雅县	Hongya	28	13882	841	20	10558	1034
丹棱县	Danling	12	6215	384	7	4246	403
青神县	Qingshen	17	6533	545	8	5312	477
宜宾市	**Yibin**						
翠屏区	Cuiping	29	62334	2714	42	49302	4792
南溪区	Nanxi	19	27095	1550	18	21035	1640
宜宾县	Yibinxian	62	66603	3482	51	46046	3857
江安县	Jiangan	48	31284	1491	27	21491	1705
长宁县	Changning	33	29701	1243	21	18430	1565
高县	Gaoxian	59	34590	1661	21	21185	1444
珙县	Gongxian	17	29547	1417	21	16368	1266
筠连县	Junlian	10	34865	1352	34	22397	2017
兴文县	Xingwen	33	39048	1700	28	28257	1934
屏山县	Pingshan	12	20988	1066	20	12280	1236
广安市	**Guangan**						
广安区	Guanganqu	26	46848	2522	53	58052	4453
前锋区	Qianfeng	20	19065	1075	20	13135	1046
岳池县	Yuechi	71	62030	3216	70	46389	4473
武胜县	Wusheng	51	40006	2473	51	35300	3192

12-12 续表3 continued

县(市、区)	Counties (Municipalities, Districts)	小学 学校数 (个) Number of Primary Schools (unit)	小学 在校学生 (人) Students Enrollment of Primary Schools (person)	小学 专任教师 (人) Full-time Teachers in Primary Schools (person)	普通中学 学校数 (个) Number of Regular Secondary Schools (unit)	普通中学 在校学生 (人) Students Enrollment of Regular Secondary Schools (person)	普通中学 专任教师 (人) Full-time Teachers in Regular Secondary Schools (person)
邻水县	Linshui	34	57878	2827	59	54110	4197
华蓥市	Huaying	11	22537	1332	22	17474	1991
达州市	**Dazhou**						
通川区	Tongchuan	157	48072	2468	32	22351	1464
达川区	Dachuan	195	75974	4126	71	57553	3609
宣汉县	Xuanhan	467	91639	4329	68	65010	3639
开江县	Kaijiang	149	36084	2023	28	25820	1656
大竹县	Dazhu	178	70810	3392	50	49081	3098
渠县	Quxian	189	59601	5200	97	53708	4672
万源市	Wanyuan	229	36472	1845	36	28136	1792
雅安市	**Yaan**						
雨城区	Yucheng	20	19683	1144	21	15916	1256
名山区	Mingshan	17	15120	762	16	8825	748
荥经县	Yingjing	25	10730	665	6	5208	418
汉源县	Hanyuan	30	18391	1213	12	13330	944
石棉县	Shimian	18	10716	595	6	5366	380
天全县	Tianquan	24	10253	714	8	6398	596
芦山县	Lushan	10	6785	544	13	5516	497
宝兴县	Baoxing	12	3117	406	4	1393	225
巴中市	**Bazhong**						
巴州区	Bazhou	24	43879	2214	44	36692	3352
恩阳区	Enyang	21	22992	1664	13	23090	1140
通江县	Tongjiang	75	40360	3066	29	43582	2630
南江县	Nanjiang	56	36041	2681	38	38475	2409
平昌县	Pingchang	26	52597	4121	50	48155	3411
资阳市	**Ziyang**						
雁江区	Yanjiang	120	65970	2757	69	37391	3823
安岳县	Anyue	48	93108	2848	92	56855	4722
乐至县	Lezhi	60	35816	1815	43	24708	2336
简阳市	Jianyang	30	82848	2128	105	56746	5727
阿坝州	**Aba**						
马尔康市	Maerkang	19	4140	542	6	3643	358
汶川县	Wenchuan	13	3882	580	5	6622	604
理县	Lixian	12	2114	441	3	1491	210
茂县	Maoxian	23	7012	639	4	5651	523
松潘县	Songpan	22	4246	468	8	2727	274
九寨沟县	Jiuzhaigou	18	4687	493	3	3933	371
金川县	Jinchuan	33	3453	479	7	2679	305
小金县	Xiaojin	23	4305	479	5	4032	368
黑水县	Heishui	15	3734	330	2	1866	160
壤塘县	Rangtang	12	4254	329	4	1133	105

12-12 续表4 continued

县(市、区)	Counties (Municipalities, Districts)	小学 学校数 (个) Number of Primary Schools (unit)	小学 在校学生 (人) Students Enrollment of Primary Schools (person)	小学 专任教师 (人) Full-time Teachers in Primary Schools (person)	普通中学 学校数 (个) Number of Regular Secondary Schools (unit)	普通中学 在校学生 (人) Students Enrollment of Regular Secondary Schools (person)	普通中学 专任教师 (人) Full-time Teachers in Regular Secondary Schools (person)
阿坝县	Abaxian	29	8543	576	2	2371	144
若尔盖县	Ruoergai	31	8071	549	6	5537	336
红原县	Hongyuan	14	4632	399	2	3002	182
甘孜州	**Ganzi**						
康定市	Kangding	25	8766	602	8	8437	605
泸定县	Luding	15	6132	563	8	5718	535
丹巴县	Danba	15	3998	459	5	3089	233
九龙县	Jiulong	33	7238	463	4	5145	309
雅江县	Yajiang	33	5154	356	2	2433	123
道孚县	Daofu	33	4882	339	2	1680	102
炉霍县	Luhuo	13	5437	338	3	2220	177
甘孜县	Ganzixian	31	6055	400	3	3172	220
新龙县	Xinlong	25	3897	381	1	992	64
德格县	Dege	38	7680	494	2	1269	132
白玉县	Baiyu	20	4373	408	2	669	71
石渠县	Shiqu	45	9028	506	2	1425	115
色达县	Seda	18	4073	290	1	1056	79
理塘县	Litang	28	7041	572	3	1796	125
巴塘县	Batang	39	5711	458	4	3602	264
乡城县	Xiangcheng	15	2680	278	1	1390	111
稻城县	Daocheng	16	2838	286	2	1128	96
得荣县	Derong	23	2127	264	1	1039	101
凉山州	**Liangshan**						
西昌市	Xichang	149	76773	3630	31	54098	3317
木里县	Muli	23	12704	948	12	6393	410
盐源县	Yanyuan	70	37724	1749	14	24127	1307
德昌县	Dechang	23	19472	1046	5	11142	761
会理县	Huili	102	30316	1731	16	23618	1474
会东县	Huidong	48	41073	1660	18	22510	1170
宁南县	Ningnan	35	17213	789	7	10032	767
普格县	Puge	52	28496	1071	6	7325	387
布拖县	Butuo	28	27483	986	5	3540	198
金阳县	Jinyang	38	25353	1055	8	5288	305
昭觉县	Zhaojue	62	36439	1579	9	10934	501
喜德县	Xide	67	27294	1230	9	8364	424
冕宁县	Mianning	82	39097	1820	16	20513	1087
越西县	Yuexi	67	44207	1519	12	12283	665
甘洛县	Ganluo	86	25598	1149	11	10071	537
美姑县	Meigu	150	35235	1343	6	6771	498
雷波县	Leibo	64	30924	1444	11	10253	674

13 农 业

AGRICULTURE

13-1 农林牧渔业总产值
Gross Output Value of Farming, Forestry, Animal Husbandry and Fishery

单位：亿元 (100 million yuan)

年 份 Year	农林牧渔业总产值 Total	#第一产业 Primary Industry	农 业 Farming	林 业 Forestry	牧 业 Animal Husbandry	渔 业 Fishery
1980	136.92	136.92	98.07	4.21	34.07	0.57
1981	147.02	147.02	105.41	5.34	35.63	0.64
1982	177.53	177.53	133.84	5.81	37.07	0.81
1983	193.77	193.77	142.76	7.02	42.83	1.16
1984	211.93	211.93	151.54	12.21	46.79	1.39
1985	234.82	234.82	161.14	13.09	58.74	1.85
1986	254.33	254.33	168.46	13.18	69.74	2.95
1987	294.59	294.59	187.84	13.66	89.18	3.91
1988	361.11	361.11	213.69	15.99	126.02	5.41
1989	400.40	400.40	238.04	16.75	139.24	6.37
1990	484.31	484.31	301.46	18.51	157.04	7.30
1991	513.43	513.43	317.43	19.43	168.41	8.16
1992	565.62	565.62	344.52	22.23	189.41	9.46
1993	660.69	660.69	389.21	24.90	234.30	12.28
1994	930.80	930.80	521.00	28.48	365.33	15.99
1995	1113.96	1113.96	645.17	34.32	413.84	20.63
1996	1274.32	1274.32	750.07	38.58	461.32	24.35
1997	1395.43	1395.43	798.22	41.31	527.60	28.30
1998	1455.19	1455.19	823.72	45.87	554.15	31.45
1999	1444.86	1444.86	792.80	45.34	572.63	34.09
2000	1483.52	1483.52	785.37	49.13	611.76	37.26
2001	1534.89	1534.90	769.95	50.85	673.10	41.00
2002	1651.53	1651.53	807.43	54.60	743.91	45.59
2003	1784.49	1784.49	804.70	59.26	832.34	53.34
2004	2252.28	2252.28	987.70	62.65	1097.62	65.75
2005	2457.46	2457.46	1037.20	69.94	1230.18	78.49
2006	2602.10	2602.10	1075.08	76.75	1317.41	87.16
2007	3370.17	3370.17	1316.60	87.20	1827.07	85.80
2008	3686.20	3686.20	1710.80	105.32	1708.42	103.68
2009	3689.81	3689.81	1806.06	112.52	1596.72	119.05
2010	4081.81	4081.81	2069.33	112.90	1705.16	129.83
2011	4932.73	4932.73	2454.26	130.10	2127.20	147.16
2012	5433.12	5433.12	2764.90	151.50	2269.86	163.77
2013	5620.26	5527.96	2903.48	179.43	2267.56	177.49
2014	5888.10	5785.80	3078.61	196.00	2318.84	192.35
2015	6377.84	6267.43	3335.51	205.82	2515.58	210.52

注：本年按当年价格计算；从2013年起，农业核算执行国家统计局新的《国民经济行业分类》和《三次产业划分规定》。

a) Data of this year are calculated at current prices. Since 2013, agricultural accounting has been based on the "Industrial Calssification for National Economic Activities" and "Rules of Clarification of Three Industries" which were newly promulgated by National Statistical Bureau.

13-2 农林牧渔业总产值指数
Indices of Gross Output Value of Farming, Forestry, Animal Husbandry and Fishery

(1952年=100) (1952=100)

年 份 Year	农林牧渔业 总产值 Total	农 业 Farming	林 业 Forestry	牧 业 Animal Husbandry	渔 业 Fishery	农林牧渔业服务业 Services
1980	242.2	201.9	373.4	482.9	400.0	
1985	332.7	251.1	933.0	756.5	1272.4	
1990	409.4	290.8	742.2	1104.3	2386.2	
1991	427.6	300.5	742.9	1179.3	2589.7	
1992	445.7	308.2	800.4	1255.7	2831.0	
1993	450.2	299.4	812.4	1341.1	3210.3	
1994	465.3	297.1	859.6	1461.1	3586.2	
1995	504.9	321.2	932.6	1584.8	4369.0	
1996	533.3	338.0	1004.6	1674.3	4893.1	
1997	559.4	351.8	1031.2	1772.2	5481.2	
1998	584.5	361.4	1061.6	1889.9	6126.0	
1999	605.8	368.7	1048.3	1997.8	6855.0	
2000	636.0	379.2	1080.7	2144.1	7717.7	
2001	651.3	369.0	1083.2	2318.2	8521.1	
2002	695.3	387.3	1145.4	2512.5	9551.7	100.0
2003	738.5	394.6	1257.0	2744.7	11309.2	108.0
2004	790.9	410.8	1303.5	3019.2	12756.8	113.9
2005	842.4	421.6	1422.0	3304.8	14382.0	122.1
2006	873.7	416.7	1525.5	3540.1	15689.3	132.2
2007	904.1	436.3	1604.8	3610.9	16944.4	141.7
2008	933.9	447.6	1652.9	3744.5	17961.1	147.7
2009	973.5	468.3	1743.8	3886.8	18889.8	149.7
2010	1017.3	492.2	1841.5	4022.8	19807.8	167.6
2011	1064.1	520.7	2020.1	4127.4	21134.9	183.7
2012	1112.0	545.2	2187.8	4284.2	22572.1	201.2
2013	1149.8	564.8	2378.1	4395.6	23926.4	219.1
2014	1195.8	586.8	2501.8	4567.0	25218.4	239.7
2015	1250.8	618.5	2772.2	4684.6	27502.1	257.9

注：本表按可比价格计算；2003年起按新口径计算；2004年起指数按可比价格缩减法计算。

a) Data in this table are calculated at comparable prices. Since 2003, calculation has been based on the new range. Data have been calculated at comparable prices by deflation approach since 2004.

13-3 各市(州)农林牧渔业总产值(2015年)
Gross Output Value of Farming, Forestry, Animal Husbandry and Fishery by Region(2015)

单位：亿元 (100 million yuan)

市(州)	Region	农林牧渔业总产值 Total	#第一产业 Primary Industry	农业 Farming	林业 Forestry	牧业 Animal Husbandry	渔业 Fishery
全　省	**Sichuan**	**6377.84**	**6267.43**	**3335.51**	**205.82**	**2515.58**	**210.52**
成都市	Chengdu	663.06	643.36	375.14	11.46	237.52	19.23
自贡市	Zigong	207.81	205.16	104.10	14.94	76.15	9.97
攀枝花市	Panzhihua	54.94	54.18	32.62	0.88	16.58	4.10
泸州市	Luzhou	280.77	276.67	150.10	10.99	105.26	10.32
德阳市	Deyang	377.83	369.63	158.08	7.44	195.52	8.60
绵阳市	Mianyang	446.01	437.53	226.22	15.90	179.99	15.41
广元市	Guangyuan	186.16	182.19	90.63	6.23	77.69	7.64
遂宁市	Suining	252.84	248.06	117.90	9.19	111.89	9.08
内江市	Neijiang	332.27	326.90	155.78	11.16	138.41	21.54
乐山市	Leshan	249.07	245.52	110.17	12.79	112.08	10.48
南充市	Nanchong	567.51	562.54	244.09	14.15	287.73	16.57
眉山市	Meishan	276.51	271.11	126.17	7.45	121.44	16.05
宜宾市	Yibin	373.99	368.37	171.08	16.02	167.69	13.59
广安市	Guangan	285.17	280.51	142.19	8.17	114.07	16.08
达州市	Dazhou	478.46	471.28	264.09	14.60	180.52	12.08
雅安市	Yaan	125.29	123.49	64.06	12.81	45.02	1.60
巴中市	Bazhong	158.70	155.50	73.78	4.96	69.27	7.49
资阳市	Ziyang	441.73	435.70	176.87	12.02	230.80	16.01
阿坝藏族羌族自治州	Aba	62.49	59.65	19.38	4.10	36.11	0.06
甘孜藏族自治州	Ganzi	71.95	71.11	27.88	3.48	39.70	0.05
凉山彝族自治州	Liangshan	447.48	440.72	238.63	19.54	177.32	5.23

注：本表按当年价格及新口径计算。
a) Data in this table are calculated at current prices and based on new the range.

13-4 各市(州)农林牧渔业总产值指数(2015年)
Indices of Gross Output Value of Farming, Forestry, Animal Husbandry and Fishery by Region(2015)

(上年=100) (preceding year=100)

市(州)	Region	农林牧渔业总产值 Total	#第一产业 Primary Industry	农业 Farming	林业 Forestry	牧业 Animal Husbandry	渔业 Fishery
全 省	**Sichuan**	**104.6**	**104.6**	**105.4**	**110.8**	**102.6**	**109.1**
成都市	Chengdu	104.3	104.4	106.6	115.2	100.2	112.6
自贡市	Zigong	104.4	104.4	107.0	96.2	102.7	104.8
攀枝花市	Panzhihua	104.4	104.4	105.5	104.6	102.6	103.3
泸州市	Luzhou	104.4	104.4	104.9	109.5	103.1	105.0
德阳市	Deyang	104.4	104.3	103.8	105.7	104.6	105.1
绵阳市	Mianyang	104.5	104.5	104.3	104.0	104.9	103.5
广元市	Guangyuan	104.5	104.5	105.2	104.4	103.7	103.5
遂宁市	Suining	104.2	104.1	105.3	103.3	102.9	104.1
内江市	Neijiang	104.4	104.4	105.6	105.3	102.3	109.5
乐山市	Leshan	104.4	104.4	105.6	101.1	103.6	104.4
南充市	Nanchong	104.4	104.4	104.6	106.4	104.0	105.4
眉山市	Meishan	104.5	104.5	105.8	105.2	102.8	107.1
宜宾市	Yibin	104.4	104.4	104.9	105.4	103.6	104.7
广安市	Guangan	104.1	104.1	104.9	105.4	102.4	108.5
达州市	Dazhou	104.4	104.4	104.8	104.7	103.8	105.2
雅安市	Yaan	104.4	104.4	105.0	104.0	103.7	104.8
巴中市	Bazhong	104.2	104.2	104.8	105.0	103.4	105.5
资阳市	Ziyang	104.5	104.4	105.8	104.4	103.1	108.6
阿坝藏族羌族自治州	Aba	105.3	105.3	106.6	104.0	104.8	110.4
甘孜藏族自治州	Ganzi	104.6	104.6	105.7	104.7	103.8	96.0
凉山彝族自治州	Liangshan	104.6	104.6	105.3	106.3	103.4	106.2

13-5 各市(州)农林牧渔业增加值(2015年)
Value-added of Farming, Forestry, Animal Husbandry and Fishery by Region(2015)

单位：亿元 (100 million yuan)

市(州)	Region	农林牧渔业增加值 Total	#第一产业 Primary Industry	农业 Farming	林业 Forestry	牧业 Animal Husbandry	渔业 Fishery
全　省	**Sichuan**	**3745.32**	**3677.30**	**2296.68**	**131.69**	**1121.93**	**127.00**
成都市	Chengdu	387.94	373.15	245.81	9.36	107.04	10.94
自贡市	Zigong	129.48	127.97	72.55	10.55	37.98	6.89
攀枝花市	Panzhihua	31.71	31.31	20.99	0.40	7.59	2.33
泸州市	Luzhou	170.47	167.84	101.72	7.27	52.46	6.40
德阳市	Deyang	213.82	208.18	103.49	4.79	94.44	5.47
绵阳市	Mianyang	265.06	260.05	152.51	9.43	88.43	9.68
广元市	Guangyuan	102.67	99.76	55.90	3.60	35.66	4.60
遂宁市	Suining	145.41	142.05	79.09	6.38	50.59	5.99
内江市	Neijiang	194.28	191.15	104.31	7.20	65.98	13.65
乐山市	Leshan	144.49	142.50	72.73	8.82	53.84	7.12
南充市	Nanchong	339.57	335.46	188.35	9.50	126.69	10.92
眉山市	Meishan	162.72	159.64	86.49	5.01	57.83	10.32
宜宾市	Yibin	219.36	216.35	116.58	11.57	78.58	9.61
广安市	Guangan	166.09	163.31	93.76	5.01	54.55	10.00
达州市	Dazhou	295.31	290.82	187.19	9.43	86.57	7.63
雅安市	Yaan	73.50	72.44	43.93	9.10	18.45	0.95
巴中市	Bazhong	85.89	83.98	44.45	2.96	31.96	4.62
资阳市	Ziyang	254.82	250.88	122.85	7.81	110.60	9.62
阿坝藏族羌族自治州	Aba	42.35	40.84	12.72	2.84	25.23	0.05
甘孜藏族自治州	Ganzi	54.91	54.41	21.97	2.52	29.88	0.04
凉山彝族自治州	Liangshan	267.90	263.58	157.15	13.86	89.19	3.39

注：本表按当年价格及新口径计算。

a) Data in this table are calculated at current prices and based on the new range.

13-6 各市(州)农林牧渔业增加值指数(2015年)
Indices of Value-added of Farming, Forestry, Animal Husbandry and Fishery by Region(2015)

(上年=100) (preceding year=100)

市(州)	Region	农林牧渔业增加值 Total	#第一产业 Primary Industry	农业 Farming	林业 Forestry	牧业 Animal Husbandry	渔业 Fishery
全　省	**Sichuan**	**103.9**	**103.8**	**103.7**	**110.7**	**103.3**	**101.9**
成都市	Chengdu	103.9	103.9	104.8	115.2	100.1	112.6
自贡市	Zigong	103.9	103.9	105.0	95.0	104.0	106.2
攀枝花市	Panzhihua	104.0	104.0	104.9	104.4	102.2	102.8
泸州市	Luzhou	103.8	103.8	104.4	109.0	101.9	104.5
德阳市	Deyang	103.9	103.8	103.4	100.7	104.5	102.3
绵阳市	Mianyang	103.8	103.8	103.5	103.8	104.4	103.4
广元市	Guangyuan	103.8	103.8	104.0	106.3	103.2	103.5
遂宁市	Suining	103.7	103.6	105.0	102.7	101.5	104.0
内江市	Neijiang	103.9	103.9	104.7	105.3	101.6	109.5
乐山市	Leshan	103.9	103.8	105.1	100.1	102.7	104.3
南充市	Nanchong	103.8	103.8	104.1	106.2	103.1	105.3
眉山市	Meishan	104.0	104.0	104.2	104.4	103.2	106.0
宜宾市	Yibin	103.9	103.9	103.6	104.7	104.0	105.1
广安市	Guangan	103.8	103.8	104.6	105.2	101.4	108.3
达州市	Dazhou	103.9	103.9	104.2	103.9	103.1	105.1
雅安市	Yaan	103.9	103.9	104.6	102.7	102.9	104.1
巴中市	Bazhong	103.7	103.7	104.1	104.7	102.9	105.4
资阳市	Ziyang	103.9	103.9	106.8	100.8	100.8	104.2
阿坝藏族羌族自治州	Aba	104.2	104.3	105.0	103.8	103.9	108.1
甘孜藏族自治州	Ganzi	103.9	103.9	105.6	104.3	102.7	95.4
凉山彝族自治州	Liangshan	104.3	104.3	104.9	106.1	102.8	103.9

13-7 化肥施用量和农村用电量
Consumption of Chemical Fertilizers and Electrification of Agriculture by Region

年份 Year	化肥施用量 (万吨) Consumption of Chemical Fertilizers (10 000 tons)	氮肥 Nitrogenous Fertilizer	磷肥 Phosphate Fertilizer	钾肥 Potash Fertilizer	复合肥 Compound Fertilizer	农村用电量 (亿千瓦时) Electricity Consumed in Rural Area (100 million kwh)
1952	0.4	0.4				
1957	1.0	0.7	0.3			
1962	4.0	3.0	1.0			
1965	11.3	8.4	2.8	0.1		
1970	11.5	8.5	2.8	0.2		
1975	23.0	17.1	5.6	0.3		
1978	62.5	46.4	15.7	0.4		7.7
1980	80.4	52.6	24.0	1.0	1.1	9.4
1985	103.1	82.6	16.4	1.7	2.1	19.3
1990	143.9	101.4	28.2	2.6	11.7	33.0
1991	154.3	103.0	32.0	3.5	15.7	37.4
1992	154.0	100.2	32.2	4.3	17.2	40.6
1993	158.1	99.5	33.2	5.4	20.0	46.2
1994	170.0	104.9	35.1	6.2	23.7	53.8
1995	182.9	111.0	37.4	7.0	27.3	61.2
1996	192.8	117.8	38.4	7.4	29.2	64.1
1997	201.3	121.3	40.0	8.4	31.6	68.4
1998	205.3	123.7	40.3	8.8	32.5	73.5
1999	210.3	124.2	40.4	9.3	36.4	78.8
2000	212.6	123.0	42.0	10.0	37.5	82.8
2001	212.0	121.8	41.9	10.4	37.9	89.5
2002	209.6	118.5	42.3	11.0	37.8	93.0
2003	208.4	117.5	41.9	11.6	37.4	99.9
2004	214.7	120.2	42.9	12.2	39.3	107.8
2005	220.9	121.8	45.1	12.9	40.6	112.9
2006	228.2	124.7	46.6	13.7	43.0	117.7
2007	238.2	127.9	48.0	14.8	46.6	123.3
2008	242.8	128.6	48.9	15.8	48.0	128.2
2009	248.0	130.7	49.7	16.4	50.3	133.8
2010	248.0	129.6	49.2	16.4	51.1	141.7
2011	251.2	128.8	50.6	17.3	53.2	148.6
2012	252.8	127.9	50.7	17.5	55.0	156.0
2013	251.1	126.1	50.3	17.7	55.0	163.5
2014	250.2	125.7	49.9	17.7	56.9	169.6
2015	249.8	124.7	49.6	17.8	57.7	174.8

13-8 各市(州)化肥施用量和农村用电量(2015年)
Consumption of Chemical Fertilizers and Electrification of Agriculture by Region(2015)

市(州)	Region	化肥施用量(万吨) Consumption of Chemical Fertilizers (100 million tons)	氮肥 Nitrogenous Fertilizer	磷肥 Phosphate Fertilizer	钾肥 Potash Fertilizer	复合肥 Compound Fertilizer	农村用电量(亿千瓦时) Electricity Consumed in Rural Area (100 million kwh)
全　省	**Sichuan**	**249.83**	**124.73**	**49.63**	**17.81**	**57.66**	**174.81**
成都市	Chengdu	15.25	5.83	3.20	1.90	4.31	32.12
自贡市	Zigong	9.54	4.40	2.60	0.97	1.56	4.69
攀枝花市	Panzhihua	2.90	1.04	0.33	0.33	1.20	2.00
泸州市	Luzhou	11.09	5.41	2.15	0.69	2.84	7.74
德阳市	Deyang	18.91	9.47	3.01	0.93	5.50	21.12
绵阳市	Mianyang	21.88	10.35	5.75	1.10	4.68	11.02
广元市	Guangyuan	11.38	5.87	2.39	0.93	2.19	4.13
遂宁市	Suining	14.33	7.25	2.99	1.05	3.04	3.69
内江市	Neijiang	12.76	8.17	2.87	0.35	1.38	9.50
乐山市	Leshan	9.81	5.43	1.64	0.39	2.35	10.44
南充市	Nanchong	22.39	11.59	5.40	1.08	4.32	6.41
眉山市	Meishan	14.75	5.70	1.99	2.26	4.79	8.23
宜宾市	Yibin	8.71	3.43	1.61	0.73	2.94	11.51
广安市	Guangan	10.90	6.90	2.38	0.73	0.89	5.13
达州市	Dazhou	21.91	12.62	3.66	1.62	4.01	8.41
雅安市	Yaan	5.09	2.46	0.70	0.54	1.39	4.33
巴中市	Bazhong	14.18	6.74	2.38	1.12	3.95	4.68
资阳市	Ziyang	8.76	5.21	1.76	0.07	1.71	8.93
阿坝藏族羌族自治州	Aba	1.30	0.56	0.34	0.08	0.32	2.19
甘孜藏族自治州	Ganzi	0.33	0.24	0.04	0.01	0.05	1.12
凉山彝族自治州	Liangshan	13.68	6.06	2.46	0.93	4.23	7.45

13—9 耕地面积、机耕面积、有效灌溉面积和农作物总播种面积
Area under Cultivation, Area Ploughed by Tractors, Irrigated Area and Total Sown Area of Farm Crops

单位：万公顷 (10 000 hectares)

年份 Year	年末实有 耕地面积 Cultivated Area (year-end)	机耕面积 Area Ploughed by Tractors	有效灌溉面积 Irrigated Area	农作物总 播种面积 Total Sown Area	#粮食 Grain Crops
1952	547.85		53.70	827.66	686.30
1957	569.13	0.40	86.40	968.20	784.90
1962	510.07	2.60	106.90	805.65	676.70
1965	518.96	2.60	120.90	789.59	622.50
1970	510.66	4.60	139.30	819.65	674.80
1975	497.21	45.30	175.00	903.94	728.90
1978	490.91	86.50	198.90	885.91	744.10
1980	487.16	67.90	211.40	861.90	746.10
1985	474.12	51.70	215.40	855.80	663.60
1990	464.71	59.20	222.60	905.00	698.50
1991	463.23	64.30	224.10	920.70	704.80
1992	461.19	66.30	225.30	921.90	702.90
1993	459.38	65.40	226.50	915.20	705.00
1994	457.96	70.80	227.90	916.40	701.50
1995	456.04	71.60	230.10	930.24	705.50
1996	454.31	70.10	232.50	940.08	713.80
1997	451.99	84.40	239.10	949.75	721.10
1998	449.49	85.60	239.10	971.44	733.80
1999	445.47	98.30	242.80	971.77	729.70
2000	434.61	93.70	246.90	960.91	685.40
2001	428.44	95.05	248.70	949.17	662.69
2002	405.99	95.40	250.10	934.41	642.50
2003	390.37	98.10	250.30	908.50	608.80
2004	390.44	98.80	250.30	924.44	633.33
2005	390.60	107.50	249.50	941.69	650.16
2006	391.66	115.04	248.70	953.08	644.90
2007	394.59	121.10	250.00	939.09	643.76
2008	395.95	182.20	250.70	943.00	642.20
2009	397.61	196.53	252.40	947.10	641.38
2010	401.07	219.02	255.31	947.30	640.13
2011	398.34	275.50	260.10	956.00	643.70
2012	399.15	330.28	256.62	964.32	646.54
2013	399.38	409.47	261.65	968.22	646.99
2014	673.42	459.79	266.63	966.86	646.74
2015	673.61		273.51	969.00	645.40

注：从2014年开始，耕地面积数据由四川省国土资源厅提供（后同）。
a) Data of cultivated area have been provided by Bureau of Land and Resources of Sichuan Province since 2014. The same as follows.

13-10 各市(州)耕地面积、设施农业用地、有效灌溉面积和农作物总播种面积(2015年)

Area under Cultivation, Used for Facility Agriculture, Irrigated effectively and Total Sown of Farm Crops by Region(2015)

单位：千公顷 (1 000 hectares)

市(州)	Region	年末实有耕地面积 Cultivated Area (year-end)	设施农业用地面积 Facility Agriculture Area	有效灌溉面积 Irrigated Area	农作物总播种面积 Total Sown Area	#粮食 Grain Crops
全 省	**Sichuan**	**6736.08**	**150.27**	**2735.09**	**9690.03**	**6454.00**
成都市	Chengdu	421.54	15.55	313.39	683.88	365.73
自贡市	Zigong	216.53	10.89	93.01	311.47	216.62
攀枝花市	Panzhihua	74.95	3.64	36.78	70.14	41.66
泸州市	Luzhou	410.57	5.06	141.87	485.30	370.69
德阳市	Deyang	249.85	8.33	149.45	460.09	302.22
绵阳市	Mianyang	444.87	5.31	217.30	663.60	419.76
广元市	Guangyuan	353.29	3.49	87.41	428.12	263.24
遂宁市	Suining	270.82	5.64	118.58	414.16	299.52
内江市	Neijiang	274.56	8.59	125.37	449.59	308.07
乐山市	Leshan	272.89	8.95	137.47	357.52	231.58
南充市	Nanchong	534.89	18.07	199.00	912.06	572.47
眉山市	Meishan	242.00	8.74	167.52	435.00	297.04
宜宾市	Yibin	487.69	9.13	171.43	543.98	392.02
广安市	Guangan	307.71	6.12	95.23	487.83	340.99
达州市	Dazhou	550.06	15.74	156.35	826.98	554.97
雅安市	Yaan	101.09	1.84	54.56	174.43	110.50
巴中市	Bazhong	324.71	6.71	88.20	450.84	318.79
资阳市	Ziyang	430.52	2.81	175.34	736.39	512.02
阿坝藏族羌族自治州	Aba	83.76	0.28	20.07	81.55	52.60
甘孜藏族自治州	Ganzi	103.23	0.13	22.61	85.82	72.14
凉山彝族自治州	Liangshan	580.55	5.25	164.15	692.02	472.13

13－11 农作物播种面积和产量
Total Sown Area of Farm Crops and Output of Major Farm Products

面积单位：万公顷 (area: 10 000 hectares)
产量单位：万吨 (yield and output: 10 000 tons)

年份 Year	粮 食 Grain Crops		#谷物 Cereal		#稻谷 Rice		#小麦 Wheat		#玉米 Corn	
	播种面积 Sown Area	产 量 Yield	播种面积 Sown Area	产 量 Yield	播种面积 Sown Area	产 量 Yield	播种面积 Sown Area	产 量 Yield	播种面积 Sown Area	产 量 Yield
1952	686.3	1170.1			253.1	769.2	79.4	65.3	93.4	91.8
1957	784.9	1531.0			280.6	939.6	104.6	123.5	103.9	157.5
1962	676.7	1054.7			203.1	572.8	114.5	94.7	81.3	95.1
1965	622.5	1489.4			241.0	869.2	93.5	113.1	84.4	150.7
1970	674.8	1756.1			233.7	937.7	107.3	187.6	95.4	196.4
1975	728.9	1976.8			264.8	1035.4	139.8	248.8	104.2	248.6
1978	744.1	2381.8			226.9	1086.4	165.4	368.6	117.1	360.6
1980	746.1	2599.7			225.5	1207.4	182.6	410.2	124.5	457.3
1985	663.6	2875.1			230.8	1463.3	151.6	506.7	107.2	418.7
1990	698.5	3269.2			230.0	1700.8	168.0	570.9	119.9	486.1
1991	704.8	3315.2			229.3	1663.6	171.6	619.2	122.8	487.1
1992	702.9	3371.3			229.8	1720.4	173.4	634.3	121.1	476.2
1993	705.0	3174.8			223.7	1586.8	177.9	569.3	120.0	456.8
1994	701.5	3098.1			218.4	1525.0	176.8	641.9	119.8	399.8
1995	705.5	3395.3	544.1	2887.8	220.3	1657.8	178.0	682.4	120.2	471.6
1996	713.8	3483.1	552.4	2986.2	221.8	1705.7	181.0	656.9	124.7	548.6
1997	721.1	3554.4	557.9	3076.1	219.6	1700.2	182.4	687.3	129.0	605.7
1998	733.8	3626.3	566.4	3096.7	216.8	1685.3	186.5	673.2	136.5	659.4
1999	729.7	3668.4	561.3	3115.7	217.6	1724.4	181.8	620.9	135.9	693.7
2000	685.4	3568.5	520.2	2996.7	212.4	1692.5	160.5	614.3	123.5	616.6
2001	662.7	3056.5	496.4	2530.0	203.7	1452.4	150.3	517.8	120.1	493.1
2002	642.5	3275.2	481.0	2714.3	202.0	1540.0	142.5	526.5	114.5	578.2
2003	608.8	3183.3	452.3	2625.3	193.0	1498.2	128.6	488.3	110.1	572.7
2004	633.3	3326.5	461.0	2709.8	197.1	1525.4	128.3	501.5	115.6	620.4
2005	650.2	3409.2	473.0	2769.5	199.5	1526.9	136.0	543.1	118.5	641.8
2006	644.9	2859.8	475.8	2371.1	204.9	1337.2	123.5	426.7	129.0	551.7
2007	643.8	3026.9	474.0	2514.5	200.9	1420.0	125.1	432.2	131.9	601.5
2008	642.2	3140.3	475.3	2607.1	201.4	1498.0	122.7	413.5	131.8	634.7
2009	641.4	3194.7	473.0	2631.2	200.5	1520.2	121.9	410.3	132.9	640.9
2010	640.1	3223.5	471.7	2652.7	198.5	1512.4	120.4	413.3	134.9	666.5
2011	643.7	3292.3	472.6	2717.8	198.7	1527.4	120.1	421.9	135.7	698.5
2012	646.5	3315.7	472.6	2723.0	197.7	1536.1	119.0	421.0	136.5	698.4
2013	647.0	3387.1	475.8	2815.3	199.1	1549.5	121.6	421.3	137.8	762.4
2014	646.7	3374.9	472.0	2784.2	199.2	1526.5	117.1	423.2	138.1	751.9
2015	645.4	3442.8	468.5	2826.6	199.1	1552.6	111.9	426.3	140.2	765.7

注：2006年粮食作物及分类为第二次全国农业普查国家统计局核定数据，2007年及以后为国家统计局核定的抽样调查数据。

a) Data of grain and the classification in 2006 were approved according to the National Bureau of Statistics in the second national agricultural census, in 2007 and later approved according to the National Bureau of Statistics in survey data.

13-11 续表1 continued

面积单位：万公顷
产量单位：万吨

(area: 10 000 hectares)
(yield and output: 10 000 tons)

年份 Year	#豆类 Soybeans		#薯类 Tubers		油　料 Oil-bearing Crops		#花生 Peanut		#油菜籽 Rapeseeds	
	播种面积 Sown Area	产　量 Yield	播种面积 Sown Area	产　量 Yield	播种面积 Sown Area	产　量 Yield	播种面积 Sown Area	产　量 Yield	播种面积 Sown Area	产　量 Yield
1952	105.9	76.1	108.9	138.8	34.3	25.2	7.6	8.4	25.8	16.5
1957	114.9	96.5	125.3	220.5	40.3	35.1	9.8	11.4	29.5	23.4
1962	90.7	64.1	121.9	217.4	27.5	14.8	7.3	6.2	19.0	8.3
1965	92.7	93.3	102.5	214.1	38.8	35.4	10.2	10.7	27.1	24.3
1970	83.9	107.6	103.9	260.2	32.0	34.5	6.9	9.1	23.9	24.5
1975	70.8	86.9	105.3	289.8	36.2	39.9	7.3	10.8	28.2	28.7
1978	60.0	79.9	134.3	412.1	38.6	52.8	7.4	12.4	30.3	38.1
1980	55.0	77.3	117.1	349.4	47.0	68.4	8.4	11.8	39.5	56.4
1985	39.9	71.0	99.4	325.2	84.2	133.1	13.5	23.6	70.1	109.0
1990	34.3	63.4	113.6	279.6	79.7	133.5	12.6	23.7	66.9	109.5
1991	33.3	63.3	114.4	306.3	83.9	148.7	12.5	24.6	71.0	123.7
1992	37.7	70.8	113.3	388.4	81.9	136.6	12.8	25.1	68.6	111.1
1993	37.3	66.2	117.5	416.6	70.8	112.0	13.9	26.4	56.4	84.9
1994	39.1	69.4	121.7	390.2	75.2	119.6	15.2	20.8	59.8	98.4
1995	38.4	74.0	122.9	433.4	84.6	145.1	15.3	25.9	68.8	118.7
1996	37.9	74.8	123.5	422.1	82.2	133.2	15.2	28.1	66.4	104.6
1997	38.6	77.8	124.6	400.6	79.9	134.2	15.4	28.8	64.0	104.8
1998	38.9	76.9	128.5	452.7	83.6	146.4	16.6	33.3	66.4	112.6
1999	40.2	78.9	128.2	473.8	89.1	151.6	19.3	41.2	69.0	109.5
2000	44.5	98.0	120.7	473.8	102.6	193.0	24.0	54.3	77.7	137.5
2001	47.9	97.1	118.3	429.5	104.9	181.0	25.8	45.8	78.0	133.7
2002	48.1	107.1	113.4	453.8	104.9	201.5	26.4	55.4	77.3	144.8
2003	49.0	111.9	107.5	446.2	108.7	217.1	27.0	59.9	80.6	155.9
2004	50.7	119.2	121.7	497.5	108.9	226.3	26.3	59.8	81.4	165.0
2005	52.0	122.9	125.2	516.8	109.4	232.3	26.4	62.0	81.7	168.7
2006	45.2	91.6	123.9	397.1	107.0	217.3	26.1	47.1	79.7	169.0
2007	46.8	99.7	122.9	412.7	106.6	228.5	25.8	55.1	79.7	172.1
2008	46.8	104.6	120.2	428.6	115.5	249.9	25.6	59.0	88.6	189.4
2009	46.1	101.0	122.3	462.5	120.5	261.8	25.6	60.1	93.7	199.9
2010	45.3	100.0	123.1	470.8	121.9	268.5	25.9	61.5	94.7	205.2
2011	46.5	100.9	124.6	473.6	123.3	278.4	25.9	62.7	96.4	214.4
2012	49.9	109.0	124.1	483.7	124.8	286.6	25.8	63.4	98.1	222.1
2013	47.1	92.1	124.0	479.7	126.5	290.4	26.0	65.4	99.8	224.0
2014	48.4	96.2	126.3	494.5	128.5	300.8	26.1	66.6	101.7	233.1
2015	49.5	99.9	127.4	516.3	129.8	307.6	26.3	67.8	102.7	238.5

13-11 续表2 continued

面积单位：万公顷 (area: 10 000 hectares)
产量单位：万吨 (yield and output: 10 000 tons)

年份 Year	棉 花 Cotton		甘 蔗 Sugarcane		生 麻 Bast Fiber		烟叶(未加工) Tobacco		#烤烟 Fluecured Tobacco	
	播种面积 Sown Area	产 量 Yield	播种面积 Sown Area	产 量 Yield	播种面积 Sown Area	产 量 Yield	播种面积 Sown Area	产 量 Yield	播种面积 Sown Area	产 量 Yield
1952	22.50	4.00	3.00	115.30	0.10	…	4.17	4.25	2.08	2.04
1957	30.70	6.60	3.84	164.40	…	0.10	4.00	4.38	1.97	2.12
1962	21.00	2.60	1.41	28.30	…	…	1.63	1.14	0.38	0.41
1965	26.50	10.60	3.61	133.25	0.20	0.10	3.25	3.45	0.75	1.29
1970	25.70	12.70	3.35	107.61	0.60	0.20	2.13	2.32	0.47	0.48
1975	25.70	12.30	4.50	139.63	0.80	0.80	3.65	3.98	1.07	1.49
1978	25.60	14.40	4.65	154.11	1.90	5.90	5.20	6.94	1.83	2.58
1980	24.60	9.40	3.70	141.77	2.40	10.30	4.19	5.73	1.35	1.81
1985	12.60	11.30	4.62	233.98	6.80	12.40	6.83	10.68	2.90	3.87
1990	12.30	11.50	4.24	218.15	4.20	8.20	8.35	13.26	4.91	4.32
1991	14.60	14.60	4.60	244.96	4.10	8.30	8.04	12.68	5.16	6.08
1992	15.90	15.00	4.11	211.67	3.70	7.70	9.52	15.83	5.19	8.00
1993	13.10	8.20	3.21	167.80	3.70	7.30	9.88	15.33	5.46	7.24
1994	13.00	6.70	3.19	155.55	3.20	4.30	6.31	8.67	3.15	3.57
1995	13.97	11.18	3.25	170.73	4.53	6.57	5.87	7.77	3.11	3.50
1996	15.31	12.29	3.11	164.16	4.38	6.49	6.97	12.93	3.90	7.48
1997	13.92	10.73	3.09	155.66	3.97	5.39	10.02	18.56	6.88	12.33
1998	13.96	10.16	2.96	161.48	3.11	4.28	7.24	10.67	4.62	5.89
1999	9.41	7.59	2.92	161.04	2.71	3.94	7.38	11.86	4.89	6.94
2000	7.01	5.89	3.06	166.68	2.56	4.02	8.22	15.61	5.46	9.37
2001	6.64	2.98	3.06	155.67	2.48	3.94	7.03	12.17	4.23	6.55
2002	3.30	2.36	3.19	171.21	2.99	4.47	7.01	14.09	4.68	8.85
2003	3.12	2.54	3.19	170.53	3.18	5.02	6.66	13.42	4.43	8.23
2004	3.58	3.31	2.88	146.10	3.50	6.09	6.64	14.41	4.59	9.38
2005	2.78	2.47	2.67	132.89	3.70	6.85	7.95	18.17	5.88	13.23
2006	2.45	1.57	2.64	124.61	4.00	6.58	8.88	20.01	6.86	15.39
2007	2.16	1.67	2.56	126.98	3.98	6.90	7.75	16.91	5.72	12.13
2008	1.85	1.55	2.30	116.28	3.89	6.80	11.02	22.84	9.10	18.20
2009	1.62	1.49	1.99	93.92	3.78	6.58	12.15	25.96	10.23	21.04
2010	1.62	1.42	1.95	93.40	3.56	6.41	10.81	24.53	8.82	19.42
2011	1.60	1.46	1.67	76.67	3.38	6.10	11.71	24.93	9.84	20.04
2012	1.46	1.33	1.48	61.34	3.16	5.74	12.20	27.45	10.40	22.71
2013	1.38	1.31	1.40	56.94	3.10	5.61	12.00	25.07	10.31	20.56
2014	1.32	1.24	1.37	55.66	3.00	5.44	10.33	22.45	8.80	18.19
2015	1.01	0.98	1.34	54.02	2.95	5.34	9.72	22.22	8.27	18.07

注：1994年及以前年份"生麻"统计口径为"黄红麻"。
a) Bast fiber includes only jute and ambary hemp before 1995.

13-11 续表3 continued

面积单位：万公顷 (area: 10 000 hectares)
产量单位：万吨 (yield and output: 10 000 tons)

年份 Year	蔬菜及食用菌 Vegetables and Edible Fungus 播种面积 Sown Area	蔬菜及食用菌 产量 Yield	蚕茧产量 Yield of Silkworm Cocoons	茶叶产量 Yield of Tea	水果产量 Total Fruits Yield	#园林水果 Garden Fruits	#苹果 Yield of Apples	#柑桔 Yield of Citrus	#梨 Yield of Pears	水产品产量 Output of Aquatic Products
1952			0.98	0.79	10.30	10.30		0.40		0.81
1957			0.94	1.21	10.80	10.80		3.60		1.11
1962			0.77	0.70	8.60	8.60		1.80		1.10
1965			0.97	0.90	11.70	11.70		3.40		1.56
1970			1.84	1.01	7.90	7.90		2.40		1.66
1975			2.55	1.31	15.20	15.20		4.50		3.01
1978			3.66	1.90	17.80	17.80		5.90		3.06
1980			6.60	1.98	27.50	27.50	4.00	9.90	5.10	3.69
1985			7.39	3.71	57.00	57.00	4.60	37.70	6.30	9.27
1990			10.00	4.00	92.00	92.00	6.10	62.40	9.10	16.83
1991			11.70	4.20	106.50	106.50	6.50	71.90	10.20	18.31
1992			13.50	4.30	109.20	109.20	7.60	73.64	10.60	20.02
1993			15.00	4.40	131.90	131.90	7.80	89.00	11.40	22.40
1994			15.66	4.35	132.94	132.94	8.45	83.50	13.16	25.78
1995			15.16	4.35	155.76	155.76	12.26	93.33	17.26	29.86
1996			9.46	4.39	168.48	168.48	13.47	101.01	18.17	33.26
1997			8.53	4.52	185.13	185.13	16.12	106.89	20.04	37.20
1998	68.34	1888.41	9.28	5.09	273.95	212.92	17.74	117.84	24.97	42.29
1999	71.74	1942.15	8.10	5.29	297.25	234.53	18.68	116.22	27.27	46.57
2000	85.86	2312.56	8.73	5.45	321.63	252.57	20.23	132.75	34.45	51.31
2001	96.90	2440.79	9.22	5.84	361.93	272.90	19.40	149.77	39.48	57.13
2002	103.52	2684.94	9.30	6.28	425.93	306.69	20.69	166.18	46.97	64.84
2003	100.62	2639.60	9.29	7.21	464.93	348.21	22.54	186.16	54.77	76.40
2004	97.06	2623.87	9.74	8.65	484.83	385.45	24.05	198.78	62.03	86.15
2005	99.15	2714.29	9.80	9.79	527.16	415.76	24.29	213.74	68.46	98.25
2006	118.19	2971.23	9.83	11.29	535.32	423.81	24.80	205.78	74.60	108.26
2007	109.55	3001.93	10.87	13.03	591.99	474.45	29.70	232.48	81.98	121.24
2008	110.21	3078.29	10.55	13.93	635.10	517.02	38.90	257.57	82.13	130.34
2009	112.96	3227.35	10.70	15.47	689.51	568.33	40.89	277.35	84.52	100.13
2010	116.12	3358.30	11.08	16.93	722.93	599.57	42.93	292.94	87.34	105.06
2011	120.56	3573.65	11.22	18.62	767.64	642.95	44.68	316.40	90.34	112.15
2012	124.61	3764.72	11.35	20.92	808.12	684.93	47.74	337.75	93.96	118.91
2013	127.60	3910.68	11.29	21.95	840.07	718.73	51.87	343.62	96.29	126.06
2014	131.55	4069.31	11.30	23.40	884.55	759.66	58.33	360.41	96.71	132.63
2015	134.96	4240.79	11.18	24.84	934.19	806.52	61.29	379.63	97.67	138.69

注：1997年及以前年份的水果产量为园林水果产量。

a) Total fruits yield in 1997 and before was known as garden fruits yeild.

13-12 各市(州)粮食作物播种面积和产量(2015年)
Total Sown Area of Farm Crops and Output of Major Farm Products by Region(2015)

面积单位：千公顷　　(1 000 hectares)
产量单位：万吨　　(10 000 tons)

市(州)	Region	粮食 Grain Crops		谷物 Cereal		#稻谷 Rice		豆类 Soybeans		薯类 Tubers	
		播种面积 Sown Area	产量 Yield	播种面积 Sown Area	产量 Yield	播种面积 Sown Area	产量 Yield	播种面积 Sown Area	产量 Yield	播种面积 Sown Area	产量 Yield
全　省	**Sichuan**	**6454.0**	**3442.8**	**4685.5**	**2826.6**	**1990.8**	**1552.6**	**494.8**	**99.9**	**1273.7**	**516.3**
成都市	Chengdu	365.7	230.2	286.0	200.9	175.6	144.7	23.9	6.3	55.9	22.9
自贡市	Zigong	216.6	132.6	169.1	112.9	84.2	76.4	17.9	5.5	29.6	14.2
攀枝花市	Panzhihua	41.7	22.5	34.4	20.9	14.3	12.0	5.6	0.9	1.7	0.6
泸州市	Luzhou	370.7	202.8	283.3	171.1	143.2	119.5	15.9	3.1	71.4	28.7
德阳市	Deyang	302.2	193.5	261.6	179.2	126.4	108.1	12.9	3.5	27.8	10.8
绵阳市	Mianyang	419.8	220.9	347.7	198.9	123.3	98.9	23.0	5.1	49.1	16.9
广元市	Guangyuan	263.2	139.9	214.1	120.3	62.8	50.9	12.6	3.0	36.6	16.6
遂宁市	Suining	299.5	159.6	210.9	118.6	56.6	46.6	29.1	7.4	59.5	33.6
内江市	Neijiang	308.1	155.0	220.7	122.7	84.5	64.5	28.7	9.8	58.7	22.5
乐山市	Leshan	231.6	109.2	147.6	89.5	89.4	66.5	21.9	3.3	62.0	16.4
南充市	Nanchong	572.5	312.0	416.9	242.4	145.1	114.0	42.6	15.5	113.0	54.1
眉山市	Meishan	297.0	168.5	239.0	145.3	120.6	95.5	17.4	3.9	40.7	19.4
宜宾市	Yibin	392.0	219.3	286.4	182.5	148.8	123.2	25.3	5.5	80.3	31.3
广安市	Guangan	341.0	189.4	220.7	148.2	122.8	102.5	43.3	7.3	77.0	33.9
达州市	Dazhou	555.0	289.3	352.4	216.2	175.2	124.0	44.5	8.3	158.1	64.9
雅安市	Yaan	110.5	47.9	65.1	37.8	26.7	20.8	12.1	1.5	33.3	8.6
巴中市	Bazhong	318.8	170.9	235.1	140.6	87.1	58.7	10.7	2.1	72.9	28.2
资阳市	Ziyang	512.0	227.7	328.9	176.5	99.9	75.6	83.7	18.6	99.4	32.5
阿坝藏族羌族自治州	Aba	52.6	16.7	30.6	10.1	0.0	0.0	7.3	1.7	14.7	4.9
甘孜藏族自治州	Ganzi	72.1	25.2	55.6	19.4	0.4	0.3	5.7	1.4	10.9	4.5
凉山彝族自治州	Liangshan	472.1	213.3	282.7	135.0	74.1	55.0	29.7	4.6	159.8	73.8

注：全省合计数是国家统计局核定的抽样调查推算数。

a) The provincial data are those of sample survey which were approved by National Bureau of Statistics of China.

13-13 各市(州)经济作物播种面积和产量(2015年)
Economic Crops Sown Area and Output by Region(2015)

面积单位：公顷 (hectare)
产量单位：吨 (ton)

市(州)	Region	棉花 Cotton		油料 Oil bearing Crops		#花生 Peanut		#油菜籽 Rapeseeds		生麻 Bast Fiber	
		播种面积 Sown Area	产量 Yield	播种面积 Sown Area	产量 Yield	播种面积 Sown Area	产量 Yield	播种面积 Sown Area	产量 Yield	播种面积 Sown Area	产量 Yield
全省	**Sichuan**	**10122**	**9818**	**1298302**	**3075502**	**263018**	**678353**	**1027444**	**2385250**	**29528**	**53409**
成都市	Chengdu			109624	271224	8252	26359	101363	244849		
自贡市	Zigong			28746	62081	7925	18894	20783	43110	87	271
攀枝花市	Panzhihua			2410	3594	770	1123	1628	2446		
泸州市	Luzhou			25070	47730	2737	6201	22042	41171	24	14
德阳市	Deyang	239	192	73009	201330	10631	31533	62366	169770		
绵阳市	Mianyang	299	277	141001	361612	28261	92452	112453	268827	299	455
广元市	Guangyuan			79038	214271	20538	81764	58376	132165	1	3
遂宁市	Suining	7769	7627	59450	158814	14930	38171	43841	119818	26	16
内江市	Neijiang			52466	109457	15165	29764	37296	79690	48	46
乐山市	Leshan			44887	77687	3810	8143	41049	69521		
南充市	Nanchong	894	662	150395	387224	61531	139762	87407	244568	339	633
眉山市	Meishan	450	490	56972	118632	6512	16449	50348	101992		
宜宾市	Yibin			53095	106674	16050	39116	36822	67281	61	104
广安市	Guangan			64395	136114	12942	32023	51343	103958	235	507
达州市	Dazhou			129241	324512	20729	44769	107170	277581	28054	51027
雅安市	Yaan			19018	33789	531	1552	18122	31646		
巴中市	Bazhong			70522	140384	6910	15131	62624	124206	233	166
资阳市	Ziyang	471	570	105439	254758	22991	51330	82437	203413	16	48
阿坝藏族羌族自治州	Aba			4233	5959			4233	5959		
甘孜藏族自治州	Ganzi			5744	12918	56	128	5679	12776	6	9
凉山彝族自治州	Liangshan			23547	46738	1747	3689	20062	40503	99	110

13-13 续表 1 continued

面积单位：公顷 (hectare)

产量单位：吨 (ton)

市(州)	Region	糖 料 Sugar Crops		#甘蔗 Sugarcane		烟叶(未加工烟草) Tobacco (unmanufactured)		中草药材 Medicinal Herbs		蔬菜及食用菌 Vegetables and Edible Fungus	
		播种面积 Sown Area	产量 Yield	播种面积 Sown Area	产量 Yield	播种面积 Sown Area	产量 Yield	播种面积 Sown Area	产量 Yield	播种面积 Sown Area	产量 Yield
全 省	**Sichuan**	**13532**	**541540**	**13443**	**540165**	**97163**	**222212**	**112160**	**438719**	**1349559**	**42407941**
成都市	Chengdu	191	9453	191	9453	251	808	12087	55999	165017	5708391
自贡市	Zigong	906	28182	906	28182			979	5400	56533	2000347
攀枝花市	Panzhihua	640	76743	640	76743	8160	16916	542	1282	13920	698942
泸州市	Luzhou	1678	73654	1678	73654	9554	12075	3290	21555	66007	2251689
德阳市	Deyang	148	6709	148	6709	3157	12365	10446	36313	60834	2155546
绵阳市	Mianyang	297	12619	297	12619	15	27	7993	28368	74920	2054584
广元市	Guangyuan	68	857	68	857	3976	7729	7906	42526	65720	2313026
遂宁市	Suining	52	2160	52	2160			2747	14911	34624	1048463
内江市	Neijiang	1165	44918	1165	44918	6	13	666	1875	69759	2626978
乐山市	Leshan	791	29029	791	29029	733	1242	11551	48585	47828	1138646
南充市	Nanchong	1161	25408	1161	25408	626	2444	11369	45371	145274	3411954
眉山市	Meishan	668	25944	668	25944	448	966	2560	9937	58146	1529803
宜宾市	Yibin	1783	48662	1783	48662	8227	17007	2926	6232	75017	2492574
广安市	Guangan	1001	26347	1001	26347	975	2691	2505	7468	68032	2468950
达州市	Dazhou	731	18507	731	18507	3326	8032	11040	31854	92471	3014926
雅安市	Yaan	2	74	2	74	354	1006	8498	29578	33536	765551
巴中市	Bazhong	860	20399	860	20399	1607	4719	6210	19510	46017	1095061
资阳市	Ziyang	488	16054	488	16054	161	230	3182	12422	80880	1915391
阿坝藏族羌族自治州	Aba	89	1375					3432	8420	19346	772814
甘孜藏族自治州	Ganzi					2	3	738	1384	6899	216561
凉山彝族自治州	Liangshan	813	74446	813	74446	55585	133939	1493	9729	68779	2727744

13-13 续表 2 continued

产量单位：吨 (ton)

市(州)	Region	蚕茧产量 Yield of Silkworm Cocoons	茶叶产量 Yield of Tea	水果产量 Yield of Fruits	#园林水果 Yield of Graden Fruits	苹果 Yield of Apples	柑桔 Yield of Citrus	梨 Yield of Pears	其他 Yield of Other Fruits	水产品产量 Output of Aquatic Products
全　省	**Sichuan**	**111780**	**248414**	**9341886**	**8065208**	**612919**	**3796344**	**976686**	**2679259**	**1386850**
成都市	Chengdu	3936	20571	1308143	1128845	4399	471098	112601	540747	105500
自贡市	Zigong	2511	10737	298719	243060		213386	15963	13711	64795
攀枝花市	Panzhihua	3419	109	228200	197059	98	3332	16022	177607	19020
泸州市	Luzhou	2232	10486	189293	172449	1808	84770	13966	71905	74572
德阳市	Deyang	3609	577	274823	183422	3656	66459	52475	60832	57010
绵阳市	Mianyang	11375	3343	416963	245870	2947	113001	36155	93767	104061
广元市	Guangyuan	3195	7310	385665	374912	19047	83548	152543	119774	55947
遂宁市	Suining	556	140	110085	66117	909	43729	13585	7894	51000
内江市	Neijiang	3401	2328	417305	388450	136	287409	33395	67510	103508
乐山市	Leshan	1353	35567	160081	145826	9	82950	10349	52518	96982
南充市	Nanchong	18601	16	671940	561540	2370	431512	44490	83168	104200
眉山市	Meishan	4869	21455	943536	912940	140	586809	56658	269333	111770
宜宾市	Yibin	17237	51229	586673	534551	332	318612	101500	114107	90000
广安市	Guangan	3160	682	305588	200641	58	162140	17662	20781	62499
达州市	Dazhou	452	9487	423474	311359	3067	222682	26360	59250	91502
雅安市	Yaan	233	70666	314914	304108	44532	54098	122068	83410	11859
巴中市	Bazhong	976	2730	62403	53815	5276	25367	10795	12377	63607
资阳市	Ziyang	5152		799610	630368		517010	19512	93846	91618
阿坝藏族羌族自治州	Aba		70	164060	164034	68180		15648	80206	150
甘孜藏族自治州	Ganzi		103	16103	15440	8390	717	1717	4616	150
凉山彝族自治州	Liangshan	25513	808	1264308	1230402	447565	27715	103222	651900	27100

注：水产品产量数据由四川省水产局提供。

a) Output of aquatic products are provided by Fisheries Bureau of Sichuan Province.

13-14 牲畜饲养情况
Number of Livestock

单位：万头、万只 (10 000 heads)

年 份 Year	肉猪 出栏头数 Slaughtered Fattened Hogs	猪 年末头数 Hogs (year-end)	肉牛 年末头数 Beef Cattle (year-end)	大牲畜 年末头数 Large Animals (year-end)	#牛 Cattle and Buffaloes	#马 Horses	肉羊 出栏只数 Slaughtered Sheep	羊 年末只数 Sheep and Goats (year-end)	家禽 出栏只数 Slaughtered Poultry (year-end)	家禽 年末只数 Poultry (year-end)
1952	393.00	943.00		500.00	474.00	23.00		262.00		
1957	733.00	1754.00		556.00	527.00	25.00		438.00		
1962	276.00	982.00		508.00	488.00	17.00		482.00		
1965	1130.00	1804.00		615.00	591.00	20.00		578.00		
1970	1195.00	2244.00		726.00	698.00	23.00		682.00		
1975	1314.00	2988.00		769.00	737.00	27.00		800.00		
1978	1614.00	3243.00		781.00	745.00	30.00		861.00		
1980	2264.00	3823.00	48.70	809.00	773.00	32.00	372.00	923.00		
1985	3223.00	4370.00	45.10	855.00	808.00	41.00	283.90	786.00		
1990	4507.00	4842.00	70.20	936.00	876.00	51.00	247.80	833.00		
1991	4699.00	4887.00	81.59	953.00	888.00	53.00	322.85	836.00		
1992	4887.00	4933.00	93.30	947.00	883.00	54.00	343.50	828.00		
1993	5010.00	4948.00	113.10	999.00	905.00	57.00	382.30	852.00	34212.50	
1994	5363.00	5107.00	139.40	1000.00	931.00	58.00	463.15	913.00	39552.35	
1995	5844.00	5284.00	143.15	1035.00	963.00	60.00	424.74	1000.00	46318.62	
1996	6068.00	5277.00	159.05	1049.00	976.00	61.00	552.39	1095.00	43202.82	
1997	6234.00	5280.00	179.34	1073.00	996.00	64.00	687.07	1178.00	49744.21	
1998	6402.00	5271.00	194.88	1092.00	1012.00	67.00	843.72	1282.00	55430.69	
1999	6439.00	5204.00	194.86	1113.00	1030.00	69.00	1012.42	1383.00	63782.96	28891.80
2000	6594.37	5229.23	220.92	1132.90	1046.66	71.29	1249.43	1516.93	72291.88	32724.80
2001	6778.21	5222.78	244.99	1151.99	1062.27	74.59	1459.61	1633.31	79915.99	34113.57
2002	7090.89	5339.69	276.01	1176.87	1082.81	78.09	1704.59	1745.54	89018.51	37987.85
2003	7490.28	5484.17	310.05	1208.73	1110.88	81.47	1984.24	1898.97	97886.23	41537.17
2004	8103.34	5717.31	337.87	1234.09	1131.51	84.79	2314.33	2040.89	107208.79	44949.57
2005	8817.32	5970.69	366.80	1253.75	1146.92	88.45	2546.22	2140.25	119283.77	47810.85
2006	6905.58	5100.24	248.91	1096.15	985.67	91.10	1477.57	1629.32	47508.00	41309.25
2007	6014.67	5300.13	250.16	1101.73	986.39	94.71	1543.01	1710.74	51370.11	43170.10
2008	6429.41	5328.03	255.89	1079.86	964.31	94.94	1558.69	1720.08	53933.92	39721.27
2009	6915.35	5123.10	250.40	1086.49	968.16	97.79	1576.81	1723.64	54565.34	39772.79
2010	7175.20	5162.70	252.04	1089.13	968.58	99.35	1609.48	1658.96	56423.74	39579.36
2011	7000.64	5101.73	250.86	1105.08	988.62	96.78	1550.85	1660.80	57942.75	37517.77
2012	7170.76	5132.43	254.02	1042.40	940.22	84.59	1562.71	1671.90	61999.58	36018.99
2013	7314.04	5004.10	264.70	1050.71	949.70	83.00	1583.60	1689.19	63774.71	35789.50
2014	7445.00	5000.60	278.73	1082.06	983.90	80.18	1632.69	1750.70	64667.55	37042.13
2015	7236.54	4815.57	295.45	1082.77	985.30	79.44	1698.02	1782.28	66154.91	39496.12

注：2005年及以前年份为常规统计年报数据，2006年及以后年份数据为国家统计局核定的抽样调查推算数。

a) Data in 2005 and before were those in statistical annual reports, and have been approved according to the National Bureau of Statistics in survey data since 2006.

13-15 各市(州)牲畜饲养情况
Number of Livestock by Region

单位：万头、万只 (10 000 heads)

市(州)	Region	肉猪出栏头数 Slaughtered Fattened Hogs	猪年末头数 Hogs (year-end)	肉牛年末头数 Beef Cattle (year-end)	大牲畜年末头数 Large Animals (year-end)	#牛 Cattle and Buffaloes	#马 Horses	肉羊出栏只数 Slaughtered Sheep	羊年末只数 Sheep and Goats (year-end)	家禽出栏只数 Slaughtered Poultry (year-end)	家禽年末只数 Poultry (year-end)
全 省	**Sichuan**	**7236.54**	**4815.57**	**295.45**	**1082.77**	**985.30**	**79.44**	**1698.02**	**1782.28**	**66154.91**	**39496.12**
成都市	Chengdu	720.62	418.64	6.99	10.36	10.32	0.04	39.43	26.65	7990.97	3438.27
自贡市	Zigong	226.31	133.23	4.38	7.19	7.12	0.07	111.34	61.12	2641.93	1158.88
攀枝花市	Panzhihua	61.31	47.16	2.65	12.63	10.57	0.84	27.18	39.54	389.88	306.60
泸州市	Luzhou	366.11	261.06	7.81	31.83	31.02	0.51	48.00	38.20	3564.89	2231.43
德阳市	Deyang	347.47	220.21	9.39	17.83	17.83	0.00	24.58	26.68	6351.85	3043.24
绵阳市	Mianyang	377.05	241.00	15.12	42.08	41.39	0.68	126.64	91.42	6212.75	3415.00
广元市	Guangyuan	364.28	236.36	7.03	28.19	28.02	0.15	32.44	39.73	1762.30	1742.17
遂宁市	Suining	373.51	218.30	6.38	10.56	10.53	0.03	47.61	32.16	2092.66	1487.62
内江市	Neijiang	313.21	226.25	4.11	8.18	7.94	0.24	59.04	52.67	2733.72	1824.13
乐山市	Leshan	345.81	191.89	6.78	10.50	10.00	0.50	30.35	26.08	3619.63	1823.51
南充市	Nanchong	614.12	418.19	13.89	36.68	36.01	0.56	187.66	151.68	5750.59	4474.89
眉山市	Meishan	293.84	200.66	6.13	12.30	12.30	0.00	56.35	39.79	3004.10	1365.64
宜宾市	Yibin	457.57	320.60	12.64	32.77	32.08	0.69	55.08	39.36	3948.98	2215.49
广安市	Guangan	414.50	308.48	4.83	16.15	14.86	1.14	37.03	23.49	2955.47	2300.37
达州市	Dazhou	484.07	356.81	34.69	75.84	75.17	0.43	111.79	100.61	6013.21	2963.34
雅安市	Yaan	122.61	87.82	6.24	14.94	13.88	0.99	23.05	22.24	1028.77	527.32
巴中市	Bazhong	368.55	231.22	21.78	49.62	49.61	0.01	79.58	75.14	1070.75	787.45
资阳市	Ziyang	470.20	272.07	3.68	7.00	6.83	0.17	238.42	126.76	3066.22	2111.46
阿坝藏羌族自治州	Aba	41.03	33.65	41.45	189.36	176.50	12.35	34.33	103.62	59.84	53.19
甘孜藏族自治州	Ganzi	22.83	28.81	49.09	269.98	235.88	31.13	26.01	102.32	18.29	27.05
凉山彝族自治州	Liangshan	486.05	380.84	30.61	180.92	139.60	28.91	299.35	563.25	1734.26	1394.00

注：全省合计数是国家统计局核定的抽样调查数。
a)The provincial data are approved by the National Bureau of Statistic in survey data.

13-16 畜产品产量
Output of Livestock Products

年份 Year	肉类总产量 (万吨) Output of Meat (10 000 tons)	#猪肉 Pork	#牛肉 Beef	#羊肉 Mutton	#禽肉 Poultry	#兔肉 Rabbit	禽蛋产量 (万吨) Output of Poultry Eggs (10 000 tons)	奶类产量 (万吨) Output of Milk (10 000 tons)	蜂蜜产量 (吨) Output of Honey (ton)	绵羊毛产量 (吨) Output of Sheep Wool (ton)
1952	17.10	15.60								
1957	35.20	33.40								
1962	8.00	6.90								
1965	52.20	49.80								
1970	52.80	51.50								
1975	59.60	57.30								
1978	78.00	76.00								
1980	125.40	119.80	3.56	3.69				11.00		2602
1985	208.40	202.50	4.09	3.15				19.00	11584	2392
1990	301.00	292.30	6.86	3.74			35.00	22.00	14763	2729
1991	319.00	300.10	8.35	3.92			38.00	23.00	16044	2779
1992	333.00	321.90	9.50	4.30			43.00	23.00	15514	2866
1993	347.00	333.40	11.60	5.20			48.00	23.00	14702	3021
1994	373.00	355.60	14.87	6.33	64.55		54.00	23.00	15535	3008
1995	472.96	391.87	15.51	6.29	67.90		60.00	24.00	17922	3265
1996	501.64	408.71	17.07	8.09	63.35		67.00	24.00	18541	3269
1997	531.57	424.39	19.30	10.04	72.75		74.00	26.00	19403	3434
1998	568.11	447.10	21.33	12.74	81.35		80.00	27.00	21414	3760
1999	605.40	464.03	22.87	15.74	95.92		89.00	27.00	22829	3963
2000	641.25	478.59	25.27	19.19	109.68		99.70	28.92	22681	4108
2001	680.41	495.42	28.37	22.85	121.95	10.09	108.76	33.34	26567	4288
2002	735.84	522.19	33.01	27.88	139.02	11.98	121.11	39.32	29396	4800
2003	795.26	554.39	37.32	32.59	154.57	14.30	133.61	45.84	32944	5059
2004	870.62	601.37	41.55	38.53	170.44	16.77	145.21	53.00	32613	5375
2005	955.87	657.07	45.19	42.74	189.77	19.13	157.17	59.03	34704	5801
2006	622.67	481.42	28.34	21.36	68.07	21.39	140.69	62.71	38863	6047
2007	565.39	407.76	28.63	23.88	78.82	24.05	145.21	65.70	42041	6446
2008	590.12	434.61	28.73	24.06	80.77	20.32	142.96	66.92	41923	6627
2009	630.89	472.54	28.93	24.32	81.49	22.05	143.98	69.00	45044	6949
2010	656.35	492.40	29.42	24.80	84.12	23.93	144.86	71.32	43048	7060
2011	650.83	484.69	28.90	23.91	86.73	24.91	145.04	72.38	45874	7152
2012	670.12	496.47	29.29	24.00	93.02	25.61	146.42	71.96	44792	6034
2013	690.32	510.80	31.10	24.50	95.63	26.50	145.20	71.09	45442	6106
2014	714.74	527.18	33.37	25.31	97.44	29.68	145.30	71.30	47156	6232
2015	706.80	512.42	35.37	26.35	99.69	31.20	146.65	67.49	48030	6375

注：2006年及以后年份数据为国家统计局核定的抽样调查推算数。
a) Data have been approved according to the National Bureau of Statistics in survey data since 2006.

13-17 各市(州)畜产品产量(2015年)
Output of Livestock Products by Region(2015)

地 区	Region	肉类总产量 (万吨) Output of Meat (10 000 tons)	#猪肉 Pork	#牛肉 Beef	#羊肉 Mutton	#禽肉 Poultry	#兔肉 Rabbit	奶 类 (万吨) Milk (10 000 tons)
全 省	**Sichuan**	**706.80**	**512.42**	**35.37**	**26.35**	**99.69**	**31.20**	**67.49**
成都市	Chengdu	68.17	50.59	1.04	0.70	13.47	2.29	10.21
自贡市	Zigong	27.91	15.69	0.54	1.56	3.96	5.97	1.73
攀枝花市	Panzhihua	5.40	3.99	0.32	0.47	0.58	0.02	0.02
泸州市	Luzhou	34.22	26.03	0.92	0.75	5.20	1.30	0.96
德阳市	Deyang	37.76	24.26	1.10	0.35	9.64	2.36	1.06
绵阳市	Mianyang	41.58	26.84	1.83	2.25	9.31	1.32	2.40
广元市	Guangyuan	29.24	25.32	0.83	0.53	2.45	0.10	
遂宁市	Suining	32.38	26.07	1.02	1.14	3.36	0.74	0.30
内江市	Neijiang	29.12	22.02	0.48	0.77	3.98	1.86	0.85
乐山市	Leshan	32.86	23.65	0.87	0.50	5.46	2.38	0.27
南充市	Nanchong	58.71	43.15	1.64	2.78	8.07	2.61	2.82
眉山市	Meishan	30.31	20.90	0.73	0.73	4.70	3.12	14.53
宜宾市	Yibin	42.02	32.17	1.51	0.69	5.79	1.85	0.79
广安市	Guangan	35.13	29.08	0.57	0.59	4.15	0.66	0.28
达州市	Dazhou	49.73	34.18	4.26	1.69	9.20	0.31	1.97
雅安市	Yaan	12.16	9.26	0.82	0.36	1.54	0.18	2.97
巴中市	Bazhong	31.55	25.99	2.58	1.20	1.66	0.12	
资阳市	Ziyang	42.59	33.25	0.44	3.27	4.65	0.81	1.60
阿坝藏族羌族自治州	Aba	8.32	2.93	4.56	0.62	0.08	0.10	11.88
甘孜藏族自治州	Ganzi	6.67	1.35	4.88	0.41	0.02	0.00	10.17
凉山彝族自治州	Liangshan	45.74	34.14	3.49	5.13	2.62	0.12	4.72

注：全省合计数是国家统计局核定的抽样调查数。
a)The provincial data are approved by the National Bureau of Statistic in survey data.

13-17 续表 continued

地　区	Region	出栏家禽 (万只) Slaughtered Poultry (10 000 heads)	出栏肉兔 (万只) Slaughtered Rabbit (10 000 heads)	禽　蛋 (吨) Poultry Eggs (ton)	蜂　蜜 (吨) Honey (ton)	蚕　茧 (吨) Silkworm Cocoons (ton)
全　省	**Sichuan**	**66154.91**	**21452.45**	**1466533**	**48030**	**111780**
成都市	Chengdu	7990.97	1413.53	165800	5447	3936
自贡市	Zigong	2641.93	4874.80	50330	661	2511
攀枝花市	Panzhihua	389.88	14.54	9945	105	3419
泸州市	Luzhou	3564.89	984.68	42722	3050	2232
德阳市	Deyang	6351.85	1736.47	117895	5065	3609
绵阳市	Mianyang	6212.75	924.73	142229	3082	11375
广元市	Guangyuan	1762.30	68.04	35851	892	3195
遂宁市	Suining	2092.66	637.45	94380	2100	556
内江市	Neijiang	2733.72	1430.61	48379	923	3401
乐山市	Leshan	3619.63	1895.32	123520	570	1353
南充市	Nanchong	5750.59	1806.34	198315	1555	18601
眉山市	Meishan	3004.10	2255.03	54929	15149	4869
宜宾市	Yibin	3948.98	1411.92	40626	1384	17237
广安市	Guangan	2955.47	524.65	69291	670	3160
达州市	Dazhou	6013.21	210.21	99180	1351	452
雅安市	Yaan	1028.77	134.03	19537	593	233
巴中市	Bazhong	1070.75	81.15	64451	580	976
资阳市	Ziyang	3066.22	590.29	107285	1002	5152
阿坝藏族羌族自治州	Aba	59.84	64.85	1698	867	
甘孜藏族自治州	Ganzi	18.29	0.24	349	82	
凉山彝族自治州	Liangshan	1734.26	80.76	27027	2902	25513

注：出栏家禽、禽蛋产量全省合计数是国家统计局核定的抽样调查数。
a) Data of slaughtered poultry and eggs are approved by the National Bureau of Statistic in survey data.

13-18 林产品产量及造林面积
Output of Major Forest Products and Area under Afforestation

年份 Year	林产品产量（吨） Output of Major Forest Products (ton)					造林面积 (万公顷) Area under Afforestation (10 000 hectares)
	生漆 Lacquer	油桐籽 Tung-oil Seeds	油茶籽 Tea-oil Seeds	核桃 Walnuts	竹笋干 Bamboo Shoots	
1952	85	94011	5643	2933	279	2.13
1957	128	80337	15276	8703	604	10.18
1962	43	36729	2793	3075	2046	12.72
1965	114	47777	2223	1750	604	11.57
1970	175	57101	1141	4162	976	15.41
1975	132	63946	3288	5474	1022	21.59
1978	160	114035	8439	9060	906	20.05
1980	313	61994	5282	9468	1119	20.29
1985	127	53921	2242	7222	1437	47.44
1990	507	49580	1878	15655	2946	26.50
1991	301	53539	1800	12736	3574	27.00
1992	300	61264	1960	13740	3236	27.40
1993	327	67628	1854	16284	3591	26.30
1994	565	70442	3049	21928	4563	25.10
1995	302	60726	4047	22928	5378	25.00
1996	377	54743	2922	24819	6146	25.60
1997	472	41498	3903	22059	5593	28.15
1998	549	40544	6479	28711	6100	38.51
1999	1274	39626	4273	23842	7886	40.46
2000	826	46534	4372	32095	8914	48.91
2001	611	37149	4278	32744	9925	51.66
2002	1091	53152	10228	70534	23722	69.46
2003	1319	50299	11854	77004	28250	72.32
2004	1091	39276	4037	56731	40696	37.01
2005	725	30314	2464	59272	62190	24.19
2006	1335	36748	3578	61112	48895	10.49
2007	909	31352	10272	76721	40434	33.23
2008	841	28277	3358	91170	62826	57.46
2009	819	24236	3426	123683	51349	48.78
2010	675	22041	4360	126109	78952	38.22
2011	663	23923	4649	176710	128841	25.19
2012	546	17281	4180	211944	42292	11.22
2013	583	15276	5361	245876	87855	12.62
2014	477	16363	13718	293750	109554	9.82
2015	489	17934	20708	458435	138195	31.82

注：林产品产量及造林面积由四川省省林业厅提供。

a) Data in this table are provided by Forestry Department of Sichuan Province.

13–19 受灾面积和成灾面积
Area Covered and Affected by Natural Disaster

单位:万公顷 (10 000 hectares)

年 份 Year	受灾面积 Area Covered by Natural Disaster	成灾面积 Area Affected by Natural Disaster	水 灾 Flood		旱 灾 Drought	
			受灾面积 Area Covered	成灾面积 Area Affected	受灾面积 Area Covered	成灾面积 Area Affected
1952	53.8	30.1	7.6	4.2	46.2	25.9
1957	28.8	16.3	2.6	1.5	25.0	14.2
1962	193.6	109.9	22.0	10.2	157.1	94.2
1965	80.6	45.5	11.1	6.3	55.9	37.9
1975	110.0	62.1	13.8	7.5	92.7	51.4
1978	302.7	273.5	7.0	4.0	273.4	185.8
1980	201.5	112.9	51.8	26.9	83.0	42.3
1985	299.3	168.2	30.5	18.4	137.5	83.3
1990	322.8	169.4	63.7	33.0	181.5	93.2
1991	320.2	166.5	90.1	50.3	124.8	65.7
1992	343.2	185.5	73.3	39.9	131.8	84.4
1993	412.6	247.2	82.0	42.7	224.3	142.9
1994	437.4	302.6	19.2	11.8	336.7	243.5
1995	288.1	185.7	89.3	51.7	163.0	92.8
1996	393.2	221.9	56.3	31.8	174.3	103.5
1997	311.5	174.9	47.2	22.3	194.9	117.5
1998	316.3	172.7	141.6	81.9	141.6	71.2
1999	297.3	163.3	81.6	45.3	117.2	63.7
2000	432.0	251.3	82.3	42.2	309.3	186.0
2001	444.9	299.9	93.5	59.0	325.4	224.5
2002	241.9	135.3	92.8	59.8	90.3	44.7
2003	259.2	203.2	94.2	78.6	124.1	95.8
2004	149.0	22.9	70.1	70.0	30.4	4.0
2005	294.3	119.8	87.6	46.4	31.7	15.7
2006	156.6	21.6	79.2	10.1	40.2	2.6
2007	260.1	22.0	89.8	11.0	138.1	8.2
2008	141.2	6.7	20.6	1.6	10.7	0.3
2009	245.9	46.9	110.5	20.3	128.8	26.4
2010	232.4	85.1	150.8	42.3	62.8	38.4
2011	206.3	112.1	72.4	37.8	98.7	56.3
2012	201.2	119.3	113.4	58.9	97.5	63.2
2013	244.2	125.8	88.2	51.2	135.4	63.1
2014	92.8	48.4	29.2	17.1	58.3	28.2
2015	40.9	22.2	25.6	12.7	9.6	5.4

注：受灾面积和成灾面积由四川省民政厅提供；2004年以后成灾面积实际为绝收面积。

a) Area covered and affected by natural disaster are provided by Civil Affairs Department of Sichuan Province and affected area actually bemame area affected absolutely after 2004.

13−20 农垦系统国营农场基本情况
Basic Statistics on State Farms of Land Reclamation

指　标		Item		2009	2010	2011	2012	2013	2014	2015
农垦企业个数	(个)	Number of State Farms of Land Reclamation	(unit)	49	48	47	46	43	42	40
#农场		Number of Agricultural Farms		40	40	39	38	36	35	35
年末职工人数	(人)	Number of Staff and Workers (year-end)	(person)	3558	3496	7372	7642	7346	7086	6258
年末耕地面积	(亩)	Cultivated Area(year-end)	(mu)	37597	12735	12881	13487	13487	13472	13091
#当年开荒面积	(亩)	Newly Reclaimed Wasteland in the Year	(mu)							
工农业总产值(当年价)	(万元)	Gross Industrial and Agricultural Output Value (current price)	(10 000 yuan)	37218	43561	40576	29427	33430	30997	34627
粮食产量	(吨)	Yield of Grain	(ton)	1817	7640	3957	4451	4310	4333	4243
猪出栏头数	(头)	Number of Slaughtered Fattened Hogs	(head)	4952	7300	6259	7058	7172	3020	3136
猪年末头数	(头)	Number of Hogs (year-end)	(head)	6621	5700	5512	13944	14160	3224	3411
猪肉产量	(吨)	Output of Pork	(ton)	452	605	644	592	538	245	264
牛年末头数	(万头)	Number of Cattle and Buffalos (year-end)	(10 000 heads)	11	7	7	7	7	7	7
羊年末只数	(万只)	Number of Sheep and Goats (year-end)	(10 000 heads)	3	2	3	2	2	3	3
牛奶产量	(吨)	Output of Milk	(ton)	7344	8425	10271	11864	8906	7592	5232
羊毛产量	(吨)	Output of Wool	(ton)	13	14	14	15	6	1	1
茶叶产量	(吨)	Output of Tea	(ton)	640	785	852	898	994	1036	1028
水果产量	(吨)	Output of Fruits	(ton)	4017	3094	1765	1904	2087	1903	1690
大中型拖拉机拥有量	(台)	Large and Medium Agricultural Tractors	(set)	10						
手扶拖拉机拥有量	(台)	Mini and Walking Agricultural Tractors	(set)	2	6	6	8	7	5	3

主要统计指标解释

农林牧渔业总产值 指以货币表现的农、林、牧、渔业全部产品和对农林牧渔业生产活动进行的各种支持性服务活动的价值总量，它反映一定时期内农林牧渔业生产总规模和总成果。农林牧渔业总产值的计算方法通常是按农、林、牧、渔业产品及其副产品的产量分别乘以各自单位产品价格求得；少数生产周期较长，当年没有产品或产品产量不易统计的，则采用间接方法匡算其产值；然后将四业产品产值及农林牧渔服务业产值相加即为农林牧渔业总产值。

粮食产量 指农业生产经营者日历年度内生产的全部粮食数量。按收获季节包括夏收粮食、早稻和秋收粮食，按作物品种包括谷物、薯类和豆类。其产量计算方法：谷物按脱粒后的原粮计算，豆类按去豆荚后的干豆计算；薯类(包括甘薯和马铃薯，不包括芋头和木薯)1963年以前按每4公斤鲜薯折1公斤粮食计算，从1964年开始改为按每5公斤鲜薯折1公斤粮食计算，2014年开始按鲜薯计算；城市郊区作为蔬菜的薯类(如马铃薯等)按鲜品计算，并且不作粮食统计。

棉花产量 指全社会的产量。包括春播棉和夏播棉。产量按皮棉计算。不包括木棉。

油料产量 指全部油料作物的生产量。包括花生、油菜籽、芝麻、向日葵籽、胡麻籽(亚麻籽)和其他油料。不包括大豆、木本油料和野生油料。花生以带壳干花生计算。

水产品产量 指渔业（捕捞和养殖）生产活动的最终有效成果，包括全部海水和淡水鱼类、甲壳类（虾、蟹）、贝类、头足类、藻类和其他类渔业产品的最终产量。

猪、牛、羊肉产量 指当年出栏并已屠宰、除去头蹄下水后带骨肉(即胴体重)的重量。包括全社会范围内的产量。

期初(末)畜禽存栏头(只)数 指报告期初(末)农村各种合作经济组织和国营农场、农民个人、机关、团体、学校、工矿企业、部队等单位以及城镇居民饲养的大牲畜、猪、羊、家禽等畜禽的数量。

耕地 指种植农作物的土地，包括熟地，新开发、复垦、整理地，休闲地（含轮歇地、轮作地）；以种植农作物（含蔬菜）为主，间有零星果树、桑树或其他树木的土地；平均每年能保证收获一季的已垦滩地和海涂。耕地中包括南方宽度<1.0米，北方宽度<2.0米固定的沟、渠、路和地坎（埂）；临时种植药材、草皮、花卉、苗木等的耕地，以及其他临时改变用途的耕地。

农作物播种面积 指农业生产经营者应在日历年度内收获农作物在全部土地（耕地或非耕地）上的播种或移植面积。凡是本年内收获的农作物，无论是本年还是上年播种，都算为播种面积，但不包括本年播种，下年收获的农作物面积。

有效灌溉面积 指具有一定的水源，地块比较平整，灌溉工程或设备已经配套，在一般年景下能够进行正常灌溉的耕地面积。

农用化肥施用量 指本年内实际用于农业生产的化肥数量，包括氮肥、磷肥、钾肥和复合肥。化肥施用量要求按折纯量计算数量。折纯量是指把氮肥、磷肥、钾肥分别按含氮、含五氧化二磷、含氧化钾的百分之百成份进行折算后的数量。复合肥按其所含主要成分折算。

农业机械总动力 指全部农业机械动力的额定功率之和。农业机械是指用于种植业、畜牧业、渔业、农产品初加工、农用运输和农田基本建设等活动的机械及设备。农机总动力按使用能源不同分为以下四部分：

柴油发动机动力：指全部柴油发动机额定功率之和；

汽油发动机动力：指全部汽油发动机额定功率之和；

电动机动力：指全部电动机（含潜水电泵的电动机）额定功率之和；

其他机械动力：指采用柴油、汽油、电力之外的其他能源，如水力、风力、煤炭、太阳能等动力机械功率之和。

Explanatory Notes on Main Statistical Indicators

Gross Output Value of Farming, Forestry, Animal Husbandry and Fishery refers to the total value of products of agriculture, forestry, animal husbandry and fishery, and total value of services in support of agriculture, forestry, animal husbandry and fishery activities. It reflects the total scale and total result of agricultural production during a given period. Gross output value of agriculture is obtained by first multiplying the output of each product or by product by its price, resulting in the output value of each single item. For a small number of products, annual output of which is not available or difficult to get due to the long production or growing process involved, the output value is estimated through an indirect approach. The sum of output values of all products of agriculture, forestry, animal husbandry and fishery and services in support to those industries is then equal to the gross output value of agriculture.

Grain Output refers to the total output of grains produced by agricultural producers within a calendar year. It includes summer grain, early rice and autumn grain if classified by harvest seasons; it covers cereal, tubers and beans if classified by type of crops. Output of cereal should be limited to husked grain only. Output of beans refers to dry beans without pods. The output of tubers (sweet potatoes and potatoes, not including taros and cassava) are converted into that of grain at the ratio 4:1, i.e. 4 kilograms of fresh tubers were equivalent to 1 kilogram of grain up to 1963. Since 1964 the ratio for conversion has been 5:1, and starting from 2014, the ratio for conversion has been 1:1. Tubers supplied as vegetables (such as potatoes) in cities and suburbs are calculated as fresh vegetables and their output is not included in the output of grain.

Cotton Output refers to the cotton production in the whole country including cotton sown in spring and in autumn. Output is measured as the weight of ginned cotton, excluding ceiba.

Yield of Oil-bearing Crops refers to the total yield of oil bearing crops of various kinds, including peanuts, (dry, in shell) rape seeds, sesame, sunflower seeds, flax seeds, and other oil bearing crops. Soybeans, oil-bearing woody plants, and wild oil-bearing crops are not included.

Output of Aquatic Products refers to final output actually yielded from fishing production (fishery and breeding), including all output of marine and freshwater fish, crustaceans (shrimps, crabs), shellfish, cephalopod, seaweed and other fishery products.

Output of Pork, Beef, and Mutton refers to the meat of slaughtered hogs, cattle, sheep and goats with head, feet, and offal taken away. Data refers to the production of the whole country.

Number of Livestock or Poultry in Stock at Beginning (or End) of Period refers to the total number of large animals, pigs, sheep, fowls, etc. raised by rural cooperative organizations, state farms, rural individuals, government agencies, schools, industrial and mining enterprises, army, and urban residents at the beginning (or end) of the reference period.

Arable Land refers to the area of land mainly for the regular cultivation of farm crops (including vegetables), with some fruit trees, mulberry trees and others, covers cultivated land, newly-developed land, reclaimed land, consolidated land, fallow, beach land that can guarantee one harvest per year on average. It also covers fixed ditch, canal, road and sill (ridge) with width less than 1 meter in the South and 2 meters in the North, lands planted temporarily with herbs, grass, flowers and nursery stocks, and other cultivated land with temporary change of use.

Sown Area of Crops refers to area of all land (cultivated or non-cultivated area) sown or transplanted with crops that are harvested within the calendar year by agricultural producers. All crops harvested within the year are counted as sown area, regardless of being sown in this year or the previous year. Crops sown this year but will be harvested in the coming year are excluded.

Irrigated Area refers to areas that are effectively irrigated, i.e. level land, which has water source and complete sets of irrigation facilities to lift and move adequate water for irrigation purpose under normal conditions.

Consumption of Chemical Fertilizers in Agriculture refers to the quantity of chemical fertilizers applied in agriculture in the year, including nitrogenous fertilizer, phosphate fertilizer, potash fertilizer, and compound fertilizer. The consumption of chemical fertilizers is required in calculation to convert the gross weight into weight containing 100% effective component (e.g. 100% nitrogen content in nitrogenous fertilizer, 100% phosphorous pent oxide contents in phosphate fertilizer, 100% potassium oxide contents in potash fertilizer). Compound fertilizer is converted with its major component.

Total Power of Farm Machinery refers to the total rated capacity of all agricultural machinery. Agricultural machinery refers to the machineries and equipment which are used for activities of planting, animal husbandry, fishery, primary processing of agricultural products, agricultural transport and infrastructure construction of farmland. Total power of agricultural machinery is grouped into four parts according to the energy used:

Diesel engine power refers to the total rated capacity of all diesel engines.

Gasoline engine power refers to the total rated capacity of all gasoline engines.

Motor power refers to the total rated capacity of all motors (include submersible pump motors).

Other mechanical powers refer to the total mechanical capacity of the sources of energy besides diesel, gasoline and motor power, such as hydro power, wind power, coal and solar energy.

工 业

INDUSTRY

14-1 规模以上工业企业主要指标(2015年)
Main Indicators of Industrial Enterprises above Designated Size(2015)

分 类	Item	企业单位数(个) Number of Enterprises (unit)	总产值(当年价)(亿元) Gross Output Value (at current prices) (100 million yuan)	资产总计(亿元) Total Assets (100 million yuan)	主营业务收入(亿元) Revenue From Principal Business (100 million yuan)	利润总额(亿元) Total Profits (100 million yuan)	全部从业人员年平均人数(万人) Annual Average Number of Employed Persons (10 000 persons)
总 计	**Total**	**13525**	**40616.41**	**40401.38**	**38645.91**	**2171.26**	**354.47**
按轻重工业分	**Grouped by Light &Heavy Industries**						
轻工业	Light Industry	5015	13683.36	8900.74	12902.66	832.49	124.51
重工业	Heavy Industry	8510	26933.05	31500.64	25743.26	1338.77	229.96
按企业规模分	**Grouped by Size of Enterprises**						
大型企业	Large-sized Enterprises	349	13650.40	18069.76	12823.97	581.73	126.80
中型企业	Medium-sized Enterprises	2037	10599.64	8626.25	10076.97	626.55	110.27
小型企业	Small-sized Enterprises	11139	16366.37	13705.37	15744.97	962.98	117.40
按登记注册类型分	**Grouped by Status of Registration**						
内资企业	Domestic Funded Enterprises	12923	35286.92	36709.23	34143.98	1957.32	318.98
国有企业	State-owned Enterprises	124	1460.81	3156.26	1381.93	22.86	17.83
集体企业	Collective-owned Enterprises	85	140.44	39.41	136.55	8.64	1.36
股份合作企业	Cooperative Share-holding Enterprises	53	89.21	29.77	82.17	5.04	0.91
联营企业	Joint-owned Enterprises	6	5.27	3.25	4.67		0.09
有限责任公司	Limited Liability Corporations	4479	15339.90	21302.51	15057.04	856.59	141.23
国有独资企业	Exclusively State-owned Enterprises	175	1588.93	3139.99	1571.72	83.96	18.91
其他有限责任公司	Others	4304	13750.97	18162.52	13485.32	772.63	122.33
股份有限公司	Share-holding Corporations Limited	575	3132.60	4584.04	3127.96	211.66	29.54
私营企业	Private Enterprises	7520	15017.16	7553.05	14255.89	847.74	126.81
私营独资企业	Exclusively Private Enterprises	688	1006.07	349.63	963.75	62.75	9.78
私营合伙企业	Private Partnership Enterprises	150	178.81	65.63	172.07	10.99	2.31
私营有限责任公司	Private Limited Liability Corporations	6283	12715.96	6257.22	12055.71	690.92	104.37
私营股份有限公司	Private Share-holding Corporations Ltd.	399	1116.32	880.58	1064.36	83.07	10.35
其他企业	Others	81	101.53	40.93	97.77	4.79	1.20
港、澳、台商投资企业	Enterprises with Funds from Hongkong, Macao and Taiwan	204	2352.81	1705.73	2011.04	13.99	18.60
合资经营企业(港或澳、台资)	Joint-venture Enterprises	87	351.67	539.07	324.39	18.35	2.46
合作经营企业(港或澳、台资)	Cooperative Enterprises	3	55.33	12.95	56.32	5.76	0.07
港、澳、台商独资企业	Enterprises with Sole Investment	105	1922.53	1110.39	1606.07	-11.12	15.76
港、澳、台商股份有限公司	Share-holding Corporations Ltd.	8	21.53	36.90	22.22	0.71	0.29
外商投资企业	Foreign-funded Enterprises	398	2976.67	1986.43	2490.89	199.95	16.89
中外合资经营企业	Joint-venture Enterprises	215	1530.40	1104.16	1412.39	138.10	6.60
中外合作经营企业	Cooperative Enterprises	7	9.69	7.31	9.54	1.04	0.21
外资企业	Enterprises with Sole Funds	155	1354.35	756.33	994.23	60.91	9.03
外商投资股份有限公司	Share-holding Corporations Ltd.	12	58.16	69.99	53.08	3.87	0.78

14–2 按行业分规模以上工业企业主要指标(2015年)

单位：亿元

行　业	Sector	企业单位数（个）Number of Enterprises (unit)
总　计	**Total**	**13525**
煤炭开采和洗选业	Coal Mining and Dressing	534
石油和天然气开采业	Petroleum and Natural Gas Extraction	13
黑色金属矿采选业	Ferrous Metals Mining and Dressing	122
有色金属矿采选业	Nonferrous Metals Mining and Dressing	94
非金属矿采选业	Nonmetal Minerals Mining and Dressing	223
开采辅助活动	Mining Support Activities	3
其他采矿业	Mining of Other Ores	2
农副食品加工业	Farm Byproducts Processing	1135
食品制造业	Manufacture of Foods	476
酒、饮料和精制茶制造业	Manufacture of Liquor, Beverages and Refined Tea	647
烟草制品业	Manufacture of Tobacco	3
纺织业	Manufacture of Textile	343
纺织服装、服饰业	Manufacture of Textile, Wearing Apparel and Accessories	133
皮革、毛皮、羽毛及其制品和制鞋业	Manufacture of Leather, Fur, Feather and Related Products and Footwear	158
木材加工和木、竹、藤、棕、草制品业	Timber Processing, Bamboo, Cane, Palm Fiber and Straw Products	244
家具制造业	Manufacture of Furniture	291
造纸和纸制品业	Manufacture of Paper and Paper Products	246
印刷和记录媒介复制业	Printing and Reproduction of Recording Media	249
文教、工美、体育和娱乐用品制造业	Manufacture of Articles for Culture, Education, Arts and Crafts, Sport and Entertainment Activities	60
石油加工、炼焦和核燃料加工业	Processing of Petroleum, Coking and Processing of Nuclear Fuel	63
化学原料和化学制品制造业	Manufacture of Raw Chemical Materials and Chemical Products	882
医药制造业	Manufacture of Medicines	415
化学纤维制造业	Manufacture of Chemical Fibres	20
橡胶和塑料制品业	Manufacture of Rubber and Plastics Products	487
非金属矿物制品业	Manufacture of Non-metallic Mineral Products	1654
黑色金属冶炼和压延加工业	Smelting and Pressing of Ferrous Metals	379
有色金属冶炼和压延加工业	Smelting and Pressing of Nonferrous Metals	189
金属制品业	Manufacture of Metal Products	584
通用设备制造业	Manufacture of General Purpose Machinery	833
专用设备制造业	Manufacture of Special Purpose Machinery	575
汽车制造业	Manufacture of Automobiles	472
铁路、船舶、航空航天和其他运输设备制造业	Manufacture of Railway, Ship, Aerospace and Other Transport Equipments	158
电气机械和器材制造业	Manufacture of Electrical Machinery and Apparatus	574
计算机、通信和其他电子设备制造业	Manufacture of Computers, Communication and Other Electronic Equipments	388
仪器仪表制造业	Manufacture of Measuring Instruments and Machinery	77
其他制造业	Other Manufactures	37
废弃资源综合利用业	Utilization of Waste Resources	48
金属制品、机械和设备修理业	Repair Service of Metal Products, Machinery and Equipment	6
电力、热力生产和供应业	Production and Supply of Electric and Heat Power	434
燃气生产和供应业	Production and Supply of Gas	179
水的生产和供应业	Production and Supply of Water	95

Main Indicators of Industrial Enterprises above Designated Size by Industrial Sector(2015)

(100 million yuan)

工业总产值 Gross Value of Industrial Output	资产总计 Total Assets	流动资产合计 Total Current Assets	固定资产原价 Original Value of Fixed Assets	负债合计 Total Liabilities	流动负债合计 Total Current Liabilities
40616.41	**40401.38**	**16015.98**	**24412.86**	**24238.90**	**15127.72**
836.49	862.35	317.10	528.19	570.66	377.60
541.43	1806.21	160.76	765.54	715.61	407.83
536.37	503.62	233.29	180.53	304.27	245.06
262.12	364.96	118.99	128.82	181.81	146.22
379.43	266.55	117.09	142.96	142.67	100.02
217.27	414.94	262.36	220.60	153.21	148.79
0.42	1.46	0.47	0.48	1.06	0.03
2768.78	1012.05	509.24	668.84	501.33	381.11
987.99	521.29	220.66	307.42	205.60	158.16
2850.42	2214.72	1389.43	888.68	860.75	715.38
269.02	165.47	116.48	84.55	92.69	92.64
910.11	416.46	186.44	302.03	191.99	140.85
223.69	131.42	76.65	49.43	60.52	50.47
292.37	163.62	97.55	75.68	97.72	68.07
370.05	286.09	134.68	141.93	142.80	104.18
511.47	263.21	119.41	152.21	128.11	87.72
448.22	257.59	103.93	163.25	154.24	108.62
380.80	260.97	134.10	156.97	106.69	88.21
116.99	46.98	24.69	20.91	25.89	18.92
814.82	583.82	143.13	492.42	348.89	208.83
2618.97	2333.81	912.83	1445.21	1334.15	1063.55
1264.69	1097.99	628.90	487.61	512.06	364.72
202.02	195.56	95.60	90.90	156.44	132.40
918.59	436.38	222.95	252.41	199.82	151.08
2838.23	2141.23	876.75	1478.36	1132.97	864.68
2173.91	2446.46	891.08	2093.37	2012.08	1223.90
676.95	600.34	335.89	192.17	354.66	281.40
1075.93	704.68	404.26	285.13	379.28	286.53
1987.12	1642.22	1146.19	664.72	1049.11	941.07
1271.48	1117.20	654.64	499.14	648.88	492.92
2449.36	1733.76	980.34	822.69	949.08	750.99
600.68	736.17	448.40	252.95	396.42	357.04
1338.86	1047.39	649.39	425.68	674.69	564.58
4142.51	2825.18	1911.00	849.88	1793.44	1484.98
79.58	84.08	57.84	20.55	41.83	37.89
166.85	321.42	195.40	129.36	262.34	176.62
184.03	60.99	32.76	25.82	41.22	35.08
27.53	36.28	19.98	13.19	17.63	14.29
2194.57	8895.91	586.90	8227.32	6638.08	1874.02
575.21	783.52	291.52	431.43	308.40	179.34
111.12	617.03	206.89	253.53	349.84	201.94

14-2 续表

单位：亿元

行　业	Sector	所有者权益 Owners' Equities
总　计	**Total**	**16075.60**
煤炭开采和洗选业	Coal Mining and Dressing	283.31
石油和天然气开采业	Petroleum and Natural Gas Extraction	1090.60
黑色金属矿采选业	Ferrous Metals Mining and Dressing	198.65
有色金属矿采选业	Nonferrous Metals Mining and Dressing	181.25
非金属矿采选业	Nonmetal Minerals Mining and Dressing	123.46
开采辅助活动	Mining Support Activities	261.73
其他采矿业	Mining of Other Ores	0.41
农副食品加工业	Farm Byproducts Processing	504.74
食品制造业	Manufacture of Foods	314.05
酒、饮料和精制茶制造业	Manufacture of Liquor, Beverages and Refined Tea	1351.51
烟草制品业	Manufacture of Tobacco	72.78
纺织业	Manufacture of Textile	221.60
纺织服装、服饰业	Manufacture of Textile, Wearing Apparel and Accessories	68.98
皮革、毛皮、羽毛及其制品和制鞋业	Manufacture of Leather, Fur, Feather and Related Products and Footwear	64.51
木材加工和木、竹、藤、棕、草制品业	Timber Processing, Bamboo, Cane, Palm Fiber and Straw Products	141.78
家具制造业	Manufacture of Furniture	121.46
造纸和纸制品业	Manufacture of Paper and Paper Products	99.94
印刷和记录媒介复制业	Printing and Reproduction of Recording Media	153.71
文教、工美、体育和娱乐用品制造业	Manufacture of Articles for Culture, Education, Arts and Crafts, Sport and Entertainment Activities	20.78
石油加工、炼焦和核燃料加工业	Processing of Petroleum, Coking and Processing of Nuclear Fuel	234.88
化学原料和化学制品制造业	Manufacture of Raw Chemical Materials and Chemical Products	993.99
医药制造业	Manufacture of Medicines	585.61
化学纤维制造业	Manufacture of Chemical Fibres	39.12
橡胶和塑料制品业	Manufacture of Rubber and Plastics Products	233.86
非金属矿物制品业	Manufacture of Non-metallic Mineral Products	987.60
黑色金属冶炼和压延加工业	Smelting and Pressing of Ferrous Metals	431.77
有色金属冶炼和压延加工业	Smelting and Pressing of Nonferrous Metals	255.90
金属制品业	Manufacture of Metal Products	323.31
通用设备制造业	Manufacture of General Purpose Machinery	592.02
专用设备制造业	Manufacture of Special Purpose Machinery	464.89
汽车制造业	Manufacture of Automobiles	782.95
铁路、船舶、航空航天和其他运输设备制造业	Manufacture of Railway, Ship, Aerospace and Other Transport Equipments	339.41
电气机械和器材制造业	Manufacture of Electrical Machinery and Apparatus	372.08
计算机、通信和其他电子设备制造业	Manufacture of Computers, Communication and Other Electronic Equipments	1024.00
仪器仪表制造业	Manufacture of Measuring Instruments and Machinery	42.25
其他制造业	Other Manufactures	58.65
废弃资源综合利用业	Utilization of Waste Resources	19.76
金属制品、机械和设备修理业	Repair Service of Metal Products, Machinery and Equipment	18.65
电力、热力生产和供应业	Production and Supply of Electric and Heat Power	2257.83
燃气生产和供应业	Production and Supply of Gas	474.60
水的生产和供应业	Production and Supply of Water	267.19

continued

(100 million yuan)

主营业务收入 Revenue from Principal Business	主营业务成本 Cost of Principal Business	主营业务税金及附加 Tax and Extra Charges from Principal Business	利润总额 Total Profits	本年应交增值税 Value-added Tax Payable	全部从业人员年平均人数(万人) Annual Average Employed Persons (10 000 persons)
38645.91	**32514.83**	**610.48**	**2171.26**	**1173.99**	**354.47**
772.30	665.20	8.29	27.51	29.36	19.79
587.65	363.33	20.36	117.10	28.35	3.38
480.06	415.26	4.97	13.18	15.53	2.88
220.67	189.29	1.55	8.20	8.94	2.62
363.71	294.15	7.09	25.15	15.72	4.28
267.21	258.31	2.38	10.08	16.52	4.77
0.40	0.28		-0.01		0.01
2680.06	2349.15	13.65	140.50	57.18	18.41
940.98	766.71	6.46	67.37	27.30	9.86
2597.99	1952.32	106.59	246.05	99.80	21.38
227.76	84.22	128.27	0.04	25.49	0.52
879.84	786.29	5.05	43.97	21.70	10.17
212.55	180.40	1.23	13.04	5.98	3.07
261.50	225.19	1.55	15.62	6.02	6.07
359.24	305.32	2.41	20.54	9.33	3.95
474.82	373.70	4.79	28.46	18.87	8.67
426.52	375.32	2.23	20.71	9.48	4.46
361.10	298.86	3.61	25.97	12.26	4.19
108.06	89.99	1.08	6.05	3.03	1.50
768.29	634.81	84.36	14.23	10.45	1.70
2400.43	2075.15	11.43	93.07	54.99	20.22
1164.59	861.05	10.03	108.59	53.78	12.43
222.60	199.32	2.33	7.62	3.87	1.66
890.60	750.29	5.11	57.56	24.09	8.43
2710.50	2318.35	23.33	139.16	74.39	28.63
2283.16	2139.84	9.22	-52.72	41.38	16.62
632.39	588.85	1.40	12.90	12.71	3.75
1034.30	893.51	6.54	52.00	33.43	9.23
1971.38	1646.42	13.51	103.90	77.13	15.97
1194.35	990.61	8.48	86.38	35.22	12.14
2272.08	1909.55	59.81	202.07	74.33	13.76
557.73	475.58	3.43	30.13	12.27	6.55
1238.55	1048.13	7.26	60.24	42.49	12.64
3481.09	3176.13	12.63	34.20	36.79	32.73
73.80	56.15	0.36	5.89	2.59	1.07
151.57	130.00	0.96	13.01	1.78	1.38
164.70	148.17	1.31	6.57	10.94	0.72
28.69	23.68	0.17	0.39	0.97	0.29
2155.50	1648.58	17.95	244.90	147.63	20.02
912.40	750.50	7.71	98.85	8.63	2.39
114.81	76.87	1.60	22.76	3.27	2.17

14-3 按行业分国有控股工业企业主要指标(2015年)

单位：亿元

行 业	Sector	企业单位数(个) Number of Enterprises (unit)
总 计	**Total**	**978**
煤炭开采和洗选业	Coal Mining and Dressing	17
石油和天然气开采业	Petroleum and Natural Gas Extraction	13
黑色金属矿采选业	Ferrous Metals Mining and Dressing	7
有色金属矿采选业	Nonferrous Metals Mining and Dressing	16
非金属矿采选业	Nonmetal Minerals Mining and Dressing	10
开采辅助活动	Mining Support Activities	2
其他采矿业	Mining of Other Ores	
农副食品加工业	Farm Byproducts Processing	28
食品制造业	Manufacture of Foods	10
酒、饮料和精制茶制造业	Manufacture of Liquor, Beverages and Refined Tea	20
烟草制品业	Manufacture of Tobacco	2
纺织业	Manufacture of Textile	9
纺织服装、服饰业	Manufacture of Textile, Wearing Apparel and Accessories	8
皮革、毛皮、羽毛及其制品和制鞋业	Manufacture of Leather, Fur, Feather and Related Products and Footwear	
木材加工和木、竹、藤、棕、草制品业	Timber Processing, Bamboo, Cane, Palm Fiber and Straw Products	4
家具制造业	Manufacture of Furniture	
造纸和纸制品业	Manufacture of Paper and Paper Products	4
印刷和记录媒介复制业	Printing and Reproduction of Recording Media	7
文教、工美、体育和娱乐用品制造业	Manufacture of Articles for Culture, Education, Arts and Crafts, Sport and Entertainment Activities	2
石油加工、炼焦和核燃料加工业	Processing of Petroleum, Coking and Processing of Nuclear Fuel	6
化学原料和化学制品制造业	Manufacture of Raw Chemical Materials and Chemical Products	47
医药制造业	Manufacture of Medicines	18
化学纤维制造业	Manufacture of Chemical Fibres	3
橡胶和塑料制品业	Manufacture of Rubber and Plastics Products	9
非金属矿物制品业	Manufacture of Non-metallic Mineral Products	78
黑色金属冶炼和压延加工业	Smelting and Pressing of Ferrous Metals	14
有色金属冶炼和压延加工业	Smelting and Pressing of Nonferrous Metals	15
金属制品业	Manufacture of Metal Products	18
通用设备制造业	Manufacture of General Purpose Machinery	29
专用设备制造业	Manufacture of Special Purpose Machinery	29
汽车制造业	Manufacture of Automobiles	40
铁路、船舶、航空航天和其他运输设备制造业	Manufacture of Railway, Ship, Aerospace and Other Transport Equipments	28
电气机械和器材制造业	Manufacture of Electrical Machinery and Apparatus	28
计算机、通信和其他电子设备制造业	Manufacture of Computers, Communication and Other Electronic Equipments	55
仪器仪表制造业	Manufacture of Measuring Instruments and Machinery	8
其他制造业	Other Manufactures	6
废弃资源综合利用业	Utilization of Waste Resources	3
金属制品、机械和设备修理业	Repair Service of Metal Products, Machinery and Equipment	3
电力、热力生产和供应业	Production and Supply of Electric and Heat Power	265
燃气生产和供应业	Production and Supply of Gas	56
水的生产和供应业	Production and Supply of Water	61

Main Indicators of State-holding Industrial Enterprises by Industrial Sector(2015)

(100 million yuan)

工业总产值 Gross Value of Industrial Output	资产总计 Total Assets	流动资产合计 Total Current Assets	固定资产原价 Original Value of Fixed Assets	负债合计 Total Liabilities	流动负债合计 Total Current Liabilities
10006.01	**20092.37**	**5901.10**	**13221.06**	**13318.05**	**6951.52**
88.50	388.23	114.87	198.80	304.55	181.40
541.43	1806.21	160.76	765.54	715.61	407.83
124.74	108.54	34.94	47.64	58.38	33.54
124.88	146.71	33.87	70.61	72.80	62.75
59.77	45.41	20.78	14.77	19.56	9.32
215.65	414.22	262.18	219.79	153.16	148.74
78.23	29.54	16.04	10.85	20.50	18.88
26.21	11.67	5.94	5.17	7.10	6.72
957.98	1107.25	800.06	367.80	304.70	256.31
268.33	165.21	116.25	84.46	92.47	92.43
36.93	26.99	14.83	7.80	12.26	8.31
13.81	17.13	8.81	9.39	9.16	7.18
6.34	2.58	1.33	1.18	2.01	1.72
4.71	13.76	3.91	12.89	12.87	12.53
32.43	54.72	32.30	45.89	5.77	4.92
27.00	12.67	10.44	2.29	8.07	7.97
493.85	400.31	61.12	367.04	228.99	145.33
333.04	584.40	210.13	378.60	403.89	327.33
53.52	90.71	35.24	33.81	40.64	27.02
125.23	147.67	79.00	54.87	121.10	101.05
34.61	38.07	14.49	16.42	18.02	15.48
291.92	379.46	135.03	302.78	241.94	196.19
587.71	1361.61	325.13	975.20	1211.26	553.78
70.89	73.80	34.09	59.87	67.56	57.22
76.52	116.73	76.69	38.76	60.64	52.90
318.76	697.81	573.38	140.06	557.17	529.97
96.07	275.59	125.37	163.79	221.81	175.69
769.56	610.28	374.00	278.39	327.33	282.47
301.39	472.53	308.74	162.17	301.61	290.78
142.77	247.57	192.55	99.03	261.43	224.98
1025.86	1186.48	809.36	324.17	756.99	625.66
19.81	21.78	18.31	3.07	14.60	13.03
114.43	304.30	186.46	115.61	256.39	171.90
20.31	4.54	3.33	1.39	2.91	2.74
18.00	34.64	18.99	12.88	17.02	14.20
2014.69	8128.65	465.21	7556.04	6131.20	1713.86
416.39	168.53	83.93	80.07	83.01	65.46
73.77	396.08	133.26	192.15	193.59	103.95

14-3 续表

单位：亿元

行　业	Sector	所有者权益 Owners' Equities
总　计	**Total**	**6762.66**
煤炭开采和洗选业	Coal Mining and Dressing	79.87
石油和天然气开采业	Petroleum and Natural Gas Extraction	1090.60
黑色金属矿采选业	Ferrous Metals Mining and Dressing	50.16
有色金属矿采选业	Nonferrous Metals Mining and Dressing	73.92
非金属矿采选业	Nonmetal Minerals Mining and Dressing	25.85
开采辅助活动	Mining Support Activities	261.06
其他采矿业	Mining of Other Ores	
农副食品加工业	Farm Byproducts Processing	8.50
食品制造业	Manufacture of Foods	4.57
酒、饮料和精制茶制造业	Manufacture of Liquor, Beverages and Refined Tea	802.55
烟草制品业	Manufacture of Tobacco	72.74
纺织业	Manufacture of Textile	14.73
纺织服装、服饰业	Manufacture of Textile, Wearing Apparel and Accessories	7.97
皮革、毛皮、羽毛及其制品和制鞋业	Manufacture of Leather, Fur, Feather and Related Products and Footwear	
木材加工和木、竹、藤、棕、草制品业	Timber Processing, Bamboo, Cane, Palm Fiber and Straw Products	0.57
家具制造业	Manufacture of Furniture	
造纸和纸制品业	Manufacture of Paper and Paper Products	0.89
印刷和记录媒介复制业	Printing and Reproduction of Recording Media	48.95
文教、工美、体育和娱乐用品制造业	Manufacture of Articles for Culture, Education, Arts and Crafts, Sport and Entertainment Activities	4.59
石油加工、炼焦和核燃料加工业	Processing of Petroleum, Coking and Processing of Nuclear Fuel	171.31
化学原料和化学制品制造业	Manufacture of Raw Chemical Materials and Chemical Products	180.32
医药制造业	Manufacture of Medicines	50.07
化学纤维制造业	Manufacture of Chemical Fibres	26.57
橡胶和塑料制品业	Manufacture of Rubber and Plastics Products	20.05
非金属矿物制品业	Manufacture of Non-metallic Mineral Products	135.30
黑色金属冶炼和压延加工业	Smelting and Pressing of Ferrous Metals	150.34
有色金属冶炼和压延加工业	Smelting and Pressing of Nonferrous Metals	6.24
金属制品业	Manufacture of Metal Products	56.10
通用设备制造业	Manufacture of General Purpose Machinery	140.64
专用设备制造业	Manufacture of Special Purpose Machinery	53.78
汽车制造业	Manufacture of Automobiles	282.95
铁路、船舶、航空航天和其他运输设备制造业	Manufacture of Railway, Ship, Aerospace and Other Transport Equipments	170.92
电气机械和器材制造业	Manufacture of Electrical Machinery and Apparatus	-13.86
计算机、通信和其他电子设备制造业	Manufacture of Computers, Communication and Other Electronic Equipments	425.14
仪器仪表制造业	Manufacture of Measuring Instruments and Machinery	7.18
其他制造业	Other Manufactures	47.90
废弃资源综合利用业	Utilization of Waste Resources	1.63
金属制品、机械和设备修理业	Repair Service of Metal Products, Machinery and Equipment	17.62
电力、热力生产和供应业	Production and Supply of Electric and Heat Power	1997.46
燃气生产和供应业	Production and Supply of Gas	84.99
水的生产和供应业	Production and Supply of Water	202.48

continued

(100 million yuan)

主营业务收入 Revenue from Principal Business	主营业务成本 Cost of Principal Business	主营业务税金及附加 Tax and Extra Charges from Principal Business	利润总额 Total Profits	本年应交增值税 Value-added Tax Payable	全部从业人员年平均人数(万人) Annual Average Employed Persons (10 000 persons)
9746.25	**7882.09**	**333.53**	**565.95**	**407.20**	**89.41**
66.29	57.99	1.28	-11.04	5.35	5.93
587.65	363.33	20.36	117.10	28.35	3.38
111.19	90.81	1.46	2.26	5.61	0.76
110.87	99.65	0.40	2.22	3.89	0.92
57.85	48.20	0.81	2.11	3.40	0.66
265.66	257.27	2.38	9.61	16.51	4.76
85.59	78.96	0.11	3.94	0.27	0.32
25.74	20.55	0.16	1.71	0.71	0.36
885.24	641.29	33.11	119.02	40.29	7.36
227.08	83.57	128.27	0.09	25.46	0.50
36.70	34.10	0.37	1.00	1.76	0.48
9.99	7.80	0.05	1.01	0.38	0.36
6.18	4.88	0.14	0.34	0.27	0.08
6.66	6.41	0.01	-0.56	0.31	0.14
33.21	24.71	0.28	5.12	2.33	0.40
25.92	21.11	0.11	1.21	0.89	0.14
469.44	366.66	80.93	-0.16	2.88	0.47
319.98	282.26	0.88	-4.99	9.48	4.17
40.60	24.16	0.39	7.78	1.93	0.63
147.16	137.12	1.85	2.36	0.96	1.08
43.75	38.80	0.08	1.05	0.99	0.39
284.19	236.88	1.20	13.72	9.39	3.53
579.49	543.87	3.16	-66.97	15.23	7.54
65.53	64.95	0.19	-8.05	1.53	0.69
93.25	84.41	0.37	1.53	4.46	1.16
353.62	301.29	1.53	7.58	19.63	2.61
65.05	60.11	0.27	-1.41	0.41	1.71
693.00	588.62	24.07	72.23	26.63	2.84
273.75	243.95	1.39	8.51	4.42	3.62
116.27	94.22	1.24	-9.81	10.68	1.57
1029.56	875.43	7.66	12.65	19.36	7.84
15.88	12.02	0.07	1.10	0.56	0.17
100.72	86.72	0.17	8.57	0.35	1.00
16.16	15.26	0.05	0.24	0.38	0.21
18.82	16.17	0.06	0.07	0.51	0.25
1997.56	1536.28	16.33	233.30	136.41	18.49
403.91	378.86	1.20	16.19	3.35	1.18
76.78	53.43	1.12	15.33	1.89	1.71

14-4 按行业分大中型工业企业主要指标(2015年)

单位：亿元

行　业	Sector	企业单位数（个）Number of Enterprises (unit)
总　计	**Total**	**2386**
煤炭开采和洗选业	Coal Mining and Dressing	153
石油和天然气开采业	Petroleum and Natural Gas Extraction	7
黑色金属矿采选业	Ferrous Metals Mining and Dressing	25
有色金属矿采选业	Nonferrous Metals Mining and Dressing	22
非金属矿采选业	Nonmetal Minerals Mining and Dressing	25
开采辅助活动	Mining Support Activities	1
其他采矿业	Mining of Other Ores	
农副食品加工业	Farm Byproducts Processing	140
食品制造业	Manufacture of Foods	91
酒、饮料和精制茶制造业	Manufacture of Liquor, Beverages and Refined Tea	110
烟草制品业	Manufacture of Tobacco	1
纺织业	Manufacture of Textile	100
纺织服装、服饰业	Manufacture of Textile, Wearing Apparel and Accessories	30
皮革、毛皮、羽毛及其制品和制鞋业	Manufacture of Leather, Fur, Feather and Related Products and Footwear	49
木材加工和木、竹、藤、棕、草制品业	Timber Processing, Bamboo, Cane, Palm Fiber and Straw Products	26
家具制造业	Manufacture of Furniture	71
造纸和纸制品业	Manufacture of Paper and Paper Products	42
印刷和记录媒介复制业	Printing and Reproduction of Recording Media	33
文教、工美、体育和娱乐用品制造业	Manufacture of Articles for Culture, Education, Arts and Crafts, Sport and Entertainment Activities	16
石油加工、炼焦和核燃料加工业	Processing of Petroleum, Coking and Processing of Nuclear Fuel	15
化学原料和化学制品制造业	Manufacture of Raw Chemical Materials and Chemical Products	138
医药制造业	Manufacture of Medicines	103
化学纤维制造业	Manufacture of Chemical Fibres	7
橡胶和塑料制品业	Manufacture of Rubber and Plastics Products	55
非金属矿物制品业	Manufacture of Non-metallic Mineral Products	217
黑色金属冶炼和压延加工业	Smelting and Pressing of Ferrous Metals	67
有色金属冶炼和压延加工业	Smelting and Pressing of Nonferrous Metals	25
金属制品业	Manufacture of Metal Products	60
通用设备制造业	Manufacture of General Purpose Machinery	117
专用设备制造业	Manufacture of Special Purpose Machinery	85
汽车制造业	Manufacture of Automobiles	133
铁路、船舶、航空航天和其他运输设备制造业	Manufacture of Railway, Ship, Aerospace and Other Transport Equipments	45
电气机械和器材制造业	Manufacture of Electrical Machinery and Apparatus	91
计算机、通信和其他电子设备制造业	Manufacture of Computers, Communication and Other Electronic Equipments	122
仪器仪表制造业	Manufacture of Measuring Instruments and Machinery	8
其他制造业	Other Manufactures	7
废弃资源综合利用业	Utilization of Waste Resources	7
金属制品、机械和设备修理业	Repair Service of Metal Products, Machinery and Equipment	1
电力、热力生产和供应业	Production and Supply of Electric and Heat Power	104
燃气生产和供应业	Production and Supply of Gas	18
水的生产和供应业	Production and Supply of Water	19

Main Indicators of Large and Medium-sized Industrial Enterprises by Industrial Sector(2015)

(100 million yuan)

工业总产值 Gross Value of Industrial Output	资产总计 Total Assets	流动资产合计 Total Current Assets	固定资产原价 Original Value of Fixed Assets	负债合计 Total Liabilities	流动负债合计 Total Current Liabilities
24250.04	**26696.01**	**10992.73**	**15942.04**	**16178.16**	**10825.60**
376.74	636.19	233.06	331.50	449.20	294.17
513.80	1745.69	135.83	721.55	703.54	399.36
371.87	360.30	158.49	132.23	208.43	170.14
178.20	191.52	48.94	94.86	96.32	83.45
143.04	113.84	49.28	75.07	65.04	50.96
215.65	414.22	262.18	219.79	153.16	148.74
1187.92	428.93	216.12	369.39	214.58	154.17
503.25	283.56	114.75	177.45	105.55	85.62
2002.85	1840.80	1199.19	723.99	686.83	577.61
262.11	161.26	113.44	82.37	91.93	91.89
592.37	279.59	114.46	239.38	127.07	89.35
112.75	88.01	53.48	31.75	44.72	38.36
157.71	108.97	67.73	42.37	65.68	49.34
120.61	139.60	60.12	74.15	67.24	45.10
285.96	150.15	65.04	99.37	82.18	53.25
218.61	146.01	47.24	104.65	87.05	59.09
142.33	135.47	73.88	96.62	47.49	40.88
74.33	25.84	15.17	10.33	15.13	12.91
707.95	532.90	117.37	472.07	321.35	185.58
1434.49	1591.47	563.17	1076.56	916.36	731.72
770.75	775.11	451.34	304.96	355.25	240.88
176.15	175.08	88.83	80.41	145.41	125.60
377.59	201.51	98.79	122.60	85.87	59.50
1092.33	1074.19	379.00	881.06	511.35	376.89
1616.71	2209.73	768.08	1975.06	1867.01	1104.28
282.13	390.31	197.29	145.21	196.70	171.97
367.22	314.10	178.73	129.10	164.73	136.58
901.18	1169.72	876.90	367.00	807.79	748.48
588.94	698.46	404.10	342.04	434.35	314.45
1485.43	1163.15	652.78	546.14	688.25	533.19
389.17	578.47	351.01	208.98	338.81	310.24
684.85	594.66	392.97	270.16	428.00	364.47
3822.72	2532.06	1725.77	761.35	1643.98	1356.40
27.77	34.60	27.98	6.25	18.85	18.26
133.75	306.18	186.69	124.19	256.63	172.14
134.46	32.89	19.70	11.23	23.27	18.63
11.72	19.71	10.12	3.85	10.97	10.44
1601.13	4517.68	281.13	4287.89	3368.48	1212.18
116.23	102.47	42.02	55.52	51.99	39.14
67.27	431.60	150.54	143.56	231.60	150.17

14-4 续表

单位：亿元

行　业	Sector	所有者权益 Owners' Equities
总　计	**Total**	**10516.84**
煤炭开采和洗选业	Coal Mining and Dressing	187.02
石油和天然气开采业	Petroleum and Natural Gas Extraction	1042.15
黑色金属矿采选业	Ferrous Metals Mining and Dressing	151.87
有色金属矿采选业	Nonferrous Metals Mining and Dressing	95.20
非金属矿采选业	Nonmetal Minerals Mining and Dressing	48.79
开采辅助活动	Mining Support Activities	261.06
其他采矿业	Mining of Other Ores	
农副食品加工业	Farm Byproducts Processing	214.35
食品制造业	Manufacture of Foods	178.00
酒、饮料和精制茶制造业	Manufacture of Liquor, Beverages and Refined Tea	1153.97
烟草制品业	Manufacture of Tobacco	69.33
纺织业	Manufacture of Textile	152.52
纺织服装、服饰业	Manufacture of Textile, Wearing Apparel and Accessories	43.29
皮革、毛皮、羽毛及其制品和制鞋业	Manufacture of Leather, Fur, Feather and Related Products and Footwear	43.29
木材加工和木、竹、藤、棕、草制品业	Timber Processing, Bamboo, Cane, Palm Fiber and Straw Products	72.36
家具制造业	Manufacture of Furniture	67.97
造纸和纸制品业	Manufacture of Paper and Paper Products	58.96
印刷和记录媒介复制业	Printing and Reproduction of Recording Media	87.98
文教、工美、体育和娱乐用品制造业	Manufacture of Articles for Culture, Education, Arts and Crafts, Sport and Entertainment Activities	10.71
石油加工、炼焦和核燃料加工业	Processing of Petroleum, Coking and Processing of Nuclear Fuel	211.56
化学原料和化学制品制造业	Manufacture of Raw Chemical Materials and Chemical Products	675.11
医药制造业	Manufacture of Medicines	419.86
化学纤维制造业	Manufacture of Chemical Fibres	29.67
橡胶和塑料制品业	Manufacture of Rubber and Plastics Products	115.65
非金属矿物制品业	Manufacture of Non-metallic Mineral Products	562.84
黑色金属冶炼和压延加工业	Smelting and Pressing of Ferrous Metals	342.72
有色金属冶炼和压延加工业	Smelting and Pressing of Nonferrous Metals	193.60
金属制品业	Manufacture of Metal Products	149.37
通用设备制造业	Manufacture of General Purpose Machinery	361.93
专用设备制造业	Manufacture of Special Purpose Machinery	264.11
汽车制造业	Manufacture of Automobiles	474.39
铁路、船舶、航空航天和其他运输设备制造业	Manufacture of Railway, Ship, Aerospace and Other Transport Equipments	239.65
电气机械和器材制造业	Manufacture of Electrical Machinery and Apparatus	166.65
计算机、通信和其他电子设备制造业	Manufacture of Computers, Communication and Other Electronic Equipments	888.08
仪器仪表制造业	Manufacture of Measuring Instruments and Machinery	15.76
其他制造业	Other Manufactures	49.54
废弃资源综合利用业	Utilization of Waste Resources	9.62
金属制品、机械和设备修理业	Repair Service of Metal Products, Machinery and Equipment	8.75
电力、热力生产和供应业	Production and Supply of Electric and Heat Power	1149.20
燃气生产和供应业	Production and Supply of Gas	49.96
水的生产和供应业	Production and Supply of Water	200.00

continued

(100 million yuan)

主营业务收入 Revenue from Principal Business	主营业务成本 Cost of Principal Business	主营业务税金及附加 Tax and Extra Charges from Principal Business	利润总额 Total Profits	本年应交增值税 Value-added Tax Payable	全部从业人员年平均人数（万人） Annual Average Employed Persons (10 000 persons)
22900.94	**19188.78**	**452.35**	**1208.28**	**737.25**	**237.07**
338.13	288.62	4.11	2.70	17.41	14.36
564.23	352.94	19.25	106.55	27.97	3.29
343.01	298.32	4.16	9.05	10.35	2.02
154.71	134.40	0.95	6.28	5.90	1.72
137.95	112.39	3.22	7.53	5.94	2.62
265.66	257.27	2.38	9.61	16.51	4.76
1162.19	1001.24	6.15	70.73	33.14	9.19
490.56	392.24	3.20	39.45	16.96	5.70
1800.08	1301.50	75.73	196.70	81.72	15.77
220.79	78.15	128.25	-0.38	25.29	0.48
581.27	518.51	3.18	30.05	15.72	7.01
111.25	91.88	0.63	7.28	3.87	1.69
142.93	123.56	0.78	8.27	3.53	4.52
116.98	97.49	0.70	7.61	3.17	1.51
272.84	207.15	2.67	16.34	12.68	6.07
201.91	174.75	1.05	12.21	4.23	2.01
131.05	106.37	1.33	12.30	5.61	1.95
69.91	56.85	0.81	4.21	2.16	1.07
662.67	540.98	80.42	11.02	6.45	1.32
1299.01	1114.49	6.05	48.90	32.12	12.68
707.41	489.30	7.25	78.86	38.99	8.67
196.70	176.88	2.26	5.31	3.42	1.49
377.03	307.72	2.24	30.06	10.75	4.00
1058.39	900.23	10.50	55.38	31.57	14.15
1778.00	1683.56	6.10	-70.51	29.57	13.53
262.12	240.83	0.54	7.65	4.91	2.14
371.44	315.23	2.22	21.16	14.69	4.16
930.08	772.24	6.72	47.74	39.42	8.59
552.10	442.89	3.80	50.13	16.43	6.80
1394.18	1165.65	34.11	114.94	43.67	10.06
361.94	309.85	1.93	16.37	7.97	5.18
622.94	520.17	3.97	26.95	30.70	7.81
3183.55	2934.44	10.33	17.72	28.76	29.28
23.96	18.83	0.13	1.25	1.08	0.40
119.29	100.93	0.82	11.23	1.24	1.16
114.63	103.29	1.03	5.35	9.25	0.43
12.23	11.06	0.06	0.03	0.50	0.24
1592.09	1317.20	11.45	150.05	88.11	17.06
108.46	86.19	0.78	14.54	3.22	1.02
67.25	43.15	1.09	17.67	2.26	1.18

14-5 按行业分规模以上工业企业主要经济效益指标（2015年）
Main Indicators on Economic Benefits of Industrial Enterprises above Designated Size by Industrial Sector(2015)

单位：%　　(%)

行　业	Sector	总资产贡献率 Ratio of Profits, Taxes and Interests to Average Assets	资产负债率 Ratio of Debts to Assets	工业成本费用利润率 Ratio of Profits to Industrial Costs	产品销售率 Products Sales Rate
总　计	**Total**	**11.33**	**60.00**	**5.98**	**96.55**
煤炭开采和洗选业	Coal Mining and Dressing	9.73	66.17	3.64	98.48
石油和天然气开采业	Petroleum and Natural Gas Extraction	10.23	39.62	25.49	99.88
黑色金属矿采选业	Ferrous Metals Mining and Dressing	8.34	60.42	2.84	97.36
有色金属矿采选业	Nonferrous Metals Mining and Dressing	6.21	49.82	3.89	90.83
非金属矿采选业	Nonmetal Minerals Mining and Dressing	19.72	53.52	7.51	97.57
开采辅助活动	Mining Support Activities	6.52	36.92	3.85	99.55
其他采矿业	Mining of Other Ores	-0.11	72.23	-1.27	100.00
农副食品加工业	Farm Byproducts Processing	22.48	49.54	5.55	98.26
食品制造业	Manufacture of Foods	20.72	39.44	7.73	98.32
酒、饮料和精制茶制造业	Manufacture of Liquor, Beverages and Refined Tea	20.97	38.86	10.82	90.94
烟草制品业	Manufacture of Tobacco	93.33	56.01	0.04	93.78
纺织业	Manufacture of Textile	18.75	46.10	5.30	98.32
纺织服装、服饰业	Manufacture of Textile, Wearing Apparel and Accessories	16.31	46.05	6.51	98.49
皮革、毛皮、羽毛及其制品和制鞋业	Manufacture of Leather, Fur, Feather and Related Products and Footwear	15.81	59.73	6.36	94.97
木材加工和木、竹、藤、棕、草制品业	Timber Processing, Bamboo, Cane, Palm Fiber and Straw Products	12.73	49.91	6.11	98.31
家具制造业	Manufacture of Furniture	21.36	48.67	6.45	97.94
造纸和纸制品业	Manufacture of Paper and Paper Products	14.21	59.88	5.12	97.31
印刷和记录媒介复制业	Printing and Reproduction of Recording Media	16.92	40.88	7.77	96.88
文教、工美、体育和娱乐用品制造业	Manufacture of Articles for Culture, Education, Arts and Crafts, Sport and Entertainment Activities	22.98	55.10	5.94	95.39
石油加工、炼焦和核燃料加工业	Processing of Petroleum, Coking and Processing of Nuclear Fuel	20.55	59.76	2.12	95.78
化学原料和化学制品制造业	Manufacture of Raw Chemical Materials and Chemical Products	8.50	57.17	4.01	95.86
医药制造业	Manufacture of Medicines	16.99	46.64	10.26	94.38
化学纤维制造业	Manufacture of Chemical Fibres	9.59	80.00	3.47	99.04
橡胶和塑料制品业	Manufacture of Rubber and Plastics Products	21.66	45.79	6.94	97.73
非金属矿物制品业	Manufacture of Non-metallic Mineral Products	12.74	52.91	5.45	97.45
黑色金属冶炼和压延加工业	Smelting and Pressing of Ferrous Metals	1.75	82.24	-2.14	98.10
有色金属冶炼和压延加工业	Smelting and Pressing of Nonferrous Metals	5.88	59.08	2.07	95.11
金属制品业	Manufacture of Metal Products	14.42	53.82	5.31	97.37
通用设备制造业	Manufacture of General Purpose Machinery	12.97	63.88	5.63	97.60
专用设备制造业	Manufacture of Special Purpose Machinery	13.36	58.08	7.69	97.22
汽车制造业	Manufacture of Automobiles	20.27	54.74	9.81	95.19
铁路、船舶、航空航天和其他运输设备制造业	Manufacture of Railway, Ship, Aerospace and Other Transport Equipments	7.03	53.85	5.63	98.17
电气机械和器材制造业	Manufacture of Electrical Machinery and Apparatus	11.90	64.42	5.14	96.11
计算机、通信和其他电子设备制造业	Manufacture of Computers, Communication and Other Electronic Equipments	3.89	63.48	0.99	94.36
仪器仪表制造业	Manufacture of Measuring Instruments and Machinery	11.13	49.76	8.63	98.31
其他制造业	Other Manufactures	5.30	81.62	9.13	103.86
废弃资源综合利用业	Utilization of Waste Resources	33.33	67.59	4.25	91.38
金属制品、机械和设备修理业	Repair Service of Metal Products, Machinery and Equipment	4.76	48.59	1.36	101.04
电力、热力生产和供应业	Production and Supply of Electric and Heat Power	7.10	74.62	12.66	100.06
燃气生产和供应业	Production and Supply of Gas	15.01	39.36	11.74	99.39
水的生产和供应业	Production and Supply of Water	4.97	56.7	22.41	99.92

14-6 按行业分国有控股工业企业主要经济效益指标(2015年)
Main Indicators on Economic Benefits of State-holding Industrial Enterprises by Industrial Sector(2015)

单位：%　　(%)

行业	Sector	总资产贡献率 Ratio of Profits, Taxes and Interests to Average Assets	资产负债率 Ratio of Debts to Assets	工业成本费用利润率 Ratio of Profits to Industrial Cost	产品销售率 Products Sales Rate
总计	**Total**	**8.13**	**66.28**	**6.17**	**96.05**
煤炭开采和洗选业	Coal Mining and Dressing	2.09	78.44	-11.90	96.08
石油和天然气开采业	Petroleum and Natural Gas Extraction	10.23	39.62	25.49	99.88
黑色金属矿采选业	Ferrous Metals Mining and Dressing	11.25	53.79	2.05	99.15
有色金属矿采选业	Nonferrous Metals Mining and Dressing	5.75	49.62	2.05	87.42
非金属矿采选业	Nonmetal Minerals Mining and Dressing	14.28	43.07	3.81	96.35
开采辅助活动	Mining Support Activities	6.42	36.97	3.69	99.58
其他采矿业	Mining of Other Ores				
农副食品加工业	Farm Byproducts Processing	15.70	69.41	4.79	94.12
食品制造业	Manufacture of Foods	22.76	60.86	7.15	98.61
酒、饮料和精制茶制造业	Manufacture of Liquor, Beverages and Refined Tea	16.88	27.52	15.91	82.23
烟草制品业	Manufacture of Tobacco	93.49	55.97	0.08	93.76
纺织业	Manufacture of Textile	12.38	45.43	2.81	100.67
纺织服装、服饰业	Manufacture of Textile, Wearing Apparel and Accessories	8.35	53.49	9.55	83.92
皮革、毛皮、羽毛及其制品和制鞋业	Manufacture of Leather, Fur, Feather and Related Products and Footwear				
木材加工和木、竹、藤、棕、草制品业	Timber Processing, Bamboo, Cane, Palm Fiber and Straw Products	31.09	77.76	5.91	98.88
家具制造业	Manufacture of Furniture				
造纸和纸制品业	Manufacture of Paper and Paper Products	1.34	93.53	-7.64	95.03
印刷和记录媒介复制业	Printing and Reproduction of Recording Media	13.83	10.55	17.13	103.76
文教、工美、体育和娱乐用品制造业	Manufacture of Articles for Culture, Education, Arts and Crafts, Sport and Entertainment Activities	17.39	63.75	4.79	100.00
石油加工、炼焦和核燃料加工业	Processing of Petroleum, Coking and Processing of Nuclear Fuel	22.91	57.20	-0.04	95.52
化学原料和化学制品制造业	Manufacture of Raw Chemical Materials and Chemical Products	3.19	69.11	-1.50	96.45
医药制造业	Manufacture of Medicines	11.88	44.80	22.81	85.92
化学纤维制造业	Manufacture of Chemical Fibres	6.16	82.00	1.58	99.86
橡胶和塑料制品业	Manufacture of Rubber and Plastics Products	6.58	47.34	2.42	99.65
非金属矿物制品业	Manufacture of Non-metallic Mineral Products	8.76	63.76	5.04	95.26
黑色金属冶炼和压延加工业	Smelting and Pressing of Ferrous Metals	-2.04	88.96	-8.82	99.87
有色金属冶炼和压延加工业	Smelting and Pressing of Nonferrous Metals	-5.98	91.54	-11.09	98.39
金属制品业	Manufacture of Metal Products	6.14	51.94	1.63	96.82
通用设备制造业	Manufacture of General Purpose Machinery	4.30	79.85	2.22	98.56
专用设备制造业	Manufacture of Special Purpose Machinery	3.55	80.48	-1.60	87.45
汽车制造业	Manufacture of Automobiles	20.42	53.64	11.57	91.71
铁路、船舶、航空航天和其他运输设备制造业	Manufacture of Railway, Ship, Aerospace and Other Transport Equipments	3.78	63.83	3.11	98.57
电气机械和器材制造业	Manufacture of Electrical Machinery and Apparatus	3.07	105.60	-7.96	96.46
计算机、通信和其他电子设备制造业	Manufacture of Computers, Communication and Other Electronic Equipments	4.24	63.80	1.26	96.47
仪器仪表制造业	Manufacture of Measuring Instruments and Machinery	8.51	67.02	7.30	101.54
其他制造业	Other Manufactures	3.34	84.26	8.83	105.76
废弃资源综合利用业	Utilization of Waste Resources	14.90	64.10	1.53	79.56
金属制品、机械和设备修理业	Repair Service of Metal Products, Machinery and Equipment	1.71	49.15	0.36	101.87
电力、热力生产和供应业	Production and Supply of Electric and Heat Power	7.23	75.43	13.04	100.32
燃气生产和供应业	Production and Supply of Gas	12.93	49.25	4.03	99.47
水的生产和供应业	Production and Supply of Water	5.02	48.88	21.75	99.74

14-7 按行业分大中型工业企业主要经济效益指标(2015年)
Main Indicators on Economic Benefits of Large and Medium-sized Industrial Enterprises by Industrial Sector(2015)

单位：%　　　　(%)

行　业	Sector	总资产贡献率 Ratio of Profits, Taxes and Interests to Average Assets	资产负债率 Ratio of Debts to Assets	工业成本费用利润率 Ratio of Profits to Industrial Cost	产品销售率 Products Sales Rate
总　计	**Total**	**10.40**	**60.60**	**5.58**	**96.25**
煤炭开采和洗选业	Coal Mining and Dressing	6.18	70.61	0.77	98.07
石油和天然气开采业	Petroleum and Natural Gas Extraction	9.90	40.30	23.82	99.79
黑色金属矿采选业	Ferrous Metals Mining and Dressing	8.31	57.85	2.72	97.43
有色金属矿采选业	Nonferrous Metals Mining and Dressing	8.15	50.29	4.25	90.79
非金属矿采选业	Nonmetal Minerals Mining and Dressing	16.26	57.14	5.76	97.45
开采辅助活动	Mining Support Activities	6.42	36.97	3.69	99.58
其他采矿业	Mining of Other Ores				
农副食品加工业	Farm Byproducts Processing	27.53	50.03	6.48	98.73
食品制造业	Manufacture of Foods	21.91	37.22	8.71	99.92
酒、饮料和精制茶制造业	Manufacture of Liquor, Beverages and Refined Tea	19.56	37.31	12.65	88.17
烟草制品业	Manufacture of Tobacco	95.37	57.01	-0.39	93.59
纺织业	Manufacture of Textile	19.45	45.45	5.49	98.87
纺织服装、服饰业	Manufacture of Textile, Wearing Apparel and Accessories	13.79	50.81	6.94	98.11
皮革、毛皮、羽毛及其制品和制鞋业	Manufacture of Leather, Fur, Feather and Related Products and Footwear	13.06	60.27	6.12	95.97
木材加工和木、竹、藤、棕、草制品业	Timber Processing, Bamboo, Cane, Palm Fiber and Straw Products	9.41	48.17	6.93	97.47
家具制造业	Manufacture of Furniture	22.96	54.73	6.42	97.79
造纸和纸制品业	Manufacture of Paper and Paper Products	13.61	59.62	6.42	96.61
印刷和记录媒介复制业	Printing and Reproduction of Recording Media	14.76	35.05	10.23	98.10
文教、工美、体育和娱乐用品制造业	Manufacture of Articles for Culture, Education, Arts and Crafts, Sport and Entertainment Activities	29.61	58.56	6.41	95.82
石油加工、炼焦和核燃料加工业	Processing of Petroleum, Coking and Processing of Nuclear Fuel	20.31	60.30	1.93	95.24
化学原料和化学制品制造业	Manufacture of Raw Chemical Materials and Chemical Products	7.26	57.58	3.87	94.94
医药制造业	Manufacture of Medicines	17.51	45.83	12.44	93.39
化学纤维制造业	Manufacture of Chemical Fibres	9.05	83.05	2.71	98.59
橡胶和塑料制品业	Manufacture of Rubber and Plastics Products	23.20	42.61	8.69	98.02
非金属矿物制品业	Manufacture of Non-metallic Mineral Products	10.72	47.60	5.56	98.03
黑色金属冶炼和压延加工业	Smelting and Pressing of Ferrous Metals	0.27	84.49	-3.57	98.37
有色金属冶炼和压延加工业	Smelting and Pressing of Nonferrous Metals	4.59	50.40	2.95	93.11
金属制品业	Manufacture of Metal Products	13.50	52.45	6.00	98.10
通用设备制造业	Manufacture of General Purpose Machinery	8.67	69.06	5.47	98.55
专用设备制造业	Manufacture of Special Purpose Machinery	12.29	62.19	9.64	97.22
汽车制造业	Manufacture of Automobiles	17.56	59.17	9.01	97.22
铁路、船舶、航空航天和其他运输设备制造业	Manufacture of Railway, Ship, Aerospace and Other Transport Equipments	5.18	58.57	4.66	97.85
电气机械和器材制造业	Manufacture of Electrical Machinery and Apparatus	11.89	71.98	4.56	96.62
计算机、通信和其他电子设备制造业	Manufacture of Computers, Communication and Other Electronic Equipments	3.20	64.93	0.56	94.17
仪器仪表制造业	Manufacture of Measuring Instruments and Machinery	7.80	54.46	5.31	101.58
其他制造业	Other Manufactures	4.73	83.82	9.99	105.06
废弃资源综合利用业	Utilization of Waste Resources	50.97	70.76	5.01	92.96
金属制品、机械和设备修理业	Repair Service of Metal Products, Machinery and Equipment	2.61	55.62	0.20	102.93
电力、热力生产和供应业	Production and Supply of Electric and Heat Power	7.76	74.56	10.31	100.44
燃气生产和供应业	Production and Supply of Gas	19.01	50.73	13.91	99.19
水的生产和供应业	Production and Supply of Water	5.3	53.66	30.98	100.05

14-8 各市(州)规模以上工业企业主要指标
Main Indicators of Industrial Enterprises above Designated Size by Region

单位：亿元 (100 million yuan)

年 份 / 市(州)	Year / Region	企业单位数(个) Number of Enterprises (unit)	工业总产值 Gross Value of Industrial Output	资产总计 Total Assets	流动资产合计 Total Current Assets	固定资产原价 Original Value of Fixed Assets	负债合计 Total Liabilities	流动负债合计 Total Current Liabilities
1998		4980	1918.37	3901.41	1697.45	2333.82	2533.99	1674.19
1999		4538	1895.82	4468.41	1753.12	2915.58	2845.91	1701.77
2000		4394	2076.96	4586.11	1845.51	2917.04	2955.77	1773.71
2001		4572	2304.51	4862.54	1980.49	3115.87	3054.15	1919.52
2002		4908	2737.35	5245.63	2130.16	3204.04	3239.96	2054.99
2003		5448	3404.28	6024.49	2476.34	3658.81	3696.53	2418.37
2004		7413	4711.77	6817.78	2874.36	4346.45	4306.81	2970.85
2005		7959	6178.03	7908.62	3309.89	4845.07	4934.81	3354.28
2006		8995	7934.41	9182.08	3890.88	5289.43	5588.76	3766.54
2007		10709	11047.04	11690.21	4971.06	6769.68	6956.94	4792.47
2008		13725	14761.00	15589.47	6458.42	8042.60	9241.79	6228.80
2009		13267	18107.65	17986.99	7447.84	10073.14	10832.20	7126.69
2010		13706	23147.38	22564.76	9321.70	13695.10	13889.83	9502.58
2011		12085	30485.09	26113.61	11248.78	15442.86	15991.15	11119.10
2012		12719	31033.22	30362.89	13344.68	17035.75	18721.46	12768.70
2013		12998	35328.55	36239.56	14841.33	20574.50	22204.87	13935.65
2014		13267	38358.62	38359.92	15900.10	23620.98	23413.64	15559.93
2015		13525	40616.41	40401.38	16015.98	24412.86	24238.90	15127.72
成都市	Chengdu	3542	11932.66	10952.40	5728.69	4606.91	6402.60	4587.52
自贡市	Zigong	537	1703.54	1040.01	643.35	574.73	633.54	550.23
攀枝花市	Panzhihua	330	1545.92	2273.42	722.96	1210.07	1804.11	1151.34
泸州市	Luzhou	629	1808.86	1059.23	515.19	538.72	569.00	447.38
德阳市	Deyang	1336	3058.74	2330.88	1402.77	920.76	1488.59	1285.64
绵阳市	Mianyang	838	2443.91	2364.58	1249.66	968.85	1510.67	1125.91
广元市	Guangyuan	427	748.10	692.97	177.32	608.60	444.79	228.36
遂宁市	Suining	500	1178.45	724.94	292.88	411.55	275.89	186.70
内江市	Neijiang	402	1648.49	911.94	385.99	1665.94	517.53	396.13
乐山市	Leshan	621	1534.33	1871.47	693.86	1519.25	1203.78	730.72
南充市	Nanchong	645	2179.92	1337.25	491.19	956.45	561.91	229.94
眉山市	Meishan	604	1371.54	869.67	351.89	521.67	472.64	319.29
宜宾市	Yibin	630	2023.84	2678.36	1321.19	1526.45	1390.73	879.32
广安市	Guangan	492	1473.48	644.00	214.95	414.23	358.57	201.04
达州市	Dazhou	493	988.11	1445.50	368.70	1043.58	707.41	438.21
雅安市	Yaan	324	498.99	1179.27	200.37	968.09	858.47	330.64
巴中市	Bazhong	240	546.57	201.35	73.13	117.21	102.14	66.05
资阳市	Ziyang	417	1183.51	598.63	269.32	291.15	294.17	206.93
阿坝藏族羌族自治州	Aba	117	230.78	568.78	105.21	480.31	414.10	172.27
甘孜藏族自治州	Ganzi	53	55.43	764.21	54.57	487.15	590.84	140.30
凉山彝族自治州	Liangshan	345	1191.91	2924.62	393.32	2331.03	2027.20	532.98

14-8 续表 continued

单位：亿元 (100 million yuan)

年 份 市(州)	Year Region	所有者权益合计 Owners' Equities	主营业务收入 Revenue from Principal Business	主营业务成本 Cost of Principal Business	主营业务税金及附加 Tax and Extra Charges from Principal Business	利润总额 Total Profits	本年应交增值税 Value-added Tax Payable	全部从业人员年平均人数(万人) Annual Average Employed Persons (10 000 persons)
1998		1367.42				39.70	91.88	252.79
1999		1622.50				26.42	108.03	230.03
2000		1630.26				71.32	112.69	208.00
2001		1808.39				84.77	117.01	195.97
2002		2005.67				122.60	131.10	191.62
2003		2326.96				153.08	164.61	201.62
2004		2510.36	4633.36	3766.65	72.58	188.51	200.82	209.77
2005		2966.06	6008.12	4900.53	89.36	326.65	241.67	219.00
2006		3589.27	7711.35	6296.60	111.29	448.07	314.03	233.53
2007		4733.27	10611.52	8572.00	164.12	700.05	419.08	257.46
2008		6347.68	14286.43	11748.93	215.29	844.56	642.49	297.54
2009		7077.73	17486.41	14400.22	319.94	1123.48	644.24	311.38
2010		8571.93	23062.82	19003.96	385.73	1661.85	945.28	351.67
2011		10049.11	29887.91	24721.71	450.44	2197.84	1189.55	380.48
2012		11471.16	31427.16	25755.76	515.46	2333.76	1283.83	391.44
2013		13491.64	35686.14	29660.84	594.44	2328.99	1359.69	385.05
2014		14703.51	38063.87	31963.29	608.32	2237.00	1297.33	374.10
2015		16075.60	38645.91	32514.83	610.48	2171.26	1173.99	354.47
成都市	Chengdu	4526.16	10726.37	9011.10	300.55	510.98	322.97	97.39
自贡市	Zigong	404.27	1664.04	1383.38	12.74	76.08	60.44	12.91
攀枝花市	Panzhihua	469.31	1495.90	1336.24	9.24	19.44	35.85	13.56
泸州市	Luzhou	489.54	1447.72	1180.35	49.90	103.42	45.55	12.23
德阳市	Deyang	830.57	2826.05	2393.72	21.49	180.57	88.95	24.05
绵阳市	Mianyang	852.84	2307.29	1965.42	17.90	101.00	72.16	21.44
广元市	Guangyuan	241.92	732.28	618.33	5.62	35.67	13.40	6.88
遂宁市	Suining	438.38	1179.87	1038.22	10.61	69.01	31.16	10.92
内江市	Neijiang	386.41	1618.27	1428.08	12.88	71.98	49.75	13.75
乐山市	Leshan	665.06	1525.24	1338.87	7.08	63.59	28.71	15.11
南充市	Nanchong	768.54	2181.35	1777.26	32.50	156.58	55.27	21.19
眉山市	Meishan	401.23	1318.39	1133.73	8.16	80.76	44.98	12.69
宜宾市	Yibin	1282.32	2078.77	1652.98	41.78	207.92	72.30	21.29
广安市	Guangan	279.85	1383.33	1240.11	8.85	52.24	22.59	9.37
达州市	Dazhou	737.48	1365.55	1114.31	16.00	120.99	30.93	11.88
雅安市	Yaan	320.37	417.10	333.90	2.83	32.24	20.96	5.05
巴中市	Bazhong	98.87	512.12	420.14	9.31	16.95	12.22	5.39
资阳市	Ziyang	303.51	1169.82	945.98	11.28	83.47	30.69	13.00
阿坝藏族羌族自治州	Aba	154.69	186.26	154.20	1.10	7.88	9.54	1.51
甘孜藏族自治州	Ganzi	173.36	54.63	29.63	0.57	6.60	5.77	0.59
凉山彝族自治州	Liangshan	893.23	1074.56	823.05	10.20	97.39	64.84	8.00

14−9 各市(州)国有控股工业企业主要指标
Main Indicators of State-holding Industrial Enterprises by Region

单位：亿元 (100 million yuan)

年 份 市(州)	Year Region	企业单位数(个) Number of Enterprises (unit)	工业总产值 Gross Value of Industrial Output	资产总计 Total Assets	流动资产合计 Total Current Assets	固定资产原价 Original Value of Fixed Assets	负债合计 Total Liabilities	流动负债合计 Total Current Liabilities
1998		2372	1255.86	3080.34	1314.34	1923.21	1994.47	1252.47
1999		2065	1200.66	3548.38	1328.96	2442.68	2258.93	1244.29
2000		1699	1249.62	3522.23	1347.30	2383.24	2299.29	1260.77
2001		1485	1337.99	3616.84	1392.49	2506.88	2315.25	1348.07
2002		1324	1466.77	3709.04	1409.16	2442.48	2347.13	1358.96
2003		1065	1609.79	3846.39	1455.26	2627.61	2450.16	1470.03
2004		1057	1915.87	3801.84	1405.99	2896.33	2529.36	1566.75
2005		928	2488.53	4473.03	1683.30	3260.59	2877.77	1795.29
2006		933	3126.31	5109.55	1943.60	3428.41	3232.76	1952.59
2007		878	3849.12	6325.71	2448.14	4366.82	4019.44	2453.22
2008		1006	4712.85	8515.93	3098.43	4606.00	5401.06	3214.03
2009		971	5212.04	9499.46	3572.94	5401.57	6137.14	3674.12
2010		921	6201.13	11429.22	4134.86	6655.41	7641.93	4772.31
2011		851	7759.56	13189.13	4918.31	7338.88	8752.85	5711.90
2012		888	8149.60	14797.73	5412.38	8398.72	9864.31	5976.14
2013		914	8760.35	17343.43	5635.05	9389.16	11568.57	6094.28
2014		929	9075.28	19021.19	6100.45	12137.96	12496.96	7169.81
2015		978	10006.01	20092.37	5901.10	13221.06	13318.05	6951.52
成都市	Chengdu	266	2856.42	4054.16	1588.09	2076.04	2596.49	1555.05
自贡市	Zigong	22	208.01	381.57	266.09	131.76	279.45	250.99
攀枝花市	Panzhihua	22	471.34	1477.11	299.66	906.50	1241.54	662.29
泸州市	Luzhou	39	568.56	485.72	218.37	300.24	282.33	199.88
德阳市	Deyang	49	381.23	823.81	583.07	324.53	672.90	603.41
绵阳市	Mianyang	66	1133.51	1260.03	730.96	533.28	880.97	650.41
广元市	Guangyuan	40	164.24	419.29	65.96	369.06	303.43	126.25
遂宁市	Suining	16	62.60	169.32	66.70	115.38	85.50	66.50
内江市	Neijiang	19	115.92	151.34	53.29	184.17	80.88	59.34
乐山市	Leshan	47	133.70	514.31	100.78	442.44	390.98	140.48
南充市	Nanchong	51	245.49	324.56	91.32	249.90	177.40	70.12
眉山市	Meishan	25	88.38	113.04	33.87	109.39	86.55	50.07
宜宾市	Yibin	60	891.39	1867.38	966.80	928.31	950.94	567.43
广安市	Guangan	16	68.57	223.65	44.33	238.90	148.74	66.46
达州市	Dazhou	34	214.39	594.30	78.30	388.85	340.36	220.33
雅安市	Yaan	33	154.46	814.04	68.36	777.05	647.01	207.13
巴中市	Bazhong	26	125.84	53.41	16.27	49.15	30.66	19.88
资阳市	Ziyang	13	59.04	62.77	31.39	35.89	45.36	33.58
阿坝藏族羌族自治州	Aba	31	90.25	341.10	32.04	335.19	257.75	72.54
甘孜藏族自治州	Ganzi	24	44.25	661.59	24.78	427.35	522.17	111.20
凉山彝族自治州	Liangshan	76	659.10	2331.95	181.23	2047.53	1686.41	297.37

14-9 续表 continued

单位：亿元 (100 million yuan)

年 份 / 市(州)	Year / Region	所有者权益合计 Owners' Equities	主营业务收入 Revenue from Principal Business	主营业务成本 Cost of Principal Business	主营业务税金及附加 Tax and Extra Charges from Principal Business	利润总额 Total Profits	本年应交增值税 Value-added Tax Payable	全部从业人员年平均人数(万人) Annual Average Employed Persons (10 000 persons)
1998		1085.87				23.27	68.38	179.70
1999		1289.45				6.76	81.29	159.84
2000		1222.86				37.79	78.87	132.09
2001		1301.58				45.04	80.01	117.57
2002		1361.91				63.32	84.50	101.76
2003		1396.23				67.58	101.21	93.67
2004		1271.88	1925.02	1507.99	48.93	97.70	108.71	79.11
2005		1587.51	2506.44	1969.58	59.28	166.71	127.49	80.00
2006		1872.75	3135.60	2471.32	70.29	216.68	159.88	82.44
2007		2306.27	3926.09	3096.90	97.13	305.85	184.51	83.86
2008		3114.87	4765.38	3874.58	110.67	198.13	218.32	87.08
2009		3347.13	5296.72	4221.47	180.53	295.09	227.59	88.01
2010		3777.87	6424.93	5132.85	202.92	478.18	327.43	90.16
2011		4414.98	7895.50	6308.18	245.71	538.74	359.19	93.40
2012		4906.05	8689.36	6962.15	299.71	589.29	400.41	97.05
2013		5486.79	9545.34	7714.20	288.03	506.85	421.61	98.20
2014		6520.19	9989.33	8099.70	326.87	484.94	389.16	97.64
2015		6762.66	9746.25	7882.09	333.53	565.95	407.20	89.41
成都市	Chengdu	1453.31	2671.36	2127.61	235.92	127.78	87.82	16.14
自贡市	Zigong	102.12	205.55	179.12	0.43	-3.63	10.47	2.12
攀枝花市	Panzhihua	235.57	516.98	456.94	3.97	-17.30	18.83	7.42
泸州市	Luzhou	203.39	297.20	229.53	13.06	22.16	15.50	3.81
德阳市	Deyang	150.72	341.92	285.69	3.15	8.61	21.03	3.99
绵阳市	Mianyang	378.53	1105.55	966.61	7.45	14.96	26.64	8.35
广元市	Guangyuan	112.04	164.21	125.40	0.82	9.43	5.11	1.93
遂宁市	Suining	83.82	92.01	76.11	1.62	3.44	1.64	1.54
内江市	Neijiang	68.23	117.27	102.21	0.55	3.92	3.94	1.23
乐山市	Leshan	123.33	137.28	107.85	0.95	9.22	5.77	1.95
南充市	Nanchong	146.62	243.34	196.41	3.43	21.48	7.98	2.55
眉山市	Meishan	26.49	84.92	78.54	0.46	-1.54	3.02	1.23
宜宾市	Yibin	916.44	1069.22	826.08	23.06	133.28	46.02	9.12
广安市	Guangan	74.91	66.22	52.93	0.66	3.23	3.80	1.43
达州市	Dazhou	253.95	196.58	130.08	4.85	31.73	15.36	2.48
雅安市	Yaan	167.03	144.22	99.02	1.38	18.68	13.66	1.07
巴中市	Bazhong	22.75	116.87	88.23	4.27	2.25	1.57	1.13
资阳市	Ziyang	17.41	56.41	51.49	0.22	-1.55	2.08	1.24
阿坝藏族羌族自治州	Aba	83.34	87.26	66.17	0.63	9.21	7.58	0.49
甘孜藏族自治州	Ganzi	139.42	43.38	21.86	0.46	7.44	4.81	0.39
凉山彝族自治州	Liangshan	645.54	607.53	418.37	6.31	86.66	49.60	3.50

14-10 各市(州)大中型工业企业主要指标
Main Indicators of Large and Medium-Sized Industrial Enterprises by Region

单位：亿元 (100 million yuan)

年 份 市(州)	Year Region	企业单位数(个) Number of Enterprises (unit)	工业总产值 Gross Value of Industrial Output	资产总计 Total Assets	流动资产合计 Total Current Assets	固定资产原价 Original Value of Fixed Assets	负债合计 Total Liabilities	流动负债合计 Total Current Liabilities
1998		870	1302.83	2938.50	1300.17	1778.60	1854.56	1179.64
1999		836	1330.50	3574.60	1379.53	2398.73	2225.70	1241.21
2000		783	1401.66	3607.02	1421.73	2374.75	2305.85	1285.79
2001		884	1622.00	3918.90	1572.97	2574.24	2438.89	1466.63
2002		972	1948.88	4231.06	1690.32	2641.97	2593.73	1585.30
2003		843	2395.92	4707.48	1943.03	2910.60	2886.08	1874.30
2004		909	3075.00	4879.50	2088.53	3314.60	3112.58	958.57
2005		984	3960.28	5689.02	2452.25	3700.42	3565.22	2464.06
2006		1050	4975.58	6557.26	2823.62	3821.43	3986.70	2762.09
2007		1228	6591.38	8427.97	3666.10	4949.00	5031.63	3496.33
2008		1423	8432.09	10881.79	4556.76	5376.74	6566.77	4462.80
2009		1603	10174.12	12490.71	5346.84	6630.78	7638.68	5156.30
2010		1989	13696.65	15940.79	6874.81	9124.91	9956.92	6872.76
2011		2790	19954.10	19695.11	8621.32	11471.96	12187.05	8752.14
2012		2769	19648.53	21074.33	9714.15	11876.04	13376.19	9429.04
2013		2635	22871.24	26044.06	10838.81	14662.95	15808.26	10227.38
2014		2521	24075.46	26729.05	11240.43	16652.47	16336.70	11425.02
2015		2386	24250.04	26696.01	10992.73	15942.04	16178.16	10825.60
成都市	Chengdu	663	7625.51	7619.75	3807.04	3315.28	4592.53	3159.03
自贡市	Zigong	95	745.07	721.85	470.24	332.64	483.30	432.28
攀枝花市	Panzhihua	56	1006.04	1965.95	551.72	1091.94	1599.53	986.45
泸州市	Luzhou	71	1002.13	747.57	359.87	389.49	417.10	310.75
德阳市	Deyang	119	1446.12	1635.60	1024.66	620.65	1103.67	983.20
绵阳市	Mianyang	118	1717.37	1752.49	963.92	649.32	1157.35	889.00
广元市	Guangyuan	47	278.70	266.50	83.36	250.17	212.63	137.84
遂宁市	Suining	95	619.94	444.90	170.24	287.19	173.96	115.79
内江市	Neijiang	117	1105.13	667.68	289.23	1268.55	415.38	325.19
乐山市	Leshan	147	952.81	1168.84	464.24	1039.48	734.59	506.22
南充市	Nanchong	229	1361.02	860.91	328.68	623.21	337.86	131.36
眉山市	Meishan	100	480.89	413.46	168.23	269.74	231.26	177.92
宜宾市	Yibin	140	1491.58	1979.98	1175.04	959.31	975.89	764.49
广安市	Guangan	68	527.00	340.65	104.18	279.52	209.57	115.07
达州市	Dazhou	88	477.45	734.71	125.92	547.94	414.23	296.97
雅安市	Yaan	32	139.13	168.59	80.69	62.46	93.62	72.70
巴中市	Bazhong	37	269.68	84.08	31.13	59.48	43.39	27.45
资阳市	Ziyang	91	845.06	397.66	173.64	201.69	196.05	126.93
阿坝藏族羌族自治州	Aba	9	91.14	72.29	27.13	50.34	41.22	23.23
甘孜藏族自治州	Ganzi	3	15.50	75.51	10.02	71.98	45.89	8.73
凉山彝族自治州	Liangshan	57	783.45	1609.13	224.08	1321.49	1088.93	314.18

14-10 续表 continued

单位：亿元 (100 million yuan)

年 份 市(州)	Year Region	所有者权益合计 Owners' Equities	主营业务收入 Revenue from Principal Business	主营业务成本 Cost of Principal Business	主营业务税金及附加 Tax and Extra Charges from Principal Business	利润总额 Total Profits	本年应交增值税 Value-added Tax Payable	全部从业人员年平均人数(万人) Annual Average Employed Persons (10 000 persons)
1998		1083.94				46.47	67.60	160.77
1999		1348.91				26.68	83.50	149.23
2000		1301.09				57.64	84.30	126.57
2001		1480.01				71.57	89.16	119.39
2002		1637.34				99.72	101.24	115.18
2003		1821.40				122.44	129.67	125.64
2004		1766.31	3068.51	2437.99	60.71	154.96	149.12	119.10
2005		2116.05	3934.89	3138.94	73.74	245.57	175.52	128.00
2006		2566.51	4941.02	3962.09	87.14	332.77	227.13	134.79
2007		3396.35	6511.90	5171.48	126.96	496.14	284.06	146.44
2008		4315.03	8262.77	6761.45	146.08	483.25	372.16	159.86
2009		4812.08	9964.93	8093.80	233.40	668.87	388.56	175.95
2010		5935.53	13854.97	11240.86	284.39	1069.06	609.75	211.98
2011		7446.71	19862.11	16271.38	358.56	1510.47	846.44	271.53
2012		7651.59	19928.38	16161.68	395.52	1585.57	885.99	276.54
2013		9811.84	23506.70	19418.54	453.87	1567.71	951.74	267.16
2014		10347.35	24438.81	20434.41	483.52	1447.05	870.87	255.76
2015		10516.84	22900.94	19188.78	452.35	1208.28	737.25	237.07
成都市	Chengdu	3027.22	6689.07	5550.18	259.94	294.97	203.15	66.98
自贡市	Zigong	238.56	730.06	614.06	4.60	33.48	29.11	7.49
攀枝花市	Panzhihua	366.42	1066.63	949.85	7.43	3.30	27.50	11.12
泸州市	Luzhou	330.46	657.03	510.45	26.44	53.15	25.55	7.06
德阳市	Deyang	531.93	1305.06	1042.99	12.23	102.22	57.07	13.59
绵阳市	Mianyang	594.61	1630.39	1388.37	13.89	63.10	52.78	15.04
广元市	Guangyuan	53.87	277.33	231.82	1.67	10.66	5.52	3.45
遂宁市	Suining	270.93	633.99	565.00	6.66	34.18	17.45	6.28
内江市	Neijiang	252.30	1084.42	978.00	7.07	34.80	30.77	10.51
乐山市	Leshan	434.25	968.82	857.92	4.11	39.19	17.32	10.27
南充市	Nanchong	523.06	1367.38	1117.57	18.97	96.84	36.52	14.58
眉山市	Meishan	182.20	459.36	390.31	3.12	21.55	12.25	6.68
宜宾市	Yibin	1004.13	1591.51	1277.31	34.07	152.59	54.59	16.25
广安市	Guangan	131.07	500.35	451.99	2.67	16.77	10.03	4.64
达州市	Dazhou	320.48	540.00	447.60	6.75	40.70	21.70	6.59
雅安市	Yaan	74.97	130.94	114.80	0.59	6.11	5.45	2.27
巴中市	Bazhong	40.69	246.02	199.36	7.19	5.13	8.09	3.11
资阳市	Ziyang	201.09	841.70	674.38	8.15	59.12	24.06	9.23
阿坝藏族羌族自治州	Aba	31.07	75.17	72.25	0.13	0.02	1.18	0.54
甘孜藏族自治州	Ganzi	29.62	14.74	6.61	0.17	3.57	2.05	0.18
凉山彝族自治州	Liangshan	520.20	709.99	552.10	6.59	60.35	40.14	4.96

14-11 各市(州)规模以上工业企业主要经济效益指标(2015年)
Main Indicators on Economic Benefits of Industrial Enterprises above Designated Size by Region(2015)

市(州)	Region	总资产贡献率(%) Ratio of Profits, Taxes and Interests to Average Assets (%)	资产负债率(%) Ratio of Debts to Assets (%)	工业成本费用利润率(%) Ratio of Profits to Industrial Costs (%)	产品销售率(%) Products Sales Rate (%)
全 省	**Sichuan**	**11.33**	**60.00**	**5.98**	**96.55**
成都市	Chengdu	11.39	58.46	5.07	95.38
自贡市	Zigong	16.95	60.92	4.91	98.32
攀枝花市	Panzhihua	4.53	79.36	1.23	97.00
泸州市	Luzhou	20.28	53.72	7.91	89.53
德阳市	Deyang	13.81	63.86	6.83	95.94
绵阳市	Mianyang	9.30	63.89	4.55	96.92
广元市	Guangyuan	10.12	64.19	5.23	98.61
遂宁市	Suining	16.59	38.06	6.25	98.75
内江市	Neijiang	16.37	56.75	4.70	98.35
乐山市	Leshan	6.95	64.32	4.30	96.33
南充市	Nanchong	20.28	42.02	7.85	98.78
眉山市	Meishan	16.74	54.35	6.53	97.63
宜宾市	Yibin	13.20	51.92	11.18	97.51
广安市	Guangan	14.47	55.68	3.95	97.84
达州市	Dazhou	12.87	48.94	9.68	99.80
雅安市	Yaan	7.23	72.80	8.23	95.88
巴中市	Bazhong	20.78	50.73	3.46	96.87
资阳市	Ziyang	22.90	49.14	7.71	98.28
阿坝藏族羌族自治州	Aba	6.09	72.80	4.32	90.76
甘孜藏族自治州	Ganzi	3.47	77.31	13.89	99.54
凉山彝族自治州	Liangshan	8.93	69.31	9.72	95.44

14-12 各市(州)国有控股工业企业主要经济效益指标(2015年)
Main Indicators on Economic Benefits of State-holding Industrial Enterprises by Region(2015)

市(州)	Region	总资产贡献率 (%) Ratio of Profits, Taxes and Interests to Average Assets (%)	资产负债率 (%) Ratio of Debts to Assets (%)	工业成本费用利润率 (%) Ratio of Profits to Industrial Cost (%)	产品销售率 (%) Products Sales Rate (%)
全　省	**Sichuan**	**8.13**	**66.28**	**6.17**	**96.05**
成都市	Chengdu	12.27	64.05	5.37	95.31
自贡市	Zigong	2.90	73.24	-1.76	100.64
攀枝花市	Panzhihua	1.51	84.05	-2.80	98.36
泸州市	Luzhou	11.99	58.13	8.12	73.81
德阳市	Deyang	5.33	81.68	2.48	95.99
绵阳市	Mianyang	5.19	69.92	1.36	97.39
广元市	Guangyuan	6.35	72.37	6.26	99.88
遂宁市	Suining	5.20	50.50	3.87	107.03
内江市	Neijiang	6.93	53.44	3.41	94.03
乐山市	Leshan	4.92	76.02	6.77	96.03
南充市	Nanchong	11.76	54.66	9.75	99.13
眉山市	Meishan	3.60	76.57	-1.78	94.89
宜宾市	Yibin	11.79	50.92	14.15	98.39
广安市	Guangan	5.55	66.51	4.57	99.76
达州市	Dazhou	10.37	57.27	19.22	98.56
雅安市	Yaan	6.91	79.48	14.56	100.19
巴中市	Bazhong	16.86	57.40	2.00	98.89
资阳市	Ziyang	2.15	72.26	-2.63	97.53
阿坝藏族羌族自治州	Aba	8.37	75.57	11.43	99.45
甘孜藏族自治州	Ganzi	3.69	78.93	20.60	100.08
凉山彝族自治州	Liangshan	9.49	72.32	15.74	96.42

14−13 各市(州)大中型工业企业主要经济效益指标(2015年)
Main Indicators on Economic Benefits of Large and Medium-sized Industrial Enterprises by Region(2015)

市(州)	Region	总资产贡献率 (%) Ratio of Profits, Taxes and Interests to Average Assets (%)	资产负债率 (%) Ratio of Debts to Assets (%)	工业成本费用利润率 (%) Ratio of Profits to Industrial Cost (%)	产品销售率 (%) Products Sales Rate (%)
全　省	**Sichuan**	**10.40**	**60.60**	**5.58**	**96.25**
成都市	Chengdu	11.01	60.27	4.72	95.40
自贡市	Zigong	10.86	66.95	4.87	99.45
攀枝花市	Panzhihua	3.66	81.36	0.28	97.48
泸州市	Luzhou	15.64	55.79	9.01	81.90
德阳市	Deyang	11.80	67.48	8.42	95.20
绵阳市	Mianyang	8.51	66.04	3.99	96.94
广元市	Guangyuan	9.10	79.79	4.10	99.60
遂宁市	Suining	14.29	39.10	5.73	98.59
内江市	Neijiang	12.46	62.21	3.34	98.88
乐山市	Leshan	6.50	62.85	4.14	95.70
南充市	Nanchong	19.55	39.24	7.73	98.67
眉山市	Meishan	10.22	55.93	4.91	97.14
宜宾市	Yibin	12.93	49.29	10.66	97.25
广安市	Guangan	10.52	61.52	3.44	97.59
达州市	Dazhou	11.24	56.38	8.15	100.43
雅安市	Yaan	8.37	55.53	4.69	95.92
巴中市	Bazhong	26.39	51.61	2.16	97.09
资阳市	Ziyang	25.29	49.30	7.57	97.98
阿坝藏族羌族自治州	Aba	3.71	57.02	0.03	85.03
甘孜藏族自治州	Ganzi	10.97	60.77	32.89	100.23
凉山彝族自治州	Liangshan	10.04	67.67	8.98	96.05

14-14 规模以上工业企业主要产品产量
Output of Major Products of Industrial Enterprises above Designated Size

产品名称		Item		2005	2010	2012	2013	2014	2015
化学纤维	(万吨)	Chemical Fiber	(10 000 tons)	26.56	51.22	72.58	94.24	110.30	118.10
纱	(万吨)	Yarn	(10 000 tons)	25.48	70.81	85.55	88.87	112.70	118.00
布	(亿米)	Cloth	(100 million m)	7.07	14.90	14.19	17.15	18.91	18.50
蚕丝及交织机织物	(万米)	Silk and Woven Fabric	(10 000 m)	11330	23042	26534	25195	24793	17247
服装	(万件)	Garments	(10 000 pcs)	2764	9933	15397	13641	18559	18780
机制纸及纸板	(万吨)	Machine-made Paper and Paperboard	(10 000 tons)	110.59	342.86	237.09	212.30	224.24	189.80
合成洗涤剂	(吨)	Synthetic Detergents	(ton)	525075	766647	712458	950261	1400591	1514000
原电池	(万只)	Battery	(10 000 pcs)	5754	37980	47147	58593	71415	75000
原盐	(万吨)	Salt	(10 000 tons)	412.11	763.18	476.44	502.88	388.08	325.00
卷烟	(亿支)	Cigarettes	(100 million pieces)	685.05	914.24	978.85	998.66	1003.69	945.80
乳制品	(吨)	Dairy Products	(ton)	150432	579963	772171	949209	1027121	1049000
白酒(商品量)	(万千升)	Liquor	(10 000 tons)	57.83	229.80	295.18	336.36	349.97	370.90
啤酒	(万千升)	Beer	(10 000 tons)	126.22	158.30	196.00	238.26	227.75	221.00
软饮料	(万千升)	Soft Drink	(10 000 tons)	120.41	495.91	745.45	1104.50	1275.36	1311.90
食用植物油	(万吨)	Vegetable Oil	(10 000 tons)	40.83	117.73	138.97	134.71	142.25	205.10
配、混合饲料	(万吨)	Mingled Feedstuff	(10 000 tons)	449.94	701.16	1113.33	1091.22	1247.84	1201.40
中成药	(吨)	Traditional Chinese Medicine	(ton)	98254	298113	347547	421003	517146	536000
化学原料药	(吨)	Chemical Medicine	(ton)	53994	26716	142423	78289	197046	225000
塑料制品	(吨)	Plastics Goods	(ton)	471729	2542933	2556047	3003773	3841267	4155000
家用电冰箱	(万台)	Household Refrigerators	(10 000 units)	23.00	81.22	68.85	89.66	80.22	73.60
房间空气调节器	(台)	Air Conditioner	(unit)	1452260	1194903	1082255	1397096	1726982	1428000
电视机	(万台)	Television Sets	(10 000 units)	781.61	1208.90	1028.50	991.62	1027.72	1055.70
#彩色电视机	(万台)	Color Television Sets	(10 000 units)	781.61	1208.90	1028.50	991.62	1027.72	1055.70
原油	(万吨)	Crude Oil	(10 000 tons)	13.92	15.12	17.52	22.36	19.20	15.43
柴油	(万吨)	Diesel Oil	(10 000 tons)	49.23	83.30	86.00	59.11	313.63	340.91

14-14 续表 continued

产品名称		Item		2005	2010	2012	2013	2014	2015
汽油	(万吨)	Gasoline	(10 000 tons)	28.16	57.76	65.21	74.07	194.80	217.44
天然气	(亿立方米)	Natural Gas	(100 million cu.m)	135.24	234.16	242.11	242.09	252.46	266.21
发电量	(亿千瓦小时)	Electricity	(100 million kwh)	958.03	1683.82	2002.43	2448.33	2930.74	2969.54
#水电	(亿千瓦小时)	Hydropower	(100 million kwh)	616.99	1103.37	1410.69	1830.71	2341.30	2508.44
焦炭	(万吨)	Coke	(10 000 tons)	827.94	1157.09	1299.69	1450.66	1353.98	1304.37
生铁	(万吨)	Pig Iron	(10 000 tons)	1060.50	1593.81	1670.22	2011.40	1931.40	1747.40
粗钢	(万吨)	Crude Steel	(10 000 tons)	1094.45	1580.99	1674.28	2424.74	2243.03	2110.40
成品钢材	(万吨)	Rolled Steel Products	(10 000 tons)	1172.72	1976.55	2281.62	2785.22	2935.21	2702.50
铁合金	(万吨)	Ferroalloy	(10 000 tons)	106.62	238.89	206.92	245.57	226.33	211.60
水泥	(万吨)	Cement	(10 000 tons)	4194.74	13227.55	13342.06	13897.09	14580.97	14040.60
平板玻璃	(万重量箱)	Plate Glass	(10 000 wt.cases)	1304.94	4275.94	4093.16	4007.53	3422.65	4073.60
硫酸	(万吨)	Sulfuric Acid	(10 000 tons)	324.85	388.22	527.56	590.97	695.33	642.50
浓硝酸	(万吨)	Concentrated Nitric Acid	(10 000 tons)	5.43	8.43	8.09	7.88	7.26	5.40
碳酸钠(纯碱)	(万吨)	Soda Ash	(10 000 tons)	106.51	169.78	167.84	180.57	129.60	106.90
氢氧化钠(烧碱)	(万吨)	Caustic Soda	(10 000 tons)	75.49	106.93	123.21	111.60	114.96	97.30
合成氨	(万吨)	Synthetic Ammonia	(10 000 tons)	374.47	403.34	383.95	417.54	373.24	388.40
农用氮、磷、钾化学肥料总计	(折纯)(万吨)	Chemical Fertilizers	(10 000 tons)	428.82	510.12	425.28	439.98	433.20	497.10
#氮肥	(万吨)	Nitrogen Fertilizers	(10 000 tons)	337.60	414.76	332.85	336.13	294.88	307.90
化学农药	(吨)	Chemical Pesticide	(ton)	38779	128105	96340	150020	168605	178000
电石(折合量)	(万吨)	Calcium carbide	(10 000 tons)	65.76	75.98	70.70	79.60	80.74	68.30
初级形态塑料	(万吨)	Primary Form of Plastics	(10 000 tons)	61.52	104.37	107.92	117.09	190.86	208.40
轮胎外胎	(万条)	Tyres	(10 000 pcs)	615.33	1558.12	1922.85	2107.62	3411.84	3449.80
发电设备(500千瓦及以上)	(万千瓦)	Power Generating Equipment (each above 500kw)	(10 000 kw)	2327.64	3781.54	3708.19	3884.64	3610.27	2905.90
变压器	(万千伏安)	Transformer	(10 000 kva)	846.77	1151.61	1548.56	1907.77	2132.73	1896.80
金属切削机床	(万台)	Metal-cutting Machine Tools	(10 000 units)	0.79	0.73	0.51	0.52	1.91	0.60
汽车	(辆)	Motor Vehicles	(unit)	56606	102850	396792	807133	962786	1051000

主要统计指标解释

工业 指从事自然资源的开采，对采掘品和农产品进行加工和再加工的物质生产部门。具体包括：(1)对自然资源的开采，如采矿、晒盐等(但不包括禽兽捕猎和水产捕捞)；(2)对农副产品的加工、再加工，如粮油加工、食品加工、缫丝、纺织、制革等；(3)对采掘品的加工、再加工，如炼铁、炼钢、化工生产、石油加工、机器制造、木材加工等，以及电力、自来水、煤气的生产和供应等；(4)对工业品的修理、翻新，如机器设备的修理等。

工业统计调查单位为独立核算法人工业单位。

本篇资料中规模以上工业企业的统计范围：1998年至2006年为全部国有及年主营业务收入在500万元及以上非国有工业企业；2007至2010年为年主营业务收入在500万元及以上工业企业；从2011年开始，为年主营业务收入在2000万元及以上的工业企业。

国有控股企业 即原来的国有及国有控股企业，根据企业实收资本中国有经济成分的出资人的实际投资情况，或国有经济成分的出资人对企业资产的实际控制、支配程度进行分类。以下情况为国有控股：（1）在企业的全部实收资本中，国有经济成分的出资人拥有的实收资本（股本）所占企业全部实收资本（股本）的比例大于 50%的国有绝对控股。（2）在企业的全部实收资本中，国有经济成分的出资人拥有的实收资本（股本）所占比例虽未大于 50%，但相对大于其他任何一方经济成分的出资人所占比例的国有相对控股；或者虽不大于其他经济成分，但根据协议规定拥有企业实际控制权的国有协议控股。（3）投资双方各占 50%，且未明确由谁绝对控股的企业，若其中一方为国有经济成分的，一律按国有控股处理。

本篇涉及的其他企业登记注册类型的解释详见综合篇

轻工业 指主要提供生活消费品和制作手工工具的工业。按其所使用的原料不同，可分为两大类：(1)以农产品为原料的轻工业，是指直接或间接以农产品为基本原料的轻工业。主要包括食品制造、饮料制造、烟草加工、纺织、缝纫、皮革和毛皮制作、造纸以及印刷等工业；(2)以非农产品为原料的轻工业，是指以工业品为原料的轻工业。主要包括文教体育用品、化学药品制造、合成纤维制造、日用化学制品、日用玻璃制品、日用金属制品、手工工具制造、医疗器械制造、文化和办公用机械制造等工业。

重工业 指为国民经济各部门提供物质技术基础的主要生产资料的工业。按其生产性质和产品用途，可以分为下列三类：(1)采掘(伐)工业，是指对自然资源的开采，包括石油开采、煤炭开采、金属矿开采、非金属矿开采等工业；(2)原材料工业，指向国民经济各部门提供基本材料、动力和燃料的工业。包括金属冶炼及加工、炼焦及焦炭、化学、化工原料、水泥、人造板以及电力、石油和煤炭加工等工业；(3)加工工业，是指对工业原材料进行再加工制造的工业。包括装备国民经济各部门的机械设备制造工业、金属结构、水泥制品等工业，以及为农业提供的生产资料如化肥、农药等工业。

根据上述划分原则，修理业中以重工业产品为修理作业对象的划为重工业，反之划为轻工业。

工业总产值 是工业企业在一定时期内生产的以货币形式表现的工业最终产品或提供工业性劳务活动的总价值量。它反映一定时期内工业生产的总规模和总水平。

计算原则：(1)工业生产的原则，即凡是企业在报告期内生产的最终产品和提供的劳务，均应包括在内。其中的最终产品，不管是否在报告期内销售，只要是报告期内生产的，就应包括在内。凡不是工业生产的产品，均不得计入工业总产值。(2)最终产品的原则，即企业生产的成品价值必须是本企业生产的，经检验合格不需再进行任何加工的最终产品。企业对外销售的半成品也应视为最终产品计入工业总产值。而在本企业内各车间转移的半成品和在制品只能计算其期末期初差额价值。(3)工厂法原则，即以法人工业企业作为一个整体计算工业总产值，是其报告期内生产的最终产品和提供劳务的总价值量。

内容及计算方法：1995年全国工业普查对工业总产值(原规定)的内容及计算原则和方法做了某些修订，修订后的工业总产值(新规定)包括三项内容，即本期生产成品价值、对外加工费收入、在制品半成品期末期初差额价值三部分。

资产总计 指企业过去的交易或者事项形成的、由企业拥有或者控制的、预期会给企业带来经济利益的资源。资产一般按流动性分为流动资产和非流动资产。其中流动资产可分为货币资金、交易性金融资产、应收票据、应收账款、预付款项、其他应收款、存货等；非流动资产可分为长期股权投资、固定资产、无形资产及其他非流动资产等。来源于会计“资产负债表”中“资产总计”项目的期末余额数。

流动资产合计 资产满足以下条件之一应归为流动资产：（1）预计在一个正常营业周期中变现、出售或耗用，主要包括存货、应收账款等；（2）主要为交易目的而持有；（3）预计在资产负债表日起一年内（含一年）变现；（4）自资产负债日起一年内，交换其他资产或清偿负债的能力不受限制的现金或现金等价物。包括货币资金、应收票据、应收账款、存货等项目。来源于会计“资产负债表”中“流动资产合计”项目的期末余额数。

固定资产原价 指固定资产的成本，包括企业在购置、自行建造、安装、改建、扩建、技术改造某项固定资产时所发生的全部支出总额。根据会计“固定资产”科目的期末借方余额填报。

负债合计 指企业过去的交易或者事项形成的，预期会导致经济利益流出企业的现时义务。负债一般按偿还期长短分为流动负债和非流动负债。来源于会计“资产负债表”中“负债合计”项目的期末余额数。

所有者权益合计 指企业资产扣除负债后由所有者享有的剩余权益。公司的所有者权益又称股东权益。包括实收资本、资本公积、盈余公积、未分配利润等。来源于会计“资产负债表”中“所有者权益合计”项目的期末余额数。

主营业务收入 指企业确认的销售商品、提供劳务等主营业务的收入。来源于会计“主营业务收入”科目的期末贷方余额（结转前）。

利润总额 指企业在一定会计期间的经营成果，是生产经营过程中各种收入扣除各种耗费后的盈余，反映企业在报告期内实现的盈亏总额。来源于会计“利润表”中“利润总额”项目的本期金额数。

总资产贡献率 反映企业全部资产的获利能力，是企业经营业绩和管理水平的集中体现，是评价和考核企业盈利能力的核心指标。计算公式为：

$$\text{总资产贡献率}(\%)=\frac{\text{利润总额}+\text{税金总额}+\text{利息支出}}{\text{平均资产总额}}\times 100\%$$

公式中：税金总额为主营业务税金及附加与应交增值税之和；平均资产总额为期初期末资产之和的算术平均值。

资产负债率 该指标既反映企业经营风险的大小，也反映企业利用债权人提供的资金从事经营活动的能力。计算公式为：

$$\text{资产负债率}(\%)=\frac{\text{负债总额}}{\text{资产总额}}\times 100\%$$

成本费用利润率 反映企业投入的生产成本及费用的经济效益，同时也反映企业降低成本所取得的经济效益。计算公式为：

$$\text{成本费用利润率}(\%)=\frac{\text{利润总额}}{\text{成本费用总额}}\times 100\%$$

公式中：成本费用总额为主营业务成本、销售费用、管理费用、财务费用之和。

流动资产周转次数 指在一定时期内流动资产完成的周转次数，反映投入工业企业流动资金的周转速度。计算公式为：

$$\text{流动资产周转次数}=\frac{\text{主营业务收入}}{\text{全部流动资产平均余额}}$$

公式中：全部流动资产平均余额为期初和期末的流动资产之和的算术平均值。

产品销售率 该指标反映工业产品已实现销售的程度，是分析工业产销衔接情况，研究工业产品满足社会需求程度的指标。计算公式为：

$$\text{产品销售率}(\%)=\frac{\text{工业销售产值}}{\text{工业总产值}}\times 100\%$$

Explanatory Notes on Main Statistical Indicators

Industry refers to the material production sector which is engaged in the extraction of natural resources and processing and reprocessing of minerals and agricultural products, including (1) extraction of natural resources, such as mining, salt production (but not including hunting and fishing); (2) processing and reprocessing of farm and sideline produces, such as grain and oil processing, food processing, silk reeling, spinning and weaving and leather making; (3) processing and reprocessing of mineral products, such as steel making, iron smelting, chemicals manufacturing, petroleum processing, machine building, timber processing, and production and supply of electricity, gas and water; (4) repairing and renovating of industrial products such as the machinery.

In industrial surveys, the units of enquiry are industrial corporate units.

The statistical range of data of industrial enterprises above designated size in this chapter: From 1998 to 2006 including all the state-owned Industrial Enterprises, and Non-state-owned Industrial Enterprises with main business income of 5 million yuan and above. From 2007 to 2010 including the industrial enterprises with annual main business income of 5 million yuan and above. From 2011 including the industrial enterprises with annual main business income above 20 million yuan.

State-holding Enterprises cover the original state-owned enterprises and state-holding enterprises. They are classified according to the actual investment made by the contributor of state-owned part in the paid-in capital of the enterprises, or the degree of control or dominance of the contributor on the assets of the enterprises. The following cases are regarded as state-holding: (1) Absolute state-holding in which the contributor of state-owned parts possess more than 50% of all the paid-in capital (stocks) of the enterprises; (2) Relative state-holding in which the contributor of state-owned parts possess no more than 50% of the paid-in capital (stocks) of the enterprises, but more than that of any other contributors; or Agreed state-holding in which the contributor of state-owned parts possess no more than other contributors but have actual control over the enterprises according to agreements; (3) In the case both contributors possess 50% and it is not clear which one is in absolute holding position, the enterprise is regarded as state-holding enterprise if one of the contributor has state-owned elements.

For explanation of types of registration covered in this chapter, please refer to General Survey.

Light Industry refers to the industry that produces consumer goods and hand tools. It consists of two categories, depending on the materials used:

(1) Industries using farm products as raw materials. These are branches of light industry which directly or indirectly use farm products as basic raw materials, including the manufacture of food and beverages, tobacco processing, textile, clothing, fur and leather manufacturing, paper making, printing, etc.

(2) Industries using non farm products as raw materials. These are branches of light industry which use manufactured goods as raw materials, including the manufacture of cultural, educational articles and sports goods, chemicals, synthetic fiber, chemical products for daily use, glass products for daily use, metal products for daily use, hand tools, medical apparatus and instruments, and the manufacture of cultural and clerical machinery.

Heavy Industry refers to the industry, which produces capital goods, and provides various sectors of the national economy with necessary material and technical basis. It consists of the following three branches according to the purpose of production or the use of products:

(1)Mining, quarrying and logging industry refers to the industry that extracts natural resources, including extraction of petroleum, coal, metal and non-metal ores and logging.

(2) Raw materials industry refers to the industry that provides various sectors of the national economy with raw materials, fuels and power. It includes smelting and processing of metals, coking and coke chemistry, chemical materials and building materials such as cement, plywood, and power, petroleum refining and coal dressing.

(3) Manufacturing industry refers to the industry that processes raw materials. It includes machine-building industry, which equips sectors of the national economy, industries of metal structure and cement products, industries producing means of agricultural production, such as chemical fertilizers and pesticides.

According to the above principle of classification, the repairing trades which are engaged primarily in repairing products of heavy industry are classified into heavy industry while these engaged in repairing products of light industry are classified into light industry.

Gross Industrial Output Value is the total volume of final industrial products produced and industrial services provided during a given period in monetary terms. It reflects the total achievements and overall scale of industrial production during a given period.

Principles for calculation:

(1) Statistics on industrial production follow the principle that all final industrial products produced and industrial services provided during the reference period are to be included. The final industrial products are included as long as being produced during the reference period, no matter whether they are sold or not during the reference period. The gross industrial output value will not cover those products that are not from industrial production.

(2)Determination of final products follows the principle that all products that are included in the calculation of gross industrial output value are the final products of the enterprise which have been accepted through quality check and require no further processing. The intermediate products sold by enterprises are considered as the final products of the enterprise and counted into the gross industrial output value. However, for the intermediate products being transferred among workshops and the work-in-progress products, only the balance value from the beginning to the end of the period is calculated.

(3)Gross industrial output value is calculated following the principle of factory approach, i.e. industrial enterprise with legal entity is used as a whole in calculating the gross industrial output value, which will cover the total value of final industrial products produced and industrial services provided by these enterprises during the reference period.

Total Assets refer to all resources that are owned or controlled by enterprises through previous trades or transactions with expectation of making economic profits. Classified by the degree of liquidity, total assets include current assets and non-current assets. Current assets can be classified into monetary capital, trading financial assets, notes receivable, accounts receivable, advanced payments, other receivables and inventories. Non-current assets can be divided into long-term equity investment, fixed assets, intangible assets and other non-current assets. Data on this indicator can be obtained from the year-end figures of total assets in the *Balance Sheet* of accounting records.

Total Current Assets refer to the assets that meet one of the following requirements: (1) expected to be cashed, sold or used in a normal operation cycle, mainly including inventory and accounts receivable; (2) be owned for trading purpose mainly; (3) expected to be cashed in one year (including one year) from the day of the Balance Sheet; (4) unlimited cash or cash equivalents that can be exchanged with other assets or being capable of settling debts during one year since the day of the Balance Sheet. Included are monetary capital, notes receivable, accounts receivable and inventories. Data on this indicator can be obtained from the year-end figures of total current assets in the *Balance Sheet* of accounting records.

Original Value of Fixed Assets refers to the cost of fixed assets, or the total expenditure of an enterprise spent on certain fixed assets, through purchase, construction, installation, transformation, expansion or technical upgrading. It is reported according to the year-end debit balance of fixed assets of accounting records.

Total Liabilities refer to payable liabilities of enterprises that accumulated from previous trades or transactions with expectation of economic profits leaking out. In terms of payment, it can be divided into liquid liabilities and long-term liabilities. Data on this indicator can be obtained from the year-end figures of total liabilities in the *Balance Sheet* of accounting records.

Total Owner's Equity refers to the residual ownership of enterprise investors by deducting total liabilities from the total assets, including the paid-in capital, accumulation of capital, operating surplus and non-distributed profits. Data can be obtained from the year-end figures of total equity in the *Balance Sheet* of accounting records.

Revenue from Principal Business refers to the income confirmed of an enterprise from the principal business of selling products and providing labor services. Data on this indicator can be obtained from the year-end credit balance of "revenue from principal business" in the accounting record of enterprise (before carryover).

Total Profits refers to the operation results in a certain accounting period, and it is the balance of various incomes minus various spendings in the course of operation, reflecting the total profits and losses of enterprises in reference period. Data are obtained from the amount of total profits in the profit statement of the accounting record of enterprise.

Ratio of Profits, Taxes and Interests to Average Assets reflects the profit-making capability of all assets of the enterprise and is a key indicator manifesting the performance and management and evaluating the profit-making potential of the enterprise. It is calculated as follows:

$$\text{Ratio of profits, taxes and interests to average as sets (\%)} = \frac{\text{total profits} + \text{total taxes} + \text{interest payment}}{\text{average assets}} \times 100\%$$

In the above formula, total taxes is the sum of tax and extra charges from principal business and value-added tax payable; and average assets is the arithmetic mean of the sum of beginning assets and ending assets.

Ratio of Debts to Assets reflects both the operation risk and the capability of the enterprise in making use of the capital from the creditors. It is calculated as follows:

$$\text{Ratio of debts to assets (\%)} = \frac{\text{total debts}}{\text{total assets}} \times 100\%$$

Ratio of Profits to Total Industrial Costs refers to the ratio of profits realized in a given period to the total costs in the same period, which reflects the economic efficiency of input cost and is calculated as follows:

$$\text{Ratio of profits to total industrial cost (\%)} = \frac{\text{total profits}}{\text{total costs}} \times 100\%$$

Total costs in the above formula are the sum of cost of principal business, marketing cost, management cost and financial cost.

Turnover of Working Capital refers to the number of times of turnover of working capital in a given period of time, which reflects the speed of the turnover of working capital of industrial enterprises, and is calculated as follows:

$$\text{Turnover of working capital} = \frac{\text{main business income}}{\text{average balance of total current assets}}$$

In the above formula, average balance of total current assets refers to the arithmetic mean of the sum of current assets at the beginning and at the end of the reference period.

Ratio of Sales to Gross Output Value reflects the degree at which industrial products are sold. It helps to analyze the linkage between production and sales and the extent of the needs of the society that has been met by the supply of industrial products. It is calculated as follows:

$$\text{Ratio of Sales to Gross Output Value} = \frac{\text{Industrial sales}}{\text{Gross industrial output value}} \times 100\%$$

15 建筑业

CONSTRUCTION

15-1 建筑业企业个数、产值、人数及竣工面积
Number of Enterprises, Gross Output Value, Number of Persons Engaged and Floor Space of Buildings Completed of Construction

年 份 Year	企业个数 (个) Number of Enterprises (unit)	总产值 (亿元) Gross Output Value (100 million yuan)	从业人员数 (万人) Annual Average Persons Engaged (10 000 persons)	竣工房屋建筑面积 (万平方米) Floor Space of Buildings Completed (10 000 sq.m)
1952	41	0.63	3.54	20.21
1957	87	2.82	14.61	136.38
1962	133	1.58	12.14	48.01
1965	187	7.82	28.93	218.01
1970	222	9.16	43.12	238.60
1975	252	10.36	43.05	272.03
1978	276	13.17	42.38	556.56
1980	325	13.36	39.03	501.02
1985	555	31.85	49.45	835.24
1990	756	67.11	60.21	1060.60
1991	829	77.09	62.97	581.90
1992	871	93.37	70.66	705.20
1993	1090	181.79	80.10	1734.00
1994	1144	230.34	102.50	2068.00
1995	1144	279.10	89.70	2081.00
1996	2725	468.66	160.50	4537.00
1997	2779	520.64	154.24	5638.48
1998	3028	597.76	159.20	5017.25
1999	3050	649.52	160.13	5429.28
2000	3305	713.81	158.10	5839.32
2001	3125	822.87	171.85	7029.93
2002	3475	1078.25	200.42	8491.14
2003	3498	1235.04	212.68	8784.56
2004	4183	1321.22	173.84	8837.99
2005	4073	1480.88	181.80	8692.18
2006	3924	1768.87	188.50	9177.55
2007	3887	2130.17	204.71	9630.60
2008	4559	2624.96	235.78	9797.98
2009	4386	3374.06	265.24	11393.53
2010	4334	4200.86	335.53	12086.29
2011	4318	5305.89	249.46	13663.11
2012	4283	6292.67	230.23	15768.08
2013	4271	7277.41	262.65	18211.86
2014	3965	8148.52	241.79	19544.25
2015	3952	8847.59	244.23	20666.78

注：2003年建筑业统计数据仅包括当年有工作量的建筑业企业，2004年建筑业统计数据是普查数据。

a) The figure of construction enterprises of 2003 only include the enterprises which had taken in 2003.The figure of 2004 was obtained from surveys.

15-2 建筑业企业基本情况

指 标		Item		合 计 Total Enterprises 2014	2015	#国有企业 State-owned 2014	2015
建筑业企业个数	(个)	Number of Construction Enterprises		3965	3952	184	181
从业人员平均人数	(万人)	Average Number of Persons Employed	(10 000 persons)	240.93	235.93	33.07	28.57
自有固定资产原价	(万元)	Fixed Assets Owned (original value)	(10 000 yuan)	7702657	7439938	1268789	1391437
自有固定资产净价	(万元)	Fixed Assets Owned (net value)	(10 000 yuan)	4436343	4227736	648186	733301
自有机械设备净值	(万元)	Machinery Equipment Owned (net value)	(10 000 yuan)	5546356	3196022	2566310	200578
自有机械设备台数	(台)	Number of Machinery and Equipment Owned	(set)	385572	309070	88085	39679
自有机械设备总功率	(万千瓦)	Total Power of Machinery and Equipment Owned	(10 000 kw)	1023.69	1020.88	299.66	265.68
建筑业总产值	(万元)	Gross Output Value of Construction	(10 000 yuan)	81485208	88475906	14308869	14632944
竣工产值	(万元)	Output Value of Completed Projects	(10 000 yuan)	41576631	48981833	6996661	7155432
房屋建筑施工面积	(万平方米)	Floor Space of Buildings under Construction	(10 000 sq.m)	53363	52795	11455	11523
房屋建筑竣工面积	(万平方米)	Floor Space of Buildings Completed	(10 000 sq.m)	19544	20667	3073	2855
利润总额	(万元)	Total Profits	(10 000 yuan)	2419969	2238439	348393	262752
税金总额	(万元)	Total Tax	(10 000 yuan)	2529941	2594505	429203	397572
利税总额	(万元)	Total Pre-Tax Profits	(10 000 yuan)	4949910	4832944	777596	660324
按总产值计算的劳动生产率	(元/人)	Overall Labor Productivity	(yuan/person)	271341	287863	249506	290226
技术装备率	(元/人)	Value of Machinery per Labourer	(yuan/person)	23020	13765	77602	6486
动力装备率	(千瓦/人)	Power of Machinery per Labourer	(kw/person)	4.24	4.40	9.06	8.59
房屋建筑面积竣工率	(%)	Rate of Floor Space of Buildings Completed	(%)	36.63	39.15	26.83	24.78
产值利润率	(%)	Ratio of Profit to Gross Output Value	(%)	2.97	2.53	2.43	1.8
产值利税率	(%)	Ratio of Pre-tax Profit to Gross Output Value	(%)	6.07	5.46	5.43	4.51

Main Indicators on Construction Enterprises

#集体企业 Collective-owned		#股份有限公司 Share-holding Corporations		#其他有限责任公司 Other Ltd.Company		#港澳台商投资 Funded by Entrepreneurs from Hong Kong, Macao and Taiwan		#外商投资 Foreign Funded	
2014	2015	2014	2015	2014	2015	2014	2015	2014	2015
195	176	198	187	1376	1399	5	4	3	3
13.50	11.93	20.08	19.81	82.96	83.68	0.86	0.07	0.15	0.01
220825	217978	833593	410586	3345232	3527400	6604	5751	400	418
126125	119401	398198	256067	2000312	2005135	4353	3634	173	158
	70634		947443		1273913		532		20
	17583		22968		137873		205		48
	23.21		69.29		35.69		0.35		48
3222822	3301838	9605490	11039805	31876458	34235591	41081	28527	3402	3346
2243818	2397423	3862557	4258108	14752619	18621207	28880	20004	3062	3046
2325	1714	6709	7278	16289	16995	9	7		
1123	1056	2088	2193	6241	7071	3	3		
112684	110139	245497	170726	886517	845758	2056	1063	881	1063
114989	111238	367099	354064	928208	961426	1008	1307	144	143
227673	221377	612596	524790	1814725	1807184	3064	2370	1025	1206
216816	240929	398132	443024	288262	308999	247178	362018	229865	207826
	5744		46770		14876		8837		1342
	1.89		3.42		4.17		5.73		0.3
48.33	61.62	31.13	30.13	38.31	41.60	29.05	35.29		
3.50	3.34	2.56	1.55	2.78	2.47	5.00	3.73	25.90	31.77
7.06	6.70	6.38	4.75	5.69	5.28	7.46	8.31	30.13	36.04

15–3 各市(州)建筑业企业个数(2015年)
Number of Construction Enterprises by Region(2015)

市(州)及分组	Region and Group	企业个数(个) Number of Enterprises	国有企业 State-owned	中央企业 Central	地方企业 Local	集体企业 Collective-owned	其他企业 Others	#股份有限公司 Share-holding Corporations	#其他有限责任公司 Other Ltd. Company
全　省	**Sichuan**	**3952**	**181**	**24**	**157**	**176**	**3595**	**187**	**1399**
按市(州)分	**Grouped by Region**								
成都市	Chengdu	1206	68	15	53	31	1107	60	469
自贡市	Zigong	121	6		6	8	107	10	28
攀枝花市	Panzhihua	80	4	3	1	5	71		26
泸州市	Luzhou	175	7		7	15	153	5	75
德阳市	Deyang	240	8	3	5	8	224	3	88
绵阳市	Mianyang	402	14	1	13	2	386	6	139
广元市	Guangyuan	168	3		3	12	153	5	38
遂宁市	Suining	139	3		3	8	128	14	50
内江市	Neijiang	103	6	1	5	12	85	19	37
乐山市	Leshan	160	6		6	1	153	7	56
南充市	Nanchong	241	13	1	12	10	218	18	86
眉山市	Meishan	126	6		6	3	117	4	40
宜宾市	Yibin	188	4		4	8	176	10	43
广安市	Guangan	109	4		4	11	94	2	15
达州市	Dazhou	119	9		9	11	99	8	48
雅安市	Yaan	44	3		3	2	39	2	19
巴中市	Bazhong	139	9		9	10	120	5	51
资阳市	Ziyang	98	2		2	10	86	4	56
阿坝藏族羌族自治州	Aba	29	2		2	4	23	1	13
甘孜藏族自治州	Ganzi	24	2		2	5	17	1	11
凉山彝族自治州	Liangshan	41	2		2		39	3	11
按资质等级分	**Grouped by Qualification Grade**								
总承包企业	The General Contractor	2525	142	18	124	139	2244	144	896
特级企业	The Special Grade	13	2		2		11	3	7
一级企业	The First Grade	260	43	14	29	2	215	23	101
二级企业	The Second Grade	1223	47	2	45	49	1127	68	445
三级企业	The Third Grade	1029	50	2	48	88	891	50	343
专业承包企业	The Specialized Contractor	1057	39	6	33	34	984	25	376
一级企业	The First Grade	112	4	2	2	1	107	2	56
二级企业	The Second Grade	382	15	4	11	10	357	16	131
三级企业及其他	The Third Grade & Others	563	20		20	23	520	7	189
劳务分包企业	The Subcontractor of Labour Services	370				3	367	18	127
一级企业	The First Grade	247				2	245	12	82
二级企业	The Second Grade	82				1	81	5	33
不分等级	Not Classified by Grade	41					41	1	12

15-4 各市(州)建筑业企业从业人员(2015年)
Number of Persons Employed in Construction Enterprises by Region(2015)

单位：万人 (10 000 persons)

市(州)及分组	Region and Group	合计 Total	国有企业 State -owned	中央企业 Central	地方企业 Local	集体企业 Collective-owned	其他企业 Others	#股份有限公司 Share-holding Corporations	#其他股份有限公司 Other Ltd. Company
全　省	**Sichuan**	**244.23**	**30.93**	**4.40**	**26.52**	**12.29**	**201.01**	**20.26**	**85.63**
按市(州)分	**Grouped by Region**								
成都市	Chengdu	69.93	16.99	2.89	14.10	1.64	51.30	7.66	26.29
自贡市	Zigong	9.59	2.22		2.22	0.15	7.22	0.69	1.58
攀枝花市	Panzhihua	4.22	0.11	0.07	0.04	0.21	3.90		2.70
泸州市	Luzhou	24.33	3.79		3.79	1.82	18.73	0.81	8.67
德阳市	Deyang	8.35	1.13	0.26	0.88	0.23	6.98	0.22	2.62
绵阳市	Mianyang	18.28	1.74	1.05	0.69	0.03	16.51	0.27	8.07
广元市	Guangyuan	5.24	0.09		0.09	0.52	4.63	0.04	1.35
遂宁市	Suining	8.51	0.17		0.17	1.22	7.12	1.37	2.19
内江市	Neijiang	9.40	0.26	0.14	0.13	0.30	8.84	2.85	3.05
乐山市	Leshan	6.05	0.13		0.13	0.06	5.86	0.81	2.13
南充市	Nanchong	14.28	0.89		0.89	0.68	12.71	1.49	3.99
眉山市	Meishan	8.59	0.60		0.60	0.16	7.83	0.15	2.13
宜宾市	Yibin	10.61	0.07		0.07	0.43	10.11	1.87	3.29
广安市	Guangan	11.79	0.26		0.26	1.37	10.15	0.01	1.13
达州市	Dazhou	10.32	0.51		0.51	1.11	8.69	0.65	4.34
雅安市	Yaan	1.68	0.02		0.02	0.11	1.55	0.05	1.09
巴中市	Bazhong	12.82	1.25		1.25	1.38	10.20	0.95	5.66
资阳市	Ziyang	7.45	0.62		0.62	0.76	6.07	0.26	4.56
阿坝藏族羌族自治州	Aba	0.45	0.05		0.05	0.04	0.36	0.01	0.21
甘孜藏族自治州	Ganzi	0.57	0.02		0.02	0.06	0.49		0.34
凉山彝族自治州	Liangshan	1.78	0.02		0.02		1.77	0.10	0.22
按资质等级分	**Grouped by Qualification Grade**								
总承包企业	The General Contractor	215.74	29.85	4.10	25.75	11.15	174.74	19.42	73.64
特级企业	The Special Grade	9.48	3.85		3.85		5.63	3.20	2.39
一级企业	The First Grade	64.65	19.99	4.05	15.94	0.47	44.19	6.07	21.95
二级企业	The Second Grade	97.97	3.56	0.01	3.55	5.50	88.92	6.85	36.26
三级企业	The Third Grade	43.64	2.45	0.04	2.41	5.18	36.01	3.30	13.04
专业承包企业	The Specialized Contractor	16.45	1.08	0.30	0.78	1.08	14.29	0.40	7.87
一级企业	The First Grade	4.56	0.22	0.10	0.12	0.13	4.21	0.02	3.29
二级企业	The Second Grade	6.28	0.34	0.20	0.14	0.43	5.51	0.22	2.63
三级企业及其他	The Third Grade & Others	5.61	0.52		0.52	0.52	4.57	0.16	1.94
劳务分包企业	The Subcontractor of Labour Services	12.04				0.07	11.98	0.44	4.12
一级企业	The First Grade	9.39				0.06	9.33	0.40	3.40
二级企业	The Second Grade	1.77				0.01	1.77	0.02	0.59
不分等级	Not Classified by Grade	0.88					0.88	0.01	0.13

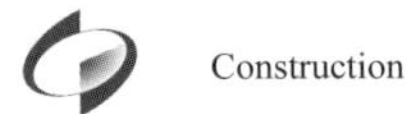

15-5 各市(州)建筑业企业施工、竣工房屋面积(2015年)
Floor Space of Buildings under Construction and Completed of Construction Enterprises by Region(2015)

市(州)及分组	Region and Group	房屋建筑施工面积(万平方米) Floor Space of Buildings under Construction (10 000 sq.m)	#本年新开工 Newly-started Buildings	#投标承包面积 Bidden and Contracted	房屋建筑竣工面积(万平方米) Floor Space of Buildings Completed (10 000 sq.m)	#住宅 Residential Housing	房屋面积竣工率(%) Rate of Floor Space Completed (%)
全　省	**Sichuan**	**52795.35**	**21483.33**	**33055.38**	**20666.78**	**15718.06**	**39.15**
按市(州)分	**Grouped by Region**						
成都市	Chengdu	23852.51	6766.45	16572.99	5985.54	4420.57	25.09
自贡市	Zigong	1807.44	634.62	1303.92	608.37	513.06	33.66
攀枝花市	Panzhihua	443.54	127.26	352.63	94.59	73.69	21.33
泸州市	Luzhou	4063.63	2028.97	1872.85	2177.22	1627.08	53.58
德阳市	Deyang	1979.12	691.57	1605.09	864.30	634.76	43.67
绵阳市	Mianyang	2788.66	1057.09	1728.72	943.77	511.10	33.84
广元市	Guangyuan	860.18	352.14	310.98	225.87	152.66	26.26
遂宁市	Suining	1470.14	1057.88	729.72	889.56	632.71	60.51
内江市	Neijiang	1372.57	660.39	913.94	792.71	672.37	57.75
乐山市	Leshan	1000.99	392.03	462.99	568.18	455.86	56.76
南充市	Nanchong	3026.20	1916.17	1683.76	2035.27	1752.72	67.26
眉山市	Meishan	1447.88	798.97	622.52	729.00	567.51	50.35
宜宾市	Yibin	1420.49	792.25	703.89	805.03	555.03	56.67
广安市	Guangan	1467.11	839.32	595.52	845.74	713.03	57.65
达州市	Dazhou	2158.90	1165.98	1466.92	1022.08	915.64	47.34
雅安市	Yaan	211.84	138.11	179.02	118.05	71.62	55.73
巴中市	Bazhong	1798.07	1133.66	1079.52	1147.90	838.31	63.84
资阳市	Ziyang	1235.57	715.11	640.65	581.06	435.02	47.03
阿坝藏族羌族自治州	Aba	46.64	24.00	35.78	38.24	20.22	82.00
甘孜藏族自治州	Ganzi	28.50	10.25	18.30	15.54	3.08	54.52
凉山彝族自治州	Liangshan	315.36	181.15	175.67	178.75	152.01	56.68
按资质等级分	**Grouped by Qualification Grade**						
总承包企业	The General Contractor	51965.99	21017.82	32767.98	20104.28	15395.67	38.69
特级企业	The Special Grade	7274.34	2045.70	5771.42	923.12	695.24	12.69
一级企业	The First Grade	20198.05	5470.62	14437.91	6337.67	5081.23	31.38
二级企业	The Second Grade	17355.23	9089.29	8874.83	8586.49	6539.61	49.47
三级企业	The Third Grade	7138.38	4412.21	3683.82	4257.00	3079.59	59.64
专业承包企业	The Specialized Contractor	829.36	465.51	287.40	562.50	322.39	67.82
一级企业	The First Grade	175.98	92.35	66.91	109.18	8.72	62.04
二级企业	The Second Grade	332.28	180.44	115.11	279.06	174.70	83.98
三级企业及其他	The Third Grade & Others	321.10	192.72	105.38	174.26	138.98	54.27

15-6 各市(州)建筑业企业动力装备情况(2015年)
Power of Machinery and Equipment Owned of Construction Enterprises by Region(2015)

市(州)及分组	Region and Group	自有机械设备总台数(台) Number of Machinery and Equipment Owned (unit)	自有机械设备总功率(万千瓦) Total Power of Machinery and Equipment Owned (10 000 kw)	自有机械设备净值(万元) Net Value of Machinery and Equipment Owned (10 000 yuan)	技术装备率(元/人) Value of Machinery per Laborer (yuan/person)	动力装备率(千瓦/人) Power of Machinery per Laborer (kw/person)
全　省	**Sichuan**	**309070**	**1020.88**	**3196022**	**13765**	**4.40**
按市(州)分	**Grouped by Region**					
成都市	Chengdu	106189	592.19	1470250	21451	8.64
自贡市	Zigong	12314	18.91	39372	4191	2.01
攀枝花市	Panzhihua	6482	26.03	49586	11784	6.19
泸州市	Luzhou	18100	66.72	870671	36115	2.77
德阳市	Deyang	13339	20.31	53727	7572	2.86
绵阳市	Mianyang	11699	30.17	64667	4127	1.93
广元市	Guangyuan	8116	18.57	59219	12111	3.80
遂宁市	Suining	8412	16.97	58977	7095	2.04
内江市	Neijiang	11228	18.22	49709	5728	2.10
乐山市	Leshan	11964	19.92	46810	7935	3.38
南充市	Nanchong	17089	45.04	93199	7775	3.76
眉山市	Meishan	9548	28.57	42070	5190	3.52
宜宾市	Yibin	10981	14.58	38127	3931	1.50
广安市	Guangan	17922	42.21	78485	6683	3.59
达州市	Dazhou	18539	17.68	55924	5615	1.78
雅安市	Yaan	9221	10.37	20024	11982	6.21
巴中市	Bazhong	6066	10.50	51138	4162	0.85
资阳市	Ziyang	7349	15.66	33215	4644	2.19
阿坝藏族羌族自治州	Aba	2359	1.79	6488	14523	4.01
甘孜藏族自治州	Ganzi	920	2.70	5140	9126	4.79
凉山彝族自治州	Liangshan	1233	3.77	9226	5176	2.12
按资质等级分	**Grouped by Qualification Grade**					
总承包企业	The General Contractor	277085	957.70	3035594	14071	4.44
特级企业	The Special Grade	30452	241.56	263126	27764	25.49
一级企业	The first Grade	83272	372.33	1893645	29291	5.76
二级企业	The Second Grade	103252	248.46	568572	5803	2.54
三级企业及其他	The Third Grade & Other	60109	95.36	310251	7109	2.19
专业承包企业	The Specialized Contractor	31985	63.18	160428	9751	3.84
一级企业	The first Grade	14027	39.16	88165	19328	8.58
二级企业	The Second Grade	10898	13.38	37910	6034	2.13
三级企业及其他	The Third Grade & Other	7060	10.64	34354	6125	1.90

15-7 各市(州)建筑业企业总产值(2015年)

单位：万元

市(州)及分组	Region and Group	建筑业总产值 Total Output Value	国有企业 State-owned	中央企业 Central	地方企业 Local	集体企业 Collective-owned
全　省	**Sichuan**	**88475906**	**14632944**	**4521400**	**10111544**	**3301838**
按市(州)分	**Grouped by Region**					
成都市	Chengdu	40953808	10444808	3874518	6570290	489470
自贡市	Zigong	2033489	525959		525959	38142
攀枝花市	Panzhihua	1752843	77193	64953	12239	77703
泸州市	Luzhou	5786230	717633		717633	378598
德阳市	Deyang	2644426	657871	111778	546092	39475
绵阳市	Mianyang	3975714	553189	367475	185714	7460
广元市	Guangyuan	1255189	25197		25197	153522
遂宁市	Suining	2105375	74105		74105	178448
内江市	Neijiang	2074803	137190	91876	45314	44660
乐山市	Leshan	1510509	22555		22555	7160
南充市	Nanchong	5312236	469581	10800	458781	283322
眉山市	Meishan	2407274	146167		146167	43617
宜宾市	Yibin	2231710	11634		11634	116297
广安市	Guangan	3705093	81323		81323	417286
达州市	Dazhou	2895431	185515		185515	275274
雅安市	Yaan	281120	14726		14726	18634
巴中市	Bazhong	4194525	379008		379008	474248
资阳市	Ziyang	2173625	93091		93091	224725
阿坝藏族羌族自治州	Aba	111016	10064		10064	9595
甘孜藏族自治州	Ganzi	89581	3183		3183	24204
凉山彝族自治州	Liangshan	981910	2953		2953	
按新资质等级分	**Grouped by Qualification Grade**					
总承包企业	The General Contractor	80660247	13362745	3660744	9702002	2994008
特级企业	The Special Grade	13648627	2569672		2569672	
一级企业	The First Grade	27076271	8818221	3633818	5184403	104239
二级企业	The Second Grade	26748247	1225623	18696	1206928	1496912
三级企业	The Third Grade	13187103	749229	8230	740999	1392857
专业承包企业	The Specialized Contractor	7022115	1270199	860657	409542	300249
一级企业	The First Grade	3298600	816945	768207	48738	40326
二级企业	The Second Grade	1823713	197306	92449	104857	88237
三级企业及其他	The Third Grade & Others	1899803	255948		255948	171685
劳务分包企业	The Subcontractor of Labour Services	793544				7581
一级企业	The First Grade	584712				4901
二级企业	The Second Grade	112396				2680
不分等级	Not Classified by Grade	96435				

Total Output Value of Construction Enterprises by Region(2015)

(10 000 yuan)

其他企业 Others	#股份有限公司 Share-holding Corporations	#其他有限责任公司 Other Ltd. Company	建筑工程产值 Output Value of Construction	安装工程产值 Output Value of Installation	其它产值 Other Output Value	房屋工程和土木工程 Output Value of Building & Civil Engineering
70541124	**11039805**	**34235591**	**78069595**	**7412407**	**2993904**	**83463827**
30019529	7894994	16769527	36888984	2987136	1077688	38427501
1469388	160941	424157	1798476	124256	110757	1962446
1597947		1315338	1508274	180293	64277	1695209
4690000	132766	2211963	5175633	284971	325627	5483558
1947081	49179	1129286	2239223	337146	68056	2320568
3415065	68042	1532371	3472157	349692	153865	3584173
1076470	30854	324242	1159235	49371	46582	1171277
1852822	308667	659879	1818545	161339	125490	2006845
1892953	501277	667626	1860579	165997	48226	1992497
1480794	148014	708174	1392319	86726	31464	1423464
4559332	660285	1877330	4694684	458512	159039	5197864
2217490	32819	644472	2199054	140107	68113	2311640
2103779	353145	691268	1974077	121621	136012	2117820
3206484	17956	422428	2713187	961880	30026	3592237
2434642	225827	1115617	2643997	170224	81210	2821516
247760	3066	151176	232350	38293	10477	241919
3341270	293133	1767774	3351600	585293	257632	4042349
1855809	96176	1379382	1903871	124087	145666	1985465
91357	1578	57199	84391	20394	6231	103505
62195		32730	86297	1839	1445	89465
978957	61088	353654	872660	63231	46020	892511
64303494	10911094	30270913	72736924	5500117	2423206	78709286
11078955	6194129	4850114	13047946	545206	55475	13648627
18153812	1914256	11307494	24605394	1745865	725012	26028268
24025711	1878743	10059858	23535976	2070100	1142170	26136194
11045017	923966	4053446	11547608	1138946	500549	12896197
5451668	107998	3657323	4793061	1848807	380247	4287068
2441329	19181	2152101	2534310	640451	123840	2348775
1538170	70633	790409	1161609	532843	129261	1006176
1472170	18184	714813	1097142	675514	127147	932117
785962	20713	307356	539610	63483	190450	467473
579811	18351	232669	397604	46777	140331	341422
109716	1142	46938	76430	8992	26975	82834
96435	1220	27749	65576	7715	23144	43217

15-7 续表 continued

单位：万元 (10 000 yuan)

市(州)及分组	Region and Group	#房屋工程建筑业 Building	#土木工程建筑业 Civil Engineering	建筑安装业 Output Value of Installation	建筑装饰和其他建筑业 Output Value of Decoration and Other Construction	竣工产值 Output Value of Completed Construction
全　省	**Sichuan**	**57719692**	**25744135**	**3331363**	**1680716**	**48981833**
按市(州)分	**Grouped by Region**					
成都市	Chengdu	18772592	19654909	1842210	684098	18271207
自贡市	Zigong	1815244	147202	51612	19432	1162140
攀枝花市	Panzhihua	473170	1222039	32626	25008	1052729
泸州市	Luzhou	5302929	180629	244123	58550	3479784
德阳市	Deyang	1764757	555811	251397	72462	1783477
绵阳市	Mianyang	3066104	518069	214396	177146	2351190
广元市	Guangyuan	1026220	145057	23558	60354	754942
遂宁市	Suining	1838109	168736	18556	79973	1637146
内江市	Neijiang	1734551	257946	57888	24418	1698953
乐山市	Leshan	1327708	95756	62862	24184	1068443
南充市	Nanchong	4547284	650580	71428	42944	3517902
眉山市	Meishan	2098088	213552	48909	46724	1494669
宜宾市	Yibin	1918485	199335	33865	80025	1355153
广安市	Guangan	2680899	911338	110062	2794	2349507
达州市	Dazhou	2666700	154816	39171	34744	2037651
雅安市	Yaan	221209	20710	32277	6924	228423
巴中市	Bazhong	3739251	303098	1153	151023	2613433
资阳市	Ziyang	1818168	167297	98362	89797	1507770
阿坝藏族羌族自治州	Aba	81773	21732	7510		98842
甘孜藏族自治州	Ganzi	49211	40254		116	62151
凉山彝族自治州	Liangshan	777241	115270	89399		456322
按新资质等级分	**Grouped by Qualification Grade**					
总承包企业	The General Contractor	56104708	22604578	1826726	124235	45285390
特级企业	The Special Grade	3819393	9829234			2249152
一级企业	The First Grade	17882834	8145434	1035848	12155	16466497
二级企业	The Second Grade	23079870	3056324	541871	70182	17794375
三级企业	The Third Grade	11322610	1573587	249007	41898	8775366
专业承包企业	The Specialized Contractor	1226470	3060598	1463039	1272008	3696443
一级企业	The First Grade	134152	2214623	559588	390236	1133200
二级企业	The Second Grade	658530	347646	374741	442795	1341361
三级企业及其他	The Third Grade & Others	433788	498329	528709	438977	1221882
劳务分包企业	The Subcontractor of Labour Services	388514	78959	41598	284473	
一级企业	The First Grade	292831	48591	17753	225537	
二级企业	The Second Grade	71940	10894	838	28724	
不分等级	Not Classified by Grade	23743	19474	23007	30212	

15-8 各市(州)建筑业企业主要财务指标(2015年)
Major Finance Indicators of Construction Enterprises by Region(2015)

单位：万元 (10 000 yuan)

市(州)及分组	Region and Group	资产合计 Total Assets	负债合计 Total Liabilities	所有者权益合计 Total Owners' Equities	利润总额 Total Profits	税金总额 Total Tax	利税总额 Total Pre-tax Profits
全　省	**Sichuan**	**80223191**	**56389582**	**23833609**	**2238439**	**2594505**	**4832944**
按市(州)分	**Grouped by Region**						
成都市	Chengdu	51719807	39794549	11925258	816195	1196480	2012675
自贡市	Zigong	1208697	769470	439228	44206	49205	93411
攀枝花市	Panzhihua	2473405	1988995	484410	4735	58406	63141
泸州市	Luzhou	1976855	972240	1004615	132068	140506	272574
德阳市	Deyang	2492094	1736179	755915	20415	73409	93824
绵阳市	Mianyang	3540563	2371804	1168759	107228	116355	223583
广元市	Guangyuan	1002895	534223	468672	39036	42459	81495
遂宁市	Suining	1657530	832869	824661	112030	80124	192154
内江市	Neijiang	963911	572426	391485	49836	68783	118619
乐山市	Leshan	1615958	924131	691827	57670	49432	107102
南充市	Nanchong	2109629	1158910	950718	172895	150931	323826
眉山市	Meishan	1105352	544316	561036	123198	77146	200344
宜宾市	Yibin	1489755	859732	630023	54843	71473	126316
广安市	Guangan	1767797	724870	1042927	158755	96842	255596
达州市	Dazhou	839075	257898	581177	117221	105702	222924
雅安市	Yaan	199098	112830	86268	5470	8877	14347
巴中市	Bazhong	2024690	955033	1069657	140820	119393	260213
资阳市	Ziyang	1005749	615290	390459	61631	66654	128285
阿坝藏族羌族自治州	Aba	256685	111905	144780	2599	4106	6705
甘孜藏族自治州	Ganzi	104941	55000	49941	5338	2865	8203
凉山彝族自治州	Liangshan	668706	496913	171793	12249	15360	27609
按资质等级分	**Grouped by Qualification Grade**						
总承包企业	The General Contractor	73384365	51887724	21496641	2045282	2361426	4406708
特级企业	The Special Grade	21741418	18058182	3683236	294135	382865	677000
一级企业	The First Grade	24801067	18278545	6522522	457192	782419	1239611
二级企业	The Second Grade	19068035	11434596	7633439	808598	805037	1613634
三级企业	The Third Grade	7773846	4116401	3657445	485358	391105	876463
专业承包企业	The Specialized Contractor	6455100	4265859	2189240	174155	202295	376450
一级企业	The First Grade	2648210	2116122	532088	63097	87135	150232
二级企业	The Second Grade	2208026	1324752	883274	40414	59931	100345
三级企业及其他	The Third Grade & Others	1598864	824985	773879	70644	55229	125873
劳务分包企业	The Subcontractor of Labour Services	383726	235999	147727	19002	30785	49786
一级企业	The First Grade	307798	196645	111153	13983	24178	38161
二级企业	The Second Grade	43148	22354	20794	3087	3703	6789
不分等级	Not Classified by Grade	32780	16999	15780	1932	2905	4836

15-9 各市(州)总承包和专业承包建筑业企业资产和负债(2015年)
Assets and Liabilities of General and Professional Contractor Construction Enterprises by Region(2015)

单位：万元 (10 000 yuan)

市(州)及分组	Region and Group	年末资产 合计 Total Assets (year-end)	#流动资产 Current Assets	#固定资产 Fixed Assets	年末负债 合计 Total Liabilities (year-end)	#流动负债 Current Liabilities	#长期负债 Long-term Liabilities
全　省	**Sichuan**	**79839465**	**62866132**	**6101218**	**56153583**	**44816238**	**4197788**
按市(州)分	**Grouped by Region**						
成都市	Chengdu	51637703	41892353	2719781	39725798	30990365	3057753
自贡市	Zigong	1196619	998910	93810	762321	662876	55012
攀枝花市	Panzhihua	2469994	2004638	178591	1986857	1732246	180818
泸州市	Luzhou	1966031	1549743	221913	963284	845640	41218
德阳市	Deyang	2464339	2001574	144424	1719418	1620806	86032
绵阳市	Mianyang	3444677	2871582	274734	2310790	1972262	251510
广元市	Guangyuan	981241	734377	163273	523058	493113	8491
遂宁市	Suining	1656772	1218992	317965	832852	622016	80120
内江市	Neijiang	958033	773467	109457	568870	468473	6944
乐山市	Leshan	1612928	1156987	201713	922106	738363	96503
南充市	Nanchong	2076629	1462090	352320	1146960	819985	42969
眉山市	Meishan	1091340	872140	120836	537515	434040	88280
宜宾市	Yibin	1469723	1174098	124684	850046	828084	11423
广安市	Guangan	1762680	1230342	273908	722599	622338	76452
达州市	Dazhou	831050	519766	128292	255329	208427	12979
雅安市	Yaan	199098	151004	29032	112830	101202	5223
巴中市	Bazhong	1994870	823445	306700	939340	471860	55272
资阳市	Ziyang	996303	813159	78701	610666	581113	3367
阿坝藏族羌族自治州	Aba	256685	101723	105718	111905	78767	25644
甘孜藏族自治州	Ganzi	104046	78074	20833	54128	47308	2054
凉山彝族自治州	Liangshan	668706	437671	134533	496913	476957	9727
按资质等级分	**Grouped by Qualification Grade**						
总承包企业	The General Contractor	73384365	57585990	5515984	51887724	40820201	4081107
特级企业	The Special Grade	21741418	16980579	1317490	18058182	11252800	1597849
一级企业	The First Grade	24801067	20785952	1209536	18278545	16920977	970191
二级企业	The Second Grade	19068035	14818899	1810291	11434596	9405853	1277323
三级企业	The Third Grade	7773846	5000560	1178666	4116401	3240571	235745
专业承包企业	The Specialized Contractor	6455100	5280142	585234	4265859	3996038	116681
一级企业	The First Grade	2648210	2359616	150854	2116122	2047377	62360
二级企业	The Second Grade	2208026	1716655	203302	1324752	1237075	32961
三级企业及其他	The Third Grade & Others	1598864	1203870	231079	824985	711586	21359

15-10 各市(州)总承包和专业承包建筑业企业所有者权益和利税(2015年)
Owners' Equities and Pre-tax Profits of Construction Enterprises of General Constractors and Professional Constractors by Region(2015)

单位：万元 (10 000 yuan)

市(州)及分组	Region and Group	所有者权益 Owners' Equities	利税总额 Total Pre-tax Profits	利润总额 Total Profits	税金总额 Total Taxes	#工程结算税金及附加 Taxes and Extra Charges on Project Settlement Accounts
全　省	**Sichuan**	**23685882**	**4783158**	**2219437**	**2563721**	**2441051**
按市(州)分	**Grouped by Region**					
成都市	Chengdu	11911905	2010318	815501	1194817	1164746
自贡市	Zigong	434298	93547	44675	48872	44892
攀枝花市	Panzhihua	483137	62740	4580	58160	50042
泸州市	Luzhou	1002747	272023	132196	139827	135274
德阳市	Deyang	744921	90783	20101	70683	68171
绵阳市	Mianyang	1133887	214082	103497	110586	106287
广元市	Guangyuan	458182	78346	37353	40993	38046
遂宁市	Suining	823919	192055	111931	80124	74916
内江市	Neijiang	389162	116835	49589	67246	65159
乐山市	Leshan	690822	106753	57567	49186	42345
南充市	Nanchong	929669	308516	167689	140826	130416
眉山市	Meishan	553825	198267	122170	76097	71172
宜宾市	Yibin	619677	122792	52556	70236	67028
广安市	Guangan	1040082	254822	158257	96566	93507
达州市	Dazhou	575721	221205	116169	105037	88970
雅安市	Yaan	86268	14346	5470	8877	8589
巴中市	Bazhong	1055531	256350	138725	117625	107581
资阳市	Ziyang	385637	126815	61175	65640	62995
阿坝藏族羌族自治州	Aba	144780	6705	2599	4106	3378
甘孜藏族自治州	Ganzi	49917	8251	5393	2858	2691
凉山彝族自治州	Liangshan	171793	27609	12249	15360	14848
按资质等级分	**Grouped by Qualification Grade**					
总承包企业	The General Contractor	21496641	4406708	2045282	2361426	2249431
特级企业	The Special Grade	3683236	677000	294135	382865	372164
一级企业	The First Grade	6522522	1239611	457192	782419	748428
二级企业	The Second Grade	7633439	1613634	808598	805037	772557
三级企业	The Third Grade	3657445	876463	485358	391105	356283
专业承包企业	The Specialized Contractor	2189240	376450	174155	202295	191620
一级企业	The First Grade	532088	150232	63097	87135	85291
二级企业	The Second Grade	883274	100345	40414	59931	56283
三级企业及其他	The Third Grade & Others	773879	125873	70644	55229	50047

15-11 各市(州)建筑业企业劳动生产率(2015年)
Labor Productivity of Construction Enterprises by Region(2015)

单位:元/人 (yuan/person)

市(州)及分组	Region and Group	按总产值计算的劳动生产率 Overall Labor Productivity in Terms of Total Output Value	国有企业 State-owned	中央企业 Central	地方企业 Local	集体企业 Collective owned	其他企业 Others	#股份有限公司 Share-holding Corporations	#其他有限责任公司 Other Ltd. Company
全　省	**Sichuan**	**287863**	**290226**	**410753**	**256563**	**240929**	**290017**	**443024**	**308999**
按市(州)分	**Grouped by Region**								
成都市	Chengdu	373695	301666	417828	259175	324238	408301	733991	419111
自贡市	Zigong	199732	159362		159362	240187	218597	202671	280101
攀枝花市	Panzhihua	394784	261492	255620	297796	218268	421755		508677
泸州市	Luzhou	217818	175869		175869	189716	228910	182823	237333
德阳市	Deyang	244736	570969	451994	603484	182415	206333	762468	218110
绵阳市	Mianyang	213783	360313	353715	374122	223356	200552	316179	190146
广元市	Guangyuan	225900	221025		221025	274391	220457	247621	223246
遂宁市	Suining	189617	386970		386970	148435	190824	119536	180705
内江市	Neijiang	221211	424868	583342	273964	148322	216207	174899	232509
乐山市	Leshan	240554	177600		177600	115484	243140	184671	308815
南充市	Nanchong	278768	495705	293478	503878	336647	264046	392023	296263
眉山市	Meishan	254986	225566		225566	278348	256770	219963	231308
宜宾市	Yibin	196184	163395		163395	208529	195760	211439	164670
广安市	Guangan	250686	257924		257924	295298	245681	592591	301003
达州市	Dazhou	282063	351887		351887	222695	286364	270841	257399
雅安市	Yaan	153609	340873		340873	178317	147266	61564	125520
巴中市	Bazhong	253970	235731		235731	233746	259433	253225	257438
资阳市	Ziyang	235321	223884		223884	252199	234833	297369	222698
阿坝藏族羌族自治州	Aba	128371	344658		344658	159917	117788	175278	212477
甘孜藏族自治州	Ganzi	136287	121489		121489	204767	121261		95340
凉山彝族自治州	Liangshan	553750	65475		65475		566493	380371	942323
按资质等级分	**Grouped by Qualification Grade**								
总承包企业	The General Contractor	294993	297239	466283	261472	240742	297648	447881	309911
特级企业	The Special Grade	758556	281457		281457		1250023	1202440	1316642
一级企业	The First Grade	305919	307576	468856	247824	322921	305028	305860	321647
二级企业	The Second Grade	238515	299363	295352	299426	251008	235345	206817	241086
三级企业	The Third Grade	240704	244678	221237	244966	226473	242358	238899	236900
专业承包企业	The Specialized Contractor	303288	232514	272644	177583	250416	330576	272791	397833
一级企业	The First Grade	415059	251298	287804	83785	270102	536898	1237490	605918
二级企业	The Second Grade	250875	236890	189640	303580	182157	258425	317736	270151
三级企业及其他	The Third Grade & Others	239372	185590		185590	303707	245681	115016	263234
劳务分包企业	The Subcontractor of Labour Services	73683				109872	73450	128097	78293
一级企业	The First Grade	68740				84503	68631	136037	71730
二级企业	The Second Grade	86266				243636	84926	1141900	113349
不分等级	Not Classified by Grade	100390					100390	47287	103578

主要统计指标解释

建筑业统计单位 指从事房屋、构筑物建造和设备安装活动的法人企业。建筑业法人企业应具有建筑业资质并能够独立核算，同时还应具备以下条件：①依法成立，有自己的名称、组织机构和场所，能够承担民事责任；②独立拥有和使用资产，承担负债，有权与其他单位签订合同；③独立核算盈亏，能够编制资产负债表。

建筑业总产值 是以货币形式表现的建筑业企业在一定时期内生产的建筑业产品和提供的服务的总和。建筑业总产值包括：

(1)建筑工程产值：指列入建筑工程预算内的各种工程价值。

(2)安装工程产值：指设备安装工程价值，不包括被安装设备本身的价值。

(3)其他产值：指建筑业总产值中除建筑工程、安装工程以外的产值。包括房屋构筑物修理产值、非标准设备制造产值、总包企业向分包企业收取的管理费以及不能明确划分的施工活动所完成的产值。

建筑业增加值 指建筑业企业在报告期内以货币形式表现的建筑业生产经营活动的最终成果。

房屋施工面积 指在报告期内施工的全部房屋建筑面积，包括本期新开工的房屋建筑面积、上期施工跨入本期继续施工的房屋建筑面积、上期停缓建在本期恢复施工的房屋建筑面积、本期竣工的房屋建筑面积及本期施工后又停缓建的房屋建筑面积。

房屋竣工面积 指报告期内房屋建筑按照设计要求已全部完工，达到住人和使用条件，经验收鉴定合格或达到竣工验收标准，可正式移交使用的各栋房屋建筑面积的总和。

Explanatory Notes on Main Statistical Indicators

Statistical Unit in Construction refers to a corporate enterprise engaged in the construction of buildings and structures and in the installation of equipment. A corporate construction enterprise should have qualification certificates with independent accounting system, and should meet the following 3 requirements: a) being set up in line with relevant legal basis, having its full name, organization and location, and capable of taking civil liabilities; b) independently possessing and using its assets and assuming its liabilities, and entitled to sign contracts with other institutions; and c) making independent accounts of its profits and losses, and capable of compiling its own balance sheet.

Gross Output Value of Construction refers to total of construction products, expressed in money terms, completed by construction and installation enterprises during a given period of time. It includes:

(1) Output value of construction projects, that is the value of projects covered by the project budgets;

(2) Output value of installation projects, that is the value of the installation of equipment, (excluding the value of the equipment to be installed);

(3) Output value of others, that is the output value of construction industry excluding that of construction projects and installation projects. It includes: output value of repair of buildings and structures; output value of non-standard equipment manufacturing; overhead expenses received by contracted enterprises to the sub-contracted enterprises and the completed output value of construction activities that have no clear definition.

Value-added of Construction refers to the final result of the activities of production and management of construction industry in monetary terms in the reference period.

Floor Space of Buildings refers to floor space of buildings under construction in the reference period, including the space of buildings for which construction has newly started; buildings for which construction has started earlier and is continuing during the reference period; and buildings for which construction has been suspended earlier but has restarted during the reference period; buildings completed during the reference period; and buildings under construction but construction has subsequently been during the reference period.

Floor Space of Buildings Completed refers to the total floor space of each building that has been completed in the reference period in accordance with the requirements of the design, up to the standard for being resided in and put into use, or has been checked and accepted by departments concerned as qualified ones or up to the standard of buildings completed and can be handed over for putting into use.

16

交通运输、邮电和通讯

TRANSPORTATION,POST AND TELECOMMUNICATIONS SERVICES

16-1 交通运输业基本情况
Basic Conditions of Transport

指　标		Item		2010	2011	2012	2013	2014	2015
运输线路长度	**（万公里）**	**Length of Transport Routes**	**(10 000 km)**						
铁路总里程		Railways in Operation		0.4	0.4	0.4	0.4	0.4	0.4
公路		Highways		26.6	28.3	29.3	30.2	31.0	31.5
内河		Navigable Inland Waterways		1.1	1.2	1.2	1.2	1.2	1.1
民航		Total Civil Aviation Routes		37.5	40.7	48.8	53.6	57.9	66.8
客运量总计	**（万人）**	**Total Passenger Traffic**	**(10 000 persons)**	**242732**	**255665**	**280256**	**291749**	**141899**	**140044**
铁路		Railways		6829	7482	7997	8240	8778	9078
公路		Highways		230988	242615	266338	276871	126691	124014
水运		Waterways		2733	3083	3276	3228	2677	2748
民用航空		Civil Aviation		2182	2485	2645	3410	3752	4204
旅客周转量总计	**（亿人公里）**	**Total Passenger-Kilometers**	**(100 million passenger-km)**	**1235**	**1556**	**1740**	**1924**	**1539**	**1664**
铁路		Railways		221	252	303	310	277	272
公路		Highways		802	901	1005	1068	630	672
水运		Waterways		2	3	3	3	3	3
民用航空		Civil Aviation		209	400	430	543	629	717
货运量总计	**（万吨）**	**Total Freight Traffic**	**(10 000 tons)**	**133364**	**153827**	**174451**	**189611**	**157703**	**153502**
铁路		Railways		7093	7651	8867	8994	7165	6146
公路		Highways		121017	139771	158396	173329	142132	138622
水运		Waterways		5218	6367	7151	7247	8361	8688
民用航空		Civil Aviation		36	37	37	41	45	46
货物周转量总计	**（亿吨公里）**	**Total Freight Ton-kilometers**	**(100 million ton-km)**	**1710**	**1909**	**2254**	**2437**	**2352**	**2359**
铁路		Railways		642	673	818	820	678	686
公路		Highways		985	1139	1325	1485	1511	1480
水运		Waterways		75	90	103	124	154	183
民用航空		Civil Aviation		8	8	7	8	9	10
民用汽车拥有量	（万辆）	Possession of Civil Motor Vehicles	(10 000 units)	357.9	424.3	495.0	574.5	668.2	768.5
#私人汽车	（万辆）	Private Vehicles	(10 000 units)					577.2	677.3
载客汽车拥有量	（万辆）	Possession of Buses and Cars	(10 000 units)	281.6	341.5	406.1	481.5	572.3	674.0
载货汽车拥有量	（万辆）	Possession of Trucks	(10 000 units)	70.4	77.5	83.8	88.0	91.0	89.6
其他机动车拥有量	（万辆）	Possession of Other Motor Vehicles	(10 000 units)	5.9	5.3	5.1	5.0	4.9	5.0
公路部门营运车辆	（万辆）	Number of Motor Vehicles Owned by Highway Departments	(10 000 units)	62.0	65.7	66.8	63.7	65.3	57.1
民用运输船舶拥有量	（艘）	Possession of Civil Transport Vessels	(unit)	8414	8692	8885	7614	7642	7489
机动船	（艘）	Motor Vessels	(unit)	7350	7502	7490	6582	6564	6435
驳船	（艘）	Barges	(unit)	1064	1190	1395	1032	1078	1054

注：①从2014年开始，公路货运量和货物周转量由抽样调查改变为根据高速公路计重收费数据推算，公路客运量和旅客周转量中的出租车和公交车统计范围作了较大调整，故2014年相关数据与往年不可比。②公路数据由四川省交通运输厅道路运输管理局提供，铁路数据由成都铁路局提供，水运数据由四川省交通运输厅航务管理局提供，航空数据由四川航空公司、国航西南分公司、东航四川分公司、成都航空公司提供。

a)Beginning in 2014, freight traffic and ton-kilometers of highways are changed from the sample survey to highway toll collection data, statistics range of taxi and bus in highway passenger traffic and passenger-kilometers made a big adjustment, so data of 2014 are not comparable with previous years.
b)Highway data are provided by Road Transport Administration of Sichuan Provincial Transportation Bureau, railway data are provided by Chengdu Railway Bureau, waterway data are provided by the Shipping Administration of Sichuan Provincial Communications Department, air data are provided by Sichuan Airlines, Air China Southwest branch, Sichuan branch of China Eastern Airlines and Chengdu airlines.

16-2 各市(州)公路运输情况(2015年)
Main Indicators of Highway Transportation by Region(2015)

市(州)	Region	公路总里程(公里) Total Length of Highways (km)	#等级公路里程 Expressway and Class I to IV Highways	#高速公路 Expressway	民用汽车拥有量(万辆) Possession of Civil Motor Vehicles (10 000 units)	#私人汽车 Private Vehicles	公路旅客周转量(万人公里) Passenger-kilometers of Highways (10 000 passenger-km)	公路货物周转量(万吨公里) Freight Ton-kilometers of Highways (10 000 ton-kilometers)
全　省	**Sichuan**	**315582**	**266064**	**6016**	**768.5**	**677.3**	**6716289**	**14805804**
成都市	Chengdu	22972	21171	751	366.2	328.5	1325113	2312147
自贡市	Zigong	6510	5293	234	16.0	13.9	201815	524492
攀枝花市	Panzhihua	4739	3327	195	13.7	11.6	82117	502272
泸州市	Luzhou	13517	9755	389	24.1	20.2	642246	1188131
德阳市	Deyang	8182	7365	201	36.0	32.7	246712	530992
绵阳市	Mianyang	19909	13963	318	42.7	39.0	339193	664241
广元市	Guangyuan	19702	14193	393	16.0	14.5	204906	616514
遂宁市	Suining	8895	7862	358	15.5	14.0	206512	443770
内江市	Neijiang	10212	6699	295	15.6	13.6	368247	339742
乐山市	Leshan	11726	10829	212	25.5	22.0	219077	1052996
南充市	Nanchong	22499	20662	468	32.7	27.5	502686	865498
眉山市	Meishan	7532	5940	300	21.6	18.9	185357	519482
宜宾市	Yibin	19033	16312	220	22.2	19.6	324148	532454
广安市	Guangan	11006	9672	257	14.1	12.2	167285	237986
达州市	Dazhou	19562	17454	408	21.1	17.3	274361	1160445
雅安市	Yaan	6371	5910	257	13.1	11.1	104258	612616
巴中市	Bazhong	17073	16669	238	14.0	12.4	248267	376678
资阳市	Ziyang	14875	11574	258	15.0	12.9	334543	462930
阿坝藏族羌族自治州	Aba	13434	12834	51	10.2	8.8	301054	599459
甘孜藏族自治州	Ganzi	31880	28351		8.0	7.0	152247	187184
凉山彝族自治州	Liangshan	25953	20229	213	22.2	19.6	286145	1075775

16-3 邮电业务基本情况
Basic Conditions of Postal and Telecommunication Services

指　　标		Item		2011	2012	2013	2014	2015
邮电业务总量	(亿元)	**Business Volume of Postal and Telecommunication Services**	**(100 million yuan)**	**606.7**	**693.4**	**770.2**	**1027.1**	**1281.1**
邮政业务总量	(亿元)	Business Volume of Postal Services	(100 million yuan)	57.2	73.2	83.3	117.4	138.6
电信业务总量	(亿元)	Business Volume of Telecommunication Services	(100 million yuan)	549.5	620.2	686.9	909.7	1142.5
邮政业务		**Postal Services**						
营业网点	(处)	Number of Offices	(unit)	4790	4947	4945	5880	6117
邮路长度	(万公里,单程)	Length of Postal Routes	(10 000 km,one way)	9.81	11.52	11.41	10.00	10.15
邮运汽车	(辆)	Postal Cars	(unit)	737	731	735	732	739
函件	(万件)	Number of Letters	(10 000 pcs)	18801	15766	13319	10510	6335
包裹	(万件)	Number of Parcels	(10 000 pcs)	263	265	269	231	170
报刊期发数	(万份)	Issue of Newspapers and Magazines	(10 000 copies)	626	658	652	660	698
特快专递	(万件)	Pieces of Express Mail Services	(10 000 pcs)	10638	13265	24401	37942	48797
电信业务		**Telecommunication Services**						
年末固定电话用户	(万户)	Number of Fixed Telephone Subscribers at Year-end	(10 000 subscribers)	1383	1347	1314	1294	1353
城市固定电话	(万户)	Urban Fixed Telephone Subscribers	(10 000 subscribers)				917	939
农村固定电话	(万户)	Rural Fixed Telephone Subscribers	(10 000 subscribers)	460	419	387	377	414
年末移动电话用户	(万户)	Number of Mobile Telephone Subscribers at Year-end	(10 000 subscribers)	4800	5498	6283	6609	6872
互联网宽带接入用户数	(万户)	Number of Broad Band Subscribers of Internet	(10 000 subscribers)				883	1026
互联网上网人数	(万人)	Number of Internet Users	(10 000 persons)				5030	
长途交换机容量	(万路端)	Capacity of Long-distance Telephone Exchanges	(10 000 lines)	34.00	34.00	51.00	37.40	37.40

注：①2010年起邮路长度不含邮政速递公司自营邮路；特快专递包括邮政公司和其他快递公司数据。②邮政业务数据由四川省邮政管理局、中国邮政集团四川省分公司提供；电信业务数据由四川省通信管理局提供。

a)Postal routes exclude express delivery company's own length postman since 2010. The data of pieces of express mail services comes from the post offices and other express delivery companies. b)Data of the postal service are provided by the Sichuan Provincial Post Office and China Post Group's Sichuan branch. Data from the telecommunication services are provided by the Sichuan Provincial Communications Administration Bureau.

主要统计指标解释

铁路营业里程　又称营业长度，指投入客货运输营业或临时营业的线路长度。

公路里程　指报告期末公路的实际长度。统计范围：包括城间、城乡间、乡（村）间能行驶汽车的公共道路，公路通过城镇街道的里程，公路桥梁长度、隧道长度、渡口宽度。不包括城市街道里程，断头路里程，农（林）业生产用道路里程，工（矿）企业等内部道路里程。统计原则：按已竣工验收或交付使用的实际里程计算；两条或多条公路共同经由同一路段的重复里程，只计算一次。

内河航道里程　指在一定时期内，能通航运输船舶及排筏的天然河流、湖泊水库、运河及通航渠道的长度。包括全年季节性通航累计三个月以上的航道，不包括仅供零散流放竹、木排的河道。两省以河为界的航道里程，双方均按一半计算，以免重复。

定期航班航线里程　指定期航班营运里程的总长度，以万公里为计算单位。航线里程的统计分为按重复距离计算和按不重复距离计算两种形式。“按重复距离计算”是指不同航线的相同航段距离可以重复累加；“按不重复距离计算”则不同航线相同航段只统计一次。

货(客)运量　指在一定时期内，各种运输工具实际运送的货物重量(旅客数量)。该指标是反映运输业为国民经济和人民生活服务的数量指标，也是制定和检查运输生产计划、研究运输发展规模和速度的重要指标。货运按吨计算，客运按人计算。货物不论运输距离长短、货物类别，均按实际重量统计。旅客不论行程远近或票价多少，均按一人一次客运量统计；半价票、小孩票也按一人统计。

货物(旅客)周转量　指在一定时期内，由各种运输工具运送的货物(旅客)数量与其相应运输距离的乘积之总和。该指标反映运输业生产的总成果，也是编制和检查运输生产计划，计算运输效率、劳动生产率以及核算运输单位成本的主要基础资料。计算货物周转量通常按发出站与到达站之间的最短距离，也就是计费距离计算。计算公式为：

货物(旅客)周转量＝Σ〔货物(旅客)运输量×运输距离〕

民用汽车拥有量　指报告期末，在公安交通管理部门按照《机动车注册登记工作规范》，已注册登记领有民用车辆牌照的全部汽车数量。汽车拥有量统计的主要分类：根据汽车结构分为载客汽车、载货汽车及其他汽车；根据汽车所有者不同分为个人(私人)汽车、单位汽车；根据汽车的使用性质分为营运汽车、非营运汽车；根据汽车大小规格不同，载客汽车分为大型、中型、小型和微型，载货汽车分为重型、中型、轻型和微型。

邮电业务总量　指以货币形式表示的邮电企业为社会提供各类邮电通信服务的总数量，是用于观察邮电通信业务发展变化总趋势的综合性总量指标，分别按邮政业务总量和电信业务总量统计。邮电业务总量是以各类业务的实物量分别乘以相应的不变单价，求出各类业务的货币量加总求得。不变单价是一定时期内计算业务总量的同度量因素，是根据基年各类邮电业务量与相对应的邮电业务收入测算的平均单价。

移动电话用户　指在电信运营企业营业网点办理开户登记手续，通过移动电话交换机进入移动电话网，占用移动电话号码的各类电话用户。包括各类签约用户、智能网预付费用户、无线上网卡用户。

固定电话用户　指在电信企业营业网点办理开户登记手续并已接入固定电话网上的全部电话用户。包括普通电话用户、无线市话用户、公用电话用户、窄带综合业务数字网（N—ISDN）用户、智能网专用接入终端用户等。

城市电话用户　指按行政区划属于中央直辖市、省辖市、地级市、县级市的市区、市郊区及县城区范围内的电话用户数。包括分布在农村地区但以县团级以上建制的独立工矿区、林区、驻军的电话用户。

农村电话用户　指按行政区划属于城市范围以外的乡（镇）、村电话用户。

住宅电话用户　指私人付费或安装在居民住宅并按照私人或住宅电话用户登记注册和收费的各类电话用户。

互联网宽带接入端口　指用于接入互联网用户的各类实际安装运行的接入端口的数量，包括xDSL用户接入端口、LAN接入端口、其他类型接入端口等，不包括窄带拨号接入端口。

互联网上网人数　指过去半年内使用过互联网的6周岁及以上中国居民人数。

Explanatory Notes on Main Statistical Indicators

Length of Railways in Operation refers to the total length of the trunk line for passenger and freight transportation in full operation or temporary operation.

Length of Highways refers to the actual length of highways at the end of reference period. It covers public roads running vehicles among cities, city and rural areas, township (villages), highways passing through streets at small cities and towns, length of bridges and tunnels, width of ferry piers. It does not include the length of streets in cities, dead end highways, the length of streets built for agricultural (forest) production and inside factories (mines). It can only be calculated with the actual mileage having been completed, checked and accepted or put into operation. If two or more highways go the same section of the way, the length of the section is only calculated for once.

Length of Navigable Inland Waterways refers to the length of natural rivers, lakes, reservoirs and canals that are open to navigation for ships and rafts during a given period. It includes the channels with annual seasonal navigation for more than three months other than the waterways only for scattered bamboo and wooden rafts. If two provinces share one river as the border, the length of waterways will be half divided for each province to avoid duplication.

Length of Routes with Scheduled Flights refers to the total length of all routes for scheduled flights, which is calculated using million kilometres as the unit. There are usually two ways to calculate the route length: duplicated calculation and non-duplicated calculation. Duplicated calculation means that the same segment of different routes can be added duplicately, while the non-duplicated calculation allows the same segment of different routes be counted once only.

Freight (Passenger) Traffic refers to the volume of freight (passenger) transported with various means. Freight transport is calculated in tons and passenger traffic is calculated in the number of persons. Despite the type of freight and traveling distance, the freight transport is calculated in the actual weight of the goods: and despite the traveling distance and ticket price, the passenger traffic is calculated by the principle that one person can be counted only once in one travel. The passengers who travel with a half price ticket or a child ticket is also calculated as one person. The freight (passenger) traffic provides a quantitative measure to show how the transport industry serves the national economy and people, and is also an important indicator for planning the transport industry and for studying the development scale and speed of the transport industry.

Freight Ton-kilometers (Passenger-kilometers) refer to the sum of the products of the volume of transported cargo (passengers) multiplying by the transport distance. It is an important indicator to reflect the achievement of transportation industry. Normally, the shortest distance between the departure station and the destination station (i.e., the payable distance) is the basis to calculate the freight ton-kilometers. This is an important indicator to show the total results of the transport industry, to prepare and examine the transport plan and to measure the efficiency, the labor productivity and the unit cost of transport. The formula is as follows:

Freight Ton-kilometers (Passenger-kilometers) =∑{Freight (Passenger) Traffic x Distance of Transportation}

Measuring unit: ton-kilometer (person-kilometer)

Possession of Civil Motor Vehicles refer to the total numbers of vehicles that are registered and received vehicles license tags according to the Work Standard for Motor Vehicles Registration formulated by the Transport Management Office under the department of public security at the end of the reference period. They are divided into categories. According to the structure of motor vehicles, they are divided into passenger vehicles, trucks and others; according to ownership into private vehicles and vehicles for the unit's use; according to kind of usage into working vehicles and non-working vehicles; and according to size of vehicles into large passenger vehicles, medium-sized passenger vehicles, small passenger vehicles and mini passenger vehicles, heavy trucks, light-heavy trucks, light trucks and mini-trucks.

Business Volume of Post and Telecommunications refers to the total amount of postal and telecommunication services, expressed in value terms, provided by the post and telecommunications departments for society. This indicator reflects the overall results of development of postal and telecommunication services. It can be classificated as postal services and telecommunication services. Business volume of post and telecommunications is the sum of each service in kind multiplying with its correspondent unit price (constant price).

Mobile Telephone Subscribers refer to persons who have gone through registration procedures in the operation points of enterprises engaged in telecommunications and are hence connected with the mobile telephone communication network through the mobile telephone switchboards and occupy mobile phone numbers. Included are various types of subscriber, prepaid users for intelligent network and wireless network card users.

Local Telephone Subscribers refer to all subscribers who have gone through registration procedures in the operation points of enterprises engaged in telecommunications and are hence connected to the local telecommunications service provider through fixed line network. Included are general subscribers, wireless local telephone subscribers, public telephones subscribers, N-ISDN subscribers and intelligent network terminal subscribers.

Urban Telephone Subscribers refer to the number of telephone subscribers, located at the municipalities directly under the Central Government, cities under the jurisdiction of province, cities at prefecture level, downtown and suburb of city at county level town and county towns according to the administrative division, including subscribers in rural mineral area, forest area, military area that are at or above county level.

Rural Telephone Subscribers refer to telephone subscribers, located at the towns and villages outside the coverage of urban areas according to the administrative division.

Household Telephone Subscribers refer to all kinds of subscribers with telephone sets paid privately or installed in the dwelling units of residents, and registered as private subscribers or residence subscribers for payment.

Broadband Connection Terminals refer to the connection terminal to internet users actually installed and put into operation, including connection terminals for XDSL, connection terminals for LAN, and other types of connection terminals. N-ISDN connection terminals are not included.

Internet Users refer to the number of Chinese citizens aged 6 and over who use the Internet in the past six months.

17

国内贸易

DOMESTIC TRADE

四川统计 SICHUAN STATISTICAL YEARBOOK

17-1 社会消费品零售总额
Total Retail Sales of Consumer Goods

单位：亿元　　(100 million yuan)

年份 Year	社会消费品零售总额 Total Retail Sales of Consumer Goods	年份 Year	社会消费品零售总额 Total Retail Sales of Consumer Goods
1990	348.60	2003	2293.72
1991	399.85	2004	2615.24
1992	470.63	2005	3003.49
1993	572.18	2006	3472.61
1994	742.17	2007	4105.61
1995	958.98	2008	4944.82
1996	1137.34	2009	5779.89
1997	1292.50	2010	6884.84
1998	1409.39	2011	8290.84
1999	1516.65	2012	9622.00
2000	1671.43	2013	11001.00
2001	1880.24	2014	12392.98
2002	2070.14	2015	13877.74

17-2 按各项分组的社会消费品零售总额
Total Retail Sales of Consumer Goods by the Grouping

单位：万元　　(10 000 yuan)

指　标	Item	2011	2012	2013	2014	2015
全 省	**Sichuan**	**82908366**	**96219957**	**110010000**	**123929847**	**138777434**
按销售单位所在地分	Grouped by Location of Retailers					
城镇	Retail Sales in Town	66943889	77827312	88806253	99852992	111516556
乡村	Retail Sales in Rural	15964477	18392645	21203747	24076855	27260878
按消费形态分	Grouped by Consumption Patterns					
餐饮收入	Catering Revenue	12035616	14124591	15895439	17425532	19560345
商品零售	Retail Sale	70872750	82095366	94114561	106504315	119217089
按行业分	Grouped by Industry of Retailers					
批发业	Wholesale Trade	6287791	8063497	9806160	11208135	12636121
零售业	Retail Trade	64407349	73825201	84083290	95261021	106300389
住宿业	Lodge Trade	837399	980679	1005950	1057944	1172542
餐饮业	Catering Trade	11375828	13350581	15114600	16402747	18668381

17—3 各市(州)社会消费品零售总额
Total Retail Sales of Consumer Goods by Region

单位：万元 (10 000 yuan)

市(州)	Region	2010	2011	2012	2013	2014	2015
全　省	**Sichuan**	**68848429**	**82908366**	**96219957**	**110010000**	**123929847**	**138777434**
成都市	Chengdu	24934379	30197889	35087160	39911842	44688846	49461930
自贡市	Zigong	2505517	3007572	3476849	3979292	4476763	5016314
攀枝花市	Panzhihua	1434435	1723640	1996790	2286067	2560949	2861953
泸州市	Luzhou	2665362	3216359	3749188	4321029	4913963	5596624
德阳市	Deyang	3014577	3610694	4190912	4817544	5448356	6159572
绵阳市	Mianyang	4333278	5211136	6047567	6885157	7782856	8791555
广元市	Guangyuan	1494330	1777164	2050950	2345748	2642250	2966232
遂宁市	Suining	2032614	2426599	2809061	3229511	3664807	4154086
内江市	Neijiang	2012745	2423564	2807571	3227264	3636429	4085847
乐山市	Leshan	2784017	3287558	3772877	4333646	4873825	5520094
南充市	Nanchong	3421459	4116787	4778015	5502990	6242112	6988210
眉山市	Meishan	1916985	2303242	2673399	3059866	3454790	3887558
宜宾市	Yibin	3285181	3977228	4627980	5311215	6003863	6760076
广安市	Guangan	2148443	2457018	2822286	3244311	3670594	4135312
达州市	Dazhou	3210238	3881178	4530071	5216404	5926020	6724721
雅安市	Yaan	1029859	1222858	1409247	1569382	1777624	2001515
巴中市	Bazhong	1233687	1488566	1729804	1986735	2241153	2544679
资阳市	Ziyang	2140442	2675872	3123841	3594078	4071420	4646532
阿坝藏族羌族自治州	Aba	363218	438949	522128	600245	680678	760132
甘孜藏族自治州	Ganzi	391742	470671	542898	617617	694327	742038
凉山彝族自治州	Liangshan	2495920	2993824	3471364	3970056	4478224	4972454

17-4 限额以上批发和零售业法人企业基本情况
Basic Conditions of Enterprises above Designated Size in Wholesale and Retail Trades

指　标		Item		2009	2010	2011	2012	2013	2014	2015
批发和零售业		**Wholesale and Retail Trades**								
法人企业数	(个)	Number of Corperation Units	(unit)	1879	3001	4435	5252	6039	6600	6537
年末从业人数	(人)	Persons Engaged	(person)	229870	302200	366573	397758	449177	485604	477833
商品购进额	(亿元)	Total Purchases	(100 million yuan)	3543.2	4729.6	6423.0	8946.5	10036.6	11450.0	10895.7
商品销售额	(亿元)	Total Sales	(100 million yuan)	4147.7	5563.7	7897.9	9697.1	11038.5	12358.9	12185.8
期末商品库存额	(亿元)	Total Stock at Year-end	(100 million yuan)	328.3	440.1	768.4	899.8	826.8	913.3	893.8
批发业		**Wholesale Trade**								
法人企业数	(个)	Number of Corperation Units	(unit)	853	1134	1732	1949	2201	2421	2292
年末从业人数	(人)	Persons Engaged	(person)	79856	101525	130141	134176	144586	159482	154078
商品购进额	(亿元)	Total Purchases	(100 million yuan)	2140.8	2846.8	4027.6	5574.2	6012.7	6663.6	6057.4
商品销售额	(亿元)	Total Sales	(100 million yuan)	2577.6	3348.4	4841.8	6003.8	6676.3	7287.2	6789.8
期末商品库存额	(亿元)	Total Stock at Year-end	(100 million yuan)	194.7	275.8	489.9	488.3	492.7	531.9	459.1
零售业		**Retail Trade**								
法人企业数	(个)	Number of Corperation Units	(unit)	1026	1867	2703	3303	3838	4179	4245
年末从业人数	(人)	Persons Engaged	(person)	150014	200675	236432	263582	304591	326122	323755
商品购进额	(亿元)	Total Purchases	(100 million yuan)	1402.4	1882.8	2395.4	3372.3	4023.9	4786.4	4838.3
商品销售额	(亿元)	Total Sales	(100 million yuan)	1570.1	2215.3	3056.1	3693.3	4362.1	5071.7	5396.0
期末商品库存额	(亿元)	Total Stock at Year-end	(100 million yuan)	133.6	164.3	278.5	411.5	334.1	381.4	434.7

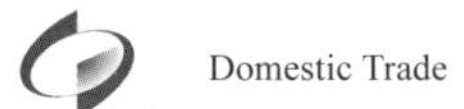

17–5 限额以上批发零售贸易、住宿餐饮业基本情况(2015年)
Basic Conditions of Enterprises above Designated Size in Wholesale and Retail Trades, Hotels and Catering Services (2015)

指　标	Item	法人企业 (个) Number of Corporation Units	产业活动单位和个体数 (个) Number of Individual and Active Units	从业人数 (人) Persons Engaged (person)
总　计	**Total**	**9001**	**5032**	**796002**
一、批发业合计	**Wholesale Trades**	**2292**	**116**	**157901**
内资企业	Domestic-Funded Enterprises	2268	4	151315
国有企业	State-owned Enterprises	91	2	18796
集体企业	Collective-owned Enterprises	16		1377
股份合作企业	Cooperative Enterprises	11		605
联营企业	Joint Ownership Enterprises			
有限责任公司	Limited Liability Corporations	814	1	52666
股份有限公司	Share-holding Corporations Ltd.	59		7368
私营企业	Private Enterprises	1215	1	67160
其他企业	Others	62		3343
港、澳、台商投资企业	Enterprises with Investment from Hong Kong, Macao and Taiwan	12		1844
外商投资企业	Enterprises with Foreign Investment	12	2	2891
二、零售业合计	**Retail Trades**	**4245**	**2431**	**362007**
内资企业	Domestic-Funded Enterprises	4138	32	286242
国有企业	State-owned Enterprises	43	4	4384
集体企业	Collective-owned Enterprises	51		1510
股份合作企业	Cooperative Enterprises	21	1	776
联营企业	Joint Ownership Enterprises	9		394
有限责任公司	Limited Liability Corporations	1356	12	111170
股份有限公司	Share-holding Corporations Ltd.	115	2	41542
私营企业	Private Enterprises	2487	10	123973
其他企业	Others	56	3	2493
港、澳、台商投资企业	Enterprises with Investment from Hong Kong, Macao and Taiwan	49		16739
外商投资企业	Enterprises with Foreign Investment	58	4	23584
三、住宿餐饮业合计	**Lodging and Catering Trades**	**2464**	**2485**	**276094**
内资企业	Domestic-Funded Enterprises	2417	117	190548
国有企业	State-owned Enterprises	62	16	9013
集体企业	Collective-owned Enterprises	11	2	922
股份合作企业	Cooperative Enterprises	5	2	1703
联营企业	Joint Ownership Enterprises	2	1	97
有限责任公司	Limited Liability Corporations	764	40	73431
股份有限公司	Share-holding Corporations Ltd.	83	8	8115
私营企业	Private Enterprises	1456	40	95454
其他企业	Others	34	8	1813
港、澳、台商投资企业	Enterprises with Investment from Hong Kong, Macao and Taiwan	23	5	9374
外商投资企业	Enterprises with Foreign Investment	24	1	13564

注：产业活动单位指非批发零售业法人企业附营的批发零售业产业活动单位。

a) Active units refer to the wholesale and retail trades activie units of the legal entity of the non wholesale and retail units.

17-6 各市(州)限额以上批发零售贸易、住宿餐饮业法人企业基本情况(2015年)
Basic Conditions of Incorporated Enterprises above Designated Size in Wholesale and Retail Trades, Hotels and Catering Services by Region(2015)

单位：个、人 (unit,person)

市(州)	Region	合计 Total 企业数 Number of Corporations	合计 Total 从业人数 Persons Engaged	批发业 Whlesale Trade 企业数 Number of Corporations	批发业 Whlesale Trade 从业人数 Persons Engaged	零售业 Retail Trade 企业数 Number of Corporations	零售业 Retail Trade 从业人数 Persons Engaged	住宿业 Lodging Trade 企业数 Number of Corporations	住宿业 Lodging Trade 从业人数 Persons Engaged	餐饮业 Catering Trade 企业数 Number of Corporations	餐饮业 Catering Trade 从业人数 Persons Engaged
全 省	**Sichuan**	**9001**	**674032**	**2292**	**154078**	**4245**	**323755**	**954**	**80131**	**1510**	**116068**
成都市	Chengdu	2582	310906	891	65073	811	157782	338	32610	542	55441
自贡市	Zigong	277	17358	65	3169	147	7625	18	1693	47	4871
攀枝花市	Panzhihua	265	15210	114	4427	94	5491	23	1666	34	3626
泸州市	Luzhou	568	27537	222	13422	254	9661	33	2011	59	2443
德阳市	Deyang	419	22432	134	6621	188	8676	28	2746	69	4389
绵阳市	Mianyang	605	40060	138	11441	328	18475	36	3706	103	6438
广元市	Guangyuan	210	10328	42	3078	109	3657	45	3066	14	527
遂宁市	Suining	282	17133	60	3401	162	9511	21	1587	39	2634
内江市	Neijiang	462	19074	76	3348	203	8775	25	1309	158	5642
乐山市	Leshan	322	17400	44	2552	208	10468	29	1948	41	2432
南充市	Nanchong	501	24426	60	3226	323	12984	35	2932	83	5284
眉山市	Meishan	285	14236	57	3648	161	6436	23	2016	44	2136
宜宾市	Yibin	438	18827	133	5439	230	9420	37	2608	38	1360
广安市	Guangan	294	12149	36	1866	197	6773	20	1984	41	1526
达州市	Dazhou	364	29633	48	5199	250	19507	30	2870	36	2057
雅安市	Yaan	103	5757	16	1179	52	2668	25	1753	10	157
巴中市	Bazhong	309	11914	28	1371	203	6816	21	1822	57	1905
资阳市	Ziyang	251	29768	59	6147	139	11567	19	1447	34	10607
阿坝藏族羌族自治州	Aba	152	9759	5	587	55	2316	72	5795	20	1061
甘孜藏族自治州	Ganzi	66	3279	6	750	32	1018	23	1412	5	99
凉山彝族自治州	Liangshan	246	16846	58	8134	99	4129	53	3150	36	1433

17-7 分行业限额以上批发零售贸易法人企业商品购、销、存总额(2015年)
Total Purchases, Sales and Inventory of Enterprises above Designated Size in Wholesale and Retail Trades by Sector(2015)

单位：万元 (10 000 yuan)

指　标	Item	购进总额 Total Purchases	销售总额 Total Sales	年末库存总额 Inventory (year-end)
总　计	**Total**	**108957425**	**121858367**	**8937626**
一、批发企业合计	**Wholesale Trades**	**60574028**	**67897665**	**4591270**
食品、饮料、烟草批发业	Food, Beverages and Tobaccos	13118752	17277164	1519222
#米、面制品及食用油批发	Grains and Edible Oil	769040	844020	90593
烟草制品批发	Tobaccos	5722423	8599373	853241
纺织、服装及家庭用品批发	Textiles, Garments, Shoes and Hats	2239839	2388945	277397
#服装批发	Garments	560626	613371	61503
文化、体育用品及器材批发业	Cultural and Sports Goods and Appliances	1340962	1189498	99413
医药及医疗器材批发业	Medicines and Medical Appliances	7017865	7936448	634860
矿产品、建材及化工产品批发	Mineral Products	26416028	27785677	842974
#煤炭及制品批发业	Coal and Related Products	949788	1073371	42925
石油及制品批发业	Petroleum and Related Products	9828157	10019307	111952
金属及金属矿批发业	Metal Materials and Mineral	7795950	8159217	340276
建材批发业	Building Materials	3137688	3241536	117658
化肥批发业	Chemical Fertilizers	2058620	2442757	98684
机械设备、五金交点及电子产品	Machinery, Hardware and Electronic Equipment	8671941	9260259	640796
#汽车、摩托车及零配件批发	Motor Vehicles, Motorcycles and Parts	1237106	1335312	106387
电气设备批发	Electrical Equipment	207526	221608	20552
计算机、软件及辅助设备	Computers, Software and Assistant Equipment	3604236	3670494	154225
其他批发业	Others not Classified	568725	701449	102896
二、零售企业合计	**Retail Trades**	**48383396**	**53960703**	**4346356**
综合零售业	General Retail	9213090	11308269	702859
#百货零售业	Daily Consumer Goods	4084486	5460403	214714
超级市场零售业	Super Market	4318034	4958748	450008
食品、饮料及烟草制品专门零售	Food, Beverages and Tobaccos	1674155	1937481	183638
纺织、服装及日用品专门零售业	Textiles, Garments, Shoes and Hats	1223998	1590850	291881
#服装零售业	Garments	513691	694010	114728
文化、体育用品及器材专门零售	Cultural and Sports Goods and Appliances	819773	850639	158775
医药及医疗器材专门零售业	Medicines and Medical Appliances	982658	1186279	125812
汽车、摩托车燃料及零配件	Motor Vehicles, Motorcycles and Parts	26869753	28841904	1972660
#汽车零售业	Motor Vehicles	17178771	18162536	1739022
机动车燃料零售业	Mobile Fuel	9257305	10208298	199079
家用电器及电子产品专门零售	Household Appliance and Electronic Product	3651405	3957960	238221
五金、家具室内装饰材料专门零售	Hardware, Furniture and Domestic Decoration Material	937976	1078485	60662
货摊、无店铺及其他零售业	Without Shop and Other Retail Trades	3010588	3208836	611850

17-8 各市(州)限额以上批发零售贸易法人企业商品购、销、存总额(2015年) Total Purchases, Sales and Inventory of Enterprises above Designated Size in Wholesale and Retail Trades by Region(2015)

单位：万元 (10 000 yuan)

市(州)	Region	购进总额 Total Purchases	销售总额 Total Sales	批 发 Wholesale Trade	零 售 Retail Trade	年末库存总额 Inventory (year-end)
全 省	**Sichuan**	**108957425**	**121858367**	**65201707**	**56656660**	**8937626**
成都市	Chengdu	59084882	64942266	37850088	27092178	4917153
自贡市	Zigong	2961792	3227544	1794364	1433180	114879
攀枝花市	Panzhihua	2181778	2512059	1668419	843640	169919
泸州市	Luzhou	5109185	6234618	3669322	2565296	330953
德阳市	Deyang	3669782	3839891	1876216	1963675	424206
绵阳市	Mianyang	7692657	8286551	4862763	3423788	560326
广元市	Guangyuan	1337287	1490567	840648	649919	74471
遂宁市	Suining	1763505	2080494	709421	1371073	113508
内江市	Neijiang	1711960	1920446	921526	998920	98493
乐山市	Leshan	2487053	2705491	770992	1934499	183605
南充市	Nanchong	2754736	3102949	776955	2325994	201129
眉山市	Meishan	2074102	2311723	1316840	994883	375300
宜宾市	Yibin	3147785	3790634	1948597	1842037	310550
广安市	Guangan	1794804	2009605	574371	1435234	110718
达州市	Dazhou	3731767	4211489	941820	3269669	291047
雅安市	Yaan	861740	982904	493568	489336	45710
巴中市	Bazhong	1227819	1453766	409813	1043953	73892
资阳市	Ziyang	2177698	2593334	869449	1723885	105697
阿坝藏族羌族自治州	Aba	327644	384680	176139	208541	20528
甘孜藏族自治州	Ganzi	271376	334369	186841	147528	21494
凉山彝族自治州	Liangshan	2588074	3442988	2543556	899432	394049

17-9 限额以上批发零售贸易业主要商品分类销售额(2015年)
Total Sales of Enterprises above Designated Size in Wholesale and Retail Trades by Category of Main Commodities(2015)

单位：万元 (10 000 yuan)

项　目	Item	合计 Total	批发 Wholesale	零售 Retail Trade
粮油、食品类	Food	11074111	4467736	6606375
#肉禽蛋类	Meat, Poultry and Eggs	1811080	576113	1234967
饮料类	Beverages	1417821	324393	1093428
烟酒类	Tobacco and Liquor	13889621	10782705	3106916
服装、鞋帽类	Garments, Footwear and Hats	5372729	625476	4747253
针、纺织品类	Knitwear and Textiles	915216	292632	622584
化妆品类	Cosmetics	1064615	165325	899290
金银珠宝类	Gold, Silver and Jewelry	1646696	924484	722212
日用品类	Articles for Daily Use	2532703	534771	1997932
#儿童玩具类	Toy for children Articles	137638	3442	134196
五金、电料类	Hardware and Electrical Materials	375502	125394	250108
体育、娱乐用品类	Sports and Recreation Articles	226366	10006	216360
书报杂志类	Newspapers and Magazines	695590	98856	596734
电子出版物及音像制品类	E-journal and Video Products	25831	10088	15743
家用电器和音像器材类	Household Appliances and Video Appliances	5872980	901306	4971674
中西药品类	Traditional Chinese and Western Medicines	8760829	6822637	1938192
文化办公用品类	Cultural and Official Goods	5255211	3983125	1272086
家具类	Furniture	1179658	8090	1171568
通讯器材类	Communication Appliances	1962726	987396	975330
煤炭及制品类	Coal and Related Product	1734476	1524207	210269
木材及制品类	Wood and Wooden Product	86063	86063	
石油及制品类	Petroleum and Related Product	19853478	8941432	10912046
化工材料及制品类	Raw Chemical Materials	4994355	4994355	
金属材料类	Metals	11102648	11102648	
建筑及装潢材料类	Building and Decoration Materials	3114415	1528876	1585539
机电产品设备类	Mechanical and Electrical Products	1995476	1525540	469936
#农机类	Agricultural Machinery	597357	597357	
种子饲料类	Seed and Feedstuff	126049	126049	
棉麻类	Cotton, Hemp and Local livestock	190007	178137	11870

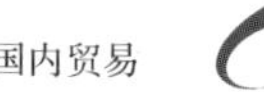

17－10 限额以上批发零售贸易法人企业主要财务指标(2015年)
Main Financial Indicators of Incorporated Enterprises above Designated Size in Wholesale and Retail Trades(2015)

单位：万元 (10 000 yuan)

指　　标	Item	资产合计 Total Assets	#流动资产 Current Assets	#固定资产 Fixed Assets	负债合计 Total Liabilities	所有者权益 Total Owners' Equities	#实收资本 Paid-up Capital
总　　计	**Total**	**52326682**	**34463197**	**5063104**	**36337685**	**15988997**	**8661667**
一、批发企业合计	**Wholesale Trades**	**31545073**	**21915984**	**1793069**	**22722863**	**8822210**	**4707346**
#国有及国有控股	State-owned & State-holding Majority Shares	8173853	4258173	862875	4408990	3764863	1772875
按登记注册类型分	Grouped by Registration						
内资企业	Domestic-funded	30102057	20892040	1753418	21657712	8444345	4498564
国有企业	State-owned	4315543	1615372	462322	1651406	2664137	226549
集体企业	Collective-owned	690092	518060	50792	546515	143577	58529
股份合作企业	Cooperative	34579	26378	1124	26383	8197	4798
联营企业	Joint-owned						
有限责任公司	Limited Liability	12918131	9631755	575877	10033878	2884253	2619311
股份有限公司	Share-holding	1137366	878380	166778	904953	232413	163108
私营企业	Private	10776731	8169187	459696	8431433	2345297	1351173
其他企业	Others	229615	52907	36830	63143	166471	75095
港澳台商投资企业	Funded by Hongkong, Macao and Taiwan	364338	268455	17342	268955	95383	27642
外商投资企业	Foreign-funded	1078679	755489	22309	796196	282483	181141
二、零售企业合计	**Retail Trades**	**20781609**	**12547213**	**3270035**	**13614822**	**7166787**	**3954320**
#国有及国有控股	State-owned & State-holding Majority Shares	4188998	1675274	1061608	1862031	2326967	595333
按登记注册类型分	Grouped by Registration						
内资企业	Domestic-funded	18050858	10938377	2784752	11785784	6265074	3186434
国有企业	State-owned	280125	185333	36305	195916	84209	37946
集体企业	Collective-owned	42060	16990	13402	19235	22825	16464
股份合作企业	Cooperative	30687	17095	10269	17303	13385	7845
联营企业	Joint-owned	13137	5985	4369	7881	5256	2145
有限责任公司	Limited Liability	7815723	5308526	911795	5717955	2097768	1389749
股份有限公司	Share-holding	3680952	1333387	1078190	1477861	2203091	477685
私营企业	Private	6087424	4023178	714413	4288059	1799364	1224961
其他企业	Others	100751	47882	16010	61574	39176	29639
港澳台商投资企业	Funded by Hongkong, Macao and Taiwan	1416888	815864	247779	989490	427397	325440
外商投资企业	Foreign-funded	1313863	792972	237504	839548	474316	442446

17-10 续表 continued

单位：万元 (10 000 yuan)

指　标	Item	主营业务收入 Revenue from Principal Business	主营业务成本 Cost of Principal Business	主营业务税金及附加 Tax and Extra Charges from Principal Business	管理费用 Cost of Management	财务费用 Cost of Finance	营业利润 Business Profits	利润总额 Total Profits
总　计	**Total**	**110082233**	**98880458**	**1080160**	**2294116**	**654506**	**2952394**	**2844107**
一、批发企业合计	**Wholesale Trades**	**61514342**	**55619519**	**832790**	**1045786**	**356757**	**1888774**	**1859968**
#国有及国有控股	State-owned & State-holding Majority Shares	22726465	19902514	666034	406530	27815	1146840	1199509
按登记注册类型分	Grouped by Registration							
内资企业	Domestic-funded	59184692	53412677	829380	1006830	327484	1916523	1909246
国有企业	State-owned	8833199	6637883	625558	318928	-14413	983033	1010517
集体企业	Collective-owned	1613242	1553863	2677	20721	12760	10395	25041
股份合作企业	Cooperative	90162	81676	378	1594	114	3845	3819
联营企业	Joint-owned							
有限责任公司	Limited Liability	27744537	26285227	88728	285934	181085	303308	300846
股份有限公司	Share-holding	3378688	3167154	4349	32730	13167	49239	50270
私营企业	Private	16981856	15246635	85566	330314	134165	517429	470639
其他企业	Others	543007	440241	22125	16611	606	49275	48114
港澳台商投资企业	Funded by Hongkong, Macao and Taiwan	1662480	1607426	1041	12096	9161	2459	2808
外商投资企业	Foreign-funded	667169	599417	2369	26860	20113	-30207	-52086
二、零售企业合计	**Retail Trades**	**48567891**	**43260939**	**247371**	**1248330**	**297749**	**1063620**	**984139**
#国有及国有控股	State-owned & State-holding Majority Shares	9635304	8690744	25825	170572	22237	220285	243979
按登记注册类型分	Grouped by Registration							
内资企业	Domestic-funded	43333770	38883012	221843	1034868	268768	884299	850303
国有企业	State-owned	1085341	1018393	2727	9462	1761	9622	12294
集体企业	Collective-owned	278132	249686	2652	6339	439	11255	9152
股份合作企业	Cooperative	158866	133823	11834	3411	563	5473	5924
联营企业	Joint-owned	88347	66652	1536	5532	695	3872	3842
有限责任公司	Limited Liability	17578949	15815214	69810	443980	136139	309364	317448
股份有限公司	Share-holding	7264567	6451382	22513	166739	20314	157156	161545
私营企业	Private	16494056	14814711	106859	383314	105352	376301	331758
其他企业	Others	385513	333151	3912	16092	3505	11257	8340
港澳台商投资企业	Funded by Hongkong, Macao and Taiwan	2185583	1833888	8660	75244	16447	91417	57000
外商投资企业	Foreign-funded	3048538	2544038	16868	138219	12534	87904	76836

17-11 各市(州)限额以上批发零售贸易法人企业主要财务指标(2015年)
Main Financial Indicators of Incorporated Enterprises above Designated Size in Wholesale and Retail Trades by Region(2015)

单位：万元 (10 000 yuan)

市(州)	Region	资产合计 Total Assets	负债合计 Total Liabilities	主营业务收入 Revenue from Principal Business	主营业务成本 Cost of Principal Business	销售费用 Cost of Saling	主营业务税金及附加 Tax and Extra Charges from Principal Business	营业利润 Business Profits
全　省	**Sichuan**	**52326682**	**36337685**	**110082233**	**98880458**	**4648388**	**1080160**	**2952394**
成都市	Chengdu	30985188	22689998	57808387	52775617	2604640	311216	989605
自贡市	Zigong	837017	539368	3142320	2945678	64957	29500	49769
攀枝花市	Panzhihua	1384042	938268	2259218	2048919	94634	17714	33950
泸州市	Luzhou	3373427	2404380	5582914	4786717	290426	75317	276711
德阳市	Deyang	1969202	1402157	3596303	3258180	139684	39739	77838
绵阳市	Mianyang	2583682	1745080	7703985	7118539	252339	64152	149040
广元市	Guangyuan	433551	244984	1124631	993833	46941	23878	26362
遂宁市	Suining	953388	532551	1949423	1669968	86805	41547	96475
内江市	Neijiang	913896	623024	1828409	1615373	48582	35867	68986
乐山市	Leshan	923725	627690	2394462	2140060	89089	8976	62192
南充市	Nanchong	866424	492592	2886210	2558899	100171	55889	94269
眉山市	Meishan	1003417	692075	2150827	1927125	70778	34906	70918
宜宾市	Yibin	1607566	851675	3251412	2717154	131088	58189	242191
广安市	Guangan	405845	221575	1862025	1635371	71936	35664	67230
达州市	Dazhou	919971	596781	3986973	3502021	152214	77796	124428
雅安市	Yaan	313218	182303	774267	687920	28695	13761	31395
巴中市	Bazhong	386125	216293	1427232	1227252	61906	29483	65886
资阳市	Ziyang	700071	412949	2473303	2122246	134228	31321	80795
阿坝藏族羌族自治州	Aba	144653	56182	343659	274857	19634	10635	22057
甘孜藏族自治州	Ganzi	103891	37872	308554	255690	17301	9747	13407
凉山彝族自治州	Liangshan	1518385	829890	3227718	2619039	142342	74864	308892

17−12 限额以上住宿餐饮法人企业主要财务指标(2015年)
Main Financial Indicators of Incorporated Enterprises above Designated Size in Hotels and Catering Services(2015)

单位：万元 (10 000 yuan)

指　标	Item	资产合计 Total Assets	#流动资产 Current Funds	#固定资产 Fixed Asset	负债合计 Total Liabilities	主营业务收入 Business Revenue
总　计	**Total**	**7809546**	**3283897**	**2840549**	**5735048**	**3720836**
#国有及国有控股	State-owned & State-holding Majority Shares	1060913	329533	524685	644065	292555
按登记注册类型分	Grouped by Registration					
内资企业	Domestic-funded	7255462	3116384	2566999	5367206	3298692
国有企业	State-owned	271197	109852	110090	127814	103728
集体企业	Collective-owned	17268	6346	3246	16016	12952
股份合作企业	Cooperative	65562	43630	18748	41289	30978
联营企业	Joint-owned	2531	494	2001	1894	1337
有限责任公司	Limited Liability	3290452	1405690	1108463	2506123	1187603
股份有限公司	Share-holding	371351	148788	161220	269252	125010
私营企业	Private	3201353	1392019	1144652	2391428	1806271
其他企业	Others	35747	9565	18580	13391	30813
港澳台商投资企业	Funded by Hongkong, Macao and Taiwan	197895	73925	61086	244971	167747
外商投资企业	Foreign-funded	356188	93589	212464	122871	254397

17−12 续表 continued

单位：万元 (10 000 yuan)

指　标	Item	主营业务成本 Cost of Principal Business	管理费用 Cost of Management	主营业务税金及附加 Tax and Extra Charges from Principal Business	营业利润 Business Profits	利润总额 Total Profits
总　计	**Total**	**1781905**	**643276**	**185589**	**95545**	**90397**
#国有及国有控股	State-owned & State-holding Majority Shares	109904	81309	15414	-12568	-8846
按登记注册类型分	Grouped by Registration					
内资企业	Domestic-funded	1615414	574501	164007	39136	21839
国有企业	State-owned	44413	25426	5725	-2876	-4240
集体企业	Collective-owned	4743	2657	719	213	634
股份合作企业	Cooperative	14372	4194	1448	1611	1636
联营企业	Joint-owned	830	310	63	121	122
有限责任公司	Limited Liability	544838	249100	59347	-9497	-17636
股份有限公司	Share-holding	60056	27568	5712	-6974	-8436
私营企业	Private	928893	261772	89214	53610	47761
其他企业	Others	17269	3474	1779	2928	1997
港澳台商投资企业	Funded by Hongkong, Macao and Taiwan	52380	19437	8561	42521	47005
外商投资企业	Foreign-funded	114111	49338	13022	13888	21553

17－13 各市(州)限额以上住宿餐饮法人企业主要财务指标(2015年)
Main Financial Indicators of Incorporated Enterprises above Designated Size in Hotels and Catering Services by Region(2015)

单位：万元 (10 000 yuan)

市(州)	Region	资产合计 Total Assets	负债合计 Total Liabilities	主营业务收入 Revenue from Principal Business	主营业务成本 Cost of Principal Business	销售费用 Cost of Saling	主营业务税金及附加 Tax and Extra Charges from Principal Business	营业利润 Business Profits
全　省	**Sichuan**	**7809546**	**5735048**	**3720836**	**1781905**	**949668**	**185589**	**95545**
成都市	Chengdu	3490985	2823614	1583910	605608	524299	91839	25141
自贡市	Zigong	121083	99643	118623	69566	18975	5978	3424
攀枝花市	Panzhihua	200887	166661	104471	82569	7201	2902	-3189
泸州市	Luzhou	245438	170062	99341	56992	13092	4920	9102
德阳市	Deyang	254901	160718	112777	56957	29756	4822	-5397
绵阳市	Mianyang	353017	221691	209731	105897	51535	9427	4758
广元市	Guangyuan	129071	112300	53146	30562	10579	2736	-2519
遂宁市	Suining	208246	92725	56636	30945	5984	2325	4518
内江市	Neijiang	148693	90481	109679	68745	12408	3676	11754
乐山市	Leshan	188112	136736	82492	45459	16994	3610	1358
南充市	Nanchong	323144	269940	169486	92985	28388	8479	5299
眉山市	Meishan	202768	134718	77484	37625	15413	3137	5398
宜宾市	Yibin	181772	119123	107261	64515	16302	4570	-259
广安市	Guangan	154750	134612	58323	34804	10915	2355	727
达州市	Dazhou	138717	87704	98294	57036	16155	3528	4514
雅安市	Yaan	114405	89665	21074	10428	4419	1112	-1020
巴中市	Bazhong	109294	68981	97630	60972	13451	3833	11348
资阳市	Ziyang	367936	192823	330349	170340	96717	15320	23612
阿坝藏族羌族自治州	Aba	562675	395224	120174	38387	36402	6476	-2681
甘孜藏族自治州	Ganzi	66228	32940	21980	8843	5766	1000	994
凉山彝族自治州	Liangshan	247427	134691	87975	52672	14916	3547	-1335

主要统计指标解释

社会消费品零售总额 指企业（单位、个体户）通过交易直接售给个人、社会集团非生产、非经营用的实物商品金额，以及提供餐饮服务所取得的收入金额。个人包括城乡居民和入境人员，社会集团包括机关、社会团体、部队、学校、企事业单位、居委会或村委会等。

批发业 指向其他批发或零售单位（含个体经营者）及其他企事业单位、机关团体等批量销售生活用品、生产资料的活动，以及从事进出口贸易和贸易经纪与代理的活动，包括拥有货物所有权，并以本单位(公司)的名义进行交易活动,也包括不拥有货物的所有权，收取佣金的商品代理、商品代售活动；还包括各类商品批发市场中固定摊位的批发活动，以及以销售为目的的收购活动。

零售业 指百货商店、超级市场、专门零售商店、品牌专卖店、售货摊等主要面向最终消费者（如居民等）的销售活动，以互联网、邮政、电话、售货机等方式的销售活动，还包括在同一地点，后面加工生产，前面销售的店铺（如面包房）；谷物、种子、饲料、牲畜、矿产品、生产用原料、化工原料、农用化工产品、机械设备（乘用车、计算机及通信设备除外）等生产资料的销售不作为零售活动；多数零售商对其销售的货物拥有所有权，但有些则是充当委托人的代理人，进行委托销售或以收取佣金的方式进行销售。

批发和零售业商品购进、销售、库存额 指各种登记注册类型的批发和零售业企业(单位)以本企业(单位)为总体的，从国内、国外市场购进的商品总量、销售和出口的商品总量、库存的商品总量等情况。

商品购进额 指从本企业以外的单位和个人购进(包括从国外直接进口)作为转卖或加工后转卖的商品金额（含增值税）。

商品销售额 指对本企业以外的单位和个人出售的商品金额（包括售给本单位消费用的商品，含增值税）。

商品库存额 对于批发和零售业法人单位和个体经营户，是指报告期末取得所有权的全部商品金额（含增值税）；对于批发和零售业产业活动单位，是指报告期末实际在库且归属法人具有所有权的全部商品金额（含增值税）。

住宿业 指为旅行者提供短期留宿场所的活动，有些单位只提供住宿，也有些单位提供住宿、饮食、商务、娱乐一体的服务，不包括主要按月或按年长期出租房屋住所的活动。

餐饮业 指通过即时制作加工、商业销售和服务性劳动等，向消费者提供食品和消费场所及设施的服务。

住宿和餐饮业营业额 指住宿和餐饮业单位在经营活动中因提供服务或销售商品等取得的收入。包括：客房收入、餐费收入、商品销售额（含增值税）和其他收入。其中，客房收入指住宿和餐饮业单位在经营活动中因提供住宿服务取得的收入。餐费收入指本单位为顾客提供就餐服务取得的收入，包括：经烹饪、调制加工后出售的各种食品，如主食、炒菜、凉拌菜等的收入。

限额以上批发和零售业统计范围 从 2011 年开始包括年主营业务收入 2000 万元及以上的批发业和年主营业务收入 500 万元及以上的零售业统计单位。

限额以上住宿和餐饮业统计范围 从 2011 年开始包括年主营业务收入 200 万元及以上的住宿和餐饮业统计单位。

Explanatory Notes on Main Statistical Indicators

Total Retail Sales of Consumer refer to the amount obtained by enterprises (units, self-employed individuals) through direct sales of non-production and non-business physical commodity to individuals, social institutions, and revenue from providing catering services. Individuals include rural and urban households, population from abroad, social institutions include government agencies, social organizations, military units, schools, institutions, neighbourhood (village) committees.

Wholesale Trade refers to the activities of selling wholesale commodities for daily use and capital goods to enterprises of wholesale and retail trades (including self-employed individuals) and other enterprises, institutions and government organs and organizations, and the activities of engaging in import and export and acting as a trade agent. The wholesaler may have the ownership of the commodities for wholesale and trade in the name of its own (a company), and the wholesaler can act as commission agent or commodity broker without the ownership of commodities. Also included are the wholesale activities at the fixed stalls in wholesale market and the acquisition for sales purpose.

Retail Trade refers to the activities of department store, supermarket, franchised store, brand store, retail stall and on-the-spot-making-selling store selling commodities to the final consumers (residents) by any means including internet, post, telephone, sales machine. It also includes shops with sales and production localted in the same places (such as bakeries). Retail trade excludes the activities of sales of capital goods such as grain, seed, feed, livestock, mineral products, raw material for production, industrial chemicals, chemical products for agricultural use, machine and equipment (excluding vehicles, computers and communication equipment). Most retailers have the ownership of commodities to sell, but some are acting as agents or brokers to make transactions for a commission.

Purchase, Sales and Stock of Commodities by Wholesale and Retail Trade refer to the total volume of commodities purchased, total volume of sales and exports , and the stock of commodities by wholesale and retail enterprises (establishments) of different status of registration from domestic and overseas markets.

Total Purchases of Commodities refer to the total value of purchases of commodities by the enterprises (establishments) from other establishments or individuals (including direct import from abroad) for the purpose of re-selling, either with or without further processing of the commodities purchased.

Total Sales of Commodities refer to value of commodities sold by the establishments to other establishments and individuals (including goods sold for self consumption, including the value-added tax).

Total Stock of Commodities For the legal entities and self-employed individuals engaged in wholesale and retail trade, it refers to total value (including VAT) of commodities possessed at the end of the reference period; and for wholesale and retail establishments, it refers to the value (including VAT) of all commodities actually in stock and owned by their legal persons at the end of reference period.

Hotel Services refer to the accommodation services provided to visitors. Some units may provide only accommodation while others provide a combination of accommodation, meals, business services and/or recreational facilities. It excludes activities related to the provision of long-term primary residences in facilities such as apartments typically leased on a monthly or annual basis.

Catering Services refer to the activities of providing foods, serving locations and facilities to customers through instant processing, commercial sales and service-type labor.

Business Revenue of Hotels and Catering Services refers to revenue of hotels and catering services received from providing services or selling commodities through business activities, including income from hotels, from catering services, from selling of commodities (including VAT) and from other services. Income from hotels refers to income of hotels and catering services by providing lodging services through business activities. Income from catering services refers to income from providing catering services, including selling of cooked or prepared foods, such as staple food, cooked dishes, or cold dishes.

Wholesale and Retail Trade above Designated Statistics Range including wholesale trade of which annual main business income are more than 20 million yuan(RMB) , and retail corporate units of which the main business income are more than 5 million yuan(RMB) from 2011.

Accommodation and Catering Trade above Designated Statistics Range including accommodation and catering corporate units of which the main business income are more than 2 million yuan(RMB) from 2011.

18

对外经济贸易和旅游

FOREIGN TRADE AND ECONOMIC COOPERATION AND INTERNATIONAL TOURISM

四川统计

SICHUAN STATISTICAL YEARBOOK

18-1 对外经济贸易
Foreign Trade and Economic Cooperation

单位：万美元 (USD 10 000)

指　标	Item	2005	2010	2012	2013	2014	2015
进出口总额	**Total Imports and Exports**	**790476**	**3277822**	**5912538**	**6459252**	**7025223**	**5159301**
出口总额	Total Exports	470089	1884504	3846147	4195160	4485006	3335144
进口总额	Total Imports	320387	1393318	2066391	2264092	2540217	1824157
对外签订利用外资协议(合同)金额	**Total Amount of Foreign Capital to be Utilized in the Signed Agreements and Contracts**	**205576**	**621470**	**986774**	**413079**	**301965**	**363904**
外商直接投资	Foreign Direct Investment	200303	611651	526317	404208	294663	356592
外商其他投资	Other Foreign Investment	5273	9819	8140	8871	7302	7312
实际利用外资额	**Total Amount of Foreign Capital Actually Used**	**110206**	**701299**	**1055054**	**1057481**	**1065328**	**1043681**
对外借款	Foreign Loans	19505	35000	47480	17057	19672	17661
外商直接投资	Foreign Direct Investment	88686	602517	980100	1028443	1028764	999607
外商其他投资	Other Foreign Investment	2015	9782	6674	7345	7215	7013
港澳援建资金	Reconstruction Funds from Hong Kong and Macao		54000	20800	4636	9677	19400
对外承包工程	**Foreign Contracted Projects**						
新签合同额	Value of Newly Signed Contracts	138397	684878	320091	356017	362002	453003
完成营业额	Completed Turnover	57274	399299	563370	630206	709398	546020

18-2 人民币汇率(年平均价)
RMB Exchange Rate (Annual Average)

单位：人民币元 (RMB yuan)

年份 Year	100美元 $100	100日元 100 yen	100港元 HK $ 100	100欧元 € 100
1985	293.66	1.2457	37.57	
1990	478.32	3.3233	61.39	
1995	835.10	8.9225	107.96	
2000	827.84	7.6864	106.18	
2005	819.17	7.4484	105.30	1019.53
2006	797.18	6.8570	102.62	1001.90
2007	760.40	6.4632	97.46	1041.75
2008	694.51	6.7427	89.19	1022.27
2009	683.10	7.2986	88.12	952.70
2010	676.95	7.7279	87.13	897.25
2011	645.88	8.1050	82.97	900.11
2012	631.25	7.9037	81.38	810.67
2013	619.32	6.3323	79.85	822.19
2014	614.28	5.8196	79.22	816.51
2015	622.84	5.1553	80.34	691.41

18−3 海关进口商品分类金额
Imports Value by Category of Commodities

单位：万美元 (USD 10 000)

商品类别	Category of Commodities	2012	2013	2014	2015
总 额	**Total Value**	**2066391**	**2264092**	**2540217**	**1824157**
初级产品	**Primary Goods**	**175149**	**207480**	**183449**	**137945**
食品及活动物	Food and Live Animals	14829	22928	31580	19746
饮料及烟类	Beverages and Tobacco	1056	1550	1418	1255
非食用原料（燃料除外）	Nonedible Raw Materials(Except Fuels)	140550	170461	132245	115080
矿物燃料、润滑油及有关原料	Mineral Fuels,Lubricants and Related Materials	18200	12007	17504	1320
动植物油、脂及蜡	Animal and Vegetable Oils,Fats and Waxes	514	534	702	544
工业制品	**Manufactured Goods**	**1891242**	**2056612**	**2356768**	**1686212**
化学成品及有关产品	Chemicals and Related Procucts	136143	174143	203144	57374
按原料分类的制成品	Manufactured Goods Classified by Material	104106	95951	91420	89977
机械及运输设备	Machinery and Transport Equipment	1418740	1516829	1724475	1316895
杂项制品	Miscellaneous Products	126656	140731	145954	92641
未分类的商品	Products Not Clssified	105597	128958	191775	129325

18−4 海关出口商品分类金额
Exports Value by Category of Commodities

单位：万美元 (USD 10 000)

商品类别	Category of Commodities	2012	2013	2014	2015
总 额	**Total Value**	**3846147**	**4195160**	**4485006**	**3335144**
初级产品	**Primary Goods**	**86077**	**77875**	**84486**	**85878**
食品及活动物	Food and Live Animals	31819	27996	29568	24174
饮料及烟类	Beverages and Tobacco	16454	6828	8592	17861
非食用原料（燃料除外）	Nonedible Raw Materials(Except Fuels)	37026	41561	43515	28455
矿物燃料、润滑油及有关原料	Mineral Fuels,Lubricants and Related Materials	60	347	509	80
动植物油、脂及蜡	Animal and Vegetable Oils,Fats and Waxes	718	1148	2302	3206
工业制品	**Manufactured Goods**	**3760070**	**4117285**	**4400520**	**3249266**
化学成品及有关产品	Chemicals and Related Procucts	221044	255390	304349	255292
按原料分类的制成品	Manufactured Goods Classified by Material	524848	553337	556817	444222
机械及运输设备	Machinery and Transport Equipment	2204508	2341812	2571964	1918757
杂项制品	Miscellaneous Products	705203	836773	774532	511869
未分类的商品	Products Not Clssified	104467	129973	192858	119126

18-5 各市(州)进出口总额
Total Value of Imports and Exports by Region

单位：万美元 (USD 10 000)

市(州)	Region	进出口总额 Total Imports and Exports		出口总额 Total Exports		进口总额 Total Imports	
		2014	2015	2014	2015	2014	2015
全　省	**Sichuan**	**7025223**	**5159301**	**4485006**	**3335144**	**2540217**	**1824157**
成都市	Chengdu	5584465	3959367	3381832	2397394	2202633	1561974
自贡市	Zigong	67152	49015	30902	26611	36249	22404
攀枝花市	Panzhihua	30128	25666	17032	21921	13096	3745
泸州市	Luzhou	27565	31343	25030	28422	2535	2921
德阳市	Deyang	388370	310847	310170	238409	78200	72438
绵阳市	Mianyang	291779	262710	207234	192082	84545	70628
广元市	Guangyuan	42146	6953	41635	6522	511	431
遂宁市	Suining	62977	63077	42014	43312	20963	19766
内江市	Neijiang	31495	14107	27778	11755	3717	2351
乐山市	Leshan	111041	88160	83972	68739	27068	19421
南充市	Nanchong	28088	11048	27541	9872	547	1176
眉山市	Meishan	33212	20517	20866	17414	12346	3103
宜宾市	Yibin	88989	95175	60693	63584	28296	31592
广安市	Guangan	110834	109810	107657	109389	3177	421
达州市	Dazhou	32523	36886	27439	33469	5084	3417
雅安市	Yaan	7696	7907	6982	7043	714	864
巴中市	Bazhong	16680	19059	16680	19042		17
资阳市	Ziyang	55727	33943	37297	27431	18430	6511
阿坝藏族羌族自治州	Aba	4758	3600	2685	2655	2073	945
甘孜藏族自治州	Ganzi	1333	1468	1332	1468	2	1
凉山彝族自治州	Liangshan	8263	8642	8233	8610	30	32

注：各市(州)进出口总额资料由四川省商务厅提供。

a) Data of total value of imports and exports by region is provided by the Sichuan Provincial Department of Commerce

18–6 旅游发展情况
Development of Tourism

指　标		Item		2011	2012	2013	2014	2015
旅行社数	**（个）**	**Number of Travel Agencies**	**(unit)**	**761**	**810**	**832**	**845**	**910**
星级饭店数	**（个）**	**Number of Star-rated Hotels**	**(unit)**	**522**	**526**	**512**	**481**	**499**
入境游客	**（万人次）**	**Number of Overseas Visitor Arrivals**	**(10 000 person-times)**	**163.97**	**227.34**	**209.56**	**240.17**	**273.20**
外国人		Foreigners		113.73	151.29	147.32	169.66	193.44
港澳同胞		Chinese Compatriots From Hong Kong and Macao		22.45	35.92	33.50	39.00	43.49
台湾同胞		Chinese Compatriots From Taiwan Province		27.78	40.12	28.74	31.51	36.27
国内游客	**（万人次）**	**Number of Domestic Visitors**	**(10 000 person-times)**	**34977.82**	**43451.77**	**48696.50**	**53549.69**	**58500.63**
旅游收入		**Tourism Earnings**	**(100 million yuan)**	**2449.15**	**3280.25**	**3877.4**	**4891.04**	**6210.5**
国际旅游(外汇)收入	（万美元）	Foreign Exchange Earnings from International Tourism	**(USD 10 000)**	59382.55	79814.67	76476.08	85768.11	118087.06
国内旅游收入	（亿元）	Earnings from Domestic Tourism	(100 million yuan)	2410.57	3229.83	3830.04	4838.34	6137.60

18–7 接待入境游客情况
Basic Conditions of Overseas Visitor Arrivals

单位：万人次　　(10 000 person-times)

项　目	Item	2005	2010	2012	2013	2014	2015
总计	**Total**	**106.28**	**104.93**	**227.33**	**209.56**	**240.17**	**273.20**
外国人	**Foreigners**	**68.27**	**74.97**	**151.29**	**147.33**	**169.66**	**193.44**
亚洲	Asia	47.50	40.95	74.62	65.59	73.81	83.83
日本	Japan	15.45	20.23	25.17	15.18	16.98	17.18
马来西亚	Malaysia	6.80	3.18	7.11	8.27	8.98	12.62
新加坡	Singapore	7.39	3.62	10.29	11.06	12.05	12.37
泰国	Thailand	5.80	2.13	5.85	5.41	5.64	6.45
欧洲	Europe	9.50	17.44	36.64	39.07	46.46	53.30
英国	United Kingdom	1.86	5.24	12.76	13.19	15.16	17.41
德国	Germany	1.95	2.42	5.38	6.08	7.30	9.70
法国	France	1.77	2.80	5.25	5.56	7.05	7.47
意大利	Italy	0.80	0.72	2.52	2.59	2.94	2.72
北美洲	North America	8.49	11.93	28.37	30.15	35.31	39.83
加拿大	Canada	1.12	2.20	5.08	5.05	6.06	7.12
美国	United States	6.99	8.91	20.98	22.16	25.70	28.78
澳大利亚	Australia	1.02	2.31	7.24	7.67	8.56	8.95
非洲	Africa	0.29	0.40	0.73	0.82	1.16	2.29
其他	Others	1.18	1.09	2.04	2.40	2.53	2.73
港澳同胞	**Chinese Compatriots From Hong Kong and Macao**	**13.99**	**15.11**	**35.92**	**33.50**	**39.00**	**43.49**
台湾同胞	**Chinese Compatriots from Taiwan Province**	**24.02**	**14.85**	**40.12**	**28.74**	**31.51**	**36.27**

18–8 各市(州)旅游发展情况
Development of Tourism by Region

市(州)	Region	星级饭店数(个) Number of Star-rated Hotels (unit)	入境游客人数(万人次) Number of Overseas Visitor Arrivals (10 000 person-times)	#外国人 Foreigners	国际旅游外汇收入(万美元) Foreign Exchange Earnings from International Tourism (USD 10 000)	国内旅游人数(万人次) Number of Domestic Visitors (10 000 person-times)	国内旅游收入(亿元) Earnings from Domestic Tourism (100 million yuan)
全　省	**Sichuan**	**449**	**273.20**	**193.44**	**118087.06**	**58500.63**	**6137.60**
成都市	Chengdu	114	230.54	172.78	107070.01	18903.52	1986.57
自贡市	Zigong	8	0.34	0.16	99.68	2695.41	248.49
攀枝花市	Panzhihua	18	0.18	0.08	66.21	1659.86	202.08
泸州市	Luzhou	23	0.30	0.09	82.81	3257.68	253.06
德阳市	Deyang	11	0.52	0.31	256.90	2304.96	155.59
绵阳市	Mianyang	28	0.72	0.44	192.01	3385.70	343.48
广元市	Guangyuan	20	0.19	0.04	51.46	3251.97	207.13
遂宁市	Suining	20	0.08	0.03	30.01	3106.25	251.00
内江市	Neijiang	9	0.07	0.01	25.81	2684.07	170.47
乐山市	Leshan	29	17.42	7.98	4173.98	3903.46	496.52
南充市	Nanchong	24	0.40	0.15	134.52	3726.50	321.72
眉山市	Meishan	16	0.14	0.10	41.12	3022.10	230.37
宜宾市	Yibin	15	0.46	0.21	143.84	3494.91	332.17
广安市	Guangan	14	0.59	0.21	158.46	3269.75	245.50
达州市	Dazhou	10	0.05	0.02	14.79	1581.03	112.42
雅安市	Yaan	21	0.53	0.28	157.25	2162.72	152.33
巴中市	Bazhong	10	0.04	0.02	10.38	1697.00	130.62
资阳市	Ziyang	13	3.96	2.05	1238.61	3200.51	220.80
阿坝藏族羌族自治州	Aba	17	11.11	5.31	2554.94	3221.63	283.99
甘孜藏族自治州	Ganzi	9	5.54	3.15	1583.24	1068.67	106.99
凉山彝族自治州	Liangshan	20			1.03	3729.51	250.12

主要统计指标解释

货物进出口总额　指实际进出我国国境的货物总金额。包括对外贸易实际进出口货物，来料加工装配进出口货物，国家间、联合国及国际组织无偿援助物资和赠送品，华侨、港澳台同胞和外籍华人捐赠品，租赁期满归承租人所有的租赁货物，进料加工进出口货物，边境地方贸易及边境地区小额贸易进出口货物(边民互市贸易除外)，中外合资企业、中外合作经营企业、外商独资经营企业进出口货物和公用物品，到、离岸价格在规定限额以上的进出口货样和广告品(无商业价值、无使用价值和免费提供出口的除外)，从保税仓库提取在中国境内销售的进口货物，以及其他进出口货物。该指标可以观察一个国家在对外贸易方面的总规模。我国规定出口货物按离岸价格统计，进口货物按到岸价格统计。

利用外资　指各级政府、部门、企业和其他经济组织通过对外借款、吸收外商直接投资以及用其他方式筹措的境外现汇、设备、技术等。

对外借款　指通过对外正式签订借款协议，从境外筹措的资金，包括外国政府贷款、国际金融组织贷款、外国银行商业贷款、出口信贷以及对外发行债券等。

外商直接投资　是指外国投资者在我国境内通过设立外商投资企业、合伙企业、与中方投资者共同进行石油资源的合作勘探开发以及设立外国公司分支机构等方式进行投资。外国投资者可以用现金、实物、无形资产、股权等投资，还可以用从外商投资企业获得的利润进行再投资。

对外承包工程　根据《对外承包工程管理条例》，对外承包工程是指中国的企业或者其他单位承包境外建设工程项目的活动。

对外劳务合作　指组织劳务人员赴其他国家或地区为国外的企业或机构工作的经营性活动。

入境游客　指报告期内来中国（大陆）观光、度假、探亲访友、就医疗养、购物、参加会议或从事经济、文化、体育、宗教活动的外国人、港澳台同胞等游客（即入境旅游人数）。统计时，入境游客按每入境一次统计 1 人次。入境旅游人数包括入境过夜游客和入境一日游游客。

国内游客　指报告期内在中国（大陆）观光游览、度假、探亲访友、就医疗养、购物、参加会议或从事经济、文化、体育、宗教活动的中国（大陆）居民人数，其出游的目的不是通过所从事的活动谋取报酬。统计时，国内游客按每出游一次统计 1 人次。

国际旅游(外汇)收入　指入境游客在中国（大陆）境内旅行、游览过程中用于交通、参观游览、住宿、餐饮、购物、娱乐等全部花费。

国内旅游收入（旅游总花费）　指国内游客在国内旅行、游览过程中用于交通、参观游览、住宿、餐饮、购物、娱乐等全部花费。

Explanatory Notes on Main Statistical Indicators

Total Import and Export of Goods refer to the real value of commodities imported and exported across the border of China. They include the actual imports and exports through foreign trade, imported and exported goods under the processing and assembling trades and materials, supplies and gifts as aid given gratis between governments and by the United Nations and other international organizations, and contributions donated by overseas Chinese, compatriots in Hong Kong and Macao and Chinese with foreign citizenship, leasing commodities owned by tenant at the expiration of leasing period, the imported and exported commodities processed with imported materials, commodities trading in border areas (excluding mutual exchange goods), the imported and exported commodities and articles for public use of the Sino-foreign joint ventures, cooperative enterprises and ventures with sole foreign investment. Also included is import or export of samples and advertising goods for which CIF or FOB value are beyond the permitted ceiling (excluding goods of no trading or use value and free commodities for export), imported goods sold in China from bonded warehouses and other imported or exported goods. The indicator of the total imports and exports at customs can be used to observe the total size of external trade in a country. In accordance with the stipulation of the Chinese government, imports are calculated at CIF, while exports are calculated at FOB.

Utilization of Foreign Capital refers to remittance, equipment and technology financed from abroad, by loans, foreign direct investment and other forms undertaken by the governments at all levels, by various departments, enterprises and other economic units.

Foreign Borrowings refer to funds borrowed from abroad through formal signing of borrowing agreements with foreign institutions, including loans of foreign governments, loans of international financial institutions, commercial loans of foreign banks, export credit , and funds raised by Chinese bonds issued abroad.

Foreign Direct Investment refers to foreign investment in China through the establishment of foreign invested enterprises, cooperative exploration and development of petroleum resources with domestic investors and the establishment of branch organizations of foreign enterprises. Foreign investment can be made in forms of cash, physical investment, intangible assets and equity, in addition with reinvestment of the foreign enterprises with the profits gained from the investment.

Overseas Contracted Project refers to activities of contracting overseas construction projects by Chinese enterprises or any other units, which are stipulated in the Regulations on Administration of Foreign Contracted Project.

Overseas Labor Services refer to operational activities of organizing labor force to go abroad providing services to foreign enterprises or agencies.

International Visitor Arrivals refer to the number of tourists of foreigners, Chinese compatriots from Hong Kong, Macao and Taiwan who come to China (mainland) within the reference period for sight-seeing, vacation, visiting relatives, medical treatment, shopping, attending conference, or to engage in economic, cultural, sports and religious activities (namely the number of overseas visitor arrivals). In compiling statistics, each arrival is counted as one person-time. The number of overseas visitor arrivals includes inbound overnight tourists and one-day tourists.

Number of Domestic Tourists refers to the number of Chinese (mainland) residents who travel within China (mainland) for sight-seeing, vacation, visiting relatives, medical treatment, shopping, attending conference, or to engage in economic, cultural, sports and religious activities. In compiling statistics, each time of travelling is counted as one person-time.

Foreign Exchange Earnings from International Tourism refer to the total expenditure of foreigners, overseas Chinese, Chinese compatriots from Hong Kong, Macao and Taiwan during their stay in the mainland of China on transportation, sighting, accommodation, food, shopping and entertainment.

Income from Domestic Tourism refer to expenditure of domestic tourists on transportation, sighting, accommodation, food, shopping and entertainment while they travel.

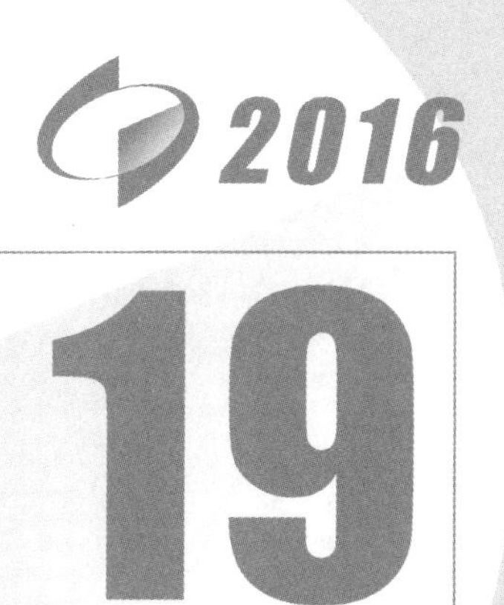

金融和保险

BANKING AND INSURANCE

19—1 金融机构(含外资)本外币信贷收支表(资金来源)
Balance Sheet of Local and Foreign Credit Funds of Financial Institutions (Including Foreign) (Funds Sources)

单位：亿元 (100 million yuan)

项　目	Item	2015	比年初增减数 amount over the beginning of the year
资金来源总计	**All Sources**	**59474.32**	**7319.85**
各项存款	Deposits	60117.72	5795.44
非金融企业存款	Deposits of Non-financial Enterprises	16288.89	912.15
住户存款	Deposits of Households	28708.17	2920.00
#活期存款	Demand Deposits	9435.36	829.88
政府存款	Deposits of Government	11215.79	821.87
非银行业金融机构存款	Deposits of Non-banking Financial Institutions	3857.43	1171.40
金融债券	Financial Bonds	234.80	104.36
卖出回购资产	Assets Sold for Repurchase	118.95	-125.71
借款及非银行业金融机构拆入	Borrowing and Non-banking Financial Institutions Borrowing	33.32	-95.32
联行往来（净）	Inter-branche Exchange (net)		
应付及暂收款	Account Payable and Temporary Collection	1492.11	89.59
各项准备	Reserves	1264.77	229.05
所有者权益	Owners' Equities	2200.55	195.72
其他	Others	-5987.90	1126.73

注：本表金融机构包括中国人民银行、中资全国性大型银行、中资全国性中小型银行、中资区域性中小型银行、城市信用社、农村信用社、财务公司、信托投资公司、租赁公司、外资金融机构和汽车金融公司(后同)。

a) Financial institution of balance sheet includes the People's Bank of China, large,small and medium-sized Chinese-funded national banks, small and medium-sized regional and Chinese-funded banks,urban and rural credit cooperative banks,finance companies,financial trust and investment companies, financial leasing companies,Foreign financial institutions and auto finance company (the same as the follows) .

19—2 金融机构(含外资)本外币信贷收支表(资金运用)
Balance Sheet of Local and Foreign Credit Funds of Financial Institutions (Including Foreign) (Funds Uses)

单位：亿元 (100 million yuan)

项　目	Item	2015	比年初增减数 amount over the beginning of the year
资金运用总计	**All Uses**	**59474.32**	**7319.85**
各项贷款	Loans	38703.99	3927.04
住户贷款	Loans of Households	11680.17	895.66
短期贷款	Shot-term Loans	2265.22	-162.84
中长期贷款	Medium-term & Long-term Loans	9414.96	1058.50
非金融企业及机关团体贷款	Loans of Non-financial Enterprises & Government Agencies and Organizations	26886.55	3013.99
短期贷款	Shot-term Loans	8644.68	57.30
中长期贷款	Medium-term & Long-term Loans	16859.17	2256.90
票据融资	Bill Financing	1302.94	678.55
各项垫款	Various Money Paid Back Later	79.31	20.79
债券投资	Bond Investment	4734.01	643.20
股权及其他投资	Equity and Other Investment	2232.73	605.91
买入返售资产	Redemptory Capital for Sale	825.39	81.37
存放非银行业金融机构款项	Due from Non-banking Financial Institutions	13.13	1.25
联行往来（净）	Inter-branche Exchange (net)	12026.12	2163.35
应收及预付款	Account Receivable and Advanced Payment	405.29	-126. 57
固定资产	Fixed Assets	532.50	24.03
外汇占款	Position for Foreign Purchase		
投资性房地产	Investment Property	1.15	0.28

19–3 金融机构存款基准利率
Official Interest Rates of Deposits of Financial Institutions

单位：年利率% (Annual Interest Rate %)

项 目	Item	2010 .10.20 Oct.20 2010	2010 .12.26 Dec.26 2010	2011 .02.09 Feb.9 2011	2011 .04.06 Apr.6 2011	2011 .07.07 July.7 2011	2012 .06.08 June.8 2012	2012 .07.06 July.6 2012	2014 .11.22 Nov.22 2014	2015 .03.01 Mar.1 2015	2015 .05.11 May.11 2015	2015 .06.28 June.28 2015	2015 .08.26 Aug.26 2015	2015 10.24 Oct.24 2015
个人人民币储蓄存款	**Household Deposits**													
活期	Demand Deposits	0.36	0.36	0.40	0.50	0.50	0.40	0.35	0.35	0.35	0.35	0.35	0.35	0.35
定期	Time Deposits													
三个月	3 Months	1.91	2.25	2.60	2.85	3.10	2.85	2.60	2.35	2.10	1.85	1.60	1.35	1.10
半年	6 Months	2.20	2.50	2.80	3.05	3.30	3.05	2.80	2.55	2.30	2.05	1.80	1.55	1.30
一年	1 Year	2.50	2.75	3.00	3.25	3.50	3.25	3.00	2.75	2.50	2.25	2.00	1.75	1.50
二年	2 Years	3.25	3.55	3.90	4.15	4.40	4.10	3.75	3.35	3.10	2.85	2.60	2.35	2.10
三年	3 Years	3.85	4.15	4.50	4.75	5.00	4.65	4.25	4.00	3.75	3.50	3.25	3.00	2.75
五年	5 Years	4.20	4.55	5.00	5.25	5.50	5.10	4.75						

注：2014年11月22日之后，人民银行对存贷款基准利率期限档次进行了简并，存款利率不再公布人民币五年期定期存款基准利率。

a)Since November 22,2014,The People's Bank of China has simplified and merged the term classes of deposit and loan interest rates and RMB 5-year-term deposit interest base rate would not be published.

19–4 金融机构贷款利率
Official Interest Rates of Loans of Financial Institutions

单位：年利率% (Annual Interest Rate %)

项 目	Item	2010 .10.20 Oct.20 2010	2010 .12.26 Dec.26 2010	2011 .02.09 Feb.9 2011	2011 .04.06 Apr.6 2011	2011 .07.07 July.7 2011	2012 .06.08 June.8 2012	2012 .07.06 July.6 2012	2014 11.22 Nov.22 2014	2015 .03.01 Mar.1 2015	2015 .05.11 May.11 2015	2015 .06.28 June.28 2015	2015 .08.26 Aug.26 2015	2015 .10.24 Oct.24 2015
短期贷款	**Short-term Loans**													
六个月以内(含六个月)	6 Months Or Less	5.10	5.35	5.60	5.58	6.10	5.85	5.60	5.60	5.35	5.10	4.85	4.60	4.35
六个月至一年(含一年)	12 Months Or Less	5.56	5.81	6.06	6.31	6.56	6.31	6.00	5.60	5.35	5.10	4.85	4.60	4.35
中长期贷款	**Mediun-term & Long-time Loans**													
一至三年(含三年)	Three Years Or Less	5.60	5.85	6.10	6.40	6.65	6.40	6.15	6.00	5.75	5.50	5.25	5.00	4.75
三至五年(含五年)	5 Years Or Less	5.96	6.22	6.45	6.65	6.90	6.65	6.40	6.00	5.75	5.50	5.25	5.00	4.75
五年以上	Above 5 Years	6.14	6.40	6.60	6.80	7.05	6.80	6.55	6.15	5.90	5.65	5.40	5.15	4.90
个人住房公积金贷款	**Loans For Public Accumulation Funds Of Housing**													
五年以下(含五年)	5 Year Or Less	3.50	3.75	4.00	4.20	4.45	4.20	4.00	3.75	3.50	3.25	3.00	2.75	2.75
五年以上	Above 5 Years	4.05	4.30	4.50	4.70	4.90	4.70	4.50	4.25	4.00	3.75	3.50	3.25	3.25

注：2014年11月22日之后，人民银行对存贷款基准利率期限档次进行了简并，贷款基准利率期限档次简并为一年以内(含一年)、一至五年(含五年)和五年以上三个档次。

a)Since November 22,2014,The People's Bank of China has simplified and merged the term classes of deposit and loan interest rates.The classes of loan interest base rates were turned to 3 grades of "less than 1 year (including 1 year)", "1 to 5 years (including 5 years)" and "more than 5 years".

19-5 各市(州)金融机构各项存款和贷款(年底余额)
Deposits and Loans of Financial Institutions by Region at Year-end

单位：亿元 (100 million yuan)

市(州)	Region	本外币各项存款 RMB and Foreign Currency Deposits	人民币各项存款 RMB Deposits	#住户存款 Household Savings	本外币各项贷款 RMB and Foreign Currency Loans	人民币各项贷款 RMB Loans	#短期贷款 Short-term Loans	#中长期贷款 Medium and Long-term Loans
全　省	**Sichuan**	**60118**	**59185**	**28576**	**38704**	**38012**	**10600**	**26013**
成都市	Chengdu	30508	29643	9944	23068	22427	5734	15984
自贡市	Zigong	1322	1320	819	616	615	262	325
攀枝花市	Panzhihua	858	857	462	701	697	305	302
泸州市	Luzhou	1835	1830	1140	1093	1093	341	729
德阳市	Deyang	2085	2066	1292	1095	1076	500	504
绵阳市	Mianyang	2897	2883	1641	1543	1533	616	827
广元市	Guangyuan	1135	1134	733	532	531	135	384
遂宁市	Suining	1189	1187	788	741	741	243	485
内江市	Neijiang	1205	1202	936	689	688	268	388
乐山市	Leshan	1728	1724	1161	1238	1231	419	712
南充市	Nanchong	2568	2561	1723	1299	1294	333	911
眉山市	Meishan	1435	1432	1020	684	684	181	494
宜宾市	Yibin	1914	1911	1010	1056	1054	339	688
广安市	Guangan	1425	1425	1062	582	582	143	425
达州市	Dazhou	2088	2086	1506	929	929	181	723
雅安市	Yaan	1010	1009	505	510	510	102	399
巴中市	Bazhong	922	922	634	458	458	56	402
资阳市	Ziyang	1379	1378	1060	717	717	232	468
阿坝藏族羌族自治州	Aba	536	535	187	222	222	34	187
甘孜藏族自治州	Ganzi	588	588	186	230	230	10	219
凉山彝族自治州	Liangshan	1492	1491	765	700	700	164	457

19–6 保险业务经济技术指标
Economic and Technical Indicators of Insurance Business

单位：万元 (10 000 yuan)

项　目	Item	2011	2012	2013	2014	2015
保费收入合计	**Premium Income Total**	**7787004**	**8195283**	**9146769**	**10606332**	**12673045**
财产保险	**Property Insurance**	**2250926**	**2715083**	**3151222**	**3717618**	**4214379**
企业财产保险	Enterprise Property Insurance	96990	106404	120850	127969	125462
机动车辆保险	Automobile Insurance	1774926	2074196	2497479	3007648	3462691
货物运输保险	Cargo Transportation Insurance	22387	21602	22542	20954	15524
责任保险	Liability Insurance	79906	96021	113555	138383	169309
信用保证保险	Credit and Guarantee Insurance	37962	114434	27888	12277	14686
其他财产保险	Others	238754	302426	368907	410387	426706
人身保险	**Life Insurance**	**5536078**	**5480200**	**5995547**	**6888714**	**8458666**
人寿保险	Life Insurance Business					
非分红产品	Non-participating	428981	436911	610129	2401216	3601751
分红产品	Participating	4529533	4362089	4564934	3398221	3268583
投资连接产品	Unit-link	752	743	725	705	611
万能产品	Universal	30927	30976	34062	35944	37380
健康险	Health Insurance					
短期健康险	Short-term Health Insurance	179297	200859	254462	363569	451923
长期健康险	Long-term Health Insurance	161360	218114	264200	391329	769516
意外伤害险	Personal Accident Insurance	205228	230508	267034	297730	328902
赔款给付支出合计	**Claim Total**	**1911459**	**2329022**	**3146178**	**3739403**	**4540817**
财产保险	**Property Insurance**	**1094152**	**1413139**	**1671196**	**1958958**	**2188599**
企业财产保险	Enterprise Property Insurance	41439	64607	70007	74235	51575
机动车辆保险	Automobile Insurance	918189	1181073	1390131	1635895	1833642
货物运输保险	Cargo Transportation Insurance	7130	7585	7468	8061	6618
责任保险	Liability Insurance	29607	38783	45265	54204	60195
信用保证保险	Credit and Guarantee Insurance	1058	5962	7898	5678	8985
其他财产保险	Others	96729	115129	150427	180885	227585
人身保险	**Life Insurance**	**817307**	**915883**	**1474982**	**1780445**	**2352218**
人寿保险	Life Insurance Business					
非分红产品	Non-participating	123160	154918	144543	141833	208261
分红产品	Participating	459443	529592	1054397	1250732	1652058
投资连接产品	Unit-link	746	221	76	84	368
万能产品	Universal	5315	7054	8248	7936	9349
健康险	Health Insurance					
短期健康险	Short-term Health Insurance	102918	114435	145212	232140	312715
长期健康险	Long-term Health Insurance	60410	33215	36132	53349	67861
意外伤害险	Personal Accident Insurance	65315	76448	86374	94373	101606

19-7 各财产保险公司和人身保险公司四川省分公司保费收入
Premium Income of Property Insurance Companies (Sichuan Branch) and Life Insurance Companies (Sichuan Branch)

单位：万元 (10 000 yuan)

公司名称	Company Name	2014	2015
合 计	**Total**	**10606332**	**12673045**
财产保险公司	**Property Insurance Companies**	**3954515**	**4473564**
中国人民财产保险股份有限公司	PICC Property & Casualty Insurance Company Limited	1405300	1580252
中国太平洋财产保险股份有限公司	China Pacific Insurance (Group) Co.,Ltd	306504	295491
中国平安财产保险股份有限公司	Ping An Insurance (Group) Company of China , Ltd.	879990	1007860
永安财产保险股份有限公司	Yong An Insurance Co,.Ltd.	65408	73974
华泰财产保险股份有限公司	Huatai Insurance Co., Ltd.	50927	55693
中华联合财产保险公司	China United Property Insurance Company	242058	287599
天安保险股份有限公司	Tanan Property Insurance Co., Ltd.	39741	54205
太平保险有限公司	TaiPing Insurance Company Ltd.	142749	151008
中国大地财产保险股份有限公司	China Continent Property & Casualty Insurance Company	99380	114107
华安财产保险股份有限公司	Sinosafe Insurance	37558	44903
中航安盟财产保险有限公司	Groupama-Avic Property Insurance Co.,Ltd	65570	67470
中国出口信用保险公司	China Export & Credit Insurance Corporation (SINOSURE)	8733	12526
安邦财产保险股份有限公司	Anbang Property & Casualty Insurance Co.,Ltd	22253	20960
永诚财产保险股份有限公司	Alltrust Insurance Company of China ,Co., Ltd	61803	71442
安盛天平财产保险股份有限公司	AXA Tianping P&C Insurance Co., Ltd.	29436	35473
阳光财产保险股份有限公司	Sunshine Property & Casualty Insurance Company of China ,Co.,Ltd.	73631	102831
都邦财产保险股份有限公司	Dubang Property & Casualty Insurance Company of China ,Co.,Ltd.	16050	18013
渤海财产保险股份有限公司	Bohai Property & Casualty Insurance Company of China ,Co.,Ltd.	6871	7100
中银财产保险股份有限公司	China Bank Property & Casualty Insurance Company of China ,Co.,Ltd.	32696	26937
华农财产保险股份有限公司	Huanong Property & Casualty Insurance Co.,Ltd.	2777	3244
安诚财产保险股份有限公司	Ancheng Property & Casualty Insurance Co.,Ltd.	12520	14576
民安财产保险股份有限公司	Ming'an Property & Casualty Insurance Co.,Ltd.	11517	11822
浙商财产保险股份有限公司	Zheshang Property & Casualty Insurance Co.,Ltd.	31082	23829
鼎和财产保险股份有限公司	Dinghe Property & Casualty Insurance Company of China ,Co.,Ltd.	15183	12356
英大泰和财产保险股份有限公司	Yingda Taihe Property & Casualty Insurance Co.,Ltd.	33705	39754
锦泰财产保险股份有限公司	JinTai Property Insurance Co.,Ltd.	108723	123127
紫金财产保险股份有限公司	Zijin Property and Casualty Insurance Co.,Ltd.	10080	11707
中国人寿财产保险股份有限公司	China Life Property & Casualty Insurance Co.,Ltd.	111845	152065
信达财产保险股份有限公司	Cinda Property Insurance Co.,Ltd.	10421	3243
国泰财产保险有限责任公司	Cathay Insurance Co., Ltd.	1901	2155
富德财产保险股份有限公司	Fund Property&Casualty Insurance Co.,Ltd.	16148	24556
安华农业保险股份有限公司	Anhua Agricultural Insurance Co.,Ltd	93	6500
众安在线财产保险股份有限公司	Zhongan Online Property Insurance Co.,Ltd.	1864	5523
中意财产保险有限公司	Generali China Insurance Co., Ltd.		868
鑫安汽车保险股份有限公司	Sanguard Automobile Insurance Co., Ltd.		4317
利宝保险有限公司	Liberty Insurance Co., Ltd.		223
诚泰财产保险股份有限公司	Champion Property & Casualty Insurance Co., Ltd.		3630
富邦财产保险有限公司	Fubon Property Insurance Co., LTD		2147
中国铁路财产保险自保有限公司	China Railway Property Insurance Holding Co., LTD		74
泰康在线财产保险股份有限公司	Taikang Online Property Insurance Co., LTD		1
人身保险公司	**Life Insurance Companies**	**6651817**	**8199481**
中国人寿保险股份有限公司	China Life Insurance(Group) Company	1570301	1811099

19-7 续表 continued

单位：万元 (10 000 yuan)

公司名称	Company Name	2014	2015
中国太平洋人寿保险股份有限公司	China Pacific Insurance(group)Co.,Ltd	356599	332862
中国平安人寿保险股份有限公司	Ping An Insurance (Group) Company of China , Ltd.	624613	701731
新华人寿保险股份有限公司	New China Insurance Co., Ltd.	577422	508419
泰康人寿保险股份有限公司	Taikang Life Insurance Company	483845	533059
太平人寿保险有限公司	Taiping Life Insurance Co.,Ltd.	710651	892473
民生人寿保险股份有限公司	Minsheng Life Insurance Co.,Ltd.	43245	62389
中英人寿保险有限公司	Aviva Cofco Life Insurance Co.,Ltd.	91594	108382
富德生命人寿保险股份有限公司	Sino Life Insurance Co.,Ltd.	213032	369005
北大方正人寿保险有限公司	Founder Meiji Yasuda Life Insurance Co.,Ltd	19866	22872
长城人寿保险股份公司	Great Wall Life Insurance Co.,Ltd.	32359	38574
中宏人寿保险股份公司	Manulife-Sinochem Insurance Co.,Ltd.	19706	27079
中德安联人寿保险有限公司	Allianz China Life Insurance Co.,Ltd.	26518	25917
农银人寿保险股份有限公司	ABC Life Insurance Co., Ltd	96933	148231
中国人民人寿保险股份有限公司	PICC Life Insurance Co.,Ltd.	563895	568782
华泰人寿保险有限公司	Huatai Life Insurance Co.,Ltd.	20463	23380
人保健康保险有限公司	PICC Health Insurance Co.,Ltd.	56297	67947
恒安标准人寿保险有限公司	Heng'an Standard Life Co.,ltd.	5755	6551
招商信诺保险有限公司	CIGNA&CMC Insurance Co.,Ltd.	16137	23892
合众人寿保险有限公司	Union Life Insurance Co.,Ltd.	78663	59180
阳光人寿保险有限公司	Sunshine Life Insurance Co.,Ltd.	119414	153824
中意人寿保险有限公司	General China Insurance Co.,Ltd.	28476	45723
华夏人寿保险有限公司	Huaxia China Insurance Co.,Ltd.	18986	31647
中国平安养老保险股份有限公司	Ping An Insurance (Group) Company of China , Ltd.	38802	43840
太平养老保险股份有限公司	TaiPing Pension Company Limited	5878	8670
中新大东方人寿保险有限公司	Great Eastern Life Assurance (China) Co Ltd	11105	23774
中邮人寿保险有限公司	China Post Lift Insurance Co.,Ltd.	300266	269141
幸福人寿保险有限公司	Happy Life Insurance Co.,Ltd.	18701	40449
中美联泰大都会人寿保险有限公司	Sino-US United Metlife Insurance Co.,Ltd.	13459	16930
国华人寿保险股份有限公司	Guohua Life Insurance Co.,Ltd.	37942	168821
和谐健康保险股份有限公司	Harmony Health Insurance Company Limited	1511	222341
安邦人寿保险股份有限公司	Anbang Life Insurance Co.,Ltd.	70836	232589
光大永明人寿保险有限公司	Sun Life Everbright Life Insurance Co.,Ltd.	7287	8421
工银安盛人寿保险有限公司	ICBC-AXA Assurance Co., Ltd	69926	120105
百年人寿保险股份有限公司	Aeon Life Insurance Co.,Ltd.	37274	56243
中融人寿保险股份有限公司	Zhongrong Life Insurance Co.,Ltd.	88827	44628
英大泰和人寿保险股份有限公司	Yngda Taihe Life Insurance Co.,Ltd.	2793	5826
中航三星人寿保险有限公司	Samsung Air China Life Insurance Co.,Ltd.	6520	45220
建信人寿保险有限公司	CCB Life Insurance Company Limited	163913	155870
泰康养老保险股份有限公司	Taikang Pension Insurance Co.,LTD.	824	7440
海康人寿保险有限公司	Aegon-Cnooc Life Insurance Company Limited	281	1421
天安人寿保险股份有限公司	Tianan Life Insurance Company Limited of China Co.,LTD.	903	136535
东吴人寿保险股份有限公司	SooChow Life Insurance Company Limited Co.,LTD.	1	1282
利安人寿保险股份有限公司	Lian Life Insurance Co.,LTD.		2560
交银康联人寿保险有限公司	Bocomm Life Insurance Co., LTD.		23621
前海人寿保险股份有限公司	Foresea Life Insurance Co., LTD.		739

主要统计指标解释

信贷资金 指金融机构以信用方式积聚和分配的货币资金。金融机构信贷资金的来源有各项存款、金融债券、对国际金融机构负债、流通中现金、其他项目等；信贷资金的运用有各项贷款、有价证券及投资、金银占款、外汇占款、财政借款及在国际金融机构中的资产等。

存款 指企业、机关、团体或居民根据资金必须收回的原则，把货币资金存入银行或其他信贷机构保管并取得一定利息的一种信用活动形式。根据存款对象或性质的不同可划分为单位存款、个人存款、财政性存款、临时性存款、委托存款、其他存款等科目。它是银行信贷资金的主要来源。

贷款 指银行或其他信贷机构根据资金必须归还的原则，按一定利率，为企业、个人等提供资金的一种信用活动形式。我国银行贷款分为短期贷款、中长期贷款、融资租赁、票据融资、各项垫款、境外贷款等。

保险公司 在中国境内的、经过保险监督管理部门批准设立，并依法登记注册的各类商业保险公司。

保险金额 指保险人承担赔偿或者给付保险金责任的最高限额。

保费 指投保人为取得保险人在约定范围内所承担赔偿责任而支付给保险人的费用。

赔款 指保险人根据保险合同的规定，向被保险人支付的赔偿保险责任损失的金额。

给付 包括死伤医疗给付和满期给付。死伤医疗给付是指保险人根据人寿保险及长期健康保险合同的规定，因被保险人在保险期内发生保险责任范围内的保险事故支付给被保险人(或受益人)的金额。满期给付是指被保险人生存期满，保险人按人寿保险合同规定支付给被保险人的满期保险金额。

Explanatory Notes on Main Statistical Indicators

Credit Funds refer to the monetary funds accumulated and distributed in the means of credit by the financial institutions. The sources of credit funds include various deposits, financial bonds, liabilities to international financial institutions, currency in circulation, other items. The uses of credit funds include loans, securities and investment, position for bullion and silver purchase, position for foreign exchange purchase, advances to treasury, and assets with international financial institutions..

Deposit is a form of credit by which enterprises, institutions, organizations or households can put money into banks and other credit institutions for safekeeping and interest earning under the principle of free withdrawal. According to different depositors, deposits are divided into unit deposits, personal deposits, fiscal deposits, temporary deposits, entrusted deposits and other deposits. Deposits are major sources of the credit funds of banks.

Loan is a form of credit by which banks and other credit institutions provide funds at certain interest rate to enterprises and individuals in the light of the principle of unconditional repayment. Loans from Chinese banks include short-term loan, medium-term and long-term loans, financial lease, bill financing, various money advanced, foreign loans.

Insurance Companies refer to commercial insurance companies of various forms registered by law and established in China with the approval of insurance regulatory agencies.

Amount Insured refers to the maximum that the insurant will get for the claim of the case insured.

Premium is the fee paid by the insurant to the insurer to obtain the obligation of compensation from the insurance within the agreed terms.

Settled Claim is the compensation paid by the insurer to the insurant in accordance with the insurance contract.

Payment including payment for death, injury or medical treatment and mature payment. Payment for death, injury or medical treatment refers to the money paid to the insurant (or the beneficiary) in accordance with the life or health insurance contract when the insurant encounters accidents within the insured period covered in the contract. Mature payment refers to the mature payment to the insurant in accordance with the life insurance contract at the end of the insured period.

2016

20

教育、科技和专利

EDUCATION,SCIENCE,
TECHNOLOGY
AND PATENTS

20-1 各类学校数
Number of Schools by Type

单位：所 (unit)

年份 Year	普通高等学校 Regular Institutions of Higher Education	中等职业学校 Secondary Vocational Schools	普通中学 Regular Secondary Schools	小学 Primary Schools	幼儿园 Kindergartens	特殊教育学校 Special Education Schools
1952	10		306	35373	609	
1957	13		488	43665	612	
1962	17		866	44683	305	
1965	20		3693	108974	1349	5
1970	18		2769	70263	687	3
1975	17		3287	86254	2397	3
1978	28		4605	72563	35306	3
1980	29		4524	67659	24814	3
1985	39		4017	61953	13280	9
1990	40		4332	55047	13831	22
1991	40		4433	53792	10478	27
1992	40		4460	53011	11148	45
1993	41		4545	52280	10216	52
1994	42		4572	51498	12079	52
1995	42		4578	55799	12485	53
1996	42		4506	48911	11602	59
1997	42		4420	46917	11223	55
1998	43		4448	46092	11385	62
1999	43		4375	45133	12016	63
2000	42		4321	43326	12780	63
2001	49		5154	31447	7875	69
2002	59		5093	25972	7935	68
2003	62		5000	24573	8388	70
2004	68		4965	21935	7602	73
2005	72		4995	19305	8875	83
2006	76		5181	17372	8596	88
2007	76		5093	15834	8580	88
2008	78		4937	13993	8425	93
2009	92		4809	12437	8562	95
2010	93	679	4738	9282	9483	100
2011	94	656	4704	8847	10162	107
2012	99	630	4643	8586	10794	113
2013	103	595	4630	7257	11759	119
2014	107	568	4633	6959	12111	122
2015	109	550	4590	6487	12365	124

注：中等职业学校中包括技工学校。各类学校基本情况由四川省教育厅提供(后同）。

a) Secondary vocational schools include Technical Schools.The basic statistics of schools is provided by the Provincial Department of Education (the same as follows).

20-2 各类学校专任教师数
Number of Full-time Teachers of Schools by Level and Type

单位：人 (person)

年份 Year	普通高等学校 Regular Institutions of Higher Education	中等职业学校 Secondary Vocational Schools	普通中学 Regular Secondary Schools	小　学 Primary Schools	幼儿园 Kindergartens	特殊教育学校 Special Education Schools
1952	1228		5953	111229	1556	
1957	3238		11873	132141	4679	
1962	5675		18597	146639	4523	
1965	6125		29097	225914	4720	35
1970	6414		55788	213151	3992	53
1975	7487		92015	334794	1858	20
1978	9047		167540	342661	39245	25
1980	10562		152660	343175	39028	44
1985	14577		145715	340164	32284	115
1990	16058		176179	321087	43573	322
1991	16056		180737	314747	45528	416
1992	15767		185790	312380	49970	565
1993	16216		183492	313597	49873	610
1994	16208		186224	320196	54504	647
1995	16439		190184	320923	55420	728
1996	16799		193942	323713	56052	730
1997	16786		196636	330212	56107	837
1998	17228		199357	334999	57738	987
1999	17891		207305	336356	58165	1148
2000	18418		217039	331551	58128	1113
2001	21984		227035	325123	30956	942
2002	26852		237425	321193	30591	973
2003	31372		247098	316029	32515	994
2004	39306		253358	307940	33997	1068
2005	44854		258924	307113	36654	1174
2006	52211		265540	306886	37530	1318
2007	55903		269967	306149	39337	1407
2008	59174		273559	307687	41827	1478
2009	61772		279414	306528	45136	1572
2010	64991	44051	284962	305741	51909	1711
2011	67448	48873	285755	305508	57528	1784
2012	73137	48186	290366	304899	65403	1941
2013	76795	45952	292629	305619	77336	2055
2014	81404	46767	292967	304909	86414	2211
2015	84430	46869	293165	308059	96885	2355

20−3 各类学校在校学生数
Number of Enrollments of Formal Education by Level and Type

单位：人 (person)

年份 Year	普通高等学校 Regular Institutions of Higher Education	中等职业学校 Secondary Vocational Schools	普通中学 Regular Secondary Schools	小学 Primary Schools	幼儿园 Kindergartens	特殊教育学校 Special Education Schools
1952	9104		155252	3807776		
1957	19565		320254	4574044		
1962	36587		324216	3962046		
1965	28236		669901	7859341	127921	398
1970			1481952	6341703	95325	503
1975	21203		2085366	11013460	199412	345
1978	35715		3838846	10745859	1389229	339
1980	48497		2974390	11441551	957632	347
1985	72812		2516824	10418664	833754	623
1990	91866		2892023	6873322	1062885	1422
1991	91365		2853499	6500936	1375654	1846
1992	96678		2724618	6424068	1572526	3133
1993	113465		2481484	6662850	1576287	3261
1994	125944		2561995	7020619	1689081	3972
1995	126280		2705466	7350179	1777728	509
1996	131459		2765730	7797611	1793653	7400
1997	140451		2748214	8270885	1779648	9444
1998	151905		2908894	8438446	1860762	10104
1999	180256		3364576	8270859	1923949	10771
2000	235470		3919813	8026506	1892626	8224
2001	316701		4282666	7948490	1658864	14616
2002	412357		4568419	7785414	1595534	13390
2003	512663		4810712	7554308	1588575	15839
2004	637340		4909216	7365754	1527298	17354
2005	775436		4855390	7145093	1526827	24788
2006	860640		5014951	7217750	1562466	28621
2007	918438		5054691	6965306	1560935	39900
2008	991072		5026261	6488221	1597919	41739
2009	1035934		4990033	6170471	1707263	41767
2010	1086215	1399557	4900896	5921080	1887545	41839
2011	1139316	1407636	4778133	5798017	2110148	40898
2012	1223680	1398563	4558398	5607407	2192890	44287
2013	1270818	1302260	4233225	5259536	2314907	43731
2014	1328329	1195396	4073109	5313193	2407717	42289
2015	1387889	1107828	3934438	5417353	2481681	43251

注：普通高等学校学生数为普通本专科学生数；特殊教育在校生数含随班就读人数(后同)。

a) Number of students in regular institutions of higher education is the number of ordinary college students. Number of students in special education schools includes the number of students enrolled in the class. (the same as follows)

20–4 各类学校招生数
Number of Entrants of Formal Education by Type

单位：人 (person)

年份 Year	普通高等学校 Regular Institutions of Higher Education	中等职业学校 Secondary Vocational Schools	普通中学 Regular Secondary Schools	小 学 Primary Schools	特殊教育学校 Special Education Schools
1952	2353		81221		
1957	4823		116364	128678	
1962	4895		121261	1544971	
1965	6570		316756	2302127	
1970			747057	1899719	
1975	7569		1200679	2800872	33
1978	14916		1609352	2649457	34
1980	11610		1106948	2519225	87
1985	26069		943009	1455993	281
1990	26962		1019786	999538	485
1991	26919		971091	994759	536
1992	33613		947724	1179830	1047
1993	42058		883979	1364953	671
1994	40259		981989	1459974	992
1995	41714		1041585	1479126	1423
1996	43774		948623	1412690	1210
1997	46196		964969	1397645	1386
1998	49035		1176141	1293404	1232
1999	65481		1427007	1240217	1163
2000	95565		1527602	1256880	1182
2001	119470		1595486	1338908	2676
2002	152754		1717062	1320396	2157
2003	180308		1746751	1223734	2550
2004	215243		1696131	1169163	2726
2005	267198		1684360	1092214	3916
2006	266491		1767927	1151856	4503
2007	297566		1758759	1083015	6169
2008	328341		1754692	1006479	6333
2009	307127		1692325	945131	6483
2010	337892	575964	1641724	1231433	6684
2011	351846	575321	1593466	996827	6767
2012	381519	543472	1510249	1009618	8398
2013	376806	531212	1390078	950346	8230
2014	408941	482493	1332203	929667	8014
2015	436467	441280	1297254	934786	8096

20–5 各类学校毕业生数
Number of Graduates of Formal Education by Type

单位：人 (person)

年份 Year	普通高等学校 Regular Institutions of Higher Education	中等职业学校 Secondary Vocational Schools	普通中学 Regular Secondary Schools	小学 Primary Schools	特殊教育学校 Special Education Schools
1952	2742				
1957	1773		75254	739606	
1962	5317		80499	303087	
1965	8489		104984	399595	
1970	4796		142279	829050	
1975	5701		626880	1279795	35
1978	5884		1268232	1782504	35
1980	7130		934730	1603760	82
1985	13592		728872	1446826	57
1990	27672		746250	1408170	66
1991	27041		763298	1187057	8
1992	28348		813783	1074324	148
1993	26088		793429	940854	212
1994	28826		707196	999601	229
1995	40915		644932	1018463	336
1996	37872		719950	897863	445
1997	35658		818628	875741	552
1998	36672		868089	1069005	1036
1999	35465		804529	1327862	943
2000	40104		818595	1397579	1190
2001	44602		992309	1347390	1824
2002	52405		1224114	1361854	1677
2003	74307		1299710	1324117	2090
2004	100998		1385780	1221872	2131
2005	139328		1510287	1187842	2160
2006	173287		1527428	1221708	2953
2007	228028		1554082	1247914	4565
2008	247707		1575017	1253417	5312
2009	252214		1571659	1166577	5933
2010	278577	357279	1587603	1113444	5817
2011	289165	387422	1606332	1042069	5486
2012	286756	405599	1571830	1001656	7969
2013	318407	447222	1512136	886816	9191
2014	338643	498424	1422928	830744	9004
2015	361510	452593	1379237	803044	8634

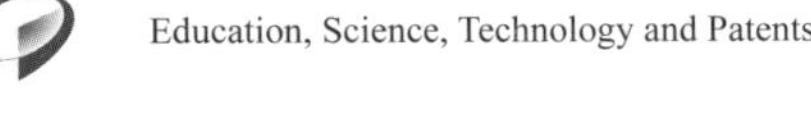

20–6 普通高等学校基本情况(2015年)
Basic Statistics on Regular Institutions of Higher Education(2015)

单位：人 (person)

项　目	Item	学校数(所) Number of Institutions (unit)	毕业生数 Graduates	招生数 Entrants	在校学生数 Enrollment	教职工数 Staff and Workers	#校本部 Main Campus
合　计	**Total**	**110**	**361510**	**436467**	**1387889**	**122099**	**116088**
#女	Female		195867	234861	740606	57891	55312
一、普通高等学校	Regular Institutions of Higher Education	109	361298	436315	1387441	122099	116088
综合大学	Comprehensive University	34	123061	139679	438753	37806	35155
理工院校	Science and Engineering College	35	116717	144114	461261	41959	40560
农业院校	Agriculture College	2	11072	13188	45096	3543	3263
医药院校	Medicine College	7	18352	23418	79730	7499	6922
师范院校	Teacher Training College	11	44040	53399	175715	13910	13094
财经院校	Economics and Finance College	7	17663	20563	59436	5947	5846
政法院校	Politics and Law College	2	4028	3030	10538	823	813
体育院校	Physical Culture College	1	2153	2431	9208	804	767
艺术院校	Art Institues	6	12292	19795	52344	5912	5772
民族院校	College of Nationalities	2	8433	9303	36144	2487	2487
语文院校	Chinese College	2	3487	7395	19216	1409	1409
二、成人高等学校	Adult Institutions of Higher Education	1	212	152	448		

注：毕业生数、招生数、在校学生数合计中含成人高等学校普通本、专科学生的情况。
a) The sum of graduates,entrants and enrollment includes the data of students in regular college course and specialized subjects of adult institutions of higher education.

20–6 续表 continued

单位：人 (person)

项　目	Item	专任教师数 Full-time Teachers	正高级 Senior	副高级 Sub-senior	中级 Middle	初级 Junior	未定职称 No Rank
合　计	**Total**	**84430**	**8876**	**22004**	**32970**	**15060**	**5520**
#女	Female	39740	2365	9358	16851	8311	2855
综合大学	Comprehensive University	25826	2931	6654	9994	4805	1442
理工院校	Science and Engineering College	28103	2830	7855	11187	4515	1716
农业院校	Agriculture College	2787	326	685	953	499	324
医药院校	Medicine College	5352	628	1397	1984	1012	331
师范院校	Teacher Training College	10309	1024	2563	4435	1772	515
财经院校	Economics and Finance College	3823	423	977	1384	705	334
政法院校	Politics and Law College	552	50	141	203	75	83
体育院校	Physical Culture College	594	70	160	208	131	25
艺术院校	Art Institues	4015	335	830	1272	1164	414
民族院校	College of Nationalities	1984	234	559	921	157	113
语文院校	Chinese College	1085	25	183	429	225	223

20-7 普通本科分学科学生数(2015年)
Number of Regular Students for Normal Courses in Higher Education Institutions by Discipline(2015)

单位：人 (person)

项 目	Item	毕业生数 Graduates	招生数 Entrants	在校学生数 Enrollment
合 计	**Total**	**175724**	**215649**	**783639**
#女	Female	91352	114606	411645
哲 学	Philosophy	36	34	134
经济学	Economics	6773	8084	30303
法 学	Law	5769	7151	24562
教育学	Education	6480	9401	31410
文 学	Literature	17194	20477	71365
历史学	History	655	1165	3639
理 学	Science	11598	13724	52235
工 学	Engineering	56097	70811	257643
农 学	Agriculture	3030	2923	11549
医 学	Medicine	10512	14089	57441
管理学	Management	33238	39566	141235
艺术学	Art	24342	28224	102123

20-8 分学科研究生数(2015年)
Number of Postgraduates by Academic Field(2015)

单位：人 (person)

项 目	Item	毕业生数 Graduates	#攻读博士学位 Study in Doctor Degree	招生数 Entrants	#攻读博士学位 Study in Doctor Degree	在校学生数 Enrollment	#攻读博士学位 Study in Doctor Degree
合 计	**Total**	**25445**	**2085**	**28895**	**2966**	**89858**	**14057**
#女	Female	11814	660	14001	1095	40428	4734
哲 学	Philosophy	187	11	198	25	671	106
经济学	Economics	1784	161	1792	179	5184	950
法 学	Law	1483	67	1580	116	4832	558
教育学	Education	1454		1532	16	3987	40
文 学	Literature	1223	70	1314	85	4249	478
历史学	History	258	36	266	40	889	246
理 学	Science	1825	282	2334	395	7200	1510
工 学	Engineering	9695	742	11147	1240	36778	6604
农 学	Agriculture	1038	81	1211	91	3151	418
医 学	Medicine	2517	465	3138	559	8827	1848
军事学	Strategics	6		6		29	
管理学	Management	3373	163	3497	197	11572	1218
艺术学	Art	602	7	880	23	2489	81
专业学位	**Professional Degree**	**9123**	**163**	**11500**	**163**	**30578**	**553**

20—9 中等职业学校基本情况(2015年)
Basic Statistics on Secondary Vocational Schools(2015)

单位：人 (person)

项　目	Item	毕业生数 Graduates	招生数 Entrants	在校学生数 Enrollment	专任教师数 Full-time Teachers
合　计	**Total**	**423086**	**400780**	**987491**	**39577**
#女	Female	214890	194140	495967	19085
#专业课	Speciality Course				21504
农林牧渔类	Farming,Forestry,Animal Husbandry and Fishery	27822	23799	45982	873
资源环境类	Resouces and Environment	2066	662	1142	48
能源与新能源类	Energy and New Energy	2925	812	3901	142
土木水利类	Civil Engineering and Water Conservancy	19950	14983	47967	981
加工制造类	Machining and Manufacture	72930	55996	141269	3223
石油化工类	Petroleum Chemical	1141	1035	3108	128
轻纺食品类	Textile Food	4528	3848	8282	240
交通运输类	Transportation	39364	56601	135601	1896
信息技术类	Information Technology	96307	84518	193066	4061
医药卫生类	Medicine and Sanitation	39076	42547	125975	1796
休闲保健类	Leisure Care	1304	1714	2972	70
财经商贸类	Fanancial Business	24467	28575	71884	1800
旅游服务类	Tourism Service	31003	29820	63636	1672
文化艺术类	Culture and Art	12733	9856	23218	1222
体育与健身	Sports and Fitness	1234	1048	2768	327
教育类	Education	39557	37843	102076	2289
司法服务类	Judicial Service	1276	614	1310	23
公共管理与服务类	Public Management and Service	5272	6504	13130	445
其他	Others	131	5	204	268
文化基础课	Basic Courses				15884
实习指导课	Practice Guidance Section				2189

注：专任教师中含文化基础课和实习指导课教师，以上数据不包含技工学校。
a) Full-time teachers include basic cultural courses and practical guidance section teachers,but exclude teachers in technical schools.

20—10 技工学校基本情况
Basic Statistics on Technical Schools

单位：人 (person)

年份 Year	学校数(所) Schools (unit)	毕业生数 Graduates	招生数 Entrants	在校学生数 Enrollment	教职工数 Staff and Teachers	培训社会人员数 Number of Training for Social Personnel	#失业人员 Unemployed	#农村劳动者 Rural Laborers
1990	387	37673	46334	119125	25778	23049		
1995	407	60392	54438	130896	26504			
2000	186	20177	16753	40147	9843	54335	6830	
2005	121	28326	47042	101037	8992	141836	14470	36156
2006	122	37684	53857	120462	9821	129603	19098	36935
2007	112	40946	65242	136395	9671	131459	18164	49701
2008	120	40816	68771	144608	10080	153200	16114	53324
2009	121	43214	64335	162614	10404	227563	18741	66781
2010	116	46910	52019	141407	10136	181246	12921	57617
2011	115	46500	42362	136347	9368	204035	19838	58244
2012	92	33009	41243	107150	8064	181758	9923	63233
2013	87	30800	39157	113406	8354	180313	14542	39216
2014	85	30337	38651	116168	8324	132163	9752	33996
2015	83	29507	40500	120337	9585	130328	11112	29498

注：①本表由四川省人力资源和社会保障厅提供。②2009年开始,原指标“培训社会人员结业数”调整为“培训社会人员数”。
a) Data of the table are provided by the Sichuan Provincial Office for Human Resources and Social Security.
b) Since 2009,indicator "number of training personnel exit" is adjusted to indicator "number of training for social personnel".

20—11 成人教育基本情况(2015年)
Basic Statistics on Adult Education(2015)

单位：人 (person)

项　目	Item	学校数(所) Schools (unit)	毕(结)业生数 Graduates	招生数 Entrants	在校学生数 Enrollment	教职工数 Teachers and Staff	#专任教师 Full-time Teachers
成人高等教育	**Adult Education Schools**	**92**	**145053**	**152507**	**404160**	**2092**	**1199**
职工高等学校	Schools of Higher Education for Staff and Workers	13	6562	4944	13638	1498	891
管理干部学院	Colleges for Management Cadres						
教育学院	Pedagogical Colleges						
广播电视大学	Radio and TV Universities	2	8953	6088	22120	594	308
普通高校成人教育	Adult Higher Education	77	129538	141475	368402		
成人中学	**Secondary Schools for Adults**	**1**	**612**		**612**	**15**	**10**
农民中学(初中)	Secondary Schools for Peasants	1	612		612	15	10
成人技术培训学校	**Technical Training Schools for Adults**	**4591**	**2269052**		**2512137**	**17118**	**11164**
职工技术培训学校	Technical Training Schools for Staff and Workers	133	303633		322826	5355	4016
农民技术培训学校	Technical Training Schools for Peasants	4221	1813729		2036856	8821	4930
教育部门办	Sponsored by Education Department	4131	1776986		2010187	8371	4567
其他部门办	Sponsored by other Department	40	32443		22369	50	43
民办	Sponsored by Private	50	4300		4300	400	320
其他培训机构	Other Training Schools for Adults	237	151690		152455	2942	2218
教育部门办	Sponsored by Education Department	47	97440		89463	1264	1032
其他部门办	Sponsored by other Department	9	2441		2172	144	66
民办	Sponsored by Private	181	51809		60820	1534	1120

注：成人技术培训学校数据中含其它培训机构数据。
a) Data of adult technical training schools include data of other training institutions.

20—12 各类学校女学生和女教师数
Number of Female Students and Teachers of School by Type

单位：人 (person)

指　标	Item	2005	2010	2011	2012	2013	2014	2015
女学生	**Number of Female Students**							
普通高等学校	Regular Institutions of Higher Education	355423	543727	580369	632044	664566	701944	740606
中等职业学校	Secondary Vocational Schools		674900	686400	645977	612327	547630	495967
普通中学	Regular Secondary Schools	2281980	2371942	2323156	2226198	2074412	1992167	1924574
高中	Senior	630230	724940	758252	768176	772875	760445	749832
初中	Junior	1651750	1647002	1564904	1458022	1301537	1231722	1174742
小学	Primary Schools	3384956	2799856	2743668	2661628	2504884	2530725	2586309
特殊教育	Special Schools	8865	14002	13499	15489	15656	15451	15894
女教师	**Number of Female Teachers**							
普通高等学校	Regular Institutions of Higher Education	18197	29297	30616	33530	35473	38056	39740
中等职业学校	Secondary Vocational Schools		15680	17680	17838	18765	19075	19085
普通中学	Regular Secondary Schools	98860	120391	123039	127044	130296	133632	136332
高中	Senior	26232	32636	34349	36580	38945	40884	42558
初中	Junior	72628	87755	88690	90464	91351	92748	93774
小学	Primary Schools	147943	158241	159507	162081	166311	172094	179892
特殊教育	Special Schools	770	1166	1231	1346	1423	1558	1679

注：中等职业学校中不包括技工学校。
a) Female teachers in secondary vocational schools don't include technical schools.

20-13 各市(州)普通高等学校基本情况(2015年)
Basic Statistics on Regular Senior Secondary Schools by Region(2015)

单位：人 (person)

市(州)	Region	学校数（所）Number of Schools (unit)	毕业生数 Graduates	招生数 Entrants	在校学生数 Enrollment	专任教师 Full-time Teachers
全　省	**Sichuan**	**109**	**361510**	**436467**	**1387889**	**84430**
成都市	Chengdu	56	190544	238333	755767	48314
自贡市	Zigong	2	8838	10180	33847	1971
攀枝花市	Panzhihua	2	5852	7421	23802	1195
泸州市	Luzhou	5	13152	14237	44142	2257
德阳市	Deyang	6	22030	24792	73084	4086
绵阳市	Mianyang	10	32964	38236	123937	7417
广元市	Guangyuan	2	3119	4354	12523	649
遂宁市	Suining	1	4714	4863	14177	634
内江市	Neijiang	3	6519	8520	26772	1597
乐山市	Leshan	3	13070	12307	41497	2482
南充市	Nanchong	4	18998	20607	71691	4131
眉山市	Meishan	2	6309	6705	23486	1245
宜宾市	Yibin	2	6975	7993	25409	1290
广安市	Guangan	1	2478	3144	9130	482
达州市	Dazhou	2	6269	7484	23228	1246
雅安市	Yaan	2	10873	13193	46451	2894
巴中市	Bazhong	1		1604	2386	93
资阳市	Ziyang	1		2260	4547	481
阿坝藏族羌族自治州	Aba	1	2710	2728	6765	410
甘孜藏族自治州	Ganzi	1	2308	2398	8633	418
凉山彝族自治州	Liangshan	2	3788	5108	16615	1138

20−14 各市(州)中等职业教育基本情况(2015年)
Basic Statistics on Secondary Vocational Schools by Region(2015)

单位：人 (person)

市(州)	Region	学校数（所）Number of Schools (unit)	毕业生数 Graduates	招生数 Entrants	在校学生数 Enrollment	教职工数 Teacher and Staff	#专任教师 Full-time Teachers
全　省	**Sichuan**	**467**	**423086**	**400780**	**987491**	**50539**	**39577**
成都市	Chengdu	84	69469	81755	232342	13045	9641
自贡市	Zigong	18	9570	11292	30236	1416	1122
攀枝花市	Panzhihua	4	4764	4597	13180	719	557
泸州市	Luzhou	20	29810	29881	73387	2563	2095
德阳市	Deyang	19	13240	13365	30505	1846	1276
绵阳市	Mianyang	29	24231	23085	52076	2173	1716
广元市	Guangyuan	14	17962	12450	28140	1379	1193
遂宁市	Suining	15	17980	15459	31656	1708	1518
内江市	Neijiang	25	22113	16047	35681	2131	1530
乐山市	Leshan	24	13395	14449	40739	2250	1565
南充市	Nanchong	42	42663	27893	68157	4256	3232
眉山市	Meishan	16	22967	17726	41076	1798	1345
宜宾市	Yibin	24	27716	29129	69313	2999	2644
广安市	Guangan	21	20429	19927	46101	1631	1372
达州市	Dazhou	35	32654	28587	67765	4133	3432
雅安市	Yaan	8	5780	4789	12759	496	407
巴中市	Bazhong	32	13213	18091	34727	1860	1649
资阳市	Ziyang	14	22106	16801	41107	1472	1239
阿坝藏族羌族自治州	Aba	4	775	1172	3247	456	361
甘孜藏族自治州	Ganzi	3	1838	1815	6204	407	291
凉山彝族自治州	Liangshan	16	10411	12470	29093	1801	1392

注：以上数据不含技工学校。
a) Data in this table exclude technical schools.

20–15 各市(州)普通高中基本情况(2015年)
Basic Statistics on Regular Senior Secondary Schools by Region(2015)

单位：人 (person)

市(州)	Region	学校数（所）Number of Schools (unit)	毕业生数 Graduates	招生数 Entrants	在校学生数 Enrollment	专任教师 Full-time Teachers
全　省	**Sichuan**	**726**	**497843**	**489960**	**1470578**	**94333**
成都市	Chengdu	125	70197	64859	198518	16627
自贡市	Zigong	21	14491	13725	41241	2598
攀枝花市	Panzhihua	8	8164	7778	23821	1506
泸州市	Luzhou	25	25091	26813	80280	4884
德阳市	Deyang	22	18497	17654	53941	3366
绵阳市	Mianyang	32	38821	37623	118560	7412
广元市	Guangyuan	26	22280	19691	60668	3869
遂宁市	Suining	27	19282	19485	56292	4192
内江市	Neijiang	38	18511	19907	57242	3395
乐山市	Leshan	25	16991	14214	47785	3433
南充市	Nanchong	71	47877	46294	139204	7682
眉山市	Meishan	28	18306	17139	50946	3390
宜宾市	Yibin	30	27745	27861	82672	5419
广安市	Guangan	37	31739	28904	89479	4784
达州市	Dazhou	42	33423	34909	101825	5765
雅安市	Yaan	13	7221	7070	21171	1442
巴中市	Bazhong	45	27225	29846	84521	4713
资阳市	Ziyang	34	20317	21576	64204	3926
阿坝藏族羌族自治州	Aba	19	5096	5443	16039	1281
甘孜藏族自治州	Ganzi	20	3348	4784	12073	865
凉山彝族自治州	Liangshan	38	23221	24385	70096	3784

20–16 各市(州)普通初中基本情况(2015年)
Basic Statistics on Regular Junior Secondary Schools by Region(2015)

单位：人 (person)

市(州)	Region	学校数（所）Number of Schools (unit)	毕业生数 Graduates	招生数 Entrants	在校学生数 Enrollment	专任教师数 Full-time Teachers
全 省	**Sichuan**	**3864**	**881394**	**807294**	**2463860**	**198832**
成都市	Chengdu	369	128951	111307	349553	29446
自贡市	Zigong	116	25326	25583	75281	5399
攀枝花市	Panzhihua	46	15670	13205	43054	3613
泸州市	Luzhou	192	56046	59564	172251	10074
德阳市	Deyang	126	30585	25247	77987	7519
绵阳市	Mianyang	194	50002	41668	132322	11879
广元市	Guangyuan	153	29335	22234	70325	7114
遂宁市	Suining	139	33152	25224	80421	8267
内江市	Neijiang	143	34805	34025	101685	8040
乐山市	Leshan	188	27215	24980	74449	7400
南充市	Nanchong	429	65467	56220	174772	16311
眉山市	Meishan	190	26468	22288	68725	7116
宜宾市	Yibin	253	57372	59276	174119	13401
广安市	Guangan	238	51130	43140	135341	10595
达州市	Dazhou	340	71786	69262	212192	14834
雅安市	Yaan	74	13993	13871	41328	3596
巴中市	Bazhong	169	50866	38774	128558	9124
资阳市	Ziyang	275	38264	37832	111496	9150
阿坝藏族羌族自治州	Aba	38	10203	9165	28648	2659
甘孜藏族自治州	Ganzi	34	10018	11977	34187	2597
凉山彝族自治州	Liangshan	158	54740	62452	177166	10698

20－17 各市(州)普通小学基本情况(2015年)
Basic Statistics on Primary Schools by Region(2015)

单位：人 (person)

市(州)	Region	学校数（所）Number of Schools (unit)	毕业生数 Graduates	招生数 Entrants	在校学生数 Enrollment	专任教师 Full-time Teachers
全 省	**Sichuan**	**6487**	**803044**	**934786**	**5417353**	**308059**
成都市	Chengdu	523	108498	142284	784266	41527
自贡市	Zigong	171	25529	29656	177691	8701
攀枝花市	Panzhihua	65	13283	11573	74130	4959
泸州市	Luzhou	260	58274	61451	413648	17953
德阳市	Deyang	200	25120	31253	168851	10932
绵阳市	Mianyang	412	37227	44152	250247	16142
广元市	Guangyuan	255	23021	27832	145283	11505
遂宁市	Suining	201	23852	30310	159553	11323
内江市	Neijiang	284	33501	36901	234231	12557
乐山市	Leshan	325	25453	30251	174789	11146
南充市	Nanchong	264	55474	64349	361965	22549
眉山市	Meishan	208	22228	26649	143064	9464
宜宾市	Yibin	322	58238	64609	376055	20312
广安市	Guangan	213	42950	42628	248364	13445
达州市	Dazhou	292	68234	68625	418303	23274
雅安市	Yaan	156	14369	14497	94768	6043
巴中市	Bazhong	203	38110	34255	198819	14637
资阳市	Ziyang	258	37288	43191	277742	13080
阿坝藏族羌族自治州	Aba	264	10391	10907	63073	6304
甘孜藏族自治州	Ganzi	465	13682	16670	97110	7457
凉山彝族自治州	Liangshan	1146	68322	102743	555401	24749

20-18 各市(州)幼儿园基本情况(2015年)
Basic Statistics on Kindergartens by Region(2015)

市(州)	Region	园数（所）Number of Kindergartens (unit)	班数（个）Number of Classes (unit)	幼儿数（人）Children Enrollment (person)	教职工数（人）Teachers and Staff (person)	#教师 Teachers
全　省	**Sichuan**	**12365**	**77769**	**2481681**	**165671**	**96885**
成都市	Chengdu	2003	14152	455587	55019	27099
自贡市	Zigong	398	2229	70074	4568	2611
攀枝花市	Panzhihua	208	1107	30803	3361	1611
泸州市	Luzhong	676	4510	145650	7391	4683
德阳市	Deyang	275	2666	97419	5323	3071
绵阳市	Mianyang	661	4672	142461	11166	5919
广元市	Guangyuan	297	2494	75004	3456	2287
遂宁市	Suining	427	3003	96669	5904	3994
内江市	Neijiang	664	3014	100237	5954	3755
乐山市	Leshan	500	3012	86859	7095	4407
南充市	Nanchong	773	5226	169894	7175	4921
眉山市	Meishan	460	2836	92508	5672	3297
宜宾市	Yibin	809	4471	145349	8294	5664
广安市	Guangan	684	3453	112820	5948	3847
达州市	Dazhou	743	6478	196849	8438	5538
雅安市	Yaan	223	1339	42059	2463	1625
巴中市	Bazhong	234	3176	85728	2675	1864
资阳市	Ziyang	1125	3770	114657	6411	4324
阿坝藏族羌族自治州	Aba	322	985	27876	1294	1003
甘孜藏族自治州	Ganzi	369	818	25644	1445	1230
凉山彝族自治州	Liangshan	514	4358	167534	6619	4135

20−19 研究与实验发展(R&D)经费构成情况
Basic Statistics on Research and Development Activities

指　　标		Item		2005	2010	2011	2012	2013	2014	2015
研究与实验发展(R&D)经费	(万元)	Funds for R&D	(10 000 yuan)	962450	2706452	2941010	3508589	3999702	4493285	5028761
地区生产总值(GDP)	(亿元)	GDP	(100 million yuan)	7385.10	17185.48	21026.68	23872.80	26392.07	28536.66	30053.10
R&D占地区生产总值(GDP)比例	(%)	R&D as Percentage of GDP	(%)	1.30	1.57	1.40	1.47	1.52	1.57	1.67
R&D经费按执行部门分组		**Grouped by Executive Departments**								
科研机构	(万元)	Scientific Research Institutions	(10 000 yuan)	384195	1239870	1281221	1538183	1679334	1887479	2116421
高等院校	(万元)	Institutions of Higher Education	(10 000 yuan)	145941	363509	447640	387196	428783	439285	465250
企业	(万元)	Enterprises	(10 000 yuan)	422936	1061086	1169093	1538313	1847328	2121910	2402691
#工业企业	(万元)	Industrial Enterprises	(10 000 yuan)	397645	879858	1044666	1422310	1688902	1960112	2238051
其他	(万元)	Others	(10 000 yuan)	9378	41987	43056	44897	44257	44611	44399
R&D经费按资金来源分组		**Grouped by Funding Sources**								
政府资金	(万元)	Government Appropriation Funds	(10 000 yuan)	438399	1512528	1501274	1711959	1527764	1932330	2302223
企业资金	(万元)	Funds Raised by Enterprises	(10 000 yuan)	456173	1136088	1354653	1673957	2001899	2217779	2439994
境外资金	(万元)	Foreign Funds	(10 000 yuan)	3966	5958	9175	10908	12320	13838	12915
其他资金	(万元)	Other Funds	(10 000 yuan)	63912	51878	75908	111765	457719	329338	273629

20−20 研究与实验发展(R&D)情况
Basic Statistics on Research and Development by Region

年　份	R&D人员折合全时人员 (人年) Full-time Equivalent of R&D Personnel (man-year)	#研究人员 Researchers	R&D经费内部支出 (万元) Internal Expenditure on R&D (10 000 yuan)	#经常费支出 Recurrent Costs
2001	48180	35325	574712	506285
2002	61312	44957	619233	571565
2003	57867	43995	794211	736462
2004	60201	46373	780066	713398
2005	65747	51403	962450	894850
2006	67932	53552	1075659	984546
2007	78452	62595	1391130	1273338
2008	87557	63130	1622607	1537790
2009	85921	48786	2144590	1755258
2010	83506	45205	2706452	2031519
2011	82485	44005	2941010	2371221
2012	98010	52059	3508589	2747195
2013	109708	57956	3999702	3133297
2014	119676	62756	4493285	3577596
2015	116842	67516	5028761	4274116

注：R&D人员折合全时人员中的研究人员，在2009年及以前为科学家和工程师。

a) Indicator of researchers in the full-time equivalent of R&D personnel is the indicator of scientists and engineers before 2009.

20–21 各市(州)研究与实验发展(R&D)情况(2015年)
Basic Statistics on Research and Development by Region(2015)

市(州)	Region	R&D人员折合全时人员(人年) Full-time Equivalent of R&D Personnel (man-year)	#研究人员 Researchers	R&D经费内部支出(万元) Internal Expenditure on R&D	#经常费支出 Recurrent Costs
全　省	**Sichuan**	**116842**	**67516**	**5028761**	**4274116**
成都市	Chengdu	62202	36969	2575677	2219833
自贡市	Zigong	2137	947	69172	63322
攀枝花市	Panzhihua	4451	1728	119745	113266
泸州市	Luzhou	2419	1359	58090	47542
德阳市	Deyang	8689	4715	400603	345999
绵阳市	Mianyang	21228	14473	1189639	988408
广元市	Guangyuan	596	289	11784	10868
遂宁市	Suining	1034	434	29817	23956
内江市	Neijiang	1449	551	67519	33914
乐山市	Leshan	1466	651	79891	58862
南充市	Nanchong	1876	1330	24838	21009
眉山市	Meishan	947	486	23175	18392
宜宾市	Yibin	4949	2049	191671	171444
广安市	Guangan	425	74	6954	5767
达州市	Dazhou	604	254	40757	35125
雅安市	Yaan	584	350	59195	40834
巴中市	Bazhong	181	62	9984	8491
资阳市	Ziyang	559	246	11470	10738
阿坝藏族羌族自治州	Aba	362	188	4669	3957
甘孜藏族自治州	Ganzi	172	105	2058	1651
凉山彝族自治州	Liangshan	515	257	52053	50738

20–22 各市(州)县级以上政府部门属研究与开发机构及情报文献机构数、人员数(2015年)

Number and Personnel of State-owned Research and Development Institutions and Information and Literature Institutions at and above County Level by Region(2015)

市(州)	Region	合 计 Total Number		自然科学技术领域 Field of Natural Sciences and Technology			社会、人文科学技术领域 Field of Social Sciences and Humanities			科技情报和文献机构 Scientific-Technical Information and Literature Institutions		
		机构(个) Institutions (unit)	从业人员(人) Employees (person)	机构(个) Institutions (unit)	从业人员(人) Employees (person)	#科技活动人员 S & T Personnel	机构(个) Institutions (unit)	从业人员(人) Employees (person)	#科技活动人员 S & T Personnel	机构(个) Institutions (unit)	从业人员(人) Employees (person)	#科技活动人员 S & T Personnel
全 省	**Sichuan**	**154**	**15860**	**110**	**13992**	**9142**	**19**	**1096**	**876**	**25**	**772**	**618**
成都市	Chengdu	79	12651	59	11192	6894	12	941	732	8	518	375
自贡市	Zigong	8	338	6	291	213	1	32	29	1	15	12
攀枝花市	Panzhihua	5	321	4	299	219				1	22	22
泸州市	Luzhou	2	59	1	37	27				1	22	22
德阳市	Deyang	3	164	1	121	96	1	28	26	1	15	15
绵阳市	Mianyang	3	142	2	115	106				1	27	23
广元市	Guangyuan	5	124	4	110	110				1	14	14
遂宁市	Suining	2	22							2	22	22
内江市	Neijiang	3	264	2	252	247				1	12	12
乐山市	Leshan	2	89	2	89	62						
南充市	Nanchong	6	441	5	426	299				1	15	15
眉山市	Meishan											
宜宾市	Yibin	6	257	5	243	189				1	14	12
广安市	Guangan	1	17				1	17	15			
达州市	Dazhou	5	157	3	116	107	1	23	22	1	18	16
雅安市	Yaan	2	46	1	33	31				1	13	13
巴中市	Bazhong	2	11	1	6	6				1	5	5
资阳市	Ziyang	1	48	1	48	36						
阿坝藏族羌族自治州	Aba	8	215	5	173	148	2	33	30	1	9	9
甘孜藏族自治州	Ganzi	5	211	4	195	161				1	16	16
凉山彝族自治州	Liangshan	6	283	4	246	191	1	22	22	1	15	15

注：县级以上政府部门属研究与开发机构及情报文献机构资料由四川省科技厅提供。

a) Information of research and development institutions and the literature of intelligence agencies in government departments above the county level are provided by Sichuan Provincial Science and Technology Department.

20—23 各市(州)县级以上政府部门属研究与开发机构及情报文献机构经费收入总额(2015年)

Total Funds of State-owned Research and Development Institutions and Information and Literature Institutions at and above County Level by Region(2015)

单位:千元 (1 000 yuan)

市(州)	Region	合 计 Total	自然科学技术领域 Field of Natural Sciences and Technology	#政府拨款 Government Approp-riations	社会、人文科学技术领域 Field of Social Sciences and Humanities	#政府拨款 Government Approp-riations	科技情报和文献机构 Scientific-Technical Information and Literature Institutions	#政府拨款 Government Approp-riations
全　省	**Sichuan**	**6087880**	**5539528**	**3552422**	**336969**	**226186**	**211383**	**152131**
成都市	Chengdu	5322848	4872460	2966686	302818	195790	147570	101524
自贡市	Zigong	64593	53539	46766	8788	8788	2266	2147
攀枝花市	Panzhihua	99113	94604	89283			4509	4508
泸州市	Luzhou	12208	9205	6198			3003	3003
德阳市	Deyang	51268	46597	24325	3000	3000	1671	1671
绵阳市	Mianyang	37706	31534	23796			6172	6172
广元市	Guangyuan	22705	21695	21695			1010	1010
遂宁市	Suining	4989					4989	4989
内江市	Neijiang	43626	41712	37263			1914	1883
乐山市	Leshan	16192	16192	15280				
南充市	Nanchong	104700	101629	90447			3071	3071
眉山市	Meishan							
宜宾市	Yibin	64329	62145	49798			2184	2124
广安市	Guangan	2895			2895	2895		
达州市	Dazhou	32748	23584	23584	6544	3144	2620	2620
雅安市	Yaan	28488	6485	5775			22003	9008
巴中市	Bazhong	885	530	530			355	355
资阳市	Ziyang	8396	8396	8396				
阿坝藏族羌族自治州	Aba	65603	57425	51043	5942	5932	2236	2236
甘孜藏族自治州	Ganzi	51998	48608	48568			3390	3390
凉山彝族自治州	Liangshan	52590	43188	42989	6982	6637	2420	2420

20−24 各市(州)县级以上政府部门属研究与开发机构及情报文献机构经费支出总额(2015年)

Total Expenditures of State-owned Research and Development Institutions and Information and Literature Institutions at and above County Level by Region(2015)

单位:千元 (1 000 yuan)

市(州)	Region	合计 Total	自然科学技术领域 Field of Natural Sciences and Technology	#科技经费支出 Scientific-Technical Expenditures	社会、人文科学技术领域 Field of Social Sciences and Humanities	#科技经费支出 Scientific-Technical Expenditures	科技情报和文献机构 Scientific-Technical Information and Literature Institutions	#科技经费支出 Scientific-Technical Expenditures
全　省	**Sichuan**	**6152935**	**5619299**	**3961525**	**342449**	**206012**	**191187**	**130595**
成都市	Chengdu	5408379	4952931	3447301	307144	177213	148304	98402
自贡市	Zigong	64596	53274	38448	8943	7231	2379	1497
攀枝花市	Panzhihua	102270	97272	79743			4998	4998
泸州市	Luzhou	11755	8752	4454			3003	2326
德阳市	Deyang	46775	41575	31978	3439	2780	1761	1570
绵阳市	Mianyang	35624	29928	22434			5696	
广元市	Guangyuan	17951	16941	16941			1010	810
遂宁市	Suining	5227					5227	5227
内江市	Neijiang	41689	39755	34388			1934	1904
乐山市	Leshan	15294	15294	8053				
南充市	Nanchong	102620	100077	65069			2543	2014
眉山市	Meishan							
宜宾市	Yibin	63377	61393	52693			1984	1924
广安市	Guangan	2895			2895	1426		
达州市	Dazhou	33493	24299	19573	6653	6653	2541	2541
雅安市	Yaan	7906	6485	3967			1421	737
巴中市	Bazhong	885	530	460			355	265
资阳市	Ziyang	7920	7920	7920				
阿坝藏族羌族自治州	Aba	68988	60661	45832	6425	5041	1902	1902
甘孜藏族自治州	Ganzi	44530	41140	30136			3390	2242
凉山彝族自治州	Liangshan	70761	61072	52135	6950	5668	2739	2236

20–25 高等学校科技人力资源和研究机构情况(2015年)
Basic Statistics on Human Resources for Scientific and Technological Activities and Research Institution of Higher Education(2015)

项 目 市(州)	Item Region	科技活动人员(人) S&T Personnel (person)	#大学本科及以上学历 Bachelor's Degree and above (person)	研究机构数(个) Number of Research Institutions (unit)	R&D人员(人) R&D Personnel (person)	#博士毕业 Doctor's Degree (person)	#硕士毕业 Master's Degree (person)	R&D经费支出(万元) Expenditure on R&D (10 000 yuan)
合 计	**Total**	**73552**	**66721**	**483**	**7727**	**3676**	**2552**	**96128.9**
理 科	Science	45883	39860	337	5425	2961	1383	93627.9
文 科	Liberal arts	27669	26861	146	2302	715	1169	2501.0
成都市	Chengdu	41708	38264	305	5650	2983	1738	91052.7
自贡市	Zigong	1650	1554	17	385	51	189	1167.2
攀枝花市	Panzhihua	1289	1255	2	38	15	19	28.3
泸州市	Luzhou	5902	4465	13	120	30	62	151.6
德阳市	Deyang	3511	2724	1	6	1	2	60.6
绵阳市	Mianyang	5473	5251	42	193	53	73	559.1
广元市	Guangyuan	524	504	1	6		6	0.1
遂宁市	Suining	420	399					
内江市	Neijiang	1523	1426	5	61	14	23	66.3
乐山市	Leshan	1794	1691	13	173	37	106	78.5
南充市	Nanchong	3740	3468	38	457	206	128	1181.5
眉山市	Meishan	554	550					
宜宾市	Yibin	768	756	13	184	40	97	112.0
广安市	Guangan							
达州市	Dazhou	862	819	3	21	3	14	20.0
雅安市	Yaan	2161	2063	17	370	241	63	1564.3
巴中市	Bazhong	124	120	1	1		1	0.5
资阳市	Ziyang							
阿坝藏族羌族自治州	Aba	455	412	1	4		1	2.5
甘孜藏族自治州	Ganzi	423	364	1	6		4	31.5
凉山彝族自治州	Liangshan	671	636	10	52	2	26	52.2

20-26 科技成果水平及应用情况(2015年)
Level and Utility of Achievement in Scientific and Technical Research(2015)

单位：项 (item)

指 标	Item	合计 Total	科研机构 Research Institutions	大专院校 Universities and Colleges	企业 Enterprises	其他 Others
基本情况	**Basic Condition**					
登记项目数	Number of Projects Registered	2303	315	325	1552	111
鉴定项目数	Number of Projects Appraised	727	113	85	452	77
奖励项目数	Number of Projects Praised	268	54	69	123	22
成果计划	**Achievements Plan**					
国家计划项目	Projects of Country Plans	141	36	61	31	13
部门计划项目	Projects of Department	56	23	9	11	13
地方计划项目	Projects of Local Government	114	55	14	29	16
部门基金项目	Projects of Department Foundation	8	3	1	1	3
地方基金项目	Projects of Local Government Foundation	10	4	4	2	
其他	Others	1974	194	236	1478	66
成果类别	**Achievements Type**					
基础理论	Basic Theory	28	5	19		4
应用技术	Applied Technology	2255	304	300	1547	104
软科学	Soft Science	20	6	6	5	3
成果水平	**Achievements Level**					
国际领先	International Original	76	13	15	43	5
国际先进	International Advanced	207	39	36	120	12
国内领先	Domestic Original	332	60	34	202	36
国内先进	Domestic Advanced	150	19	7	100	24
应用项目	**Projects Applied**					
农、林、牧、渔业	Farming, Forestry, Animal Husbandry and Fishery	164	68	31	39	26
工业	Industry	1744	171	212	1346	15
建筑业	Construction	37	1	1	34	1
交通运输、邮电通讯业	Transportation, Postal and Telecommunication Services	39	3	8	27	1
信息传输、计算机服务和软件业	Information Transmission, Computer Services and Software	76	8	14	53	1
批发和零售业	Wholesale and Retail Trades	1			1	
住宿和餐饮业	Hotels and Catering Services					
金融、保险业	Banking and Insurance					
房地产业	Real Estate	1			1	
租赁和商务服务业	Leasing And Business Services	1				1
科学研究、技术服务和地质勘查业	Scientific Research,Technic Services and Geological Prospecting	85	41	12	26	6
水利、环境和公共设施管理业	Management of Water Conservancy.Environment and Public Facilities	15		3	11	1
居民服务和其他服务业	Residental Service And Others	1			1	
教育	Education	2			2	
卫生、社会保障和社会福利业	Health Care, Social Security and Social Welfare	74	5	16	4	49
文化、体育和娱乐业	Culture, Sports and Entertainment	1	1			
公共管理和社会组织	Public Management and Social Organizations	14	6	3	2	3
其他行业	Others					
未应用项目	**Projects not Applied**	**15**	**1**	**7**	**3**	**4**

注：科技成果水平及应用资料由四川省科技厅提供。

a) Data of achievement and application of information technology are provided by Sichuan Provincial Science and Technology Department.

20–27 专利申请量及授权量
Patent Applications Accepted and Granted

单位：项 (item)

项　目	Item	2011	2012	2013	2014	2015
全省专利申请量合计	**Total Applications Examined**	**49734**	**66312**	**82453**	**91167**	**110746**
1. 发明	I. Creations and Inventions	11808	16368	23510	29926	40437
实用新型	Utility Models	19241	26732	33488	32085	41859
外观设计	Designs	18685	23212	25455	29156	28450
2. 个人	II.Individuals	17991	21368	21994	22664	25599
大专院校	Universities and Colleges	3198	4514	6144	6593	8991
科研单位	Research Institutions	1768	1795	1997	2436	3565
工矿企业	Industrial and Mineral Enterprises	26130	37742	51429	58770	71181
机关团体	Government Agencies and Organizations	647	893	889	704	1410
全省专利授权量合计	**Total Applications Granted**	**28446**	**42220**	**46171**	**47120**	**64953**
1. 发明	I. Creations and Inventions	3270	4455	4566	5682	9105
实用新型	Utility Models	12533	19663	24730	24060	31420
外观设计	Designs	12643	18102	16875	17378	24428
2. 个人	II.Individuals	10449	14095	13699	8124	12750
大专院校	Universities and Colleges	1543	2075	2539	3060	4693
科研单位	Research Institutions	710	1408	1093	1173	1469
工矿企业	Industrial and Mineral Enterprises	15523	24183	28334	34153	45042
机关团体	Government Agencies and Organizations	221	459	506	610	999

注：专利资料由四川省知识产权局提供。
a) Data of patent information are provided by Sichuan Provincial Intellectual Property Department.

20–28 各类技术合同签定及执行情况
Concluded and Fulfilled Technical Contracts

项　目	Item	合同数 (项) Number of Contracts (item)		合同成交额 (万元) Value of Contracts (10 000 yuan)		技术交易额 (万元) Technology Business Value (10 000 yuan)	
		2014	2015	2014	2015	2014	2015
全　省	**Total**	**11991**	**11262**	**2213239**	**2958201**	**1796333**	**2656637**
技术开发	Technical Development	7742	7985	879091	1094883	851225	1039492
技术转让	Technical Transfer	481	360	392953	258540	255900	180792
技术咨询	Technical Consultation	528	451	19638	14318	13694	14313
技术服务	Technical Services	3240	2466	921557	1590459	675514	1422039

注：各类技术合同签定及执行情况由四川省科技厅提供。
a) Data of various types of technology and the implementation of the contract signed are provided by Provincial Science and Technology Department.

主要统计指标解释

普通高等学校 指通过国家普通高等教育招生考试，招收高中毕业生为主要培养对象，实施高等学历教育的全日制大学、独立设置的学院、独立学院和高等专科学校、高等职业学校及其他机构。

成人高等学校 指通过国家成人高等教育招生考试，招收具有高中毕业或同等学力的人员为主要培养对象，利用函授、业余、脱产等多种形式，对其实施高等学历教育的学校。包括：职工高等学校、农民高等学校、管理干部学院、教育学院、独立函授学院、广播电视大学、其他机构。其他机构是指承担国家成人招生计划任务不计校数的机构。

科技活动 指在自然科学、农业科学、医药科学、工程与技术科学、人文与社会科学领域(简称科学技术领域)中，与科技知识的产生、发展、传播和应用密切相关的有组织的活动。可分为研究与试验发展(R&D)、研究与试验发展成果应用及相关的科技服务三类活动。该定义是联合国教科文组织考虑成员国特别是发展中国家开展科技统计工作的需要，而对科技活动所作的统计界定。

科技活动人员 指直接从事科技活动、以及专门从事科技活动管理和为科技活动提供直接服务，累计的实际工作时间占全年制度工作时间10%及以上的人员。(1)直接从事科技活动的人员包括：在独立核算的科学研究与技术开发机构、高等学校、各类企业及其他事业单位内设的研究室、实验室、技术开发中心及中试车间(基地)等机构中从事科技活动的研究人员、工程技术人员、技术工人及其它人员；虽不在上述机构工作，但编入科技活动项目(课题)组的人员；科技信息与文献机构中的专业技术人员；从事论文设计的研究生等。(2)专门从事科技活动管理和为科技活动提供直接服务的人员，包括：独立核算的科学研究与技术开发机构、科技信息与文献机构、高等学校、各类企业及其他事业单位主管科技工作的负责人，专门从事科技活动的计划、行政、人事、财务、物资供应、设备维护、图书资料管理等工作的各类人员，但不包括保卫、医疗保健人员、司机、食堂人员、茶炉工、水暖工、清洁工等为科技活动提供间接服务的人员。该指标用来反映投入科技活动人力的规模。

科学家和工程师 指科技活动人员中具有高、中级技术职称(职务)的人员和不具有高、中级技术职称(职务)的大学本科及以上学历人员。该指标用来反映投入科技活动人力的素质。

研究与试验发展(R&D) 指在科学技术领域，为增加知识总量，以及运用这些知识去创造新的应用进行的系统的创造性的活动，包括基础研究、应用研究、试验发展三类活动。国际上通常采用R&D 活动的规模和强度指标反映一国的科技实力和核心竞争力。

R&D 人员 指参与研究与试验发展项目研究、管理和辅助工作的人员，包括项目(课题)组人员，企业科技行政管理人员和直接为项目(课题)活动提供服务的辅助人员。反映投入从事拥有自主知识产权的研究开发活动的人力规模。

R&D 经费支出合计 指调查单位用于内部开展 R&D 活动（基础研究、应用研究和试验发展）的实际支出。包括用于 R&D 项目（课题）活动的直接支出，以及间接用于 R&D 活动的管理费、服务费、与 R&D 有关的基本建设支出以及外协加工费等。不包括生产性活动支出、归还贷款支出以及与外单位合作或委托外单位进行 R&D 活动而转拨给对方的经费支出。

专利 是专利权的简称，是对发明人的发明创造经审查合格后，由专利局依据专利法授予发明人和设计人对该项发明创造享有的专有权。包括发明、实用新型和外观设计。反映拥有自主知识产权的科技和设计成果情况。

发明(专利) 指对产品、方法或者其改进所提出的新的技术方案。是国际通行的反映拥有自主知识产权技术的核心指标。

实用新型(专利) 指对产品的形状、构造或者其结合所提出的适于实用的新的技术方案。反映具有一定技术含量的技术成果情况。

外观设计(专利) 指对产品的形状、图案、色彩或者其结合所作出的富有美感并适于工业上应用的新设计。反映拥有自主知识产权的外观设计成果情况。

Explanatory Notes on Main Statistical Indicators

Regular Institutions of Higher Education refer to educational establishments recruiting graduates from senior secondary schools as the main target through National Matriculation TEST. They include full-time universities, independently established colleges, colleges, and institutions of higher professional education, institutions of higher vocational education and others.

Institutions of Higher Education for Adults refer to educational establishments, enrolling personnel with senior secondary school or equivalent education through National Matriculation TEST for Adult, and providing higher education courses in forms of correspondence, spare time, or full time for adults. Institutions of higher learning for adults include schools of higher education for staff and workers, schools of higher education for peasants, colleges for management cadres, pedagogical colleges, independent correspondence colleges, radio and television universities and other educational establishments. Other educational establishments refer to undertaking adult students enrolment but not enumerated in the number of schools under the State Plan.

Scientific and Technological Activities (S&T Activities) refer to organized activities which are closely related with the creation, development, dissemination and application of the scientific and technical knowledge in the fields of natural sciences, agricultural science, medical science, engineering and technological science, humanities and social sciences (referred to as scientific and technological fields). S&T activities can be classified in to 3 categories: research and development (R&D) activities, application of R&D results, and related S&T services. This statistical definition is made by UNICHIEF for scientific and technological activities to meet the need of carrying out statistical work in this field for its member countries in particular those developing countries.

Personnel Engaged in S&T Activities refer to personnel directly engaged in S&T activities, in the management of S&T activities, and in providing direct service to S&T activities, who spend over 10% of the total working hours in a year in S&T activities. (1) Personnel directly engaged in S&T activities include researchers, engineers, technicians and other related personnel engaged in S&T activities in independent-accounting R&D institutions, institutions of higher learning, and in research institutes, laboratories, technology development centers and central experiment workshops under enterprises and institutions. Also included are people working in S&T research project teams, professional and technical personnel working in S&T information archiving institutes, and graduate students working on the design of their thesis. (2) Personnel engaged in the management of S&T activities and in providing direct service to S&T activities include senior management people responsible for S&T activities in independent -accounting R&D institutions, S&T information archiving institutes, institutions of higher learning, and in enterprises and institutions where S&T activities are undertaken. Also included are people responsible for the planning, administration, personnel management, financial management, logistics supply, equipment maintenance, information and library management that are related with S&T activities. People providing indirect services are excluded, such as security, medical service, drivers, plumbers, cleaners and those providing catering and related service. This indicator reflects the size of personnel engaged in S&T activities.

Scientists and Engineers refer to persons engaged in S&T activities who have obtained titles of senior and middle level professional positions, and those without such position but have completed university or higher education. This indicator reflects the quality of personnel engaged in S&T activities.

Research and Development (R&D) refers to systematic and creative activities in the field of science and technology aiming at increasing the knowledge and using the knowledge for new application. R&D includes 3 categories of activities: basic research, applied research and experiments and development. The scale and intensity of R&D are widely used internationally to reflect the strength of S&T and the core competitiveness of a country in the world.

R&D Personnel refer to persons engaged in research, management and supporting activities of R & D, including persons in the project teams, persons engaged in the management of S&T activities of enterprises and supporting staff providing direct service to the research projects. This indicator reflects the size of personnel engaged in R&D activities with independent intellectual property.

Total Expenditure of Funds on R&D refers to the real expenditure of surveyed units on their own R&D activities (basic research, application study, test and development) including direct expenditure on R&D activities, indirect expenditure of management and services on R&D activities, expenditure on capital construction and material processing by others. Excluding the expenditure on production activities, return of loan, and fees transferred to cooperated and entrusted agencies on R&D activities.

Patent is an abbreviation for the patent right and refers to the exclusive right of ownership by the inventors or designers for the creation or inventions, given from the patent offices after due process of assessment and approval in accordance with the Patent Law. Patents are granted for inventions, utility models and designs. This indicator reflects the achievements of S&T and design with independent intellectual property.

Patented Inventions refer to the new technical proposals to the products or methods or their modifications. This is universal core indicator reflecting the technologies with independent intellectual property.

Patented Utility Models refer to the practical and new technical proposals on the shape and structure of the product or the combination of both. This indicator reflects the condition of technological results with certain technical content.

Designs refer to the aesthetics and industrially applicable new designs for the shape, pattern and color of the product, or their combinations. This indicator reflects the appearance design achievements with independent intellectual property.

21

文化、体育和卫生

CULTURE,SPORTS AND PUBLIC HEALTH

21-1 文化艺术、文物事业机构数
Number of Institutions for Culture, Art and Cultural Relics

单位：个 (unit)

年份 Year	艺术表演团体 Art Performance Troupes	公共图书馆 Public Libraries	文化馆 Cultural Centers	文化站 Cultural Stations	博物馆 Museums
1952	126	4	148	146	1
1957	148	21	163	115	2
1962	205	36	161	76	11
1965	198	36	167	31	13
1970	169	36	171	16	13
1975	190	36	178	13	13
1978	193	57	178	8	12
1980	183	71	177	656	11
1985	148	82	172	5196	24
1990	109	109	168	4957	34
1991	106	112	168	4973	37
1992	105	117	169	4329	37
1993	103	117	169	3745	37
1994	101	118	170	3634	42
1995	101	123	171	3613	42
1996	101	125	172	3384	44
1997	101	127	170	3574	44
1998	100	129	170	3689	47
1999	99	129	171	3666	47
2000	98	129	171	3667	50
2001	89	129	174	3720	51
2002	89	131	173	3525	51
2003	89	132	181	3722	51
2004	84	137	180	3701	54
2005	85	141	180	4515	54
2006	81	146	202	3600	59
2007	84	151	202	3795	62
2008	83	154	203	3873	85
2009	84	156	203	4019	89
2010	82	161	204	4448	108
2011	75	169	205	4593	144
2012	63	188	205	4595	152
2013	52	197	207	4595	188
2014	51	198	207	4601	206
2015	52	203	207	4578	225

注：文化艺术、图书馆、博物馆等资料由四川省文化厅提供。
a) Data of culture and art, libraries, museums and other information are provided by the Provincial Department of Culture.

21-2 各市(州)文化艺术和文物事业机构和人员数(2015年)
Institutions and Personnel of Culture, Art and Cultural Relics by Region(2015)

市(州)	Region	艺术表演团体 Art Performance Troupes		公共图书馆 Public Libraries			文化馆 Cultural Centers		博物馆 Museums	
		机构数(个) Institutions (unit)	从业人员(人) Employed Persons (person)	机构数(个) Institutions (unit)	从业人员(人) Employed Persons (person)	藏书量(千册) Collections (1 000 volumes)	机构数(个) Institutions (unit)	从业人员(人) Employed Persons (person)	机构数(个) Institutions (unit)	从业人员(人) Employed Persons (person)
全 省	**Sichuan**	**52**	**2963**	**203**	**2261**	**33278**	**207**	**2906**	**225**	**6107**
成都市	Chengdu	11	1038	22	780	13898	22	535	78	2383
自贡市	Zigong	5	273	7	65	509	7	83	4	258
攀枝花市	Panzhihua	2	161	6	50	847	6	88	3	92
泸州市	Luzhou	1	18	9	80	1388	8	103	10	121
德阳市	Deyang	1	17	7	77	974	7	93	10	459
绵阳市	Mianyang	4	142	10	104	1933	10	119	13	426
广元市	Guangyuan	2	25	8	76	1151	9	84	12	323
遂宁市	Suining	1	53	6	53	564	6	82	5	131
内江市	Neijiang	5	154	4	55	567	6	115	4	73
乐山市	Leshan	1	20	11	86	742	12	102	9	202
南充市	Nanchong	4	224	10	95	1765	10	120	8	219
眉山市	Meishan	1	43	7	52	374	7	73	6	126
宜宾市	Yibin	1	122	10	78	1274	11	167	9	86
广安市	Guangan			7	91	2005	7	136	4	320
达州市	Dazhou	2	195	8	101	969	8	219	6	95
雅安市	Yaan			9	61	711	9	89	9	114
巴中市	Bazhong	2	45	6	70	1009	6	117	11	286
资阳市	Ziyang	2	46	5	67	626	5	84	1	118
阿坝藏族羌族自治州	Aba	1	94	14	69	564	14	101	10	104
甘孜藏族自治州	Ganzi	2	96	19	58	363	19	179	5	59
凉山彝族自治州	Liangshan	4	197	18	93	1044	18	217	8	112

注：全省合计中含省直属单位数。

a) The provincal data includes those of unites directly under the province.

21-3 各市(州)文化站基本情况(2015年)
Basic Statistics on Cultural Stations by Region(2015)

市(州)	Region	文化站(个) Cultural Stations (unit)	#乡镇文化站 Township Cultural Stations	从业人员(人) Employed Persons (person)	举办展览(个) Number of Exhibitions (unit)	组织文艺活动次数(次) Art Performances & Cultural Sessions (time)	藏书量(千册) Collections (1 000 copies)
全　省	**Sichuan**	**4578**	**4318**	**7744**	**9638**	**53739**	**15153**
成都市	Chengdu	315	206	1122	1474	11939	2095
自贡市	Zigong	108	96	170	141	1722	368
攀枝花市	Panzhihua	44	44	85	85	966	186
泸州市	Luzhou	142	128	231	247	1258	607
德阳市	Deyang	127	119	206	284	1527	1204
绵阳市	Mianyang	294	277	697	736	3893	1794
广元市	Guangyuan	238	230	351	629	1391	827
遂宁市	Suining	113	105	172	235	1563	376
内江市	Neijiang	121	111	250	228	910	509
乐山市	Leshan	218	211	284	607	1904	571
南充市	Nanchong	423	393	575	1081	4322	902
眉山市	Meishan	131	128	189	329	1481	324
宜宾市	Yibin	185	172	341	285	1550	792
广安市	Guangan	175	172	355	365	970	429
达州市	Dazhou	312	309	372	853	1633	1261
雅安市	Yaan	142	138	240	292	1285	350
巴中市	Bazhong	195	188	349	795	2384	481
资阳市	Ziyang	175	171	480	168	1991	820
阿坝藏族羌族自治州	Aba	219	219	300	204	1158	295
甘孜藏族自治州	Ganzi	325	325	340	1	7600	169
凉山彝族自治州	Liangshan	576	576	635	599	2292	791

21-4 群众艺术馆、文化馆(站)业务活动及经费情况(2015年)
Basic Statistics on Activities and Expenditures of Mass Art Centers and Cultural Centers (Stations)(2015)

项　目		Item		总计 Total	群众艺术馆(文化馆) Mass Art Centers Cultural Centers	文化站 Cultural Stations
单位数	(个)	Number of Units	(unit)	4785	207	4578
举办展览	(个)	Number of Exhibitions	(unit)	11226	1588	9638
组织文艺活动	(次)	Art Performances and Cultural Sessions	(time)	66118	12379	53739
举办训练班		Training Courses				
班次	(次)	Number of Classes	(time)	32833	7963	24870
培训人次	(万人次)	Number of Persons Completing Courses	(10 000 person-times)	224	66	159
群众业余演出团(队)	(个)	Part-time Art Groups	(unit)	21219	3275	17944
总支出	(万元)	Total Expenses	(10 000 yuan)	128087	62564	65523
#基本支出	(万元)	Basic Expenses	(10 000 yuan)	74598	39788	34810

注：本表各项指标仅指文化部门系统内的。
a) Data in this table only refers to those under the administration of cultural departments.

21-5 公共图书馆业务活动及经费情况(2015年)
Business Activities and Expenditures of Public Libraries(2015)

项　目		Item		总计 Total	省级公共图书馆 Public Libraries at Provincial Level	市(州)级公共图书馆 Public Libraries at Prefecture Level	县级公共图书馆 Public Libraries at County Level
总藏量	(千册、件)	Total Collections	(1 000 volumes)	33278	5219	10812	17246
书架总长度	(千米)	Total Length of Bookshelves	(km)	1454	42	976	436
有效借书证个数	(千个)	Number of Library Cards Distributed	(1 000 units)	953	26	333	594
书刊外借情况		Condition of Books Borrowed by the Readers					
人次	(千人次)	Total Number of Circulation	(1 000 person-times)	8903	5	3123	5775
册次	(千册次)	Number of Books Borrowed by the Readers	(1 000 volume-times)	16171	23	6246	9902
为读者举办各种活动		Service Activities Provided for Readers					
次数	(次)	Number of Activities	(time)	5530	57	1402	4071
参加人数	(千人次)	Number of Readers Involved	(1 000 person-times)	2663	41	683	1939
总支出	(万元)	Total Expenditures	(10 000 yuan)	59960	20368	13965	25628
基本支出	(万元)	Basic Expenses	(10 000 yuan)	24584	2755	7633	14196
#新增藏量购置费	(万元)	Purchase of New Reserves	(10 000 yuan)	4204	550	1366	2287
本年新增藏量	(万册)	New Reserves this Year	(10 000 volumes)	211	10	70	131
阅览室座席	(千个)	Seating Capacity of Reading Rooms	(1 000 seats)	45739	2033	10028	33678

注：总藏量从2013年起不包括电子图书。
a) Total collections don't include electronic books since 2013.

21-6 博物馆、文物机构业务活动及经费情况(2015年)
Business Activities and Expenditures of Museums and Cultural Relic Agencies(2015)

项　目		Item		博物馆 Museums	文物保护管理机构 Cultural Relic Agencies
藏品	(件)	Number of Collections	(piece)	3414417	199802
#一级品	(件)	Grade One	(piece)	6597	1327
本年支出	(万元)	Total Expenses	(10 000 yuan)	136066	53346
#基本支出	(万元)	Basic Expense	(10 000 yuan)	40606	9686
#商品和服务支出	(万元)	Goods and Sevices Expenses	(10 000 yuan)	42322	22612

21—7 图书、杂志和报纸出版情况
Number of Books, Magazines and Newspapers Published

年份 Year	图书 Books Published				杂志 Magazines Published				报纸 Newspapers Published			
	种数 (种) Number of Publi-cations (kind)	#新出版 New Publi-cations	总印数 (万册) Total Printed Copies (10 000 copies)	总印张数 (万印张) Total Printed Sheets (10 000 sheets)	种数 (种) Number of Publi-cations (kind)	每期平均印数 (万册) Average Printed Copies per Issue (10 000 copies)	总印数 (万册) Total Printed Copies (10 000 copies)	总印张数 (万印张) Total Printed Sheets (10 000 sheets)	种数 (种) Number of News-paper Publi-shed (kind)	每期平均印数 (万份) Average Printed Copies per Issue (10 000 copies)	总印数 (万份) Total Printed Copies (10 000 copies)	总印张数 (万印张) Total Printed Sheets (10 000 sheets)
1952	53	20	1481	3195	25	45	565	540	14	34	6799	5150
1957	52		909	1783					15	35	8109	6005
1962	86		2484	5256								
1965	65		6280	15006								
1970	24		4225	10677								
1975	292	233	17184	48499								
1978	277	241	24993	83916	13	57	562	1173	15	170	51889	43758
1980	549	502	31370	119063	71	341	3036	8699	22	214	50627	42305
1985	1273	1151	28023	99516	224	690	5532	17810	69	859	92878	64138
1990	2676	1896	21152	82360	226	324	3257	9149	66	818	94657	64642
1991	2769	1730	16634	71891	234	362	3192	9443	70	869	101753	68660
1992	3022	2063	22903	99185	249	404	4030	11697	75	818	97368	72598
1993	2459	1795	17666	72266	256	456	4674	12491	80	823	104000	73974
1994	3840	2818	21650	105849	275	412	4067	11865	91	885	102319	72532
1995	3017	1876	15438	83894	287	487	4993	14898	93	710	100500	122632
1996	3833	2256	27975	138772	289	409	4339	12025	95	680	109084	138292
1997	4510	2005	33272	153193	289	405	4336	12484	95	763	126818	227065
1998	4436	2369	31491	151112	284	403	4508	13211	100	757	124922	235944
1999	4306	2254	29852	147862	287	419	4754	14944	100	782	127708	240359
2000	3855	2134	27315	157672	275	451	4950	16238	91	711	133590	366840
2001	3820	2104	26032	158031	334	362	4172	16233	84	671	136737	394553
2002	3895	2244	25932	165312	256	440	5572	20688	92	654	135163	319004
2003	4131	2315	25889	170470	267	352	4767	21421	93	634	139266	357423
2004	4059	1911	21690	154980	225	293	5269	32515	107	651	155972	498494
2005	4836	2975	23643	193903	330	459	7502	60933	130	659	155865	671830
2006	4873	3070	19643	149609	335	509	8215	59996	136	618	155800	685570
2007	5150	3287	19591	146591	335	496	9514	74788	136	660	168638	656104
2008	5021	2885	19490	142562	336	475	8237	53222	136	670	164273	737694
2009	6719	3878	17492	127321	336	494	8303	52759	136	613	155286	797707
2010	6645	3396	19493	147325	340	498	10593	74892	136	687	170176	999545
2011	8081	3951	24787	179489	343	471	9293	67424	136	670	174021	1019233
2012	7794	4235	23587	176618	343	470	9066	63236	136	661	172573	865664
2013	8554	4946	23416	186771	346	417	7499	54658	137	687	170457	833132
2014	9095	5252	19623	156848	349	376	6382	44033	136	653	167699	752920
2015	10097	6074	24805	193337	352	330	5655	35616	134	642	162781	647618

注：图书、杂志、报纸、音像制品出版资料由四川省新闻出版局提供。

a) Data of books, magazines, newspapers, audio-visual products published are provided by Sichuan Provincial Press and Publication Bureau.

21-8 录像制品出版情况
Publication of Video Products

年份 Year	录像制品合计 Total 种数(种) Kind	录像制品合计 Total 数量(万盒、万张) Volume (10 000 pieces)	录像带 Audio-tapes 种数(种) Kind	录像带 Audio-tapes 数量(万盒) Volume (10 000 cassettes)	数码激光视盘 VCD 种数(种) Kind	数码激光视盘 VCD 数量(万张) Volume (10 000 pieces)	高密度激光视盘 DVD-V 种数(种) Kind	高密度激光视盘 DVD-V 数量(万张) Volume (10 000 pieces)
2000	172	97.72			172	97.72		
2001	260	391.98	48	24.60	210	365.38	2	2.00
2002	446	501.51	18	64.25	401	424.61	27	12.65
2003	490	310.23	57	34.00	380	205.63	53	25.60
2004	241	198.36			216	184.54	25	13.82
2005	294	171.80			240	147.94	54	23.87
2006	542	240.82	3	1.10	243	122.99	296	116.73
2007	491	164.01	1	0.30	288	99.38	202	64.33
2008	343	153.23	1	0.80	163	83.37	179	69.06
2009	250	124.30			106	53.26	144	72.04
2010	191	108.46			58	24.01	133	84.45
2011	96	73.13	1	0.25	22	10.58	73	62.30
2012	91	80.35			6	1.70	85	78.65
2013	77	45.54			10	3.03	67	42.51
2014	54	47.85			5	0.70	49	47.15
2015	48	67.45			2	0.30	46	67.15

21-9 录音制品出版情况
Publication of Audio Products

年份 Year	录音制品合计 Audio Products 种数(种) Kind	录音制品合计 Audio Products 数量(万盒、万张) Volume (10 000 pieces)	盒式音带 Cassettes Audio-tapes 种数(种) Kind	盒式音带 Cassettes Audio-tapes 数量(万盒) Volume (10 000 cassettes)	激光唱片 CD 种数(种) Kind	激光唱片 CD 数量(万张) Volume (10 000 pieces)
1998	85	123.53	56	96.83	29	26.70
1999	178	89.31	80	56.74	98	32.57
2000	92	64.03	40	37.73	52	26.30
2001	114	93.53	61	42.27	53	51.26
2002	210	95.39	117	53.44	93	41.95
2003	158	127.27	56	38.52	102	88.75
2004	42	61.96	1	0.40	41	36.52
2005	177	88.20	69	33.70	108	54.50
2006	139	70.45	44	15.60	95	54.85
2007	164	71.73	48	13.74	114	55.99
2008	72	25.40	13	8.05	59	16.99
2009	75	40.58	12	15.30	63	25.28
2010	47	28.38	15	14.28	32	14.09
2011	32	25.77	4	4.00	28	21.77
2012	12	5.03	3	2.50	9	4.78
2013	35	19.70	1	0.20	34	19.50
2014	38	17.34	3	6.00	35	11.34
2015	15	8.65	2	4.00	13	4.65

21-10 广播电视事业发展情况
Basic Statistics on Development of Broadcasting and Television

年份 Year	广播电台 (座) Broadcasting Stations (set)	中短波发射台及转播台 (座) Transmission Stations and Relaying Stations of Medium and Short Wave (set)	中短波发射机功率 (部/千瓦) Power of Transmitters of Medium and Short Wave (unit / kw)	电视台 (座) Television Stations (set)	电视发射台及转播台 (座) Television Transmission Stations and Relaying Stations (set)	电视发射机功率 (部/千瓦) Power of Television Transmission (unit / kw)	广播覆盖率 (%) Population Coverage Rate of Broadcasting (%)	电视覆盖率 (%) Population Coverage Rate of Television (%)	广播电视台(站) (个) Broadcasting and Television Stations of County Level (set)
1952	3	2	2 / 2				20.06		
1957	1	1	2 / 2				20.06		80
1962	3	4	3 / 23.8	1	1	1 / 1	30.18	3.87	129
1965	3	4	3 / 123.8	1	1	1 / 1	30.09	3.87	141
1970	3	4	5 / 260.6	1	1	1 / 1	35.28	5.29	150
1975	3	9	10 / 327.6	1	14	15 / 5.50	43.13	18.73	157
1978	3	9	11 / 413.3	1	82	76 / 6.74	46.91	38.60	165
1980	3	11	15 / 488.0	1	208	235 / 21.39	49.91	45.69	168
1985	5	13	20 / 442.5	3	865	921 / 73.05	52.37	58.70	169
1990	14	18	29 / 453.0	15	2100	2577 / 183.38	64.46	71.46	166
1991	13	19	30 / 462.0	16	2244	2775 / 186.89	64.75	71.78	171
1992	15	19	32 / 514.0	21	2438	3106 / 199.05	64.84	71.88	169
1993	19	20	35 / 533.1	23	2518	3289 / 194.78	70.21	76.12	165
1994	25	20	34 / 632.0	27	2950	3757 / 202.80	75.40	80.50	150
1995	52	27	43 / 515.1	31	3114	4036 / 218.38	80.40	85.50	134
1996	58	27	40 / 521.1	32	3303	3952 / 207.09	84.47	83.57	161
1997	67	27	48 / 556.1	34	3227	3959 / 230.62	86.34	87.37	162
1998	17	29	48 / 556.1	23	3264	4009 / 235.94	88.90	88.97	44
1999	18	30	47 / 654.2	23	2626	3244 / 185.04	91.05	91.98	46
2000	19	28	52 / 673.1	23	4779	5636 / 266.82	92.85	93.61	42
2001	20	35	68 / 482.5	20	4839	5598 / 267.37	93.66	94.46	42
2002	20	34	69 / 558.0	22	4428	5353 / 260.53	94.07	95.08	110
2003	20	34	69 / 558.0	22	4385	5696 / 263.36	94.83	95.54	111
2004	20	34	69 / 558.0	22	4308	4546 / 250.77	95.34	96.39	111
2005	20	35	96 / 658.0	21	3849	5044 / 262.29	95.41	96.74	113
2006	20	35	96 / 658.0	21	2471	5524 / 280.14	95.70	96.77	113
2007	20	37	112 / 711.0	21	2469	5757 / 376.57	95.92	97.05	114
2008	16	37	114 / 710.0	16	4434	5644 / 505.59	95.97	97.10	119
2009	15	37	96 / 680.0	15	3944	5323 / 600.38	96.19	97.27	152
2010	10	37	101 / 687.0	10	3482	4810 / 587.11	96.22	97.33	156
2011	8	37	102 / 787.0	8	3001	4121 / 628.24	96.60	97.69	158
2012	7	36	96 / 747.0	7	3056	4173 / 644.52	96.78	97.75	159
2013	1	36	96 / 747.0	1	2187	2906 / 661.39	96.98	97.89	165
2014	1	40	104 / 701.5	1	566	944 / 638.77	97.04	98.07	165
2015	1	36	95 / 659.2	1	403	942 / 1260.95	97.14	98.24	165

注：广播电视资料由四川省新闻出版广电局提供。
a) Data of radio and TV broadcast information are provided by Sichuan Provincial Radio and TV broadcast Bureau.

21－11 广播电视播放情况(2015年)
Basic Statistics on Broadcasting and Television(2015)

项　　目	Item	节目套数(套) Number of Programs (set)	公共广播(电视)节目播出时间(小时) Broadcasting Hours of Public Broadcasting (Television) (hour)	新闻资讯类节目 News and Referrence Programs	专题服务类节目 Special Subject and Services Programs	综艺类节目 Omnibus Enter-tainment Programs	广播(影视)剧类节目 Broadcast Movies And TV	广告类节目 Advertis-ement	其他类节目 Others
广播播出合计	**All Radio Broadcasting**	**134**	**658194:55**	**159743:24**	**145676:07**	**146243:15**	**36516:11**	**45642:23**	**124373:35**
省级广播电台	Provincial Level	11	67968:25	14809:25	18083:30	24487:04	469:26	5894:00	4225:00
市(州)级广播电台	Prefecture Level	42	256165:35	55496:16	67509:56	55791:02	1237436	21535:50	43457:55
县级广播电视台	County Level	81	334060:55	89437:43	60082:41	65965:09	23672:09	18212:33	76690:40
电视播出合计	**All Television Broadcasting**	**208**	**1146763:30**	**166561:19**	**134604:23**	**79741:14**	**513264:32**	**116156:17**	**136435:45**
省级电视台	Provincial Level	10	89980:17	416	12075:25	13919:36	30219:52	8037:18	15744:36
市(州)级电视台	Prefecture Level	49	320037:25	49717:18	55155:33	16019:58	120167:05	45684:00	33293:31
县级广播电视台	County Level	149	736745:00	106860:31	67373:25	49801:40	362877:35	62434:59	87397:38

21－12 各市(州)有线广播电视基本情况(2015年)
Basic Statistics on Cable Broadcasting and Television by Region(2015)

单位：户、公里 (unit:door,kilometer)

市(州)	Region	有线广播电视用户 Cable Broadcasting and Television Users	#数字电视用户 Digital Television Users	#付费数字电视用户 Pay Digital Television Users	有线广播电视传输网络干线总长 Total Length of Main Link of Cable Broadcasting and Television Transmission
全　省	**Sichuan**	**13673687**	**10853856**	**6054725**	**388331**
省本级	**Shengbenji**				**8020**
成都市	Chengdu	4135226	3634421	2573203	60021
自贡市	Zigong	333819	297206	160009	9238
攀枝花市	Panzhihua	167982	146640	92244	2232
泸州市	Luzhou	390881	313131	181795	8717
德阳市	Deyang	802627	465423	169276	16048
绵阳市	Mianyang	900855	845060	540949	14253
广元市	Guangyuan	370154	343066	180431	5519
遂宁市	Suining	603585	450533	161529	120763
内江市	Neijiang	697166	462164	291098	4831
乐山市	Leshan	406589	360606	291279	11970
南充市	Nanchong	1020359	638413	123022	18399
眉山市	Meishan	457068	333416	255478	18225
宜宾市	Yibin	405583	326255	167216	9038
广安市	Guangan	430733	245961	120405	8971
达州市	Dazhou	756869	568121	383841	12329
雅安市	Yaan	240444	160755	57031	2165
巴中市	Bazhong	379545	340523	261774	11697
资阳市	Ziyang	638498	511256		35437
阿坝藏族羌族自治州	Aba	100862	97127		3302
甘孜藏族自治州	Ganzi	59645	39476		1140
凉山彝族自治州	Liangshan	375197	274303	44145	4016

21–13 各市(州)农村广播电视有线传输情况(2015年)
Basic Statistics on Rural Radio and Television Cable Transmission by Region(2015)

市(州)	Region	农村有线广播电视用户数(户) Rural Cable radio and Television Users (households)	农村有线广播电视入户率(%) Rural Households on Cable TV Rate (%)	农村广播覆盖率(%) Rural Radio Coverage (%)	农村电视覆盖率(%) Rural Television Coverage (%)
全　省	**Sichuan**	**4970408**	**24.07**	**96.40**	**97.84**
成都市	Chengdu	1127562	55.91	100.00	100.00
自贡市	Zigong	125101	18.59	99.00	98.61
攀枝花市	Panzhihua	14213	8.97	97.19	98.56
泸州市	Luzhou	169868	14.17	97.56	99.37
德阳市	Deyang	144792	14.23	99.23	98.14
绵阳市	Mianyang	535170	35.22	99.15	99.31
广元市	Guangyuan	217226	31.96	97.98	98.17
遂宁市	Suining	300926	35.52	99.28	98.89
内江市	Neijiang	296215	27.06	96.03	97.70
乐山市	Leshan	138200	18.79	98.98	99.42
南充市	Nanchong	470224	29.28	98.69	98.66
眉山市	Meishan	257884	31.60	99.82	99.82
宜宾市	Yibin	45122	4.12	93.63	95.80
广安市	Guangan	106455	8.68	99.08	99.27
达州市	Dazhou	266583	15.37	95.73	94.78
雅安市	Yaan	80530	24.71	94.02	98.36
巴中市	Bazhong	255470	27.86	97.21	99.20
资阳市	Ziyang	340320	23.42	97.04	98.46
阿坝藏族羌族自治州	Aba	25997	14.66	91.92	97.95
甘孜藏族自治州	Ganzi	8773	4.07	95.50	95.16
凉山彝族自治州	Liangshan	43777	3.83	78.58	91.64

21-14 体育事业情况(2015年)
Basic Conditions of Sports Cause(2015)

项　目		Item		2015
国家级体育传统项目学校	(所)	Traditional Sports Events Schools of National Level	(unit)	21
省级体育传统项目示范学校	(所)	Traditional Sports Events Schools of Provincial Level	(unit)	285
#本年度新命名	(所)	Newly Named at the Current Year	(unit)	5
国家级青少年体育俱乐部	(所)	Youth Sports Clubs of National Level	(unit)	265
#本年度新命名	(所)	Newly Named at the Current Year	(unit)	12
国家级高水平体育后备人才基地	(个)	National High Level Sports Talented Reserve Bases	(unit)	15
四川省高水平体育后备人才基地	(个)	Provincial High Level Sports Talented Reserve Bases	(unit)	21
四川省县级业余训练重点单位	(个)	County-level Key Units of Amateur Training	(unit)	28
四川省幼儿体育基地	(个)	Provincial Children's Sports Bases	(unit)	30
城市街道体育组织累计	(个)	Sports Organizations in the Urban Streets	(unit)	1910
#本年度新增	(个)	Newly Added at the Current Year	(unit)	127
农村乡镇体育组织累计	(个)	Sports Organizations in the Rural Villages and Towns	(unit)	3014
#本年度新增	(个)	Newly Added at the Current Year	(unit)	158
健身站(点)累计	(个)	Fitness Stations (points)	(unit)	14685
#本年度新增	(个)	Newly Added at the Current Year	(unit)	761
社区体育健身俱乐部累计	(个)	Community Sports Fitness Clubs	(unit)	1206
#本年度新增	(个)	Newly Added at the Current Year	(unit)	114
行政村农民体育健康工程累计	(个)	Farmer Sports Health Projects in Administrative Village	(unit)	23524
#本年度新建	(个)	Newly Added at the Current Year	(unit)	6452
乡镇农民体育健身工程累计	(个)	Farmer Sports Fitness Projects in Villages and Towns	(unit)	1036
#本年度新建	(个)	Newly Added at the Current Year	(unit)	20
本年底国民体质测试站(点)累计	(个)	National Physical Fitness Test Station (points) at the End of This Year	(unit)	307
#本年度新增	(个)	Newly Added at the Current Year	(unit)	24
本年度接受国民体质监测人数	(人)	Number of People Receiving National Physical Fitness Monitoring	(person)	314073
本年度举办全民健身科学知识宣传讲座次数	(次)	Number of Lectures on Scientific Knowledge of National Fitness	(time)	431
本年度编印科学健身知识书籍册数	(册)	Copies of Books Published Scientific Knowledge of Fitness	(volume)	407552
审批社会体育指导员人数累计	(人)	Approval of the Number of Social Sports Instructors	(unit)	146915
#本年度审批人数	(人)	Number of Annual Examination and Approval	(unit)	17016
本年度培训社会体育指导员人数	(人)	Number of People Receiving Social Sports Instructor Training	(unit)	20991
世界级比赛获得奖牌数	(枚)	Number of Medals Won in the World Competition	(piece)	26
#金牌	(枚)	Gold Medals	(piece)	10
亚洲级比赛获得奖牌数	(枚)	Number of Medals Won in Asian Games	(piece)	18
#金牌	(枚)	Gold Medals	(piece)	11
全国比赛获得奖牌数	(枚)	Number of Medals Won in the National Competition	(piece)	69
#金牌	(枚)	Gold Medals	(piece)	19

注:体育事业情况由四川省体育局提供。
a) Data in thie table are provided by the Sports Bureau of Sichuan Province.

21-15 各市(州)体育彩票发行情况(2015年)
Sports Lottery Distribution by Region(2015)

单位：万元 (10 000 yuan)

市(州)	Region	当年体育彩票发行额 Sports Lottery Issuance in Current Year	#足彩 Soccer Betting	#即开型 Open-Type	当年提取公益金 Public Welfare Fund Drawn from Sports Lottery (year-end)
全　省	**Sichuan**	**454416.01**	**128495.28**	**47054.90**	**124611.67**
成都市	Chengdu	190186.19	56386.67	17809.83	52295.15
自贡市	Zigong	10706.69	2247.52	858.03	3104.39
攀枝花市	Panzhihua	10429.14	2044.47	1181.04	2968.79
泸州市	Luzhou	10665.76	2709.03	728.97	3064.02
德阳市	Deyang	18415.17	4566.15	1701.54	5219.22
绵阳市	Mianyang	22289.33	7518.58	2521.32	5916.64
广元市	Guangyuan	10141.49	2408.22	1146.33	2800.96
遂宁市	Suining	10828.57	3093.88	1598.13	2908.85
内江市	Neijiang	9920.58	2266.92	1076.49	2844.97
乐山市	Leshan	22938.08	4645.65	3701.61	6363.27
南充市	Nanchong	29507.45	15655.80	1717.71	7010.67
眉山市	Meishan	15724.85	3896.29	1298.43	4389.33
宜宾市	Yibin	16354.20	3751.37	1148.88	4682.90
广安市	Guangan	9472.50	2093.19	1555.11	2567.13
达州市	Dazhou	11923.53	6930.43	797.52	2678.83
雅安市	Yaan	10165.20	890.77	1464.03	3017.87
巴中市	Bazhong	12025.93	3217.88	1616.49	3315.07
资阳市	Ziyang	8459.61	1948.55	823.80	2424.49
阿坝藏族羌族自治州	Aba	4435.93	488.89	1281.06	1215.22
甘孜藏族自治州	Ganzi	5526.16	356.16	1233.93	1576.23
凉山彝族自治州	Liangshan	14299.65	1378.86	1794.66	4247.67

注：当年提取公益金合计中含中央、省级提取数据。
a) Pubic welfare funds drawn from sport lottery include state and provincial data.

21−16 卫生机构基本情况(2015年)
Basic Statistics on Health Institutions(2015)

机构类别	Item	机构数(个) Health Institutions (unit)	实有床位数(张) Beds (unit)	人员合计(人) Personnel (persons)	#卫生技术人员 Medical Technical Personnel	#管理人员 Managerial Personnel
全　省	**Total**	**80114**	**488719**	**647577**	**472816**	**30778**
医院合计	Total Number of Hospitals	1942	345791	359411	290681	20240
城市	Hospitals at Prefecture Level	912	185623	208788	167730	12223
农村	Hospitals at County Level	1030	160168	150623	122951	8017
综合医院	General Hospitals	1291	235351	254993	207922	14243
中医医院	Hospitals of Chinese Medicine	198	48210	50387	42229	2196
中西医结合医院	Hospital Combining Traditional Chinese and Western Medicine	26	7682	7554	6361	340
民族医院	Minority Nationality Hospital	36	1151	1182	967	75
专科医院	Specialized	391	53397	45295	33202	3386
#口腔	Stomatological	31	700	2035	1631	175
眼科	Ophthalmological	24	1503	2090	1329	219
耳鼻喉	Otoraryngology	13	623	847	543	57
肿瘤	Oncological	8	2528	2743	2259	102
心血管病	Cardiovascular System Diseases	4	695	550	457	25
胸科	Chest Hospital	1	98	48	38	1
妇产(科)	Gynaecological and Obstetrical	32	1557	3411	2086	320
儿童	Paediatrics	6	965	2124	1623	84
精神病	Psychiatrical	60	26817	11468	8908	775
传染病	Epidemiological	10	1904	1980	1614	110
皮肤病	Dermatology	10	252	312	207	32
麻风病	Leprological	3	158	62	31	17
职业病	Occupational disease	1	345	495	380	68

注：卫生机构资料由四川省卫生和计划生育委员会提供。

a) Data of health agencies are provided by Sichuan Provincial Commission of Health and Family Planing.

21−16 续表 continued

机构类别	Item	机构数(个) Health Institutions (unit)	实有床位数(张) Beds (unit)	人员合计(人) Personnel (person)	#卫生技术人员 Medical Technical Personnel	#管理人员 Administrative Personnel
骨科	Orthopaedics	44	4024	3655	2774	253
康复	Recuperation	25	1928	1204	886	104
整形外科医院	Orthopetic Survey	3	82	186	66	21
美容医院	Beauty Hospital	13	288	1693	593	236
其它专科	Other Specialized Hospital	103	8930	10392	7777	787
疗养院	Nurse Hospital	3	535	609	432	67
社区卫生服务中心	Community Health Care Centre	397	8995	16003	13289	760
社区卫生服务站	Community Health Service Stations	540	1872	3651	3041	350
卫生院	Sanitation Station	4511	119156	100127	81322	5560
门诊部	Outpatient Department	404	718	5054	3937	222
诊所	Clinics	13422		28558	27990	16
卫生所、医务室	Healthy Centre	1071		2529	2418	20
村卫生室	Village Clinics	55869		86133	15708	
急救中心(站)	First-aid Centre	17		419	272	58
采供血机构	Blood Collection and Supply Institution	29		1872	1349	172
妇幼保健院(所、站)	Maternity and Child Care Centre	202	10681	20071	16425	1057
专科疾病防治院(所、站)	Specialized Prevention Station	35	971	1023	775	58
疾病预防控制中心(防疫站)	Epidemic Prevention and Control Centre	206		11593	8515	923
卫生监督所	Sanitary Supervision Station	208		3283	2518	323
医学科学研究机构	Research Institution of Medical Sciences	6		1033	529	121
医学在职培训机构	Medical On the Job Training Institution	14		272	78	31
健康教育所(站、中心)	Healthy Education Centre	17		130	56	35
其他卫生机构	Other Health Care Institutions	1221		5806	3481	765

21-17 各市(州)卫生机构数
Number of Health Institutions by Region

年份 地区	Year Region	机构数(个) Number of Health Care Institutions	#医院 Hospitals	#社区卫生服务中心 Community Health Care Centres	#卫生院 Sanitation Stations	#疾病预防控制中心 Epidemic Prevention and Control Centres	#妇幼保健院(所、站) Maternity and Child Care Centres
2002		72768	1173	44	6280	214	200
2003		72810	1164	50	6048	208	198
2004		70944	1144	63	5369	209	196
2005		72399	1155	68	5179	207	197
2006		75262	1178	213	5012	207	202
2007		72862	1162	214	4845	208	201
2008		71195	1143	234	4817	208	201
2009		72907	1187	257	4745	207	202
2010		74311	1260	306	4688	207	203
2011		75814	1393	344	4619	206	203
2012		76555	1542	361	4607	204	200
2013		80039	1716	379	4595	207	202
2014		81081	1822	397	4575	207	202
2015		80114	1942	397	4511	206	202
成都市	Chengdu	8481	524	105	244	22	21
自贡市	Zigong	2346	71	16	96	7	7
攀枝花市	Panzhihua	1064	31	20	43	6	6
泸州市	Luzhou	4566	107	16	131	8	8
德阳市	Deyang	2717	75	13	123	7	6
绵阳市	Mianyang	4417	83	24	275	11	10
广元市	Guangyuan	3545	66	14	258	8	7
遂宁市	Suining	3735	69	15	106	6	6
内江市	Neijiang	3195	65	17	110	6	6
乐山市	Leshan	3098	95	15	207	12	12
南充市	Nanchong	8712	132	32	445	10	10
眉山市	Meishan	2057	53	11	130	7	7
宜宾市	Yibin	4963	94	16	172	11	11
广安市	Guangan	3500	57	9	174	7	6
达州市	Dazhou	4413	78	12	305	7	8
雅安市	Yaan	1494	42	4	144	9	9
巴中市	Bazhong	3164	55	25	230	6	6
资阳市	Ziyang	4902	55	12	192	5	5
阿坝藏族羌族自治州	Aba	1649	37	5	221	14	14
甘孜藏族自治州	Ganzi	2725	41	1	334	19	19
凉山彝族自治州	Liangshan	5371	112	15	571	18	18

21—18 各市(州)卫生机构床位数
Number of Beds in Health Institutions by Region

单位：张 (unit)

年 份 地 区	Year Region	床位数 Number of Beds in Health Care Centre	#医院 Hospitals	#社区卫生服务中心 Community Health Care Centres	#卫生院 Sanitation Stations	#妇幼保健院(所、站) Maternity and Child Care Centres
2002		187179	119976	206	56467	4289
2003		187741	120173	144	56671	4501
2004		191523	123995	304	56945	4786
2005		194940	127129	1053	57460	5016
2006		201854	130677	2270	59707	5301
2007		214329	136757	3149	66063	5838
2008		244119	149289	4526	80697	6390
2009		275555	167271	5170	92403	7050
2010		302061	185459	6812	98252	7843
2011		335151	212282	8299	102544	7892
2012		390122	257333	8636	111550	8759
2013		426378	289022	9003	114412	9682
2014		459588	319155	9046	117090	10152
2015		488719	345791	8995	119156	10681
成都市	Chengdu	114726	94487	3405	13352	2238
自贡市	Zigong	17644	12975	266	3659	521
攀枝花市	Panzhihua	10097	8729	219	784	217
泸州市	Luzhou	24548	15303	513	7150	489
德阳市	Deyang	19968	13399	174	5802	446
绵阳市	Mianyang	32110	20982	331	10124	662
广元市	Guangyuan	18211	12487	448	4684	536
遂宁市	Suining	17197	12400	344	4207	225
内江市	Neijiang	20326	13761	62	6149	335
乐山市	Leshan	19290	13252	532	4502	725
南充市	Nanchong	32634	22740	577	8306	846
眉山市	Meishan	16296	9805	348	5530	558
宜宾市	Yibin	26408	18861	386	6594	443
广安市	Guangan	14729	9277	337	4850	220
达州市	Dazhou	23998	14064	374	8930	511
雅安市	Yaan	11759	9754	66	1794	145
巴中市	Bazhong	15546	9158	314	5622	327
资阳市	Ziyang	22269	13202	100	8353	407
阿坝藏族羌族自治州	Aba	4435	3231	15	1033	142
甘孜藏族自治州	Ganzi	4918	2998	10	1707	202
凉山彝族自治州	Liangshan	21610	14926	174	6024	486

21-19 各市(州)卫生机构人员数
Number of Persons Engaged in Health Institutions by Region

年 份 市(州)	Year Region	人员合计(人) Total (person)	#卫生技术人员 Medical Technical Personnel	#执业医师 Licensed Doctor	#执业助理医师 Licensed Assistant Doctor	#注册护士 Licensed Nurse	#管理人员 Administrative Personnel
2002		378830	248470	86978	33378	60098	20070
2003		373628	245326	86101	34124	59494	17960
2004		363179	242255	84785	34531	60871	17392
2005		362014	244367	86205	35832	61237	15825
2006		378374	255140	87944	41446	63730	15903
2007		388644	264206	91273	34848	73485	19467
2008		400248	277112	96460	25324	78062	18500
2009		437758	303050	109090	29594	91164	18456
2010		467774	323915	114734	29843	104930	23288
2011		505113	353561	122525	31489	121319	25632
2012		549866	389001	130106	33272	139811	26850
2013		595645	426597	139037	34805	157459	29675
2014		627159	451747	145026	34494	175522	32091
2015		647577	472816	149101	33110	190643	30778
成都市	Chengdu	173167	135131	45806	4430	59636	8888
自贡市	Zigong	22318	17020	5164	1317	7241	1208
攀枝花市	Panzhihua	12689	10039	3473	442	4362	713
泸州市	Luzhou	30722	22418	6863	1775	9224	1414
德阳市	Deyang	27038	20168	6584	1666	7935	947
绵阳市	Mianyang	37180	28157	8536	2409	11184	1495
广元市	Guangyuan	21733	15401	4824	1170	5796	1137
遂宁市	Suining	20634	14815	5191	1019	5632	986
内江市	Neijiang	23495	17019	5309	1704	6714	1403
乐山市	Leshan	23790	17935	5514	1648	7507	1021
南充市	Nanchong	42864	28332	10196	1852	10037	2522
眉山市	Meishan	20077	14658	4258	1318	5839	745
宜宾市	Yibin	31702	22751	6265	1769	9633	1077
广安市	Guangan	19835	13036	4073	916	4792	1041
达州市	Dazhou	33814	22207	6445	2223	8460	1252
雅安市	Yaan	12758	10085	2895	781	4052	801
巴中市	Bazhong	20891	13932	4207	2193	4810	827
资阳市	Ziyang	26113	18134	5371	1770	6534	1117
阿坝藏族羌族自治州	Aba	8030	5518	1525	461	1603	414
甘孜藏族自治州	Ganzi	9064	5849	1205	377	1577	509
凉山彝族自治州	Liangshan	29663	20211	5397	1870	8075	1261

21－19 续表 continued

年　份 市(州)	Year Region	人员合计（人）Total (person)	#医院 Hospitals	#社区卫生服务中心 Community Health Care Centres	#卫生院 Sanitation Stations	#疾病预防控制中心 Epidemic Prevention and Control Centres	#妇幼保健院（所、站）Maternity and Child Care Centres
2002		378830	144086	556	79247	11219	10053
2003		373628	142945	509	77447	10944	8672
2004		363179	142017	709	72939	10518	8674
2005		362014	142955	1487	70403	10410	8648
2006		378374	147122	2672	69172	10491	8856
2007		388644	167432	5918	73729	10450	10588
2008		400248	175472	7813	76405	10444	11188
2009		437758	195099	9370	82778	10352	11950
2010		467774	215902	11658	84200	10431	13153
2011		505113	243520	13773	88075	10638	14297
2012		549866	277344	14393	93287	11035	15656
2013		595645	309129	15091	95886	11307	16950
2014		627159	336694	15532	97671	11552	18096
2015		647577	359411	16003	100127	11593	20071
成都市	Chengdu	173167	121032	7607	11429	2635	5821
自贡市	Zigong	22318	12958	230	3260	450	1155
攀枝花市	Panzhihua	12689	8396	457	856	237	375
泸州市	Luzhou	30722	15646	571	5130	389	771
德阳市	Deyang	27038	14231	557	4897	444	950
绵阳市	Mianyang	37180	20760	681	7285	556	1035
广元市	Guangyuan	21733	10954	441	4265	371	802
遂宁市	Suining	20634	10136	370	3355	256	364
内江市	Neijiang	23495	12399	183	4403	351	407
乐山市	Leshan	23790	12609	651	3949	518	1081
南充市	Nanchong	42864	20830	834	6379	533	1188
眉山市	Meishan	20077	9767	508	4616	404	980
宜宾市	Yibin	31702	17113	617	5356	533	773
广安市	Guangan	19835	9372	338	4133	423	479
达州市	Dazhou	33814	13870	637	7989	646	785
雅安市	Yaan	12758	8175	117	2011	350	235
巴中市	Bazhong	20891	8154	477	4674	323	730
资阳市	Ziyang	26113	11651	321	6519	375	695
阿坝藏族羌族自治州	Aba	8030	3628	72	1569	507	362
甘孜藏族自治州	Ganzi	9064	3071	12	2399	391	337
凉山彝族自治州	Liangshan	29663	14659	322	5653	901	746

21-20 前十大类病伤死亡原因及构成(2015年)
Death Rate of 10 Major Diseases Categories(2015)

顺位 No.	病伤死亡原因	Cause of Death	死亡率(1/10万) Death Rate (per 100 000 persons)	构成(%) As % of Total Deaths
1	循环系统	Diseases of the Circulatory System	222.54	34.34
2	肿瘤	Tumour	173.37	26.75
3	呼吸系统	Diseases of the Respiratory System	134.04	20.75
4	损伤和中毒	Trauma and Toxicosis	50.62	7.81
5	消化系统	Diseases of the Digestive System	19.70	3.04
6	内分泌、营养、代谢、免疫	Endocrine, Nutritional, Metabolic and Immune Diseases	15.32	2.36
7	传染病和寄生虫病	Infectious Disease and Verminosis	8.03	1.24
8	泌尿和生殖系统	Diseases of the Genitourinary System	7.03	1.09
9	神经系统疾病	Nervous System Diseases	6.08	0.94
10	精神和行为障碍	Mental and Behavioral Disorders	2.63	0.41

21-21 前十位单病种死亡原因及构成(2015年)
Death Rate of 10 Single-species Major Diseases(2015)

顺位 No.	前十位单病种类目	10 Single-species Major Diseases	死亡率(1/10万) Death Rate (per 100 000 persons)	构成比(%) As % of Total Deaths
1	脑血管病	Cerebrovascular Disease	124.69	19.24
2	慢性下呼吸道疾病	Chronic Lower Respiratory Tract Disease	116.35	17.96
3	冠心病	Coronary Heart Disease	67.62	10.43
4	肺癌	Malignant Tumour	49.49	7.64
5	肝癌	Malignant Liver Tumour	29.96	4.62
6	食管癌	Malignant Oesophagus Tumour	20.77	3.21
7	胃癌	Malignant Stomach Tumour	20.11	3.10
8	高血压及并发症	Hypertension and its Complications	16.07	2.48
9	交通事故	Traffic	14.93	2.30
10	下呼吸道感染	Lower Respiratory Tract Infection	13.20	2.04

21-22 国家免疫规划疫苗基础免疫接种率(2015年)
Basis Inoculability Rate of National Immunization Vaccine Planning(2015)

种　类	Item	常规报告接种率(%) Inoculability Rate of Conventional Report (%)
卡介苗	Bcg Vaccine	99.62
脊灰疫苗	Poliomyelitis Vaccine	99.36
百白破三联	Chincough, Diphtheria and Tetanus Joint Vaccine	99.43
麻疹疫苗	Measles Vaccine	98.72
乙肝疫苗全程	Hepatitis-B Vaccine Full Process	99.43

21-23 法定报告传染病发病及死亡情况(2015年)
Incidence and Death from Infectious Diseases(2015)

病　种	Item	发病率(1/10万) Incidence Diseases Rate (per 100 000 persons)	死亡率(1/10万) Death Rate (per 100 000 persons)	病死率(%) Mortality Rate per 100 Infectous Disease Patients
甲乙丙合计	**Total of Category A, B and C**	317.5905	2.3255	0.7322
一.甲乙类合计	**I. Total of Category A and B**	187.7214	2.3157	1.2336
鼠疫	The Plague	-	-	-
霍乱	Cholera	-	-	-
传染性非典型肺炎	SARS	-	-	-
艾滋病	AIDS	9.5464	2.0724	21.7089
H I V	HIV	16.5315	3.2419	19.6106
病毒性肝炎	Hepatitis	65.3805	0.0405	0.0620
甲肝	A	2.9324	-	-
乙肝	B	47.3858	0.0356	0.0752
丙肝	C	12.2307	0.0049	0.0402
戊肝	E	1.4545	-	-
肝炎(未分型)	Hepatitis (Not Classified)	1.3771	-	-
脊髓灰质炎	Poliomyelitis	-	-	-
人感染高致病性禽流感	People Avian Flu	0.0025	0.0012	50.0000
麻疹	Measles	3.1289	0.0025	0.0785
流行性出血热	Hemorrhage Fever	0.1241	-	-
狂犬病	Hydrophobia	0.0442	0.0418	94.4444
流行性乙型脑炎	Encephalitis B	0.1216	0.0025	2.0202
登革热	Dengue Fever	0.0369	-	-
炭疽	Anthrax	0.0504	-	-
细菌性和阿米巴性痢疾	Dysentery	7.3757	-	-
肺结核	Pulmonary Tuberculosis	67.1298	0.1388	0.2068
伤寒和副伤寒	Typhoild and Paratyphoid Fever	0.3624	-	-
流行性脑脊髓膜炎	Epidemic Encephalitis	0.0049	-	-
百日咳	Pertussis	0.3563	-	-
白喉	Diphtheria	-	-	-
新生儿破伤风*	Newborn Baby Tetanus	0.0305	0.0013	4.1667
猩红热	Scarlet Fever	2.3599	-	-
布鲁氏菌病	Brucellosis	0.0541	-	-
淋病	Gonorrhea	3.3672	-	-
梅毒	Syphilis	27.8273	0.0086	0.0309
钩端螺旋体病	Leptospirosis	0.0577	-	-
血吸虫病	Schistosomiasis	0.0025	-	-
疟疾	Malaria	0.3587	0.0061	1.7123
人感染H7N9禽流感	Human Infection with H7N9 Avian Influenza	-	-	-
二.丙类合计	**Ⅱ. Total of Category C**	129.869	0.0098	0.0076
流行性感冒	Influenza	3.124	-	-
流行性腮腺炎	Epidemic Mumps	10.6005	-	-
风疹	Rubella	0.3735	-	-
急性出血性结膜炎	Acute Haemorrhagic Conjunctivitis	0.9177	-	-
麻风病	Leprosy	0.0467	-	-
流行性和地方性斑疹伤寒	Typhus Fever	0.129	-	-
黑热病	Kala-Azar	0.0197	-	-
包虫病	Echinococcosis	0.8378	-	-
丝虫病	Filariasis	-	-	-
其它感染性腹泻病	Other Infectious Diarrhoea	31.912	0.0012	0.0038
手足口病	Hand-foot-mouth Disease	81.9083	0.0086	0.0105

注：新生儿破伤风发病率＝当年发病数÷当年0岁组人口数×1000‰；新生儿破伤风死亡率＝当年死亡数÷当年0岁组人口数×1000‰。

a) Incidence diseases rate of newborn baby tetanus=Number of incidence diseases in current year÷Number of population of 0 age group in current year ×1000‰.Death rate of newborn baby tetanus=Number of death in current year÷Number of population of 0 age group in current year×1000‰.

主要统计指标解释

艺术表演团体 指由文化部门主办或实行行业管理（经文化行政部门审批或已申报登记并领取相关许可证），专门从事表演艺术等活动的各类专业艺术表演团体，含民间职业剧团。不包括群众业余文艺表演团体。

广播/电视节目综合人口覆盖率 指根据原国家广电总局制定的《广播电视人口覆盖率统计技术标准和方法》进行统计调查的，在对象区内能接收到由中央、省、地市或县通过无线、有线或卫星等各种技术方式转播的各级广播/电视节目的人口数占全国总人口数的百分比。

医疗卫生机构 指从卫生行政部门取得《医疗机构执业许可证》、《计划生育技术服务许可证》，或从民政、工商行政、机构编制管理部门取得法人单位登记证书，为社会提供医疗保健、疾病控制、卫生监督服务或从事医学科研和医学在职培训等工作的单位。医疗卫生机构包括医院、基层医疗卫生机构、专业公共卫生机构、其他医疗卫生机构。

医院 包括综合医院、中医医院、中西医结合医院、民族医院、各类专科医院和护理院，不包括专科疾病防治院、妇幼保健院和疗养院。

卫生人员 指在医院、基层医疗卫生机构、专业公共卫生机构及其他医疗卫生机构工作的职工，包括卫生技术人员、乡村医生和卫生员、其他技术人员、管理人员和工勤人员。一律按支付年底工资的在岗职工统计，包括各类聘任人员(含合同工)及返聘本单位半年以上人员，不包括临时工、离退休人员、退职人员、离开本单位仍保留劳动关系人员、本单位返聘和临聘不足半年人员。

卫生技术人员 包括执业医师、执业助理医师、注册护士、药师（士）、检验技师（士）、影像技师、卫生监督员和见习医（药、护、技）师（士）等卫生专业人员。不包括从事管理工作的卫生技术人员（如院长、副院长、党委书记等）。

甲乙类法定报告传染病发病率 是指某年某地区每 10 万人口中甲、乙类法定报告传染病发病数。

即甲乙类法定报告传染病发病率=甲、乙类法定报告传染病发病数/人口数×100000

甲乙类法定报告传染病死亡率 是指某年某地区每 10 万人口中甲、乙类法定报告传染病死亡数。

即甲乙类法定报告传染病死亡率=甲、乙类法定报告传染病死亡数/人口数×100000

甲乙类法定报告传染病病死率 是指某年某地区甲、乙类法定报告传染病死亡数与发病数之比。

即甲乙类法定报告传染病病死率=甲、乙类法定报告传染病死亡数/发病数×100%

Explanatory Notes on Main Statistical Indicators

Arts Performance Troupes refer to the various professional performing arts groups, which sponsored by the cultural sectors or guided by the cultural society (approved by the cultural administration authority, or registered and permitted with the relative certificate), including non-governmental troupes. The mass amateur arts performance troupes are not included.

The Population Coverage Rate of Radio/Television refers to the percentage of the whole country's population who can receive radio/television programs transmitted by national, provincial, municipal or county stations through wireless, cable or satellite techniques, according to Statistical Standard and Method on Television and Radio Coverage of Population established by the former State Administration of Broadcasting, Film and Television.

Medical and Health Care Institutions refer to the units which have been qualified the Certification of Health Care Institution, certification of family planning technical service by the administration of public health, or qualified the Certification of Corporate Unit by the civil affairs, administration for industry and commerce, commission office for public sector reform, and engaging in medical care, disease prevention and control, health supervision and inspection, medicine research and on-job training, etc., including: hospitals, health care institutions at grass-root level, specialized public health institutions, and other medical and health care institutions.

Hospitals include general hospitals, hospitals specialized in traditional Chinese medicine, hospitals of integrated traditional Chinese and western medicine, ethnic hospitals, specialized hospitals and nursing hospitals, excluding specialized disease prevention and treatment institutes, maternal and child health care hospitals and convalescent hospitals

Health Care Employee refer to all employees engaged in the health care institutions, such as hospitals, health care institutions at grass-root level, specialized public health institutions, and other medical and health care institutions, including medical technical personnel, village doctors and assistants, other technical personnel, managerial and service staff. The data is based on the year end payroll, including personnel hired (including contract labour) and re-employed after retirement by the institution for over half a year and excluding temporary workers, retired personnel, resigned personnel, personnel who have left the institution but kept the contract relation and personnel who are re-employed after retirement or temporarily employed for less than half a year.

Medical Technical Personnel refer to the professional staff engaged in health care, including licensed doctors, licensed assistant doctors, registered nurses, pharmacists, laboratory technicians, imaging staff, health care supervisors and intern doctors, pharmacists, nurses, and technical personnel, excluding the medical technical personnel engaged in managerial job (e.g. president, vice president and secretary of the party committee, etc.).

Incidence Rate of A and B Type of Notifiable Infectious Diseases refer to the incidence cases notifiable class A and class B infectious diseases per 100 thousand population in the reference region in the reference year. The formula is:

Incidence Rate of A and B Type of Notifiable Infectious Diseases = Incidence Cases Notifiable Class A and Class B Infectious Diseases / Population *100000

Death Rate of A and B Type of Notifiable Infectious Diseases refer to the death cases notifiable class A and class B infectious diseases per 100 thousand population in the reference region in the reference year. The formula is:

Death Rate of A and B Type of Notifiable Infectious Diseases= Death Cases Notifiable Class A and Class B Infectious Diseases / Population *100000

Mortality Rate of A and B Type of Notifiable Infectious Diseases refer to the ratio of death cases notifiable class A and class B infectious diseases to the incidence cases in the reference region in the reference year. The formula is:

Mortality Rate of A and B Type Notifiable Infectious Diseases = Death Cases Notifiable Class A and Class B Infectious Diseases / Incidence Cases *100%

22
其它社会活动
OTHER SOCIAL ACTIVITIES

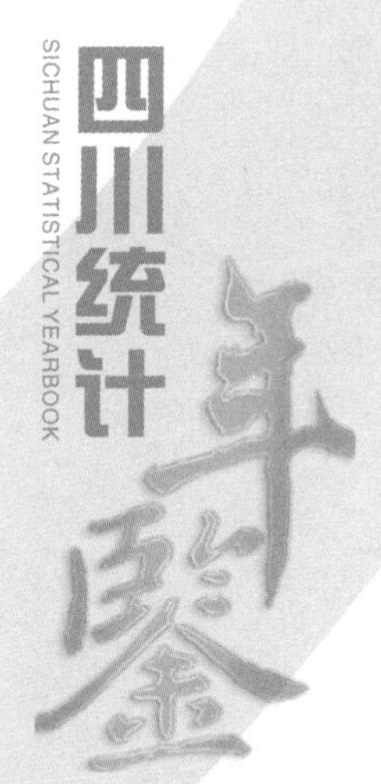

22-1 社会福利事业基本情况
Basic Statistics on Social Welfare

项　　目		Item		2015
收养类		**Adopting Social Welfare Institutions**		
单位数	(个)	Number of Units	(unit)	2928
工商部门登记	(个)	Registered in Business Administration	(unit)	58
编制部门登记	(个)	Registered in Establishment Departments	(unit)	2203
民政部门登记	(个)	Registered in Civil Administration	(unit)	453
未登记	(个)	Unregistered	(unit)	214
床位数	(张)	Number of Beds	(unit)	340990
工商部门登记	(张)	Registered in Business Administration	(unit)	7701
编制部门登记	(张)	Registered in Establishment Departments	(unit)	265115
民政部门登记	(张)	Registered in Civil Administration	(unit)	55787
未登记	(张)	Unregistered	(unit)	12387
工作人员	(人)	Persons Engaged	(person)	21003
工商部门登记	(人)	Registered in Business Administration	(person)	494
编制部门登记	(人)	Registered in Establishment Departments	(person)	15098
民政部门登记	(人)	Registered in Civil Administration	(person)	4343
未登记	(人)	Unregistered	(person)	1068
福利企业		**Social Welfare Enterprises**		
单位数	(个)	Number of Enterprises	(unit)	464
职工人数	(人)	Workers	(person)	51148
残疾人员就业人数	(人)	Disabled Employed	(person)	20360
残疾职工工资总额	(万元)	Total Wages of Disabled Workers	(10 000 yuan)	71293

注：社会福利事业和婚姻登记情况由四川省民政厅提供。
a) Data of social welfare and marriage registration are provided by Sichuan Provincial Civil Affairs Department.

22-2 收养类单位床位数及收养人员数
Number of Beds and Persons Housed in Social Welfare Institutions

项　　目	Item	床位数(张) Number of Beds (unit)		收养人数(人) Person Housed (person)	
		2014	2015	2014	2015
合　计	**Total**	**397972**	**314733**	**315742**	**235821**
#优抚收养性单位	Units for Arranging the Family Members of Martyrs and Disabled Veterans	10477	8157	5786	5058
荣誉军人康复医院	Convalescent Homes for Honored Ex-servicemen	960	1110	501	686
复员军人疗养院	Sanatoriums for Ex-servicemen	455	330	389	91
复退军人精神病院	Mental Hospitals for Ex-servicemen	3227	2934	3031	2789
光荣院	Homes for Disabled Veterans	5835	3783	1865	1492
#福利收养性单位	Adopting Social Welfare Institutions	387495	306576	309956	230763
社会福利院	Social Welfare Homes	27255	27733	15513	15732
儿童福利院	Children Welfare Homes	6342	6503	2984	2583
社会福利医院	Psychopathy Welfare Homes	7374	7950	6714	7089
城镇养老服务机构	Urban Elderly Welfare Institutions	37312	36405	19570	18430
农村养老服务机构	Rural Pension Services	309212	227958	265175	186929

注：合计中包含其他收养性单位。
a) Total data include those of other adopting units .

22−3 社区服务机构基本情况
Basic Statistics on Community Service Organizations

项　目	Item		2015
社区服务机构单位数 (个)	Number of Community Service Organizations	(unit)	18762
#农村社区服务机构 (个)	Rural Community Service Organization	(unit)	8664
#可以为居民提供便民办事服务的机构 (个)	Institutions to Provide Convenience Services for Residents	(unit)	10414
#可以为居民提供活动场所的机构 (个)	Mechanism for Providing Active Sites for Residents	(unit)	2763
#可以为居民提供养老等服务的机构 (个)	Institutions to Provide Pension Services for Residents	(unit)	4641
#农村 (个)	Countryside	(unit)	2744
年末职工人数 (人)	Number of Employees at the end of this Year	(person)	59482
#女性 (人)	Female	(person)	20229
机构床位数 (张)	Number of Beds in Organizations	(unit)	188206
日间照料床位数 (张)	Day Care Beds	(unit)	52200
#农村 (张)	Countryside	(unit)	23581
住宿收养床位数 (张)	Accommodation & Adoption Beds	(unit)	136006
#农村 (张)	Countryside	(unit)	87981
年末收养人数 (人)	Number of Adoption at the End of this Year	(person)	68413
日间照料人数 (人)	Number of People under Day Care	(person)	6830
#农村 (人)	Countryside	(person)	4926
住宿收养人数 (个)	Number of Accommodation & Adoption	(unit)	61583
#农村 (人)	Countryside	(person)	47878
社区服务志愿者组织数 (个)	Volunteer Organizations of Community Service	(unit)	1009
注册社区志愿者人数 (人)	Registered Community Volunteers	(person)	107483

22−4 婚姻登记和离婚情况
Basic Statistics on Marriages and Divorces

项　目	Item		2010	2011	2012	2013	2014	2015
按居住地分	By Residence							
内地居民登记结婚 (对)	Registered Marriages of Mainland	(couple)	713263	749223	746764	775297	774240	740186
涉外及华侨、港澳台居民登记结婚 (对)	Registered Marriages with Foreigner and the Citizen of Hongkong, Macao, Taiwan	(couple)	1580	602	1532	1522	1555	1340
按婚前状况分	By Premarital Situation							
初婚 (人)	First Marriages	(person)	1197122	1243260	1211201	1242155	1209165	1138435
再婚 (人)	Remarriages	(person)	232564	256390	285391	311483	339315	344617
再婚中恢复结婚 (对)	Remarriages of Divorced Couple	(couple)	8594	9248	19836	24632	27843	29669
内地居民离婚数 (对)	Registered Divorces of Mainland	(couple)	173824	186641	203003	222461	229353	241133

22–5 各市(州)内地居民婚姻登记和离婚情况
Basic Statistics on Marriage and Divorces of Mainland by Region

单位：对 (couple)

市(州)	Region	内地居民登记结婚 Registered Marriages of Mainland						内地居民登记离婚 Registered Divorces of Mainland					
		2010	2011	2012	2013	2014	2015	2010	2011	2012	2013	2014	2015
全　省	**Sichuan**	**713263**	**749223**	**746764**	**775297**	**774240**	**740186**	**173824**	**186641**	**203003**	**222461**	**229572**	**241133**
成都市	Chengdu	119408	127462	124891	126928	128441	125085	43236	44115	47146	50268	50084	52726
自贡市	Zigong	24959	24563	27175	22778	25769	24349	6369	7012	7861	7912	8822	9259
攀枝花市	Panzhihua	9780	12187	11178	11061	10729	10064	3946	4081	4218	4373	4404	4344
泸州市	Luzhou	38260	37628	34933	34197	32716	35798	8331	9114	9855	10237	10646	11388
德阳市	Deyang	26303	31324	36794	33780	32154	30978	10157	10940	11401	12097	11951	12165
绵阳市	Mianyang	46778	48105	44984	53145	46097	43988	13033	12054	15107	14798	15082	15931
广元市	Guangyuan	19400	24137	21622	24168	26090	23257	4462	5413	4434	5614	6011	5735
遂宁市	Suining	25423	34371	30901	31438	33761	31339	4552	6817	6785	7486	8388	9395
内江市	Neijiang	36061	37898	36866	37457	35297	32677	8898	10335	11244	14205	13705	14161
乐山市	Leshan	27988	29927	29868	31915	30277	29105	9547	9716	10229	10524	11075	11438
南充市	Nanchong	60430	61802	60585	63458	59663	57118	9612	10917	12251	13965	14256	14884
眉山市	Meishan	37337	30378	31233	32536	32142	30658	10337	8642	9377	10162	10442	11454
宜宾市	Yibin	40138	44636	45267	46614	45131	45466	10830	12037	13196	14356	14500	15171
广安市	Guangan	33873	32900	35889	37096	35948	34607	5533	6371	7862	8952	9522	10169
达州市	Dazhou	55942	52131	57476	65312	59884	56163	7964	8914	10011	12320	12598	13322
雅安市	Yaan	12715	13705	12465	15899	15060	13400	3731	4113	4113	4727	5440	5371
巴中市	Bazhong	40540	40617	33750	27327	35826	33497	2757	3127	3667	4261	5040	5585
资阳市	Ziyang	37014	42643	41566	41789	39462	35376	7502	9707	10344	11906	12346	12479
阿坝藏族羌族自治州	Aba	6145	5428	7060	7034	8411	7648	381	449	704	756	1201	1138
甘孜藏族自治州	Ganzi	3949	4812	7103	9724	11131	12516	458	549	653	768	929	1171
凉山彝族自治州	Liangshan	10820	12569	15158	21641	28696	27097	2188	2218	2545	2774	2911	3847

注：离婚数不包括法院判决数；离婚数合计中含省本级数据。

a) The number of divorces mediated by the count are not included in that of divorces.Number of Sichuan registered divorces includes that of provincal level.

22-6 律师、公证、调解工作基本情况
Basic Statistics on Lawyers, Notarization and Mediation

项 目	Item	2005	2010	2011	2012	2013	2014	2015
律师工作	**Lawyers**							
律师事务所 (所)	Number of Law Offices (unit)	615	802	875	908	953	1032	1130
律师工作者 (人)	Number of Lawyers (person)	6331	9297	10029	11268	12435	13974	15526
#专职律师 (人)	Full-time Lawyers (person)	6025	8504	9278	10403	11514	13207	14519
担任法律顾问的单位 (家)	Number of Units with Permanent Legal Advisors (unit)	12704	15530	29782	32293	20787	31595	35510
民事诉讼代理 (件)	Agent of Civil Cases (case)	35310	49772	63853	76445	66113	80952	96880
刑事诉讼辩护及代理 (件)	Defender and Agent of Criminal Cases (case)	15852	33845	28287	37229	41004	46024	41613
非诉讼法律事务 (件)	Agent of Non-Litigious Legal Affairs (case)	44558	42463	21073	20927	22153	35794	39122
咨询和代写法律文书 (次)	Agent of Advise and Legal Documents Written for Others (copy)	283976	502229	317941	281416	315494	323666	315901
公证工作	**Notarization**							
公证处 (个)	Number of Notary Offices (unit)	207	205	206	206	207	208	208
公证人员 (人)	Notarial Personnel (person)	1165	1720	1696	1579	2381	2169	2221
#公证员 (人)	Notaries (person)	679	723	736	783	797	836	839
受理国内公证 (件)	Internal Notarization (case)	150854	732398	648249	683040	948754	901910	832457
受理涉外公证 (件)	Foreign-related Notarization (case)	18322	65775	70713	43084	87062	110032	101597
受理涉台、港、澳公证 (件)	Notarization of Hong Kong Macao & Taiwan (case)	2366	6886	6317	4357	6933	5631	6087
出证 (件)	Number of Notarized Documents (copy)	170028	802173	724675	758357	1044415	1015655	943074
人民调解工作	**People's Mediation**							
专职司法助理员 (人)	Number of Full-time Judicial Assistants (person)	3712	3331	4402	4576	4601	4360	4536
人民调解委员会 (个)	Number of People's Mediation Committees (unit)	64879	63912	62521	64223	64915	63414	63587
调解员 (人)	Number of Mediators (person)	524428	429763	416482	409239	395463	37539	376748
基层法律服务所调解纠纷 (件)	Mediation of Grassroots Legal Service (case)	42060	39282	36307	54561	43290	38453	44755

注：律师、公证和调解资料由四川省司法厅提供。

a) Data of lawyers, notarization and mediation information are provided by the Provincial Department of Justice.

22-7 调解民间纠纷情况
Statistics on Mediation of Civil Disputes

项　目	Item	调解纠纷(件) Mediation of Disputes (case)		各类纠纷所占比重 (%) Percentage of Disputes (%)	
		2014	2015	2014	2015
合　计	**Total**	**438146**	**450707**	**100.0**	**100.0**
婚姻家庭纠纷	Marriage and Family Disputes	105040	112242	24.0	24.9
邻里纠纷	Neighbourhood Disputes	102536	107085	23.4	23.8
房屋宅基地纠纷	Homestead Housing Disputes	14969	16363	3.4	3.6
合同纠纷	Contracts Disputes	20750	19093	4.7	4.2
生产经营纠纷	Production and Management Disputes	11248	11883	2.6	2.6
损害赔偿	Damage Disputes	35526	34120	8.1	7.6
劳动争议	Labor Disputes	12156	11934	2.8	2.7
村务管理纠纷	Village Services ManagementDisputes				
山林土地纠纷	Forest Land Disputes	19525	20924	4.5	4.6
征地拆迁纠纷	Land Acquisition and Resettlement Disputes	10222	9517	2.3	2.1
计划生育纠纷	Family Planning Disputes				
环境保护	Environmental Protection	2756	2378	0.6	0.5
道路交通事故	Road Traffic Accidents	50189	54723	11.5	12.1
物业纠纷	Property Disputes	4922	5293	1.1	1.2
医疗纠纷	Medical Malpractice	3521	3277	0.8	0.7
其他纠纷	Other Disputes	40641	37779	9.3	8.4

22-8 检察机关直接立案侦查职务犯罪案件情况
Cases under Direct Investigation by Procurator's Offices

年份 Year	受案件数(件) Cases Accepted (case)	立案件数(件) Cases Registered (case)	立案人数(人) Persons of Cases Registered (person)	结案件数(件) Cases Settled (case)	结案人数(人) Persons of Cases Settled (person)	挽回经济损失(万元) Retrieving Economic Losses (10 000 yuan)
1996	12090	4370	5107	4837	5715	32837.32
1997	11176	3217	3611	2908	3263	23571.87
1998	6791	1607	1881	1486	1757	11321.75
1999	5188	1966	2230	1734	1949	15178.21
2000	5994	2532	2853	2259	2537	17411.21
2001	5160	2306	2536	2207	2444	14794.34
2002	4949	2260	2476	2154	2364	14339.05
2003	3449	2108	2312	1939	2117	17489.11
2004	3577	2055	2462	1956	2299	27268.34
2005	3336	1855	2224	1755	2112	25430.53
2006	2790	1736	2080	1617	1939	18604.58
2007	2762	1731	2193	1691	2124	21095.90
2008	2508	1548	1975	1542	1980	23484.73
2009	2557	1504	2024	1475	1975	21432.00
2010	2153	1511	2066	1719	2302	24222.91
2011	1879	1493	2109	1440	2013	65269.71
2012	1798	1563	2144	1576	2170	39009.89
2013	1941	1797	2384	1708	2273	35597.50
2014	4219	1882	2457	1780	2358	52124.00
2015	4093	2008	2483	1998	2459	69886.93

22-9 各市(州)检察机关直接立案侦查职务犯罪案件情况
Duty Crime Cases under Direct Investigation by Procurator's Offices by Region

市(州)	Region	受案件数(件) Cases Accepted (case)			立案件数(件) Cases Registered (case)			立案人数(人) Persons of Cases Registered (person)		
		2013	2014	2015	2013	2014	2015	2013	2014	2015
合　计	**Sichuan**	**1941**	**4219**	**4093**	**1797**	**1882**	**2008**	**2384**	**2457**	**2483**
四川省人民检察院	Provincial Procuratorate	1	152	145	1	4	2	2	4	2
成都市	Chengdu	293	671	596	249	314	294	381	480	397
自贡市	Zigong	105	186	188	79	73	96	111	104	109
攀枝花市	Panzhihua	40	131	128	44	57	68	50	60	77
泸州市	Luzhou	131	164	247	133	118	137	146	136	160
德阳市	Deyang	89	160	176	75	63	83	88	68	92
绵阳市	Mianyang	94	212	182	93	120	110	135	136	139
广元市	Guangyuan	102	185	207	93	87	95	116	108	111
遂宁市	Suining	59	146	112	59	66	60	73	88	87
内江市	Neijiang	66	133	134	62	66	61	105	109	101
乐山市	Leshan	72	260	233	72	73	76	91	100	93
南充市	Nanchong	147	236	255	146	118	141	199	149	168
眉山市	Meishan	49	190	145	48	48	50	67	62	73
宜宾市	Yibin	109	249	230	105	102	114	139	128	129
广安市	Guangan	79	164	120	76	73	65	97	97	93
达州市	Dazhou	101	246	233	101	110	118	136	157	147
雅安市	Yaan	62	98	117	61	44	74	67	51	80
巴中市	Bazhong	65	108	110	55	56	67	64	64	75
资阳市	Ziyang	75	98	88	75	77	75	106	109	95
阿坝藏族羌族自治州	Aba	35	113	155	31	34	46	40	45	50
甘孜藏族自治州	Ganzi	44	55	64	38	30	33	39	32	34
凉山彝族自治州	Liangshan	90	221	189	80	122	120	105	140	132
四川省人民检察院成都铁路运输分院	Procuratorate of Chengdu Railroad Bureau	33	41	39	21	27	23	27	30	39

注：人民检察院的办案情况由四川省检察院提供。

a) Data of cases of people's procuratorate are provided by Sichuan People's Procuratorate.

22-9 续表 continued

市(州)	Region	结案件数(件) Cases Settled (case)			结案人数(人) Persons of Case Settled (person)			挽回经济损失(万元) Retrieving Economic Losses (10 000 yuan)		
		2013	2014	2015	2013	2014	2015	2013	2014	2015
合　计	**Sichuan**	**1708**	**1780**	**1998**	**2273**	**2358**	**2459**	**35598**	**52124**	**69887**
四川省人民检察院	Provincial Procuratorate	3	3	3	3	4	3			
成都市	Chengdu	256	270	295	392	428	397	5509	13167	5469
自贡市	Zigong	72	69	103	101	99	118	238	11087	3109
攀枝花市	Panzhihua	45	46	52	51	48	58	3139	728	1207
泸州市	Luzhou	128	115	136	141	133	156	2831	1013	271
德阳市	Deyang	69	64	74	83	70	79	1068	947	783
绵阳市	Mianyang	83	118	118	121	138	149	1469	2137	15539
广元市	Guangyuan	80	93	95	103	112	111	1016	2888	3525
遂宁市	Suining	59	55	63	73	76	90	544	310	8920
内江市	Neijiang	60	66	62	102	108	103	2144	1415	4094
乐山市	Leshan	67	70	84	83	94	100	563	2544	5152
南充市	Nanchong	134	109	141	180	150	165	9185	960	518
眉山市	Meishan	45	48	46	62	62	67	374	253	547
宜宾市	Yibin	116	103	111	151	131	126	2780	1757	5289
广安市	Guangan	61	72	72	79	94	102	352	5375	319
达州市	Dazhou	99	99	118	134	146	147	990	2911	7348
雅安市	Yaan	49	47	77	51	54	84	371	307	532
巴中市	Bazhong	45	60	71	57	69	77	176	672	2104
资阳市	Ziyang	72	70	85	102	102	106	950	1040	1622
阿坝藏族羌族自治州	Aba	29	35	33	35	50	35	386	323	430
甘孜藏族自治州	Ganzi	44	22	35	45	24	36	504	298	894
凉山彝族自治州	Liangshan	80	111	100	106	128	110	933	761	405
四川省人民检察院成都铁路运输分院	Procuratorate of Chengdu Railroad Bureau	12	35	24	18	38	40	74	1230	1810

22-10 各市(州)检察机关审查批准、决定逮捕犯罪嫌疑人和提起公诉被告人情况
Arrests of Criminal Suspects and Defendants under Public Prosecution Approved by People's Procuratorate by Region

案件分类 市(州)	Case Item Region	批捕、决定逮捕合计 Total of Approval and Arrest				决定起诉合计 Total of Pubilc Prosecutions			
		2014		2015		2014		2015	
		件 (case)	人 (person)	件 (case)	人 (person)	件 (case)	人 (person)	件 (case)	人 (person)
合 计	**Total**	**27194**	**38549**	**30236**	**41250**	**41564**	**60108**	**45021**	**63027**
公安、安全、监狱机关提请小计	**Sub-total of Requests by Departments of State and Public Security and Prisons**	**26265**	**37521**	**29203**	**40144**	**39990**	**57950**	**43287**	**60770**
危害国家安全、公共安全案	Offences Against State Security	1468	1635	1623	1797	8132	8495	10150	10545
破坏社会主义市场经济秩序案	Offences Against Socialist Economic Order	1009	1819	1374	2285	1249	2262	1587	3207
侵犯公民人身、民主权利案	Offences Against Citizens' Personal and Democratic Rights	4106	5358	3852	4837	5776	7894	5552	7543
妨害社会管理秩序案	Offences Against Social Management of Order	8107	12457	10337	15002	10059	17812	12117	19695
侵犯财产案	Offences Against Properties	11566	16243	12014	16219	14766	21479	13877	19776
危害国防利益案	Offences Against National Defense	9	9	3	4	8	8	4	4
检察机关直接立案侦查案件小计	**Sub-total of Cases Handled Directly by Procuratorate's Offices**	**929**	**1028**	**1033**	**1106**	**1574**	**2158**	**1734**	**2257**
贪污贿赂案	Offences on Corruption and Bribery	891	982	968	1036	1372	1884	1506	1935
渎职侵权案	Offences on Abuse and Dereliction of Duty	38	46	65	70	202	274	228	322
按市(州)分	**Grouped by Region**								
四川省人民检察院	Provincial Procuratorate	118	120	132	138				
成都市	Chengdu	8875	12078	9540	12635	12183	16585	12993	17722
自贡市	Zigong	775	1113	903	1190	1336	2155	1357	2013
攀枝花市	Panzhihua	699	1045	653	983	1205	1860	1314	1915
泸州市	Luzhou	1011	1298	1256	1657	1862	2511	2175	2932
德阳市	Deyang	1138	1548	1224	1551	1965	2703	2079	2708
绵阳市	Mianyang	1120	1638	1268	1748	2503	3731	2594	3778
广元市	Guangyuan	670	1061	675	1069	1250	1992	1319	2038
遂宁市	Suining	731	1115	828	1164	1214	1848	1391	1975
内江市	Neijiang	917	1263	1033	1369	1507	2111	1581	2198
乐山市	Leshan	901	1312	1059	1391	1535	2232	1515	2091
南充市	Nanchong	1130	1622	1293	1812	1735	2614	2439	3454
眉山市	Meishan	788	1130	958	1282	1385	2078	1521	2207
宜宾市	Yibin	1944	2894	2225	3107	2832	4140	3104	4329
广安市	Guangan	907	1500	933	1509	1392	2217	1296	1969
达州市	Dazhou	1042	1436	1211	1563	1435	2060	1617	2125
雅安市	Yaan	564	823	682	955	921	1412	952	1420
巴中市	Bazhong	452	655	523	753	881	1309	1083	1427
资阳市	Ziyang	709	957	771	1007	1307	1946	1320	1877
阿坝藏族羌族自治州	Aba	298	433	296	394	431	639	425	603
甘孜藏族自治州	Ganzi	380	566	357	554	372	562	370	533
凉山彝族自治州	Liangshan	1859	2743	2269	3249	2069	3098	2384	3461
四川省人民检察院成都铁路运输分院	Procuratorate of Chengdu Railroad Bureau	166	199	147	170	244	305	192	252

22-11 人民法院审理各类案件受理结案情况
Criminal Trial Cases Accepted and Settled by Courts

单位：件 (case)

项　目	Item	受理 Cases Accepted		结案 Cases Settled	
		2014	2015	2014	2015
合　计	**Total**	**797087**	**915129**	**750254**	**821285**
一审	**First Trial**	**557433**	**621801**	**521713**	**554050**
刑事	Criminal	43258	51756	41107	47524
民事	Civil	508173	559116	475076	496863
行政	Administrative	6002	10929	5530	9663
二审	**Second Trial**	**34232**	**47964**	**31739**	**43211**
刑事	Criminal	4426	5748	4169	5255
民事	Civil	27965	38519	25897	34849
行政	Administrative	1841	3697	1673	3107
审判监督	**Trial Oversight**	**1805**	**1858**	**1455**	**1460**
刑事	Criminal	136	171	111	141
民事	Civil	1628	1583	1319	1242
行政	Administrative	41	104	25	77
国家赔偿	**State Compensation**	**182**	**343**	**170**	**297**
执行案件	**Implementation Cases**	**153674**	**199000**	**146482**	**179393**
申诉申请再审	**Appeals for Retrial**	**6286**	**7438**	**5353**	**6277**
减刑假释	**Commutation of Sentence,Parole and Released**	**27355**	**29831**	**27355**	**29831**
其他案件	**Other Cases**	**16120**	**6894**	**15987**	**6766**

22-12 人民法院执行案件标的和减、免、缓诉讼费情况
Subjects Implemented and Litigation Costs Reduced, Exempted and Defered by Courts

项　目		Item		2014	2015
新收执行标的	(亿元)	Subjects Implemented Newly	(100 million yuan)	798.42	1931.92
已执行标的	(亿元)	Subjects Implemented	(100 million yuan)	435.41	1046.73
减、免、缓诉讼费案件	(件)	Cases of Litigation Costs Reduced, Exempted and Defered	(case)	28084	17460
减、免、缓诉讼费	(万元)	Litigation Costs Reduced, Exempted and Defered	(10 000 yuan)	4722.91	11976.78
减交	(万元)	Reduction	(10 000 yuan)	284.80	632.72
免交	(万元)	Exemption	(10 000 yuan)	782.82	1040.73
缓交	(万元)	Deferral	(10 000 yuan)	3655.29	10303.33

注：人民法院审理案件等情况由四川省高级人民法院提供。

a) People's court cases are prepared and provided by Sichuan Provincial Higher People's Court.

22－13 公安机关受理查处治安案件情况(2015年)
Offense Cases Against Public Order Handled by Public Security Organs(2015)

单位：起 (case)

案件类别	Category of Cases	受理 Cases Accepted to be Treated	查处 Cases Investigated and Treated
合　计	**Total**	**440664**	**330542**
扰乱公共秩序	Disrupt Public Order	5510	5236
扰乱单位秩序	Disrupt Unit Order	3432	3245
扰乱公共场所秩序	Disrupt Public Place Order	1611	1549
扰乱公共交通工具上的秩序	Disrupt Public Transport Order	166	158
妨碍交通工具正常行驶	Impedes Normal Conditions of Transport	297	281
扰乱大型群众性活动秩序	Disrupt the Order of Large Scale Mass Activities	4	3
妨害公共安全	Prejudice Public Safety	3179	2823
违反危险物质管理规定	Violation of Hazardous Material Regulations	561	526
非法携带枪支、弹药、管制刀	Illegal Possession of Firearms, Ammunition and Controlled Knives	2018	1940
盗窃、损毁公共设施	Theft, Damage to Public Facilities	600	357
侵犯他人人身权利、财产权利	Violations of the Personal Rights of Others and Property Rights	154102	99925
强迫他人劳动	Forced Labor	1	
侮辱、诽谤、诬告陷害	Insult, Libel, Calumniation	1877	1829
发送信息干扰正常生活	Send Information Interfered with the Normal Life	118	87
殴打他人	Assault	69338	61429
盗窃	Theft	82768	36580
妨害社会管理	Prejudice and Social Management	57541	57287
阻碍执行职务	Impeding the Implementation of Duties	1473	1400
违反旅馆业管理	Hotel Management Violation	3424	3364
卖淫、嫖娼	Prostitution, Whoring	3911	3943
毒品违法活动	Drug-related Activities	48733	48580

注：治安情况、火灾事故和交通事故资料由四川省公安厅提供。
a) Data of law and order, fire and accident are provided by Sichuan Provincial Public Security Bureau.

22-14 各市(州)查处治安案件和刑事案件破案数

Number of Offense Cases Against Public Order Investigated and Prosecuted and Number of Criminal Case Cracked by Region

单位：起　　(case)

市(州)	Region	治安案件 Offense Cases Against Public Order				刑事案件破案 Criminal Case Cracked	
		发现 Discovered		查处 Investigated and Prosecuted			
		2014	2015	2014	2015	2014	2015
全　省	**Sichuan**	**294959**	**414943**	**227031**	**334841**	**102961**	**98393**
成都市	Chengdu	70716	169058	42805	138378	21819	16049
自贡市	Zigong	7907	9448	6661	7925	5198	5475
攀枝花市	Panzhihua	11239	11565	10832	11130	4802	4720
泸州市	Luzhou	10450	12036	8417	10125	4385	6416
德阳市	Deyang	18941	19905	14424	13943	6443	6466
绵阳市	Mianyang	12402	15372	9877	10816	5660	4948
广元市	Guangyuan	11294	13158	8188	8304	5069	3960
遂宁市	Suining	6557	8838	6175	8375	3354	3264
内江市	Neijiang	12716	11630	11802	11348	3204	3394
乐山市	Leshan	12261	12381	12261	12381	4773	4469
南充市	Nanchong	10420	14068	6810	8284	5617	6016
眉山市	Meishan	17495	16533	11347	10782	2666	3366
宜宾市	Yibin	24597	26456	13201	13796	6443	7085
广安市	Guangan	16412	18194	16411	18192	6618	5184
达州市	Dazhou	16356	18343	13707	15227	4349	4054
雅安市	Yaan	2819	3526	2635	2676	1905	2376
巴中市	Bazhong	6213	7584	6163	7412	2894	2814
资阳市	Ziyang	6369	7681	6137	7168	3484	3813
阿坝藏族羌族自治州	Aba	1585	1741	1570	1691	606	620
甘孜藏族自治州	Ganzi	841	830	819	768	563	476
凉山彝族自治州	Liangshan	17369	16596	16789	16120	3109	3428

22-15 火灾事故情况
Basic Statistics on Fire Accidents

指　标	Item	合计 Total		特大事故 Extraordinarily		重大事故 Serious		一般事故 Ordinary	
		2014	2015	2014	2015	2014	2014	2014	2015
火灾事故发生起数 (起)	Number of Fires (case)	18969	20100					18969	20100
死亡人数 (人)	Number of Deaths (person)	97	100					97	100
受伤人数 (人)	Number of Injuries (person)	132	41					132	41
损失折款 (万元)	Losses Converted into Cash (10 000 yuan)	15927.2	19306.5					15927.2	19306.5
平均每起事故损失 (元)	Losses per Case (yuan)	8396	9605					8396	9605

22-16 各市(州)火灾事故情况
Basic Statistics on Fire Accidents by Region

市(州)	Region	火灾事故(起) Number of Fire Accidents (case)		火灾伤亡人数(人) Number of Deaths (person)		火灾损失金额(万元) Losses Converted into Cash (10 000 yuan)	
		2014	2015	2014	2015	2014	2015
全　省	**Sichuan**	**18969**	**20100**	**229**	**141**	**15927.2**	**19306.5**
成都市	Chengdu	7722	8160	24	28	4180.7	3671.7
自贡市	Zigong	309	227	14		759.9	134.0
攀枝花市	Panzhihua	729	512	5	7	951.7	215.0
泸州市	Luzhou	722	713	6	5	374.0	870.1
德阳市	Deyang	1429	1476	6		845.5	824.5
绵阳市	Mianyang	504	449	4	4	540.7	1581.6
广元市	Guangyuan	593	481	2	1	549.1	327.4
遂宁市	Suining	1040	1295	4	8	267.0	4999.7
内江市	Neijiang	843	791	7	8	1284.4	524.4
乐山市	Leshan	855	944	1	5	473.8	466.2
南充市	Nanchong	598	794	7	7	667.8	919.7
眉山市	Meishan	398	475	3	1	315.0	767.5
宜宾市	Yibin	559	660	86	12	308.1	723.0
广安市	Guangan	486	446	3	4	157.9	275.0
达州市	Dazhou	450	475	16	12	1074.8	816.1
雅安市	Yaan	287	287		2	256.4	208.0
巴中市	Bazhong	583	915	7	9	374.0	532.6
资阳市	Ziyang	398	535	4	6	262.7	152.7
阿坝藏族羌族自治州	Aba	34	27	3	5	766.4	319.2
甘孜藏族自治州	Ganzi	85	98	13	6	672.0	417.2
凉山彝族自治州	Liangshan	345	340	14	11	845.3	560.9

22－17 交通事故情况(2015年)
Basic Statistics on Traffic Accidents(2015)

项　目	Item	合计 Total	特大事故 Extraordinarily Serious	重大事故 Serious	一般事故 Ordinary	其它 Others
发生数 (起)	Number of Traffic Accidents (case)	8372			29	8343
死亡人数 (人)	Number of Deaths (person)	2576			117	2459
受伤人数 (人)	Number of Injuries (person)	9961			139	9822
损失折款 (万元)	Losses Converted into Cash (10 000 yuan)	6060			437	5623
平均每起事故损失 (元)	Losses Converted per Case (yuan)	7238			150690	6740

22－18 各市(州)交通事故情况(2015年)
Basic Statistics on Traffic Accidents by Region(2015)

市(州)	Region	发生数 (起) Number of Traffic Accidents (case)	死亡人数 (人) Number of Deaths (person)	受伤人数 (人) Number of Injuries (person)	损失折款 (万元) Losses Converted into Cash (10 000 yuan)
全　省	**Sichuan**	**8372**	**2576**	**9961**	**6060.0**
成都市	Chengdu	2132	617	2022	772.9
自贡市	Zigong	374	64	522	37.4
攀枝花市	Panzhihua	90	35	105	18.7
泸州市	Luzhou	333	149	412	193.6
德阳市	Deyang	366	131	410	111.7
绵阳市	Mianyang	711	205	828	421.4
广元市	Guangyuan	281	64	380	147.1
遂宁市	Suining	170	71	180	282.4
内江市	Neijiang	277	48	365	76.1
乐山市	Leshan	675	157	863	463.6
南充市	Nanchong	287	86	361	116.9
眉山市	Meishan	185	85	198	44.3
宜宾市	Yibin	584	101	838	236.2
广安市	Guangan	64	36	66	14.6
达州市	Dazhou	171	79	194	70.9
雅安市	Yaan	338	80	429	286.1
巴中市	Bazhong	241	116	290	150.4
资阳市	Ziyang	198	77	229	34.2
阿坝藏族羌族自治州	Aba	141	91	248	286.7
甘孜藏族自治州	Ganzi	94	49	160	491.5
凉山彝族自治州	Liangshan	529	100	502	276.8

注：合计中含高速公路交通事故的数据。
a)The provincial data include those of traffic accidents on expressway.

主要统计指标解释

社会福利企业　指以集中安置有一定劳动能力的残疾人员就业为目的（残疾职工占生产人员10%以上）、带有社会福利性质的企业总称。主要包括社会福利工厂、假肢厂和其他福利企业。

公证人员　指在公证处工作的人员总称，包括公证处主任、副主任、公证员、公证员助理(助理公证员)和其他从事辅助性工作的人员。

人民检察院直接立案侦查案件　指按照管辖的规定，由人民检察院直接立案侦查的贪污贿赂犯罪、渎职犯罪、国家机关工作人员利用职权实施的侵犯公民人身权利和民主权利的犯罪以及经省级人民检察院决定立案侦查的国家机关工作人员利用职权实施的其他重大犯罪案件。

受理　是指人民法院对符合诉讼法规定立案条件，决定立案审理的案件。受理包括上期“旧存”和本期“新收”案件两部分。

结案　是指人民法院依照诉讼法规定审理案件，案件审理结束已作出处理决定的案件。

特大火灾　指造成 30 人以上死亡，或者 100 人以上重伤，或者 1 亿元以上直接财产损失的火灾。

重大火灾　指造成 10 人以上 30 人以下死亡，或者 50 人以上 100 人以下重伤，或者 5000 万元以上 1 亿元以下直接财产损失的火灾。

较大火灾　指造成 3 人以上 10 人以下死亡，或者 10 人以上 50 人以下重伤，或者 1000 万元以上 5000 万元以下直接财产损失的火灾。

一般火灾　指造成 3 人以下死亡，或者 10 人以下重伤，或者 1000 万元以下直接财产损失的火灾。

特大交通事故　指一次造成死亡 3 人以上，或者重伤 11 人以上，或者死亡 1 人，同时重伤 8 人以上，或者死亡 2 人，同时重伤 5 人以上，或者财产损失 6 万元以上的交通事故。

重大交通事故　指一次造成死亡 1 至 2 人，或者重伤 3 人以上 10 人以下，或者财产损失 3 万元以上不足 6 万元的交通事故。

Explanatory Notes on Main Statistical Indicators

Social Welfare Enterprises refer to those welfare-oriented enterprises employing a significant number of handicapped people with certain labour ability (handicapped employees shall exceed 10% of the production staff). They can be categorized as welfare factories, artificial limb plants and other welfare enterprises.

Notary Personnel refers to people working for notary offices including: directors, deputy director, notaries, assistant notaries, and other people providing assistance.

Cases Registered and Handled Directly by People's Procuratorate Offices refer to those serious criminal cases that, according to the functional jurisdiction, are registered and handled by the People's Procuratorate Offices, including the ones on bribery and corruption, the ones on abuse and dereliction of duty, offences against citizens' personal and democratic rights by government officials abusing their powers; and that are registered and handled by the provincial Procuratorate offices in relation to other major crimes committed by government officials by abusing their powers.

Acceptance of Case refers to People's Court decide to accept in accordance with the Provisions of Procedural law .The cases include two parts: cases turned over from previous year and cases accepted this year.

Settlement of Case refers to People's Court decide to accept the case and make decision in accordance with the Provisions of Procedural law.

Extraordinarily Serious Fire Case refers to a case which has caused over 30 deaths; or over 100 serious injuries; or a direct property loss over 100 million yuan(RMB).

Serious Fire Case r efers to a case which has caused over 10 to 30 deaths; or over 50 to 100 serious injuries; or a direct property loss over 50 million to 100 million yuan(RMB).

Comparatively Serious Fire Case refers to a case which has caused over three to ten deaths; or over 10 to 50 serious injuries; or a direct property loss over 10 million to 50 million yuan(RMB).

Ordinary Fire Case refers to a case which has caused less than three deaths; or less than 10 serious injuries; or a direct property loss less than 10 million yuan(RMB).

Extraordinarily Serious Traffic Accident refers to an accident which has caused three or more deaths; or over 11 serious injuries; or one death and over 8 serious injuries; or two deaths and over 5 serious injuries; or a loss over 60 thousand yuan(RMB).

Serious Traffic Accident refers to an accident which has caused one or two deaths; or three to ten serious injuries; or a loss over 30 thousand yuan to 60 thousand yuan(RMB).

中国统计出版社最新图书简目

(仅供参考,以实际出版为准)

统计资料

中国统计年鉴 中国统计摘要 中国发展报告
中国经济普查年鉴2013 国际统计年鉴 金砖国家联合统计手册
中国-东盟国家统计手册 中国农村统计年鉴 中国县域统计年鉴
中国城市统计年鉴 中国对外直接投资统计公报 中国地区经济监测报告
中国贸易外经统计年鉴 中国零售和餐饮连锁企业统计年鉴 中国商品交易市场统计年鉴
大中型批发零售和住宿餐饮企业统计年鉴 中国农产品价格调查年鉴 中国住户调查年鉴
中国价格统计年鉴 中国能源统计年鉴 全国农产品成本收益资料汇编
中国环境统计年鉴 中国建筑业统计年鉴 国外资源、能源和环境统计资料汇编
中国工业统计年鉴 中国城乡建设统计年鉴 中国房地产统计年鉴
中国城市建设统计年鉴 中国科技统计年鉴 中国第三产业统计年鉴
中国证券期货统计年鉴 中国劳动统计年鉴 中国高技术产业统计年鉴
工业企业科技活动资料 中国社会统计年鉴 中国人口和就业统计年鉴
中国人才资源统计报告 中国教育经费统计年鉴 中国文化及相关产业统计年鉴
文化及相关产业统计概览 中国民政统计年鉴 中国民族统计年鉴
中国残疾人事业统计年鉴 中国妇女儿童状况统计资料（英） 中国乡镇街道行政区域简册
中国基本单位统计年鉴

省级综合统计年鉴系列

北京 天津 河北 山西 内蒙古 辽宁 吉林 黑龙江 上海 江苏 浙江 安徽 福建 江西 山东 河南 湖北 湖南 广东 广西 海南 重庆 四川 贵州 云南 西藏 陕西 甘肃 青海 宁夏 新疆 新疆生产建设兵团

市(县)级综合统计年鉴系列

天津滨海新区 石家庄 唐山 邯郸 保定 沧州 邢台 廊坊 承德 衡水 秦皇岛 张家口 太原 大同 阳泉 长治 晋城 朔州 晋中 运城 忻州 临汾 呼和浩特 呼和浩特新城区 鄂尔多斯 包头 沈阳 大连 长春 延吉 四平 通化 哈尔滨 齐齐哈尔 黑龙江垦区 上海浦东新区 南京 无锡 徐州 常州 苏州 南通 连云港 淮安 盐城 扬州 镇江 泰州 宿迁 江阴 丹阳 杭州 宁波 温州 嘉兴 湖州 绍兴 金华 衢州 舟山 台州 丽水 合肥 安庆 马鞍山 福州 厦门 宁德 漳州 南昌 九江 上饶 新余 抚州 萍乡 赣州 吉安 景德镇 济南 青岛 潍坊 枣庄 日照 滕州 郑州 洛阳 平顶山 三门峡 商丘 信阳 济源 武汉 十堰 荆州 宜昌 荆门 咸宁 长沙 广州 深圳 惠州 东莞 南宁 柳州 桂林 来宾 海口 三亚 成都 贵阳 昆明 西安 安康 兰州 庆阳 银川 乌鲁木齐 兵团一师 兵团十师

调查年鉴系列

天津 山西 内蒙古 辽宁 吉林 上海 福建 江西 河南 湖北 湖南 广西 重庆 四川 云南 甘肃 宁夏 新疆

统计方法应用/实用手册

实用SAS统计分析教程 马克威统计分析与数据挖掘应用案例
乡镇统计人员岗位知识培训系列教材：辅助调查员岗位基础知识 乡镇统计人员岗位基础知识
县级统计人员岗位知识培训系列教材：Excel在统计工作中的应用 简明统计分析
EXCEL在基层统计工作中的应用 统计公文知识问答

统计通俗读物/统计科普图书

漫话诺贝尔经济学大师与数学情缘 魅力统计 漫话信息时代的统计学 统计使人更聪明
漫游数据王国 探访随机世界 新中国统计工作历史流变1949-1999 无处不在的统计

重点图书

新编英汉汉英统计大词典 中华医学统计百科全书
挑大学选专业2016—考研择校指南 挑大学选专业2016—高考志愿填报指南

中国统计出版社发行部电话：（010）63376907 63376908 同楫行书店电话：68783171 68783172
地址：北京市丰台区西三环南路甲6号 邮政编码：100073 网址：http://www.zgtjcbs.com